HISTORIA DE LA ARGENTINA

VIGILANTIA

Por

LESLIE BETHELL, catedrático emérito de historia de América Latina, Universidad de Londres; director, Centro de Estudios Brasileños, Universidad de Oxford, y *fellow*, St. Antony's College, Oxford

JOHN LYNCH, catedrático emérito de historia de América Latina de la Universidad de Londres

ROBERTO CORTÉS CONDE, Centro de Investigaciones Económicas, Instituto Torcuato di Tella de Buenos Aires

EZEQUIEL GALLO, Centro de Investigaciones Sociales, Instituto Torcuato di Tella de Buenos Aires

DAVID ROCK, catedrático de historia de la Universidad de California en Santa Bárbara

JUAN CARLOS TORRE, Centro de Investigaciones Sociales, Instituto Torcuato di Tella de Buenos Aires

LILIANA DE RIZ, Centro de Estudios de Estado y Sociedad de Buenos Aires

JOHN LYNCH,
ROBERTO CORTÉS CONDE,
EZEQUIEL GALLO, DAVID ROCK,
JUAN CARLOS TORRE
Y LILIANA DE RIZ

HISTORIA
DE LA
ARGENTINA

CRÍTICA
BARCELONA

Traducción castellana de
ÀNGELS SOLÀ (capítulo 1), JORDI BELTRÁN
y MARÍA ESCUDERO (capítulos 2, 3, 4 y 5) y JORDI BELTRÁN (capítulos 6 y 7)

Diseño de la cubierta: Joan Batallé
© 1985, 1986 y 1991: Cambridge University Press
© 2001 de la traducción castellana para España y América:
EDITORIAL CRÍTICA, S.L., Provença, 260, 08008 Barcelona
e-mail: editorial@ed-critica.es
http://www.ed-critica.es
ISBN: 84-8432-277-7
Depósito legal: B. 44.041-2001
Impreso en España
2001.—A&M Gràfic, S. L., Santa Perpètua de Mogoda (Barcelona)

PREFACIO

Desde que Cambridge University Press *publicó la* Cambridge Modern History *en dieciséis volúmenes entre 1902 y 1912, las «Cambridge Histories» en varios volúmenes (*Cambridge Ancient History, Cambridge Medieval History, New Cambridge Modern History, *así como «Cambridge Histories» de Irán, el Sudeste Asiático, África, China, Japón, India y otras muchas), en ediciones a cargo de historiadores de reputación acreditada, con capítulos individuales escritos por los principales especialistas en cada campo, han sentado las pautas más elevadas de erudición internacional colaborativa en el mundo de habla inglesa.*

A finales del decenio de 1970 Cambridge University Press *decidió que había llegado el momento propicio para emprender la publicación de una* Cambridge History of Latin America. *Desde la Segunda Guerra Mundial, y en particular desde 1960, las investigaciones y las obras sobre la historia de América Latina habían avanzado a un ritmo sin precedentes: en Estados Unidos (en especial a cargo de historiadores norteamericanos, pero también de historiadores británicos, europeos y latinoamericanos residentes en Estados Unidos), en Gran Bretaña y en la Europa continental, y, cada vez más, en la propia América Latina, donde empezaba a aparecer una nueva generación de historiadores profesionales jóvenes, muchos de ellos formados en Estados Unidos, Gran Bretaña y Europa. Y los historiadores de América Latina adoptaban de forma creciente las innovaciones metodológicas y los nuevos modelos conceptuales extraídos de las ciencias sociales (economía, ciencias políticas, demografía histórica, sociología, antropología), así como de otros campos de la investigación histórica.*

La tarea de planificar, coordinar y preparar la edición de lo que sería una historia de América Latina en doce volúmenes se encomendó, excepcionalmente, a un solo especialista: el doctor Leslie Bethell, a la sazón profesor adjunto de Historia de Hispanoamérica y Brasil en el University College, Londres, y en la actualidad catedrático emérito de Historia de América Latina en la Universidad de Londres, director del Centro de Estudios Brasileños, Universidad de Oxford, y Professorial Fellow *en St. Antony's College, Oxford. Los volúmenes I-V de la* Cambridge History of Latin America *se publicaron en 1984-1986; los volúmenes VI, partes 1ª y 2ª, VII, VIII y X, junto con el volumen XI (que contiene bibliografías), entre 1990 y 1995. Sólo está pendiente de publicación el volumen IX, que trata de Brasil desde 1930.*

La Cambridge History of Latin America *es un estudio amplio y autorizado de la singular experiencia histórica de América Latina durante los cinco siglos que van desde los primeros contactos entre los europeos y los pueblos indígenas de América (y el comienzo de la trata de esclavos africanos entre las dos orillas del Atlántico) a finales del siglo XV y principios del XVI, hasta el último decenio del siglo XX. Cada volumen o grupo de volúmenes se ocupa de un período distinto de la historia económica, social, política, intelectual y cultural de América Latina. La obra presta especial atención al período moderno. Los dos primeros volúmenes examinan los tres siglos de dominación colonial española y, en el caso de Brasil, portuguesa; los nueve volúmenes siguientes estudian los doscientos años comprendidos entre la fundación de la totalidad (menos dos: Cuba y Panamá) de los veinte estados latinoamericanos independientes durante los primeros decenios del siglo* XIX. *El objetivo es producir una buena síntesis del conocimiento existente, que proporcione a los historiadores de América Latina una base sólida para seguir investigando, que resulte útil para los estudiantes de América Latina y que sea de interés para los historiadores de otras regiones del mundo. Tenemos también la esperanza de que la* Historia *contribuya de forma más general a una comprensión más profunda de América Latina en Estados Unidos, Europa y otras partes y, no en menor medida, a crear una conciencia mayor de la historia propia en América Latina.*

En 1990, Editorial Crítica empezó a publicar la traducción castellana de la Cambridge History of Latin America *(CHLA) con el título de* Historia de América Latina *(HAL). Los volúmenes de la CHLA I-V equivalían a los tomos 1-10 castellanos, aparecidos entre 1990 y 1992: HAL 1-4, que tratan del período colonial; HAL 5-6, de la independencia a 1870; y HAL 7-10, de 1870 a 1930. Desde 1997 han aparecido los cuatro primeros volúmenes que se ocupan de América Latina a partir de 1930 (HAL 11-14). El resto saldrá dentro de poco.*

Editorial Crítica ha decidido ahora publicar por separado varias colecciones de capítulos de la Historia de América Latina *sobre determinados temas, países o regiones para comodidad de los estudiantes (y profesores) de historia de América Latina y de la América Latina contemporánea.*

Historia de la Argentina *reúne siete capítulos de los volúmenes 4, 10 y 15 de la* Historia de América Latina *para ofrecer en un solo volumen una historia económica, social y política de Argentina. El libro comienza examinando el modesto crecimiento de la economía pastoral de la provincia de Buenos Aires, el limitado cambio social y demográfico, la desunión y la inestabilidad política, el caudillismo, y las guerras civiles con los estados vecinos en Río de la Plata que caracterizaron el período comprendido entre la independencia de la segunda década del siglo* XIX *y la Guerra de Paraguay (1865-1870). Los siguientes cuatro capítulos se centran en la «Edad de Oro» de Argentina, desde 1870 hasta 1930: el primero analiza la extraordinaria exportación que encabezó el crecimiento económico hasta la Pimera Guerra Mundial (basado en la tierra, en la tecnología y el capital extranjero, principalmente británico, en la inmigración masiva de europeos, básicamente italianos, y en los mercados extranjeros de carne y cereales —Argentina se convirtió en uno de los líderes mundiales en la exportación de artículos alimentarios en este período—); el segundo examina la transformación social asociada a este crecimiento económico, urbano y rural, y la unidad y estabilidad políticas que finalmente se alcanzaron; el tercero ofrece una instantánea de Argentina en 1914 —Buenos Aires, las Pampas, el interior—; el cuarto examina la continua prosperidad económica que siguió a la Primera Guerra Mundial combinada ahora, políticamente, con una forma limitada de democracia representativa. En vísperas de la gran depresión mundial de 1929, Argentina era la nación más avanzada económica, social y políticamente de América Latina. Finalmente, el libro se cierra con dos capítulos sobre el período comprendido entre 1930 y 1990. El primero de ellos trata el impacto económico de la depresión y la restauración de la norma de la oligarquía conservadora después de la «revolución» de 1930 y termina con el desarrollo del nacionalismo, el golpe militar de 1943 y la elección de Perón en 1946. El capítulo final examina la década de Perón en el poder y, sobre una base de dificultades políticas y de decadencia, la inestabilidad política de las siguientes décadas —incluyendo dos períodos de dictadura militar—, y la transición final a la democracia bajo la administración de Alfonsín (1983-1989).*

LESLIE BETHELL

Londres, octubre de 2001

Capítulo 1

LAS PRIMERAS DÉCADAS
DE LA INDEPENDENCIA

Argentina se independizó en la segunda década del siglo XIX con pocos de los elementos considerados esenciales en un Estado latinoamericano. Tenía minerales pero no minas, tierra pero poca mano de obra, comercio pero escasas mercancías. La economía de Buenos Aires emergió de su pasado colonial no como productora, sino como un simple centro mercantil. Los comerciantes en la capital no obtenían sus beneficios de la exportación de los productos nacionales, sino de la importación de bienes de consumo para un mercado que se extendía desde el Atlántico hasta los Andes, a cambio de metales preciosos que se producían en Potosí. El *hinterland* de la ciudad, si bien tenía sus chacras y estancias, estaba poco desarrollado. En el momento de la independencia, los productos agrícolas sólo suponían el 20 por 100 del total de las exportaciones de Buenos Aires; el otro 80 por 100 provenía de la plata. Hasta alrededor del periodo 1815-1820, la explotación agraria continuó siendo una actividad secundaria, las fincas ganaderas eran poco numerosas y de pequeñas dimensiones. Por otro lado, la agricultura estaba confinada a unas cuantas explotaciones en las afueras de las ciudades y apenas producía lo necesario para el mercado urbano.

La independencia alteró esta forma de economía primitiva. En primer lugar, los extranjeros desplazaron a los comerciantes de Buenos Aires. Los británicos, con los recursos, capital, flota y contactos con Europa de que disponían, asumieron el papel mercantil que previamente habían ejercido los españoles. La incapacidad de competir con los recién llegados hizo que los comerciantes locales buscaran otra salida en la agricultura y la ganadería. La provincia de Buenos Aires, hasta entonces pobre vecino de zonas ricas en pastos, se aprovechó de la mala fortuna de sus rivales. En los años que siguieron a 1813, Santa Fe, Entre Ríos y Corrientes fueron devastadas por la guerra de independencia al mismo tiempo que la Banda Oriental, otra zona rica en pastos que quedó arruinada por la revolución, la contrarrevolución y la invasión portuguesa de 1816. Buenos Aires aprovechó la ocasión y los que poseían capital consiguieron buenos dividendos con la ganadería. Los pastos se extendieron a expensas de la agricultura, la provincia aumentó la exportación de productos ganaderos y pronto tuvo que depender de la importación de grano. Con el tiempo, el comercio de la provincia con el interior disminuyó. La actividad comercial había dependido siempre de la habilidad del interior en conseguir plata vendiendo productos al sector minero. Pero la competencia de las importaciones británicas deprimió las industrias rurales y artesanales del interior en un momento en que la guerra y la secesión estaban eliminando los mercados establecidos en Chile y el Alto Perú. La coyuntura creada por la competencia británica, los estragos de la guerra y la decadencia del interior dejaron incapacitada a la economía tradicional de Buenos Aires para sustentar a la clase dominante. Esto hizo que dicho grupo empezara a diversificar sus intereses, a adquirir estancias y a poner las bases de una economía rural. La tierra abundaba, el suelo era rico y fértil, y normalmente el suministro de agua era bueno en las pampas. El mayor peligro residía en la frontera, y ésta estaba peligrosamente cerca. Los indios pampas que vivían justo al sur y al oeste del río Salado eran los indios más violentos de las llanuras. Irremediablemente salvajes, vivían y luchaban a caballo convirtiéndose en un enemigo móvil y evasivo, que manejaba la lanza y la bola con depurada técnica en sus veloces incursiones contra poblados, estancias, propiedades y personas. A partir de 1815, la expansión de la estancia se convirtió para el indio en una tragedia. Los colonos empezaron a ocupar sus terrenos de caza al sur del río Salado y, en represalia, los indios intensificaron sus ataques y extendieron sus saqueos. En ocasiones se sumaban a éstos los gauchos nómadas, los desertores del ejército, los delincuentes que huían de la justicia y los refugiados que huían de conflictos sociales o políticos, a los que se recurrió en las guerras civiles que tuvieron lugar por aquel tiempo, tanto por un bando como por otro. Los nuevos estancieros querían la ley y el orden en las pampas, y la paz en la frontera; también querían asegurar su propiedad.

A partir de 1822, Bernardino Rivadavia, ministro progresista del gobierno provincial de Martín Rodríguez, introdujo el sistema enfitéutico. Las tierras públicas se arrendaron (su venta estaba prohibida) a particulares y a corporaciones por 20 años a un precio fijo y extremadamente bajo; el solicitante simplemente había de medir y pedir la zona escogida. Esto convirtió la tierra en productiva, especialmente las vastas reservas que se extendían al sur de la frontera, al mismo tiempo que satisfacía la avidez de tierras de las familias adineradas. Este sistema contribuyó al latifundio y a la concentración de tierras. No existía ninguna limitación en cuanto a la cantidad de tierra que se podía arrendar y el arrendatario tenía plena libertad para vender sus derechos o subarrendar las tierras; las comisiones que determinaban el valor de las propiedades y que administraban su distribución estaban en manos de los estancieros. Entre 1824 y 1827, se hicieron varias concesiones extensísimas: algunas personas llegaron a recibir más de 10 leguas cuadradas (26.936 hectáreas) cada una. Hacia 1828 se habían concedido casi 1.000 leguas cuadradas (más de 2,6 millones de hectáreas) a 112 particulares y compañías, de los cuales diez recibieron 52.611 hectáreas cada uno. En la década de 1830, se habían transferido unos 8,5 millones de hectáreas de tierras públicas a 500 particulares, muchos de los cuales pertenecían a familias adineradas de la capital, como los Anchorena, los Santa Coloma, los Alzaga y los Sáenz Valiente, todos ellos miembros de la oligarquía terrateniente argentina.

En la expansión de la ganadería, el crecimiento más bien fue extensivo que intensivo, puesto que era la tierra y no el capital lo que abundaba y aún no existían innovaciones técnicas que modernizaran la producción o que mejoraran el ganado. Lo que importaba era el número de reses y el tamaño de las propiedades, pero llegó un momento en que la presión sobre los pastos y la falta de nuevas enfiteusis llevó al sector ganadero al límite de su expansión. Los estancieros se adentraron más y más en el sur, hacia territorio indio en busca de tierra barata sin ocupar. La acción del gobierno era necesaria para ocupar y proteger el nuevo territorio. Aunque Rivadavia se había ocupado de conceder tierras, poco había hecho para mantener el orden en el campo o para llevar la paz a la frontera. Juan Manuel de Rosas, uno de los pioneros de la frontera sur, propietario de grandes extensiones y con muchos peones a su servicio, comandante de milicias capaz de parlamentar con los indios y asustar a los políticos, y gobernador de Buenos Aires desde 1829, defendió una política de expansión y colonización y dio los primeros pasos para mejorar la seguridad en la tenencia de la tierra. Organizó y encabezó la Campaña del Desierto de 1833 hacia el Río Colorado y el Río Negro con el objeto de contener la agresión india, ampliar la frontera e imponer una paz perdurable. Rosas recurrió tanto a la diplomacia como a la fuerza, a las recompensas como a los castigos. Uno de los éxitos de Rosas fue añadir a Buenos Aires miles de kilómetros cuadrados de tierra, no desérticos, sino atravesados por grandes ríos. Los beneficios fueron instantáneos. El gobierno provincial transfirió grandes extensiones de las nuevas tierras a particulares en los años que siguieron a 1833, especialmente a los oficiales veteranos de la expedición. A medida que los colonos se adentraban hacia el sur, una vez más usurpaban el territorio de caza de los indios. No obstante, ahora, en la década de los cuarenta, los indios veían a los colonos con más respeto en parte por la fama militar de Rosas y también por la política pacificadora de subsidios.

Rosas también introdujo importantes modificaciones permanentes en la estructura legal de la propiedad. Existían tres maneras de adquirir tierras: por arrendamiento, compra o concesión. La enfiteusis había trascendido su sentido inicial. Había facilitado la explotación y la concentración de tierras, aunque el Estado se había beneficiado poco, porque la renta que se pagaba por ella era ínfima. Por este motivo, Rosas decidió vender la tierra pública al contado, cargando una contribución específica cuando fuera necesario. Las leyes de los años 1836-1838 que dispusieron la venta de tierras pusieron grandes extensiones en el mercado. La mayor parte de las tierras pasaron a manos de los más ricos, de los más poderosos y los más favorecidos; los nombres de los grandes compradores fueron casi idénticos a los de los grandes arrendatarios enfitéuticos como Anchorena, Díaz Vélez, Alzaga y Arana. Hacia 1840, 3.436 leguas cuadradas (9.255.209 hectáreas) de la provincia estaban en manos de 293 personas. No obstante, no había prisa para comprar tierra; es más, muchos compradores potenciales desistieron de hacerlo debido a la recesión económica —tal como sucedió durante el bloqueo francés de 1838-1840— o a la inseguridad política del momento. Por consiguiente, como alternativa a vender tierra, Rosas empezó a donarla. Hizo generosas concesiones de tierra a los partidarios del régimen, a los militares que participaron en guerras o aplastaron rebeliones, a los funcionarios y a los favoritos. La tierra se convirtió casi en moneda de cambio y a veces sirvió para pagar pensiones y salarios. Era la fuente fundamental del patronazgo y cuando era confiscada significaba un terrible castigo.

En la década de los años cuarenta, las vastas llanuras de Buenos Aires estaban repartidas entre las bien proveídas estancias y albergaban alrededor de 3 millones de cabezas de ganado que constituían la riqueza fundamental de la provincia y la base de la economía exportadora. Era ganado de clase inferior, criado en campo abierto al cuidado de unos cuantos vaqueros, pero proporcionaba cuero y carne salada que era lo que el mercado pedía.

La estancia vendía sus productos fuera y dentro de Buenos Aires, pero la infraestructura de la provincia era incluso más primitiva que las propiedades a las cuales servía. Era un país sin caminos ni puentes, donde sólo había rastros en las rutas principales. Casi todo se hacía y se suministraba a caballo, y los caballos eran un producto de la estancia tan importante como el ganado. Los caballos transportaban a los gauchos a través de las llanuras y a los ejércitos al campo de batalla. Los pescadores pescaban a caballo en los ríos e incluso los mendigos mendigaban a caballo. Pero los carros de bueyes eran el principal medio de transportar mercancías. Los carros se construían en los talleres de Tucumán y los conducían tenaces carreteros que operaban sobre todo en las rutas principales que atravesaban Argentina, una desde Buenos Aires a Chile, pasando por San Luis y Mendoza, y otra desde Buenos Aires hasta Bolivia, vía Córdoba, Santiago, Tucumán, Salta y Jujuy. Normalmente se viajaba en caravanas de 14 carretas, cada una de las cuales era tirada por seis bueyes, más tres de repuesto, avanzando despacio a través de las pampas y colinas en viajes que duraban semanas y meses. Los gastos de transporte eran elevados —20 libras esterlinas la tonelada incluyendo los impuestos de cada provincia— y el transporte significaba el 40 o incluso el 50 por 100 del coste inicial. El ganado era mucho más fácil de transportar que las mercancías, y expertos vaqueros lo conducían con rapidez de los ranchos a su punto de destino.

El principal mercado de las estancias eran los saladeros, unos grandes establecimientos donde se sacrificaba el ganado, se extraía el sebo, se salaba y se secaba la carne y se preparaba el cuero para la exportación. Los saladeros empezaron a abrirse en Buenos Aires en 1810, desapareciendo en 1817 debido a la escasez de carne en la ciudad, y volvieron a funcionar a partir de 1819, proliferando en las vías de acceso al sur de la ciudad. Hacia mediados de la década de 1820, existían unos 20 saladeros que sacrificaban más animales que los mataderos de la ciudad y exportaban cueros a Europa y tasajo a Cuba y Brasil. Los saladeros eran la única innovación técnica en la economía ganadera. En la década de los cuarenta, mientras que los saladeros de Buenos Aires y alrededores seguían siendo 20, su producción en cambio había aumentado enormemente, sacrificándose de 200 a 400 animales diarios por saladero durante la temporada. El saladero constituía una inversión considerable en local, máquinas de vapor y equipamiento de todo tipo; la mayoría pertenecían a sociedades más que a particulares, y muchos extranjeros tenían capital en esta industria. Los saladeros —dirigidos por expertos, suministrados por las estancias y protegidos por el gobierno— eran parte integral del sistema estanciero. La exportación de carne salada pasó de 113.404 quintales en 1835 a 198.046 en 1841, y a 431.873 en 1851.

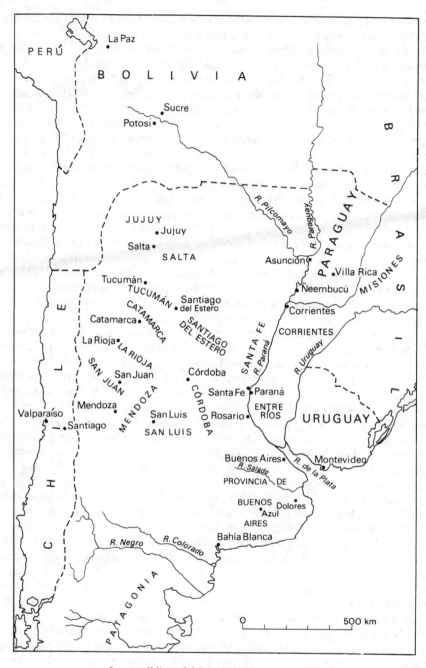

Las repúblicas del Río de la Plata, 1820-1870

El Estado favorecía a los ganaderos a expensas de los pequeños chacareros, y el país básicamente dependía del grano importado. En un periodo de escasez de capital, de poca tecnología y de falta de mano de obra era realista sacar provecho de los recursos naturales del país, dedicarse a la ganadería y promover las exportaciones con más garantía de éxito incluso si esto significaba desviar recursos de actividades respetables pero menos rentables. La política económica de Rivadavia se centró en subvencionar la inmigración y en confiar en la fertilidad del suelo y en las fuerzas del mercado. Pero los planes de colonización agraria de los años veinte fracasaron por falta de capital, organización y seguridad, lo que contrastaba con la gran expansión y el dinamismo interno de las estancias. En cualquier caso, la agricultura estaba sujeta a determinados obstáculos y requería un tratamiento especial. La mano de obra era escasa y cara, los métodos eran primitivos y los rendimientos bajos. El alto coste del transporte forzó a los campesinos a trasladarse más cerca de las ciudades, donde los precios de la tierra eran más elevados; por otro lado, siempre se tenía que competir con el grano extranjero. Así pues, la agricultura necesitaba capital y protección. Los gobiernos dudaban al respecto porque temían causar el encarecimiento de los alimentos y perder el apoyo popular. Desde la independencia hasta 1825, y a pesar de las quejas de los chacareros, prevaleció una política de aranceles bajos favorables al consumidor y a la exportación. Pero los chacareros no fueron los únicos que criticaron el libre comercio.

Las provincias del litoral y del interior se diferenciaban de la de Buenos Aires por varias cosas. En primer lugar, eran menos prósperas. Las guerras civiles que siguieron a la guerra de independencia perjudicaron la economía del litoral —Santa Fe, Entre Ríos y Corrientes— retrasando su desarrollo. Cuando al final empezaron a recuperarse se encontraron con un Buenos Aires dominante decidido a monopolizar el comercio, la navegación y las aduanas y a dictar una política de libre comercio. Por lo tanto, las negociaciones para conseguir un pacto federal entre las provincias estuvieron marcadas por duros debates en torno a la política económica. En el transcurso de 1830 Pedro Ferré, representante de Corrientes y líder del movimiento proteccionista del litoral, exigió no sólo la nacionalización de los ingresos procedentes de las aduanas y la libre navegación de los ríos, sino también la revisión de la política arancelaria de la provincia de Buenos Aires. José María Rojas y Patrón, delegado de Buenos Aires, contestó que la protección perjudicaba al consumidor sin ayudar realmente al productor; si las industrias nacionales no eran competitivas ni capaces de cubrir las necesidades de la nación, no existía protección alguna que las salvase. La ganadería dependía de la tierra barata, del dinero barato y de la constante demanda de cuero por parte de los mercados extranjeros. El proteccionismo aumentaría los precios y los costes y dañaría la exportación, y por lo tanto toda la población sufriría en beneficio de una pequeña minoría que no tenía contacto con la economía ganadera. Ferré rechazó tales argumentos, censuró la libre competencia, exigió protección para las industrias del país frente a los productos extranjeros de más bajo coste de producción y pidió la apertura de nuevos puertos además del de Buenos Aires, lo que reduciría la distancia y el coste de los transportes a las provincias. Sólo de esta manera se desarrollaría la economía del litoral y del interior, se protegerían las inversiones existentes y se reduciría el desempleo. Buenos Aires no cedió, y el Pacto del Litoral (1831) se firmó sin Corrientes, si bien se adheriría más tarde a él. El hecho de que Corrientes tomara la delantera en pedir protección no fue una casualidad. Aparte de estancias ganaderas, poseía un sector agrario vital que producía algodón, tabaco y otros productos subtropicales, cuya expansión necesitaba ser protegida de la competencia paraguaya y aún más de la brasileña. Pero durante el primer gobierno de Rosas (1829-1832), la política fiscal se orientó primordialmente a servir a la ganadería de Buenos Aires. Los cambios propuestos en 1831 —reducción de impuestos sobre la sal y el transporte del ganado a la ciudad— sólo iban a proteger a la industria de los saladeros que decían que estaba sufriendo la competencia de Montevideo y de Rio Grande do Sul. En 1833, se redujo el impuesto sobre el cuero y se suprimió el arancel sobre la sal que se transportaba desde las provincias del sur en buques nacionales. Pero la agricultura porteña, los productos del litoral y las industrias del interior no recibieron ningún tratamiento especial.

La economía del interior —el medio oeste y el oeste— en cierta medida se mantuvo aislada del impacto directo de la independencia, sufriendo menos que el litoral la devastación y las guerras. Es cierto que durante unos cuantos años la frontera noroeste fue una zona de conflictos bélicos y que los vínculos tradicionales con los mercados del Alto Perú y Chile se rompieron temporalmente. No obstante, a partir de 1817 la economía chilena volvió a funcionar de nuevo, estimulada por un comercio exterior más activo. El oeste de Argentina se incorporó al mercado transandino exportando mulas a la zona minera, ganado a los saladeros y a los mercados de las ciudades junto con otros productos andinos tales como fruta y vino. Estos mercados fueron oportunos, puesto que después de la independencia la competencia de los vinos europeos cerró virtualmente el mercado de la costa oriental a los de Mendoza. Salta tenía poco más que una economía de subsistencia, aunque criaba mulas para exportarlas fuera de la provincia. Tucumán continuó produciendo arroz y tabaco y elaborando azúcar y aguardiente, así como cuero. Pero los productos de la provincia tenían un alto coste de producción y estaban demasiado lejos de los mercados para competir, por ejemplo, con el azúcar brasileño. La minería andina estaba fuera de la economía. El oro, la plata, el cobre y el hierro de La Rioja, y el oro, la plata y el plomo de San Juan eran bienes inactivos. El sueño de Rivadavia de desarrollar la minería con capital británico nunca se llevó a cabo. La lejanía de las minas, la escasez de mano de obra, la tecnología deficiente y la total falta de medios de transporte hasta la costa hicieron que la explotación minera argentina resultara cara y no garantizara una explotación rentable. Por tanto, las «industrias del interior» se reducían a poco más que a los cereales, el vino y los tejidos, que en opinión de Buenos Aires no valía la pena proteger.

Sin embargo, en Buenos Aires también existía un interés proteccionista, expresado a veces en la asamblea y otras en los debates públicos, que exigía medidas para salvaguardar tanto la industria nacional como la agricultura. Estas opiniones reflejaban tanto la ansiedad de ciertas actividades manufactureras como un latente y hondo resentimiento hacia los extranjeros y además cierto federalismo; al respecto debe tenerse en cuenta que estas opiniones representaban diferentes minorías e intereses de grupo y que por lo tanto no significaban un nacionalismo económico. Buenos Aires poseía un pequeño sector industrial formado por manufactureros textiles, plateros, guarnicioneros y herreros que cubrían las pequeñas necesidades locales y en ocasiones las demandas del Estado. De hecho, la guerra mantuvo a muchos de ellos ocupados con pedidos de uniformes, equipos y material bélico. En 1831, Buenos Aires tenía 94 talleres de curtidos, 83 carpinterías, 47 forjas y 42 plateros. Básicamente eran industrias artesanas, aunque ya empezaba a vislumbrarse el surgimiento del sistema fabril. Algunas manufacturas empleaban varios trabajadores en un mismo local y ya existía algún tipo de especialización en el trabajo y se utilizaban máquinas en la fabricación de tejidos, sombreros, muebles y otros productos. Sólo unas cuantas de estas empresas podían competir en calidad y precio con los productos importados y constantemente presionaban para que el Estado interviniera en su favor. En enero de 1836, por ejemplo, los zapateros de Buenos Aires pidieron al gobierno que prohibiese la entrada de zapatos extranjeros, ya que no podían competir con los productores extranjeros a quienes el bajo costo de producción, las materias primas más baratas, la abundante mano de obra y el uso de maquinaria moderna les proporcionaba una ventaja arrolladora. Por su parte, los estancieros, incluyendo tanto a Rosas como a Anchorena, preferían el libre comercio al proteccionismo por razones de interés económico y porque favorecía al sector ganadero orientado a la exportación. Los que se oponían por principio al intervencionismo del Estado también apoyaron el libre comercio argumentando que la industria únicamente prosperaría cuando estuviera preparada para hacerlo y que no valía la pena proteger a los fabricantes nacionales que no pudieran competir en precio y calidad con los productos importados. Pedro de Angelis, uno de los portavoces más ilustrados del régimen de Rosas y que a la vez era historiador y periodista, atacó duramente la idea de proteger a la industria vinícola comarcal y a la industria del calzado porteña, porque el proteccionismo dispararía los precios perjudicando a todos los consumidores, al mismo tiempo que desviaría mano de obra hacia la industria que sería mejor empleada en el sector agrario.

Sin embargo, la preocupación por la adversa balanza de pagos mantuvo con vida al grupo proteccionista y a su debido tiempo Rosas intervino. En la ley de aduanas de diciembre de 1835, introdujo impuestos más elevados sobre las importaciones. Partiendo del impuesto básico situado en un 17 por 100, el arancel se incrementó protegiendo más a los productores más vulnerables hasta llegar a prohibir un gran número de artículos tales como los tejidos, la maquinaria y el trigo —en este último caso según cuál fuera el precio del nacional—. De esta forma, Rosas ayudó claramente a la producción manufacturera y a la agricultura.

¿Por qué lo hizo? ¿Creía realmente que Argentina podía llegar a industrializarse? ¿Estaba convencido de que su régimen podía acabar con su dependencia de las importaciones, resistir la competencia exterior y soportar un costo de vida más alto? ¿O actuaba bajo la coacción política, buscando ampliar la base social de su gobierno? En 1835-1836 no parecía que hubiera ninguna razón para que Rosas necesitara el apoyo de los sectores popular e intermedio de la sociedad. El régimen se apoyaba firmemente en los estancieros, que continuaban siendo el grupo dominante de la provincia y, a su vez, los aliados más fieles del gobierno. Parece que el objetivo de Rosas fue mantener la estructura económica existente, protegiendo al mismo tiempo a aquellos grupos minoritarios más indefensos dentro del sistema. Por lo tanto, los aranceles de 1835 se introdujeron para paliar las tensiones de los sectores agrícola e industrial sin dañar el sector ganadero de exportación. Al mismo tiempo, la ley tuvo un fuerte contenido interprovincial, ya que se intentó dar más credibilidad a la política federalista mostrando una actitud proteccionista no sólo ante Buenos Aires sino también ante las provincias.

En la práctica, las industrias nacionales, tanto la porteña como la de provincias, no respondieron como era de esperar a la protección brindada por la ley arancelaria y el bloqueo francés. Incluso bajo las mejores condiciones, cuando hubieran podido aprovecharse de la subida de los precios producida por la escasez, los fabricantes no fueron capaces de satisfacer las necesidades del país. Si las industrias existentes no supieron crecer, difícilmente quedaron incentivos para arriesgar el poco capital que había en nuevas empresas. El gobierno no podía continuar cargando todo el peso a los consumidores, y Rosas empezó a cuestionarse el proteccionismo. En 1838 los impuestos sobre las importaciones se redujeron un tercio para minimizar los efectos del bloqueo francés (véase más adelante). Entonces, argumentando la necesidad de buscar nuevos ingresos y atendiendo a la escasez de ciertos artículos, Rosas decidió (31 de diciembre de 1841) permitir la entrada a una larga lista de productos antes prohibidos. El argumento en favor del libre comercio demostró su validez: la producción nacional no fue capaz de aprovechar la protección brindada por el gobierno y los aranceles sólo causaron escasez y precios altos, siendo los consumidores y el tesoro público las principales víctimas. Parece ser que el mismo Rosas perdió la fe en el proteccionismo que, mientras estrangulaba al sector más fuerte de la economía, artificialmente apoyaba al sector más débil. Muy pocos se lo agradecieron. Por lo tanto, la industria se quedó al margen de la vida económica, relegada exclusivamente a los talleres artesanales. Cuando el inglés Charles Mansfield visitó el Río de la Plata en 1852-1853, viajó como un embajador publicitario de los productos británicos: el poncho de algodón blanco que llevaba, aunque comprado en Corrientes, se había confeccionado en Manchester y sus espuelas plateadas compradas en Buenos Aires se habían fabricado en Birmingham. La tendencia hacia la economía agropecuaria reflejaba tanto la estructura social como las condiciones económicas. La clase alta prefería los productos importados, mientras que el resto de la población no formaba un mercado de consumo suficiente para impulsar la industrialización. En el Buenos Aires de Rosas existían pocas libertades, pero el libre comercio era una de ellas.

Buenos Aires vivía del comercio exterior y sus estancias en expansión dependían de los mercados exteriores. En los primeros años que siguieron a la independencia se produjo un gran desequilibrio comercial porque, mientras decaía la exportación de metales preciosos, aumentaba la importación de bienes de consumo, y la exportación de los derivados del sector ganadero tardó dos décadas en equilibrar la balanza de pagos. En 1829 y en 1832, las importaciones todavía rebasaban las exportaciones; así pues, la forma de cubrir la diferencia era exportar moneda. De ello resultó que en el país faltara dinero en metálico, problema que se subsanó emitiendo más papel moneda que nunca. Las letras de cambio libradas al cambio de Londres eran el instrumento de crédito del comercio internacional y los comerciantes británicos llegaron a dominar el mercado financiero de Buenos Aires. El intercambio principal consistía en tejidos ingleses a cambio de cueros argentinos, un comercio que se mantuvo constante si bien sin un cambio espectacular excepto durante los años del bloqueo, en 1838-1839 y en 1845-1846, cuando sufrió una caída en picado. Desde 1822 hasta 1837, las exportaciones de Buenos Aires aumentaron su valor de 700.000 libras a 1 millón; de 1837 a 1851 lo doblaron hasta llegar a 2 millones anuales. El cuero constituía la mayor parte de estas exportaciones. En la década de 1830, desde Buenos Aires se exportó una media anual de 798.564 cueros y de 2.303.910 en la de 1840. En 1836 el cuero representaba el 68,4 por 100 del valor total de las exportaciones de Buenos Aires y en 1851 supuso el 64,9 por 100. Si añadimos a este producto la carne salada y otros derivados del ganado, en este caso la industria ganadera en 1855 constituía el 82,8 por 100 del total de las exportaciones. La causa principal del crecimiento de las exportaciones fue la incorporación de más tierras en el sistema, especialmente la expansión de la frontera sur a partir de la Campaña del Desierto de 1835. La provincia de Buenos Aires producía alrededor de los dos tercios del total de los cueros que se exportaban desde las provincias del litoral. Otra causa, aunque secundaria, fue el bloqueo de Buenos Aires por las potencias extranjeras que, al paralizar temporalmente el envío de cueros, hizo aumentar las reservas de ganado permitiendo de esta forma que el ganado se multiplicara en las pampas.

Mientras tanto, las importaciones que entraban en Buenos Aires pasaron de un total de 1.500.000 libras esterlinas en 1825 a 2.100.000 en 1850, un aumento que probablemente fue más importante en cantidad que en valor debido a la caída de los precios de los productos manufacturados europeos. El ahorro era escaso y existía poco capital acumulado. La importación de productos de lujo y de consumo absorbía el capital excedente que de otra forma se podría haber invertido. Pianos, relojes, joyas y piedras preciosas constituían el 10 por 100 de las importaciones anuales. Los productos de consumo y lujo tales como muebles, ropa y zapatos para el mercado de calidad suponían el 32 por 100. De esta manera, casi la mitad de las importaciones eran productos manufacturados que cubrían la demanda de calidad superior. Las materias primas industriales, tales como carbón, hierro y otros metales, sumaban sólo el 3 por 100 de las importaciones, lo que indica el escaso grado de industrialización, la ausencia de tecnología y el bajo nivel del empleo artesano.

Argentina ya empezaba a desarrollar unos lazos económicos más estrechos con Gran Bretaña. En los primeros años de la república los cargueros británicos transportaron un 60 por 100 de las mercancías que entraban y salían de Buenos Aires. Hacia mediados de siglo y con una competencia creciente, la flota británica en Buenos Aires cargaba el 25 por 100 del total. La mayor parte del comercio se dirigía a Gran Bretaña (322 buques y el 22,8 por 100 del tonelaje en 1849-1851) y a los Estados Unidos (253 buques y el 21,6 por 100), aunque una porción considerable del comercio (33 por 100) todavía se destinaba a países menos desarrollados como Cuba, Brasil, Italia y España. En la primera mitad del siglo XIX, el valor del comercio británico en Argentina no ascendió espectacularmente. En el periodo comprendido entre 1822 y 1825, la media anual de las exportaciones estuvo entre las 700.000 y 800.000 libras esterlinas, y en 1850 el valor de las exportaciones británicas a Argentina se situó en 900.000 libras esterlinas. A pesar de la creciente competencia, en 1837, el valor total de las exportaciones británicas al Río de la Plata superaba el de todos los otros países extranjeros juntos; en 1850 aún se mantenía esta diferencia respecto a los demás competidores. Argentina se apoyaba en la manufactura, el transporte y los mercados británicos, pero todavía no dependía del capital y la tecnología británica, tomaba por sí misma sus decisiones económicas y su independencia nunca se puso en duda. A mediados de siglo la balanza comercial se estaba equilibrando, ya que el mercado británico consumía más materias primas argentinas.

La estructura social era simple y de dimensión reducida. Argentina era una tierra llena de ganado pero sin apenas habitantes, y con 2,59 millones de kilómetros cuadrados de territorio en 1820 contenía un tercio de la población del Londres de entonces. Con todo, Argentina, en los cincuenta años que siguieron a la independencia, conoció un crecimiento demográfico constante; se pasó de los 507.951 habitantes de 1816 a los 570.000 de 1825, 1.180.000 en 1857 y 1.736.923 en 1869. En los treinta años que transcurrieron de 1825 a 1857, la población se dobló. Este crecimiento se debió esencialmente a la caída de la tasa de mortalidad en un momento en que las condiciones económicas mejoraron, no surgieron epidemias de importancia y los brotes de cólera y de fiebre amarilla todavía estaban por llegar. En este periodo, la inmigración fue moderada, pero una vez terminó el bloqueo llegaron a Buenos Aires vascos, franceses, canarios, italianos y británicos. El incremento más notable de la población se registró en las provincias del litoral, que pasaron de representar un 36 por 100 del total en 1800, al 48,8 por 100 en 1869. Buenos Aires y Córdoba sumaban más de un tercio del total de la población. Buenos Aires era una ciudad insalubre y pestilente, sin comodidades, sin alcantarillas y sin suministro de agua. Pero aún así sus habitantes crecían en número, pasando de 55.416 en 1822 a 177.787 en 1869, mientras la población global de la capital y la provincia conjuntamente pasó de 118.646 a 495.107 en este mismo periodo.

La propiedad agraria era la base de la sociedad. Las grandes estancias concedían *status* e imponían subordinación. Los estancieros o sus clientes controlaban la administración, la cámara de representantes, el gobierno local y la milicia. La polarización de la sociedad era absoluta. Existía una clase alta formada por los terratenientes y sus asociados, y una clase baja que comprendía al resto de la población, aunque, a decir verdad, algunas delimitaciones sociales eran difusas. El comercio era importante económicamente y respetado socialmente. Además, el comercio hizo que se amasaran las primeras fortunas, como las de las familias Anchorena, Alzaga y Santa Coloma. Pero la elite urbana de principios del siglo XIX no adquirió una identidad propia ni se convirtió en una clase media independiente. Enfrentados a la insistente competencia británica en los años que siguieron a la independencia, los hombres de negocios locales empezaron a desviar su capital hacia la tierra y sin abandonar sus ocupaciones en la ciudad se convirtieron en estancieros, identificándoseles como una nueva aristocracia. Nadie llenó este sector de clase media que había quedado vacío. La función empresarial fue ejercida por extranjeros; los empresarios británicos pronto dominaron las actividades comerciales, mientras que los inmigrantes europeos emprendían ocupaciones artesanales, complementando el papel de los artesanos locales. Pero mientras que los comerciantes criollos ascendieron socialmente convirtiéndose en una aristocracia terrateniente, los artesanos y los manufactureros se fundieron claramente con los sectores sociales más bajos, marcados por su actividad manual que a menudo ejercía también la gente de color.

Si en las ciudades había pocas perspectivas de que emergiera una clase media nativa, aún era menos probable que ésta se formase en el área rural, donde un abismo separaba a los terratenientes de los braceros sin tierra. No obstante, la homogeneidad de la clase terrateniente no era absoluta. Algunos estancieros eran propietarios de extensiones inmensas y otros poseían propiedades relativamente modestas. Los primeros a menudo eran capitalistas de origen urbano, con algunos estudios, que aspiraban a un nivel de vida más alto. Los otros más bien eran descendientes de antiguos moradores de aquellas tierras, culturalmente se diferenciaban poco del gaucho y eran analfabetos e indiferentes a las comodidades materiales y apenas invertían en mejoras. Con todo, y a pesar de las diferencias en la renta, la cultura y el estilo de vida, los estancieros, si los comparamos con los peones de sus propiedades y los gauchos de las pampas, formaban una unidad. Entre la clase terrateniente existía un importante sentimiento de solidaridad y cohesión de grupo. El mismo Rosas era el centro de un amplio grupo de parientes, basado en la tierra. Estaba rodeado de una tupida red económica y política que abarcaba diputados, abogados, funcionarios y militares, que también poseían tierras y estaban emparentados entre ellos o con su líder. Rosas utilizó su extenso patronazgo para unir aún más esta pequeña oligarquía. Los Anchorena, en concreto, llegaron a ampliar sus propiedades rurales y urbanas gracias a la ayuda directa de Rosas, beneficiándose de sus alegados servicios al Estado.

Al final del periodo colonial, las pampas estaban habitadas por ganado salvaje, indios indómitos y gauchos rebeldes. Los gauchos eran el resultado de la mezcla de razas; se ha discutido sobre sus componentes raciales, pero no hay duda alguna de que en el litoral existían tres etnias: indios, blancos y negros. Por simple definición, el gaucho era un hombre libre a caballo, aunque sus contemporáneos y los historiadores más tarde utilizaron el término en un sentido más amplio, refiriéndose a la gente del campo en general. Muchos pobladores del campo, sin embargo, no eran gauchos ni peones; eran familias independientes que vivían en pequeños chacras o ranchos, o que se ganaban la vida en una pulpería o una población. Precisando aún más, se puede distinguir entre los habitantes sedentarios del campo —que trabajaban sus tierras o las del patrón— y los gauchos puros, que eran nómadas e independientes, sin vínculos con la tierra. Afinando aún más las definiciones, el gaucho malo se identificaría como aquel que vivía violentamente y en la casi delincuencia, y a quien el Estado consideraba delincuente. Tanto si era bueno como si era malo, el gaucho clásico preservaba su libertad desvinculado de toda institución formal; era indiferente al gobierno y a sus agentes y también a la religión y a la Iglesia. No pretendía apoderarse de tierras: la caza, el juego y las peleas eran su vida. La vida nómada del gaucho tenía muchas implicaciones sociales: le impedía tener un empleo u ocupación fijo y las ideas de propiedad, industria o vivienda le eran ajenas, como también lo era el concepto de familia. Los sectores sociales más altos disfrutaban de la estabilidad familiar, y estos lazos de parentesco les hacían más fuertes y poderosos. Los sectores sociales bajos eran mucho más débiles institucionalmente. Esto reflejaba en parte la división ciudad-campo en dos culturas diferentes; también era una de las características de la estructura social. Las uniones entre gauchos y peones eran temporales y las familias resultantes no mantenían lazos profundos. El matrimonio era una excepción, y la madre soltera era la que formaba el núcleo de la familia rural, ya que ella era el único de los progenitores siempre presente. Incluso cuando el padre no llevaba una vida de gaucho nómada, se empleaba donde le contrataban, o se reclutaba como soldado o montonero.

Los grupos dominantes en el campo habían impuesto tradicionalmente una forma de coerción sobre los que ellos llamaban «mozos, vagos y mal entretenidos», esto es: vagabundos sin patrón ni empleo, vagos que se sentaban en grupos cantando y tocando la guitarra, bebiendo mate o licor y jugando, y que parecía que nunca trabajaban. Esta clase era vista como mano de obra potencial y era objeto de una fuerte represión por parte de los terratenientes —expediciones punitivas, encarcelamientos, reclutamientos para proteger la frontera india, castigos corporales y otras penas—. La legislación tildaba a los vagos y mal entretenidos de delincuentes por definición, y a la vagancia de delito. Aplicadas rigurosamente por los jueces de paz, las leyes de antivagancia tenían el objetivo de imponer el orden y la disciplina en el campo, de facilitar una reserva de mano de obra para los hacendados y para proporcionar reclutas al ejército. La milicia se convirtió de hecho en una prisión abierta a la que se conducía a la parte más miserable de la población rural. Para el gaucho, los años que siguieron a la independencia fueron incluso más duros que los anteriores. La concentración de la propiedad impidió que la mayoría de la gente adquiriera tierra, mientras que la expansión de las estancias hizo que aumentara la demanda de mano de obra. Durante el periodo colonial, la existencia de prácticas consuetudinarias en las pampas permitió al gaucho acceder al ganado cimarrón de los pastos sin dueño. Pero estas formas tradicionales desaparecieron cuando se establecieron y dotaron las estancias, cuando proliferó la propiedad privada en los llanos y los terratenientes se adueñaron del ganado. Las leyes republicanas, tanto las de Rivadavia como las de Rosas, atacaron el vagabundeo y movilizaron a la población rural. Se obligó a la gente a que llevase documentación personal y certificado de empleo; si se encontraba a un peón fuera de su estancia sin permiso, se le reclutaba o se le asignaba un trabajo público. De esta forma, el gaucho pasó de ser un nómada libre a ser un peón de estancia.

Este tipo de sociedad primitiva no estaba preparada para un sistema constitucional o para participar en la vida política. La estancia dominaba la vida social y económica del país erigiéndose como modelo de gobierno. Los estancieros gobernaban sus dominios con su autoridad personal, exigiendo obediencia incondicional. Configuraban una clase poderosa y cohesionada que no tenía rival. Argentina aún no poseía un sector medio de comerciantes o de industriales y tampoco tenía muchos campesinos. La clase popular, mucho más numerosa, tenía una composición heterogénea y estaba dividida en grupos distintos: los peones de las estancias, los obreros asalariados, los pequeños campesinos o arrendatarios, los gauchos marginales y los delincuentes. La subordinación de los sectores más bajos de la sociedad, sus parcas espectativas y su aislamiento en las inmensas llanuras impidieron conjuntamente que apareciera un movimiento político autónomo desde abajo. Por otra parte, eran los elementos ideales para las movilizaciones militares y les era fácil convertirse en montoneros (los grupos guerrilleros de las llanuras). No luchaban por conflictos de clase, sino por conflictos sectoriales e internos de los grupos dominantes, esto es: por disputas entre propietarios o entre familias poderosas, por oponerse al gobierno existente, o por enfrentamientos entre provincias vecinas. En una situación de equilibrio entre facciones, los líderes acudían a las personas a su servicio para reunir el máximo número de hombres para inclinar la balanza a su favor. No obstante, la utilización de fuerzas populares no perseguía objetivos populares. La estancia podía movilizar a sus peones para el trabajo o para la guerra, y un jefe regional podía a su vez recurrir a los estancieros clientes suyos. Además, los enfrentamientos dentro de la propia oligarquía se daban en una situación demográfica peculiar en la que una población relativamente pequeña apenas poblaba las llanuras. Mientras que en la cúpula de la sociedad los lazos de parentesco eran estrechos, entre los miembros de las clases populares, especialmente en las zonas rurales, el contacto era escaso en parte debido a las grandes distancias que separaban a los núcleos rurales y por el hecho de que los peones estaban atados a la tierra e inmovilizados por las reglas de la estancia. En pocas palabras, se reclutaba, se mandaba y se manipulaba a la gente, pero no se la politizaba. ¿De qué forma se conseguía?

La relación entre patrón y cliente era el vínculo fundamental. El propietario quería mano de obra, lealtad y servicio tanto en tiempos de guerra como de paz. El peón necesitaba medios de subsistencia y seguridad. Así pues, el estanciero se erigía en protector, poseyendo la suficiente fuerza para defender a los que estuvieran a su servicio de los indios merodeadores, de los sargentos reclutadores y de los grupos rivales. El estanciero también era un proveedor que desarrollaba y protegía los recursos locales y que proporcionaba empleo, sustento y albergue. Al suministrar lo necesario y al explotar los recursos, el hacendado reclutaba una peonada. Esta primitiva estructura política, basada en el poder individual, erigida sobre la lealtad personal y cimentada por la autoridad del patrón y la dependencia del peón, fue finalmente incorporada al Estado y llegó a ser el modelo del caudillismo. Mediante alianzas individuales se construía una pirámide social en la que los patrones a su vez se convertían en clientes de otros más poderosos y así todos eran clientes de un superpatrón que se encontraba en la cima del poder. De esta forma, el caudillo local desde su base rural, apoyado por sus estancieros clientes y sus subordinados, podía conquistar el Estado para sí mismo, para su familia y su región. Como representante de un grupo, clase o provincia, reproduciría el personalismo y el patronazgo en el que se había formado y crecido. El caudillismo era el reflejo de la sociedad y los caudillos sus criaturas.

El caudillo era en primera instancia un guerrero, un hombre capaz de mandar y defender; durante las guerras de liberación, las guerras civiles y las nacionales, el caudillo era el hombre fuerte que pudo reclutar tropas, dirigir los recursos disponibles y proteger a su gente. En el caudillo se conjugaban el poder militar y la autoridad personal. No obstante, el caudillo no sólo respondía a las necesidades militares sino también a las presiones civiles. A menudo era el agente de una gran familia que de hecho constituía una dinastía gobernante; a veces era el representante de los intereses económicos de una región que requería un defensor contra las otras regiones o contra el poder central, y en algunas ocasiones era el que conseguía convertir un interés particular —la estancia orientada a la exportación, por ejemplo— en un interés nacional. Disponiendo de los recursos del Estado, el caudillo se convirtió entonces en el distribuidor del patronazgo, repartiéndose el botín con su clientela y consiguiendo aún más favores de ellos; al conceder servicios y tierras, el caudillo, el superpatrón, se redimía de sus promesas manteniendo a sus seguidores en un estado de peonaje político.

Los orígenes y la trayectoria de los caudillos argentinos también se ceñían a estos prototipos. Provenían, en la mayoría de los casos, de familias que habían sido ricas y poderosas desde la época colonial. En su gran mayoría eran propietarios de tierra y bastantes ocupaban cargos militares. Los mismos caudillos se ocupaban de preservar esta herencia. De los 18 caudillos que gobernaban en las distintas provincias argentinas entre 1810 y 1870, 13 eran grandes terratenientes, 1 poseía una propiedad mediana y 1 era propietario de un astillero. Todos ellos tenían cargos militares, en el ejército o en la milicia, y de 12 que tenían edad suficiente para haber participado en las guerras de independencia, 9 lo habían hecho. La riqueza era un requisito esencial; 15 caudillos eran inmensamente ricos y 2 lo eran medianamente. Virtualmente, todos poseían cierta educación. Sus expectativas políticas no fueron buenas; nueve murieron de forma violenta y tres lo hicieron en el exilio. Existieron pocos casos de movilidad social en la carrera de caudillo. Sin lugar a dudas, la revolución de la independencia permitió a los criollos un mayor acceso a la política, la burocracia y el comercio, pero la estructura social basada sobre la tierra, la riqueza, el prestigio y la educación no se alteró. De acuerdo con el criterio de riqueza, sólo dos de los 18 caudillos (Estanislao López y Félix Aldao) pasaron de una riqueza media a otra mayor. El resto siguió la tradición de su familia en cuanto a riqueza y prestigio, incrementando, eso sí, su patrimonio. La trayectoria que siguieron es bien conocida: de estancieros a caudillos a través del ejército.

1820 fue un año de anarquía. La independencia de España no culminó en la unidad nacional, sino en un desmembramiento general. Después de una década de conflictos entre Buenos Aires y las provincias, entre el gobierno central y los intereses regionales, entre los unitarios y los federalistas, el esquema de organización política del Río de la Plata se desmoronó. Proliferaron las repúblicas independientes por todo el país y cuando Buenos Aires trató de someterlas éstas se resistieron. Los caudillos de las provincias —Estanislao López de Santa Fe, Francisco Ramírez de Entre Ríos— dirigieron a sus fuerzas irregulares de gauchos y de temibles montoneros a luchar contra la capital. El 1 de febrero de 1820 derrotaron a las fuerzas de Buenos Aires en la batalla de Cepeda, destruyendo cualquier rastro de centralismo. Sólo el gobierno provincial de Buenos Aires sobrevivió, aunque también hostigado por la anarquía, mientras que las personas y las propiedades quedaron a merced de los pequeños caudillos, los gauchos y los indios. Buenos Aires buscó protección en la zona rural. Mientras tanto, dos de sus líderes, Martín Rodríguez y Manuel Dorrego, intentaron hacer frente a la situación desesperadamente, pidiendo a los estancieros del sur que fueran en su ayuda con las milicias rurales. Su respuesta fue inmediata, incluyendo la de Rosas, que veía el peligro que corrían sus propios intereses si la anarquía del momento no cesaba. Con el apoyo de los estancieros, Rodríguez consiguió ser elegido gobernador en septiembre de 1820, pactando la paz con los caudillos.

La política del gobierno de Rodríguez procedía de las ideas del primer ministro, Bernardino Rivadavia, un hombre culto, liberal y burócrata. Aspiraba a la modernización de Argentina a través de la liberalización económica, la inversión extranjera y la inmigración. Aplicó el sistema de enfiteusis —el arrendamiento de las tierras del Estado— para hacer productiva la riqueza natural de Argentina. Pensaba que las instituciones liberales y una nueva infraestructura serían la base para la modernización que daría paso a una gran Argentina unificada, sin divisiones políticas ni económicas. Este era el plan de Rivadavia, un plan ilustrado, desarrollista y unitario. De hecho fue más un sueño que un proyecto, porque algunas de sus ideas eran impracticables y otras eran demasiado revolucionarias para su tiempo. Rosas y sus asociados rechazaron totalmente el modelo por estar fuera de lugar; ellos defendían una economía más primitiva —la cría de ganado para exportar cueros y carne salada— que ofrecía dividendos inmediatos y además estaba en armonía con la tradición del país. Las innovaciones del nuevo régimen les alarmaron. El 7 de febrero de 1826 Rivadavia fue nombrado presidente de las Provincias Unidas del Río de la Plata; tenía una constitución unitaria y muchas ideas. En marzo la ciudad de Buenos Aires fue declarada capital de la nación y federalizada. El 12 de septiembre, Rivadavia llevó al Congreso su propuesta de dividir en dos la zona no federalizada de la provincia de Buenos Aires, creando las provincias de Paraná en el norte y la del Salado en el sur. Estas medidas afectaban directamente los intereses de los estancieros. La federalización de la ciudad de Buenos Aires y sus alrededores amputaba la mejor parte de la provincia y una gran parte de su población. También implicaba la nacionalización de los ingresos del puerto que suponían un 75 por 100 de la renta provincial, lo que a su vez suscitó el temor de que el siguiente paso fuera aumentar los otros recursos fiscales gravando las tierras o los ingresos. Para los terratenientes, que consideraban a Buenos Aires, a su *hinterland*, a su puerto y a su provincia como una sola cosa, estas mediados anunciaban la división y el desastre.

La política de Rivadavia perjudicaba a demasiados grupos de interés para poder tener éxito. Sus opositores políticos inmediatos, los federalistas, tildaron su política unitaria de poco democrática y de estar influenciada por el federalismo de los Estados Unidos, y defendieron una solución federal para la cuestión de la organización nacional. Los estancieros veían a Rivadavia como un peligro que amenazaba sus privilegios económicos y fiscales y como un intelectual que no se preocupaba de la seguridad rural y que, mientras promovía el progreso urbano a la manera europea, dejaba que los indios salvajes merodearan por las llanuras. Se opusieron a la inmigración por considerarla costosa, innecesaria y probablemente subversiva, ya que acarrearía la lucha por la tierra y la mano de obra, encareciendo a ambas. La política anticlerical del régimen, seguida principalmente para recortar el poder temporal de la Iglesia, para extender la libertad religiosa y para acercar a Argentina a las tendencias y expectativas extranjeras, no sólo fue un anatema para el clero sino también para todos aquellos que defendían los valores conservadores, y sirvió para unir a los federalistas, a los estancieros y al clero bajo el estandarte de religión o muerte. Rosas y los Anchorena tomaron las riendas para organizar la resistencia contra los planes de Rivadavia. Hasta entonces Rosas no había pertenecido al partido federal ni había estado relacionado con su líder Manuel Dorrego. Pero en la segunda mitad de 1826, a la cabeza de un grupo de amigos, parientes y clientes, se alió al partido que más tarde absorbería y destruiría. Se unió a los federalistas no por razones ideológicas, porque no tenía un ideario concreto, sino porque la política unitaria suponía una amenaza para sus planes de hegemonía agraria.

Rivadavia cedió ante la fuerza conjunta de sus oponentes y dejó la presidencia el 27 de julio de 1827. De hecho, Rivadavia no contaba con una base de apoyo real porque representaba a intelectuales, funcionarios y políticos de carrera, es decir, a un grupo que no conformaba por sí mismo un sector social. Por otro lado, Rosas contaba con una poderosa base específica: la de los estancieros que poseían los principales recursos del país además de una fuerza paramilitar considerable. Pero Rosas no era quien gobernaba sino los federalistas, y el 12 de agosto de 1827 Manuel Dorrego fue elegido gobernador. La popularidad de Dorrego, su independencia y su negativa a aceptar consejos alertó a Rosas y a sus seguidores, porque experiencias anteriores habían demostrado el peligro que suponía la divergencia entre aquellos que gobernaban en las estancias y los que lo hacían en Buenos Aires. Dorrego fue derrocado el 1 de diciembre de 1828, aunque no por sus aliados sino por los unitarios —cuando el general Juan Lavalle dirigió una coalición de los militares que habían regresado de la guerra con Brasil, de políticos profesionales, de comerciantes y de intelectuales—. La revolución de diciembre se hizo en nombre de los principios liberales en contra del conservadurismo rural, el caudillismo y el provincialismo, y fue un intento de restaurar el sistema de Rivadavia. Pero Lavalle, al ordenar la ejecución de Dorrego —un hombre moderado y pacífico—, dio un pretexto a sus enemigos para intervenir. Esta cruel sentencia fue criticada por todos los sectores, especialmente por el pueblo; se tachó a los unitarios de asesinos y se agravó la anarquía del momento. También dejó el camino libre para que Rosas dirigiera el Partido Federal. Respaldado por sus aliados estancieros y sus ordas rurales, Rosas se apoderó del poder que estaba en manos de Lavalle y de los unitarios y fue elegido gobernador por una agradecida asamblea el 6 de diciembre de 1829. No se trataba de una elección ordinaria, porque se otorgaron al nuevo gobernador poderes dictatoriales y el mandato judicial de restaurar el orden.

¿Cómo se puede explicar la hegemonía de Rosas? En parte, Rosas fue un producto de las circunstancias. Representó la llegada al poder de un nuevo grupo de interés económico, el de los estancieros. La elite clásica de la revolución de 1810 fueron los comerciantes y los funcionarios. La lucha por la independencia había generado un grupo de hombres que hicieron una «carrera de la revolución» —políticos profesionales, funcionarios públicos, nuevos grupos de militares, en definitiva hombres que servían al Estado y cobraban un sueldo de él—. Los comerciantes de Buenos Aires, que emergieron del periodo colonial como el grupo de interés más importante, al principio fueron poderosos aliados de la nueva elite. No obstante, a partir de 1820, muchas familias de comerciantes empezaron a buscar otras salidas e invirtieron en tierras, en ganado y en saladeros. Esta oligarquía terrateniente procedente del comercio y con raíces en la sociedad urbana sería el grupo social dominante en el futuro. Sin embargo, por el momento no poseía el poder ejecutivo del Estado, resultando que aquellos que tenían el poder económico no gobernaban y que en cambio los que gobernaban no tenían base económica. Inevitablemente, los terratenientes empezaron a buscar el control político directo. Al derrotar a Rivadavia y a Lavalle en 1827-1829, no sólo derrocaron a los unitarios sino a la clase gobernante existente —los políticos— y se hicieron con el gobierno mediante Rosas.

Por lo tanto, las condiciones existentes crearon a Rosas. Era la síntesis de la sociedad y la economía agrarias, y cuando los intereses de este sector coincidieron con los de los federalistas de la capital, Rosas se dispuso a representar y dirigir la alianza. Rosas poseía las cualidades específicas para hacerlo; sus orígenes, su carrera y su control sobre los acontecimientos le convertían en una figura de peso incluso antes de que fuera nombrado gobernador, dejando sin otra alternativa a los estancieros. Su carrera personal fue extraordinaria, sin responder precisamente al modelo del comerciante convertido en terrateniente que caracterizaba a tantos de sus seguidores. Rosas empezó en la estancia, aprendió el negocio desde abajo, acumuló capital en el sector rural y prosperó desde allí. Fue un pionero de la expansión agraria y de la cría de ganado, empezando algunos años antes de la gran marcha hacia el sur que se dio a partir de 1820. Rosas era un terrateniente no absentista que vivía en la estancia y estaba involucrado en las tareas del campo. Por ello entró en contacto directo con los gauchos, delincuentes, indios y otros habitantes de las pampas, en parte para emplearlos en sus tierras y en parte para movilizarlos como milicia. Rosas era tanto estanciero como comandante de milicia, y había acumulado más experiencia militar que cualquier otro de los de su clase. No tenía rival en reunir tropas, en entrenar y controlar la milicia, y en capacidad para desplegar unidades no sólo en la frontera sino en las operaciones urbanas. La dimensión militar de la temprana carrera de Rosas fue lo que le dio ventaja sobre sus oponentes. Ésta culminó en la guerra de guerrillas de 1829 cuando reunió, controló y dirigió las anárquicas fuerzas populares en un ejército irregular que derrotó a las fuerzas profesionales de Lavalle. Por lo tanto, Rosas se creó a sí mismo.

Rosas dividía la sociedad entre los que mandaban y los que obedecían. El orden le obsesionaba, y la virtud que más admiraba en las personas era la subordinación. Si había algo que Rosas aborreciera más que la democracia, era el liberalismo. La razón de que Rosas detestara a los unitarios no se debía a que éstos deseaban una Argentina unida, sino más bien a que eran liberales que creían en los valores seculares del humanismo y el progreso. Rosas los identificaba como masones e intelectuales, como a subversivos que minaban el orden y la tradición, y los responsabilizaba especialmente de los asesinatos políticos que brutalizaron la vida pública argentina de 1828 a 1835. Las doctrinas constitucionales de los dos partidos no le interesaban y nunca fue un verdadero federalista. Pensaba y gobernaba como un centralista, defendiendo la hegemonía de Buenos

Aires. Rosas acabó con la división tradicional entre federalistas y unitarios, haciendo que ambas categorías se quedaran virtualmente sin significado. Las sustituyó por rosismo y antirosismo.

¿Qué era el rosismo? El poder del rosismo se basaba en la estancia, que a la vez era el centro de los recursos económicos y un sistema de control social. Durante el mandato de Rosas, continuó y se completó el dominio de la economía a través de la estancia. Al comienzo de su régimen, una parte importante del territorio que constituía la provincia de Buenos Aires aún estaba controlada por los indios. Incluso dentro de la frontera, al norte del Salado, existían grandes zonas sin ocupar por los blancos. Rosas defendió una política de poblamiento y expansión territorial. La Campaña del Desierto de 1833 añadió a la provincia de Buenos Aires miles de kilómetros cuadrados al sur del río Negro, además de nuevas riquezas y la seguridad y confianza derivadas de la gran victoria sobre los indios. Las tierras del sur y la no ocupada ni cedida en enfiteusis del norte dieron al Estado una gran reserva de tierras que podían ser vendidas o regaladas. El mismo Rosas fue uno de los primeros beneficiados de este gran reparto. La ley del 6 de junio de 1834 le concedió la propiedad absoluta de la isla Choele-Choel en reconocimiento por su intervención en la Campaña del Desierto. Además, se le concedió la posibilidad de cambiar la isla por 60 leguas cuadradas de tierra pública a su elección. También fueron recompensados sus seguidores. La ley del 30 de septiembre de 1834 otorgó tierras hasta un máximo de 50 leguas cuadradas a los oficiales que habían participado en la Campaña del Desierto; por otro lado, la ley del 25 de abril de 1835 concedió tierras hasta un máximo de 16 leguas cuadradas a los soldados que participaron en la División de los Andes durante la misma campaña. Por ley del 9 de noviembre de 1839, se recompensó con tierras a los militares que en 1839 sofocaron la rebelión del sur; los generales recibieron 6 leguas cuadradas, los coroneles 5, los oficiales sin nombramiento media legua y un soldado raso un cuarto de legua cuadrada. También se recompensó a los civiles por su lealtad.

Los «boletos de premios en tierras», o certificaciones de tierras como recompensa por los servicios militares prestados, fueron uno de los principales instrumentos para repartir tierra. El gobierno de Rosas emitió 8.500 de estos boletos, aunque sus beneficiarios no siempre los utilizaron. Sin lugar a dudas, este fue un buen recurso de este gobierno falto de dinero para pagar salarios, concesiones y pensiones. Pero en este reparto también había un elemento político; puesto que la tierra era la fuente más importante del patronazgo, fue un arma de Rosas y un sistema que aseguraba el bienestar de sus seguidores. Rosas era el gran patrón y los estancieros sus clientes. En este sentido, el rosismo fue menos una ideología que un interés de grupo, un grupo por cierto bastante exclusivo. Fuera de los estancieros, no existía un sector preparado para explotar dichas concesiones. Los certificados de menos de una legua cuadrada de extensión en manos de soldados y funcionarios de poca categoría de hecho no servían para nada cuando en la estructura agraria existente la dimensión media de la propiedad era de 8 leguas. En cambio, estas mismas concesiones en manos de los que ya poseían propiedades o que tenían el dinero para adquirirlas a bajo precio significaban un poderoso instrumento para concentrar tierras. Más del 90 por 100 de los certificados de tierra ofrecidos a los soldados y a los civiles acabaron en manos de los terratenientes o de los que se iban introduciendo en la propiedad agraria.

Por lo tanto, el régimen de Rosas tendía a favorecer la gran concentración de la propiedad en manos de unos pocos. En 1830, 980 propietarios ocupaban 5.516 leguas cuadradas de tierra en la provincia de Buenos Aires; de éstos, 60 monopolizaban casi 4.000 leguas cuadradas, es decir, el 76,36 por 100 de aquélla. En el periodo de 1830-1852, la tierra ocupada ascendió hasta 6.100 leguas cuadradas con 782 propietarios. De éstos, 382 concentraban el 82 por 100 de las propiedades de más de una legua cuadrada, mientras que 200 propietarios, o sea el 28 por 100, concentraban el 60 por 100 de las estancias con más de 10 leguas cuadradas. Existían 74 propiedades con más de 15 leguas cuadradas (40.404 hectáreas) y 42 propiedades con más de 20 leguas cuadradas (53.872 hectáreas). Mientras tanto, las pequeñas propiedades sólo representaban el 1 por 100 de la tierra explotada. De entre las 80 personas más o menos que eran miembros de la Cámara de Representantes en los años 1835-1852, el 60 por 100 eran propietarios o ejercían ocupaciones relacionadas con la tierra. Esta fue la asamblea que hizo que Rosas llegara al poder y que continuó apoyándole. Hasta cierto punto pudieron controlar la línea política. Así, negaron decididamente a Rosas el permiso para aumentar la contribución directa —un impuesto sobre el capital y la tierra— y siempre se opusieron a que obtuviera ingresos a expensas de los estancieros. En 1850, cuando los ingresos alcanzaron los 62 millones de pesos, procedentes principalmente de los impuestos aduaneros, la contribución directa sólo aportaba el 3 por 100 del total, y la mayor parte de este porcentaje venía más bien del comercio que de la tierra. La administración también estaba dominada por los terratenientes. Juan N. Terrero, el consejero económico de Rosas, poseía 42 leguas cuadradas y dejó una fortuna de 53 millones de pesos. Ángel Pacheco, el principal general de Rosas, poseía 75 leguas cuadradas de tierra. Felipe Arana, ministro de Asuntos Exteriores, poseía 42. Incluso Vicente López, poeta, diputado y presidente del Tribunal Superior, tenía una propiedad de 12 leguas cuadradas. Pero los terratenientes más importantes de la provincia eran los Anchorena, primos de Rosas y sus consejeros más allegados; sus diferentes posesiones totalizaban 306 leguas cuadradas (824.241 hectáreas). En cuanto a Rosas, cabe decir que, en 1830, de entre un grupo de unos 17 propietarios que tenían propiedades de más de 50 leguas cuadradas (134.680 hectáreas), ocupaba la décima posición, poseyendo 70 leguas cuadradas, es decir, 188.552 hectáreas. Hacia 1852, según la estimación oficial de sus propiedades, Rosas había acumulado 136 leguas cuadradas (366.329 hectáreas).

La estancia dio a Rosas el dinero para la guerra, la alianza de sus colegas estancieros y los medios para reclutar un ejército de peones, gauchos y vagabundos. Rosas sabía cómo manipular el descontento de las masas y ponerlas en contra de sus enemigos de manera que no provocaran ningún cambio básico en la estructura social. Si bien Rosas se identificaba culturalmente con los gauchos, no formaba parte de éstos socialmente y tampoco les representaba políticamente. El centro de sus fuerzas eran sus propios peones y sus subordinados, que más que apoyarle estaban a su servicio y cuya relación era más clientelar que de alianza. Rosas, en 1829, en 1833 o en 1835, cuando necesitó emprender una acción decisiva, reclutó a los gauchos de la zona rural y a las clases populares de las ciudades. Estos eran los únicos hombres disponibles, y entonces eran útiles fuera de la estancia. Pero el régimen agrario corriente era muy diferente: el empleo era obligatorio y la estancia era una prisión; el reclutamiento para ir a la frontera india era sólo una alternativa del momento. Las fuerzas gauchas sólo existieron mientras Rosas las necesitó. A partir de 1845, una vez que controló el aparato del Estado, la burocracia, la policía y sobre todo el ejército regular, no quiso ni necesitó las fuerzas populares del campo. Rosas se apresuró a reclutar, equipar, armar y purgar un ejército regular, destacamentos del cual se utilizaron contra el campo para reunir las levas. Teniendo en sus manos los principales medios de coacción, Rosas ya no dependió más de las fuerzas irregulares de las zonas rurales. Por otro lado, la milicia gaucha era una fuerza «popular» sólo en el sentido de que se componía de peones rurales. No siempre eran voluntarios a favor de una causa, ni estaban politizados. El hecho de que pertenecieran a una organización militar no daba a los peones ni poder ni representatividad, ya que la rígida estructura de la estancia se levantaba sobre la milicia en la que los estancieros eran los comandantes, los capataces eran los oficiales y los peones eran los soldados. Estas tropas no entraban en relación directa con Rosas; eran movilizadas por su propio patrón en concreto, lo cual significaba que Rosas recibía el apoyo directamente de los estancieros que dirigían a sus peones conscriptos y no de grupos de gauchos libres; era un servicio que el Estado pagaba a los estancieros. La provincia era gobernada por una alianza informal de estancieros, de comandantes de la milicia y de jueces de paz.

La dureza del régimen rural reflejaba el vacío de las pampas, la gran escasez de población y la búsqueda constante de mano de obra en una época de expansión de la estancia. La supervivencia de la esclavitud en Argentina es otra prueba de la escasez de mano de obra. El mismo Rosas poseía esclavos y no cuestionaba su lugar en la estructura social. A pesar de la revolución de mayo, de las declaraciones de 1810 y de las subsiguientes esperanzas de emancipación social y política, la esclavitud se mantuvo en Argentina hasta finales de la década de 1830, alimentada por un comercio ilegal de esclavos que el gobierno toleraba abiertamente. Al final del periodo colonial, el Río de la Plata, con una población total de 400.000 habitantes, contaba con 30.000 esclavos. La incidencia de la esclavitud era más notable en las ciudades, especialmente en Buenos Aires. En 1810, en Buenos Aires en un total de 40.398 habitantes existían 11.837 negros y mulatos que constituían el 29,3 por 100 de la población; la mayoría de negros eran esclavos. Su número disminuyó durante las guerras de independencia, cuando se les ofreció la emancipación a cambio de servir en el ejército, aunque este servicio a menudo conducía a la muerte. En 1822, de los 55.416 habitantes que tenía la ciudad de Buenos Aires, 13.685, es decir, el 24,7 por 100, eran negros o mulatos; de éstos, 6.611, o sea el 48,3 por 100, eran esclavos. En 1838, de una población total de 62.957 habitantes los no blancos ascendían a 14.928 personas, es decir al 23,71 por 100. Los índices de mortalidad eran más altos entre los negros que entre los blancos y mucho más altos entre los mulatos y los negros libres que entre los esclavos. Así, de 1822 a 1838, el número de habitantes no blancos se mantuvo, ya que sus filas se alimentaron de gente de fuera. Rosas fue el responsable del resurgimiento de la trata negrera. Su decreto de 15 de octubre de 1831 permitió la venta de esclavos importados como sirvientes por los extranjeros; por otro lado, hasta la década de 1830 se mantuvo el comercio ilegal de esclavos procedentes de Brasil, Uruguay y África. No fue hasta 1839, cuando Rosas necesitó el apoyo de los británicos contra los franceses, que se firmó un tratado general contra el comercio de esclavos. Hacia 1843, según datos británicos, no había más de 300 esclavos en las provincias argentinas; los esclavos que se alistaron en el ejército federalista consiguieron la libertad como recompensa al servicio prestado, especialmente si pertenecían a amos unitarios. Cuando se abolió definitivamente la esclavitud con la constitución de 1853, quedaban pocos esclavos. Mientras tanto, Rosas tenía muchos negros empleados y muchos más a su servicio político. Daba la impresión de estar libre de prejuicios raciales, aunque por otro lado no les promovía socialmente. Ocupaban los puestos más bajos: hacían de mozos, carreteros, mensajeros, cocheros y lavanderas, así como también trabajaban en el servicio doméstico. Constituían el apoyo popular de Rosas y eran parte de sus seguidores «populares». Desempeñaban un papel militar en Buenos Aires y en las provincias en donde formaban una unidad de la milicia, la «negrada federal»; eran soldados negros con camisas rojas, muchos de los cuales habían sido esclavos en el pasado. Pero en un último análisis, la demagogia de Rosas respecto a negros y mulatos no alteró la posición de éstos en la sociedad.

La hegemonía de los terratenientes, la degradación de los gauchos, la dependencia de los peones: todo esto constituyó la herencia de Rosas. Durante varias generaciones, Argentina arrastró el estigma de una estratificación social extrema. La sociedad se formó en un rígido molde al que la modernización económica y el cambio político se tuvieron que adaptar más tarde. El Estado de Rosas era la estancia en mayúsculas. Todo el sistema social se basaba sobre la relación patrón-peón. Parecía que era la única alternativa a la anarquía.

Rosas gobernó con poder absoluto de 1829 a 1832. Después de un interregno durante el cual la inestabilidad de Buenos Aires y la insubordinación de las provincias amenazaron con instaurar la anarquía, Rosas volvió a ocupar el cargo con sus propias condiciones en mayo de 1835, gobernando durante los siguientes 17 años con poder ilimitado y total. La Cámara de Representantes, que oficialmente se «elegía», continuó siendo una criatura del gobernador. Estaba compuesta de 44 diputados, la mitad de los cuales se renovaban anualmente mediante elecciones. Pero sólo una minoría del electorado participaba en ellas, y los jueces de paz eran los encargados de hacer llegar estos votos al régimen. La asamblea, al carecer de función legislativa y al no ejercer ningún tipo de control financiero, quedaba reducida a ejercer un papel de relaciones públicas a favor de audiencias propias y extrañas y a ser un eco adulador de las iniciativas del gobernador. Además de controlar la Cámara de Representantes, Rosas dominaba el poder judicial. No sólo hacía las leyes, sino que las interpretaba, cambiaba y aplicaba. Sin lugar a dudas la maquinaria de la justicia continuaba funcionando. Los jueces de paz, los jueces civiles y penales, el juez de apelación y el Tribunal Supremo dieron legitimidad institucional al régimen. Pero la ley no gobernaba. La intervención arbitraria del ejecutivo socavaba la independencia del poder judicial. Rosas se ocupaba de muchos casos, leía las pruebas, examinaba los informes de la policía y sentado en su despacho sentenciaba, escribiendo en el expediente «fusiladle», «multadle», «encarceladle», «al ejército». Rosas también controlaba el aparato burocrático. Una de sus primeras y más intransigentes medidas fue purgar la antigua administración; esta era la forma más simple de deshacerse de los enemigos políticos y de recompensar a sus colaboradores, todo lo cual era inherente a la organización de la sociedad sobre las relaciones patrón-cliente. La nueva administración no era excesivamente grande, y algunos de los antiguos puestos se dejaron sin ocupar como parte de las medidas de recorte que el gobierno se vio obligado a hacer. No obstante, se reservaron todo tipo de nombramientos para los clientes políticos y federalistas; otros méritos contaban poco.

La propaganda fue un ingrediente esencial del rosismo: unas cuantas consignas simples e impactantes que sustituyeron a la ideología impregnaron a la administración y fueron implacablemente inculcadas al pueblo. Se obligó a la gente a que llevara un tipo determinado de vestido y a que utilizara el rojo como color federal. El simbolismo era una forma de coerción y de conformidad. La adopción de un aspecto y un lenguaje federales sustituyó a las pruebas de ortodoxia y los juramentos de lealtad. La uniformidad federal constituía una medida de presión casi totalitaria mediante la cual se forzaba a la gente a abandonar una actitud pasiva y apolítica y a aceptar un compromiso específico para demostrar cuál era su posición. La Iglesia era una aliada dispuesta, exceptuando a los jesuitas que fueron readmitidos y reexpulsados. Se paseaban retratos de Rosas por las calles de forma triunfal y se colocaban en el altar de las principales iglesias. Los sermones glorificaban al dictador y exaltaban la causa federal. El clero se convirtió en una fuerza auxiliar del régimen y predicaba que oponerse a Rosas era un pecado. La ortodoxia política se expresaba tanto con palabras como con hechos, y las imprentas de Buenos Aires se mantuvieron ocupadas editando periódicos en español y otras lenguas con noticias oficiales y propaganda para que circulasen no sólo en el país sino en el extranjero. Pero la sanción decisiva era el ejercicio de la fuerza, controlada por Rosas y aplicada por los militares y la policía.

Estrictamente hablando, el régimen no era una dictadura militar: era un régimen civil que empleaba militares sumisos. La institución militar estaba formada por el ejército y la milicia que servía no sólo para defender al país sino para ocuparlo, y no sólo para proteger a la población sino para controlarla. El ejército de Rosas —formado por peones, vagabundos y delincuentes, mandado por soldados profesionales y mantenido con el botín y las requisas de las estancias— era una dura carga para el resto de la población. Aunque no era eficaz, era numeroso —quizás unos 20.000 hombres— y activo, que constantemente se involucraba en guerras exteriores, en conflictos interprovinciales o de defensa interna. Pero mientras que la guerra y los gastos de la guerra significaban la miseria para muchos, otros se enriquecían con ello. El gasto de defensa constituía un mercado seguro para ciertas industrias, aparte de empleo para los que trabajaban en ellas: la casi constante demanda de uniformes, armas y equipamiento ayudaba a mantener a algunos pequeños talleres y a manufacturas artesanas que en otras circunstancias estarían en decadencia. El mercado militar favoreció sobre todo a unos cuantos terratenientes. Propietarios como los Anchorena tenían desde hacía tiempo grandes contratos para suministrar ganado a los fuertes de la frontera; ahora los ejércitos de otros frentes se convertían en consumidores ávidos y en clientes fijos. No obstante, el ejército y sus compromisos aumentaban a la vez que los ingresos del Estado se reducían, y por lo tanto algo se tenía que sacrificar. Cuando el bloqueo francés se endureció a partir de abril de 1838, no sólo los trabajadores fueron despedidos y padecieron las consecuencias de la rápida inflación, sino que el gobierno vio cómo los aranceles aduaneros —su ingreso básico— caían en picado. Enfrentados a un gran déficit presupuestario, inmediatamente se hicieron recortes drásticos del gasto público. La mayoría recayeron en la educación, los servicios sociales y en el bienestar en general. Prácticamente se cerró la Universidad de Buenos Aires. Cuando se tuvo que demostrar cuáles eran las prioridades, Rosas ni tan siquiera simuló que gobernaba «popularmente».

El contraste que existía entre el gasto militar y el social reflejaba tanto las circunstancias como los valores. Los enemigos internos, los conflictos con otras provincias y con las potencias extranjeras, además de la obligación de socorrer a sus aliados en el interior, todo esto hizo que Rosas mantuviera un presupuesto de defensa alto. Algunas de las decisiones le fueron impuestas, otras vinieron dadas por las preferencias, aunque otras reflejaban una indiferencia general hacia el bienestar. En cualquier caso, las consecuencias se tradujeron en un retraso en los aspectos sociales. En la década de 1840, el ministro de Gobernación —o del Interior— recibió una media entre el 6 y el 7 por 100 del presupuesto del Estado, y su mayor parte se dedicaba a la policía y al gasto político y no a los servicios sociales. Por otro lado, defensa tenía una prioridad absoluta. En 1836, el presupuesto militar fue de 4 millones de pesos, es decir, el 27 por 100 del total, y durante el bloqueo francés osciló entre los 23,8 millones de pesos (el 49 por 100) en 1840 hasta los 29,6 millones (71,11 por 100) en 1841. Durante el resto del régimen, el presupuesto de defensa nunca estuvo por debajo de los 15 millones de pesos, o sea, el 49 por 100.

Este fue el sistema de gobierno absoluto que mantuvo a Rosas en el poder por más de dos décadas. La mayoría de la gente obedecía, algunos con entusiasmo, otros por inercia y muchos por miedo. Pero se impuso algo más que una tiranía arbitraria. El gobierno de Rosas respondió a condiciones inherentes a la sociedad argentina, en la que los hombres habían vivido demasiado tiempo sin un poder común que les mantuviera temerosos. Rosas acabó con un estado natural en el que la vida podía ser brutal y corta. Ofreció una solución a la inseguridad y prometió la paz a condición de que se le otorgara el poder absoluto, el único antídoto contra la anarquía total. Rosas utilizó el aparato burocrático, el ejército y la policía para ejercer su soberanía, pero aun así existió cierta oposición. Existía una oposición ideológica interna por parte de los unitarios y los jóvenes reformistas que llegó a su punto álgido en la conspiración abortada de 1839 y que continuó operando durante todo el régimen desde su base de Montevideo. Los terratenientes del sur de la provincia constituían un segundo foco de oposición interna, cuyo resentimiento no se debía a cuestiones ideológicas sino a un simple interés económico. Agobiados por las exigencias que se les hacía de hombres y de recursos para la frontera india, sufrieron de forma especial las consecuencias del bloqueo francés que impidió que ellos pudieran exportar, de lo cual culparon a Rosas. Pero su rebelión de 1839 no sincronizó con la conspiración política, así que también fueron aplastados. Por último, existía una oposición exterior al régimen, en parte de otras provincias y en parte de potencias extranjeras. Si esta oposición externa se sumaba a la interna, Rosas correría un gran peligro. Por ello, Rosas se reservaba otro medio de coacción: el terror.

Rosas recurrió al terror como instrumento de gobierno para eliminar a los enemigos, para castigar a los disidentes, para mantener en alerta a los que dudaban y también para controlar a sus seguidores. El terror no era una simple serie de episodios sino que se aplicaba de acuerdo a las circunstancias. Era instrínseco al sistema de Rosas, era el sello distintivo del régimen y su castigo final. Al ordenar ejecuciones sin juicio en virtud de los poderes extraordinarios de que disfrutaba, el mismo Rosas era el autor del terror. Pero el agente especial del terrorismo era la Sociedad Popular Restauradora, un club político y una organización parapolicial. La Sociedad disponía de un brazo armado, que se conocía comúnmente como *mazorca*. Estos eran los auténticos terroristas reclutados entre la policía, la milicia, degolladores y delincuentes profesionales, que formaban escuadrones armados que salían para cumplir misiones, matando, saqueando y amenazando. Aunque la mazorca era obra de Rosas, era más terrorista que su creador: como muchos de tantos escuadrones de la muerte, la mazorca adquirió una semiautonomía que Rosas consideraba necesaria para poder gobernar. La crueldad tuvo su cronología. La incidencia del terrorismo estaba en relación con las presiones que sufría el régimen, llegando a su cota más alta en el periodo de 1839 a 1842 cuando la intervención francesa, la rebelión interna y la invasión unitaria amenazaron con destruir el Estado creado por Rosas, lo que inevitablemente produjo violentas contramedidas. Rosas nunca practicó el asesinato en masa; el crimen selectivo era suficiente para infundir el miedo. El terrorismo del periodo 1839-1842 no fue lo corriente sino más bien una manifestación extraordinaria de una regla general, esto es: que el terrorismo existía para imponer la sumisión a la política del gobierno en tiempos de peligro nacional.

Este sistema dio a Rosas la hegemonía sobre Buenos Aires por más de veinte años. Pero no pudo aplicar la misma estrategia en toda Argentina. En primer lugar, no gobernaba «Argentina». Las trece provincias se gobernaban a sí mismas independientemente, aunque estaban agrupadas en la Confederación de las Provincias Unidas del Río de la Plata. Rosas aceptó este hecho y prefirió regirse por el poder informal de las relaciones interprovinciales en vez de hacerlo por una constitución escrita. No quiso preparar una constitución para Argentina, argumentando que, antes de que llegara el momento oportuno para la organización nacional, las provincias tenían que organizarse a sí mismas, y que el progreso de las partes debía anteceder a la organización del todo, y que el primer paso era derrotar a los unitarios. No obstante, incluso sin una unión formal, se forzó a las provincias a delegar ciertos intereses comunes al gobierno de Buenos Aires, principalmente la defensa y la política exterior, y también un elemento de jurisdicción legal que capacitaba a Rosas para acusar a sus enemigos como criminales federales. Como consecuencia, Rosas ejercía sobre las provincias un control *de facto* que él consideraba necesario por diversas razones: en parte para evitar la subversión e impedir que se infiltrara la anarquía, en parte para asegurar una buena base para la política económica y exterior y en parte también para conseguir una dimensión nacional para su régimen. Para imponer su voluntad, tenía que utilizar de algún modo la fuerza, ya que las provincias no le aceptaban voluntariamente. En el litoral y en el sur, se consideraba a Rosas un caudillo que servía a los intereses locales de Buenos Aires; en estas regiones no se consiguió fácilmente la lealtad de los hacendados y el servicio de sus peones. En muchas de las provincias del interior, el partido federal tenía unas raíces económicas más débiles y una base social más pequeña que en Buenos Aires; en las zonas remotas de la Confederación, Rosas no pudo aplicar instantáneamente su dominio autocrático, ni regular la utilización del terror. En consecuencia, la unificación de Argentina significó la conquista de Argentina por Buenos Aires. El federalismo dio paso al rosismo, que consistió en un sistema de control informal desde el centro, cosa que Rosas consiguió con paciencia y ejerció con persistencia.

El Pacto Federal del 4 de enero de 1831 entre las provincias del litoral —Buenos Aires, Entre Ríos, Santa Fe y, más tarde, Corrientes— inauguró una década de estabilidad relativa en el este, aunque esto no ocultaba la hegemonía de Buenos Aires, su control de los aranceles y de la navegación fluvial y su indiferencia por los intereses económicos de las otras provincias. Rosas empezó a extender su poder en el litoral en los años 1835-1840. Primero, Pascual de Echagüe, el gobernador de Entre Ríos, se distanció de la influencia del poderoso Estanislao López sometiéndose a Rosas incondicionalmente. Después, Corrientes, resentida por su subordinación económica, declaró la guerra a la nueva metrópoli; pero la derrota y muerte del gobernador Berón de Astrada en Pago Largo (31 de marzo de 1839) también puso a Corrientes bajo el dominio de Buenos Aires. Ahora sólo quedaba Santa Fe. Su gobernador, Estanislao López, era el más poderoso de los caudillos provinciales con experiencia en la política de la Confederación y contaba con tanta fama como Rosas. Pero Rosas supo esperar, y en 1838 López murió. La posterior elección de Domingo Cullen, independiente y anti-rosista, provocó una pequeña crisis, que se resolvió con el triunfo de Juan Pablo López, primero un protegido y entonces ya un satélite de Rosas. Consecuentemente, en cada una de las provincias del este Rosas consiguió imponer gradualmente a gobernadores aliados, dependientes o débiles. No obstante, en Uruguay, un Estado independiente desde 1828, el éxito no fue tan fácil. Su aliado, el presidente Manuel Oribe, fue derrocado en junio de 1838 por el caudillo rival Fructuoso Rivera, apoyado por el general Lavalle y aclamado por los unitarios emigrados. Este fue un reto serio.

Rosas no podía permitir que hubiera rescoldos porque había el riesgo de que éstos se sumaran a conflictos internacionales. El gobierno francés sabía poco de Rosas, pero no le gustaba lo que veía. Ansiosa de extender su comercio y poder en el Río de la Plata e irritada por una disputa con Rosas sobre el *status* de sus ciudadanos bajo su jurisdicción, Francia autorizó a sus fuerzas navales a que iniciaran el bloqueo de Buenos Aires; éste comenzó el 28 de marzo de 1838 y a continuación los franceses se aliaron con los enemigos de Rosas que estaban en Uruguay. El bloqueo francés, que duró hasta el 29 de octubre de 1840, perjudicó al régimen de diversas formas. Hizo que se estancara la economía y dejó al gobierno sin los tan vitales ingresos aduaneros; también hizo que se desestabilizara el sistema federal, animando a los disidentes del litoral y del interior; por otro lado, provocó que Rosas gobernara con una autocracia aún mayor. Pero el bloqueo francés contó con escasa fuerza militar para ser decisivo. Se esperaba que el general Lavalle, ayudado por los franceses y por otras unidades de Montevideo, desembarcaría en el puerto de Buenos Aires para apoyar a los dos núcleos rebeldes —los conspiradores de la capital y los terratenientes del sur— que allí había. De hecho, ambos movimientos no lograron sincronizar. Lavalle no condujo sus fuerzas a Buenos Aires sino a Entre Ríos, prometiendo liberar a la Confederación del tirano y ofrecer la autonomía a las provincias. Pero su alianza con los franceses, a los que muchos consideraban agresores de la Confederación, le dejó sin apoyo en Entre Ríos. Entonces se dirigió a Corrientes, donde el gobernador Pedro Ferré le aceptó y se levantó en contra de Rosas. Pero Corrientes estaba muy lejos de Buenos Aires y cuando el ejército de Lavalle estuvo más cerca le faltó dinero, armas y quizá convicción. Los franceses le dieron apoyo naval y armas, pero no podían proporcionarle la fuerza militar. El 5 de agosto de 1841, Lavalle entró en la provincia de Buenos Aires y finalmente se presentó la ocasión de atacar a Rosas. En este momento, su percepción de la situación o su osadía le falló. Se detuvo a esperar un refuerzo francés que no llegó y perdió la ventaja que le daba el elemento sorpresa. El 5 de septiembre, ante la consternación de sus aliados y el desconcierto de los historiadores, se retiró hacia Santa Fe, y el ejército, ya desmoralizado por el fracaso y las deserciones, empezó su larga retirada hacia el norte.

La expedición libertadora, humillada en Buenos Aires, tuvo cierto grado de éxito en otros sitios. Su mera existencia puso en pie de guerra a los enemigos de Rosas del interior del país. Desde abril de 1840, la Coalición del Norte organizada por el gobernador de Tucumán, Marco Avellaneda, que incluía a Salta, La Rioja, Catamarca y Jujuy, se lanzó al campo de batalla bajo la dirección del general Aráoz de La Madrid junto con Lavalle, y de nuevo amenazaron a Rosas desde el interior. En conjunto, 1840 fue un año peligroso para Rosas. Pero sobrevivió, y a principios de 1841 empezó a bajar la marea. Los caudillos federales dominaron Cuyo en el lejano oeste y empezaron a devolver golpe por golpe. Oribe, el ex presidente de Uruguay, también luchó sangrientamente al lado de Rosas. El 28 de noviembre de 1840 derrotó al ejército libertador de Lavalle en Quebracho Herrado y concluyó la conquista de Córdoba. Al año siguiente destruyó lo que quedaba de la Coalición del Norte, primero a las exhaustas fuerzas de Lavalle en Famaillá (19 de septiembre de 1841) y después a las de La Madrid en Rodeo del Medio (24 de septiembre de 1841). Fueron unas guerras crueles, y los generales de Rosas agotaron al enemigo tanto con el terror como en el campo de batalla. El mismo Lavalle fue muerto en Jujuy el 8 de octubre de 1841 mientras se dirigía a Bolivia. Sin embargo, la destrucción de las fuerzas unitarias del interior, más que paralizar, provocó a las provincias del litoral. Su rebelión fue un fracaso más por causa de su propia desunión que por la fuerza de Oribe, quien les obligó a desistir y a dejar las armas en diciembre de 1841. En febrero de 1843 Oribe dominaba todo el litoral. Rivera y los emigrados se tuvieron que encerrar en Montevideo, mientras Oribe y los rosistas se instalaban en la ladera del Cerrito. En el río, la flota de Buenos Aires, completando el cerco de los unitarios, destruyó la fuerza naval de Montevideo, bloqueó la ciudad y aguardó la victoria. Pero el sitio de Montevideo duró 9 años.

La intervención inglesa lo complicó todo. En el curso de 1843, la fuerza naval inglesa rompió el bloqueo de Montevideo y permitió que los defensores de la plaza se pudieran abastecer de provisiones y reclutas. La acción fue crucial para salvar a la ciudad, prolongar la guerra y obligar a Rosas a sostener un largo y doloroso sitio. Además de defender la independencia de Uruguay, Inglaterra también buscaba la manera de abrir los ríos a la libre navegación, y por ello se consideraba a Rosas como una amenaza a lo primero y un obstáculo a la segundo. En septiembre de 1845 las fuerzas navales anglo-francesas sitiaron Buenos Aires y en noviembre una expedición conjunta se abrió paso por el río Paraná escoltando una flota mercante para que inaugurase el comercio directo con el interior. Pero la expedición no encontró ni acogedores clientes ni prometedores mercados, y en cambio se encontraron con impuestos aduaneros, sospechas locales, contrabando y el problema de regresar por el río. El bloqueo no resultó más exitoso que la expedición y se convirtió en un arma lenta y tosca que hirió al comercio más que al enemigo. La primitiva economía argentina se hizo prácticamente invulnerable a la presión exterior. Pudo replegarse a una economía de subsistencia y después enderezarse, esperando —mientras sus recursos ganaderos se iban multiplicando— que el comercio reprimido se reabriera. En cuanto a los ingleses, ellos simplemente bloquearon su propio comercio. Mientras tanto, Rosas ganó una gran credibilidad por la intervención de 1843-1846. Su desafío, determinación y éxito final le colocaron en lo más alto del panteón de los patriotas argentinos. Argentina se aglutinó en torno a Rosas y, cuando desapareció el peligro y los ingleses volvieron en busca de paz y del comercio, se encontraron con un régimen más fuerte que nunca, con una economía floreciente y con el inicio de una edad de oro. Pero las apariencias fueron decepcionantes.

Rosas sometió el interior por medio de una diplomacia y un ejército implacables, y estableció una soberanía informal pero perdurable. Pero no pudo aplicar los mismos métodos al litoral, donde las quejas económicas que se esgrimían coincidían con los intereses extranjeros. Estas provincias exigían el derecho de poder comerciar por los ríos Paraná y Uruguay, querían beneficiarse de los ingresos aduaneros y pedían la autonomía local. Con la ayuda extranjera se podían convertir en el talón de Aquiles de Rosas. Los ingleses parlamentaron con los caudillos de Entre Ríos, Corrientes y Paraguay para coaligarse en contra de Buenos Aires, pero el gobernador de Entre Ríos, Justo José de Urquiza, era demasiado precavido para arriesgar el futuro sin contar con un ejército poderoso. Si los ingleses no lo podían proporcionar, Brasil sí.

Brasil tenía sus propios asuntos pendientes con Rosas. Decidido a evitar que los satélites de Buenos Aires se atrincheraran en Uruguay y el litoral y ansioso de asegurar la libre navegación por el complejo fluvial desde el Matto Grosso hasta el mar, Brasil estaba preparado para oponerse al «imperialismo de Rosas», impulsado por su propio imperialismo. En Entre Ríos encontró un aliado. Urquiza, al igual que Rosas, era un caudillo rural, propietario de grandes propiedades, jefe de un feudo personal de varios cientos de kilómetros cuadrados con miles de reses y ovejas y propietario de cuatro saladeros. En la década de 1840 hizo una gran fortuna al proveer al Montevideo asediado, al importar productos manufacturados y al exportar oro a Europa. Sus ambiciones particulares coincidían fácilmente con el interés provincial, y como político estaba ansioso de desplazar a Rosas e iniciar una reorganización constitucional en Argentina. Además, tenía un mayor respeto por la educación, la cultura y la libertad que su rival, y entre los emigrados intelectuales que se encontraban en Montevideo gozaba de mayores simpatías. Por consiguiente, diferentes sectores de la oposición se unieron en la persona de Urquiza que quedó a la cabeza de los intereses regionales, de los exiliados liberales y de los patriotas uruguayos, todos aliados, que contaban con el suficiente dinero y las fuerzas navales brasileñas para inclinar la balanza en contra de Rosas. Así, el dictador encontró oposición tanto en el interior como en el exterior, en este caso de la Triple Alianza formada por Entre Ríos, Brasil y Montevideo que entró en acción en mayo de 1851.

Buenos Aires era la beneficiaria del rosismo, pero ahora el entusiasmo había desaparecido. Se había esperado que Rosas garantizaría la paz y la seguridad; esto era lo que justificaba al régimen. Pero después de tantos conflictos y de tanto gasto, Rosas aún quería hacer la guerra incluso después de 1850, persiguiendo implacablemente sus objetivos en Uruguay y Paraguay, buscando siempre más y más victorias. Ahora su ejército era débil y desorganizado y no se podía confiar en sus oficiales. Con sus métodos terroristas y la despolitización que impuso a Buenos Aires, había destruido todo lo que había habido de apoyo popular. Y cuando, a principios de 1852, las fuerzas invasoras de la Triple Alianza avanzaron, sus tropas huyeron y la gente no se levantó a su favor ni en las ciudades ni en el campo. El 3 de febrero fue derrotado en Monte Caseros: cabalgó solo desde el campo de batalla, se refugió en la casa del encargado de negocios británico, embarcó en un barco inglés y navegó rumbo a Inglaterra y al exilio.

Rosas fue aniquilado por una derrota militar, pero por otro lado la estructura económica y los vínculos internacionales en los que se apoyaba su sistema estaban empezando a transformarse. La ganadería fue la actividad preferida del régimen de Rosas. Requería una inversión relativamente baja en tierra y tecnología, y si se practicaba a gran escala en grandes unidades capaces de afrontar las fluctuaciones del mercado dejaba unos altos beneficios. Las inversiones se debían concentrar sobre el ganado y, por consiguiente, se tenía que disponer de tierra abundante, barata y segura. Pero la cría de ganado proporcionaba una serie muy corta de productos para la exportación, consistentes sobre todo en cueros y carne salada cuya demanda internacional no iba a crecer. El mercado de los cueros no era muy dinámico incluso cuando el mercado europeo empezó a sustituir el inglés, y la demanda de carne salada, limitada a los enclaves esclavistas de Brasil y Cuba, más bien tendía a reducirse que a aumentar. Por lo tanto, la economía durante la época de Rosas se enfrentó a un estancamiento real y a su futura decadencia. Mientras tanto, a mediados de la década de 1840, otras áreas de América del Sur comenzaron a competir con ella. Los saladeros de Rio Grande do Sul empezaron a socavar la posición de los de Buenos Aires. Por otro lado, dentro de la Confederación la balanza ya no era tan favorable a Buenos Aires. Desde 1843 las provincias del litoral gozaron de un periodo de paz mientras Rosas concentraba su ejército en el campo de batalla de Uruguay. Los recursos ganaderos se multiplicaron: Entre Ríos, con 6 millones de reses, 2 millones de ovejas y 17 saladeros, era una nueva fuerza económica. La competencia aún no era muy importante, ya que Entre Ríos sólo exportaba el 10 por 100 de la carne salada que exportaba Buenos Aires, pero tenía implicaciones políticas. Los estancieros de Entre Ríos y Corrientes, que se aprovecharon del bloqueo de Buenos Aires, no estaban dispuestos a soportar para siempre el control ejercido por su metrópoli. ¿Por qué tenían que aguantar el monopolio comercial de Buenos Aires? ¿No deberían evitar pasar por su aduana y ganar el acceso directo a los mercados exteriores? Para responder a estos retos la economía de Buenos Aires tenía que diversificarse y mejorar. Las mejoras llegaron en forma de una actividad alternativa. La cría de ovejas ya empezaba a amenazar el predominio de la estancia de reses. Fue sobre la exportación de lana que Argentina iba a desarrollar sus vínculos con el mercado mundial y su capacidad productora interna y a acumular capital. Por ello, Rosas se había convertido en un anacronismo, en un legado de otra era.

La «merinización» de Buenos Aires, es decir, la creación de una gran economía ovina y lanera, empezó en la década de 1840 y pronto originó la lucha por nueva tierra. La expansión de la industria textil europea, que proporcionó un mercado seguro, constituyó el estímulo externo. Las circunstancias internas también eran favorables y consistían en buen suelo y ganado local capaz de ser mejorado. En 1810 la provincia tenía de 2 a 3 millones de ovejas, pero eran de mala calidad y ocupaban las tierras marginales. Hacia 1852 su número aumentó hasta 15 millones de cabezas y en 1865 a 40 millones. La exportación de lana pasó de las 337,7 toneladas de 1829 a las 1.609,6 toneladas de 1840 y a 7.681 en 1850. A partir de entonces se aceleró la producción: de las 17.316,9 toneladas que se producían en 1860 se pasó a 65.704,2 en 1870. En 1822 la lana representaba el 0,94 por 100 del valor total de las exportaciones de Buenos Aires y los cueros el 64,86 por 100; en 1836, el 7,6 y el 68,4 por 100 respectivamente; en 1851, el 10,3 y el 64,9 por 100; en 1861, el 35,9 y el 33,5 por 100 y en 1865 el 46,2 y el 27,2 por 100 respectivamente.

En los primeros años tras la independencia, los estancieros se interesaron poco en mejorar la cría de ovejas. De ella en cambio se ocuparon algunos ingleses, sobre todo John Harratt y Peter Sheridan; desde la década de 1820 empezaron a comprar ovejas merinas españolas, a proteger y a refinar las crías mejoradas y a enviar lana a Liverpool favorecidos por la casi abolición en Inglaterra de los aranceles sobre la lana importada. El creciente interés en la cría de ovejas se puso de manifiesto en 1836-1838 al importarse ovejas merinas de Europa y los Estados Unidos, mientras paralelamente se cruzaban las ovejas de las pampas con las de raza sajona. Para mejorar la calidad de las ovejas se necesitaba no sólo importar crías europeas sino también introducir nuevas formas de producción —mejorar la hierba de las pampas, alambrar los campos, construir galpones para esquilar y almacenar la lana, y abrir pozos—. A su vez, todas estas actividades aumentaban la demanda de mano de obra. El gaucho fue gradualmente reemplazado por los pastores. Llegaron inmigrantes, ya como asalariados, como asociados que participaron en los beneficios o como granjeros arrendatarios. Sobre todo los irlandeses eran bien recibidos como pastores, pero también llegaron vascos y gallegos; y mientras no fue una inmigración masiva supuso mano de obra, conocimientos prácticos y beneficios. A menudo a los recién llegados se les daba una participación mediante contratos de cinco años, recibiendo un tercio de las nuevas ovejas y un tercio de la lana a cambio de cuidar el rebaño y de pagar los gastos. Un inmigrante en unos cuantos años podía ganar lo suficiente para comprar la participación en medio rebaño y al final del contrato ya tenía suficientes ovejas y dinero para instalarse por su cuenta. En las pampas entre Buenos Aires y el río Salado las ovejas empezaron a empujar a las reses fuera del territorio; a partir de los años cuarenta, estancia tras estancia fue pasando a manos de los criadores de ovejas. Las estancias de reses desde luego sobrevivieron, ya fuera como explotaciones mixtas o sobre tierras bajas y marginales cuyos pastos no eran apropiados para las ovejas. En general, las tierras de la parte norte de la provincia que habían estado ocupadas por más tiempo fueron las más adecuadas para las ovejas, mientras que las nuevas tierras del sur eran más apropiadas para criar reses. El mismo Rosas siempre estimuló la cría, si no la mejora, de ovejas en sus propias estancias.

Las grandes compras de tierras que hacían los extranjeros, la multiplicación del número de ovejas y la tendencia a consumir productos más sofisticados eran signos de la nueva Argentina. La ciudad de Buenos Aires estaba creciendo y mejorando, a la vez que las calles pavimentadas, el transporte público y el suministro de gas embellecían el entorno. Cerca de las ciudades aumentaba el acotamiento de tierras para uso agrícola y hortícola, de manera que diez años después de la caída de Rosas toda la tierra comprendida en un radio de unos 25 a 33 km en torno a Buenos Aires estaba subdividida y acotada como chacras o huertos; estas propiedades eran cultivadas por inmigrantes italianos, vascos, franceses, ingleses y alemanes y aprovisionaban al siempre creciente mercado urbano. Los ferrocarriles empezaron a conectar el interior de la provincia con la capital, y una flota de barcos de vapor comunicaba diariamente los diferentes puertos fluviales con el gran centro mercantil. Cada dos o tres días llegaban y marchaban vapores que navegaban por el océano. Entre 1860 y 1880, se dobló el valor total de las importaciones que procedían de Europa, consistentes en tejidos, herramientas y maquinaria de Gran Bretaña y en productos de lujo del continente. Por otro lado, el comercio con el extranjero estaba dominado por los productos habituales, esto es: lana, cueros y carne salada que constituían más del 90 por 100 del valor total de las exportaciones.

Las actividades económicas de cada una de las tres principales regiones eran, naturalmente, diferentes. Buenos Aires mantenía su dominio a pesar de los obstáculos que comportaron las guerras civiles y exteriores, las exacciones estatales y las incursiones de los indios de la frontera. El litoral estaba algo rezagado: su crecimiento era débil pero su futuro era prometedor. Santa Fe, a diferencia de Buenos Aires, aún tenía tierras vacías: se empezaban a hacer planes para la colonización agrícola que ofrecían una vida dura para los inmigrantes y grandes beneficios a los empresarios que compraron tierra para venderla a los colonos. Rosario era entonces un activo puerto fluvial que tendía a crecer más. Entre Ríos, donde Urquiza era el mayor propietario, contaba con una asentada prosperidad al tener ricas estancias ganaderas, explotaciones ovinas y vínculos comerciales con Brasil y Uruguay. Entonces los extranjeros se dirigían más frecuentemente que antes a los mercados del interior remontando los ríos. Incluso Corrientes, que en parte tenía estancias y en parte plantaciones de tabaco y en donde en ciertas fiestas se bebía cerveza inglesa, por fin empezaba a superar el estadio de una economía de subsistencia. Por otro lado, el interior era la región

menos desarrollada de Argentina, ya que su producción sufría tanto las consecuencias de estar lejos de la costa este como de la competencia de los baratos
productos europeos. La pobreza y la tendencia a concentrar la tierra útil en
grandes propiedades expulsaron a los pobres de la tierra y los forzaron a caer en
manos de los caudillos, quienes, mientras Buenos Aires y el litoral estaban
entrando ya en una nueva era, aún miraban hacia el pasado.

La derrota de Rosas no destruyó las estructuras existentes. La hegemonía de
la oligarquía agraria sobrevivió. El dominio de Buenos Aires prosiguió y los
conflictos interprovinciales simplemente entraron en una nueva fase. Las provincias confirieron a Urquiza, el triunfador de Caseros, el título de Director Provisional de la Confederación Argentina y le otorgaron un papel nacional; él a
cambio decretó la nacionalización de las aduanas y la libre navegación del
Paraná y el Uruguay. Pero Buenos Aires se separó, rehusando ponerse a merced
de las otras provincias, algunas de las cuales eran poco más que desiertos, y se
mantuvo alejada del Congreso Constituyente que Urquiza convocó. La constitución, aprobada el 1 de mayo de 1853, recibió diferentes influencias: la de las
anteriores constituciones argentinas, el ejemplo de la de los Estados Unidos y las
amargas lecciones del pasado conflicto. Pero quizá la influencia más fuerte la
constituyó el pensamiento político de Juan Bautista Alberdi, que aconsejó mantener en equilibrio el poder central y los derechos provinciales y emprender un
programa de inmigración, educación y modernización. Se elaboró una constitución para una república federal en la que se reconocían las libertades clásicas y
los derechos civiles; el poder estaba dividido entre el ejecutivo, el legislativo y el
judicial. El Parlamento tenía dos cámaras: un Senado formado por los representantes de cada parlamento provincial que elegía dos miembros, y una Cámara de
Diputados elegida mediante sufragio masculino en una votación pública. La
constitución, mientras aseguraba el autogobierno de las provincias, confería una
autoridad contrarrestante al gobierno federal. El presidente, que era elegido por
un colegio electoral por el término de 6 años, disfrutaba de fuertes poderes
ejecutivos: podía establecer sus propios proyectos de ley, y nombrar y cesar a los
ministros sin intervención del Congreso. El presidente también tenía la facultad
de poder intervenir en cualquier provincia a fin de preservar el gobierno republicano frente al desorden interno o un ataque extranjero; para ello podía destituir
la administración local e imponer funcionarios federales. Los temas económicos
de la constitución también se dirigieron hacia los problemas federales. Se supri-
mieron los aranceles interprovinciales. Los ingresos aduaneros de Buenos Aires
se tenían que nacionalizar y no continuar siendo de propiedad exclusiva de la
provincia de Buenos Aires, lo cual fue uno de los motivos de la resistencia
porteña. Urquiza fue elegido presidente por seis años, pero no mandó sobre un
Estado nacional. No existía un sentido de identidad nacional, o no era lo suficientemente fuerte como para vencer las lealtades provinciales y personales. Si
bien las provincias aceptaron la constitución de 1853, continuaron siendo gobernadas por caudillos, aunque se les llamara gobernadores, y la Confederación fue
esencialmente una red de lealtades personales al presidente.

Argentina estaba ahora dividida en dos estados, uno en manos de la ciudad
y la provincia de Buenos Aires dirigido por su gobernador (desde 1860, Bartolo-

mé Mitre) y el Partido Liberal, y el otro el de la Confederación Argentina formada por 13 provincias gobernada por Urquiza y el Partido Federal. Mientras en el pasado las provincias habían rehusado aceptar la dominación de Buenos Aires, ahora Buenos Aires se negaba a cooperar con las provincias o a obedecer una constitución que consideraba que era la fachada del caudillismo. Y no se pudo forzar a Buenos Aires a que formara parte de la Confederación en contra de sus deseos porque era poderosa, rica, y su aduana aún era la fuente de ingresos principal de Argentina, el centro del comercio extranjero y de propiedad de la provincia. La Confederación estableció su capital en Paraná, en Entre Ríos, donde Urquiza, fueran los que fueran sus sentimientos constitucionales, gobernaba como un caudillo del viejo estilo, si bien ahora también tenía el dominio sobre el litoral y el interior. Como primer presidente, Urquiza firmó los tratados comerciales con Inglaterra, Francia y los Estados Unidos, y abrió los ríos Paraná y Uruguay a la libre navegación para el comercio extranjero. En tiempos normales casi el 70 por 100 de las importaciones que llegaban a Buenos Aires se dirigían después a las provincias. Ahora la Confederación se quería independizar de Buenos Aires y comerciar directamente con el mundo exterior y convertir a Rosario en un nuevo enclave mercantil. Urquiza estaba personalmente vinculado a actividades mercantiles con Europa en unos proyectos para establecer casas de importación y exportación en Rosario y en la captación de capital extranjero. Pero los barcos extranjeros no respondieron a esta nueva propuesta y continuaron descargando en Buenos Aires, debido a que Rosario aún no constituía un mercado o un centro mercantil lo suficientemente grande para justificar un viaje de otros cinco días. En 1857 se ofreció un nuevo estímulo al establecer una tarifa diferencial con la esperanza de inclinar al comercio europeo a no pasar por Buenos Aires, pero incluso con esta medida, que sólo duró hasta 1859, no se pudo vencer la realidad de la vida económica. Por lo tanto, la guerra comercial dio paso al conflicto bélico.

Hacia 1859 ambos bandos estaban preparados para pasar una nueva prueba combatiendo. El ejército de Urquiza derrotó al de Mitre en la batalla de Cepeda, pero Buenos Aires sólo aceptó integrarse en la Confederación con gran resistencia. Aún tenía reservas de dinero y soldados, y en 1861 volvió a plantar cara. Ambos contendientes se enfrentaron en la batalla de Pavón, un choque que si no se interpretó como una victoria de Mitre, al menos sí como una derrota de la Confederación, que se mostró incapaz de imponer su voluntad sobre la recalcitrante provincia. Urquiza abandonó el campo de batalla aparentemente convencido de que si la Confederación no ganaba pronto, no ganaría nunca. Se fue con sus tropas a Entre Ríos para salvaguardar al menos sus intereses provinciales y dejó a la Confederación debilitada y desorientada. Mientras tanto, Mitre avanzó en diferentes frentes. Envió sus columnas militares en apoyo de los regímenes liberales de las provincias del litoral y el interior. Desde su posición de fuerza, negoció con Urquiza y le persuadió de que voluntariamente desmantelara la Confederación. También presionó a los políticos de su propia provincia de Buenos Aires para que aceptaran su programa de reorganización nacional y de actuar mediante negociaciones más que por medio de la fuerza.

El resultado final fue un compromiso entre el unitarismo y el federalismo. Mitre aceptó la constitución de 1853, con su tendencia al centralismo y el poder presidencial, y fue proclamado líder tanto nacional como provincial. Así pues, en 1861 se aceptó el concepto de una federación que si bien representaba el interior, en Buenos Aires estaba su centro. Por ello, en octubre de 1862, Mitre, un porteño héroe del sitio de Montevideo, fue elegido primer presidente constitucional de toda la nación. Ahora se había logrado la unión de las provincias y por primera vez Argentina fue llamada Argentina y no por una torpe circunlocución.

La oportunidad de reorganizar la nación después de 1862 se hubiera podido malograr si el poder no hubiera estado en manos de dos distinguidos presidentes, Bartolomé Mitre (1862-1868) y Domingo F. Sarmiento (1868-1874), ambos intelectuales y hombres de letras así como también políticos y hombres de Estado. Los dos habían dedicado gran parte de su vida al ideal de una Argentina más grande; ahora ambos persiguieron tres objetivos: la unidad nacional, las instituciones liberales y la modernización. Al combatir contra la federación, Mitre no sólo había luchado por una provincia en particular sino contra la fragmentación y el caudillismo. Quería colocar y mantener a Buenos Aires a la cabeza de una Argentina unida, y después de 1862 continuó luchando, porque los caudillos no mueren sin luchar. En 1863, y de nuevo en 1866-1868, Mitre tuvo que aplastar rebeliones en el interior. La ocasión política de estas insurrecciones fue la resistencia de los caudillos al nuevo orden. Pero las causas más profundas se debían a la deprimida economía del interior, al empobrecimiento de las provincias y a su inhabilidad para mantener su población ocupada o con vida. La falta de trabajo y de alimentos llevó a la gente del campo a la condición de montoneros para vivir del bandidaje y el botín. Una fuerza de este tipo apoyaba a Ángel Vicente Peñaloza, «El Chacho», el caudillo de la salvaje y remota La Rioja, donde una escuela era suficiente para toda la provincia pero donde el caudillo se ocupaba personalmente del bienestar de sus seguidores. Cuando El Chacho se levantó en 1863, Mitre permitió a Sarmiento, gobernador de San Juan, y a un procónsul federal del interior, que emprendieran una guerra a muerte contra los rebeldes, y las fuerzas de Sarmiento, defendiendo la civilización contra la barbarie, mataron a sus prisioneros y expusieron la cabeza de El Chacho en una pértiga. En 1866-1867, Felipe Varela, el antiguo oficial de El Chacho, invadió el oeste de Argentina desde Chile y levantó otra montonera, pero también fue derrotado y sus seguidores fueron aplastados sin piedad por el ejército nacional. Se entreveía el final de la montonera, pero antes de que fuera extinguida emprendió más ataques repentinos. Urquiza, reconciliado ahora con el Estado central, se separó de los movimientos provinciales que se suponía que defendía pero que ahora desaprobaba, y tuvo su propio papel en la defensa de la nueva Argentina. Pero al final cayó víctima del sistema que una vez había representado; fue asesinado en su propia estancia por orden de un caudillo rival y antiguo protegido suyo, en abril de 1870. Su asesino, Ricardo López Jordán, mantuvo vivo el espíritu de la rebelión en Entre Ríos y el culto al caudillismo hasta 1876. Entre tanto, Sarmiento, que se definía porteño en las provincias y provinciano en Buenos Aires, como presidente y continuando la obra de Mitre, defendió la unidad nacional con la espada y la pluma y fue más despiadado si cabe con los rebeldes.

A pesar de las tradiciones provinciales y de la resistencia de los caudillos, el poder central y la organización nacional sobrevivieron y se consolidaron. Se contó con la ayuda de las instituciones de ámbito argentino: la prensa, el servicio postal, el Banco Nacional, el sistema ferroviario. Sobre todo dos cuerpos promovieron la identidad y la unidad nacionales: el sistema judicial federal y el ejército nacional. Mediante la ley de 1862 se estableció un poder judicial nacional y en 1865-1868 se elaboró el código civil argentino. El Tribunal Supremo y los diferentes tibunales inferiores completaban la estructura del Estado moderno. El Tribunal Supremo tenía poder para declarar inconstitucional cualquier ley o derecho, nacional o provincial, en conflicto con la ley suprema, y así se convirtió en el intérprete de la constitución, aunque no tenía competencia para resolver los conflictos entre los poderes. El ejecutivo tenía el derecho de intervenir en las provincias, un derecho que cada vez fue más efectivo cuando contó con el apoyo del ejército nacional. Por decreto del 26 de enero de 1864 el gobierno creó un ejército permanente de 6.000 hombres distribuidos entre artillería, infantería y caballería. En 1869 se creó la academia militar y empezó la formación de un cuerpo profesional de oficiales. La ley de reclutamiento del 21 de septiembre de 1872 estableció el reclutamiento nacional. Esta fue la estructura institucional del nuevo ejército. Pero éste recibió un ímpetu más efectivo en sus operaciones durante las rebeliones de los caudillos y la guerra de Paraguay, cuando aumentó en número y adquirió experiencia. El ejército confería al presidente un poder real y le permitió extender el alcance del poder ejecutivo hasta los puntos más alejados de Argentina. Las oligarquías locales se hicieron gradualmente cómplices suyos y a cambió de su colaboración se les ofreció un sitio en la clase dominante nacional.

Los principios políticos que animaron las presidencias de Mitre y Sarmiento fueron los del liberalismo clásico. Mitre dirigió un partido liberal y después de Pavón su estrategia de reorganización nacional no sólo descansó en la extensión del poder federal sino también en la proliferación de gobiernos liberales en las provincias que fueron instrumentos de unión voluntaria. El liberalismo representaba a la aristocracia intelectual, la de los supervivientes y los herederos de la generación de 1837, libres ahora para poder aplicar sus ideas, para promocionar el progreso político y material, el poder de la ley, la educación primaria y secundaria, disipar el barbarismo que Sarmiento aborrecía y hacer del pobre gaucho un hombre útil. Pero la elite liberal ofrecía poco a las clases populares: a los gauchos y peones, que estaban al margen de la sociedad política, les daba su *status* para servir y su función en el trabajo. Nada les representaba, a excepción del poema épico *Martín Fierro* que lamentaba la desaparición de un noble pasado. La única oposición reconocida por el Partido Liberal era la de los federalistas, seguidores de Urquiza y de la tradición, que claramente pertenecían a la nación política. Los liberales se dividieron en dos grupos durante la presidencia de Mitre: los autonomistas, que se incorporaron a los federalistas (que se quedaron sin jefe tras la muerte de Urquiza), y los nacionalistas, que continuaron preservando los principios mitristas. Mientras tanto, el liberalismo en las provincias, al igual que el federalismo, a menudo era simplemente otro nombre del caudillismo, y a los jefes de los partidos políticos pronto se les llamó «caudillos».

Modernización quería decir crecimiento a través de las exportaciones del sector agrario, inversiones en la nueva infraestructura e inmigración. Algo de capital local se invirtió en el sector primario, en estancias ganaderas, granjas ovinas y fincas azucareras. Pero las inversiones dependían esencialmente de la llegada de capital extranjero, sobre todo de Gran Bretaña. Hasta principios de la década de 1870, el comercio británico con Argentina consistió sobre todo en tejidos, y las inversiones inglesas se hicieron sólo en el comercio y en las estancias. Pero desde 1860 empezaron a mostrarse nuevas tendencias. En primer lugar, en 1861-1865 se organizaron diversas sociedades anónimas. Fueron creadas por empresarios británicos con capital británico y se orientaron a los ferrocarriles y a la banca. El 1 de enero de 1863 se abrió en Buenos Aires la primera sucursal del Banco de Londres y del Río de la Plata, y en 1866 entró en activo la de Rosario. A partir de este momento, el hierro y el acero, las herramientas y las máquinas y el carbón tuvieron cada vez más peso entre los productos importados de Inglaterra. En la segunda fase se hicieron inversiones para fomentar el desarrollo; el gobierno argentino las promocionaba y las promovían los ingleses que querían que mejorara el mercado para sus productos. En 1860, Barings negoció un préstamo de 2,5 millones de libras esterlinas en Londres de acuerdo con el gobierno argentino. Este fue el comienzo de un flujo constante de capital desde Gran Bretaña a Argentina, la mayor parte del cual se aplicó a la infraestructura, tanto en forma de inversión directa como de préstamos al Estado. Se tuvo que esperar hasta después de la década de 1870 para que llegaran aún mayores inversiones extranjeras, cuando los bancos, las fábricas y los servicios públicos se convirtieron en los principales sectores de inversión. Pero antes ya se había hecho una gran inversión en el ferrocarril que fue esencial para el crecimiento económico, transportando productos agrícolas del vasto *hinterland* de Buenos Aires y productos importados.

En 1857 se inauguró el primer tramo que consistía en 9,6 kilómetros desde Buenos Aires hacia el oeste y fue construido por capital privado. Durante la década de 1860 los Ferrocarriles del Norte y del Sur empezaron a expanderse desde Buenos Aires; en 1870 el Ferrocarril Central de Argentina conectaba Rosario y Córdoba, y se introdujo en las grandes llanuras centrales. El gobierno contrató la construcción de esta línea con el capital inglés, garantizando unos beneficios mínimos y cediéndoles las tierras lindantes —concesiones necesarias para atraer las inversiones a este territorio vacío, cuyo valor radicaba en las previsiones futuras más que en la actividad del momento—. En veinte años en Argentina se tendieron más de 2.000 kilómetros de raíles. Mientras tanto, las comunicaciones con el mundo exterior iban mejorando, a medida que los vapores sustituían a los barcos de vela. La Real Compañía de Correos inició su servicio regular en 1853, Lamport y Holt en 1863 y la Compañía del Pacífico de Navegación a Vapor en 1868. El viaje de Inglaterra al Río de la Plata se redujo a 22 días en un barco rápido. Los barcos de vapor también conectaban los puertos fluviales, y hacia 1860 existían unas cuantas líneas. Era urgente mejorar los muelles y los puertos e instalar la comunicación telegráfica con Europa, todo lo cual pronto se realizaría gracias a los capitales y la tecnología extranjeros.

La nueva Argentina también necesitaba gente. En el periodo 1852-1870, el crecimiento del poder federal y de la hegemonía de Buenos Aires no se debió simplemente a un proceso constitucional o militar, sino que también respondía a fuerzas demográficas y económicas. La población de Argentina creció más de prisa después de 1852: de los 935.000 habitantes, en 1869 pasó a 1.736.923. La balanza a favor de la población costera aún se inclinó más. La provincia de Buenos Aires contenía el 28 por 100 de la población total de 1869, mientras el litoral concentraba el 48,8 por 100 del total. La ciudad de Buenos Aires pasó de tener 90.076 habitantes en 1854 a tener 177.787 en 1869, de los cuales 89.661 eran argentinos y 88.126 extranjeros. Ahora la inmigración alimentaba significativamente el crecimiento de la población. Después de 1852 la Confederación hizo un esfuerzo especial para atraer inmigrantes de Europa. La constitución de 1853 de hecho dio a los extranjeros todos los derechos de los argentinos, pero no sus obligaciones. En los años 1856-1870, el gobierno provincial de Santa Fe hizo entrar a familias europeas que fueron las pioneras de la «cerealización» de las pampas. Después de 1862, la inmigración se convirtió en un componente de la política nacional; en Europa se abrieron oficinas para atraerla, pero el gobierno no financió el precio del viaje ni de la instalación, dejándolo al libre juego de las fuerzas económicas. A partir de finales de la década de 1850, cerca de 15.000 inmigrantes entraban anualmente en Argentina.

Sarmiento y otros, influenciados por el modelo norteamericano de expansión de la frontera, predicaron las virtudes de la agricultura y de las pequeñas explotaciones agrarias, la importancia del asentamiento de los inmigrantes en el campo, la necesidad de proporcionar tierras para colonizarlas y de cortar la especulación y el latifundismo. Sin embargo, las cosas no salieron así. Para el gobierno, la tierra era un recurso de valor, que podía venderse para beneficio fiscal. La ganadería bovina y ovina era la principal actividad del país. Los estancieros, que formaban un poderoso grupo de intereses vinculados a los principales comerciantes de la ciudad, consideraban el acceso a la tierra como un factor vital para poder criar el ganado, y por ello la especulación en tierras —ya fuera comprando tierras públicas para venderlas más tarde con gran beneficio, ya fuera para dividirlas y subarrendarlas— era un negocio demasiado lucrativo para que cesara. Por lo tanto, hacia la década de 1880, la mayor parte de la tierra pública de la provincia de Buenos Aires había sido transferida por medio de una serie de leyes a manos de los latifundistas y los especuladores; y lo mismo ocurrió en otras provincias. No hay duda de que en las décadas que siguieron a 1850 —a medida que las pampas se iban ocupando, que la tierra se iba convirtiendo en un bien escaso y caro, que la cría de ovejas comportó la subdivisión de la propiedad y que llegaban los nuevos propietarios desplazando a los anteriores—, hubo la tendencia de que las explotaciones fueran más pequeñas. Pero esto tan sólo significó el paso del superlatifundismo al simple latifundismo.

Uruguay, tras la independencia, poseía una economía ganadera, un comercio exterior, un puerto internacional y una constitución liberal. Estas ventajas activas primero se malgastaron y después fueron saqueadas. Los uruguayos empezaron a luchar entre sí para controlar los recursos de su país. Hubo un duro enfrentamiento para disponer de tierra, puesto que los estancieros más viejos querían conservar sus propiedades y los recién llegados luchaban para poder acceder a ella. Los hombres se pusieron bajo las órdenes de los caudillos locales y éstos bajo las de los caudillos más importantes, formando los bandos de los dos candidatos al poder, los «colorados» y los «blancos». El resultado fue la Guerra Grande, que empezó como un conflicto entre los dos caudillos más importantes —Manuel Oribe (blanco) y Fructuoso Rivera (colorado)— para controlar Uruguay y que tras la caída de Oribe en octubre de 1838 se convirtió en una guerra internacional.

La larga duración del conflicto, la presencia de los colorados en la ciudad sitiada de Montevideo y de los blancos en el área rural circundante, pusieron de manifiesto las hasta entonces ocultas diferencias ideológicas de los dos partidos. Se identificó a los colorados como al partido urbano que recibía las ideas liberales y extranjeras, que acogía a los inmigrantes europeos y que contaban con el apoyo brasileño. Se aliaron con los exiliados liberales de Buenos Aires en contra de Rosas y de su lugarteniente Oribe y dieron la bienvenida a la intervención primero de Francia (1838-1842) y después a la de Gran Bretaña y Francia (1843-1850), cuando los intereses extranjeros coincidieron con las necesidades de los colorados. Por lo tanto, Montevideo era colorada; demográficamente era una ciudad europea, ya que de sus 31.000 habitantes sólo 11.000 eran uruguayos. Los comerciantes europeos dominaban su comercio, los préstamos europeos apuntalaban sus finanzas (a costa de los ingresos aduaneros) y las ideas europeas impulsaban su política. Pero los colorados también representaban intereses económicos y no únicamente ideas. No sólo contaban con el apoyo de la gente joven que anhelaba la libertad y las reformas, sino también con el de los inmigrantes que esperaban que se les concediera tierra, de los exiliados argentinos que utilizaban Montevideo como base para regresar a su país, de los capitalistas que poseían las aduanas y veían el bloqueo de Buenos Aires como un buen negocio, y también de los comerciantes que se beneficiaban del libre acceso de Montevideo al comercio y a la navegación del Río de la Plata. El propio Rivera, más que un constitucionalista, era esencialmente un caudillo que buscaba el poder. Se trataba de una alianza de intereses.

Por otro lado, la zona rural era blanca. El partido de los blancos era el partido de los estancieros, el partido de la autoridad y la tradición. Se enorgullecía de oponerse a la intervención extranjera, de defender el «americanismo» y de su alianza con la Argentina de Rosas. Éste les apoyaba militar y económicamente; su caudillo era Oribe, que a pesar de su nacionalismo ante el intervencionismo europeo muchos consideraban como la mano de su amo. Las fuerzas conjuntas de Rosas y Oribe fueron suficientes, si no para triunfar, al menos para resistir la alianza rival, y el sitio de Montevideo se prolongó del 16 de febrero de 1843 hasta la paz que finalmente firmaron los uruguayos el 8 de octubre de 1851.

En este episodio ambos partidos se desilusionaron de la intervención extranjera: Rivera por la incapacidad del tándem anglo-francés de destruir a Rosas, y Oribe por la vulnerabilidad de Rosas ante la rebelión de Urquiza; por otro lado, ambos partidos se molestaron por la descarada explotación a que sus respectivos aliados sometieron a Uruguay. Estimulados por Urquiza, los partidos rivales hicieron las paces en octubre de 1851 y estuvieron de acuerdo en que no había ni vencido ni vencedor. Así pues, se sumaron a la rebelión contra Rosas pero en una posición subordinada en relación a los aliados más poderosos, sobre todo Brasil. Entonces Uruguay hizo un tratado muy desfavorable con Brasil: cedió derechos territoriales, hipotecó las aduanas y permitió el libre movimiento (es decir, sin imposición de impuestos) del ganado de Uruguay a Brasil; todo ello a cambio de un subsidio mensual, el único fondo del que dispuso el tesoro uruguayo.

La Guerra Grande dejó a Uruguay postrada y empobrecida, a su ganadería y saladeros arruinados, a su gobierno muy endeudado con los prestamistas nacionales y extranjeros, y a su población reducida. Las fortunas privadas disminuyeron y la masa de la población se quedó sin nada. Además, por todo el país se cernía la sombra amenazadora de Brasil. La guerra produjo una pérdida de población y la falta de gente probablemente fue durante muchos años el principal problema de Uruguay. La población descendió de los 140.000 habitantes que había en 1840 a los 132.000 de 1852; la de Montevideo, de 40.000 habitantes descendió a 34.000. Mucha gente, sobre todo los inmigrantes europeos, tuvieron que abandonar las áreas rurales para encontrar seguridad y medios para sobrevivir en otros puntos más prósperos del Río de la Plata o Brasil, dejando un vacío de mano de obra que retrasó la recuperación. Mientras que la estructura de la propiedad no cambió, las estancias a menudo cambiaron de manos. Muchos propietarios nativos se refugiaron en Montevideo; sus tierras quedaron abandonadas o fueron saqueadas, perdieron su ganado y sus cosas de valor, y sus propietarios se vieron en la necesidad de venderlas baratas a los recién llegados. En la década de 1850, los brasileños entraron en riada desde Rio Grande do Sul en un Uruguay vacío, comprando centenares de estancias, seguidos por los ingleses y otros europeos. Los extranjeros ya dominaban entonces el sector urbano: en 1853, de los 2.200 comerciantes y artesanos que había, 1.700 (casi el 80 por 100) eran extranjeros. Ahora la composición de la aristocracia rural también cambió en la medida que se incorporaban cada vez más extranjeros. Seguros con sus títulos de propiedad y protegidos por el gobierno, los recién llegados no participaron activamente en la vida política de Uruguay. Por otro lado, lo que quedaba de la vieja clase estanciera era políticamente homogénea porque los blancos, habiendo controlado el área rural durante nueve años, ahora constituían la mayoría y ya no había más enfrentamientos por la tierra entre los colorados y los blancos. Por lo tanto, la Guerra Grande contribuyó a la pacificación del campo. Sin embargo, la clase popular rural lo pasó mal. La guerra acentuó su pobreza y su forma de vida nómada porque algunos fueron obligados a hacerse soldados y otros desertaron del ejército; después de la guerra vieron con desagrado el ser peones y prefirieron llevar una vida marginal como vaqueros o ladrones de ganado.

Las consecuencias económicas de la guerra también fueron terribles. La producción y exportación de cueros, charque y lana constituía la base de la economía de Uruguay. La matanza indiscriminada de animales, el gran consumo de ganado que hicieron los ejércitos combatientes y las flotas europeas, junto con los grandes asaltos que sufrían los rebaños de las estancias por parte de los brasileños desde Rio Grande do Sul, diezmaron las manadas uruguayas. Las cabezas de ganado descendieron de 6 millones que había en 1843 a 2 millones en 1852, y muchas de las que quedaron, salvajes y de mala estampa, no se las podía vender en el mercado extranjero. Los saladeros padecieron la falta de reses y por otro lado el ganado existente tuvo que competir con el brasileño; de los

42 establecimientos que existían en 1842, en 1854 no quedaban más de 3 o 4. El incipiente sector ovino, que en la década de 1830 había empezado a mejorar la calidad de sus lanas gracias a los animales importados, se estancó. Los perros salvajes, que atacaban a las reses jóvenes y que en el campo se convirtieron en una plaga, fueron los únicos animales que aumentaron en número durante la guerra.

Para el tesoro, las consecuencias de la guerra duraron hasta mucho después de la paz. Todos los recursos del Estado estaban hipotecados, tanto a capitalistas privados que habían financiado la causa de los colorados como a los gobiernos de Francia y Brasil. En la década de 1850, el subsidio mensual que recibía de Brasil era el único ingreso del gobierno uruguayo, y por esta razón las aduanas continuaron estando hipotecadas. Brasil se convirtió en la metrópoli informal y Uruguay en una especie de satélite y en víctima de la penetración económica, de la dependencia financiera y la subordinación política, porque Uruguay soportó no sólo la presión por el subsidio sino también el legado de los tratados de 1851, un ejército brasileño de 5.000 hombres (hasta 1855) y una quinta columna brasileña bajo la forma de centenares de estancieros cuya presencia convirtió al norte de Uruguay en casi dependiente de Rio Grande do Sul. Uruguay estaba frente al peligro real de perder su independencia en un momento en que Argentina, la rival tradicional de Brasil en el Río de la Plata, estaba atrapada en una extenuante guerra civil.

Fueron años de anarquía, aislamiento y nomadismo en Uruguay; fue una época de inseguridad hobbesiana. Falto de recursos y de infraestructura, el Estado era demasiado débil para garantizar la vida y las propiedades de su población. A medida que declinaba la autoridad del Estado, la gente tuvo que defenderse por ella misma, lo que condujo a una relación de autoridad y subordinación personal característica de las sociedades más primitivas. Ahora predominaban el caudillismo y el sistema clientelar más crudo.

¿Cómo pudo Uruguay sobrevivir como nación y mantener su tejido social cohesionado después de la Guerra Grande? Al final, la desesperanza de su posición forzó a los estancieros y a los comerciantes a buscar la paz, a persuadir a los partidos políticos a que pusieran fin a su destructiva lucha y hacer que el crecimiento económico sustituyera al conflicto. De aquí procede la política de fusión, en la que los partidos acordaron subordinar su diferencia a un objetivo común y crear un solo movimiento impulsado por el ideal de la paz, el progreso y la recuperación económica. La fusión fue acompañada de una política de pactos entre caudillos rivales para llevar la estabilidad al campo. El 11 de noviembre de 1855 Oribe firmó el Pacto de la Unión con Venancio Flores, el más ilustrado de los líderes colorados. Así pues, a pesar de que las periódicas revoluciones parecían llevar la anarquía y amenazar la fusión, de hecho el periodo que siguió a 1852 fue de relativa calma en el campo. Esta fue la estructura política en que empezó la recuperación económica que coincidió con una década de paz externa, de una gran demanda europea y de buenos precios para los productos ganaderos durante la guerra de Crimea.

La primera mejora se dio en la demografía. La población casi se dobló: de los 132.000 habitantes de 1852 se pasó a los 221.248 de 1860. Montevideo creció de 34.000 a 57.911 habitantes. Los extranjeros pasaron de constituir el

21,6 por 100 de la población a sumar el 35 por 100 y en Montevideo constituían el 48 por 100 de la población. El comercio creció a medida que la demanda interna de productos importados aumentaba. Montevideo se benefició de la libre navegación de los ríos y de la impotencia de Buenos Aires para importar y exportar productos en cantidades crecientes no sólo para sí misma sino también para el resto del litoral y para Rio Grande do Sul. Se incrementó el número de barcos extranjeros; los empresarios extranjeros, entre ellos el brasileño barón de Mauá, extendieron su influencia y adquirieron, entre otros bienes, bonos del Estado procedentes de la deuda de guerra; por otro lado, se fundaron bancos controlados por extranjeros.

En el campo, en seis años (1852-1858), la cría de reses dobló el número de cabezas de ganado de 2 a 4 millones, y de 1859 a 1862 se pasó de los 4 a los 8 millones de cabezas; en estos años se importó ganado, por ejemplo, de las razas Durham (1858) y Hereford (1864) con las que se empezó a mejorar los rebaños uruguayos. Las ovejas, muy mejoradas, pasaron del millón que había en 1852 a los 3 millones de 1860. Un creciente número de saladeros procesaban los animales procedentes de las estancias: en 1858 fueron 160.000 cabezas de ganado y 500.000 en 1862, y la exportación de cuero y tasajo fue subiendo. El precio de la tierra aumentó en más del 200 por 100 en la segunda mitad de los años cincuenta. Pero en la medida en que esta economía primitiva se expandía ciegamente, pronto llegó al límite inevitable de la producción y de los compradores.

Los mercados que consumían cueros y tasajo no eran dinámicos, tal como había ya observado Argentina. Sobre todo el del tasajo, constituido por las economías esclavistas de Brasil y Cuba, era limitado y como que la producción era superior a la demanda los precios disminuyeron. La paz interna y la abundancia rural, por lo tanto, generaron sus propios problemas y dieron a conocer los límites de la economía. Cuando la depresión siguió a la expansión, los riesgos de la revolución aparecieron menos intimidantes. La base económica era tan estrecha que parecía que había muy poco en juego, y la principal justificación para la fusión y la estabilidad perdió su peso. Sólo una dimensión nueva podía cambiar las cosas y ello ocurriría en la década siguiente (1860-1870) al expansionarse la producción ovina. Así pues, mientras en 1862 la prosperidad de Uruguay tan duramente ganada concluía en una crisis de sobreproducción, se pusieron en cuestión los presupuestos fusionistas y de nuevo apareció el conflicto político.

En Uruguay, el Estado era, al igual que en tiempos de la Inglaterra pre-Tudor, más débil que sus ciudadanos más poderosos. La constitución de 1830, con su presidente, sus ministros, sus congresos y sus derechos civiles, era una fachada. En las elecciones de 1860, Montevideo, con sus 60.000 habitantes, sólo tenía 1.500 personas inscritas en el registro civil y sólo 662 votaron. Al carecer de una base popular o de clase media, al no tener ingresos y al no disponer de un ejército poderoso, el gobierno no estaba en posición de resistir el reto de los caudillos si éstos tenían más caballos, más espadas, más lanzas y quizá más dinero de los habilitadores extranjeros. Sólo cuando el Estado tuvo fusiles y artillería, un sistema de transportes, telégrafos, ferrocarriles, carreteras y puentes (esto es, a partir aproximadamente de 1875), sólo entonces pudo afirmarse y triunfar sobre estos poderosos súbditos. Mientras tanto, como que no poseía

ingresos independientes, el Estado dependía de los buenos deseos de los caudillos que disponían de los medios para sustentar al gobierno o para derrocarle.
En estas circunstancias, la fusión se deshizo y volvió a estallar la guerra civil. El
presidente Bernardo F. Berro (1860-1864) hizo un valiente intento de mantener
el constitucionalismo, pero era imposible gobernar en el vacío político, ignorar
el endémico caudillismo y la política de facciones. Al mismo tiempo, su defensa
de los intereses nacionales, sobre todo contra Brasil, conllevó el peligro de una
intervención que no fue capaz de parar.

Los brasileños residentes en Uruguay ascendían a casi 20.000 individuos (sin
contar a los que no estaban registrados), que formaban del 10 al 15 por 100 de
la población; ocupaban el 30 por 100 del territorio uruguayo y poseían las
mejores estancias del país. Desde el momento en que echaron raíces en el país y
empezaron a extender su lengua y costumbres, se convirtieron en un poderoso
grupo, dos elementos del cual preocupaban en particular a las autoridades uruguayas: la concentración de sus estancias en la frontera norte y su tendencia a
llamar al gobierno de su país ante cualquier presión de que fueran objeto en
Uruguay. El gobierno brasileño tenía sus propios motivos para hacerles caso
—la obtención de más territorio agrícola en la zona templada, el deseo de
controlar las vías de comunicación fluvial con sus provincias interiores y la
necesidad de aplacar a los aliados inmediatos de los residentes brasileños, los
magnates de Rio Grande do Sul, una provincia periférica con inclinaciones
separatistas—. Por su parte, el gobierno del presidente Berro intentó controlar a
los inmigrantes brasileños e impuso su propia ley y orden en los territorios de la
frontera. Se tuvieron que emprender diferentes medidas para preservar la soberanía uruguaya. Se empezó a colonizar la zona fronteriza con uruguayos con la
idea de que se debía poblar para defenderla. Se buscó limitar el uso de esclavos
en las estancias «brasileñas». En Uruguay la abolición de la esclavitud era lenta
pero segura: un proceso de 25 años (1825-1853) que comprendía la abolición de
la trata de esclavos, la emancipación de los esclavos al regresar del servicio
militar y la gradual introducción de la legislación liberal así lo evidenciaba. El
gobierno emprendió medidas para liberar a los esclavos y a los semiesclavos que
los estancieros brasileños habían ido introduciendo desde Rio Grande do Sul y
que se creía que constituían una fuente de mano de obra ventajosamente barata.
Los uruguayos también se negaron a renovar el tratado de comercio de 1851 a
fin de gravar el paso de ganado desde Uruguay a Brasil y por lo tanto también
a los saladeros rivales. Finalmente, se implantó un impuesto directo más alto
sobre toda la tierra y el ganado de Uruguay y se obligó a los estancieros brasileños a pagar también la carga impositiva que ya pagaba el resto de los propietarios. Los barones ganaderos y los saladeristas de Rio Grande do Sul se opusieron a esta campaña porque arremetía en contra de sus intereses y de los de sus
aliados y clientes que se habían establecido en Uruguay. Exigieron al gobierno
de Río de Janeiro que interviniera para que en Uruguay se constituyera un
gobierno más complaciente. El apoyo brasileño a la revolución de Venancio
Flores de 1863 fue en parte una respuesta a la política del gobierno de Berro.

Mientras tanto, Uruguay también estaba bajo la presión de Argentina. Berro
se mantuvo estrictamente neutral durante la guerra civil argentina de 1861,
aunque él y sus colegas oribistas políticamente eran «federalistas» y más inclina-

dos a apoyar a Urquiza que a Mitre. Por otro lado, Venancio Flores luchó en Pavón a favor de Mitre y defendió abiertamente su causa. Mitre y los colorados, por lo tanto, estaban vinculados por la pasada alianza y el interés del momento. El nuevo presidente argentino prefería obviamente un régimen uruguayo aliado de la unidad argentina que otro que prefiriera el federalismo. Si bien Argentina no pudo incluir a Uruguay en su reconstrucción nacional, al menos podía crear un Uruguay satélite y acabar con un foco de infección federalista.

Cogido entre los deseos expansionistas de Brasil y las amenazantes, aunque inciertas, intenciones de Argentina, el gobierno de Berro intentó establecer un equilibrio de poder en el Río de la Plata forjando una alianza con Paraguay, otra nación amenazada por los dos gigantes, y propuso un tratado de amistad, comercio y navegación para salvar la independencia de ambos. Pero Paraguay no reaccionó favorablemente hasta finales de 1864 cuando ya era demasiado tarde.

En un mundo de depredadores, Berro era demasiado honesto. No tuvo la fuerza suficiente para enfrentarse a Argentina y Brasil y tampoco contaba con una base lo suficientemente fuerte en su país para oponerse a su aliado Venancio Flores, el caudillo del Partido Colorado. El 19 de abril de 1863, Venancio Flores invadió Uruguay desde Argentina. El apoyo local no fue importante. A los liberales colorados no les gustaba apoyar al caudillismo y Berro recordaba que habían existido gobiernos dedicados a la causa nacional que no contaron con apoyo. Pero Flores tenía otras cartas con las que jugar. Contaba con el apoyo del presidente Mitre, con la ayuda de la fuerza naval argentina para pasar hombres y armas a través del río Uruguay y con fondos de los simpatizantes de Buenos Aires. También estaba sostenido por los estancieros fronterizos de Rio Grande do Sul y a través de ellos esperaba conseguir el apoyo del emperador de Brasil. En 1864 la revolución de Venancio Flores convirtió un episodio en un conflicto mucho más amplio.

Tanto Brasil como Argentina se preocupaban por lo que ocurría en los países vecinos más pequeños. Tanto un país como otro tenían una discusión fronteriza pendiente con Paraguay y también cada uno tenía sus propios intereses. Brasil quería que la navegación del río Paraguay fuera libre, de manera que Mato Grosso tuviera una salida segura al mar. La seguridad regional también presuponía un Uruguay complaciente, cuyos puertos y recursos serían una ventaja o una amenaza para sus vecinos. A medida que Brasil iba presionando más sobre el gobierno blanco de Uruguay, éste de forma cada vez más urgente buscaba apoyo en cualquier lugar. En 1864 Paraguay ya estaba a punto para responder.

Para intervenir más efectivamente en Uruguay, Brasil necesitaba que Argentina estuviera de su parte. Mitre estaba dispuesto a hacerlo porque él también tenía diferencias con sus vecinos más pequeños. En Argentina, para completar la victoria de la unión y del liberalismo, era necesario destruir el poder de Paraguay que constituía un ejemplo fuerte y quizá contagioso de las fuerzas centrífugas y conservadoras que atraía a los caudillos federales. Argentina también quería un Uruguay estable, amigable y preferentemente liberal, y pretendía conseguirlo con Flores. En septiembre de 1864, las fuerzas brasileñas entraron en Uruguay en apoyo de Flores. En febrero de 1865, Montevideo se rindió y Flores se instaló en el poder. Era subordinado pero no un satélite, debido a que se había aliado tanto con Argentina como con Brasil, que eran rivales más que aliados. Esta fue la triple alianza. Por lo que se refiere a Paraguay, no tenía aliados y estaba reducida a un verdadero aislamiento.

Después de la independencia, Paraguay, atrapado en un callejón sin salida al final del sistema fluvial y molestado por un lado por Argentina y por otro por Brasil, retrocedió hasta prácticamente una economía de subsistencia. Pero Paraguay era resultado tanto de la política como del medio ambiente. Esta sociedad simple, polarizada entre una clase dominante y un campesinado dócil, estuvo bajo la dirección de una serie de dictadores que impusieron o heredaron el aislamiento político y económico. El más importante de todos fue el doctor José Gaspar Rodríguez de Francia, un abogado y filósofo criollo, que fue nombrado Dictador para cinco años por un Congreso en 1814, y luego Dictador Supremo vitalicio por otro en 1816, tras lo cual gobernó el país hasta su muerte en 1840, sin Congreso y sin prensa de ningún tipo, pero con un ejército que le protegía y un sistema de espías que le informaba. Se le aceptó porque pareció ser el único líder capaz de defender la independencia de Paraguay, y para desarrollar esta función pidió poderes absolutos. Este tipo de gobierno fue continuado por Carlos Antonio López, otro abogado, que gobernó primero como un cónsul adjunto y a partir de 1844 como un dictador hasta que murió en 1862. López pasó gran parte de su tiempo instalando, promocionando y recompensando a su propia familia, reservando el mejor premio, su sucesión, a su hijo Francisco Solano López. La larga duración de estos reinados y las características dinásticas de estos mandatarios autoritarios convirtieron al gobierno de Paraguay en una casi monarquía.

Francia aumentó el alejamiento impuesto por la naturaleza y mantuvo a Paraguay bajo su control aunque no en total aislamiento, acordonado del mundo exterior en una posición de defensa permanente ante los peligros que le rodeaban. Su política era una respuesta a la de Buenos Aires, que se negaba a aceptar la independencia de Paraguay o a tratarla de otra manera que no fuera la de una provincia rebelde; Buenos Aires intentó cortar el tránsito del río y estrangular la economía de Paraguay al negarle la libre navegación por el río Paraná, que era su salida natural. Como una humillación más, los caudillos de la parte inferior del río también asaltaban el comercio paraguayo, acosándole, confiscándole y poniéndole contribuciones. Para salvar a Paraguay de una nueva dependencia, Francia no permitió las asociaciones. Pero en cambio aceptó a los extranjeros que podían servir al país y permitió el comercio, aunque controlado, en los dos ríos. La exportación de yerba, tabaco y maderas duras se efectuaba a través de Pilar hasta Argentina y desde Ytapúa a Brasil, a cambio de la importación de armas y de otras manufacturas, si bien todo el comercio estaba fuertemente supervisado y tasado por el gobierno. Aparte de esto, Paraguay mantuvo una autosuficiencia económica y una sumisión al monopolio gubernamental. Sus principales productos eran la yerba mate y la madera, si bien Francia también impulsó una producción más diversificada de tabaco, azúcar y cueros. Se asignaba a los agricultores una cuota de producción de granos y algodón que tenían que cubrir a fin de poderlas intercambiar por los productos importados. El Estado no sólo controlaba la actividad de las estancias de propiedad privada sino que también participaba directamente en la producción de sus extensas tierras que habían sido de la corona o de los jesuitas, o bien se habían confiscado a la Iglesia o a los opositores políticos, o que procedían del rescate de tierras vírgenes. Estas tierras de propiedad pública o bien se arrendaban a los campesinos o bien se administraban directamente mediante capataces que a menudo empleaban a esclavos. Unas 50 de este tipo de «estancias del Estado» fueron eficientes unidades de producción que producían para la exportación, aprovisionaban al ejército y proporcionaban comida a los pobres en tiempos de necesidad. Pero a falta de estímulos externos, la economía se encontraba sólo un poco por encima del nivel del estancamiento y el nivel de vida era muy primitivo.

La sociedad paraguaya adquirió una forma muy peculiar. La vieja aristocracia colonial fue destruida por Francia. La clase empresarial española quedó deshecha por las contribuciones, el aislamiento y la persecución. Los que quedaron se convirtieron en estancieros buscando refugio, si es que lo había. La confiscación de propiedades y al no permitirse la libre exportación de sus productos impidieron que se desarrollara una agricultura comercial y privaron a Paraguay del tipo de estancieros que había en el resto de países suramericanos. Cuando trataron de reaccionar en la conspiración de 1820, Francia los aplastó en un reinado de terror en el que los ejecutó, encarceló y los hizo desaparecer. La muerte de la clase dirigente no significó que las clases populares avanzaran. De hecho, el Estado y sus escasos funcionarios sustituyeron a la elite tradicional, tanto a la rural como a la mercantil. Francia no llegó al poder como un líder de la revolución social, como el salvador del campesinado indio en contra de la aristocracia terrateniente. La masa de la población, los afables y dóciles guaranís —chacareros desorganizados y campesinos apolíticos—, fueron espectadores pasivos de la dictadura de Francia. Continuaron viviendo y trabajando en una posición subordinada, mientras que los agentes del gobierno se apropiaban del trabajo de los indios en Misiones. La esclavitud se mantuvo hasta después del régimen de Francia, y los «esclavos del Estado» trabajaban en las estancias del gobierno y en las obras públicas, aunque la ley de 1842 acabó con la trata y decretó que los niños hijos de esclavos que habían nacido después de 1842 serían liberados al alcanzar la edad de 25 años (se les llamó «libertos»). Según el censo de 1846, en una población de 238.862 habitantes había 17.212 «pardos», de los que 7.893 eran esclavos y 523 libertos.

El sucesor de Francia modificó esta política en algunos puntos importantes. Carlos Antonio López, un mestizo gordo cuya papada colgaba sobre su pecho, causaba mala impresión entre los extranjeros pero no entre los paraguayos. También fue un dictador pero más benevolente que Francia. También disfrutó de un poder absoluto, si bien lo usó para liberar a prisioneros políticos, implantó un mínimo sistema educativo, organizó un sistema judicial y autorizó la prensa. También favoreció el control estatal de la tierra y la economía, pero ello significó que su propia familia ejerciera el control. Sin embargo, se alejó del sistema de Francia en dos aspectos fundamentales: puso fin al aislamiento de Paraguay e introdujo los rudimentos de la modernización. Ya en la década de 1840 permitió que se instalaran algunos comerciantes, artesanos y médicos extranjeros. Después de 1852, tras la caída de Rosas y la apertura de los ríos,

López empezó a importar tecnología en gran escala. Para la obtención de técnicas y equipo necesarios para crear una moderna infraestructura tanto en la industria como en los transportes y en el equipamiento militar, se dirigió a Europa y sobre todo a Gran Bretaña. Envió a su hijo Francisco Solano López como director de la delegación compradora de armamento terrestre y naval y contratadora de técnicos. El grupo visitó Inglaterra, Francia y España en 1853-1854. En Londres, López firmó un contrato con la firma de construcción naval y de ingeniería A. Blythe y Cía., de Limehouse, para que le suministrara productos y personal, convirtiéndose Paraguay pronto en uno de sus principales clientes. Se encargó un barco de guerra, se compró equipo y armas, se contrataron ingenieros y técnicos y se acordó que enseñasen a aprendices paraguayos. Un equipo completo de técnicos ingleses junto con consejeros militares y médicos fueron contratados a Paraguay; totalizaban un conjunto de unos 200 individuos, incluyendo al capacitado joven ingeniero William K. Whytehead que organizó el primer programa de modernización de América del Sur. Se utilizó maquinaria y equipo británico para construir un astillero con un muelle nuevo y un dique seco donde se podían construir y reparar barcos de vapor; la obra quedó terminada en 1860. En 1856 se fundó un arsenal con capacidad para hacer cañones y pertrechos navales. En unos pocos años se instalaron fábricas, una fundición de hierro y un sistema telegráfico. En 1850 empezó a construirse el ferrocarril que comunicaba Asunción y Villa Rica y se inauguró una marina mercante estatal con barcos de vapor construidos en Paraguay. Toda la operación fue el resultado de la decisión paraguaya, de la ingenuidad británica y del trabajo de los guaranís. La obra tuvo algunas características particulares. En primer lugar, su realización no significó que hubiera una afluencia continua de capitales hacia Paraguay. El gobierno costeó directamente la operación, pagando en metálico tanto el caro equipo como los altos salarios del personal; por lo tanto, la realización del plan no comportó dependencia pero a la vez tampoco le dio permanencia. En segundo lugar, se trató básicamente de contratos militares más que de una obra modernizadora en un sentido a largo plazo; se creó la nueva infraestructura con finalidad militar y no para impulsar el desarrollo. En tercer lugar, la estructura social prácticamente no cambió. En cierto sentido, el gobierno paraguayo importó una clase media entera: ingenieros, arquitectos, médicos, maestros, comerciantes y artesanos. En la década de 1860, los extranjeros reunían casi la mitad de las licencias mercantiles del país, pero apenas dejaron huella en la sociedad paraguaya.

La modernización dependía de —y buscaba la manera de conseguir— la seguridad regional de Paraguay. López quiso establecer canales mercantiles más amplios que los que Francia había autorizado. Permitió que todos los países comerciaran río abajo si se conseguía persuadir a Buenos Aires y a los caudillos del litoral a que accedieran a ello. Se logró sólo a medias. Las fronteras con Argentina y Brasil aún se debían establecer y continuó siendo una fuente de fricción. Además, a López le resultó difícil avanzar en contra de Rosas, quien contemplaba a Paraguay como una provincia errante y reducida a su uso del sistema fluvial. La alianza con Corrientes y con Brasil tuvo poco éxito. Rosas replicó con el bloqueo y López respondió con la guerra en 1845. Esta decisión fue prematura, puesto que Paraguay aún no poseía una fuerza militar independiente y sólo pudo hacer la guerra como instrumento de Brasil. Fueron estas humillantes experiencias lo que impulsó a López a modernizar su país. La caída de Rosas, en la que Paraguay no jugó ningún papel fuera del hecho de ser una aliada formal de Brasil, le permitió romper su aislamiento. La Confederación Argentina declaró libre la navegación de los ríos en 1853. Los países americanos y europeos firmaron tratados con López entre 1852 y 1860 y la red fluvial fue abierta a los barcos extranjeros. El nuevo comercio no comportó la liberación incondicional de la economía paraguaya. En algunos sectores comportó una penetración de productos de otros países que perjudicó la producción local que hasta entonces había quedado protegida por el aislamiento. En los años de Francia, el algodón se cultivaba mucho para el consumo interno, pero después de 1852 las manufacturas extranjeras penetraron río arriba y la gente ya no pagó más los 75 céntimos por yarda por los tejidos nacionales cuando pudo comprar los importados por 10. Incluso la madera de pino norteamericana se vendía en Corrientes compitiendo con la madera local.

El Congreso había conferido a López el derecho a nombrar un sucesor temporal y antes de morir, el 10 de septiembre de 1862, nombró a su propio hijo. El caudillismo hereditario, un fenómeno nuevo en América del Sur, fue la aportación de Paraguay al laboratorio político. En esta sucesión no hubo nada temporal. Francisco Solano López fue educado como un heredero real; dentro de los límites de su magro y excéntrico talento, fue educado para ejercer el poder y toda su formación fue pensada para convertirle en el líder militar de un nuevo Paraguay. No sólo admiraba la tecnología británica sino también las ideas imperiales de Napoleón III, y regresó de su viaje a Europa con un gran proyecto. Soñó con un imperio suramericano, gobernado desde Asunción y dirigido por López II; para ello colaboró estrechamente con su padre en la construcción de la estructura militar y de su base industrial. Cuando le sucedió en el gobierno decidió proyectar esta nueva fuerza al exterior y convertir a Paraguay en guardián del equilibrio político del Río de la Plata. El ejército del doctor Francia había absorbido una gran parte del presupuesto pero no contaba con más de 1.500 soldados en Asunción y quizá la misma cantidad en las fronteras. Francisco Solano López aumentó el ejército hasta 28.000 individuos y creó una amenazadora y primitiva parodia de un Estado militar.

López II continuó la política de intervención estatal, de controlar la economía y de monopolizar la yerba y su exportación, contrastando con la política del liberalismo económico que existía en Buenos Aires, donde se le atacaba y burlaba en la prensa argentina. Por su parte, él criticaba fieramente a Buenos Aires, en parte para autodefenderse y en parte por motivos ideológicos. En su opinión, Paraguay a través del benevolente despotismo había alcanzado el orden, el progreso material y la fuerza militar. Por otro lado, en Argentina el nuevo régimen estaba buscando la manera de modernizar a la nación siguiendo un modelo liberal. Pero los federalistas y los primitivos caudillos argentinos que aún vivían miraban a Paráguay como al último bastión de la autonomía y la tradición frente al centralismo y la revolución liberal. Por lo tanto, dos modelos rivales competían por la supremacía en el Río de la Plata, en un conflicto de alternativas mortal: el constitucionalismo contra el absolutismo, el liberalismo contra la tradición, Mitre contra López. Y cada bando temía ser contagiado por el otro.

Mientras López se resistía al avance de los principios liberales y al dominio económico de Argentina, también tuvo que hacer frente a la expansión de la influencia y el poder de Brasil hacia el sur, hacia el Río de la Plata. La política de Paraguay frente a Brasil fue una prueba de habilidad política. Aunque el trato del doctor Francia con su gigantesco vecino generalmente había sido amistoso y los brasileños habían apoyado a Carlos Antonio López frente a Rosas, posteriormente las relaciones empeoraron. La controversia fronteriza convenció a Carlos Antonio López de que Brasil amenazaba la seguridad del país y de que las reclamaciones de la libre navegación y del territorio fronterizo disputado sólo eran una parte de una maniobra más amplia. López se negó a llegar a un acuerdo sobre las fronteras y otras cuestiones, tanto con Brasil como con Argentina; a la vez, era reacio a emprender la iniciativa militar que era la única alternativa. Francisco Solano López tenía además otras convicciones importantes: despreciaba a los brasileños casi con intensidad racial y creía que la reorganización de Argentina fracasaría. Por lo tanto, estaba deseoso de llevar las premisas de su padre hasta su conclusión lógica: la guerra contra Buenos Aires y Brasil en defensa de los intereses nacionales y de los valores tradicionales de Paraguay. Creyó que la ocasión había llegado. Si se le amenazaba con alianzas, él también contaba con aliados potenciales en los caudillos rurales de Argentina y en los blancos de Uruguay. Por otra parte, ¿estaban unidos sus enemigos? Una guerra contra Paraguay de ninguna manera era popular en Argentina. Muchos la veían como una acción iliberal cuyos resultados aumentarían el poder del Estado, incrementarían el ejército nacional y, mientras enriquecerían a los proveedores del Estado, crearían cargas intolerables a la población. Además, se contemplaba a Brasil como un aliado odioso porque mucha gente consideraba que verter sangre argentina y gastar dinero argentino en apoyo de las ambiciones imperialistas de un Estado esclavista era la mayor de las locuras. Por lo tanto, la guerra provocaría la división. Por otro lado, la guerra daría a los caudillos provinciales, oponiéndose a Buenos Aires y defendiendo los intereses regionalistas, la oportunidad de volver a una Argentina más primitiva. Sin embargo López, aunque tenía la superioridad militar, no supo explotar las divisiones internas de Argentina, o las que había entre Argentina y Brasil, y malgastó imprudentemente sus recursos.

Paraguay fue víctima de Argentina, Brasil y de su propio gobernante, aunque fue la actitud de este último lo que le permitió cumplir su papel de agresora. Las exigencias de López sobre Brasil y Argentina de que informaran de sus intenciones fueron ignoradas. Entonces lanzó un ultimátum a Brasil para que no invadiera Uruguay, que fue desoído. Cuando Brasil invadió Uruguay, López rompió sus relaciones con este país en noviembre de 1864, capturó un vapor brasileño que se encontraba en Asunción e invadió el Mato Grosso. Este fue el primer error estratégico de los muchos que cometió: hubiera podido atacar a Brasil en Uruguay, pero no en el corazón de su propio territorio. En enero de 1865, López pidió autorización a Argentina para cruzar Misiones a fin de poder llegar a Brasil. No se la dieron, y en marzo López declaró la guerra a Argentina e invadió Corrientes. Esto permitió a Mitre llevar adelante la alianza con Brasil sin provocar un desastre político en el país. Por lo tanto, Mitre declaró la guerra a Paraguay, sumándose a Brasil y al gobierno uruguayo de Flores. Ahora los disidentes argentinos se encontraban sin líderes porque Urquiza se comprometió en la guerra y se convirtió en uno de los principales proveedores del ejército argentino. El objetivo manifiesto de la triple alianza era simplemente la obtención de la libre navegación por los ríos y aplastar al tirano López; se presentó la guerra como una cruzada que defendía la civilización y la libertad. Pero esto era simple propaganda. El tratado de alianza contenía cláusulas secretas que establecían que Brasil se anexionaría el territorio disputado del norte de Paraguay mientras que Argentina se quedaría con las regiones del este y del oeste de Paraguay; también se acordó que la guerra no cesaría hasta la destrucción total del gobierno paraguayo. Los aliados decidieron básicamente acabar con los focos de atracción que un Paraguay fuerte podía ejercer sobre las regiones periféricas.

Para Paraguay fue una guerra de supervivencia. Cualquier guerra contra los dos grandes vecinos había de causar debilidad y constituir una dura prueba para su poco desarrollada economía. López necesitaba una victoria rápida y, si no podía ganar rápidamente, probablemente no ganaría. Con una táctica de defensa, Paraguay era virtualmente inexpugnable excepto en el suroeste y en el río Paraguay. Pero en cambio lo que hizo López fue dar golpes sin criterio y malgastó sus fuerzas. Su flota fue prácticamente destruida en la batalla de Riachuelo poco después de empezar la guerra (junio de 1865) y las fuerzas militares y navales brasileñas pudieron penetrar río arriba hasta el corazón de Paraguay. La situación se deterioró terriblemente para los paraguayos. El bloqueo aliado cortó la llegada de alimentos. Sus soldados eran muertos brutalmente, en muchos casos —incluidos los asesores extranjeros— por el enloquecido López que creía que estaba rodeado de conspiradores además del enemigo. El horror se terminó cuando López murió en la batalla de Cerro Corá, el 1 de marzo de 1870.

Fue un resultado calamitoso para Paraguay. La valoración tradicional que considera que hubo un millón de muertos es un mito gratuito. La verdad fue de por sí ya lo suficientemente amarga. Perdió la mitad de su población, que descendió de las 406.646 personas que había en 1864 a las 231.000 de 1872. La mayoría de los supervivientes fueron mujeres, niños y ancianos. El país, que durante tanto tiempo había estado aislado e intacto, fue desgarrado y devastado. Se produjo, además, un hecho irónico. Aunque Paraguay logró desarrollar una versión en miniatura de la economía de importación-exportación característica de otras regiones del Río de la Plata, no consiguió en cambio mantener el proceso de modernización que ella había iniciado y que pasó a ser monopolizado por Argentina y Uruguay. En términos de territorio, Paraguay también fue perdedora, si bien la rivalidad entre Argentina y Brasil evitó que el desmembramiento fuera mayor. Se la obligó a entregar el territorio del noreste del río Paraguay a Brasil y por otro lado a dar a Argentina el territorio de Misiones entre los ríos Paraná y Uruguay y también tierra más al oeste. El país se desintegró políticamente. La era de los grandes dictadores se había acabado y no había nada para llenar el vacío; los opositores exiliados volvieron y Paraguay empezó un periodo de golpes, de cambio de caudillos y de constituciones impracticables. La versión paraguaya de desarrollo, por lo tanto, fue un desperdicio de esfuerzos, dinero y vidas. Si probó algo, probó que era imposible crear una Prusia en América del Sur.

Los otros países del Río de la Plata pudieron evitar las peores consecuencias de la guerra. Para Uruguay, la década de 1860 fue un periodo de crecimiento económico. Sin embargo, es verdad que las perspectivas políticas no fueron prometedoras. El gobierno de los años de guerra de Venancio Flores no fue estable; era una dictadura que terminó con la fusión y dio a los colorados el monopolio del poder, provocando la inevitable oposición de los blancos y de otros grupos. Uruguay se dividió en bandos contendientes y Flores y Berro fueron asesinados el mismo día, el 19 de febrero de 1868. Cuando se desintegró el gobierno y Uruguay se deslizó irremediablemente hacia el desorden y el caudillismo, la economía y la sociedad disfrutaron de gran autonomía y se produjeron grandes transformaciones. Pero, si bien la anarquía política no evitó automáticamente el crecimiento económico, el cambio económico tampoco restableció inmediatamente el equilibrio político. Entre la fase de crecimiento de 1860-1868 y la retardada estabilización de 1875 ciertamente transcurrió un largo lapso de tiempo.

La población de Uruguay pasó de los 221.000 habitantes que tenía en 1860 a los 385.000 de 1868. Montevideo aún creció más deprisa, pasando de los 58.000 habitantes a los 126.000. En el periodo de 1860-1868 llegaron unos 50.000 inmigrantes a Uruguay, básicamente italianos y españoles. La expansión comercial, la creciente industria de la construcción, el número de barcos cada vez mayor que cruzaban el Atlántico y la actividad de los astilleros costeros y fluviales, convirtieron a Montevideo en un lugar en expansión y en un foco de inmigración. Los extranjeros pasaron de ser el 48 por 100 del total de la población en 1860, a ser el 60 por 100 en 1868. Mientras tanto, el aumento del sector ovino en el campo atrajo a colonos de muchos países. La nueva población impulsó la importación y exportación de productos. Las importaciones crecieron de los 8,2 millones de pesos de 1860 a los 15 millones de 1870, y las exportaciones de los 5,4 millones de pesos de 1860 pasaron a los 12 millones en 1870. La lana, el nuevo producto que los almacenistas llevaban desde los centros de producción rural para exportarla a Europa, también impulsó el comercio de Montevideo. El puerto fue un punto de aprovisionamiento de los ejércitos aliados en la guerra paraguaya, y desde entonces se convirtió en un centro mercantil permanente cuyo régimen de comercio libre impulsó el comercio de tránsito, permitiéndole rivalizar con Buenos Aires como centro de distribución en el Río de la Plata.

En la producción de lana tuvieron lugar grandes y repentinas transformaciones. Entre 1860 y 1868, el número de ovejas aumentó de 3 millones de cabezas a 16 o 17 millones. En parte se debió a causas internas tales como las condiciones favorables para la cría de ovejas en Uruguay, el paso de la ganadería bovina a la ovina a medida que el precio del charque fue descendiendo, el aumento del número de explotaciones de dimensiones medias para las cuales la cría de ovejas constituía una inversión mejor, y la influencia de los inmigrantes extranjeros como criadores e impulsores de mejorar la raza de las ovejas. También hubo factores externos que impulsaron el desarrollo de la producción de lana, como la fuerte demanda para las industrias textiles de Gran Bretaña, Francia y Bélgica y la desaparición del algodón como fibra que competía con la lana durante los años de la guerra civil norteamericana. La cría de ovejas, especialmente en el caso de las especies mejoradas, exigía no sólo más mano de obra sino también un trabajo más sedentario así como la desaparición del caudillismo y las revoluciones. La producción de ovejas permitió, si no la constitución de una clase media rural, al menos la aparición de propiedades y estancias ovejeras más pequeñas que permitían que los inmigrantes pudieran prosperar más fácilmente que en el sector bovino, como ocurría en Argentina. Así pues, se diversificó la estructura de la sociedad agraria y se introdujo una alternativa a las grandes estancias de reses. En 1862, la lana constituía el 10,6 por 100 del total de las exportaciones, mientras que los cueros formaban el 32,9 y el charque el 11,5 por 100 de éstas. En 1872, la lana constituía el 24,4 por 100.

Ahora Uruguay producía tres productos básicos: lana, cueros y charque. Los mercados también se diversificaron: los cueros iban principalmente a Gran Bretaña y a los Estados Unidos, el charque a Brasil y Cuba, y la lana a Francia y a Bélgica. Si era una economía dependiente, no lo era de un solo producto o de un solo mercado. Esta diversificación fue la clave de la futura prosperidad de Uruguay. Las condiciones económicas eran lo suficientemente propicias para atraer al capital extranjero. Hasta entonces había predominado la influencia del barón de Mauá, el financiero brasileño que en 1857 estableció el Banco de Mauá. Pero entonces ya empezó a entrar capital inglés. A finales de 1863, en Montevideo se abrió una sucursal del Banco de Londres y del Río de la Plata. Entre 1861 y 1865, con capital británico y alemán se estableció la compañía de extracto de carne Liebig en Fray Bentos. Fue la primera inversión extranjera en la industria cárnica; ésta se aprovechó del exceso de producción cárnica, de los precios bajos y de la barata mano de obra, y a su vez —al producir un extracto de carne que el mercado europeo aceptaba, al menos para sus soldados— constituyó una solución al problema de las ventas limitadas que padecían Brasil y Cuba. En 1864-1865, se empezó a prestar capital británico al Estado, y a principios de la década de 1870 los negocios británicos se introdujeron también en los ferrocarriles, acabando finalmente por apoderarse de ellos.

Esta tendencia fue momentáneamente paralizada por la crisis de 1868 y la guerra civil de 1870. En parte la crisis fue provocada por la gran sequía de 1869-1870 que diezmó salvajemente a las manadas de reses y los rebaños de ovejas. Pero también pesaron otros factores, tales como la inestabilidad monetaria, el gran exceso de importaciones —provocado por el aumento de la población y el consumo suntuario de la clase alta— y la mucho más baja exportación de productos debido a la caída de los precios internacionales y de la decadencia de la producción de las estancias que no podían aún beneficiarse de las mejoras y la modernización. En 1870 Uruguay importó bienes por valor de 15 millones de pesos y exportó productos por valor de sólo 12 millones de pesos. Entre 1864 y 1868 las importaciones sobrepasaron las exportaciones por un valor de 18 millones de pesos. Hacia 1875 lo peor había pasado. Ahora Uruguay estaba inclinada hacia la modernización y el desarrollo. Ante las perspectivas de mejoras, los comerciantes y los estancieros querían paz y un gobierno fuerte. Se estaba acercando el momento para implantar un Estado y un ejército nacional fuertes.

El modelo de desarrollo de Argentina difería del de Uruguay en tres puntos: que se inició antes, que su escala era mucho mayor y que contaba con una base política más firme. A mediados de la década de 1860, la guerra de Paraguay coincidió con la inestabilidad monetaria y una crisis europea que descompusieron la economía argentina. Se contrajeron los mercados que consumían productos bovinos y lana y la producción decayó; incluso la cría de ovejas sufrió la depresión. Las causas internas de la crisis radicaban en la tierra y derivaban del excesivo crecimiento de los rebaños sobre un área relativamente restringida de pastos buenos adecuados para la cría de ovejas. El exceso de ganado coincidió con una severa sequía que fue un nuevo golpe para los propietarios de reses y ovejas. La política gubernamental no sirvió de nada. La ley de noviembre de 1864 que decretó la venta de todas las tierras públicas disponibles estableció unos precios demasiado altos y acabó por agravar la crisis rural. Así pues, a continuación de un periodo de expansión y de hambre de tierras llegó la crisis.

La recuperación fue rápida, pero la experiencia dio lugar a que se replantearan los problemas y proyectos argentinos. Los preocupados estancieros empezaron a plantear la necesidad de diversificar la producción agraria, modernizar los métodos e invertir mayores capitales. También se habló de combinar la agricultura y la ganadería, invirtiendo el capital urbano en el sector rural, incorporando nuevas tierras y estableciendo granjas modelo. Las ideas innovadoras de esta clase fueron características del grupo de los estancieros que en 1866 fundaron la Sociedad Rural Argentina como un centro de debate y desarrollo. Creció la tendencia proteccionista. Uno de los proyectos más notables de la Sociedad, si bien fracasó, fue el de levantar la primera fábrica textil del país con la esperanza de desarrollar una industria textil nacional que consumiría su propia materia prima y que la liberaría de su dependencia de los mercados y de las importaciones extranjeras. Cómo solucionar la cuestión de la mano de obra rural se convirtió en un tema cada vez más importante. A menudo se había atribuido la inseguridad, el empobrecimiento y el bajo *status* de los peones a Rosas y a sus exacciones militares, pero no había ningún signo de que la situación hubiera mejorado desde 1852 y, por otro lado, las exigencias de la guerra paraguaya volvieron a azotar las pampas. La necesidad de más gente era un problema urgente que se quería resolver. Una inmigración en masa, que empezó como una campaña para ocupar el desierto, acabó por hacer crecer a las ciudades. Argentina había llegado al final de una era de su historia y estaba empezando otra.

Capítulo 2

EL CRECIMIENTO DE LA ECONOMÍA ARGENTINA, *c.* 1870-1914*

Al llegar a la región del Río de la Plata en el decenio de 1870, lo primero que impresionaría al viajero era la anchura del estuario y luego, al entrar en el puerto de Buenos Aires, la poca altura y la sencillez de los edificios. Al viajar tierra adentro, su impresión sería mayor debido a la vastedad de los espacios sin árboles que se extendían hasta donde alcanzaba la vista, las pampas, donde lo único que interrumpía la abrumadora sensación de soledad era el espectáculo del ganado vacuno o la súbita aparición de un avestruz o de algún otro ejemplar de la fauna de la región. En aquel tiempo, la actividad comercial más importante se llevaba a cabo en una franja costera que seguía el estuario del Río de la Plata y del río Paraná, así como el curso meridional del río Uruguay en sus partes navegables. La escasez de madera, además de las enormes distancias, era un obstáculo para la fundación de asentamientos permanentes en el interior: los posibles colonizadores tenían que transportar los materiales de construcción desde lejanos puertos o zonas urbanas. Aparte del Paraná, un tramo del Uruguay y el río Negro, que se encontraba en territorio que todavía ocupaban los indios, los ríos argentinos no eran navegables y los ferrocarriles empezaban a construirse. Asimismo, las incursiones de los indios, que seguían ocupando la región que llamaban «el desierto» y que no distaba mucho de las zonas pobladas de las provincias de Buenos Aires y Santa Fe, eran frecuentes. Aparte de las capitales provinciales, centros administrativos que databan de la época colonial, no existía una red extensa de poblaciones en el interior, cuyos habitantes eran poco numerosos. Sin embargo, aunque eran muchos los inconvenientes para la colonización y el aprovechamiento de la tierra, el clima templado era favorable y las condiciones de vida, aun siendo duras, lo eran menos que en algunas partes de Europa.

Durante la primera mitad del siglo XIX, en la zona de colonización efectiva,

---

* Este capítulo corresponde a la traducción de la versión en inglés publicada por la Cambridge University Press.

el noroeste y el corredor ribereño y costero que lo unía a Buenos Aires, la principal actividad económica había sido la ganadería vacuna, que requería poca mano de obra y poco capital. Se producían cueros y tasajo para la exportación, y carne para el consumo interior. No es que no existiera agricultura, pero el elevado costo del transporte limitaba la actividad agrícola a las zonas que quedaban cerca de los centros urbanos donde se encontraban los mercados. Debido al costo del transporte por tierra, hasta el decenio de 1870 resultaba más práctico importar el trigo y la harina.

Mientras que durante el periodo colonial el centro de la vida económica radicaba en el Alto Perú, con los campos mineros de Potosí unidos a Buenos Aires por una ruta comercial que pasaba por Salta, Tucumán y Córdoba, la primera mitad del siglo XIX había sido testigo de la formación de otro eje económico, que al principio se recostó en las provincias llamadas mesopotámicas (Entre Ríos y Corrientes) y, más adelante, en la provincia de Buenos Aires, donde surgió la ganadería, que aprovechó el sistema fluvial para la salida de sus productos. Posteriormente, las circunstancias exigieron la expansión de las fronteras en busca de nuevos territorios, hacia el oeste y el sur, en Buenos Aires, en Córdoba y Santa Fe, y también en lo que actualmente es la provincia de La Pampa.

Pero no debe suponerse que no hubo ningún cambio antes de 1870. El cuero encontró un mercado en los países industrializados y se registró un incremento significativo del comercio, a pesar de las fluctuaciones que causaron los bloqueos y las guerras, entre otras cosas. A las exportaciones de cueros y tasajo se añadieron las de grasas y sebos antes del decenio de 1840. Asimismo, en el decenio de 1820 también se había empezado a criar ovejas y las exportaciones de lana sin lavar cobraron importancia durante el decenio de 1840. En 1822, las exportaciones argentinas ascendieron a cinco millones de pesos de plata y permanecieron en este nivel hasta el decenio de 1840, a pesar de considerables variaciones anuales. Luego aumentaron y hacia las postrimerías del periodo alcanzaron los siete millones. Otro salto de las exportaciones se produjo en el periodo posterior a 1860, en que ascendieron a 14 millones, y un decenio después, en 1870, había aumentado todavía más, llegando a 30 millones de pesos de plata.[1] El incremento del valor de las exportaciones argentinas fue resultado, por un lado, de la recuperación de los precios internacionales, que había estado en baja desde el decenio de 1820 hasta finales del de 1840, y, por otro lado, a la creciente importancia de las grasas, el sebo y, sobre todo, la lana. La lana representó el 10,8 por 100 de las exportaciones en 1837, subió hasta el 12,5 por 100 en 1848 y alcanzó el 33,7 por 100 en 1859.[2]

El aumento de la producción y de las exportaciones de lana fue la respuesta a la mayor demanda de los países de la Europa continental, en especial de Francia, y de los Estados Unidos. La producción de lana requería un uso más intensivo de la tierra, el trabajo y el capital. Para cuidar mejor a las ovejas fue

1. Francisco Latzina, *El comercio exterior argentino*, Buenos Aires, 1916.
2. Jonathan C. Brown, *A socio-economic history of Argentina, 1776-1860*, Cambridge, 1979. Véase también Tulio Halperín Donghi, «La expansión ganadera en la campaña de Buenos Aires», *Desarrollo Económico*, 3 (abril-septiembre de 1963). Y sobre Argentina en general antes de 1870, véase Lynch, *HALC*, VI, capítulo 8.

Las repúblicas del Río de la Plata

necesario trasladar mano de obra a las zonas rurales y, por ende, mejorar tanto los medios de transporte como la seguridad interna. Asimismo, el crecimiento global de las existencias, especialmente las ovejas, cuyo número subió de 23 millones en 1846 a 70 millones en 1884, y el de vacunos, de 10 millones a 23 millones, incrementó la demanda de tierra. No obstante, en el decenio de 1870 el país, con una economía básicamente pecuaria, tenía aún extensiones inmensas de tierra, gran parte de ella sin aprovechar, más allá de la «frontera». La población era escasa, la red de ferrocarriles, rudimentaria, las instalaciones portuarias, insuficientes, y el capital era también escaso.

LOS FACTORES DE PRODUCCIÓN

La tierra

Según muchos autores, el extraordinario crecimiento económico de Argentina entre 1870 y 1914, que se mantuvo en una tasa anual de aproximadamente el 5 por 100,[3] fue el resultado de cambios importantes en el comercio internacional. Debido a estos cambios, los nuevos mundos de América y Oceanía entraron en el comercio mundial. También se ha recalcado que el factor decisivo en el establecimiento de nuevas rutas comerciales fue la reducción de los costos del transporte marítimo. No menos importante que el incremento del comercio mundial y cierta división internacional del trabajo fue el movimiento de los factores de producción, como el capital y el trabajo, entre continentes. Este movimiento hizo que tales cambios fueran posibles. No obstante, esta explicación, si bien es correcta en líneas generales, no refleja toda la complejidad y toda la riqueza de un proceso histórico que tuvo otras facetas menos obvias. Hubo que hacer frente a numerosos obstáculos y dificultades y fue necesario efectuar varios ajustes para que, desde el lado de la oferta, fuera posible responder adecuadamente a los incrementos reales o potenciales de la demanda mundial. Los estudios del periodo se han concentrado en aspectos relacionados con el crecimiento de la demanda desde los principales centros de consumo de productos primarios; todavía no se han estudiado a fondo los ajustes de la oferta en las principales economías de producción primaria.

Era necesario reorganizar la producción con el objeto de obtener más productos básicos (cereales y, más adelante, carne en el caso de Argentina) donde mayor era el grado de ventaja comparativa. A tal efecto había que explotar recursos productivos que hasta entonces no se habían utilizado. En Argentina abundaba la tierra, pero no se habían colonizado las grandes extensiones de territorio que los indios nómadas seguían recorriendo libremente. Además, la colonización de la tierra presuponía medios de transporte adecuados que permitieran llevar pobladores a las regiones aisladas y traer los productos de éstas al mercado. ¿Cómo y cuándo ocurrió este proceso? Aunque su complejidad impide

3. Carlos Díaz Alejandro, *Essays on the economic history of the Argentine Republic*, New Haven, 1970, p. 3.

formular una cronología fácil, la incorporación de inmensas extensiones de tierra es el punto de partida más importante.

Durante el decenio de 1870 fue haciéndose cada vez más obvio que era necesario ampliar la frontera para dar cabida a los crecientes rebaños de ovejas y facilitar la ubicación en un nuevo lugar del ganado vacuno criollo que se apacentaba en la tierra de primera clase que ahora iba a destinarse a las ovejas. El incremento de las existencias produjo el agotamiento de los pastos y la erosión del suelo en la tierra que se usaba desde hacía más tiempo, lo cual resultaba curioso en un país nuevo. En aquel tiempo no había un excedente de población que buscara tierra desocupada, al menos no lo hubo hasta los decenios de 1870 y 1880. En vez de ello había necesidad de buscar pastos nuevos para una cabaña vacuna que iba en aumento. Sin embargo, curiosamente, durante el decenio de 1870 esta expansión del ganado vacuno no se debió a ningún incremento significativo de la demanda internacional transmitida por el mecanismo de precios, sino que fue motivada por un fenómeno diferente. Los precios de las exportaciones agropecuarias (cueros, lana, etc.) bajaron a partir de mediados del decenio de 1870. Esta baja provocó una reducción de la rentabilidad de la cría de ganado. La única forma de compensarla era incrementando el volumen de producción, siempre y cuando este incremento fuese posible a costos más bajos que permitiesen beneficios. El único medio de alcanzar este objetivo consistía en incorporar nuevas tierras a bajo costo, o incluso sin costo alguno, a fin de poder incrementar las existencias (bienes de capital) a un costo adicional mínimo o inexistente y aumentar con ello la producción (lana o cueros), lo que a su vez proporcionaría mayores ganancias. Una característica de la cría de ganado es que produce tanto bienes de consumo como de capital. La mayor disponibilidad de pastos significa que pueden tenerse más animales de cría, incrementándose así los bienes de capital. Por consiguiente, la incorporación de nuevas tierras surtió el claro efecto de incrementar los rebaños y expandir la producción a un costo mínimo, compensando con ello la baja de los precios y manteniendo la rentabilidad de la cría de ganado. Así pues, lo que generó expansión no fue una subida de los precios, sino el hecho de disponer de nuevas tierras y la necesidad de reducir los costos con el objeto de mantener la viabilidad económica de la ganadería.

Es cierto que la expansión territorial fue posible gracias a una mejora anterior de la actividad económica, que también posibilitó la ocupación militar de los nuevos territorios. Gracias al ferrocarril se podía llegar más rápidamente a la antigua frontera, a la vez que el telégrafo permitió al general Julio A. Roca dirigir desde una distancia considerable su campaña contra los indios en 1879-1880. Estos factores constituyeron un elemento importante en la conquista del desierto, pero no supusieron la introducción de la red ferroviaria, los colonizadores y la labranza en los nuevos territorios. Al contrario, en 1881 las zonas que se habían colonizado más allá de la frontera con los indios, en 1876 se hallaban dedicadas casi por entero a la ganadería. La proporción de colonizadores dedicados a la labranza era mínima. Hasta más adelante, cuando a esas zonas llegaron los ferrocarriles, no empezó la expansión de los cultivos. A principios del decenio de 1880 los ferrocarriles no habían alcanzado las regiones que se incorporaron después de la «conquista del desierto» y que tenían una extensión de 30 millones de hectáreas (unos 8 millones en la provincia de Buenos Aires, 5 millones en Santa Fe, 2 millones en Córdoba y otros 14 millones en todo el territorio de La Pampa).

En cambio, la expansión de la agricultura a finales del decenio de 1880 y durante el de 1890, y especialmente la producción de trigo, primero en Santa Fe entre 1888 y 1895, luego, a partir de 1895, en Buenos Aires, estuvo vinculada de modo directo al crecimiento de la red ferroviaria. De 732 kilómetros de vías en 1870 y 1.313 kilómetros en 1880, la red alcanzó los 9.254 kilómetros en 1890. El tonelaje de mercancías transportadas aumentó de 275.000 en 1870 y 742.000 en 1880 a 5,42 millones en 1890. En 1884, en el norte de la provincia de Buenos Aires, la región de la colonización más antigua, alrededor del 7,1 por 100 de la tierra era cultivada; en las regiones central y del sur, que incluían territorios extensos incorporados durante el decenio de 1870 y comienzos del de 1880, se cultivaba respectivamente el 1,1 y el 0,3 por 100. En 1896 ya era un 44,5 por 100 la tierra que se cultivaba en el norte, el 28,3 por 100 en el centro y el 14,6 por 100 en el sur. Y alrededor del 83,7 por 100 de la producción de trigo y el 53,7 por 100 de la de maíz se transportaban por ferrocarril.[4]

Las características regionales, pero, sobre todo, la proximidad de los mercados (en la que influían los costos del transporte), determinaron los patrones de utilización de la tierra en diferentes momentos y en distintas regiones durante este periodo. En las regiones aisladas, sin ríos navegables, sin ferrocarriles, donde, por consiguiente, los costos del transporte eran altos, había menos probabilidades de colonización y de desarrollo de los cultivos. En tales regiones estaba muy extendida la cría de ganado en propiedades de extensión considerable que eran explotadas por los terratenientes. Había también un sistema de arrendamiento y aparcería, especialmente en la cría de ovejas, que nunca llegó a estar tan difundido como en años posteriores lo estaría en la agricultura. En las regiones donde las condiciones del suelo y los costos del transporte lo permitían, se expandió la agricultura. Entre 1888 y 1895 las zonas cultivadas pasaron de 2,5 millones a casi 5 millones de hectáreas. La expansión más notable tuvo lugar en la provincia de Santa Fe, donde la extensión real de las propiedades era menor y muchas de ellas estaban ocupadas por sus propietarios. A finales del siglo XIX y durante los primeros dos decenios del XX tuvo lugar una nueva oleada de expansión agrícola en tierras que ya habían estado dedicadas total o parcialmente a la ganadería. Uno de los rasgos de este proceso es que no produjo la sustitución de la cría de ganado por los cultivos; en vez de ello, las dos se complementaron. El resultado fue que en los establecimientos ganaderos se reservaban ciertas zonas para la producción de cereales que se cedían a arrendatarios, por lo que el número de éstos aumentó en gran medida durante el periodo comprendido entre 1885 y 1914.

---

4. Sobre la relación entre la expansión de los ferrocarriles y la incorporación de nuevas tierras, véanse Colin M. Lewis, «La consolidación de la frontera argentina a fines de la década del setenta. Los indios, Roca y los ferrocarriles», en Gustavo Ferrari y Ezequiel Gallo, eds., *La Argentina del ochenta al centenario*, Buenos Aires, 1980; Roberto Cortés Conde, «Patrones de asentamiento y explotación agropecuaria en los nuevos territorios argentinos (1890-1910)», en Álvaro Jara, ed., *Tierras nuevas*, México, 1969.

La existencia de un número tan elevado de arrendatarios ha influido en la formación de un panorama común de la historiografía argentina que tiene una ascendencia honorable entre autores tan importantes como Miguel Ángel Cárcano y Jacinto Oddone, por no citar estudiosos más recientes como Sergio Bagú y James Scobie. Este último dice lo siguiente acerca de este particular:

> Aquellos cuyos antepasados habían podido adquirir y conservar enormes concesiones de tierra o que ahora obtuvieron estancias disfrutaron de una existencia dorada. Tierras cuyo único valor habían sido sus rebaños de ganado en estado natural, tierras a las que sólo se podía llegar a caballo o en carretas tiradas por bueyes, tierra ocupada en gran parte por indios hostiles, experimentaron una transformación total. El capital británico había construido ferrocarriles. Se habían mejorado las técnicas pecuarias y los recursos de las pampas se estaban utilizando de forma más concienzuda. Se disponía de inmigrantes recién llegados de la pobreza europea, no sólo para que trabajaran en la construcción ferroviaria y urbana, sino también para que hiciesen de aparceros, arrendatarios o peones en la producción de maíz, trigo, lino y alfalfa, en la instalación de cercas y en el cuidado del ganado vacuno y lanar. En tales condiciones, la tierra producía un rendimiento anual del 12 al 15 por 100 al propietario, y era frecuente que los valores de la tierra aumentaran un 1.000 por 100 en un decenio. Quienes ya tenían tierra, poder o dinero monopolizaban la riqueza que ahora se obtenía de las pampas. El hombre que araba la tierra o cuidaba los rebaños llevaba una mísera existencia. Si se había ido de Europa empujado por la pobreza y la desesperanza, al menos, en Argentina, no pasaba hambre, pero pocos incentivos se le ofrecían y, las más de las veces, la propiedad de la tierra no estaba a su alcance.[5]

Las opiniones de los que han defendido esta tesis podrían resumirse del modo siguiente: con el fin de incrementar las ganancias producidas por el arrendamiento, los grandes terratenientes restringían la oferta de tierra manteniendo ésta fuera del mercado; luego dejaban sin cultivar la tierra que monopolizaban. En realidad, la situación era mucho más compleja; la compra y venta de tierra fue mucho más fluida de lo que se suponía; y la extensión de las estancias, así como el sistema de arrendamiento, estaban vinculados a otras circunstancias relacionadas con los patrones de desarrollo agrícola y pecuario propios de la región. De hecho, ocurría que, mientras que hacia finales de siglo empezaba a disponerse de mucha tierra porque el ferrocarril creaba nuevos enlaces con los mercados, aún no había un número suficiente de agricultores dispuestos a trabajarla. Por consiguiente, no había ningún recurso limitado ni una demanda insatisfecha de tierra. En cambio, durante el segundo decenio del siglo xx, con 20 millones de hectáreas cultivadas, nuevos agricultores competirían con los antiguos por la mejor tierra en una situación donde no había ninguna posibilidad de incorporar nuevas tierras apropiadas para la agricultura.

El sistema de arrendamiento no obstaculizaba el acceso a la propiedad de la tierra. A decir verdad, en muchos casos constituía un paso intermedio hacia ella. Como arrendatario en vez de propietario, el agricultor obtenía mejores rendimientos porque la escala era mayor, porque además proporcionaba pleno empleo

---

5. James Scobie, *Revolution on the pampas: a social history of Argentine wheat*, Austin, Texas, 1964, p. 5.

para una familia trabajadora que hubiera inmigrado precisamente debido a la disponibilidad de tierra. Finalmente, había un mercado bastante activo de propiedades medianas y pequeñas, mientras que eran menos las transacciones en el caso de propiedades mayores. Además, si bien los precios de la tierra subieron durante el decenio de 1880, bajaron en el de 1890 y con ello aumentaron las posibilidades de adquirir tierra. En su informe anual de 1893, el cónsul británico comentó:

> Los precios de las tierras eran bajísimos en oro en 1891 y 1892; ahora son más caros, pero todavía son bastante baratos. El descenso del valor de la tierra después de la crisis de 1890 fue extraordinario ... El precio de la tierra se amortiza pronto con buenas estaciones, y las facilidades para convertirse en terratenientes a pequeña escala son grandes. Todas las tierras de la República Argentina son de propiedad. El traspaso y el registro de propiedades y el reconocimiento de los títulos son notablemente sencillos en comparación con Inglaterra.[6]

Durante el primer decenio del siglo XX, el precio de la tierra volvió a incrementarse de forma espectacular. Sin embargo, no fue un caso de especulación, sino que reflejó un incremento significativo de la rentabilidad de las explotaciones agropecuarias, especialmente de la que se dedicó a la ganadería debido al desplazamiento hacia la producción de carne y la introducción de razas británicas.

La oferta de mano de obra

La escasez de mano de obra en Argentina fue un problema persistente durante todo el siglo XIX. Aun cuando Bernardino Rivadavia hiciera las primeras propuestas de colonización en el decenio de 1820, inspirando la idea de seguir una política de inmigración y colonización, ésta obtuvo escaso éxito antes de 1870. Aparte del poco entusiasmo que por el asunto mostraron los terratenientes, así como la total falta de interés que despertó en líderes políticos tales como Juan Manuel de Rosas, que no fomentaban proyectos de colonización por parte de extranjeros, no se tuvo en cuenta que la principal dificultad para instalar colonizadores en regiones situadas muy hacia el interior del país radicaba en el elevado costo del transporte, que impedía comercializar los productos en lugares muy alejados. A partir de los primeros años de la Confederación se hicieron intentos más afortunados de estimular la inmigración y la colonización. En 1869, año del Primer Censo Nacional, Argentina tenía menos de 1,8 millones de habitantes. En 1895, al cabo de veinticinco años, según el Segundo Censo Nacional la población había aumentado hasta alcanzar casi 4 millones de personas, y al confeccionarse el Tercer Censo en 1914, la cifra era de casi 8 millones (véase cuadro 1). Este notable aumento difícilmente hubiera podido conseguirse sólo mediante el crecimiento natural. Se debió en gran medida a la inmigración de extranjeros. Entre 1870 y 1914 llegaron a Argentina casi 6 millones de

6. Gran Bretaña, Foreign Office, Informe correspondiente al año 1893 sobre la condición agrícola de la República Argentina (Annual Series, 1893, Informes diplomáticos y consulares sobre comercio y finanzas, n.º 1.283), 1893.

CUADRO 1

Población y tasas de crecimiento

Año	Población	Incremento anual medio por 1.000 habitantes
1869	1.736.923 [a]	28,5
1895	3.954.911	30,4
1914	7.885.237	34,8

[a] Excluyendo la población indígena y los argentinos en el extranjero o sirviendo en el ejército en Paraguay.

FUENTES: 1869: Argentina, *Primer Censo de la República Argentina, 1869*, Buenos Aires, 1872; 1895: Argentina, *Segundo Censo de la República Argentina, 1895*, vol. II, Buenos Aires, 1898; 1914: Argentina, *Tercer Censo Nacional, 1914*, vol. II, Buenos Aires, 1916; Zulma L. Recchini de Lattes y Alfredo E. Lattes, *Migraciones en la Argentina*, Buenos Aires, 1969.

inmigrantes, principalmente españoles e italianos, aunque sólo poco más de la mitad de ellos se quedaron en el país (para las cifras anuales, véase el cuadro 2). Los extranjeros representaban el 12,1 por 100 de la población total en 1869, el 25,4 por 100 en 1895 y el 29,9 por 100 en 1914. Es importante señalar, no sólo el efecto que tuvo la inmigración en el tamaño absoluto de la población, sino también la influencia que ejerció en las tasas de natalidad debido a su efecto en la estructura de edades. Entre 1869 y 1895 la población en conjunto creció al ritmo del 30,4 por 1.000 anual; la inmigración representaba un 17,2 por 1.000 de este aumento, y el crecimiento natural, un 13,2 por 1.000. Entre 1895 y 1914 el ritmo de crecimiento anual de la población en su conjunto fue del 34,8 por 1.000, con un 17,2 representado por la inmigración y un 17,6 por el crecimiento natural.[7]

La migración influyó de diversas maneras en la formación de la fuerza laboral: primero, en su aporte directo al crecimiento de la población total y al incremento de la tasa de crecimiento natural de la población; y, en segundo lugar, en su aporte anual de mano de obra que entró directamente en el mercado de trabajo. La inmensa mayoría de los inmigrantes eran jóvenes y varones. En 1895 el 47,4 por 100 de los extranjeros tenían entre 20 y 40 años de edad, igual que el 23,4 por 100 de los argentinos de nacimiento. Las cifras correspondientes a las personas de 0 a 20 años de edad eran el 21,8 por 100 para los extranjeros y el 60 por 100 para los nacidos en el país.[8] En 1914 los extranjeros superaban en número a los argentinos de nacimiento en el grupo de 20 a 40 años de edad. Esto explica por qué la influencia de los inmigrantes en la fuerza laboral fue mayor que su influencia en la población en general. Entre los extranjeros, el cociente entre los hombres y las mujeres fue de 1,7 tanto en 1895 como en 1914.

7. Zulma L. Recchini de Lattes y Alfredo E. Lattes, *Migraciones en la Argentina*, Buenos Aires, 1969, pp. 79, 86.

8. Segundo Censo Nacional, 1895, II, XCIX.

CUADRO 2. *Inmigración y emigración, 1870-1914* [a]

Año	Inmigrantes	Emigrantes	Ganancia o pérdida neta
1870	39.967	—	+ 39.967
1871	20.933	10.686	+ 10.247
1872	37.037	9.153	+ 27.884
1873	76.332	18.236	+ 58.096
1874	68.277	21.340	+ 46.937
1875	42.036	25.578	+ 16.458
1876	30.965	13.487	+ 17.478
1877	36.325	18.350	+ 17.975
1878	42.958	14.860	+ 28.098
1879	55.155	23.696	+ 31.459
1880	41.651	20.377	+ 21.274
1881	47.484	22.374	+ 25.110
1882	51.503	8.720	+ 42.783
1883	63.243	9.510	+ 53.733
1884	77.805	14.444	+ 63.361
1885	108.722	14.585	+ 94.137
1886	93.116	13.907	+ 79.209
1887	120.842	13.630	+ 107.212
1888	155.632	16.842	+ 138.790
1889	260.909	40.649	+ 220.060
1890	110.594	80.219	+ 30.375
1891	52.097	81.932	− 29.835
1892	73.294	43.853	+ 29.441
1893	84.420	48.794	+ 35.626
1894	80.671	41.399	+ 39.272
1895	80.989	36.820	+ 44.169
1896	135.205	45.921	+ 89.284
1897	105.143	57.457	+ 47.686
1898	95.190	53.536	+ 41.654
1899	111.083	62.241	+ 48.842
1900	105.902	55.417	+ 50.485
1901	125.951	80.251	+ 45.700
1902	96.080	79.427	+ 16.653
1903	112.671	74.776	+ 37.895
1904	161.078	66.597	+ 94.481
1905	221.622	82.772	+ 138.850
1906	302.249	103.852	+ 198.397
1907	257.924	138.063	+ 119.861
1908	303.112	127.032	+ 176.080
1909	278.148	137.508	+ 140.640
1910	345.275	136.405	+ 208.870
1911	281.622	172.041	+ 109.581
1912	379.117	172.996	+ 206.121
1913	364.271	191.643	+ 172.628
1914	182.659	221.008	− 38.349

[a] Excluyendo los pasajeros de primera clase.

FUENTE: *Extracto estadístico de la República Argentina, correspondiente al año 1915,* Buenos Aires, 1916.

En la población nativa había más mujeres, con un cociente entre hombres y mujeres de 0,97 en 1895 y 0,98 en 1914. La inmigración afectó también la distribución regional, ya que hasta 1914 el 84 por 100 de los inmigrantes se instaló en la región pampeana. Finalmente, los extranjeros eran más propensos que los nativos a instalarse en las zonas urbanas (véase cuadro 3).

CUADRO 3

Población urbana y rural (porcentajes)

Año	Total		Extranjeros	
	Rural	Urbana	Rural	Urbana
1869	71	29	52	48
1895	63	37	41	59
1914	47	53	37	63

FUENTE: Primero, Segundo y Tercer Censos nacionales, 1869, 1895, 1914.

No hay estudios que indiquen los niveles generales de empleo en Argentina hacia finales del siglo XIX. Sin embargo, las cifras sobre ocupaciones que aparecen en los censos, pese a ser imperfectas, dan información sobre la población económicamente activa. En 1869 llegaban a 857.164 de una población potencialmente activa de 1.014.075 (el 85 por 100) de 14 o más años de edad. En 1895 las personas económicamente activas representaban 1.645.830 de una población potencialmente activa de 2.451.761 (67 por 100), y en 1914, 3.235.520 de 5.026.914 (64 por 100).

Para 1895 y 1914, respectivamente, las personas con un empleo regular estaban distribuidas del modo siguiente: el 24 y el 16 por 100 en la agricultura o la ganadería, el 22 y el 26 por 100 en la industria y el 29 y el 33 por 100 en los servicios. Alrededor del 21 y el 28 por 100 carecían de ocupación determinada, y formaban una categoría consistente en gran parte en jornaleros y peones, básicamente una gran masa de trabajadores estacionales que estaban empleados en el campo en la época de la recolección y que pasaban el resto del año en la ciudad. Los indicadores más útiles para estudiar los cambios en las pautas de empleo, no en su nivel absoluto, sino más bien en sus variaciones, son, en el caso del empleo urbano, las cifras relativas a las inversiones en obras públicas y la construcción privada; para el empleo en la construcción de infraestructura, las variaciones en la extensión de la red ferroviaria; y para el empleo agrícola, las variaciones en la extensión de tierra cultivada. Estos sectores, aparte del empleo industrial, donde las variaciones eran menos acentuadas, aportaban la mayor demanda de mano de obra. Las cifras referentes a la inmigración anual (véase cuadro 2) miden las variaciones en la oferta de trabajo. Otro indicador útil es el de las cifras de las importaciones (véase cuadro 5). En ciertos aspectos las importaciones determinan las variaciones en la actividad industrial, las obras públicas y la construcción de ferrocarriles, todas las cuales requieren inputs importados, pero no determinan las variaciones en la construcción privada y la tierra cultivada, que no necesitan bienes importados. Hay que hacer hincapié en que existe una correlación bastante estrecha entre las variaciones en las importaciones y las cifras netas de inmigración.

En el periodo que estamos estudiando se produjeron cambios repentinos en la oferta y la demanda de mano de obra. El incremento de las importaciones y el aumento en la actividad económica que las acompañó produjeron un aumento sostenido en la demanda de trabajo. Con la crisis de 1890 y la drástica disminución de las importaciones, de las obras públicas y de la construcción de ferrocarriles, no sólo bajó la demanda de mano de obra, sino que se registró también una notable reducción de la oferta, debido a una fuerte caída de la inmigración. Un informe del cónsul británico sobre este asunto es revelador:

> En 1890 se observará que no sólo había descendido la inmigración en un 60 por 100, comparada con la del año anterior, sino que la emigración había aumentado en un 107 por 100. Las cifras que se estiman para 1891 muestran que la inmigración sigue decreciendo a un ritmo alarmante y que la emigración durante el año ha superado, con toda probabilidad, las cifras del año pasado. Hay que señalar que en 1888-1889 la inmigración directa del extranjero sola, sin incluir las llegadas vía Montevideo, superó en gran medida la cifra de entre 90.000 y 100.000 inmigrantes que el jefe del departamento de inmigración estimó en su informe como número máximo que el país puede absorber y emplear apropiadamente en el curso de un año, siendo el número de 130.271 y 218.744 respectivamente. Es extraño que con una afluencia total (incluyendo los que pasan por Montevideo) de más de 548.000 personas durante los últimos tres años, no haya todavía más miseria en este país; y tanto más cuanto que 871.000 inmigrantes han llegado a la República Argentina durante los últimos seis años, 1885-1890, lo que equivale al 52 por 100 de la inmigración total durante los últimos 34 años. La población estimada de este país es de 4.000.000 de personas solamente, de modo que el número de inmigrantes que han desembarcado aquí en los últimos seis años forma el 22 por 100 de la población total del país. Nunca ha entrado en un país una inmigración tan proporcionalmente grande en un periodo tan breve.[9]

Parte de la mano de obra que ya estaba en el país pasó al sector rural, donde la extensión de tierra cultivada siguió aumentando durante la crisis del decenio de 1890. Esto alivió el problema del desempleo e impidió que la crisis se agravase todavía más. La demanda de mano de obra volvió a aumentar al reanimarse la actividad económica, en especial después de 1900, y se respondió inmediatamente a ella con un mayor incremento de la afluencia de inmigrantes. El mercado de trabajo, que se caracterizaba por la excedente demanda, se convirtió después de 1910, cuando empezó a disminuir la tasa de crecimiento de la tierra cultivada, en un mercado con oferta excedente.[10]

Se reconoce de forma general que el notable crecimiento de la riqueza que se registró en Argentina en el periodo que va de 1870 a la primera guerra mundial no benefició de igual manera a todos los sectores de la población. Mientras que

9. Gran Bretaña, Foreign Office, Informes consulares, Informe sobre la emigración a la República Argentina y la demanda de mano de obra, 1891 (Miscellaneous Series, 1892, n.º 216).

10. Véase Alejandro E. Bunge, *La desocupación en la Argentina, actual crisis del trabajo*, Buenos Aires, 1917.

los terratenientes fueron los que obtuvieron las mayores ganancias, los trabajadores no recibieron una parte proporcional del crecimiento de la renta nacional. Incluso se ha argüido que, por diversas razones, los niveles salariales descendieron durante la mayor parte del periodo que nos ocupa. Por ejemplo, Ricardo M. Ortiz afirmó que

> la propiedad limitada de la tierra ... [incrementó] la tasa de emigración, fomentó la migración temporal y aumentó las posibilidades de que los recién llegados se dedicaran a ocupaciones a las que no estaban acostumbrados y que de ninguna manera se correspondían con sus objetivos. Estas personas llegaron a formar un proletariado urbano, un sector social que era a la vez numeroso e inestable. Este sector consistía en inmigrantes que vendían su trabajo a bajo precio y soportaban una vida de pobreza y privaciones extremas con los ojos puestos en el día en que podrían volver a su patria después de haber ahorrado lo suficiente para asegurar su futuro.[11]

Generalmente, los salarios bajos y menguantes del decenio de 1880 se han atribuido, en primer lugar, a los efectos de la inflación y, en segundo lugar, al excedente de mano de obra creado en el sector urbano por la falta de oportunidades en el sector rural, falta que se debía a un sistema de propiedad de la tierra que no favorecía a los inmigrantes pobres. James Scobie también afirmó que los salarios fueron bajos durante la mayor parte del periodo en cuestión, especialmente durante el decenio de 1890, aunque empezaron a subir después de 1905. Sostuvo que podía llegarse a una estimación en firme de las fluctuaciones salariales convirtiendo los salarios pagados en papel moneda a los jornaleros y trabajadores especializados en una unidad de oro común. Los salarios diarios que se pagaban en peso papel tenían en 1871 un valor de 1,20 en pesos oro: en 1880 su valor era de 0,75 pesos oro; en 1885, de 1,00; en 1890, de 0,60; en 1896, de 0,50 a 0,60; en 1901, de 0,55; y en 1910, de 1,20 a 1,50.[12] Scobie añadió que el elevado coste de la vida surtió un efecto desfavorable en los niveles salariales.

En realidad, en términos reales (esto es, en términos de su poder adquisitivo), los salarios subieron hasta 1886, bajando luego hasta mediados del decenio de 1890. Con todo, entre 1890-1895 y el fin de siglo hubo un significativo incremento real que fue causado por un incremento en los salarios monetarios que habían quedado rezagados respecto de la inflación a finales del decenio de 1880 y comienzos del de 1890, pero que luego habían avanzado gradualmente al bajar el coste de la vida después de 1895. El incremento que hubo después de 1905 fue menos marcado de lo que creía Scobie y se debió al efecto de la subida de los precios de los alimentos durante este periodo. Algunos autores han confundido la estabilidad de los tipos de cambio con la estabilidad de los precios en este periodo. En términos reales, el incremento de los salarios fue mínimo entre 1900 y 1910 debido al efecto de los incrementos de los precios de los alimentos.

Teniendo en cuenta las importantes fluctuaciones que ocurrieron a lo largo de los 30 años, los salarios reales en Argentina aumentaron significativamente

---

11. Ricardo M. Ortiz, *Historia económica de la Argentina, 1850-1930*, 2 vols., Buenos Aires, I, p. 209.
12. James Scobie, *Buenos Aires, plaza to suburb 1870-1910*, Nueva York, 1974, p. 266.

durante este periodo. Hacia sus postrimerías, un trabajador podía adquirir un tercio más de bienes y servicios que su equivalente de tres decenios antes. El incremento sería mayor para los que, de hecho, habían empezado a trabajar 30 años antes, lo cual se debía al efecto que su mejor preparación, su antigüedad y su gran experiencia debían tener en sus salarios. Con esto no queremos decir que la vida de los trabajadores fuese fácil y que no se vieran afectados por periodos de coste de la vida alto, desempleo y pobreza, como dejan claro sus propios testimonios y los de sus contemporáneos.[13] Y es verdad que los inmigrantes que querían volver al país de origen se encontraron con el problema de que los salarios en pesos oro descendieron durante el periodo entre 1889 y 1895. Los cónsules extranjeros advertían a los inmigrantes en potencia que no confundieran los salarios que se pagaban en pesos oro con los que se abonaban en pesos de papel.[14] Sin embargo, los que se quedaban en el país no se veían afectados por este problema en concreto.

El capital

En una economía tan primitiva como la argentina a comienzos de este periodo, el capital escaseaba. Los habitantes nativos poseían activos fijos consistentes en grandes extensiones de tierra o viviendas urbanas y bienes muebles tales como ganado vacuno; no había virtualmente otra salida para sus ahorros. Las instituciones financieras eran pocas. Sin embargo, la necesidad de efectuar enormes inversiones en infraestructura era crítica. En un país nuevo donde las distancias eran tan grandes, sin una población asentada en las regiones rurales y con una economía orientada a la exportación de productos a la otra orilla del Atlántico, el transporte barato por tierra y por mar era absolutamente indispensable. Igual importancia tenían los puertos y los depósitos de almacenes. Había mucha actividad por parte de grupos privados, tanto nacionales como extranjeros, en particular británicos, vinculados a la banca internacional, sobre todo en el sector ferroviario. Pero fue el Estado el que aportó el ímpetu inicial. Sin embargo, como el Estado no podía facilitar todo el financiamiento necesario para invertir en infraestructura porque sus ingresos, basados principalmente en los derechos de importación, eran insuficientes, tuvo que obtenerlo pidiendo préstamos en Europa, sobre todo en Gran Bretaña. (Para las inversiones directas y de cartera británicas en Argentina en 1865-1913, véase cuadro 4.)

Se ha dicho que Argentina carecía de instituciones capaces de encauzar fondos hacia campos de inversión rentables. En realidad, la situación era un tanto distinta. Los grupos locales que buscaban financiación esperaban siempre que fuera el gobierno el que proporcionara dinero a tipos de interés más bajos que el de mercado por medio de los bancos estatales o semiestatales. Durante

    13. Para más comentarios sobre los salarios reales, véase Roberto Cortés Conde, *El progreso argentino, 1880-1914*, Buenos Aires, 1979.
    14. Véanse, por ejemplo, Gran Bretaña, Foreign Office, Informes consulares, Informe sobre la emigración a la República Argentina y la demanda de mano de obra, 1891 (Miscellaneous Series, 1892, n.° 216), e informes consulares sobre los años 1892, 1895 y 1899.

CUADRO 4

Inversiones directas y de cartera británicas en Argentina,
1865-1913 (millones de libras esterlinas)

	1865	1875	1885	1895	1905	1913
Inversión total	2,7	22,6	46,0	190,9	253,6	479,8
Inversión directa	0,5	6,1	19,3	97,0	150,4	258,7
Inversión de cartera	2,2	16,5	26,7	93,9	103,2	221,6
Préstamos públicos	2,2	16,5	26,7	90,6	101,0	184,6
Títulos de sociedades	—	—	—	3,4	2,2	37,0

FUENTE: Irving Stone, «British direct and portfolio investment in Latin America before 1914», *Journal of Economic History*, 37 (1977), p. 706. Cifras no corregidas.

gran parte del periodo que estamos analizando estas instituciones, en primer lugar el Banco de la Provincia de Buenos Aires, fundado en 1854, y luego, en particular a partir del decenio de 1880, el Banco Nacional, ampliaron considerablemente la oferta monetaria, incrementando en gran medida los créditos, tanto al sector privado como al público, y reduciendo sus reservas de efectivo hasta tal punto que no pudieron satisfacer las demandas de sus depositantes. Esto motivó que en dos ocasiones, en 1873 y en 1885, si bien en circunstancias diferentes, se produjera una declaración de inconvertibilidad y que en 1890, como veremos, se provocara su derrumbe definitivo.

El principal interés de las operaciones bancarias privadas y extranjeras fue el comercio, especialmente el de ultramar. Esto no quería decir que los bancos comerciales tuvieran alguna preferencia intrínseca por tales actividades; se trataba más bien de que estas operaciones eran las más seguras y rentables. También hay que recordar que el sector rural podía contar con otras fuentes de capital, siendo las más conocidas las cédulas de los bancos hipotecarios nacionales y provinciales que se negociaban en el mercado. Pero también se obtenían créditos de proveedores comerciales o sus agentes, tanto nacionales como extranjeros, y los exportadores de cereales ofrecían adelantos a cuenta de la cosecha. De esta manera se importaba material para alambrados y maquinaria agrícola, se cercaban las tierras de pastos y se sembraban millones de hectáreas. Además, se importaba ganado de pedigrí para la cría y con ello aumentaba enormemente el valor del rebaño y de la tierra, uno de los componentes principales de la riqueza nacional.

No puede decirse que toda la formación de capital tuviera su origen en ultramar. Hemos visto que el capital del país no desempeñó un papel insignificante en la mejora de la tierra y el ganado y en la construcción urbana. El cuadro 5 proporciona un indicio del enorme crecimiento de las existencias de capital que se produjo en Argentina durante el periodo que nos interesa. Puertos, ferrocarriles, carreteras, vivienda, maquinaria y establecimientos ganaderos formaban parte de un gran volumen de capital establecido durante los tres decenios que van desde el periodo de unificación nacional hasta la víspera de la primera guerra mundial. La tasa de crecimiento fue del 7,5 por 100 para la totalidad del periodo, tanto en oro como en moneda constante, aunque con la crisis de 1890 (cuando la depreciación del peso frente al oro fue mayor que la pérdida en su poder adquisitivo interior) bajó temporalmente el valor en oro del *stock* de capital.

CUADRO 5

Formación de capital: crecimiento de las existencias de capital, 1857-1914

Año	Millones de pesos (oro)	Millones de pesos (papel)	Índice de precios al consumo[a] (1884 = 100)	En pesos papel deflactados por el índice de precios al consumo
1857	368	—	—	—
1884	1,875	1,875	100	1,875
1892	1,407	3,264	159	2,052
1895	2,840	8,577	190	4,514
1914	14,955	33,989	206	16,499

[a] Basado en el índice de precios al consumo (precios de los alimentos), en Roberto Cortés Conde, *El progreso argentino (1880-1914)*, Buenos Aires, 1979.

FUENTES: 1857, 1884 y 1892: M. G. y E. T. Mullhall, *Handbook of the River Plate*, reimpresión, Buenos Aires y Londres, 1982; 1895: el Segundo Censo Nacional; 1914: Estudio de Alberto Martínez para el Tercer Censo Nacional.

LAS FASES DE CRECIMIENTO

La historia económica argentina desde el decenio de 1870 hasta la primera guerra mundial puede dividirse en tres periodos: el primero, que empezó con el fin de la crisis de 1873-1876 y alcanzó su punto más alto previo al hundimiento de 1890, fue de crecimiento rápido y dinámico; el siguiente, que empezó en 1890 y terminó en la segunda mitad del decenio, fue de depresión; el último, que empezó a finales del decenio de 1890, fue de gran expansión, que, exceptuando dos breves recesiones en 1899 y 1907, se sostuvo hasta la crisis de 1912.

El factor que determinó la expansión o recesión a corto o medio plazo era la balanza de pagos, que a su vez se veía determinada por el comercio y el movimiento de capital (británico en su mayor parte). Las variaciones de estas cifras afectaban la oferta monetaria, los niveles de empleo y la demanda de mano de obra (esta última mediante el efecto que la importación de bienes de capital surtía en el nivel de actividad económica). Otras variables que tenían un efecto importante en la economía, como la extensión de la tierra cultivada y la construcción privada, fluctuaban con independencia de los cambios en el sector externo.

El periodo de 1880 a 1890

Durante la primera mitad del decenio de 1880 el hecho más significativo fue el incremento del número de cabezas de ganado y la elaboración de productos basados en la ganadería. La producción de ovejas quedó rezagada en comparación con el decenio anterior, pero los cultivos comenzaron a cobrar ímpetu y alcanzaron alturas considerables durante la segunda mitad del decenio. Sin embargo, al contrario de lo que suele creerse, la expansión de este decenio no se debió principalmente a los sectores de exportación agrícola y pecuaria, sino a la inversión en transportes, obras públicas y construcción privada. Gracias a la gran afluencia de inversiones extranjeras, tanto directas como indirectas, se obtuvieron fondos para importar bienes de capital que se transformaron en miles de kilómetros de vías férreas y en importantes obras públicas. Todo esto dio origen a una gran actividad económica y fue el factor principal de la expansión que ocurrió durante el periodo.

Las exportaciones crecieron, pero a un ritmo más lento que las importaciones. El aumento considerable de su volumen durante el decenio de 1880 se vio contrarrestado por un descenso en los precios. Hubo un déficit comercial durante la mayor parte del periodo (véase cuadro 6), pero la afluencia de capital hizo que la balanza de pagos continuara siendo positiva. Esto tuvo un efecto expansionista en el dinero, así como la incorporación de bienes de capital y el incremento de los ingresos fiscales producido por el aumento de las importaciones, lo que dio un empuje complementario a la actividad económica.

En 1881 se estableció por primera vez una sola unidad monetaria para todo el país: el peso oro nacional (1 peso oro = 25 pesos papel llamados «corrientes»; 5 pesos oro = 1 libra esterlina). A partir de 1883 se autorizó a cuatro bancos a emitir billetes, los más importantes de los cuales eran el Banco Nacional y el Banco de la Provincia de Buenos Aires. Con la ayuda de un préstamo extranjero, el Banco Nacional amplió su capital de 8 millones a 20 millones de pesos, con lo que aumentó considerablemente la emisión de dinero: de 42 millones en 1883 a 75 millones en 1885. Sin embargo, en 1885, de resultas de la gran demanda de oro gracias a un déficit de la balanza de pagos y a una política de expansión crediticia, el Banco Nacional, temiendo que se agotaran sus reservas, pidió al gobierno que suspendiera la convertibilidad de sus billetes. El gobierno accedió a la petición y pronto hizo extensiva la suspensión a los otros bancos de emisión. Argentina volvió así al sistema de papel moneda no convertible. Al amparo de las disposiciones de la ley de bancos garantizados de 1887 se multiplicaron los bancos en el interior, donde el patrón plata había dominado hasta entonces. Fueron un factor importante en el incremento de la circulación que llegó a 163 millones de pesos en 1889.

A diferencia del sistema de Estados Unidos, en el cual se basaba, el arreglo de la ley de bancos garantizados de 1887 que se creó en Argentina no implicaba el respaldo total del gobierno para todos los billetes en circulación. La ley requería que los bancos comprasen títulos de la deuda pública a cambio de oro. El banco recibiría entonces del gobierno una emisión de billetes equivalente a sus respectivas compras de títulos. Sin embargo, el principio de un circulante nacio-

CUADRO 6.   *El comercio exterior de Argentina, 1870-1914 (en millones de pesos oro)*

Año	Importaciones	Exportaciones	Saldo
1870	49,1	30,2	− 18,9
1871	45,6	27,0	− 18,6
1872	61,6	47,3	− 14,3
1873	73,4	47,4	− 26,0
1874	57,8	44,5	− 13,3
1875	57,6	52,0	− 5,6
1876	36,1	48,1	+ 12,0
1877	40,4	44,8	+ 4,3
1878	43,7	37,5	− 6,2
1879	46,4	49,4	+ 3,0
1880	45,5	58,4	+ 12,8
1881	55,7	58,0	+ 2,2
1882	61,2	60,4	− 0,9
1883	80,4	60,2	− 20,2
1884	94,0	68,0	− 26,0
1885	92,2	83,9	− 8,3
1886	95,4	69,8	− 25,6
1887	117,4	84,4	− 33,0
1888	128,4	100,1	− 28,3
1889	164,6	90,1	− 74,4
1890	142,2	100,8	− 41,4
1891	67,2	103,2	+ 36,0
1892	91,5	113,4	+ 22,0
1893	96,2	94,1	− 2,1
1894	92,8	101,7	+ 8,9
1895	95,1	120,1	+ 25,0
1896	112,2	116,8	+ 4,6
1897	98,3	101,2	+ 2,9
1898	107,4	133,8	+ 26,4
1899	116,9	184,9	+ 68,0
1900	113,5	154,6	+ 41,1
1901	113,9	167,7	+ 53,8
1902	103,0	179,5	+ 76,4
1903	131,2	221,0	+ 89,8
1904	187,3	264,2	+ 76,8
1905	205,2	322,8	+117,7
1906	270,0	292,3	+ 22,3
1907	286,0	296,2	+ 10,3
1908	273,0	366,0	+ 93,0
1909	302,8	397,4	+ 94,6
1910	351,8	372,6	+ 21,0
1911	366,8	324,7	− 42,1
1912	384,9	480,4	+ 95,5
1913	421,3	483,5	+ 62,2
1914	271,8	349,2	+ 77,4

FUENTE: *Extracto estadístico de la República Argentina correspondiente al año 1915*, Buenos Aires, 1916.

nal respaldado por oro no se respetó en dos aspectos importantes: en primer lugar, el gobierno eximió, de hecho, al Banco Nacional, el mayor de los bancos de emisión, del requisito de comprar títulos de la deuda pública; en segundo lugar, el gobierno aceptaba documentos a oro (pagarés en oro) en vez de oro de otros bancos, incluyendo los de provincias. Como resultado de ello, aunque se emitieron aproximadamente 150 millones de billetes de un peso respaldados por oro, en realidad las reservas de oro ascendían a 76 millones. Las nuevas disposiciones provocaron un fuerte incremento de la emisión —hasta un 95 por 100 en tres años—, lo cual causó una depreciación del 41 por 100 en la moneda. El acusado aumento de los precios que sobrevino más tarde produjo a su vez escasez de la oferta monetaria. Mientras el público necesitaba más dinero para financiar sus transacciones, los bancos no podían obtener oro para comprar títulos. El resultado fue la vuelta a un periodo de escasez de oro, exacerbada por la necesidad de continuar remitiendo pagos al extranjero. Se hicieron varios intentos de remediar la situación, entre ellos una emisión no autorizada de 35 millones de pesos, que fue uno de los antecedentes de la revolución que en julio de 1890 provocó la caída del gobierno de Juárez Celman.[15] El nuevo gobierno de Carlos Pellegrini, con todo, no tuvo más remedio que emitir otros 60 millones de pesos. En Londres, el representante argentino, Victorino de la Plaza, intentó obtener una moratoria de Baring Brothers, los principales acreedores del país. En noviembre de 1890 la crisis alcanzó su punto culminante con la noticia de que Baring no permitiría un aplazamiento de los pagos ni continuaría efectuando la transferencia trimestral de los préstamos en curso.

La enorme deuda exterior en que se incurrió durante este periodo —de 100 millones de pesos en 1885 subió a 300 millones en 1892— fue otro factor determinante de la crisis. Los préstamos extranjeros produjeron efectos de más largo alcance al provocar una gran expansión del gasto público, de las importaciones y de la oferta monetaria. La interrupción del flujo de préstamos (con la emisión de la última remesa de 25 millones de pesos para obras de saneamiento en 1889), junto con la obligación continua de seguir enviando remesas al extranjero, en pago de los préstamos en curso y sus servicios, invirtió la posición de la balanza de pagos (que en 1888, por ejemplo, había mostrado un superávit de 150 millones a pesar de un déficit comercial de 28 millones). En términos concretos, esto ejerció una presión extrema en el mercado del oro.

El gasto público había subido de 26,9 millones de pesos en 1880 a 107 millones en 1889 y a 95 millones en 1890 (en pesos oro, de 26,9 a 55,8 y 38,1 millones). En cambio, los ingresos, aunque también aumentaron, no lo hicieron en la misma medida. De 19,6 millones en 1880 pasaron a 72,9 millones en 1889 y a 73,1 millones en 1890 (en pesos oro, de 19,6 a 38,2 y 29,1 millones). El déficit se había cubierto principalmente con préstamos extranjeros. Entre 1890 y 1891 el gobierno juzgó que era necesario efectuar pagos muy considerables con las arcas del tesoro vacías, los ingresos en descenso y los precios del oro en alza a causa de la gran demanda en el mercado, con el fin de sostener el Banco Nacional, cuyas reservas metálicas estaban agotadas. Al negarse Baring a conceder una moratoria, terminaron los intentos iniciales de evitar la crisis y empezó

15.   Véase Gallo, *HALC*, X, capítulo 2.

un periodo todavía más difícil. En abril de 1891 se procedió a la liquidación del Banco Nacional y del Banco de la Provincia de Buenos Aires, y en junio del mismo año, de varios bancos provinciales. El gobierno tomó serias medidas fiscales: reimplantó los impuestos sobre las exportaciones, dispuso que se cobrara un impuesto del 2 por 100 sobre los depósitos bancarios, así como impuestos sobre el tabaco y el alcohol, etc. En Londres, Victorino de la Plaza reanudó las negociaciones con el comité respectivo del Banco de Inglaterra. Después de intensas deliberaciones, se concedió un empréstito de 15 millones de libras esterlinas para consolidar préstamos anteriores y fue declarada una moratoria de capital e intereses. El 1 de diciembre de 1891 el Banco de la Nación volvió a abrir sus puertas y emitió otros 50 millones de pesos. De conformidad con lo acordado con los acreedores, no habría ninguna otra emisión hasta finalizar el siglo. (De hecho, la moneda en circulación se redujo en varios millones de pesos: de 306 millones en 1893 a 295 millones en 1898.) En 1893, un nuevo acuerdo —el llamado «acuerdo Romero»— amplió el plazo para el pago de la deuda. Dentro de un estricto esquema de disciplina monetaria y con la ayuda de un incremento notable de la cantidad y el valor de las exportaciones agrícolas, la situación financiera argentina cambió radicalmente: el precio del oro bajó, se revalorizó el peso y el país consiguió cumplir por adelantado con sus obligaciones externas.

El periodo de 1890 a 1900

En 1891, en plena crisis financiera, Allois Fliess hizo los comentarios siguientes en un informe que presentó al ministro de Hacienda, Vicente López:

> La producción agrícola y ganadera mejoró bajo los auspicios más favorables. Pero lo que más interés tenía para la totalidad de la República y llenó de profunda satisfacción a todas las clases sociales fue la excelente cosecha de trigo ... De calidad superior y de un rendimiento extraordinariamente elevado en Santa Fe, Entre Ríos y ciertos distritos de las otras provincias, de bueno a normal prácticamente en toda la República, vendiéndose a precios bastante altos en los grandes centros consumidores de la Europa occidental, debido en parte a la noticia de que las cosechas habían sido malas en la América del Norte y en Rusia ... Las exportaciones se trataron con gran celeridad y en los primeros cuatro meses se habían exportado 220.000 toneladas, mientras que todo el trigo que era visible en los grandes depósitos y silos de Rosario y Buenos Aires ya se había vendido y estaba en manos de los exportadores.[16]

La exportación de trigo, que en 1888 ascendió a 179.000 toneladas, aumentó hasta 1.608.000 toneladas en 1894. La producción, cuyo total fue de 845.000 toneladas en 1891, subió hasta 2.138.000 en 1894.[17] En el sector urbano la

---

16. Allois E. Fliess, *La producción agrícola-ganadera de la República Argentina en el año 1891*, Buenos Aires, 1892, p. 10.
17. Véanse Ministerio de Agricultura, *Estadísticas agrícolas*, Buenos Aires, 1912, y E. Tornquist, *Desarrollo económico en la República Argentina*, Buenos Aires, 1919.

situación era diferente. Como resultado del descenso de las importaciones, la construcción de la red ferroviaria, que continuó durante todo el periodo 1890-1892 debido a los trabajos empezados a finales del decenio de 1880, quedó casi paralizada después de 1893. Ésta quedó virtualmente interrumpida durante la mayor parte del decenio y no comenzó a recuperarse hasta las postrimerías del periodo. Sin embargo, aumentó de los 11.700 kilómetros de vías de 1891 a 16.700 kilómetros en 1900; y las mercancías transportadas aumentaron de 4,6 millones de toneladas en 1891 a 12,6 millones en 1901.

Mientras que el sector privado de la construcción, que no dependía tanto de los inputs importados, siguió en expansión a pesar de la crisis, con el consiguiente alivio para el desempleo urbano, las obras públicas, como en el caso de los ferrocarriles, sufrieron una baja. Utilizando 1885 como año base (= 100), el índice de la construcción privada subió de 108 en 1891 a 171 en 1900, y el de las obras públicas bajó de 244 en 1891 a 58 en 1900. La producción industrial, para la cual se habían obtenido maquinaria y bienes de capital en el periodo anterior, recibió un estímulo al verse protegida por el tipo de cambio, que hizo subir el costo de los artículos importados. Sin embargo, el crecimiento industrial no se produjo por los aranceles proteccionistas, sino por la reducción de los costos y por la conquista de nuevos mercados. Ocurrió principalmente en productos que utilizaban materias primas locales (alimentos y bebidas) y pudo desarrollarse al ensancharse los mercados, gracias a los ferrocarriles.

Las exportaciones subieron de 103 millones de pesos oro en 1891 (valores nominales) a 154,6 millones en 1900, debido en gran parte a las exportaciones de productos agrícolas, especialmente trigo, mientras que las importaciones aumentaron de 67,2 en 1891 a 113,5 en 1900 (véase cuadro 6). Contrastando acentuadamente con la década de 1880, la balanza comercial fue favorable durante casi todo el decenio.

A partir de 1893, el gobierno restringió la oferta monetaria. Entre 1893 y 1899, como hemos visto, disminuyó el dinero en circulación. El ratio entre los billetes y las monedas en circulación y las exportaciones (si éstas se toman como representantes del crecimiento de la actividad económica), dado que no hay datos sobre el producto interior bruto, descendió del 2,43 en 1890 al 1,59 en 1899, es decir, un descenso del 79 por 100. A partir de 1895, el peso papel experimentó un proceso de revalorización. Sin embargo, esta situación tuvo un efecto desfavorable para los exportadores y para los productores agrícolas, que trataron de detener la progresiva revalorización del peso. Debido a ello en 1899 se llevó a cabo una reforma monetaria y hubo un retorno al patrón oro.

Mientras tanto, el gasto público, que había descendido de 55,8 millones de pesos oro en 1889 a 33,6 millones en 1891, permaneció por debajo de los 50 millones hasta 1895. Después de esta fecha empezó a subir de nuevo y alcanzó los 69,6 millones en 1900.

El periodo de 1900 a 1912

Hay dos hechos centrales en este periodo. En primer lugar, la producción de cereales, que había estado limitada en gran parte a Santa Fe donde la extensión de tierra dedicada al cultivo de trigo se triplicó entre 1887 y 1897, se propagó por toda la provincia de Buenos Aires, aunque como complemento de la ganadería en lugar de reemplazarla. En segundo lugar, la carne pasó a tener la misma importancia que los cereales en el comercio de exportación.

Se habían formulado numerosas quejas contra el conservadurismo de los productores de ganado bonaerenses debido al limitado crecimiento de la producción de cereales en la provincia. Se decía que las grandes estancias eran un obstáculo para la agricultura, que requería un sistema de explotación basado en los pequeños productores. Pero en el decenio de 1890 la situación empezaba a cambiar. Varios factores contribuían a un desplazamiento hacia la producción de grano y el policultivo. El ferrocarril permitió colonizar las regiones apartadas de la provincia y, siguiendo al ferrocarril, el cultivo del trigo se extendió hacia el sur y el oeste de la provincia, y también hacia el norte, hasta el departamento de General López en Santa Fe. Al mismo tiempo, nuevas técnicas de congelado y de transporte refrigerado al otro lado del Atlántico transformaron la industria cárnica. La producción ganadera se volvió más intensiva en trabajo, pero ahora requería la implantación de pastos artificiales que durasen todo el año en los cuales pudiera engordarse el ganado (de razas mejoradas de importación). Debido a esto, el cultivo de alfalfa, maíz y otras clases de forraje se extendió a las regiones ganaderas de la provincia de Buenos Aires y en zonas de Córdoba y La Pampa que hasta entonces se habían dedicado exclusivamente al ganado. Al finalizar el periodo, en las pampas se cultivaba más alfalfa que trigo y las ovejas se veían progresivamente expulsadas hacia la Patagonia. Todo esto fue resultado del significativo incremento de las exportaciones de carne vacuna congelada y refrigerada (principalmente a Gran Bretaña), las cuales, junto con la continua expansión de las exportaciones de trigo y maíz, hicieron que el total de exportaciones subiera hasta alcanzar casi 500 millones de pesos oro tanto en 1912 como en 1913 (véase cuadro 6).

Producir carne para los mercados de ultramar requirió que se tomasen medidas importantes de adaptación. Entre ellas, cabe citar cambios en la utilización de la tierra, en el sistema de tenencia y en la extensión de los establecimientos ganaderos. Estos cambios se reflejaron además en un respetable incremento de la productividad medida en kilos de carne por hectárea, así como en la productividad por empleado. Todo esto tuvo otras consecuencias: nuevos asentamientos de población en las zonas rurales, la fundación de ciudades y la creación de rutas de transporte y redes comerciales. En las regiones ganaderas se hizo común el arrendamiento donde antes predominaba el gran establecimiento ganadero. Disminuyó el número de estancias grandes y pequeñas al mismo tiempo que aumentaba el de propiedades medianas. Esta nueva oleada de actividad agrícola y pecuaria fue a menor escala que la ganadería de antaño, pero mayor que en las colonias agrícolas de Santa Fe. Un incremento significativo de la productividad y la rentabilidad de la tierra fue la causa del salto que dieron los precios después de 1905.

La creación de la red de ferrocarriles surtió efectos diferentes en la formación de mercados. En primer lugar, se restauraron antiguos mercados regionales, pero vinculados ahora a la costa, formando de esta manera un solo mercado nacional. En segundo lugar, los productos se transportaban primeramente a los centros ferroviarios, que, debido a ello, se convirtieron en mercados primarios, y luego a los mercados secundarios de la costa. Esto se hacía en carretas hasta las estaciones terminales, que nunca distaban más de 18 kilómetros del punto de producción. En las estaciones se instalaban mercados primarios donde la cosecha se vendía y despachaba a los mercados secundarios o se almacenaban si no se disponía de vagones de mercancías. Más del 70 por 100 de la producción de cereales tenía que transportarse entre los meses de diciembre y mayo, razón por la cual se construyeron tinglados y almacenes rudimentarios en muchas estaciones del interior del país. Desde los mercados primarios, los cereales se transportaban directamente hasta los centros de consumo (si estaban destinados al consumo nacional) o a los puertos de exportación. Alrededor del 30 por 100 del total de mercancía transportada en ferrocarril iba destinado a la exportación y alrededor del 28 por 100 consistía en productos para el consumo interior.[18] Otro 34 por 100 del tráfico ferroviario correspondía a mercancías importadas que se distribuían por todo el mercado nacional. En 1904 los ferrocarriles transportaron casi 12,5 millones de toneladas, excluyendo los 1,4 millones de toneladas de suministros para el uso del propio ferrocarril. Conviene llamar la atención no sólo sobre la magnitud del tráfico entre mercados distantes, sino también sobre la importancia del transporte de mercancías de producción local para el consumo nacional, en un 28 por 100 del tráfico total, así como también la de las importaciones enviadas hacia el interior para el consumo local.

Otra característica de este comercio era que los mercados primarios arrojaban un saldo positivo en relación con los secundarios, en términos del volumen físico de mercancías transportadas. Los mercados secundarios se concentraban en las zonas costeras. De acuerdo con el volumen de mercancías exportadas, en 1906 los mercados principales eran los centros de Buenos Aires, Rosario, Paraná y Santa Fe. En 1914 hubo una transferencia importante de mercados secundarios de las zonas ribereñas hacia la costa marítima. Después de Rosario y Buenos Aires, Bahía Blanca se convirtió en el tercer puerto para el envío de exportaciones, seguido de San Nicolás, La Plata y Santa Fe. Si bien al principio se instalaron mercados secundarios en varios puertos pequeños, los ferrocarriles hicieron que poco a poco los tres mercados secundarios principales se concentrasen en Rosario (junto al Ferrocarril Central Argentino, que transportaba cereales desde Córdoba y Santa Fe), Buenos Aires para el oeste y el centro de la provincia homónima, y Bahía Blanca para el sur de dicha provincia y La Pampa. Sin embargo, todavía más importante fue el crecimiento de los mercados primarios, principalmente en las zonas nuevas. Entre 1885 y 1914 el número de estaciones (mercados primarios) aumentó de 5 en 1885 a 22 en 1895 y 36 en 1914 en las regiones costeras más antiguas de la provincia de Buenos Aires. En el sur y en el oeste, durante los mismos años el número de estaciones pasó de 33 a 123. En el sur de Santa Fe, el número de estaciones aumentó de 111 en 1895 a 141 en 1914; en la zona central hubo un aumento de 68 a 80. En la región pampeana de Córdoba el número de estaciones subió de 55 en 1895 a 172 en 1914; en el noroeste de la provincia el incremento fue de 14 a 21. No sólo hay que tomar nota del enorme aumento de mercados nuevos, sino también de algunas diferen-

---

18.   Emilio Lahitte, *Informes y estudios de la Dirección de Economía Rural y Estadística*, Ministerio de Agricultura, Buenos Aires, 1916.

cias importantes. Entre 1895 y 1914 el crecimiento fue mucho mayor en la región pampeana de Córdoba que en la provincia de Santa Fe. Esto se debió a que el desarrollo de Santa Fe tuvo lugar mucho antes y la provincia ya había alcanzado una extensión significativa en 1895. La diferencia radica en que aparecieron más mercados primarios en las nuevas zonas de Córdoba, que estaban vinculadas a la región general de las pampas y no a la tradicional zona del norte, donde hubo poco desarrollo, si es que hubo alguno.

Las características tecnológicas de los cultivos produjeron efectos considerables en la economía. El hecho de que fuesen más intensivos en trabajo dio origen a una distribución más favorable de la renta. También fue la causa del asentamiento de trabajadores en las zonas rurales, la instalación de diversos medios de transporte y la aparición de varias actividades que proporcionaban bienes y servicios a la población rural. El resultado fue la formación de centros urbanos en los distritos rurales y de un mercado en el sector rural, que antes no existía. Los ferrocarriles enlazaban los mercados del interior con los mercados urbanos de la costa y de esta manera acabaron creando un mercado nacional. Al hacerse el censo de 1914, según su estimación la producción local ya satisfacía un elevado porcentaje de la demanda nacional, alrededor del 91 por 100 de los alimentos, el 88 por 100 de los textiles, el 80 por 100 de la construcción, el 70 por 100 de los muebles y el 33 por 100 de los productos metalúrgicos.[19] La demanda local empezó a competir con los mercados extranjeros por los alimentos de producción nacional.

Vemos, pues, que el crecimiento no estuvo sólo limitado al sector de exportación. La demanda nacional creció dados los procesos relacionados del crecimiento de la población rural, la urbanización y la mejora de los medios de comunicación interna. El aumento del número de asalariados y el alza de los ingresos reales fomentaron el crecimiento del mercado nacional y de las oportunidades de invertir en el país: en los transportes y el comercio, en la construcción, en la preparación de alimentos y en la producción textil.

Algunas de estas actividades, tales como los servicios y la construcción, sólo podían abastecerse localmente. Otras, se abastecían en primer lugar por medio de las importaciones. Sin embargo, cuando los costos del transporte hicieron que el precio de los bienes importados sobrepasara el de los de producción local, nació un poderoso incentivo para la producción local, incentivo que era todavía mayor cuando se empleaban materias primas baratas obtenidas localmente. La ubicación de la industria era determinada por varios factores: 1) el emplazamiento de las materias primas (harina, vinos, azúcar); 2) la existencia de un puerto de salida a los mercados de ultramar para la carne congelada; 3) la existencia de un puerto para el abastecimiento de combustible, materias primas o suministros importados, y 4) la existencia de mercados con mayor densidad de población y mayor capacidad de consumo.

Alrededor del 30 por 100 de toda la industria nacional y de las inversiones en la fabricación se hallaba concentrado en la Capital Federal. Entre 1895 y 1913 esta preponderancia tendió a disminuir, del 35,1 por 100 en 1895 al 21,1 por 100 en 1913, en lo que se refiere al número de industrias, y del 36 al 30 por 100 en

19. Tercer Censo Nacional, 1914, VII, p. 71.

lo que respecta al capital. A la inversa, en la provincia de Buenos Aires el número de industrias subió del 23,9 al 30,4 por 100, y la cantidad de capital industrial, del 21,6 al 26,3 por 100 en el mismo periodo. Otras provincias donde se registró un crecimiento de la industria fueron, por orden de importancia del capital invertido, en 1895, Santa Fe, Tucumán, Entre Ríos y Mendoza y, en 1913, Santa Fe, Mendoza, Tucumán, Córdoba y Entre Ríos. De 1895 a 1914 el número de industrias pasó de 22.204 a 48.779. El aumento del capital fue de 327 millones de pesos a 1.787 millones y el número de personas empleadas en la industria, de 175.000 a 410.000.

El acontecimiento más importante de este periodo fue la reforma monetaria de 1899, cuando se dispuso la vuelta al patrón oro después de varios años de continua revalorización de la moneda. Desde 1893 se había aplicado una rigurosa política monetaria; la cantidad de circulante se mantuvo casi constante durante el resto del decenio —de hecho, descendió ligeramente— y motivó la revalorización del valor externo del peso papel durante los años inmediatamente anteriores a la vuelta al patrón oro. La revalorización de la moneda también se vio facilitada por balanzas comerciales favorables, que no se debieron sólo a la disminución de las importaciones y a los acuerdos a que se llegó para el pago de la deuda exterior, sino también al significativo incremento de las exportaciones y al alza de sus precios. La paridad se fijó en 2,2727 pesos papel por cada peso oro. Esta nueva paridad, si bien tenía en cuenta el nuevo poder adquisitivo de la moneda argentina y la de otros países exportadores como los Estados Unidos, supuso cierta subvaloración del peso con respecto al dólar.

Se creó una junta de conversión con el fin de que regulara la emisión de papel moneda y constituyera una reserva de oro. En 1903 se contaba ya con una reserva metálica de 38,7 millones de pesos oro; la cifra había ascendido a 55,5 millones en 1904, 101,9 millones en 1905 y alcanzó los 263,2 millones en 1913. La emisión de billetes se reguló entonces automáticamente de acuerdo con las fluctuaciones de las reservas de oro, y que a su vez se vincularon a la balanza de pagos. Debido a los excelentes resultados que obtuvieron las exportaciones y a la subida de los precios, se registró un incremento considerable de la circulación de billetes, aunque no en la misma proporción, dado que la reserva legal subió del 23,1 por 100 en 1903 y del 30,9 por 100 en 1904 al 72,7 por 100 en 1913.

Las existencias de billetes, que habían descendido hasta quedar en 291,3 millones de pesos en 1899, subieron hasta alcanzar los 380,2 millones en 1903 y continuaron subiendo a razón de un 8,0 por 100 anual hasta alcanzar los 823,3 millones en 1913. El ratio entre el circulante y las exportaciones era de 1,72 en 1903 y de 1,70 en 1913. Calculado en pesos según el valor de éstos en 1903, el circulante subió de 324 millones en 1900 a 615 millones en 1912. Dicho de otro modo, en 12 años éste ascendió, a precios constantes, en un 90 por 100, a razón de un 5,5 por 100 anual.

El auge de las exportaciones se reflejó en la actividad comercial y también tuvo repercusiones en la banca. El Banco de la Nación, fundado en 1890, tuvo un papel destacado y representó el 24 por 100 del capital de todos los bancos, el 32 por 100 de los préstamos y el 37 por 100 de los depósitos. Los bancos extranjeros representaron el 11 por 100 del capital, el 20 por 100 de los préstamos y el 20 por 100 de los depósitos, correspondiendo el resto a otros bancos argentinos independientes.[20] El Banco de la Nación abrió numerosas sucursales en el interior del país, lo que permitió que el crédito llegara a las zonas rurales más alejadas. En 1905 se reformó el documento de constitución del Banco de la Nación. Entre otras cosas, la reforma lo convirtió en una entidad exclusivamente oficial que estaba autorizada para redescontar documentos de otros bancos. El Banco de la Nación, que tenía el 41 por 100 de las reservas de oro de todos los bancos, procuraba mitigar las fluctuaciones súbitas de la oferta y la demanda de oro, para lo cual retenía el oro cuando abundaba y lo vendía cuando escaseaba. Otros bancos comerciales siguieron su ejemplo.

El proceso de expansión general fue seguido de un incremento del gasto público, que ascendió de 69,6 millones de pesos oro en 1900 a 189,6 millones en 1914 (de 158 millones de pesos papel en 1900 a 419 millones en 1914). Los ingresos, empero, no aumentaron en la misma medida y de 148 millones subieron a 250 millones en 1914. Si se hace una comparación entre 1900 y 1912 basándose en el peso en su nivel de 1903, se verá que los ingresos aumentaron de 162,6 millones en 1900 a 258,5 millones en 1912, y que el incremento del gasto fue de 173,6 millones en 1900 a 380 millones en 1912. Esto equivale a decir que, a precios constantes, los ingresos se habían incrementado en un 59 por 100, mientras que el gasto subió un 118 por 100. La deuda pública, que había crecido ininterrumpidamente de 47,5 millones de pesos oro en 1870 a 88,3 millones en 1880, 355,7 millones en 1890 y 447,1 millones en 1900, ascendió en otro 28 por 100 hasta alcanzar la suma de 545 millones en 1914.

Conclusión

El rasgo más destacable del periodo 1880-1912, con la excepción de los años 1890-1895, fue el rápido crecimiento económico. Todos los indicadores señalan una tasa media de crecimiento anual de más del 5 por 100 a lo largo de los tres decenios, lo cual distingue este periodo de cualquier otro de la historia argentina. Con todo, no fue sólo una cuestión de crecimiento. Se produjeron al mismo tiempo cambios importantes que modificaron la faz de Argentina y cambiaron el carácter de su economía.

En vísperas de la primera guerra mundial, Argentina, con casi ocho millones de habitantes, había dejado de ser un país relativamente atrasado para transformarse en un país moderno. Los espacios vacíos de las pampas se habían poblado y 24 millones de hectáreas estaban dedicadas al cultivo, comparadas con menos de medio millón 40 años antes. Se había formado una inmensa red de poblaciones en las zonas rurales y se había construido una extensa red de ferrocarriles que sumaba 34.000 kilómetros de vía en 1914, lo cual había permitido el movimiento de población hacia el interior del país y el desarrollo de un mercado de factores de producción y bienes a nivel nacional. Además se habían construido puertos para facilitar la entrada y salida de mercancías y personas, y se había dado un gran ímpetu a la construcción urbana.

    20. Ángel M. Quintero Ramos, *Historia monetaria y bancaria de Argentina (1500-1949)*, México, 1970.

Este crecimiento que cambió Argentina se basaba en la explotación de productos básicos: productos agrícolas y pecuarios que encontraban una salida en los mercados internacionales. Con todo, no se limitaba a esto. Debido a que eran más intensivas en trabajo, la producción agrícola y la cárnica tenían más vinculaciones, especialmente continuidades hacia atrás. Por un lado, se necesitaban transportes, viviendas y vestidos para la población de las nuevas zonas agrícolas rurales y los centros urbanos que crecían en sus proximidades, aparte de los puertos. Estos centros eran los mercados primarios y secundarios de la producción agrícola. La demanda de estos productos motivó la aparición de industrias nacionales de construcción de viviendas, elaboración de alimentos y bebidas y producción de textiles, cuya ubicación y relativa ventaja dependían de la proximidad de los mercados, de costos de transporte más bajos y, en el caso de la alimentación, del costo inferior de la materia prima local.

La utilización más intensiva de la mano de obra permitió también mejorar la distribución de la renta e incrementar la demanda. De igual modo proporcionó un incentivo complementario para invertir en otras actividades en el mercado nacional.

Aunque la influencia del sector externo era considerable, no existía una situación en la que otros sectores permanecieran poco desarrollados, especialmente el mercado doméstico. A decir verdad, estos sectores incluso encontraron facilidades, en un periodo de grandes superávits externos, para importar bienes de capital. Por otro lado, las exportaciones se diversificaron y se ajustaron con bastante rapidez a la fluctuación de los precios. Durante el periodo que estamos estudiando se hizo un gran esfuerzo por estimular la formación de capitales.

Sin duda alguna, el factor más importante para el crecimiento de la economía argentina en este periodo fue la existencia de una demanda exterior, que fue posible debido a la reducción de los fletes marítimos. Sin embargo, aparte de la demanda de productos alimentarios, el periodo fue testigo de una mayor fluidez del mercado monetario internacional, debido a la mayor frecuencia y la mayor rapidez de las comunicaciones. Habría que añadir que durante el largo periodo de baja de precios que empezó en el decenio de 1870 y continuó hasta finales de siglo, los precios y los tipos de interés bajaron en los países más desarrollados, lo que llevó a que los capitales buscaran rendimientos mayores fuera de los mercados nacionales. Por otro lado, hay que señalar que durante un periodo de fiebre ferroviaria hubo una fuerte tendencia a exportar bienes de capital tales como material ferroviario.

En cuanto a la población, los mismos factores que afectaron los mercados de mercancías y monetarios hicieron posible el desplazamiento masivo de mano de obra de la otra orilla del Atlántico. La caída de los costos de los fletes y, especialmente, la baja de los precios agrícolas resultante de la oferta de cereales americanos fueron las causas de que la población rural de Europa se desplazara a América. La mano de obra rural fue usada con mayor eficiencia en las nuevas tierras, fértiles. Las consecuencias fueron mayores ingresos y salarios más altos. Si bien no es el motivo principal del presente capítulo, debemos mencionar sus aspectos legales y políticos. El ejercicio efectivo de los derechos civiles y de la seguridad jurídica que prometía la Constitución, y que se pusieron en práctica con la organización definitiva del país —es decir, con la organización de la

Corte Suprema de Justicia y de los tribunales federales en las provincias—, fueron prerrequisitos importantes para garantizar la libertad de movimientos del trabajo y del capital.

Todos estos factores se refieren a la demanda. Pero existe también el problema de la oferta. Como hemos dicho, hacia al decenio de 1870 la producción nacional era minúscula en comparación con lo que más adelante se exportaría. Pero básicamente no había incentivos para un incremento de la demanda, dado que los precios internacionales estaban bajos debido a la gran oferta de cereales americanos en los decenios de 1870 y 1880. Por ello, Argentina necesitó hacer ajustes para incorporar recursos no explotados, como la tierra, y obtener otros, como el capital y el trabajo, y reducir sus costos de producción y poder competir en los mercados mundiales. Esto es lo que hizo cuando empezó a usar una vasta extensión de tierra fértil, organizando la producción agrícola a gran escala a fin de hacerla más competitiva y reduciendo los costos de transporte y mano de obra. Finalmente, las exportaciones argentinas llegaron a los mercados europeos compitiendo en precios y calidad con los productos de países nuevos como Estados Unidos y Canadá.

Para realizar todo esto en un país nuevo se necesitaba, además del esfuerzo individual, invertir en bienes públicos tales como puertos y medios de transporte. Esta inversión tenía que realizarse en un periodo corto y en una escala hasta entonces desconocida. Sin embargo, la mayor parte del esfuerzo partió básicamente del sector privado, que abrió nuevas tierras, introdujo mejoras y maquinarias agrícolas, implantó pastos e importó animales de cría, mientras que, al mismo tiempo, invertía en la construcción urbana y en el desarrollo de las industrias. Fueron cambios que desde el lado de la oferta permitieron que Argentina alcanzase elevadas tasas de desarrollo económico, compitiera en los mercados extranjeros y, con el tiempo, se convirtiera en vísperas de la primera guerra mundial en uno de los principales exportadores mundiales de productos alimentarios.

Capítulo 3

POLÍTICA Y SOCIEDAD EN ARGENTINA, 1870-1916

Argentina en la década de los setenta

Pocos argentinos hubieran imaginado en 1878 que se hallaban en los umbrales de un portentoso proceso de transformación social. Poco había sucedido en la década de los setenta que permitiera avizorar la pronta realización de los sueños de progreso alentados por los hombres de la Organización Nacional (1852-1862). Por el contrario, durante las presidencias de Sarmiento (1868-1874) y de Avellaneda (1874-1880), los avances, aunque significativos, habían sido lentos y dificultosos. De los factores que contribuyeron después al progreso del país, algunos no habían aparecido y otros se manifestaron tímidamente. La ganadería seguía siendo de baja calidad; el país importaba trigo; la red de transportes cubría una pequeña parte del territorio; la banca se encontraba en un estado rudimentario, y capitales e inmigrantes entraban en cantidades reducidas. Para peor, esos tímidos progresos se vieron interrumpidos por la fuerte crisis económica del trienio 1874-1877. No es de extrañar, en consecuencia, que algunos dudaran de que el progreso del país pudiera basarse en la adivinada feracidad de las pampas. Indicadores claros de esta incipiente actitud fueron los estudios para localizar riquezas minerales, y la ideología «proteccionista» que emergió en los debates parlamentarios de 1876.

Poco antes, el Primer Censo Nacional (1869) había dado cifras elocuentes del atraso en que se desenvolvía Argentina. En el extenso territorio vivían menos de 1.800.000 personas, lo que resultaba en una densidad de 0,43 habitantes por kilómetro cuadrado. La pobreza se reflejaba en la baja calidad de la vivienda: el 78,6 por 100 de los argentinos vivían en míseros ranchos de barro y paja. El atraso, en el número de analfabetos: el 77,9 por 100 de los mayores de seis años no sabía leer ni escribir. Una gran parte del territorio se hallaba despoblado, y las que luego serían las fértiles praderas de gran parte de las provincias de Buenos Aires, Santa Fe y Córdoba, estaban escasamente explotadas. El «desierto», esa obsesión de los argentinos, no sólo se mostraba indócil por la existencia de distancias económicamente infranqueables, sino también por la indómita resistencia armada de las tribus indias que lo habitaban. Hasta bien avanzada la década de los setenta, las invasiones de los indios fueron una permanente pesadilla para las autoridades y productores rurales.

Bien decía el presidente Avellaneda que «la cuestión frontera es la primera para todos ... es el principio y el fin ... suprimir los indios y la frontera significa ... poblar el desierto».[1] Durante su presidencia, la campaña militar dirigida por el general Roca puso fin al viejo problema. Hasta ese momento (1879) las invasiones indias se repetían sin cesar. En 1872, por ejemplo, los indios llegaron hasta Cañada de Gómez, poblado situado a pocos minutos de Rosario, la segunda ciudad de la república. En 1875 y 1876 una serie de invasiones de indios confederados, liderados por sus más aguerridos caciques, asolaron los importantes distritos de Azul, Olavarría, Tres Arroyos, etc., en la provincia de Buenos Aires. Así recordaba el comandante Pardo aquellas invasiones:

> Ardían las poblaciones, cual si hubiera caído sobre ellas el fuego de los cielos, talábanse los campos ... al paso de las haciendas robadas ... en tanto el eco nos traía ... el clamor de los hombres degollados y de las mujeres y niños que eran llevados cautivos ...[2]

La violencia no estaba limitada a la frontera india. En 1870 llegaba a su fin la larga guerra con Paraguay, última de las conflagraciones internacionales en que se viera envuelta Argentina. No sucedía lo mismo con los enfrentamientos armados interregionales. En la década de los setenta, dos importantes rebeliones del caudillo entrerriano López Jordán amenazaron seriamente la paz interior. En 1880 otra fuerza provincial, la más formidable de todas, se levantó en armas contra las autoridades nacionales. Las milicias de Buenos Aires, con el gobernador Tejedor al frente, sólo fueron doblegadas después de cruentos combates que produjeron centenares de víctimas. La violencia imperaba, también, en la vida política. No es posible detallar aquí la multitud de pequeñas sediciones provinciales que ocurrieron durante aquellos años. Pero en 1874 un levantamiento encabezado por el general Mitre, ex presidente de la nación y jefe del Partido Nacionalista, procuró impedir la asunción al mando del electo presidente Avellaneda.

Los años subsiguientes, como los anteriores, se caracterizaron por fuertes disputas entre los dos partidos porteños (el otro, Partido Autonomista, era liderado por el doctor Alsina), que por aquel entonces dominaban la vida política argentina. En 1877, el presidente Avellaneda intentó superar la crisis institucional mediante la llamada política de la conciliación. Muchos autonomistas, nacionalistas y partidarios del presidente Avellaneda (Partido Nacional) aceptaron la invitación, y algunos de sus dirigentes integraron el gabinete nacional. La paz duró poco, y para las elecciones presidenciales de 1880 los argentinos volvie-

---

1. Nicolás Avellaneda en el prólogo a Álvaro Barros, *Indios, fronteras y seguridad interior*, 1.ª edición, 1872-1876, Buenos Aires, 1975, p. 137.
2. Teniente coronel Manuel Pardo, citado por J. C. Walther, *La conquista del desierto*, Buenos Aires, 1973, p. 384.

ron a dividirse en dos bandos irreconciliables. Unos apoyaron la candidatura del general Roca (la gran mayoría de las elites provinciales, buena parte de los autonomistas porteños y unos pocos seguidores del general Mitre). Otros se volcaron a favor del gobernador Tejedor, que contaba con fuertes apoyos en la poderosa provincia de Buenos Aires y en la de Corrientes.

La compleja situación institucional se agravaba por la debilidad de la autoridad central. Argentina contaba con una Constitución (la de 1853-1860) y con una serie de leyes complementarias (el Código Civil, entre otros). Toda esta sofisticada legislación era importante para asegurar el orden y la seguridad de personas y bienes. La debilidad de las autoridades nacionales se manifestó plenamente durante el conflicto entre el Banco Nacional y el de la Provincia de Buenos Aires. El resultado, desfavorable a la institución nacional fue, al decir de Rufino Varela, «dolorosísimo para la República».[3] Tanto mayor era la solidez de las instituciones económicas de la provincia de Buenos Aires, que el representante de la Baring Brothers vaticinaba el triunfo concluyente del gobernador Tejedor en el conflicto de 1880.

No es de extrañar, en consecuencia, que algunos grupos y personalidades comenzaran a favorecer soluciones tendentes a consolidar el gobierno central. Hasta viejos liberales como Sarmiento comenzaron a exaltar el papel del orden y la paz frente al caos introducido por las facciones localistas y por una retórica libertaria. «La síntesis del republicano moderno es menos sublime (que *fraternidad-igualdad-libertad*), es simplemente práctica; conviene al pulpero lo mismo que al noble y al estudiante: *paz-tranquilidad-libertad*.»[4]

Con gran intuición política, el general Roca capitalizó un estado de ánimo cada vez más difundido. Pudo así formar una coalición política de extensión inusitada para la época. Contaba con el respaldo de la mayoría de los oficiales del ejército nacional. La recién formada Liga de los Gobernadores le aseguraba el apoyo de casi todas las provincias. Por otra parte, si bien la mayoría de la opinión de Buenos Aires apoyaba a Tejedor, Roca había logrado aliados valiosos en sectores importantes de la vida política y económica de la primera provincia argentina. Roca y sus partidarios salieron triunfantes de la gran confrontación del año 1880. La clave del éxito debe buscarse en la amplitud y solidez de la coalición política que se gestó en los tres últimos años de la década de los setenta.

> Parece que fuéramos un pueblo recién nacido a la vida nacional, pues tenéis que legislar sobre todo aquello que constituye los atributos, los medios y el poder de la Nación.[5]

Con estas palabras, Roca inauguró las sesiones parlamentarias de 1881. Ciertamente, los años posteriores se caracterizaron por la aprobación de una serie de leyes que traspasaron vertiginosamente atribuciones al poder central. Se federa-

---

3. Citado por G. H. y C. San Román, *La conquista del progreso*, Buenos Aires, 1977, p. 384.
4. Domingo F. Sarmiento, *Obras completas*, Buenos Aires, 1953, XXXIX, p. 68.
5. En mensaje de Roca, en H. Mabragaña, *Los mensajes*, Buenos Aires, 1910, IV, p. 1.

lizó la ciudad de Buenos Aires, con lo cual se debilitó, en parte, la posición dominante que había tenido la provincia del mismo nombre. Se afianzó al ejército nacional suprimiendo las milicias provinciales. Se unificó la legislación monetaria, y se privó a las provincias del derecho a emitir dinero. La educación primaria y el registro de las personas (hasta entonces en manos de la Iglesia católica) pasaron a la jurisdicción de las autoridades nacionales. Una serie de leyes reorganizaron la justicia, el régimen municipal y otras esferas de la administración pública, cerrando así un ciclo legislativo sin par en la historia de la República.

Muchos de los partidarios de Roca en el interior creyeron que la derrota de Buenos Aires fortalecería a sus respectivas provincias. El resultado pareció confirmar, sin embargo, las sombrías predicciones de algunos de los vencidos. No estaba muy alejado de la realidad Leandro N. Alem cuando afirmaba en 1880 que el futuro depararía un gobierno central tan fuerte que terminaría por absorber «toda la fuerza de los pueblos y ciudades de la República».[6] La legislación votada en la década de los ochenta consolidó la autoridad del gobierno central y colocó las riendas del poder en las manos del titular del Ejecutivo nacional. El fuerte presidencialismo resultante no era, sin embargo, otra cosa que la consecuencia de haber instituido la doctrina que informó el pensamiento de los constituyentes en 1853. La escasez de recursos, una indómita geografía y una fuerte tradición política localista dificultaron la implantación de esas ideas antes de 1880. Cuando una serie de condiciones lo hizo posible, las consecuencias institucionales y políticas fueron el resultado natural de la puesta en práctica de una buena parte de la doctrina contenida en la Constitución Nacional.

Asegurados el orden y la seguridad jurídica, una coyuntura internacional particularmente favorable desató un *boom* económico de características y duración inusitadas. Hasta la fisonomía física de la región pampeana se transformó radicalmente. Walter Larden vivió y trabajó en una estancia del sur de Santa Fe hasta 1888. Al volver en 1910 lo encontró todo cambiado: «¡Ay, por el cambio! Ha llegado la prosperidad y el romanticismo se ha ido para siempre».[7] La transformación del paisaje reflejaba cambios profundos en la estructura demográfica y social del país. Uno de los más significativos fue el espectacular aumento de la población y la redistribución regional y sectorial de la misma.

LA SOCIEDAD (1869-1914)

Argentina tenía 1.736.490 habitantes en 1869; 3.956.060 en 1895 y alcanzó la cifra de 7.885.237 pobladores en 1914. La causa principal de este fuerte incremento fue la entrada masiva de inmigrantes extranjeros. Entre 1871 y 1914 entraron 5.917.259 personas, de las cuales 2.722.384 retornaron a sus países de origen y 3.194.875 se radicaron definitivamente. La gran mayoría de los inmigrantes provenía de Italia y España. Pero hubo importantes contingentes prove-

---

6. Citado por H. Rivarola y C. García Belsunce, «Presidencia de Roca», en R. Levillier, ed., *Historia argentina*, Buenos Aires, 1968, IV, p. 2.489.
7. Walter Larden, *Argentina plains and Andean glaciers*, Londres, 1911, p. 49.

nientes de los países de Europa central, Francia, Alemania, Gran Bretaña y el Imperio Otomano. De los que se radicaron definitivamente, una altísima proporción lo hizo en las provincias del litoral pampeano (Capital Federal, Buenos Aires, Santa Fe, Córdoba y Entre Ríos). Esta fuerte radicación en el litoral, consolidó y amplió una tendencia con origen en las últimas décadas del siglo XVIII. Resultado al que contribuyeron también las migraciones internas, que, aunque de dimensiones menores que las ultramarinas, distaron de ser insignificantes. Las provincias del litoral incrementaron su participación en el total de la población de un 48 por 100 en 1869 a un 72 por 100 en 1914. El crecimiento relativo de las provincias del litoral pampeano (Capital Federal, Buenos Aires, Santa Fe, Córdoba y Entre Ríos) fluctuó desde un espectacular 909 por 100 en Santa Fe a un 216,8 por 100 en Entre Ríos. Fuertes incrementos se registraron, asimismo, en los nuevos territorios (especialmente La Pampa y el Chaco) que estaban despoblados en 1869. El panorama cambia radicalmente si se analiza al resto de las provincias. Salvo Mendoza y Tucumán, que registran aumentos relativos del 324,5 por 100 y 205,6 por 100 respectivamente, las restantes muestran cifras muy inferiores a las registradas en el litoral pampeano. En otras provincias, el crecimiento demográfico relativo para el periodo intercensal 1869-1914 fluctuó desde un aceptable 118,2 por 100 en San Luis a un magro 25,4 por 100 en Catamarca. Al comentar estas cifras, el compilador del Censo de 1914 registró las mismas palabras que se usaran en el Censo de 1895 considerando que eran: «hoy como ayer de rigurosa aplicación»:

> ... a pesar de haber llevado teléfonos, bancos, colegios, escuelas y cuantos agentes ha sido posible, determinadas provincias presentan un desenvolvimiento muy lento que desdice con los grandes adelantos del resto de la República. Santiago del Estero, San Juan, La Rioja y Catamarca aparecen como provincias de emigración.[8]

También se modificó sustancialmente la relación entre las zonas urbanas y rurales. El porcentaje de pobladores radicados en las primeras creció de un 28 a un 52 por 100 entre 1869 y 1914. El aumento registrado en la ciudad de Buenos Aires fue sencillamente fenomenal: de 181.838 en 1869 a 1.575.814 habitantes en 1914. Lo mismo ocurrió en la ciudad de Rosario (provincia de Santa Fe) donde se registraron cifras de 23.139 y 224.592 en 1869 y 1914 respectivamente. En la ciudad de Córdoba, que creció al impulso del desarrollo cerealista de los departamentos del sur de la provincia, el incremento fue también importante: de 28.523 habitantes en 1869 a 121.982 en 1914. Las ciudades de Mendoza y Tucumán también crecieron rápidamente como consecuencia del desarrollo de los viñedos en la primera y de la industria azucarera en la segunda. Mendoza pasó de 8.124 habitantes en 1869 a 58.790 en 1914; Tucumán de 17.438 a 92.824 en el mismo periodo. Otros ejemplos de este veloz incremento de la población urbana pueden encontrarse en distritos que hoy constituyen el Gran Buenos Aires, pero que entonces se hallaban algo alejados de la Capital Federal. Avellaneda, por ejemplo, que sólo poseía 5.645 habitantes en 1869 pasó a tener 139.527 en 1914 y La Plata, que no existía en 1869, alcanzó los 137.413 habitantes en 1914.

---

8. *Tercer Censo Nacional*, Buenos Aires, 1916, I, p. 82.

Otros centros de la provincia de Buenos Aires registraron también aumentos muy rápidos, como el puerto sureño de Bahía Blanca que pasó de 1.057 en 1869 a 62.191 habitantes en 1914.

Además del rápido crecimiento de las ciudades, se registró, también, un aumento considerable del número de pequeños poblados en el litoral pampeano. Este fue uno de los factores que, junto a la extensión de la red ferroviaria, contribuyó a paliar el secular aislamiento de las zonas rurales. La emergencia de estos poblados fue provocada por cambios ocurridos en la estructura productiva de la región. En un primer momento, la expansión de la cría del lanar trajo aparejada una sensible reducción en la escala de la empresa ganadera y una mayor división del trabajo dentro de la misma. Ambos factores promovieron una mayor radicación de personas en la región y una visible diversificación de la estructura sociocupacional. Como consecuencia de este proceso (c. 1860-c. 1880) aparecieron los primeros poblados rurales de alguna importancia, especialmente en las provincias de Buenos Aires y Entre Ríos. Muchísimo mayor, sin embargo, fue el impacto producido entre c. 1880 y c. 1914 por la expansión de los cultivos cerealistas. Este fenómeno se originó en el centro y sur de la provincia de Santa Fe para expandirse posteriormente al sur de Córdoba y al noroeste de Buenos Aires. El resultado de ambos procesos fue un notable incremento en el número de poblados rurales que tenían entre 2.000 y 10.000 habitantes. En 1869 existían solamente 28 centros de este tipo en toda la región pampeana; en 1914 pasaron a ser 221.

La entrada masiva de inmigrantes trastocó, en consecuencia, el equilibrio demográfico y regional. Al mismo tiempo, se produjeron cambios significativos en la estructura sociocupacional del país. En el periodo intercensal 1869-1895, la expansión del sector agrícola y de las actividades terciarias coincidió con una fuerte caída de la ocupación en las viejas artesanías y en el vetusto sistema de transportes. En el periodo siguiente (1895-1914) la mecanización de la agricultura y el aumento del tamaño de la empresa cerealista produjeron una caída relativa en los niveles de empleo del sector primario. Esta caída fue correlativa a un aumento en la ocupación de las industrias recientemente radicadas en el litoral. El sector terciario siguió creciendo y se registró un fuerte incremento en la industria de la construcción, especialmente en las grandes ciudades del litoral. El papel de los inmigrantes dentro de la estructura ocupacional fue crucial y, posiblemente, sin parangón en el mundo. En 1914, el 62,1 por 100 de las personas que trabajaban en el comercio, el 44,3 por 100 de las que lo hacían en la industria y el 38,9 por 100 de los activos en el sector agropecuario habían nacido fuera del país. Las cifras bajan al considerar la administración pública y el sistema educativo donde las proporciones eran del 17,6 y el 14 por 100, respectivamente. Todas estas cifras aumentan significativamente en los tres distritos donde la radicación de extranjeros era mayor. En la ciudad de Buenos Aires, los inmigrantes ocupados en el comercio y en la industria eran el 72,5 y el 68,8 por 100 del total. En la provincia de Buenos Aires, la proporción de extranjeros ocupados en el sector rural era del 55,1 por 100 y en la de Santa Fe alcanzaba un 60,9 por 100. Estas cifras no incluyen a los hijos de inmigrantes dentro de la población argentina. En caso contrario, la proporción de gente de origen inmigratorio reciente en el total de la población económicamente activa alcanzaría niveles todavía más elevados. En ciudades como Buenos Aires y Rosario, y en distritos cerealistas como los de Santa Fe, los nietos de argentinos no superaban el 20 por 100 de la población total.

El panorama registrado adquiere aristas aún más llamativas en el caso de los sectores empresariales. El 68,4 por 100 de los propietarios de comercios, el 68,7 por 100 de los industriales y el 31,9 por 100 de los agropecuarios habían nacido fuera de Argentina. En los tres distritos ya mencionados del litoral las proporciones fueron las siguientes: el 78,3 por 100 de los comerciantes, el 73,4 por 100 de los industriales y el 56,9 por 100 de los propietarios rurales eran extranjeros. Dentro del sector rural existían diferencias apreciables entre agricultores y ganaderos. Entre los primeros, el porcentaje de extranjeros en todo el país era del 40,7 por 100, para alcanzar el 62,4 por 100 en las provincias de Buenos Aires y Santa Fe. Entre los ganaderos, los extranjeros constituían el 22,2 por 100 en todo el país y el 49,1 por 100 en Buenos Aires y Santa Fe.

La disparidad entre el sector urbano y el rural respondía al hecho de que el comercio y la industria estaban concentrados en la misma región (el litoral) donde se hallaba radicada la gran mayoría de los inmigrantes. Por el contrario, las empresas rurales se distribuían homogéneamente por todo el país. Por otra parte, las diferencias entre la agricultura y la ganadería se debían a dos razones. La ganadería era la actividad productiva de mayor desarrollo antes de la llegada masiva de los inmigrantes, mientras que la expansión agrícola fue contemporánea a dichos arribos. Además, la mayor dimensión de la estancia ganadera requería la posesión de un capital mucho mayor que el necesario para la adquisición de una parcela agrícola.

Todas estas cifras señalan la existencia de un vertiginoso proceso de movilidad social ascendente. El mismo alcanzó sus picos máximos en las zonas urbanas y en la región dedicada a los cultivos de cereales. Pero fue asimismo significativo en el área destinada a la ganadería, donde las cifras hubieran sido aún más llamativas de considerarse a los hijos de los inmigrantes. Los cambios en las posiciones relativas de las personas afectaron por igual a todos los estratos de la sociedad local. En algunos momentos, y en ciertos lugares, este proceso fue tan violento que desconcertó a los observadores más sagaces. En 1888, el gerente de la sucursal en Rosario del Bank of London and the River Plate informaba a Londres que:

> El rápido progreso de esta provincia me hace muy difícil mantenerlos bien informados acerca de la responsabilidad de nuestros clientes, porque sucede a menudo que un año es suficiente para que una persona mejore sustancialmente su posición. Se nos hace difícil, entonces, mantenerlo dentro de los anteriores límites crediticios.[9]

Una de las consecuencias de este rápido proceso de movilidad social fue la fuerte expansión de las capas intermedias de la sociedad. Las estimaciones basadas en los datos censales no son demasiado precisas, pero es posible sugerir que

9. Gerente de Rosario a Buenos Aires (19 de junio de 1888), *Bank of London and South America Archives*, Biblioteca del University College de Londres.

estos grupos crecieron del 12 al 15 por 100 de la población económicamente activa en 1869 a un 35 o 40 por 100 en 1914. En las zonas urbanas esta expansión estuvo relacionada con el crecimiento del sector terciario y, en menor medida, con el desarrollo industrial. También fue importante el crecimiento del aparato administrativo y del sistema educativo. En las zonas rurales, el incremento registrado en los sectores intermedios estuvo estrechamente relacionado con la difusión de los cultivos de cereales. La menor dimensión relativa de la empresa agrícola permitió el surgimiento de una capa de medianos y pequeños empresarios rurales que sólo existía en forma reducida en la época del predominio ganadero. Al mismo tiempo, la mayor complejidad de la empresa cerealista determinó la aparición de una serie de actividades conexas (comercio, industria y transporte) que emergieron en los poblados y villas que se formaron durante aquellos años. Surgió así un vasto estrato intermedio en las zonas rurales, que fue una de las características distintivas de la sociedad rioplatense en el continente latinoamericano.

Desde luego, dentro de esos grupos intermedios existían situaciones diferenciadas, como lo muestra el caso de los arrendatarios agrícolas. Hasta c. 1895-1900 fue relativamente fácil para los arrendatarios acceder a la propiedad de las parcelas que cultivaban.[10] A partir de allí, una variación en las escalas de la empresa agrícola y el aumento del precio de la tierra por el agotamiento de la frontera, hicieron cada vez más difícil dicha adquisición. Este fenómeno (que se dio también en países similares como Australia y los Estados Unidos) produjo un fuerte aumento en el número relativo de arrendatarios, que para 1914 constituían el 60 por 100 de los agricultores.

La condición del arrendatario argentino fue sustancialmente distinta a la de sus pares europeos. Al frente de una explotación que oscilaba entre las 200 y 400 hectáreas, era a su vez empleador de mano de obra, especialmente en la época de cosecha. Pero si su situación era mucho mejor que la prevalente en los países de origen, no lo era con respecto a los que habían accedido a la propiedad de la tierra en Argentina. La diferencia se debía a la falta de estabilidad del arrendatario, lo cual se reflejaba en estilos y condiciones de vida (vivienda, por ejemplo) ciertamente inferiores a los prevalecientes entre los agricultores propietarios.

De los inmigrantes que se radicaron permanentemente, no todos accedieron a posiciones superiores o intermedias dentro de la sociedad. Muchos continuaron en las mismas labores que venían ejerciendo desde su llegada. La emergente industria del litoral empleó mayoritariamente mano de obra de origen extranjero. En la ciudad de Buenos Aires, por ejemplo, el 72 por 100 de los obreros y empleados eran inmigrantes. Las condiciones de vida del sector obrero urbano variaron según las circunstancias. Los salarios percibidos eran, desde luego, mucho más altos que los vigentes en los países de origen. Argentina conoció, en algunas épocas, el curioso fenómeno de migraciones ultramarinas de carácter estacional. Eran los famosos «golondrinas» que venían de Italia para los tres meses de la cosecha.

Dentro del país, las condiciones generales tendieron a mejorar sensiblemente

---

10. Para este punto, véase Cortés Conde, *HALC*, X, cap. 1; y Rock, *HALC*, X, cap. 3.

durante el periodo. A pesar del fuerte incremento en el número de habitantes, se registró una sustancial caída del analfabetismo que descendió del 77,9 por 100 en 1869 al 35 por 100 registrado en 1914. Además, mejoraron sensiblemente las condiciones sanitarias y desaparecieron de las grandes ciudades las epidemias de fiebre amarilla y cólera. También se registraron progresos en la calidad de la vivienda. El 79 por 100 de ranchos registrados por el censo de 1869 disminuyó a un 50 por 100 en 1895. No existen datos para 1914, pero todo apunta a la continuación de la tendencia registrada en el periodo intercensal 1869-1895. El ingreso masivo de inmigrantes creó, sin embargo, serios problemas en este aspecto. En los últimos 20 años, especialmente en las grandes ciudades, se produjo un aumento en el número de personas por habitación, dando lugar a una serie de problemas de los cuales quedaron múltiples testimonios en la literatura de la época. Los avances en materia de legislación laboral fueron tímidos y lentos, aunque se dictaron leyes sobre descanso dominical y feriados nacionales, se reglamentó el trabajo de mujeres y niños, y se legisló sobre accidentes de trabajo. El periodo registró, además, una disminución continua de la jornada de trabajo, y hacia 1916 casi todos los gremios habían obtenido la jornada de ocho horas.

Las condiciones prevalecientes en el litoral pampeano no se reproducían en el resto del país. Si bien en casi todas partes se produjeron avances, las desigualdades regionales continuaron siendo, como ya se ha sugerido, muy grandes. Estas diferencias obedecían a múltiples causas, muchas de ellas presentes antes de iniciarse el periodo que estamos analizando. El desplazamiento del centro de actividad económica desde el Alto Perú al Río de la Plata, iniciado en la época virreinal, produjo el estancamiento relativo de aquellas economías regionales que no se adaptaron adecuadamente a la nueva situación. Tal fue el caso de Santiago del Estero y de la mayoría de las viejas provincias del noroeste. Algo similar, aunque con menos intensidad, ocurrió en la región de Cuyo, fuertemente ligada a la economía chilena, y aun en el mismo litoral en el caso de la provincia de Corrientes, vecina de Paraguay, que sufrió una fuerte caída relativa durante el periodo 1870-1914.

Es posible detectar, también, desigualdades en el caso de regiones que crecieron rápidamente durante el periodo. Tucumán, por ejemplo, se hallaba en esa situación, habiéndose convertido, además, en centro receptor de migraciones estacionales de provincias vecinas, como Santiago del Estero y Catamarca. El crecimiento tucumano estuvo basado en un rápido desarrollo de la industria azucarera, actividad que en todos lados produce condiciones sociales manifiestamente inferiores a las que prevalecen en áreas dominadas por los cultivos cerealistas. En rigor, de las provincias del interior sólo Mendoza reprodujo aproximadamente las condiciones de vida prevalecientes en el litoral pampeano.

Ya se ha señalado cómo estas disparidades regionales influyeron en el desigual crecimiento de la población. Los niveles educativos de las distintas provincias ilustran igualmente bien este problema. La proporción de analfabetos que para 1914 era del 35,2 por 100, bajaba a un 26,9 por 100 en el litoral pampeano, para ascender a un 57,6 por 100 en el resto del país. Las diferencias se hacen más notables si se comparan extremos, por ejemplo, la ciudad de Buenos Aires (22,2 por 100) y la provincia de Jujuy (64,9 por 100). El censo de 1914 no ofrece datos sobre los distintos tipos de viviendas. Los ofrecidos por el censo de 1895 reflejan un panorama que si bien muestra, con respecto a 1869, una recuperación visible en términos absolutos, no registra cambios sensibles en las posiciones relativas de las provincias. La proporción de viviendas de baja calidad (ranchos) que era de alrededor del 50 por 100 en todo el país, descendía a un 35 por 100 en el litoral pampeano para subir bruscamente a un 78 por 100 en el resto del país.

Un proceso de la naturaleza del descrito produjo, naturalmente, víctimas individuales, generalmente radicadas en las zonas de menor desarrollo. El caso más llamativo es el de aquellas personas cuyos oficios sucumbieron como consecuencia de la modernización de la economía. Tal es el caso de los tejedores individuales de la región interior cuyas artesanías no resistieron la competencia de los productos importados o de aquellos individuos empleados en el transporte interno que fueron bruscamente desplazados por la vertiginosa expansión de la red ferroviaria. En otros casos, el impacto de la expansión no incidió en la caída de los ingresos, pero sí en las condiciones de vida imperantes en las regiones afectadas. La reorganización y modernización de la estancia ganadera modificó notoriamente los ritmos de trabajo y el estilo de vida prevaleciente en otras épocas. La desaparición de la frontera india, la creciente comercialización de todos los productos de la ganadería y el impresionante desarrollo del cercado de campos fueron estableciendo ritmos de trabajo menos erráticos y limitaron la gran movilidad que caracterizó la vida en los distritos ganaderos. A pesar de las distorsiones pintorescas y románticas, la literatura de la época reflejó algunos de estos aspectos en la nostálgica evocación del pasado del gaucho rioplatense.

Los distintos sectores sociales en los cuales se dividió la población no tardaron en organizarse. Mucho antes de 1870, en 1854, se formó la Bolsa de Comercio de Buenos Aires y durante el periodo estudiado aparecieron gran cantidad de cámaras sindicales mercantiles tanto en la capital como en las principales ciudades del resto del país. En 1886 se formó la Unión Industrial Argentina que agrupó a los empresarios fabriles de todo el país. Fue esta también la época de la emergencia de las primeras organizaciones obreras que alcanzaron dimensiones muy significativas en las ciudades de Buenos Aires, Rosario, y los principales centros ferroviarios. Hasta finales de siglo, el sindicalismo avanzó lenta y erráticamente, para hacerlo de forma vertiginosa durante la primera década del siglo xx. En 1901 se formó la FOA (Federación Obrera Argentina) que fue reemplazada poco después por la FORA (Federación Obrera Regional Argentina). En 1905 la FORA (V Congreso) pasó a ser controlada por los anarquistas, situación que se mantuvo (con declinación a partir de 1910) hasta 1915 (FORA del IX Congreso) cuando los sindicalistas pasaron a controlar la mayoría del movimiento obrero. En 1907 se formó la UGT (Unión General de Trabajadores), entidad minoritaria que agrupó a los sindicatos de tendencia socialista. El movimiento obrero de aquella época se nucleó, sucesivamente, alrededor de dos centros principales. El primero tuvo como base los grandes puertos, por aquella época verdaderos emporios laborales, donde se entrelazaban las más variadas actividades y oficios. El segundo estuvo constituido por la red de transportes y por las industrias conexas que surgieron alrededor de los distintos centros ferroviarios.

Poco antes de 1870, en 1866, se formó la influyente Sociedad Rural Argentina que aglutinó a los ganaderos de la provincia de Buenos Aires. El afianzamiento de esta institución se produjo, sin embargo, después de 1880, fecha a partir de la cual se formaron entidades similares en otras provincias. En 1912 apareció la Federación Agraria Argentina, institución que agrupó a los arrendatarios de la región cerealista. No surgieron en este periodo, salvo en forma dispersa, organizaciones que nuclearan a los peones de la región ganadera o a los que trabajaban en las plantaciones del norte del país.

El arribo masivo de inmigrantes, su asimilación a la sociedad, el ascenso y descenso de grupos y la rapidez del proceso de cambio social condujeron naturalmente a una serie de conflictos y tensiones. Conflictos de vieja estirpe desaparecieron o decrecieron (guerras interregionales civiles, de frontera, choques armados entre facciones políticas), pero fueron suplantados por enfrentamientos de nuevo cuño. En la década de los setenta se registraron choques entre nativos y extranjeros. Algunos de ellos adquirieron carácter sangriento como las matanzas de Tandil en 1871. Las zonas más afectadas fueron los distritos rurales de Santa Fe y Buenos Aires, pero también la capital y la ciudad de Rosario conocieron conflictos de similar naturaleza. El primer lustro de la década de los noventa registró enfrentamientos similares y nuevamente las colonias agrícolas santafecinas se convirtieron en el principal escenario. En la ciudad de Buenos Aires, la crisis de 1890 produjo reacciones «chauvinistas» que no alcanzaron carácter dramático. A partir de aquí, decayó la intensidad de este tipo de conflictos, emergiendo ocasionalmente en épocas de huelgas y atentados terroristas que algunos atribuyeron a la acción de agitadores extranjeros.

Mucho más llamativos fueron algunos conflictos intersectoriales. En Argentina, los enfrentamientos entre agrarios e industriales, o empresas nacionales y extranjeras, fueron escasos y de poca importancia. Sí hubo enfrentamientos entre empleadores y obreros, y, a veces, entre los sindicatos y las autoridades nacionales. Entre 1907 y 1916, años para los cuales se cuenta con estadísticas fiables, hubo 1.290 huelgas en la ciudad de Buenos Aires, de las cuales cinco fueron de carácter general.

Los sectores más afectados por los paros obreros fueron los de la industria de la madera, la confección, construcción, alimentación, metalurgia y textiles. Más de la mitad de las huelgas fueron para conseguir aumentos salariales o reducciones en las jornadas de trabajo. Como era de suponer en una etapa formativa, muchos de los paros (cerca de un 35 por 100) estuvieron dirigidos a consolidar las organizaciones sindicales. Cerca de un 40 por 100 de los paros obtuvo, total o parcialmente, la satisfacción de las demandas sindicales; la mayoría, sin embargo, arrojó un saldo negativo para los huelguistas.

Estas últimas cifras están algo distorsionadas por la presencia de huelgas generales de carácter político, las cuales finalizaron siempre con resultados negativos. La huelga general, muy en boga en algunos países europeos, nunca abarcó al conjunto del país. La mayoría de las veces ni siquiera afectó a todas las fábricas radicadas en las grandes ciudades, limitándose generalmente a las zonas portuarias de Buenos Aires y Rosario, y a las terminales ferroviarias. La demanda permanente de estas huelgas generales fue la derogación de la llamada Ley de Residencia (1902) que facultaba al Poder Ejecutivo a expulsar a los extranjeros que considerara peligrosos para la seguridad interior.

En las zonas rurales no se registraron movimientos de la magnitud de los observados en las grandes ciudades. El conflicto más importante tuvo lugar en 1912, con epicentro en el sur de Santa Fe y ramificaciones en Córdoba y Buenos Aires. Afectó a los arrendatarios de la próspera región maicera, que por aquellos años se enfrentaban a una difícil coyuntura de bajos precios y altos alquileres. Los arrendatarios se negaron durante dos meses a recoger la cosecha, y sólo lo hicieron una vez que parte de sus reivindicaciones fueron satisfechas por los propietarios. Al finalizar este curioso episodio, mezcla de huelga y cierre patronal, se fundó la Federación Agraria Argentina.

La inmigración tuvo un fuerte impacto en los estilos de vida del litoral rioplatense. A pesar de tensiones y conflictos, el proceso de asimilación fue, en líneas generales, rápido y pacífico. Los barrios de Buenos Aires o las colonias agrícolas de Santa Fe, para citar dos ejemplos, se convirtieron rápidamente en verdaderos centros cosmopolitas donde se fusionaron hombres de diversas nacionalidades. Desde la alimentación hasta el lenguaje, todas las facetas de la vida cotidiana se vieron afectadas por esta pronta inserción de los inmigrantes en la sociedad local.

Distintos factores coadyuvaron a la rapidez con que se operó el proceso de asimilación. En muchas regiones, como se ha visto, los inmigrantes nunca constituyeron una minoría étnica, llegando a superar, a veces, en número a los pobladores locales. Por otra parte, la mayoría provenía de países (Italia y España) de similares rasgos culturales, lingüísticos y religiosos. La legislación civil y las prácticas cotidianas fueron, además, extremadamente liberales con los recién llegados, hasta el punto que no faltaron voces que denunciaron la discriminación que sufrían los nativos. De fundamental importancia fue el papel jugado por la educación primaria (ley 1.420) que creó una escuela pública sin distingos étnicos y religiosos, y que dotó a la enseñanza impartida de un fuerte contenido integrativo. Finalmente, la participación en múltiples actividades comunes aceleró el proceso de integración. Hacia 1914, por ejemplo, Buenos Aires, contaba con muchas asociaciones de socorros mutuos: 214 que agrupaban a unos 255.000 socios. La mayoría de los socios (51,4 por 100) estaban asociados a instituciones multinacionales, que agrupaban a personas de distinto origen. Seguían en importancia las sociedades que agrupaban a inmigrantes de una misma nacionalidad (48,4 por 100) y muy lejos cerraban la lista las instituciones constituidas por los argentinos nativos (10,6 por 100).

Además de la inmigración, los usos y costumbres locales fueron también trastocados por el súbito enriquecimiento producido por el largo *boom* económico. Ya se ha visto cómo la introducción de los cereales modificó la fisonomía física y social de las zonas afectadas. En menor medida, transformaciones similares tuvieron lugar en la región ganadera. Los extensos alambrados, los potreros alfalfados y los reproductores de alta calidad contrastaban con la rusticidad que caracterizó a la vieja estancia ganadera. Aquellas adustas y modestas casas de estancia que habían llamado la atención, por su pobreza, de W. Hudson y tantos otros viajeros extranjeros, fueron reemplazadas por las más elaboradas, y a veces suntuosas, residencias de campo que asombraron al francés Jules Huret hacia 1910.

En las grandes ciudades, la transformación fue aún más visible. Buenos

Aires era, como todas las metrópolis de la época, una ciudad de contrastes: «Buenos Aires tiene su Picadilly y su Whitechapel que aquí se llama "las basuras" ... tiene sus "palacios" pero también sus "conventillos"». Eran estos los contrastes entre la ciudad del norte y la ciudad del sur, contrastes permanentemente denunciados en la retórica política de los socialistas capitalinos.[11] El sur y el norte representaban los extremos de la ciudad, los que más inmediatamente llamaban la atención de quienes la visitaban. El fenómeno más importante, sin embargo, tenía menos espectacularidad y lo constituían los nuevos barrios de casas bajas modestamente burguesas que surgían de los innumerables lotes en que se subdividían vertiginosamente los terrenos baldíos. De estos todavía quedaban algunos hacia 1914 en los distritos que hoy constituyen los límites del distrito federal, como símbolo de cuán cercana había estado la pampa del centro mismo de la ciudad.

En rigor, casi todo era nuevo en la ciudad. Poco quedaba del Buenos Aires austero y provinciano de antaño. Desde los pocos edificantes «conventillos» del sur, hasta los «palacetes» y «petit-hoteles» del centro y del norte, pasando por los barrios de casas bajas del oeste, todo resultaba irreconocible para quien hubiera visitado la ciudad en 1880. La creciente riqueza pronto se reflejó en el refinamiento y opulencia de los lugares públicos. Los grandes edificios de la administración, los extensos parques con sus costosos monumentos, las nuevas avenidas, los tranvías y los «subterráneos», fueron el testimonio de ese súbito enriquecimiento colectivo. Las costumbres y modas europeas se trasladaban con inusitada rapidez al Río de la Plata, no sólo porque las traían los inmigrantes sino también porque crecía el número de argentinos que cruzaban el Atlántico en ambas direcciones. Buenos Aires cambiaba con la misma velocidad con que se trastocaba la composición de su población. De las 20 circunscripciones que componían la ciudad, ninguna albergaba menos de un 43 por 100 de extranjeros. En las cinco circunscripciones del radio céntrico, las más populosas y las más concurridas, las que concentraban comercios, teatros, cafés y edificios de la administración, la proporción de extranjeros fluctuaba entre un 54 y un 62 por 100: «Uno se pregunta dónde está la sangre española. ¿Qué es un argentino?», se preguntaba azorado hacia 1910 el francés Jules Huret.[12]

El tráfico de personas, mercancías y costumbres incluía, desde luego, el de las ideas. El Buenos Aires de comienzos de siglo fue receptor de cuanta corriente científica, literaria o política estuviera en boga en aquella época. A ello contribuyó la rápida expansión de la educación secundaria y universitaria, y la creación de innumerables sociedades científicas y literarias. En Buenos Aires circulaban hacia 1914 centenares de publicaciones periódicas, muchas de ellas en idiomas extranjeros (italiano, inglés, francés, alemán, ruso, griego, dinamarqués, dialectos árabes), dando testimonio de ese intenso tráfico de ideas.

El liberalismo seguía siendo el credo predominante en los grupos dirigentes de la vida cultural, social, económica y política. Un liberalismo que en algunos grupos reflejaba una cierta tensión entre el optimismo característico de la época,

11. J. Huret, *En Argentine: De Buenos Aires au Gran Chaco*, París, 1914, p. 30. Sobre la posición socialista, véase el folleto de Mario Bravo *La ciudad libre*, Buenos Aires, 1917.
12. J. Huret, *op. cit.*, p. 40.

intensificado además por el espectacular avance material del país, y cierto escepticismo que provocaba el recuerdo de un pasado cercano plagado de inestabilidad y conflictos. Temor y escepticismo acentuado por la sospecha de que la combinación entre el amplio espacio geográfico y la raza latina no era la mejor para asentar una estabilidad de bases sólidas. Estados de ánimos estos que se reflejaban en el deseo ardiente de dejar de ser *South-America*, como se decía entonces, y en la sensación de que esto sólo era posible si las riendas del poder continuaban firmemente en las manos de quienes venían gobernando el país desde 1880. La confianza en el progreso, el agnosticismo religioso, el escepticismo con respecto a la raza y el recuerdo del pasado se combinaban para producir una expresión liberal que no era nada infrecuente en los principales grupos dirigentes argentinos. Como tampoco lo era esa curiosa amalgama entre la admiración hacia algunos de los países europeos y el encendido patriotismo que engendraba la sensación de estar construyendo una nueva república.

Esta suerte de liberalismo corría pareja con otra vertiente del mismo credo, popular en círculos intelectuales y políticos, de corte más decididamente optimista y universalista. Esta vertiente liberal estaba fuertemente influida por Darwin, Spencer, Lombroso, etc., por casi todas las teorías positivistas y evolucionistas entonces en boga. Tendencias todas estas que se reflejaban tanto en un Jardín Zoológico de clara orientación darwiniana como en las publicaciones oficiales plagadas de altivas estadísticas que señalaban los constantes progresos del país.

Estas ideas, o sus distintas combinaciones, no sufrieron grandes desafíos durante aquellos años. Durante la discusión de las leyes laicas en la década de los ochenta, los opositores católicos hicieron gala del mismo liberalismo político y económico que informaba las ideas de los legisladores que apoyaban las propuestas del gobierno. Es esta, quizás, una de las razones que explican el hecho de que el factor religioso, salvo muy esporádicamente, no fuese motivo de división política en Argentina. Tampoco la oposición política proclamó ideas que contrastaran abiertamente con las vigentes en los grupos dirigentes. No, por lo menos, en el plano económico-social, ni en el de las instituciones prevalecientes. En la principal corriente opositora, la Unión Cívica Radical, la crítica al régimen adquirió fuerte tono moral, de reacción a lo que consideraba una sociedad excesivamente cosmopolita y demasiado obsesionada con el bienestar material. La reacción antipositivista y nacionalista, que tímidamente hizo su aparición a comienzos de siglo, alguna huella dejó en discursos y documentos de la Unión Cívica Radical.

El otro desafío provenía de las corrientes ideológicas vinculadas al movimiento obrero. Como se señalara, hasta c. 1910-1915, los anarquistas tuvieron un marcado predominio en este campo. Los anarquistas argentinos se distinguieron claramente de sus correligionarios europeos. Como estos, expresaron un rechazo total a la participación por vía parlamentaria y electoral, y a la intervención del Estado en las negociaciones entre empresas y sindicatos. En Argentina predominó, sin embargo, un anarcosindicalismo *avant la lettre* que hizo del sindicato el centro principal, y casi exclusivo, de su actividad, y alrededor del cual organizaron una serie de actividades cooperativas, recreativas y culturales que les dio cierta popularidad en los barrios obreros de Buenos Aires y Rosario. A pesar de la retórica bakuninista, los anarquistas argentinos eran mucho más moderados que sus correligionarios europeos, y las corrientes radicalizadas (incluidos los terroristas) tuvieron poca aceptación en el medio social.

Algo similar ocurrió con los socialistas, cuya moderación contrastaba fuertemente aún más con las corrientes reformistas que aparecían por aquella época en Europa. Los socialistas argentinos reemplazaron bien pronto una serie de premisas marxistas por ideas que provenían de la tradición liberal y positivista. Al mismo tiempo, los modelos políticos que más admiraron fueron el laborismo británico y australiano, el cooperativismo belga, y la tradición radical-socialista francesa. No es de extrañar, en consecuencia, que cuando visitara Buenos Aires el socialista italiano Enrico Ferri caracterizara a sus correligionarios argentinos como integrando un «Partido Socialista de la luna».[13] Como los anarquistas, los socialistas no cuestionaron los fundamentos básicos de la economía argentina, eran librecambistas y ardientes defensores de una estricta ortodoxia en materia cambiaria. En ambos temas, eran ciertamente mucho más enfáticos que los políticos oficialistas.

La moderación en el campo de las ideas reflejaba algunos de los rasgos de la sociedad argentina. El profundo cambio en la vida económica tuvo una marcada influencia en la sociedad y, entre otras cosas, generó nuevos conflictos. Pero esos conflictos estuvieron, a su vez, condicionados por el creciente bienestar y las altas tasas de movilidad social; por el éxito de una economía que generaba muchos más beneficiarios que víctimas. La Argentina de 1914 tenía pocos puntos de contacto con el resto de Suramérica, y a pesar de la europeización de muchas de sus costumbres e ideas, se diferenciaba también del Viejo Mundo. Se asemejaba, un poco, a las nuevas sociedades que habían emergido en las praderas australianas y norteamericanas. Como se verá de inmediato, estos rasgos sociales no se reprodujeron exactamente en la vida político-institucional.

LA POLÍTICA ENTRE 1880 Y 1912

A partir de 1880, Argentina vivió un periodo de estabilidad política de duración inusitada. El triunfo del general Roca en los combates de 1880 fue seguido por la aprobación de una vasta legislación durante su presidencia (1880-1886), y la de su sucesor Juárez Celman (1886-1890). Al mismo tiempo, en 1880 se formó el Partido Autonomista Nacional (PAN), primera agrupación de extensión nacional que conoció el país. Por otra parte, el ejército nacional obtuvo el monopolio de la fuerza y se convirtió, con pocas excepciones, en firme sostén de las autoridades nacionales. Con respecto a periodos anteriores, la estabilidad descansó en una notoria supremacía del Poder Ejecutivo Nacional, y en una correlativa disminución del poder de mandatarios y caudillos provinciales. El gobierno central mantuvo el control sobre las situaciones provinciales mediante un ajustado sistema de premios y castigos, destinado a lograr un delicado equilibrio entre la necesidad de obtener el apoyo de los gobernadores y el deseo de evitar la repetición de acciones sediciosas. Los gobernadores tuvieron

---

13. Juan B. Justo, «El profesor Ferri y el Partido Socialista Argentino», en *Socialismo*, Buenos Aires, 1920, pp. 129 y ss.

un papel significativo, aunque subordinado, en la coalición oficialista (PAN) y fueron recompensados con posiciones de prestigio en la escena nacional. El castigo no era menos eficiente: la intervención federal que el Ejecutivo podrá decretar aún en épocas de receso parlamentario, y que era un poderoso instrumento para reorientar situaciones desafectas.[14] Así definía el papel de la intervención federal uno de los políticos más prominentes del oficialismo:

> Las intervenciones federales en esta tierra, señores, han sido invariablemente decretadas con uno de estos dos fines: o para ahogar una influencia o para reestablecerla, o para levantar un gobierno local que garantice la situación doméstica del Ejecutivo, o para derrocar un gobierno local desafecto al Central.[15]

La Constitución había facilitado la supremacía presidencial a través de mecanismos como el de la intervención federal. La hacía difícil, sin embargo, a través de la imposición del principio de no reelección presidencial (una diferencia significativa con el México de Porfirio Díaz) y con el control del poder legislativo y judicial. Este último, especialmente, logró mantener una relativa independencia frente a los poderes centrales. Así lo reconocía uno de los críticos más acervos al régimen imperante:

> El poder judicial ha mantenido cierta atmósfera de merecido respeto, si bien la idoneidad de sus miembros deja que desear; pero su personal ha sido reclutado siguiendo las formas que la naturaleza de sus funciones impone y este solo hecho bastaría para explicar el fenómeno de una institución que no se ha derrumbado con las otras.[16]

Por otra parte, los principios liberales de la Constitución permitieron el desarrollo de una prensa sumamente influyente que vigilaba atentamente los actos de las autoridades nacionales. Esta prensa, hasta por lo menos los comienzos del siglo XX, tuvo mayor importancia en la conformación de la opinión pública que los actos electorales. No estaba demasiado alejado de la realidad Ramón Cercano cuando le señalaba a Juárez Celman que «un diario para un hombre público es como un cuchillo para un gaucho pendenciero: debe tenerse siempre a mano».[17]

El bajo nivel de participación electoral facilitaba las cosas. Ese nivel era bajo cuando era comparado con épocas posteriores; no lo era tanto en relación a lo que sucedía en otras partes del mundo por aquellos mismos años. En circunstancias normales, votaba ente el 10 y el 15 por 100 de la población con derecho al sufragio (argentinos varones mayores de 17 o 18 años; no había restricciones para los analfabetos). En épocas de efervescencia política (el quin-

14. El receso parlamentario podía durar hasta siete meses.

15. Osvaldo Magnasco, citado por J. Irazusta, *El tránsito del siglo XIX al XX*, Buenos Aires, 1975, p. 169.

16. A. Belin Sarmiento, *Una república muerta* (1.ª edición, 1891), Buenos Aires, 1970, pp. 22-23.

17. Ramón Cárcano, citado por T. Duncan, «La prensa política en la Argentina: Sud-América. 1885-1892», en E. Gallo y G. Ferrari, eds., *La Argentina del ochenta al centenario*, Buenos Aires, 1980.

quenio 1890-1895, por ejemplo), la participación podía elevarse al 20 o 25 por 100 de los habitantes con derechos electorales. Era, además, mucho mayor la concurrencia a los comicios en las zonas rurales que en las urbanas.

Si la participación política era baja entre quienes poseían derechos electorales, mucho más lo era si se considera al conjunto de la población masculina en edad de votar. Esto se debía a la enorme cantidad de extranjeros que residían en el país, y que en su gran mayoría no habían adquirido la carta de ciudadanía. Las razones para que esto fuera así no están claras. En primer lugar, no era con ese propósito que habían emigrado y, ciertamente, la legislación argentina no establecía discriminaciones de ningún tipo para su desempeño en la sociedad civil. Más aún, al no nacionalizarse seguían contando con el apoyo de los cónsules de sus países, algunos de los cuales, como los italianos, fueron sumamente activos en mantener a los inmigrantes fieles al país de origen. En segundo lugar, la carta de ciudadanía no era indispensable para hacer demandas y presionar a las autoridades, lo cual podía hacerse desde las organizaciones empresariales y sindicales. Los anarquistas y sindicalistas, por otra parte, restaron toda importancia a la obtención de la carta de ciudadanía. Finalmente, los partidos opositores, con la excepción del Socialista, mostraron poco interés por incorporar a los extranjeros a sus filas.

En aquella época, la indiferencia política era el estado de ánimo preponderante en la mayoría de la población. El voto no era obligatorio (como lo fue después de 1912), y, por el contrario, desde la inscripción en el registro electoral hasta el día del comicio, los ciudadanos debían demostrar interés y diligencia para poder sufragar. Por otra parte, los comicios estaban más de una vez matizados por diversas triquiñuelas y fraudes, bastante comunes en la época. El fraude no era, desde luego, aplicado sistemáticamente, porque la apatía de la población lo tornaba innecesario. Se utilizaba cuando la oposición vencía esa indiferencia y amenazaba la estabilidad de los gobernantes. Las formas del fraude fueron diversas, desde las trampas más inofensivas, pasando por la compra de votos, hasta el uso abierto de la violencia física. Para que fuera eficaz, sin embargo, quien lo realizaba (y alguna vez lo hizo la oposición) debía contar con sólidos apoyos entre la clientela política y poseer una organización bien montada.

Esta organización política debía proveer hombres para llenar los distintos y numerosos cargos en la administración nacional, provincial y municipal, a la par que parlamentarios y hombres de prensa que enfrentaran los embates opositores. Pero debía, además, lograr la adhesión de una parte de la población para enfrentar los actos electorales, y, aún, las revueltas armadas. Debían existir, en consecuencia, lazos de lealtad bastante fuertes entre los dirigentes y sus seguidores. Quienes aseguraban esos vínculos no eran los dirigentes nacionales, sino los caudillos (caciques o *bosses*) de los distritos rurales o barrios urbanos, piezas clave del mecanismo político por ser la verdadera correa de transmisión entre el régimen y su clientela. La lealtad de la clientela no era gratuita, sino que descansaba en un complejo sistema de prestaciones recíprocas. El caudillo proveía una serie de servicios que iban desde la solución de problemas comunitarios hasta la menos altruista protección de hechos delictivos. Entre esos extremos se hallaban los pequeños favores personales, entre los cuales la obtención de empleos jugaba un papel preponderante.

Los caudillos provenían de los más variados orígenes (pequeños terratenientes o comerciantes, mayordomos de estancias y, más habitualmente, ex oficiales de las disueltas milicias provinciales) y a pesar de que a veces desempeñaban cargos políticos menores (jueces de paz, diputaciones, etc.) se conformaban, en general, con ejercer influencia y poder en su región. Fueron elogiados y vilipendiados, y ambos extremos representaban, de alguna manera, facetas verdaderas de una realidad sumamente compleja. Así se podía afirmar que «a estos caudillos, el gobierno ... les da todo y les permite cualquier cosa: la policía, el municipio, el correo ... el cuatrerismo, la ruleta, en resumen toda clase de ayuda para sus amigos y persecución a sus enemigos».[18] O por el contrario, se lo definía como «... el hombre que es útil a sus vecinos y siempre está dispuesto a prestar un servicio».[19] Lo que es evidente es que poseían un grado de independencia nada despreciable, y que era necesario negociar intensamente para obtener su apoyo. Así se expresaba uno de los más influyentes caudillos de la provincia de Buenos Aires en ocasión de la confección de la lista de candidatos para las elecciones provinciales de 1894:

> Eso que hemos llamado convencionalmente Unión Provincial [nombre del PAN en Buenos Aires] se descompone en dos partes; una decorativa, compuesta de algunos propietarios o estancieros de Buenos Aires de más importancia social y metropolitana que rural, y la otra el verdadero electorado militante, compuesto de nosotros que somos los que ... hemos luchado en la provincia ... Nosotros respetamos el valor decorativo de la otra parte, pero lo hacemos consultando los verdaderos intereses de la campaña, al verdadero partido provincial ... [20]

Por encima de esta compleja y extendida red de caudillos locales se encontraban las direcciones provinciales y nacionales del partido oficialista, un igualmente complejo y cambiante grupo de dirigentes políticos. Estos hombres eran los que ocupaban los cargos de gobernadores, ministros, legisladores, etc., y de ellos surgía tanto el presidente de la república como el jefe del PAN, atributos alguna vez reunidos en la misma persona.

Desde 1880 hasta 1916 este grupo dirigente controló la política nacional y, con muy pocas excepciones, rigió los destinos de las provincias argentinas. La oposición política y algunos observadores más o menos neutrales lo caracterizaron como a una férrea y cerrada oligarquía que apeló a cualquier medio para mantener sus posiciones de predominio. La caracterización era, hasta cierto punto, correcta, especialmente en lo que se refiere al notorio exclusivismo político de que hizo gala. Corre el riesgo, sin embargo, de resultar un tanto estereotipada. Entre otras cosas, no toma en cuenta que el grupo gobernante que surgió en 1880 era, en cierta medida, producto de un significativo cambio dentro de la

---

18. Francisco Seguí, citado por D. Peck, «Argentine politics and the Province of Mendoza 1890-1916», tesis doctoral inédita, Oxford, 1977, p. 36.

19. Mariano de Vedia, citado por D. Peck, *op. cit.*, p. 32.

20. *La Prensa*, Buenos Aires, 29 de diciembre de 1893.

dirigencia política argentina. Carlos Melo, uno de los primeros historiadores que registró este fenómeno, lo describió de la siguiente manera:

> A su vez, la conquista del desierto y la distribución de las tierras ... habían aumentado el número de hacendados con paisanos rudos y de modesto origen, y con soldados no menos oscuros recompensados por sus servicios militares ... Tanto el nuevo grupo urbano de la clase media como los nuevos hacendados eran resistidos por los núcleos patricios de la antigua sociedad argentina, lo que explica que aquéllos por aversión a éstos se colocaran al lado del presidente [Roca].[21]

La descripción del nuevo político que ofrece Melo es exagerada y rígidamente dicotómica. Pero describe bien una tendencia apreciable y, a su vez, refleja con exactitud la percepción que del grupo gobernante tenían sus opositores políticos. Esta percepción, notoria en lugares como Buenos Aires, Córdoba y Tucumán, fue característica de los años ochenta, y persistió hasta, por lo menos, la mitad de la década siguiente. El fenómeno político reflejaba lo que ocurría en el ámbito social. Al comentar, por esa época, el baile anual del tradicional Club del Progreso, el diario *El Nacional* comparaba con marcada nostalgia los tiempos nuevos con los viejos: «... el club ha vuelto por su honor, pero su honor moderno, porque lo que es el tradicional, aquel que tanto se quería, ¡no existe ya! Antes, conseguir una tarjeta para el club era una gran tarea, adquirirla hoy es lo más sencillo ...».[22]

Tampoco es conveniente exagerar su homogeneidad política. El grupo dirigente estaba compuesto por personas que representaban intereses regionales muchas veces contrapuestos. La historia del régimen estuvo plagada de luchas intestinas que tuvieron no poca incidencia en su caída final. Sus periodos de estabilidad coincidieron con épocas de fuerte liderazgo personal (Roca, Pellegrini, quizá Juárez Celman). La inestabilidad, por el contrario, predominaba cuando la carencia de ese liderazgo dejaba a su suerte a todos esos intereses contrapuestos.

En la época, el término oligarquía se utilizaba en su clásica acepción política. Desde ya, el PAN contaba entre sus miembros a muchas personas que ocupaban lugares de significación en la vida social y económica. Pero muchos otros individuos de las mismas características militaban en los partidos de oposición y, por consiguiente, conocieron periodos en los cuales estuvieron excluidos de la vida pública. Por otra parte, la mayoría de los miembros más prominentes del mundo de los negocios exteriorizaban una notoria indiferencia ante la vida política, posiblemente porque los grupos contendientes no divergían demasiado en su concepción de la vida económica. Un episodio ilustra bien este fenómeno por tratarse del único caso en el cual se estableció una relación explícita entre el oficialismo y un importante núcleo de ganaderos de la provincia de Buenos Aires. En las elecciones de gobernador de la provincia de Buenos Aires en 1894, la Unión Provincial (oficialista) recibió el mote de Partido Vacuno por la notoria participación que tuvieron en ellas los ganaderos bonaerenses. El diario radical *El Argentino*, sugería que el candidato oficialista tendría las siguientes características:

---

21. C. R. Melo, *La campaña presidencial de 1885-1886*, Córdoba, 1949, p. 22.
22. Citado en H. J. Guido, *Secuelas de unicato*, Buenos Aires, 1977, p. 181.

... será un poquito *high-life*. Uno que tenga ante todo vinculación con el Jockey Club, porque esta parece ser, ante todo, condición *sine qua non* para gobernar pueblos ... Reúne este señor la ventaja de ser miembro activo del Jockey Club ... hacendado, comerciante, político y financista ...[23]

Los vacunos, por su parte, no rehuían el calificativo. Algunos como Miguel Cané lo asumían con altivez y sorna: «Sí, señores, somos vacunos y lanares, que propugnamos la riqueza en toda la provincia. Como vacunos y lanares pedimos libertad para los hombres, seguridad para las vacas, valorización para las lanas ...».[24] La prensa oficialista, al mismo tiempo, respondía calificando al Partido Radical de porcino en clara referencia al apoyo que recibía de la Liga Agraria.

La retórica política de la época oculta, sin embargo, algunos matices de interés. El primero ya ha sido señalado, por ejemplo, las enormes tensiones provocadas dentro del oficialismo por la presencia del grupo ganadero metropolitano.[25] Asimismo, los partidos opositores (Radicales y Cívicos) contaban en sus filas con fuertes ganaderos bonaerenses. La misma Liga Agraria estaba compuesta por propietarios rurales que estaban bastante lejos de la modestia sugerida por el mote de porcinos. Finalmente, la oposición contó en esa ocasión con fuertes apoyos en otros sectores empresariales de gravitación. Apoyos que en los círculos financieros y comerciales, tanto nacionales como extranjeros, reflejaban antes que nada el rechazo a las políticas oficialistas. En Santa Fe, por ejemplo, el triunfo de los candidatos oficialistas fue recibido con un impresionante cierre patronal de protesta que mereció el siguiente comentario del gerente del Bank of London and the River Plate de Rosario: «Pienso que las empresas extranjeras no debieron haber intervenido en estos sucesos».[26]

La más importante, sin embargo, fue la excepcionalidad de la experiencia política de Buenos Aires en 1894. El diario *La Prensa* que en aquella elección apoyó a la facción radical de la oposición consideraba, sin embargo, que el experimento vacuno era útil en cuanto modificaba prácticas que consideraban negativas para la vida republicana:

> Eso que se llama el elemento conservador, neutro, intangible, una sombra que cae en el campo de lucha, que nada crea, que nada sostiene, que de nada se responsabiliza ... es simplemente una degeneración de la democracia, el enunciado de las más falsas de las nociones de la vida republicana.[27]

La oposición

Desde 1880 a 1912 diversos grupos y partidos integraron las filas de la oposición. Algunos de ellos fueron de vida efímera, como los grupos católicos

23. *El Argentino*, Buenos Aires, 9 de noviembre de 1893.
24. *La Tribuna*, Buenos Aires, 11 de enero de 1894.
25. El conflicto citado en la página 58 (nota 20) señala las resistencias provocadas entre los caudillos locales por la presencia en los cuerpos directivos de los ganaderos que residían en la Capital Federal.
26. Gerente de Rosario a Buenos Aires, 13 de febrero de 1894, *Bank of London and South American Archives*.
27. *La Prensa*, Buenos Aires, 19 de septiembre de 1894.

de la década de los ochenta, y otros estuvieron restringidos exclusivamente al marco provincial. De los partidos con base provincial solamente dos, los socialistas en la Capital Federal y la Liga del Sur (luego Partido Demócrata Progresista) en Santa Fe, llegaron a tener alguna repercusión nacional. La oposición tradicional al PAN provino de las fuerzas derrotadas en 1880, y muy especialmente del mitrismo. Estos grupos adoptaron distintas denominaciones (nacionalistas, liberales, cívicos, republicanos) y subsistieron hasta el final del periodo.

En 1890 formaron la Unión Cívica. Al poco tiempo, esta agrupación se dividió en dos: la Unión Cívica Nacional (UCN), liderada por el general Mitre, y la Unión Cívica Radical (UCR), cuyo jefe fue Leandro Alem. Los radicales sufrieron varias disidencias internas (generalmente a raíz de los intentos de algunos miembros para formar coaliciones con el oficialismo o el mitrismo), pero bien pronto se convirtieron en el principal partido de oposición al régimen. A partir del suicidio de Alem en 1896, Hipólito Irigoyen se convirtió en la figura máxima de la UCR, posición que mantuvo hasta su muerte en 1933.

El número de personas que militaba en las filas de la oposición no era mayor al que lo hacía en el oficialismo. Por el contrario, los autonomistas estaban mejor organizados y contaban con una clientela política, especialmente en las zonas rurales, más apta para ser movilizada. Sólo en unos pocos periodos de agitación política pudo la oposición movilizar a sus partidarios. En el quinquenio 1890-1894, con elecciones relativamente honestas, la concurrencia a los comicios aumentó significativamente, y la oposición logró triunfos parciales en los distritos más desarrollados del país (Capital Federal, Buenos Aires y distritos cerealistas de Santa Fe). Pero aun estos distritos revelaron una gran paridad de fuerzas entre las principales agrupaciones políticas, a la par que una homogeneidad muy llamativa en el apoyo social de los mismos. Sólo después de la sanción de la ley Sáenz Peña, en 1912, comenzarán a surgir diferencias entre el electorado de los distintos partidos.

Tampoco existían diferencias significativas entre los dirigentes de los partidos, como se ha sugerido ya al analizar al grupo gobernante. No las había, desde luego, con la UCN, viejo partido tradicional porteño. La UCR de la primera época se había formado con gentes de conocida militancia en los partidos tradicionales, y sus dirigentes eran, en consecuencia, similares a los de las otras dos agrupaciones. Había permitido, sí, el retorno a la política de individuos que, por distintas razones, se encontraban marginados de la vida pública. Hacia 1912 este panorama se había modificado algo, pero las diferencias seguían siendo menores. Federico Pinedo recordaba tiempo después esas diferencias, señalando que:

> ... no puede decirse que había entre uno y otro partido, *especialmente hasta 1916*, una marcada diferencia pues hombres de los distintos partidos tenían el mismo concepto de la vida colectiva y parecidas concepciones en cuanto a la organización económica, pero había, y tal vez después se ha acentuado, cierta base social —de categoría si no de clase— en el antagonismo político.[28]

---

28. Federico Pinedo, *En tiempos de la República*, Buenos Aires, 1946, I, p. 25.

La oposición, con pocas excepciones, no propuso programas muy distintos a los del oficialismo. Pocas fueron las diferencias en materia economicosocial. En rigor, y con la excepción de los socialistas en materia laboral, las reformas propuestas durante el periodo provinieron de las filas oficialistas. En ciertas áreas (política arancelaria y cambiaria), también fue el oficialismo el que adelantó las propuestas más heterodoxas. La oposición procuró siempre colocar el centro del debate en la espera político-constitucional, y se desinteresó de alguna manera por cualquier otra temática. Los mismos radicales eran conscientes de que el nombre del partido era quizá demasiado espectacular para la modestia de algunas de sus peticiones. Así, en 1891, el diario partidista *El Argentino* llegó a sostener que «... pedir ahora lo elemental en materia de libertad y garantías electorales es una intransigencia tan grande, y una temeridad tan impertinente, que ya no puede hacerse con la sencillez de los tiempos viejos. Para tan poca cosa es necesario titularse *radicales*».[29]

Las fuerzas opositoras reclamaron elecciones honestas, criticaron la concentración del poder y muchas veces dirigieron acerbas críticas contra una administración que les parecía excesivamente materialista y, en ocasiones, corrupta. Tampoco en el campo político institucional ofrecieron soluciones específicas. Las dos que hubo (en 1904 y 1919) partieron también de las filas oficialistas. Más bien, reclamaron el fiel cumplimiento de la Constitución, e impregnaron su prédica de un fuerte contenido moral. Esta es la impresión que deja la lectura de la conmovedora protesta del viejo Sarmiento ante la «soberbia» del poder y la indiferencia ciudadana («esta es una monarquía consentida»)[30] o los apasionados discursos de Alem denunciando la concentración del poder y protestando contra el cercenamiento de autonomías provinciales y de los derechos cívicos. Similar y aún más fuerte sensación emerge de los engorrosos escritos de Hipólito Irigoyen, con su tajante división del mundo en un «régimen» malo y una «causa» (la UCR) buena. No por más cautas y prudentes eran distintas las continuas exhortaciones de Bartolomé Mitre reclamando un retorno a prácticas republicanas más austeras. Hasta el sobrio líder socialista, Juan B. Justo, apuntaba en esa dirección con sus irónicas referencias a lo que despectivamente denominaba la «política criolla».

No era que la oposición estuviera completamente libre de los defectos (fraude, «caudillismo», etc.) que criticaba en el oficialismo. Tampoco que en sus filas estuviera ausente el personalismo. Las figuras de Mitre, Alem, Irigoyen y hasta del socialista Juan B. Justo cumplieron un papel muy similar en sus agrupaciones al jugado por Roca, Pellegrini o Roque Sáenz Peña en el oficialismo. Lo que, fundamentalmente, se cuestionaba era un estilo político implacablemente dirigido a la marginación de la oposición. Los vicios de la política argentina eran comunes a los de otros países por aquella época. Pero aun en esas condiciones (por ejemplo, España) era posible la alternancia en el poder de las fuerzas contrapuestas. En Argentina no sucedió así, salvo en las pocas ocasiones en que divisiones dentro del oficialismo lo obligaron a establecer coaliciones, inestables y efímeras, con los elementos más moderados de la oposición.

29. Citado en R. Etchepareborda, *Tres revoluciones*, Buenos Aires, 1968, p. 118.
30. *Epistolario Sarmiento-Posse*, Buenos Aires, 1946, II, p. 419.

Este estilo político tuvo su réplica en las formas de acción adoptadas por la oposición. La virulencia de la retórica opositora contrastaba nítidamente con la moderación de sus postulados programáticos. Los radicales llegaron a convertir a la «intransigencia», a la negativa cerrada a participar en cualquier clase de acuerdo o coalición política, en un dogma religioso. Más aún, la oposición recurrió a veces a la revuelta armada como única forma de acceder al poder. Para esto contó con el apoyo de unos pocos sectores dentro de las fuerzas armadas, que aún no habían olvidado las viejas prácticas. La más grave de todas fue la de julio de 1890 que forzó, dos meses después, la renuncia del presidente Juárez Celman, que fue reemplazado por el vicepresidente Carlos Pellegrini (1890-1892). Más tarde, en 1892-1893, hubo una serie de revueltas provinciales, especialmente en Buenos Aires y Santa Fe, donde los radicales ocuparon por breve tiempo las administraciones provinciales. El temperamento revolucionario de los radicales, su propensión casi mecánica a la revuelta armada, fue utilizado con suma habilidad por los grupos gobernantes, para ilustrar un futuro de caos y anarquía si alguna vez accedían al poder. Así se expresaba, por ejemplo, el diario oficialista *La Tribuna* en 1894: «... se va comprendiendo que el Partido Radical es incapaz de fundar un gobierno. Si su propio jefe fuera llevado al poder es posible que ... acabará por hacerse la revolución a sí mismo».[31]

La dialéctica establecida entre el exclusivismo programático del oficialismo y la rigidez moral de la oposición, consolidó un estilo político general caracterizado por su erraticidad. Así lo definía a comienzos de siglo uno de los grandes líderes del PAN, Carlos Pellegrini:

> Nuestra historia política de estos últimos quince años es, con ligeras variantes, la de los quince años anteriores; casi podría decirse la historia política suramericana; círculos que dominan y círculos que se rebelan, oposiciones y revoluciones, abusos y anarquía ... vivimos girando en un círculo de recriminaciones recíprocas y de males comunes. Los unos proclaman que mientras haya gobiernos personales y opresores ha de haber revoluciones; y los otros contestan que mientras haya revoluciones han de existir gobiernos de fuerza. Todos están en la verdad, o más bien todos están en el error.[32]

La preeminencia del personalismo también provocó divisiones dentro de las filas oficialistas. Dos fueron particularmente importantes. La primera fue el intento de Juárez Celman de despojar a Roca de la jefatura del PAN. Este intento, casi exitoso, se vio frustrado por la revolución de 1890 que favoreció a Roca y a Pellegrini. Los partidarios de Juárez Celman se reagruparon en el Partido Modernista y forzaron a Roca y Pellegrini a buscar el apoyo de los mitristas. El resultado fue la débil presidencia de Luis Sáenz Peña (1892-1894) que transcurrió entre inestables gabinetes de coalición y rebeliones armadas de los radicales. La renuncia de Sáenz Peña y su reemplazo por el vicepresidente Uriburu (1894-1898) y la derrota de los movimientos armados permitieron una nueva consolidación de Roca, que culminó con su elección a la presidencia por

31. *La Tribuna*, Buenos Aires, 18 de enero de 1894.
32. C. Pellegrini, *Obras*, Buenos Aires, 1941, IV, p. 419.

segunda vez (1898-1904). En 1901, sin embargo, Roca rompió relaciones con Carlos Pellegrini y se vio forzado a una nueva coalición que eligió como presidente a un ex mitrista como Quintana (1904-1906) y como vicepresidente a un modernista como Figueroa Alcorta (1906-1910) que con el apoyo de los disidentes del oficialismo y algunos pocos opositores destrozó la coalición política (especialmente en el interior) sobre la cual Roca había asentado 25 años de predominio político.

Roca cayó con el mismo instrumento con el que basó su predominio: el enorme poder de la oficina presidencial. Poder que surgía de dos fuentes: un legado histórico fuertemente personalista y una Constitución Nacional que había otorgado facultades muy fuertes al Ejecutivo nacional. A todo esto se le agregaba el terror al caos y la anarquía que había sido el legado de la difícil década de los setenta. Pocos como Roca y Pellegrini fueron tan explícitos acerca de la terrible tensión que se manifestaba entre la estabilidad y el orden y la libertad política. En ciertas ocasiones (1890), el equilibrio les parecía posible: «La revolución fue vencida materialmente y triunfó moralmente dando este resultado ideal: una revolución en que triunfan la autoridad y la opinión al mismo tiempo y no deja un gobierno de fuerza como los nacidos de una victoria».[33] El equilibrio era deseable, pero lo imperioso era cimentar la unión y la autoridad nacionales:

> ... defender ... dos cosas esenciales, siempre en peligro: el principio de autoridad y la unión nacional contra las fuerzas latentes, pero siempre en asedio de la rebelión, de la anarquía, de la disolución. Porque no conviene forjarse ilusiones sobre la solidez de nuestra organización, ni de la unidad nacional ... La anarquía no es planta que desaparezca en el espacio de medio siglo ni de un siglo, en sociedades mal cimentadas como las nuestras.[34]

EL OCASO DEL RÉGIMEN (1912-1916)

En 1916 la principal fuerza opositora, la Unión Cívica Radical, accedió al gobierno al imponerse en las elecciones presidenciales de ese año. El resultado electoral fue posibilitado porque en 1912 el Parlamento aprobó el proyecto de ley electoral enviado por el presidente Roque Sáenz Peña (1910-1914) que estableció el voto universal, secreto y obligatorio para los varones mayores de 18 años. El padrón electoral y el control del comicio pasaron a manos del ejército, que sustituía así a policías provinciales demasiado susceptibles a las presiones ejercidas por los gobernantes de turno.

El debate parlamentario de la llamada ley Sáenz Peña mostró a un oficialismo confiado y seguro del éxito electoral. Algunos legisladores señalaron, inclusive, que el sistema elegido (lista incompleta) posibilitaría a los partidarios del gobierno apoderarse de mayoría y minoría, dejando excluida a la oposición. Las

---

33. Citado por H. Zorraquín Beçú, «Presidencia de Juárez Celman», en R. Levillier, ed., *op. cit.*, IV, p. 3.077.
34. Citado de J. de Vedia, *Como los vi yo*, Buenos Aires, 1922, pp. 60 y ss.

elecciones de 1916 demostraron que el oficialismo era una importante fuerza electoral, pero las urnas consagraron presidente al líder de la UCR, Hipólito Yrigoyen. ¿Qué había sucedido?

La ley Sáenz Peña produjo una movilización política sin par en todo el país. La participación electoral se incrementó tres o cuatro veces en los comicios legislativos de 1912, 1913 y 1914 y estas cifras se elevaron nuevamente durante las elecciones presidenciales de 1916. Entre 1912 y 1914, los radicales obtuvieron algunas gobernaciones y los socialistas se impusieron en dos ocasiones (1913 y 1914) en la Capital Federal. Lo que la oposición no había logrado en un cuarto de siglo, lo consiguió la ley en unos pocos años.

El radicalismo, unido bajo una férrea candidatura, aprovechó rápidamente la situación. Comités radicales surgieron en todo el país y grupos de distinto origen se unieron a una fuerza política que parecería con posibilidad de éxito. Esos comités estaban organizados con criterios bastante modernos en las grandes ciudades y en algunos distritos cerealistas. En el resto del país, la organización era una réplica de la política de caudillos y favores que había caracterizado al régimen autonomista.

El ciclo electoral 1912-1916 dejó una geografía política con perfiles bien nítidos. Sólo los radicales y los dos partidos oficialistas (Demócrata Progresista y Conservador) demostraron poseer apoyos en todos los distritos del país. Los radicales triunfaron en las regiones más prósperas del país. En el litoral pampeano, se impusieron en la Capital Federal, Santa Fe, Córdoba y Entre Ríos. En esta región los votos radicales se concentraron en las ciudades y en los distritos rurales dedicados predominantemente a los cultivos de cereales. A pesar de no haber obtenido la mayoría lograron significativos aportes en las zonas ganaderas. En las ciudades, sus votos se agruparon principalmente en los barrios de clase media, aunque también obtuvieron votos en los distritos obreros y en las zonas residenciales. En el interior del país, los radicales se impusieron en las dos provincias más desarrolladas (Mendoza y Tucumán), y fueron derrotados, con la excepción de Santiago del Estero, en aquellas regiones que habían crecido menos durante todo el periodo. El electorado radical estaba, en consecuencia, centrado alrededor de los sectores intermedios (urbanos y rurales) de las zonas más avanzadas del país, pero con significativos apoyos en todas las regiones y entre todos los sectores sociales. Un resultado acorde con el ideario moderado, flexible y poco amigo de las definiciones ideológicas y programáticas, que caracterizó a la dirigencia del partido.

Los partidos oficialistas tuvieron sus mayores apoyos electorales en las provincias del interior y en las zonas ganaderas del litoral pampeano. En esta última región, sólo en la provincia de Buenos Aires la vieja estructura electoral conservadora compitió con éxito con los radicales. El carácter populista de algunos de sus caudillos les permitió triunfar incluso en algunas ciudades importantes como Avellaneda. La más notoria de las debilidades políticas de los conservadores fue la mala actuación electoral que realizaron en los distritos más avanzados del país, por ejemplo, la ciudad de Buenos Aires y la provincia de Santa Fe. Paradójicamente, el oficialismo sufrió derrotas más devastadoras en aquellas regiones que más se habían beneficiado con el *boom* económico iniciado en 1880. Entre oficialistas y radicales lograron más del 85 por 100 de los votos.

Terceros, a gran distancia, figuraban los socialistas, reducidos prácticamente al ámbito de la ciudad de Buenos Aires. En esta ciudad, la mayoría de sus votos estaba concentrada en los barrios obreros, donde tuvieron que enfrentar, sin embargo, una tenaz competencia radical. El carácter moderado de los socialistas les permitió compensar parte de la pérdida de votos obreros con importantes, aunque minoritarios, apoyos en los distritos de clase media. En el resto del país los socialistas lograron unos pocos votos en algunas ciudades, especialmente en aquellas donde existían importantes centros ferroviarios. En algunas ciudades grandes, como Rosario y Bahía Blanca, los obreros votaron por los radicales posiblemente a instancias de dirigentes gremiales de extracción sindicalista y anarquista. Los socialistas no obtuvieron votos en las zonas rurales, ni siquiera en aquellas donde, como en Tucumán, existía una importante industria azucarera.

El oficialismo había concurrido debilitado a los comicios de 1916. El enfrentamiento entre Roca y Pellegrini, y lo sucedido durante la presidencia antirroquista de Figueroa Alcorta, lo dejaron irremediablemente dividido. Los sectores liberales presentaron la candidatura de Lisandro de la Torre, líder de una agrupación de origen opositor, la Democracia Progresista. Esta candidatura fue resistida por los fuertes caudillos provinciales conservadores, encabezados por el más poderoso de ellos, el bonaerense Marcelino Ugarte. El resultado fue la concurrencia a las elecciones de 1916 con dos candidaturas, lo cual restó muchas posibilidades de triunfo.

La coalición política que gobernó al país durante 35 años estaba constituida por fuerzas provinciales muy heterogéneas, con fuertes tendencias centrífugas. Sólo la presencia de fuertes personalidades, especialmente la de Roca, las había mantenido unidas. Hacia 1916 habían fallecido Roca (1914) y sus principales opositores internos, Pellegrini (1906) y Sáenz Peña (1914). Este último fue reemplazado en la presidencia por Victorino de la Plaza (1914-1916), un experimentado político, pero sin las necesarias condiciones para tan ardua como compleja tarea. Quedaban atrás 35 años de relativa estabilidad política, de un ilimitado proceso de crecimiento económico y social, y, para el oficialismo, el consuelo de una transición política pacífica y honorable.

Capítulo 4

ARGENTINA EN 1914: LAS PAMPAS, EL INTERIOR, BUENOS AIRES

En vísperas del estallido de la primera guerra mundial, Argentina había disfrutado desde 1880 de casi 35 años de notable crecimiento económico, aparte de un quinquenio de depresión a principios del decenio de 1890. El impulso principal había sido exógeno: mano de obra extranjera, capital extranjero y mercados extranjeros favorables para las exportaciones argentinas. En 1914 alrededor de un tercio de la población argentina, que se cifraba en casi ocho millones de personas y que el Tercer Censo Nacional mostró que se había multiplicado por más de cuatro desde que en 1869 se hiciera el Primer Censo, había nacido en el extranjero; por lo menos otra cuarta parte se componía de descendientes de inmigrantes de las dos generaciones anteriores. Según estimaciones que más adelante hizo la Comisión Económica para América Latina de las Naciones Unidas (CEPAL), en 1914 las inversiones extranjeras (alrededor del 60 por 100 de ellas eran británicas), tanto públicas como privadas, representaban la mitad de las existencias de capital del país, iguales a dos años y medio del valor de la producción interior bruta. Desde 1900 las inversiones extranjeras habían aumentado en una tasa anual del 11,41 por 100. Los inversionistas británicos poseían alrededor del 80 por 100 del sistema ferroviario argentino, grandes extensiones de tierra, la mayor parte de los tranvías y de las empresas urbanas de servicios públicos y algunas de las plantas de preparación de carne y otras industrias cárnicas. Según la CEPAL, la tasa de crecimiento anual del sector rural, que ya era del 7 por 100 entre 1895 y 1908, había subido hasta alcanzar el 9 por 100 entre 1908 y 1914. El Lloyd's Bank de Londres, en el gran compendio que sobre Argentina publicó en 1911,[1] señalaba que, mientras que hasta 1903 aproximadamente el valor del comercio exterior en Argentina y Brasil era prácticamente igual, en 1909 el de Argentina había crecido en la mitad otra vez por encima de su principal rival en el subcontinente. En vísperas de la primera guerra mundial el comercio exterior per cápita en Argentina era casi seis veces la media del resto

1. Reginald Lloyd, ed., *Twentieth century impressions of Argentina*, Londres, 1911.

de América Latina. Su magnitud era superior a la del Canadá y ya representaba una cuarta parte de la norteamericana. El país había prosperado rápidamente hasta situarse entre los principales exportadores mundiales de cereales y carne. Era el mayor exportador de maíz y linaza. Ocupaba el segundo lugar en el caso de la lana y el tercero en el de ganado y caballos vivos. Aunque ocupaba sólo el sexto lugar en la producción de trigo, en su exportación seguía siendo el tercero y, en algunos años, el segundo. A pesar de la competencia de la industria ganadera, el aumento de la producción de trigo a partir de 1900 fue más rápido que en el Canadá.

Aparte de centros de distribución como Holanda y Bélgica, ningún país del mundo importaba más mercancía por habitante que Argentina. Las rentas per cápita podían compararse con las de Alemania y los Países Bajos y superaban las de España, Italia, Suecia y Suiza. Buenos Aires, la capital federal, con su millón y medio de habitantes, fue proclamada el «París de América del Sur». Después de crecer a razón de una media del 6,5 por 100 desde 1869, era, después de Nueva York, la segunda ciudad más populosa del litoral atlántico. Era, con mucho, la mayor ciudad de América Latina, pues de momento había dejado muy rezagadas a Río de Janeiro, Ciudad de México, Santiago y las demás.

De vez en cuando, la sensación de que a Argentina todavía le quedaba una distancia enorme por recorrer moderaba la euforia de los años anteriores a la primera guerra mundial. Los numerosos «enterados» europeos que visitaban el país y debatían con vehemencia sus progresos coincidían en que ya había superado su infancia; pero todavía no la adolescencia. Encarnada en aportaciones todavía mayores de mano de obra y capital, la madurez invitaba a seguir avanzando. Dotar a la República de una población nueva; construir en ella uno de los sistemas ferroviarios mayores del mundo; cercar las pampas y destinar 20 millones de hectáreas a cultivos; proporcionar a Buenos Aires y Rosario las instalaciones portuarias más avanzadas; introducir en estas ciudades y en otras, de Bahía Blanca a Salta, tranvías, gas, agua y electricidad: todo esto se había hecho y sin duda suponía un progreso considerable. Pero el país aún distaba de cumplir el destino que el general Roca y sus sucesores habían señalado constantemente desde 1880. Esta generación había visto en Argentina, no sólo el país delantero de América Latina, sino también el contrapeso de los Estados Unidos en las antípodas. Soñaba con una república de 100 millones de habitantes o más, completamente imbuida del mismo ritmo vibrante que su núcleo oriental.[2] Sin embargo, en 1914 una población de menos de ocho millones habitaba una masa de tierra que equivalía a la totalidad de la Europa continental situada entre el Báltico, el Mediterráneo y el estuario del Danubio. Y los efectos del cambio eran en su mayor parte solamente visibles en la capital y las pampas más próximas a ella. Más allá de este radio de 800 kilómetros, la mayor parte del interior permanecía sumida en un estado de atraso moribundo.

Las ambiciones de la generación pasada se basaban en la continuación indefinida del presente. Pero, vistas las cosas con objetividad, había ya muchas razones para dudar de que llegaran a cumplirse. Ya en 1913 una nueva depresión había puesto fin a la afluencia de inmigrantes y capital extranjero. Era la señal de que las condiciones estaban cambiando en el mundo exterior. En parte tam-

2. Cf. Carlos Pellegrini, en Alberto B. Martínez y Maurice Lewandowski, *The Argentine in the twentieth century*, Londres, 1911, p. xv.

bién sugerían que Argentina iba acercándose al punto de saturación de su capacidad de absorber recursos procedentes de fuera. Desde hacía ya algún tiempo la mejor tierra argentina se destinaba a la producción. Gran parte de la que quedaba ofrecería rendimientos mucho más exiguos tanto a los inversionistas como a los pioneros. Las probabilidades de que el antiguo interior siguiera el ejemplo de las pampas y se dedicara a la exportación no parecían mayores que en épocas anteriores. Lo máximo que cabía esperar era que el crecimiento de las pampas continuase ampliando el mercado nacional y con ello despertase lentamente a las regiones situadas más allá.

En 1914 no había aún ninguna posibilidad de sustituir la economía primaria basada en la exportación. A pesar del crecimiento reciente de las manufacturas —en 1913 la industria local ya proporcionaba un tercio de los productos alimentarios preparados, una octava parte de los metales y una sexta parte de los textiles—,[3] no había aún indicios concluyentes de que el país fuera a convertirse pronto en una potencia industrial con todas las de la ley. Las manufacturas nacionales dependían mucho del crecimiento de la demanda interior y de las rentas procedentes del sector de la exportación, así como de la afluencia de inversiones extranjeras. En ese momento, pese a la adopción general del vapor como fuente de energía, la mayor parte de las industrias eran simples talleres artesanales que empleaban poco capital o poca maquinaria. Los alimentos elaborados en el país, utilizando materias primas baratas y abundantes, eran de gran calidad. Poco sentido tenía ya importar cervezas y vinos de mesa, o harina y pastas italianas. Pero estas industrias también eran una consecuencia de los sectores rurales dedicados a la exportación, en vez de ser indicadores de todo punto convincentes de que se estaba formando una economía nueva. Las industrias del metal y de los textiles eran mucho menos firmes. Las plantas metalúrgicas del país trabajaban con materias primas importadas y, por consiguiente, dependían mucho de la baratura de los fletes oceánicos. La nueva industria textil de Buenos Aires también utilizaba una gran proporción de materia prima importada. La mayor parte de esta industria seguía funcionando mediante el sistema que consistía en encargar el trabajo a costureras que lo hacían en sus domicilios. A la sazón, la industria textil argentina estaba mucho menos desarrollada que la brasileña. En 1911 había en Argentina 9.000 husos y 1.200 telares, en comparación con el millón de husos y los 35.000 telares que se estima que había en Brasil.

En 1914 Argentina tenía pocos embriones de industrias pesadas o de bienes de capital nacionales. Sus reservas de carbón y de mineral de hierro eran relativamente escasas y se hallaban en regiones alejadas e inaccesibles, la mayoría de ellas en el remoto suroeste. Empezar a aprovecharlas requeriría nuevos y enormes gastos de capital. Poca parte de este capital llegaría del extranjero, a menos que el Estado y los inversionistas nacionales tomaran la iniciativa como hicieran medio siglo antes en el caso de los ferrocarriles. Aparte del azúcar, los vinos y la harina, los recientes experimentos de proteccionismo arancelario, moderados y tentativos, inducían a pensar que el país no tenía una capacidad natural que le permitiese reducir su dependencia de las importaciones. Los mercados eran limi-

3. Jorge Schvarzer, «Algunos rasgos del desarrollo industrial de Buenos Aires», en mimeógrafo, CISEA, Buenos Aires, 1979.

tados y ello reducía las posibilidades de adoptar tecnología avanzada y economías de escala entre los productores industriales. El mercado nacional era rico,
pero seguía siendo relativamente pequeño, mientras que los mercados exteriores
se hallaban dominados por los gigantes industriales del mundo. Era difícil ima-
ginar aquí las vinculaciones entre la industria y la agricultura que eran corrientes
en Estados Unidos. La sociedad argentina tampoco tenía muchas cosas en común con Alemania, Japón o la Gran Bretaña de comienzos del siglo xix. Los
elevados niveles de vida de su nueva clase media estaban edificados sobre una
afluencia fácil e indolora de productos importados del extranjero. No iba a ser
fácil que dicha clase soportara costes elevados y productos nacionales que durante un tiempo serían necesariamente experimentales. Había que preguntarse muy
en serio si Argentina disponía de las reservas de mano de obra que serían
necesarias para sostener una profundización importante y una diversificación de
su sector industrial. En la región de las pampas había algunas condiciones, quizá
análogas a las de la revolución agraria clásica, que empujaban a la población a
abandonar la tierra y las ciudades. Hasta cierto punto, el reciente crecimiento de
las manufacturas era una señal de ello. No obstante, esta fuente de mano de obra
era limitada y no había ninguna otra parecida, ni en otros lugares de Argentina
ni en los estados contiguos. Así pues, el crecimiento de la fuerza laboral urbana
dependía en gran medida del atractivo que tuviera el país para los emigrantes de
Europa. Pero si el intento de industrializarse llevaba a la compresión de los
salarios reales, como había ocurrido casi en todas partes excepto en los Estados
Unidos, probablemente Argentina se convertiría pronto en exportadora neta en
vez de importadora de mano de obra. Finalmente, remodelar la estructura política del país para dar cabida a un cambio de tamaña magnitud parecía una
empresa muy alejada de los límites de la posibilidad. Aunque había a veces
grandes diferencias de opinión sobre qué grado de participación formal debía
admitir el sistema, casi todos los sectores de la población coincidían en sus
preferencias por las instituciones liberales de entonces. A ellas se atribuía la
reciente transformación del país. Abandonarlas sería volver a la esterilidad de
los comienzos del siglo xix.

Así pues, en 1914 no parecía probable que el futuro inmediato de Argentina
fuera a ser muy distinto de su pasado más reciente. Sin embargo, ahora que ya
había terminado la expansión fácil en una frontera terrestre abierta, los ingresos
de la exportación, y con ellos en gran parte la capacidad de la economía de
seguir siendo próspera, se verían determinados de forma creciente por los precios
mundiales y las condiciones de la demanda en los países de la Europa occidental
que importaban carne, cereales y lana; Argentina ya no podía responder a la
depresión como en el decenio de 1870 y principios del de 1890, es decir, recurriendo sencillamente a incrementar la producción en tierra virgen. A causa de ello,
asomaba en el horizonte un periodo de crecimiento más modesto que el registrado hasta entonces.

LAS PAMPAS

En 1914 Argentina era un país de sorprendentes contrastes regionales. Tras
la reciente oleada de crecimiento, y con la excepción de su periferia más seca

(por ejemplo, partes de Córdoba y del territorio de La Pampa), o de las regiones menos accesibles (como Entre Ríos), la región de las pampas (la provincia de Buenos Aires, el sur de Santa Fe, el este de Córdoba, Entre Ríos, y el territorio de La Pampa) estaba ahora mucho más avanzada que el resto del país. La cubría una densa red de ferrocarriles. Sus estancias aparecían demarcadas claramente por medio de alambre de espinos y había en ella gran número de pequeñas poblaciones, molinos de viento, caseríos dispersos y abrevaderos. Según el economista y estadístico Alejandro E. Bunge, que escribió inmediatamente después de la primera guerra mundial, esta parte del país, incluyendo la ciudad de Buenos Aires, tenía más del 90 por 100 de los automóviles y los teléfonos que había en Argentina. También poseía no menos del 42 por 100 de los ferrocarriles de toda América Latina. En las pampas argentinas tenía su origen la mitad del comercio exterior del subcontinente y la misma región absorbía alrededor de tres cuartas partes de los gastos que en concepto de educación se hacían en toda América Latina.[4]

Durante las últimas dos generaciones habían surgido abundantes municipios en todas las pampas, la mayoría de ellos junto a las líneas del ferrocarril. En un principio, algunos de ellos eran minúsculas aldeas o las simples pulquerías de los tiempos de Rosas o Mitre. Otros, más allá de la antigua frontera, eran fruto de las empresas de colonización planificada que llevaran a cabo las compañías agrarias o ferroviarias. Sus funciones principales consistían en hacer las veces de estación terminal o mercado local. También eran centros de pequeñas operaciones crediticias y bancarias, o de modestos negocios de artesanía y comercio, muchos de los cuales cumplían estos cometidos como versiones en miniatura de Buenos Aires, un Buenos Aires sin salida al mar. Muchos habían crecido aproximadamente al mismo ritmo que el conjunto de la población, y, como mínimo, su tamaño se había multiplicado por dos desde 1890. En todos ellos había importantes núcleos de inmigrantes. Muchos daban la impresión de ser prósperos centros cívicos. Aunque la mayoría careciera de recursos para construir carreteras pavimentadas, alcantarillas modernas e instalaciones de energía, crearon sus propios periódicos, escuelas, hospitales y bibliotecas. En 1914 la mayoría de las poblaciones de las pampas seguían siendo de creación reciente y, de momento, ninguna era visiblemente grande. Azul, con una población de 40.000 almas en 1914, era el cuarto municipio en la provincia de Buenos Aires después de Avellaneda (suburbio industrial de la Capital Federal), La Plata (capital de la provincia) y Bahía Blanca (puerto principal de las pampas meridionales). En esta provincia, cuya extensión era igual que la de Francia y estaba bien dotada de recursos, de momento había sólo diez municipios cuya población superara las 12.000 personas. Aproximadamente el 50 por 100 de los demás centros urbanos dignos de consideración apenas eran algo más que poblados y, a pesar de sus vínculos ferroviarios con el estuario del Río de la Plata, subsistían como oasis dispersos y aislados entre las granjas y las estancias.

En esos y otros aspectos las pampas se parecían a las sociedades fronterizas

4. Alejandro E. Bunge, *La economía argentina*, 4 vols., Buenos Aires, 1928-1930, I, pp. 104-123.

de otros países que también se encontraban en las primeras etapas de desarrollo. Había, con todo, algunas diferencias que amenazaban con perjudicar la capacidad de crecimiento de las poblaciones, la capacidad de dejar de ser centros rudimentarios para convertirse en las ciudades grandes que sus primeros habitantes habían deseado, por lo menos algunas de ellas. Sucesivas épocas de prosperidad económica no habían logrado atraer a una población numerosa, permanente y dueña de propiedades, empujándola a abandonar las ciudades para instalarse en el campo. En muchas zonas, la población rural consistía únicamente en un reducido número de arrendatarios agrícolas, peones ganaderos o pastores y trabajadores estacionales. Donde predominaba el ganado bovino no había más de una o dos personas por kilómetro cuadrado. El cultivo del trigo mantenía por término medio a tres o cuatro personas. Generalmente las mayores densidades de población de las pampas estaban relacionadas con el cultivo del maíz; en este caso había hasta quince personas por kilómetro cuadrado. A partir de 1900 empezaron a utilizarse en las pampas máquinas agrícolas en número bastante grande y en 1914 esta clase de maquinaria ya representaba casi una cuarta parte de las existencias de capital en el sector rural. No obstante, la agricultura seguía dependiendo mucho del trabajo manual. En las épocas de recolección, la población de las pampas en conjunto aumentaba en unas 300.000 personas. En regiones como Santa Fe o Córdoba, que estaban relativamente cerca de los centros de población del interior, con frecuencia los recolectores eran migrantes estacionales que procedían de Santiago del Estero, Catamarca o San Juan. Sin embargo, muchos de los que acudieron a la provincia de Buenos Aires antes de la primera guerra mundial, y antes de la mecanización a gran escala de la agricultura en el decenio de 1920, eran inmigrantes europeos que normalmente volvían a sus países de origen después de la recolección. Estos inmigrantes, los llamados «golondrinas», eran una nueva encarnación del desarraigo que había caracterizado a la sociedad de las pampas desde el principio de la colonización española; en ellos renació una cualidad cuyo ejemplo en otros tiempos habían sido los antiguos gauchos. En una medida que parecía anómala en esta rica sociedad agraria, en muchas granjas y ciudades hallaba cobijo una población flotante de semiempleados. Estas condiciones eran un mal augurio para las nuevas poblaciones de las pampas. Una clase media rural más densa, más rica y con raíces más profundas, a diferencia de estos proletarios transitorios, hubiera fomentado un mercado más amplio para los servicios urbanos locales, a los que hubiese brindado mayores oportunidades de crecimiento y diversificación.

En el fondo, la situación reflejaba el sistema de tenencia de la tierra y la perduración de grandes haciendas entrado ya el siglo xx. En Argentina las haciendas habían aparecido en una serie de oleadas después de la independencia, a raíz de la apertura de la frontera, pese a la oposición de los indios, y de la distribución de tierra por parte del Estado. Después de 1850, la cría de ovejas, la depresión económica y, más adelante, la agricultura habían contribuido a reducir muchas de ellas. No obstante, a partir de 1860 la enorme revalorización de la tierra había mitigado esta tendencia, anulándola muchas veces. Cada periodo sucesivo de prosperidad económica hacía que la posesión de tierra, en la mayor cantidad posible, fuera una garantía infalible de seguridad personal y gran riqueza. Sin embargo, la misma inflación, unida a un sistema deficiente y a menudo injusto para la concesión de créditos destinados a hipotecas agrarias como las cédulas de papel de finales del decenio de 1880, que normalmente sólo servían para que los que ya tenían tierra comprasen más, había hecho que repetidas veces disminuyera el número de compradores en potencia. Sus principales víctimas fueron numerosos agricultores inmigrantes cuyos recursos de capital eran modestos o escasos. Aunque en 1914 los extranjeros ya constituían una gran mayoría entre los propietarios de empresas industriales, representaban sólo un tercio de los terratenientes.

Durante todo el siglo XIX una parte considerable de la opinión pública argentina se mostró hostil a las grandes estancias. Pedía su abolición y que se adoptara una política como la que se seguía en los Estados Unidos, basada en la casa de labor y las tierras adyacentes. Belgrano, Rivadavia, Alberdi, Sarmiento y Avellaneda fueron, cada uno a su modo, representantes de esta tradición. Habían previsto que el Estado organizaría planes de colonización a gran escala y concedería títulos de propiedad a los agricultores inmigrantes, pero no tenían el poder y el respaldo necesarios para hacer de ello una realidad. Argentina no era un país donde el ideal de Lincoln, es decir, recompensar a los desposeídos con «dieciséis hectáreas y una mula», hubiera disfrutado alguna vez de una probabilidad realista de cumplirse. Tampoco era totalmente análogo al Canadá, Australia o Nueva Zelanda, donde la presencia de un Estado colonial situado por encima de los intereses creados locales daba peso y autoridad a las pretensiones de los pequeños agricultores. Desde 1810 Argentina había estado dominada por una mezcla variable de terratenientes, comerciantes y bandadas de financieros y especuladores, todos ellos criollos. Desde principios del decenio de 1820 hasta bien entrado el de 1880 habían seguido una política agraria que favorecía la concentración al mismo tiempo que les proporcionaba a ellos mismos los mayores beneficios de la apertura de la frontera. Durante la generación inmediatamente anterior a 1914 semejante manipulación monopolística fue menos frecuente que antes. Sin embargo, en el intervalo la acción recíproca de las fuerzas del mercado no había conseguido dispersar por completo el mal del pasado. Según los datos que aparecen en el censo de 1914, explicados por Carlos Díaz Alejandro, las granjas más pequeñas de las pampas (es decir, de entre 500 y 1.000 hectáreas) representaban sólo el 23,5 por 100 del total de la región. Las de 1.000 hectáreas y más ocupaban el 61 por 100. Las mayores 584 propiedades de las pampas ocupaban casi una quinta parte de la extensión total.[5] La propiedad de la tierra estaba menos concentrada en las pampas que en la mayor parte del resto del país. El tamaño medio de las propiedades agrarias en Argentina era de 360 hectáreas. En Nueva Gales del Sur, era de 70 hectáreas; en Estados Unidos, 52 (y, en comparación, sólo 25 en Inglaterra y Gales).

En muchas zonas de la América y la Australasia anglófonas, el ganado vacuno y las ovejas habían acabado cediendo gran parte de la tierra a la agricultura en pequeña escala, causando con ello cambios importantes en la tenencia de la tierra y una mayor densidad de la colonización de la misma. En 1900 había aún gente que esperaba que Argentina siguiera un camino parecido, gente que

5. Carlos F. Díaz Alejandro, *Essays on the economic history of the Argentine Republic*, New Haven, 1970, pp. 152-162.

creía que también en Argentina la agricultura de clima templado acabaría cumpliendo su propensión a construir una sociedad firme basada en la familia y formada por pequeños propietarios agrícolas independientes. Hubo indicios dispersos de que así ocurría durante el decenio de 1890. Pero en 1900 empezaron a aparecer plantas dedicadas a la preparación de carne, que al principio eran de propiedad británica y luego norteamericana. Alentadas por la demanda de carne vacuna, y ayudadas por la política de concesión de préstamos de los bancos de Buenos Aires, las clases hacendadas volvieron a dedicarse a la cría de ganado e invirtieron mucho en la importación de animales. Cesaron en gran parte las ventas de tierra que antes contribuían a la subdivisión. La ganadería estimuló el uso más extensivo de la tierra y dio ímpetus renovados a las grandes estancias. El ganado representaba también la oportunidad de ahorrar mano de obra en unos momentos en que los costes salariales del sector rural tendían a aumentar. A comienzos del decenio de 1890 el elevado precio del oro había creado una gran disparidad entre los salarios que se pagaban en pesos depreciados y las ganancias de la exportación que se pagaban en oro. En aquel momento, el principal efecto que ello surtió fue el de estimular la agricultura. Pero desde entonces la gran revalorización del peso había causado un incremento del precio relativo de la mano de obra agrícola. Sin embargo, el resurgimiento de la ganadería no tuvo repercusiones inmediatas en la producción del sector agrícola, que continuó aumentando. Primero tomó la tierra de las ovejas. La cría de ovejas se vio expulsada de las pampas y tuvo que dirigirse hacia la Patagonia. El número de ovejas de la provincia de Buenos Aires descendió de alrededor de 56 millones en 1895 a sólo 18 millones en 1915. Con todo, había ahora una yuxtaposición y una entremezcla mucho mayores entre el pastoreo y la agricultura en las grandes estancias. La adopción general de la rotación, en virtud de la cual los cereales o la linaza alternaban con la alfalfa y el ganado, era señal de que la agricultura había perdido su anterior primacía en la economía rural y ahora se hallaba subordinada a la cría de ganado.

La mayor parte de la agricultura en las pampas seguía un sistema de arrendamiento o de aparcería. En 1916 sólo el 31 por 100 de las granjas cerealistas eran cultivadas por sus propietarios. En muchos casos los propios agricultores —muchos de ellos italianos— eran favorables a este sistema, ya que les evitaba tener que efectuar gravosas inversiones para explotar sus propiedades. Por otra parte, la condición de arrendatario o aparcero no era necesariamente un obstáculo a la prosperidad. Pero, en conjunto, las instituciones de arrendamiento y las repetidas inclemencias de la naturaleza —sequías, inundaciones o plagas de langosta— impidieron que la agricultura llegase alguna vez a ser una forma sencilla de prosperar. Años de precios excepcionalmente buenos eran seguidos de cerca por la subida de los arrendamientos o las tarifas de carga. Los cambios que hubo en el sistema bancario después de la crisis de Baring en 1890 poco hicieron por facilitar la provisión de créditos adecuados para los agricultores, ya fueran para adquirir tierra o para financiar la producción. Muchos quedaron endeudados crónicamente con los terratenientes, con los comerciantes rurales o con las grandes compañías exportadoras de cereales que había en Buenos Aires, tales como Bunge y Born, Weil Brothers y Dreyfus and Co. Estos grandes oligopolios también llevaban ventaja cuando se trataba de fijar los precios que debían pagarse a los productores. Hasta la huelga rural de 1912, el Grito de Alcorta, muchos arrendatarios no tenían ni tan sólo la protección de un contrato por escrito y dependían mucho de la buena voluntad paternalista de los terratenientes. Al adoptarse la rotación agrícola, los arrendatarios se mostraron mucho menos dispuestos a efectuar mejoras, siquiera mínimas, en sus tierras. Resultado de ello fue que las toscas cabañas y casas que eran relativamente comunes antes de 1900, más adelante, al adoptarse la rotación, dieron paso a viviendas de calidad muy inferior, que a menudo no eran más que chozas provisionales. Estos fueron los resultados de «sembrar con gringos».

El fruto final de todo ello fue una sociedad rural *sui generis*. Fuera de las estancias ganaderas tradicionales, que iban disminuyendo, pocos miembros de dicha sociedad se parecían al arquetipo de campesino ligado y oprimido que se daba en el resto de América Latina, el campesino que gruñía bajo el peso de anticuadas obligaciones señoriales. Muchos eran auténticos pioneros dotados de la misma mentalidad adquisitiva y enérgica que sus hermanos de otros países. Sin embargo, en medio de todo esto se encontraba el legado de los primeros tiempos del siglo XIX, visible en la perduración de numerosos latifundios, en una distribución con frecuencia desigual de la riqueza y la renta, y en una población flotante relativamente numerosa. En la mayor parte de las pampas había muchas menos granjas familiares que en las comunidades fronterizas de habla inglesa en otros países. Durante las últimas dos generaciones se habían abierto las pampas para que en ellas entrara el capitalismo con toda su fuerza. Muchas granjas y estancias funcionaban como empresas de suma eficiencia. En cambio, el sistema de tenencia de la tierra, especialmente tal como estaba desarrollándose ahora, es decir, con la ganadería en la vanguardia, imponía límites a la capacidad que tenía la tierra de absorber y mantener a la población.

El interior

Aunque para algunos la vida en las pampas tuviera inconvenientes, las oportunidades que brindaba solían ser infinitamente mayores que en el resto del país fuera de Buenos Aires. Una excepción era el valle del Río Negro, que era fácil de regar. Después de su colonización por compañías agrarias nacionales y extranjeras, entre ellas una subsidiaria de la Buenos Aires Great Southern Railway, el valle empezó a convertirse en una próspera región de clase media que se dedicaba a cultivar fruta y enviaba sus productos a la ciudad de Buenos Aires. También el territorio de Chubut era prometedor: en 1907, durante un intento de aprovechar las aguas artesianas del lugar, se descubrieron ricos yacimientos de petróleo en la zona que a partir de entonces se llamó Comodoro Rivadavia. Se hicieron luego más descubrimientos en Neuquén, al suroeste de Río Negro, en Plaza Huincul. Pero más allá de estos enclaves y de las esforzadas comunidades agrícolas galesas también en Chubut, la vasta región de la Patagonia, en el sur, permanecía subdesarrollada. Hasta el momento prácticamente seguía siendo el paraíso de los naturalistas que Charles Darwin encontrara durante el viaje del *Beagle* unos 80 años antes. La gran meseta árida y barrida por el viento no contenía nada más que inmensas estancias dedicadas a la cría de ovejas, muchas de las cuales tenían la extensión de un principado europeo. En parte, estas inmensas concentraciones de tierra demostraban que, por término medio, los pastos de la Patagonia sólo tenían la décima parte de la capacidad de la provincia de Buenos Aires para la cría de ovejas. Ello se debía también al modo en que el gobierno nacional había despilfarrado las tierras que el general Roca conquistara en la campaña de 1879. En 1885 se habían repartido entre cuatro y cinco millones de hectáreas entre 541 oficiales y soldados de la expedición de conquista. La llegada de las ovejas poco después apenas causó un poco de actividad en la región; a partir de 1900 el comercio lanero de Argentina empezó a dar muestras de estancamiento al perder su anterior puesto de líder del comercio de exportación. En 1914 la población humana de la Patagonia, territorio que representaba alrededor de un tercio de la extensión del país, era sólo de 80.000 personas, lo que equivalía al 1 por 100 del total, y gran parte de ella se encontraba en la región de Río Negro. Los colonizadores nacidos en Argentina eran relativamente escasos. La mayoría de ellos eran sencillos pastores a los que el resurgir de la ganadería vacuna había obligado a irse de la provincia de Buenos Aires con sus rebaños, reducidas guarniciones militares y navales en la costa del Atlántico y algunos desmoralizados funcionarios del gobierno. Muchos terratenientes de la Patagonia eran británicos, como lo eran también numerosos agricultores del valle del Río Negro. Había también en la región una fuerte influencia chilena. El hambre de tierra al otro lado de la cordillera había empujado a gran número de campesinos a desandar el camino que recorrieran los guerreros araucanos e instalarse en la Patagonia argentina. En Bolivia y Perú, 30 años antes, una emigración parecida de chilenos había provocado una guerra y la anexión de tierra por parte de Chile. Debido a ello, las autoridades argentinas miraban a los chilenos con cierta suspicacia. De vez en cuando, la Patagonia, especialmente la región del estrecho de Magallanes, era el teatro de disputas fronterizas entre los dos países.

En el otro extremo del país, el noreste era una región de mayor variedad topográfica y económica que la Patagonia, pero apenas más desarrollada. Los buenos tiempos de Entre Ríos habían terminado tras la muerte de su gran caudillo Justo José de Urquiza y la represión de la revuelta de López Jordán en el decenio de 1870. Entre Ríos estaba ahora comunicado por ferrocarril con los puertos del río Paraná. Sin embargo, aparte de algunas colonias agrícolas bastante pequeñas, a menudo judías, seguía siendo una región ganadera periférica que utilizaba rebaños criollos no mejorados para producir cueros o tasajo y carne salada. La mayor parte de Corrientes, más hacia el norte, presentaba un aspecto parecido, aunque había un poco de agricultura campesina guaraní como la que existía al otro lado de la frontera, en Paraguay. En 1914 unas 10.000 hectáreas de Corrientes se dedicaban al cultivo de tabaco, principalmente a cargo de pequeños propietarios campesinos, si bien el comercio del tabaco con Buenos Aires todavía era insignificante. Había síntomas más acentuados de progreso en Misiones, que había permanecido desierta durante más de cien años después de la expulsión de los jesuitas en 1767. Como el valle de Río Negro, Misiones había empezado a atraer capital y mano de obra a finales del siglo XIX y comienzos del XX. Colonizadores europeos, en especial alemanes y polacos, iban penetrando en la región y cultivando los claros de los bosques, como otros iguales a ellos hacían en Brasil. De modo parecido, la región del Chaco, en el este, sobre todo alrededor de la ciudad de Resistencia, se estaba convirtiendo en un pequeño centro de producción algodonera.

Aunque durante este periodo las fuentes nacionales satisfacían sólo una quinta parte del consumo total del país, el principal producto de salida fácil que se obtenía en el noreste era la yerba mate. El contraste entre la agricultura en las pampas y las condiciones en las plantaciones de yerba mate no hubiera podido ser mayor. Al llegar a este rincón aislado de la República, el viajero tenía inmediatamente la sensación de haber retrocedido al siglo XVIII. La producción de yerba mate en Argentina había ascendido en su mayor parte en años recientes, principalmente en Misiones y en algunos puntos de Corrientes y los bordes orientales del Chaco, frente a la fuerte competencia de los proveedores paraguayos y brasileños. Los productores del otro lado de la frontera dependían de la mano de obra semiforzada. Los argentinos, tanto los productores grandes como los pequeños, se veían obligados por lo tanto a seguir el ejemplo de sus competidores. Las tasas de salario mensuales de los trabajadores estacionales, los llamados «mensúes», a menudo no llegaban a un tercio de los que percibían los trabajadores sin especialización empleados durante todo el año en Buenos Aires. La reducida fuerza laboral permanente se encontraba virtualmente prisionera en las plantaciones. Con frecuencia se encontraban bajo la tutela de los capataces y agobiados por las deudas contraídas con el economato de la empresa, en condiciones externas que a la mayoría de los observadores les costaba distinguir de la esclavitud.

Otra industria del noreste, en la parte septentrional de Santiago del Estero, Santa Fe, zonas de Corrientes y el Chaco, era la extracción de la madera dura del quebracho. Los bosques de quebracho fueron diezmados con temeraria energía durante todo el periodo, principalmente por consorcios británicos. Sólo se hicieron intentos simbólicos de repoblación forestal. Grandes extensiones quedaron devastadas, tierras yermas cubiertas de polvo o maleza. La madera de los bosques del noroeste se usaba sobre todo para las traviesas de los ferrocarriles, y la del este, por su contenido en tanino, que se enviaba a granel a Europa para el tratamiento del cuero. Durante la primera guerra mundial, el quebracho también se usó mucho como sustituto del carbón en los ferrocarriles. En aquel tiempo la industria adquirió cierta mala fama por su proceder en el plano laboral. Sin embargo, en tiempos normales un sistema salarial libre bastaba para encontrar mano de obra entre los guaraníes de Corrientes, algunos indios del Chaco o entre los trabajadores de Santiago del Estero, que a menudo alternaban el trabajo en la industria del quebracho con la recolección del trigo en Santa Fe o Córdoba.

Fuera de las llanuras mesopotámicas de Corrientes y Entre Ríos, la región que más se les parecía por su carácter se encontraba al oeste de Buenos Aires, en Cuyo, especialmente la provincia de Mendoza. Durante la última generación se había convertido en una zona floreciente donde tanto la producción como la población crecían a un ritmo sensiblemente más rápido que en el resto del interior. En el centro de la economía de Cuyo estaba la viticultura. Con la protección arancelaria que recibieron en el decenio de 1880, los vinos locales conquistaron una posición segura en el mercado de Buenos Aires. Entre 1895 y 1910 la zona dedicada al cultivo de la vid en Cuyo se multiplicó por cinco hasta cifrarse en 120.000 hectáreas. En 1914 la producción anual de vino se acercaba ya a los cuatro millones de litros y la producción vinatera de Argentina superaba la de Chile y era el doble de la californiana. Los viñedos iban extendiéndose rápidamente más allá de Mendoza y penetraban en San Juan, así como en pequeñas bolsas de Catamarca y La Rioja. La industria vinatera de este periodo fue creada en gran parte por inmigrantes, por franceses e italianos que poseían el capital y los conocimientos necesarios para organizarla de forma eficiente; Mendoza era casi la única región fuera de las pampas que continuaba atrayendo a gran número de europeos. En Mendoza, empero, la difusión de la viticultura fue acompañada de una subdivisión de la tierra mayor que en las pampas. Las pequeñas propiedades sustituyeron en gran parte a las antiguas estancias ganaderas que a través de los Andes comerciaban con Chile. La prosperidad basada en la tierra se reflejaba en el aire de bienestar y expansión que se advertía en la ciudad de Mendoza. En 1914 contaba ya 59.000 habitantes. La cifra representaba cuatro veces la correspondiente a capitales provinciales de tamaño medio del interior, tales como Santiago del Estero o Salta, y diez veces la de las más pobres, La Rioja y Catamarca. Tanto Mendoza como San Juan se estaban transformando en provincias de gran vitalidad política. Detrás de ello se encontraban los cambios sufridos por la tenencia de la tierra durante la transición de la ganadería a la viticultura, la apropiación de tierras por parte de grupos rivales de especuladores, las intensas luchas por los derechos de aguas y las disputas en torno a las condiciones de crédito cuando los bancos de Buenos Aires impusieron su dominio financiero a la industria. Aunque la pauta de tenencia de la tierra en Mendoza favorecía a los pequeños propietarios, había un grado bastante alto de concentración en la industria del vino. Las discusiones por los precios que pagaban a los cultivadores las bodegas que trataban la uva se convirtieron en otra fuente de conflictos endémicos. En 1914 ambas provincias ya eran centros de un floreciente populismo local en el que había un trasfondo de hostilidad neofederalista dirigida contra Buenos Aires.

El segundo centro de crecimiento en el viejo interior era Tucumán. Aprovechando las oportunidades que brindaban su clima húmedo, la llegada del ferrocarril en 1876 y los generosos privilegios arancelarios que le concedió el gobierno nacional, Tucumán había emprendido de lleno la producción de caña de azúcar. En los primeros años del siglo XX subsistían algunas actividades tradicionales, por ejemplo la industria de los curtidos, pero se veían muy eclipsadas por las plantaciones de caña de azúcar, que ocupaban cuatro quintas partes de las zonas cultivadas de la provincia. La etapa más importante del crecimiento de la industria azucarera en Tucumán fueron los años comprendidos entre 1890 y 1895. Durante este periodo las anteriores ventajas del proteccionismo arancelario quedaron muy reforzadas por el efecto negativo que para las importaciones tuvo la elevada prima del oro. Al llegar a este punto, la producción se multiplicó por diez. El crecimiento fue seguido de un exceso de producción en 1896 y de una crisis que duró cinco años y en la cual muchas refinerías pequeñas tuvieron que cerrar. Entre 1900 y 1914 la producción volvió a triplicarse, mientras que el azúcar importado representaba una proporción decreciente del consumo total. Entre 1897 y 1903 las subvenciones del gobierno permitieron efectuar pequeñas exportaciones de caña de azúcar desde Tucumán, aunque esta breve fase terminó bruscamente cuando en Europa se acordó no aceptar más azúcar subvencionado de esta manera. El azúcar de Tucumán avanzó aproximadamente al mismo ritmo que la viticultura en Mendoza y en 1914 ocupaba una extensión de tierra equiparable. En el decenio de 1920 los campos de caña de azúcar se desviaron hacia el norte y penetraron en Salta y Jujuy. Antes de esta dispersión hacia el norte, era frecuente que las variaciones climáticas de Tucumán produjeran grandes oscilaciones en la producción anual. Los distribuidores del país aprendieron a manipular el abastecimiento para aumentar sus beneficios al mismo tiempo que minimizaban el recurso a las importaciones. Fue una de las varias razones que dieron mala fama a la industria azucarera entre los consumidores bonaerenses.

Al igual que otras muchas actividades agrícolas semitropicales en América Latina, la industria azucarera era una mezcla variopinta de modernos elementos capitalistas y otros que procedían de un pasado anterior al capitalismo. Con las excepciones del quebracho, la fruta y la cría de ovejas, y, de forma distinta, la viticultura, la producción de azúcar era la única actividad de cierta importancia fuera de las pampas que atraía capital extranjero. Muchas de las refinerías o ingenios de azúcar estaban organizados como sociedades anónimas con accionistas extranjeros y empleaban maquinaria importada, generalmente británica. La producción de caña en Tucumán también estaba a cargo de pequeños propietarios. Sin embargo, se trataba de minifundistas mestizos, lo que era muy distinto de los viticultores de Mendoza. El 80 por 100 de los agricultores de Tucumán trabajaban siete u ocho hectáreas, y era frecuente que los demás no llegaran a esas cifras. Mientras tanto, los ingenios llevaban mucho tiempo bajo el control de una oligarquía al parecer impenetrable, capaz de dictar los precios tanto a los productores como a los consumidores, y supuestamente poseedora de una riqueza extraordinaria que era fruto de la protección de que gozaba en el mercado nacional.

Las relaciones laborales en la industria azucarera de Tucumán presentaban rasgos parecidos a los que podían observarse en la región productora de yerba mate en el noreste. En los decenios de 1880 y 1890 se intentó crear una fuerza laboral compuesta por inmigrantes europeos. Pero llegaron a Buenos Aires noticias horrorosas sobre las condiciones que existían en Tucumán y esta fuente de mano de obra se evaporó rápidamente. Entonces se sustituyó a los inmigrantes con indios primitivos que los contratistas de mano de obra traían consigo al volver de sus correrías por el Chaco, así como con campesinos mestizos del sur de Catamarca, La Rioja y Santiago del Estero. Con frecuencia los engatusaban para que contrajeran deudas y luego los conducían en tren y en carro a Tucumán. Mientras duraba la recolección, estas personas ingenuas y sin recursos permanecían acampadas en la tierra, a menudo en condiciones extremas y deplorables.

Muchas personas de Buenos Aires y del extranjero consideraban la industria azucarera como el símbolo de la infamia de las plantaciones y el capitalismo. Hasta el Lloyd's Bank, que procuraba dar una visión lo más agradable posible de los asuntos de la República, dijo que la industria del azúcar era «un baldón» para el país.

Mientras los ricos terratenientes y los grandes patronos, la mayoría de estos últimos de nacionalidad extranjera, cosechan beneficios cada vez más cuantiosos, se permite que los que hacen con gran esfuerzo el trabajo que produce tales beneficios vivan en condiciones que no están de acuerdo con los niveles de existencia más bajos. El país que permite que el grueso de su población se encuentre sumido en condiciones de servidumbre generalizada debe sufrir inevitablemente de la falta de esa virilidad que es necesaria para continuar avanzando por una senda ascendente.[6]

En comparación con Mendoza o Tucumán, el resto del interior languidecía en el estancamiento y el atraso. Los ferrocarriles construidos por el gobierno nacional, que ahora comunicaban todas las capitales provinciales con Buenos Aires, no lograron fomentar cambios como los que se hicieron en otras partes. Más allá del radio inmediato atendido por los ferrocarriles, las mercancías continuaban transportándose en carros de bueyes o mulas. En 1914 seguía sin cumplirse el sueño secular de que partes de la región próxima a la cordillera se convertirían en centros mineros. Muchas regiones seguían prácticamente igual que en los tiempos del virreinato del Río de la Plata, en las postrimerías del siglo XVIII. Las estancias tradicionales dominaban y a veces coexistían con minifundios y entre los dos reproducían las clásicas polaridades sociales de la América andina. Las comunidades campesinas seguían sujetas al pago de tributos señoriales. Las industrias campesinas sufrían a causa de la competencia incesante de las importaciones y de su propio atraso tecnológico. Con la excepción de grupos reducidos de pequeños comerciantes, muchos de ellos levantinos, había en la zona poca población nueva. Sus ciudades seguían siendo pequeñas y su aspecto ruinoso y oprimido reflejaba la indigencia de su entorno. Las administraciones y la educación provinciales necesitaban subsidios de Buenos Aires casi constantemente. En medio de todo esto se producían brotes periódicos de agitación política. Eran frecuentes los golpes locales entre facciones de terratenientes enfrentados, cada una de ellas luchando por monopolizar los míseros presupuestos provinciales. Sin embargo, en otros sentidos la política había cambiado durante las últimas dos generaciones. Se habían suprimido por completo las revueltas violentas contra Buenos Aires, tan frecuentes entre los antiguos federalistas antes de 1870. También habían desaparecido las insurrecciones de campesinos o de gauchos como las que estallaban en tiempos de «El Chaco» Peñaloza o Felipe Varela. Pocos conflictos políticos parecían tener ahora sus raíces en antagonismos sociales o regionales. Gran parte de la sociedad daba la impresión de ir tirando, sumida en un equilibrio hecho de ignorancia satisfecha y estrechez de miras.

El grueso de la población del interior sufría los azotes de la neumonía bronquial, la tuberculosis y diversas dolencias gástricas. La tasa de mortalidad infantil doblaba y a menudo triplicaba la de Buenos Aires. Los índices de analfabetismo se aproximaban al 50 por 100. El interior estaba también relativamente desierto, menos que la Patagonia, pero más que las pampas. En 1910 se calculó que sólo se cultivaba el 1 por 100 del total de tierra. En las partes más

6. Lloyd, *Twentieth century impressions*, p. 346.

atrasadas, La Rioja y Catamarca, la distribución del precioso abastecimiento de agua procedente de los riachuelos y los ríos que bajaban de las montañas se hacía de acuerdo con los mismos ritos anticuados del siglo XVIII. Al finalizar el siglo XIX, se produjo una reactivación temporal del antiguo comercio de ganado y mulas con Chile y Bolivia. En el caso de Chile este comercio se vio favorecido por el crecimiento de la minería y la explotación de los campos de nitratos de la costa del Pacífico. En el de Bolivia, acompañó al resurgimiento de la ruta de Salta al Río de la Plata que fue resultado de la pérdida por Bolivia de su acceso al Pacífico en la guerra con Chile a comienzos del decenio de 1880. Durante un tiempo esta circunstancia reavivó la prosperidad de los llaneros de La Rioja y Catamarca, así como la importancia de Salta como centro de comercio. Sin embargo, en 1914 este comercio ya casi había desaparecido o se había desviado hacia Mendoza y Tucumán. Aunque iban entrando así en la órbita de los nuevos centros de crecimiento, las provincias de menor importancia siguieron inmersas en un estado de semiautarquía no especializada. Santiago del Estero, cuya creciente población hacía de ella la fuente principal de migrantes internos de entonces, tenía en 1914 una economía agropecuaria tan mixta como 150 años antes. La agricultura en terrenos de aluvión a orillas del río Dulce permitía producir azúcar, vino, algodón y tabaco; seguían criándose mulas para exportarlas a Bolivia. Sin embargo, todo esto se hacía a escala muy pequeña y la rapidez del desarrollo se veía limitada ahora, igual que en siglos anteriores, por la gran salinidad del terreno. Hasta el advenimiento del azúcar en escala importante en los decenios de 1920 y 1930, Jujuy, en el noroeste extremo, tuvo solamente contactos mínimos con los mercados del sur. El comercio se hallaba limitado en gran parte a las comunidades indias que existían aún, las cuales cambiaban lana de alpaca y de llama por sal y coca bolivianas de un lado a otro de una frontera apenas reconocida todavía. En algunas zonas se había producido un retroceso. Casi todas las antiguas minas de plata de La Rioja, en el oeste, estaban cerradas, y a veces se había olvidado incluso su situación, todo ello debido al descenso de los precios mundiales de la plata a finales del siglo XIX. En todas partes, las fuerzas de la tradición eran superiores a las del cambio. Hasta la ciudad de Córdoba, que había atraído a gran número de inmigrantes europeos, cuyos *hinterlands* oriental y meridional se hallaban integrados ahora en la economía de las pampas y que se enorgullecía de poseer una importante industria de fabricación de botas y zapatos, se negaba obstinadamente a cruzar el umbral del siglo XX. La ciudad y su provincia seguían gobernadas por una invariable oligarquía de familias locales. La vida social y política giraba en torno a la universidad, institución donde imperaban el conservadurismo, el escolasticismo y el clericalismo.

BUENOS AIRES

Al estallar la primera guerra mundial, ningún lugar de las provincias podía emular a Buenos Aires, ni siquiera otros centros de intensa vida comercial como Rosario y Bahía Blanca. En muchos aspectos la ciudad seguía siendo, como dijera Sarmiento, una avanzada solitaria de la civilización europea situada en el límite exterior de las regiones vastas, poco pobladas o atrasadas que estaban más allá de ella. Era también un gran vórtice al que afluía gran parte de la riqueza de la nueva economía exportadora. Buenos Aires dominó su extenso *hinterland* primero por medio de su posición estratégica en las intersecciones del comercio internacional. Dominaba el sistema de ferrocarriles que se extendía en forma de abanico desde el estuario del Río de la Plata hasta el interior pasando por las pampas. Aunque hacia 1900 perdió terreno ante Rosario y Bahía Blanca en lo que se refiere a la exportación, y, a partir de entonces fue más importante en el comercio de la carne que en el de cereales, conservó su tradicional y lucrativo monopolio de la distribución de las importaciones. Más que en cualquier periodo anterior de su historia, era el emporio de la banca y las finanzas. También se benefició de la subsistencia de las grandes estancias de las pampas; la riqueza que hubiera podido permanecer en la economía agraria se usaba en parte para costear los grandes palacios de estuco que los terratenientes, los banqueros y los comerciantes habían empezado a construir a partir de comienzos del decenio de 1880. La ciudad era también el centro del gobierno, del gasto público y del empleo estatal. Después de la ley de federalización de 1880 cabe que disminuyera levemente su anterior participación en los ingresos obtenidos del comercio, pero los recursos totales que reunía se multiplicaron con el crecimiento del comercio, y se repartían entre sus elites y sus falanges de funcionarios, trabajadores de la construcción y fabricantes. Desde hacía casi 30 años Buenos Aires estaba dotada de modernas instalaciones portuarias. Los viajeros que llegaban por mar ya no tenían que embarcar en botecillos que los transportaban desde el barco hasta tierra. Sus grandes estaciones ferroviarias en el barrio de Constitución o en Retiro eran copias casi exactas de las de Londres o Liverpool. Con sus redes de tranvías y metro, su moderno alcantarillado y sus igualmente modernas instalaciones de agua, gas y electricidad, sus sólidos e imponentes bloques de oficinas en el centro, sus espaciosas avenidas bordeadas de jacarandáes y pavimentadas a veces con granito sueco, era una ciudad tan bien dotada como casi cualquiera de las que existían entonces en el mundo. En 1914 las tres cuartas partes de los niños bonaerenses iban a la escuela primaria. Aunque, según las estimaciones, la tuberculosis seguía matando a alrededor del 20 por 100 de la población, las epidemias de fiebre amarilla o cólera que la diezmaron en el decenio de 1870 fueron las últimas de su clase.

En 1914 no todo el territorio designado como parte de la Capital Federal en 1880 estaba edificado. Dentro de sus confines todavía se encontraban cultivos y pastos. Pero las nuevas construcciones, en su mayoría viviendas de una sola planta y tejado plano, formando la rejilla invariable que crearan los españoles, habían avanzado rápidamente con la llegada de los inmigrantes. En lo que se refiere al valor de la tierra en la ciudad, los tranvías surtieron el mismo efecto que los ferrocarriles fuera de ella. Entre 1904 y 1912 el valor de las propiedades se había revalorizado hasta diez veces. La ciudad se hallaba dividida ahora en zonas residenciales claramente demarcadas, que correspondían a sus principales agrupamientos por clases sociales. En el lado norte, hacia el estuario del Río de la Plata, estaban los hogares de las clases acomodadas o «gente bien». Desde las mansiones de Barrio Norte y Palermo, la zona se extendía hacia el centro de la ciudad, cruzaba Belgrano y llegaba a las quintas de fin de semana que había en los distritos periféricos de Vicente López, Olivos y San Isidro y penetraba en la provincia de Buenos Aires. En el centro y el oeste de la ciudad había muchos barrios de clase media que llegaban hasta Flores. El sur era la zona obrera e industrial. En ella, entre las viviendas modestas de Nueva Pompeya, Barracas, Avellaneda y partes de la Boca, ya había precursores de las llamadas «villas miserias» que surgieron a partir del decenio de 1940. Estas chozas a veces estaban construidas con tablones sin desbastar, cajas de embalaje y simples cubiertas de cinc galvanizado que hacían las veces de techo. Eran calderos sofocantes en verano y auténticas neveras en el frío y húmedo invierno del Río de la Plata. Muchas eran arrastradas periódicamente por las fétidas aguas del Riachuelo, que dividía la capital de la provincia en este lado sur. Durante el periodo que nos ocupa, el tipo de viviendas más habitual entre los pobres, unos 150.000 de los cuales se alojaban en ellas, eran los llamados «conventillos» situados cerca del centro de la ciudad. Medio siglo antes las más antiguas de estas construcciones rectangulares, de dos plantas, en cuyo interior había grandes patios de estilo español, eran las residencias de la gente pudiente. Tras las epidemias del decenio de 1870 y las primeras llegadas de inmigrantes, los ricos se mudaron a otras zonas. Sus hogares se convirtieron en casas de vecindad. Más adelante se construyeron otras iguales para alojar a los inmigrantes. Desde 50 años antes los conventillos alojaban a una sola familia y su servicio doméstico, en los primeros años del siglo xx vivían hasta veinte familias que llevaban una existencia hacinada, antihigiénica y turbulenta. Con frecuencia había tres, cuatro o más personas en cada sucia habitación; unas 25 o 30 compartían los lavabos y retretes. No obstante, es probable que todo ello no fuera peor que la vida que hubiesen llevado en Milán, Génova, Nápoles, Barcelona, Brooklyn, Filadelfia o Chicago.

Un rasgo que distinguía a Buenos Aires de muchas ciudades de los Estados Unidos en esta época era que desde el principio los emigrantes se mezclaron muy fácilmente, con algunas excepciones como la creciente comunidad judía. Los distintos agrupamientos por nacionalidades crearon gran profusión de clubes, escuelas, hospitales y mutualidades. Con todo, pocos trataban de perpetuar sus orígenes nacionales formando vecindarios aparte, como si fueran guetos, lo cual se debía sin duda a las estrechas afinidades lingüísticas entre los españoles y los italianos. Otra diferencia entre Buenos Aires y ciudades de otros países que pudieran compararse con ella fue que el desempleo permanente fue insólitamente bajo hasta que empezó la depresión comercial y financiera de 1913. Cuando los inmigrantes estaban descontentos de su suerte en la ciudad les bastaba con pasar un verano trabajando en la recolección para reunir el dinero que necesitaban para volver a Europa. A pesar de ello, en la ciudad había indigentes, sobre todo mujeres y niños. De vez en cuando, los periódicos publicaban dramáticos artículos denunciando lo que llamaban la «industria de la mendicidad»; en ellos hablaban de supuestas costumbres como, por ejemplo, el alquiler de niños enfermos o lisiados para pedir limosna.[7] En la ciudad también había delincuencia, aunque no era excesiva en comparación con la que imperaba en otros lugares. En Buenos Aires no había una mafia italiana organizada. Durante estos años,

7. Véase, por ejemplo, la *Revista Popular*, marzo de 1919.

sin embargo, adquirió gran notoriedad debido a la trata de blancas. A partir de más o menos 1903, gran número de doncellas pobres y desvalidas de Génova, Barcelona, Amsterdam o Varsovia fueron raptadas y vendidas en Argentina, donde ejercían la prostitución. En 1913 había en Buenos Aires 300 burdeles registrados, ya que el registro obligatorio fue el único gesto que hicieron las autoridades para controlar la propagación del vicio y a los que de él vivían. Estas condiciones reflejaban la presencia de gran número de inmigrantes solteros entre la población de la ciudad.

En la generación anterior a 1914 todos los sectores de la estructura social de Buenos Aires se habían multiplicado por dos, como mínimo. Con ello se produjo un incremento de la complejidad y la diversidad. En el ápice de la sociedad había una elite compuesta por los grandes terratenientes y otros importantes propietarios, banqueros y hombres que controlaban el flujo principal de las inversiones y el comercio extranjeros. En 1914 este grupo había cambiado de modo considerable en comparación con 50 años antes. Ya no abarcaba sólo a unas pocas veintenas de familias criollas que en los casos más típicos eran descendientes directos de los comerciantes borbónicos españoles de finales del siglo XVIII. Ahora consistía en un grupo más numeroso y muy heterogéneo al que se habían adherido representantes de todos los países del sur y el oeste de Europa. Por un lado, perduraban los ubicuos Anchorena, o los Guerrico, los Campos o los Casares, supervivientes de cuatro o cinco generaciones pasadas. Pero, por otro lado, los advenedizos eran mucho más numerosos. Entre los llegados más recientes de Italia había hombres como Antonio Devoto, quien dio su nombre a Villa Devoto, que no tardaría en convertirse en un famoso vecindario de clase media situado en el oeste de la Capital Federal. De un modo que ya era típico de la elite en conjunto, Devoto tenía múltiples intereses en tierras, la banca, el comercio, los contratos de obras públicas y la manufactura. Entre las tierras de su propiedad en 1910 había 80.000 hectáreas y siete estancias en la provincia de Buenos Aires, 26.000 en Santa Fe, repartidas en dos estancias, otras 75.000 en Córdoba, repartidas entre cuatro, y 30.000 en una sola estancia del más remoto territorio de La Pampa. También poseía extensas propiedades urbanas en el centro de Buenos Aires y era el fundador y presidente del Banco de Italia y Río de la Plata. Otros, como Luis Zuberbühler, suizo-argentino de segunda generación, tenían fortunas comparables distribuidas entre estancias ganaderas, compañías colonizadoras, empresas de silvicultura y manufacturas. De modo parecido, en 1914 Nicolás Mihanovich, que había llegado de Dalmacia unos 50 años antes, sin un céntimo, casi monopolizaba los vapores de cabotaje que iban de Buenos Aires a Asunción por el río Paraná o navegaban hacia el sur hasta los asentamientos atlánticos en la Patagonia.[8] Los familiares y muchos de los hijos de la elite se hallaban dispersos entre profesiones tales como la abogacía, la milicia y la administración pública. Sus miembros se encontraban separados hasta cierto punto por afiliaciones políticas rivales y por redes familiares parecidas a los clanes. Pero normalmente estos factores se veían eclipsados por los lazos que formaban la propincuidad residencial y el saberse miembro de una

---

8. Jorge Federico Sábato, «Notas sobre la formación de la clase dominante en la Argentina moderna», en mimeógrafo, CISEA, Buenos Aires, 1979, pp. 92-96.

misma clase, lazos que asociaciones como la Sociedad Rural o el Jockey Club se encargaban de fomentar. Gran parte de la clase alta vivía de un modo ostentoso que rivalizaba con el de sus equivalentes de Londres o Nueva York. La arquitectura y la magnificencia de sus mansiones evocaban París. Los interiores solían contener muebles y objetos de arte importados, del más regio estilo. Detrás había grandes patios ornamentales. Desde hacía pocos años, miembros de la elite eran ávidos consumidores de los más lujosos automóviles norteamericanos o europeos.

Los observadores de este destacado sector de la sociedad argentina generalmente reconocían que se diferenciaba del de otros países de América Latina en que poseía un sentido auténtico de identidad nacional. Georges Clemenceau había comentado: «Me parece que el verdadero argentino está convencido de que hay un mágico elixir de juventud que brota de su suelo y hace de él un hombre nuevo, que no desciende de ningún otro, pero que es antepasado de interminables generaciones venideras».[9] A otros, el feroz orgullo nacional que encontraban en Argentina les hacía pensar en el destino manifiesto de Estados Unidos. A veces, sin embargo, lo que pasaba por nacionalismo también se consideraba más afín al simple nativismo, típico de un grupo muy privilegiado que hacía frente a crecientes oleadas de inmigrantes. Si bien había quienes reconocían a la elite el mérito de haber sabido promover la alta cultura, sobre todo la gran ópera, otros observadores eran más severos y criticaban su visible obsesión por las carreras de caballos y otros juegos de azar y decían que era típica de una clase social cuya fortuna estaba edificada en gran parte sobre la especulación con las tierras. Los observadores más negativos también encontraban intensas evocaciones de la antigua España en la libertad de que gozaban muchos hombres contra el retiro forzoso del hogar y la familia. A veces las mujeres que también eran miembros de la elite se dedicaban a actividades fuera del hogar, especialmente en el campo de la beneficencia católica. Había también en Buenos Aires un pequeño movimiento feminista. Sin embargo, en unos momentos en que las campañas sufragistas en Inglaterra y los Estados Unidos alcanzaban su apogeo, los progresos de la mayoría de las mujeres argentinas resultaban poco impresionantes.

Un segundo grupo social que tenía importancia en Buenos Aires era la clase media, que para entonces ya se había convertido en la más numerosa de toda América Latina. Era otro indicador de la creciente riqueza del país. También testimoniaba las potentes fuerzas centralizadoras que actuaban en el país y que introducían en los estrechos confines de la ciudad a un grupo que tal vez se habría desarrollado más ampliamente fuera de ella. Gran parte de la clase media tenía sus orígenes en la inmigración. En caso de no ser así, se dividía en dos capas amplias, cada una con una categoría muy diferente en la sociedad en general. De las dos, la más baja se componía de un número creciente de pequeños productores industriales, tenderos y comerciantes. Según el censo de 1914, alrededor de cuatro quintas partes de este grupo bonaerense las componían extranjeros. Su tamaño —quizá 15.000 a 20.000 personas— era otra de las novedades notables de la generación pasada. Dispersos por la ciudad había

9. Citado en Lloyd, *Twentieth century impressions*, p. 337.

multitud de panaderos, sastres, fabricantes de zapatos y sandalias, modestos cerveceros, fabricantes de chocolate, jabón o cigarrillos, impresores, carpinteros, herreros y fabricantes de fósforos, junto con un número aproximadamente igual de «almaceneros». La mayoría de los fabricantes que formaban parte de este grupo trabajaban en talleres en lugar de en fábricas. Aparte de las industrias cárnicas, los molinos de harina o un reducido número de empresas textiles y metalúrgicas, en cada unidad normalmente no había más de media docena de trabajadores que utilizaban herramientas manuales más que maquinaria y que a menudo vendían sus productos en el propio vecindario. Esta situación no era distinta de la que se daba en muchas capitales europeas, de Londres o Dublín a Constantinopla. Pero en Argentina no había ningún centro nacional de industria pesada que hiciese de contrapeso de la industria ligera. Por rápido que fuera el crecimiento de las manufacturas locales a partir de 1890, las importaciones, como mínimo, no quedaban atrás. Así pues, eran Manchester, Birmingham o Lyon, y posteriormente Bremen, Essen y Detroit, las que satisfacían la mayor proporción de las necesidades de consumo industrial de Argentina. De momento, los fabricantes de Buenos Aires eran poco más que apéndices de una economía donde seguían imperando los cereales y la carne. El sector de exportación, los productos que abarcaba, la riqueza que nacía de él, todo ello influyó mucho en el desarrollo de las manufacturas nacionales, en su acceso a las materias primas y a la mano de obra y en el crecimiento del poder adquisitivo en los mercados a los que servía. En 1914 los fabricantes ocupaban un puesto relativamente bajo en la comunidad en general. Eran débiles y muy fragmentados y aún tenían poca voz en la política.

El segmento superior de la clase media se encontraba bien instalado entre las ocupaciones de servicio y vocacionales de las profesiones liberales, la administración pública o los puestos administrativos del sector privado, por ejemplo el transporte. Se diferenciaba de los fabricantes y de los «almaceneros» en que a estas alturas sus miembros eran principalmente argentinos de nacimiento. En cambio, muchos no eran más que argentinos de primera generación y, típicamente, los prósperos hijos de las clases fabricantes y comerciales. En la introducción al censo municipal de 1910 se mencionaba que entre 1905 y 1909 el empleo en las manufacturas había aumentado de 127.000 a 218.000 personas, lo que equivalía a un 71 por 100. Sin embargo, el crecimiento de las ocupaciones de servicios, desde médicos, maestros y funcionarios públicos hasta simples caldereros remendones, fue de 57.000 a, según las estimaciones, 150.000, es decir, de un 163 por 100.[10] El componente de clase media de este sector terciario, que era numeroso y estaba en rápida expansión, debía mucho al reciente crecimiento de la burocracia, tanto la nacional como la municipal. Los gastos del gobierno nacional, por ejemplo, fueron de 160 millones de pesos papel en 1900. En 1910 ya se cifraban en 400 millones. Esta cifra representaba un incremento per cápita de 30 a 35 pesos y su resultado más visible era todo un estrato nuevo integrado por empleados del gobierno. En 1914 muchos miembros de este sector de la clase media, así como los aspirantes a formar parte de él, se hallaban profundamente metidos en el asunto de la educación superior, toda vez que para ingresar en las profesiones y en el funcionariado solían exigirse

---

10. *Recensement général de la ville de Buenos Aires*, Buenos Aires, 1910, p. LIII.

diplomas de la escuela secundaria y títulos universitarios. A diferencia de los fabricantes y los comerciantes, esto les había convertido en foco de activismo político. Apoyaban decididamente la continua expansión tanto de la burocracia como de la educación superior y esto les hacía discrepar repetidamente de las elites. Por lo demás, con todo, estos dos sectores de la sociedad tenían mucho en común. Ambos eran muy conservadores en cuestiones de política económica. La clase media mostraba poco interés por el desarrollo industrial del país y prefería que las necesidades de consumo se satisficieran de forma barata y sin esfuerzo por medio de las importaciones. Siempre que podían, sus miembros se dedicaban a comprar ávidamente tierras junto a las elites, aunque casi nunca eran agricultores. A pesar de su reputación de radicalismo político, sus intereses y orientaciones no prometían cambios importantes en, por ejemplo, las condiciones que debilitaban a los arrendatarios que trabajaban la tierra o que empujaban a los inmigrantes recién llegados hacia los conventillos urbanos.

En 1914 las tres cuartas partes de la clase trabajadora de Buenos Aires las formaban inmigrantes, a la vez que una proporción abrumadora del resto eran los hijos de dichos inmigrantes. El censo de 1914 induce a pensar que la clase obrera representaba tal vez dos tercios de la población empleada de la ciudad, alrededor de 405.000 en una población activa total de 626.000 varones. Gran número de trabajadores estaban empleados en el comercio y los ferrocarriles. Había otros grupos importantes en los servicios públicos, los tranvías, las compañías del gas, etc., o en ocupaciones más humildes en las alcantarillas o la recogida de basura. Otros trabajaban en las manufacturas, ya fuera en grandes empresas como las industrias cárnicas o en los pequeños talleres que se encontraban en toda la ciudad. En la estructura de la clase trabajadora influyó también el crecimiento de las ocupaciones de servicios. Quizá hasta el 20 por 100 estaba empleado en el servicio doméstico y entre ellos sólo la mitad eran mujeres en aquel tiempo. Otra quinta parte de la población trabajadora empleada consistía en mujeres y niños. Entre el numeroso elemento no especializado que formaba parte de la clase trabajadora inmediatamente antes de 1914, una porción considerable iba y venía de una orilla a otra del Atlántico, o alternaba el trabajo en la ciudad con el trabajo en el campo en época de recolección. En años anteriores, con todo, también la clase trabajadora se había estratificado de modo creciente. Había numerosos grupos muy especializados en los oficios, en la construcción, la metalurgia o el transporte. Algunos de los estratos superiores mostraban los rasgos propios de una aristocracia del trabajo: moderación conspicua en las actitudes políticas, preocupación por las relatividades salariales o afiliación a una hermandad sindical basada en el oficio.

En 1914 Buenos Aires iba muy rezagada en comparación con muchas de las ciudades de la Europa occidental y, puestos a decir, con Montevideo, en la otra orilla del Río de la Plata, en materia de legislación social para la clase trabajadora. No había leyes que establecieran el salario mínimo, la jornada de ocho o diez horas, las pensiones o la jubilación. Y las deficiencias del Estado en estas materias tampoco eran corregidas en la práctica por medio de cooperativas y mutualidades o por los sindicatos. Pero cualquier descontento que esto despertara era eclipsado con frecuencia por otros. En Buenos Aires el principal problema que había en la existencia de casi todos los trabajadores era la vivienda. Como hemos indicado, muchos de los conventillos eran deplorables. En 1914 las cuatro quintas partes de las familias de clase trabajadora vivían en una sola habitación. Por lo demás, las condiciones para los trabajadores en conjunto reflejaban los rasgos más amplios de la economía nacional. Las importaciones, que en este caso eran principalmente de prendas de vestir, acostumbraban a ser costosas, lo cual se debía en parte a que los aranceles del gobierno gravaban algunos de los artículos esenciales del consumo de la clase trabajadora. En cambio, normalmente esto era compensado por la baratura de la mayoría de los alimentos comunes y por la disponibilidad de una dieta nutritiva. Generalmente, las rentas reales entre los trabajadores bonaerenses salían bien libradas al compararlas con las de la mayoría de las ciudades de la Europa occidental. El crecimiento de una cultura de la clase trabajadora en estos años —los bares donde se bailaba el tango, los clubes de boxeo y de fútbol, los sindicatos y otras muchas asociaciones— sugiere que buena parte de la población tenía dinero y tiempo libre para llevar una existencia bastante rica y variada. Aun así, había muchos indicios de condiciones que oscilaban entre lo insatisfactorio y lo calamitoso. Entre las empresas extranjeras que empleaban mano de obra, las plantas de preparación de carne eran famosas por pagar salarios bajos y por sus opresivas condiciones de trabajo. Algunos de los peores abusos eran perpetrados por los patronos modestos, la mayoría de los cuales eran inmigrantes también. En el mejor de los casos, los salarios que se pagaban en los pequeños establecimientos de la ciudad eran miserables, a la vez que los turnos de 18 horas eran cosa corriente.

Así pues, en 1914 Argentina ya era una sociedad sumamente mixta y diversa. En sus regiones, numerosas estructuras muy avanzadas o complejas coexistían con otras de un atraso inmutable. Inmediatamente antes de la primera guerra mundial había aún grandes expectativas de que los desequilibrios desaparecían progresivamente al continuar la oleada de crecimiento que a la sazón se registraba. A partir de esta suposición, el asunto más apremiante era de índole política: el país necesitaba instituciones nuevas que arbitraran entre los nuevos intereses de clase y regionales. A cambio de ello, estaba dispuesto a abandonar el sistema de gobierno oligárquico y emprender la búsqueda de la democracia representativa. La disposición a efectuar reformas se debía en parte a las tensiones sociales que surgieron a partir de 1900; al mismo tiempo, era también una expresión de confianza en el país, en su capacidad de mantener su ímpetu anterior. Los acontecimientos demostrarían que este supuesto era en parte infundado. En 1914 seguía habiendo algunas regiones que parecían tener un futuro prometedor. El cultivo de algodón en el noroeste y la extracción de petróleo en el sur, por ejemplo, sugerían que se contaba con medios tanto para reducir la factura de las importaciones como para dar más impulso a las manufacturas nacionales. En cambio, las pampas se acercaban al punto máximo de su desarrollo. En 1914 el potencial de crecimiento de Argentina y, desde algunos puntos de vista, su libertad de maniobra iban disminuyendo. En vez de la curva ascendente de crecimiento ininterrumpido de antes, el periodo siguiente trajo consigo una secuencia alternante de auges y depresiones, el consumo en ascensión más lenta y cambios a corto plazo sumamente volátiles en la distribución de la renta entre los diferentes sectores sociales. Este fue el telón de fondo del intento de reforma democrática.

Capítulo 5

ARGENTINA, DE LA PRIMERA GUERRA MUNDIAL A LA REVOLUCIÓN DE 1930

LA ECONOMÍA DURANTE LA GUERRA Y LA POSGUERRA

Durante el decenio y medio comprendido entre el comienzo de la primera guerra mundial y el de la depresión igualmente mundial continuó la prosperidad económica de que gozaba Argentina antes de la contienda y que se basaba en el crecimiento de su sector de exportación. En 1929 Argentina seguía siendo el mayor exportador mundial de carne vacuna refrigerada, maíz, linaza y avena y el tercero de trigo y harina. Si comparamos los promedios anuales correspondientes a 1910-1914 con los de 1925-1929, vemos que las exportaciones de trigo aumentaron de 2,1 millones de toneladas a 4,2 millones, las de maíz de 3,1 a 3,5 millones, y las de linaza de 680.000 toneladas a 1,6 millones de toneladas. Las exportaciones de carne vacuna refrigerada, cuyo promedio fue de sólo 25.000 toneladas entre 1910 y 1914, aumentaron hasta superar las 400.000 entre 1925 y 1929. Las exportaciones en conjunto, que representaron un promedio de 4.480 millones de pesos papel en 1910-1914, según valores de 1950, subieron hasta alcanzar 7.914 millones entre 1925 y 1929. La renta per cápita argentina todavía podía compararse favorablemente con la de la mayor parte de la Europa occidental. Los niveles de vida eran ahora más elevados y las tasas de analfabetismo habían vuelto a bajar. Una parte considerable de la población gozaba de prosperidad y bienestar. En 1930 ya había 435.000 automóviles en todo el país, muchos más que en numerosas naciones de la Europa occidental y siete veces más que ocho años antes. De nuevo con la ayuda de la inmigración, el número de habitantes aumentó en casi cuatro millones entre 1914 y 1930, pasando de 7,9 millones a 11,6 millones. En un sector, el del petróleo nacional, hubo un crecimiento espectacular. En 1913, Argentina producía menos de 21.000 metros cúbicos de fuel-oil. En 1929 la producción alcanzaba ya 1,4 millones.

En cambio, el crecimiento fue menos rápido y menos uniforme que en el periodo anterior a la primera guerra mundial. Durante la totalidad del periodo de 40 años que precedió a 1910-1914, el producto interior bruto al coste de factores aumentó en un promedio anual del 6,3 por 100. Entre 1910-1914 y 1925-1930 la tasa descendió hasta situarse en un 3,5 por 100. La cuantía de las exportaciones creció a un ritmo de más del 5 por 100 antes de 1914, y sólo del 3,9 por 100 después. La tasa de crecimiento de las tierras cultivadas también descendió, del 8,3 por 100 al 1,3 por 100. No hubo virtualmente ninguna expansión en el aprovechamiento de la tierra en las pampas: no se registró ningún incremento en Santa Fe y sólo un incremento mínimo en Córdoba, Entre Ríos y la provincia de Buenos Aires. Durante todo este periodo la población de las pampas continuó creciendo, pero a un ritmo notablemente inferior al de antes de la guerra. Entre 1895 y 1914 el crecimiento de la población rural fue de alrededor de un millón, pero la cifra fue sólo de 270.000 personas entre 1914 y 1930. En el periodo anterior, la tasa anual de incremento era de 50.000 personas; en el posterior, sólo de 22.500. También hubo un descenso pronunciado en el ritmo de fundación de nuevos municipios. Los avances de la agricultura eran fruto de la mecanización más que de un crecimiento de la población rural. Argentina era ahora un mercado importante para la maquinaria agrícola de importación. Las máquinas, que en 1914 representaban el 24 por 100 de las existencias de capital en el sector rural, pasaron a representar alrededor del 40 por 100 antes de 1929. Según las estimaciones, en este último año ya había en Argentina 32.000 segadoras-trilladoras, 16.000 tractores y 10.000 trilladoras. Hasta cierto punto, los incrementos de la producción agrícola durante el decenio de 1920 se debieron también a sustituciones en el uso de la tierra. La producción de cereales y linaza casi se dobló entre 1922 y 1929 y en parte ello fue resultado de una reducción de 5 millones en el número de reses durante aquellos años, con la consiguiente disminución de las hectáreas de tierra destinadas al ganado y al cultivo de alfalfa para forraje. Se calcula que había 37 millones de reses en 1922, pero sólo 32,2 millones en 1930. Durante el mismo periodo, la tierra destinada al cultivo de alfalfa disminuyó de 7 a 5 millones de hectáreas. Con la mecanización también hubo un descenso del total de hectáreas destinadas a apacentar caballos. En cambio, la tierra empleada en cultivar cereales subió de 11 a 19 millones de hectáreas. En 1921-1922 los cereales y la linaza representaron únicamente el 56,5 por 100 de la extensión cultivada en las pampas, pero en 1929-1930 la cifra ya había ascendido hasta quedar en el 73,5 por 100.

Después de 1913 hubo pocas inversiones extranjeras en la construcción de ferrocarriles. Entre el año citado y 1927 solamente se añadieron 1.200 kilómetros de vía, en su mayor parte líneas secundarias o construidas por el gobierno en el interior. Entre 1865-1869 y 1910-1914, los ferrocarriles crecieron en un promedio anual del 15,4 por 100. Entre 1910-1914 y 1925-1929 el incremento descendió hasta quedar en un 1,4 por 100. Las inversiones británicas cesaron por completo durante la guerra y la posguerra inmediata, y no se recuperaron hasta finales del decenio de 1920, aunque sin llegar a la importancia de antes. La afluencia global de capital extranjero fue sólo alrededor de una quinta parte de la registrada antes de la guerra, mientras que el ratio de superioridad del capital extranjero sobre el nacional disminuyó del 48 al 34 por 100 entre 1913 y 1927. De modo parecido, la inmigración virtualmente quedó interrumpida durante un decenio después de 1913. Y entre 1921 y 1930 el saldo neto de migrantes fue de 856.000 solamente, comparado con 1,1 millones entre 1901 y 1910. La tasa media de crecimiento demográfico fue de sólo el 2,8 por 100 en los primeros años de la posguerra en comparación con el 4,3 por 100 en el periodo inmediatamente anterior al conflicto.[1]

Mientras que entre 1895 y 1913 hubo un crecimiento incesante, el periodo posterior a 1913 empezó con una depresión (1913-1917) a la que siguieron la recuperación y un auge renovado (1918-1921); vino luego otra recesión (1921-1924) seguida una vez más de una expansión que continuó hasta 1929.[2] Las recesiones presentaban muchos de los rasgos de las que se habían producido a mediados del decenio de 1870 y comienzos del de 1890. Fueron el resultado de las contracciones de los mercados de exportación de Argentina y de un descenso de los precios de exportación de los productos básicos. Ello provocó diversas crisis de la balanza de pagos que el descenso de las importaciones acababa corrigiendo, pero a costa del descenso de los ingresos públicos. Al igual que las de 1873 y 1890, la depresión de 1913 se vio exacerbada por el cese de las inversiones extranjeras. En 1914 se abandonaron los programas de convertibilidad del patrón oro y el peso creados en 1899. (Posteriormente volvieron a ponerse en práctica sólo durante un breve periodo de dos años entre 1927 y 1929.) Tanto la depresión de 1913 como la de 1921 provocaron paro en las ciudades y en el campo por igual, la caída de los precios de la tierra urbana y rural, numerosas quiebras y serias restricciones al crédito. En cambio, durante este periodo Argentina logró evitar crisis de la deuda exterior como la de 1890. En 1913 alrededor de las tres cuartas partes de las inversiones extranjeras eran privadas, y el gobierno estaba en gran medida exento de su anterior obligación de proporcionar beneficios mínimos garantizados basados en el oro.

La depresión de 1913 empezó cuando el Banco de Inglaterra elevó los tipos de interés para corregir un déficit de la balanza de pagos británica y contener la incertidumbre financiera causada por las guerras de los Balcanes. Se registró entonces una salida neta de capital de Argentina por medio del reembolso de intereses y amortizaciones. La crisis se intensificó con la caída de los precios mundiales de los cereales y la carne y con la mala cosecha de 1913-1914. Al cabo de unos meses, cuando las cosas parecían mejorar, el estallido de la guerra en Europa y la retirada de barcos de alta mar dejaron el comercio exterior casi paralizado por completo, obligando al gobierno de Victorino de la Plaza a imponer una moratoria financiera durante todo el mes de agosto de 1914. Durante el año siguiente, las exportaciones mejoraron un poco. Pero para entonces, al dedicarse Gran Bretaña y Francia a la producción de municiones e imponerse un bloqueo contra Alemania, crecieron las escaseces de importaciones, que sólo en parte corrigieron las procedentes de Estados Unidos.

La depresión persistió hasta finales de 1917. A partir de entonces los precios de las exportaciones avanzaron rápidamente al ser estimulados por la demanda de guerra. Este fenómeno fue especialmente notable en el caso de la carne congelada y en conserva, pues las tropas aliadas en el frente occidental la consu-

---

1. La mayoría de estas cifras aparecen en Carlos F. Díaz Alejandro, *Essays in the economic history of the Argentine Republic*, New Haven, 1970, cap. 1.

2. La mejor forma de seguir los ciclos es utilizar Guido di Tella y Manuel Zymelman, *Las etapas del desarrollo económico argentino*, Buenos Aires, 1967, pp. 295-420.

mían en cantidades enormes. Las ganancias de exportación, que en 1913-1914 fueron de alrededor de 400 millones de pesos oro, eran ya casi el triple en 1919-1920: 1.100 millones. Aun así, la subida de los precios de exportación fue muy inferior a la de los de importación: la aguda escasez mundial de artículos manufacturados hizo que los términos de intercambio se inclinaran sensiblemente contra los productores básicos. El volumen de las importaciones argentinas descendió de los 10 millones de toneladas que, según estimaciones, alcanzaron en 1913, y que en su mayor parte eran de carbón, a sólo 2,6 millones en 1918. A pesar de ello, su coste, hinchado al cuadruplicarse las tarifas de carga durante la guerra, aumentó más del doble, y de alrededor de 400 millones de pesos oro en 1913-1914 pasó a ser casi de 850 millones en 1919-1920. Como fue país neutral durante toda la contienda, Argentina se libró de la destrucción material provocada por la guerra, incluidas las depredaciones de los submarinos en el Río de la Plata. Pero no pudo aislarse de los efectos negativos que el conflicto surtió en la economía.

Hasta 1918 hubo en Buenos Aires una tasa de paro muy elevada, lo cual era poco característico de la ciudad. En situaciones parecidas del pasado había sido posible «exportar» paro por medio de la salida de ex inmigrantes. Aunque después de 1913 los emigrantes superaron siempre en número a los inmigrantes por primera vez desde 1890, la tremenda subida de las tarifas marítimas y la escasez de barcos obstaculizaron el funcionamiento del mecanismo de escape normal, reteniendo una parte del paro en la propia Argentina. En 1914 se estimó que entre el 16 y el 20 por 100 de la población activa de Buenos Aires estaba desempleada. A pesar de la emigración, el paro no desapareció del todo hasta 1918. Los primeros tres años de la guerra, por consiguiente, provocaron un descenso en los salarios, una prolongación de la jornada laboral y condiciones muy poco propicias para los sindicatos. No hubo huelgas importantes entre el último año de prosperidad de antes de la guerra, 1912, y finales de 1916. La contienda afectó además al sector público. Después de 1913, al disminuir las importaciones, el gobierno De la Plaza se encontró ante un descenso de los ingresos arancelarios, que eran su principal fuente de dinero. También se vio obligado a emplear una parte mayor de estos ingresos en el pago de la deuda exterior. Igual que a mediados del decenio de 1870 y principios del de 1890, la depresión obligó al gobierno a efectuar esfuerzos vigorosos por reducir sus gastos. De la Plaza suspendió los programas de obras públicas y recortó cuidadosamente los gastos de la administración cotidiana. Estas medidas hicieron que el paro aumentase. También provocaron numerosas quiebras de empresas. Las provincias y los municipios tomaron medidas similares a las del gobierno central. Todos tuvieron que atenerse a una rígida política de reducción de gastos y austeridad.

El panorama cambió un poco durante la fase alcista del ciclo entre 1917 y 1921. En ese momento, en el que se produjo la mayor subida de los precios de exportación, los intereses hacendados y comerciales disfrutaron de una bonanza sin precedentes. En 1918 corrió la noticia de que algunas de las plantas de preparación de carne obtenían un beneficio de cerca del 50 por 100 del capital invertido. Con todo, poco alivio inmediato hubo para otros sectores de la población. En lugar del paro, llegó rápidamente la inflación cada vez mayor, así como una marcada redistribución de la renta contra las clases medias y especialmente las bajas. Exceptuando los alquileres, que permanecieron bastante estables a causa de la emigración durante la guerra, la inflación afectó profundamente a todos los componentes principales del consumo popular. El precio de los alimentos aumentó en un 50 por 100 entre 1914 y 1918. El precio de las prendas de vestir sencillas, que normalmente se importaban en su mayor parte, se multiplicó por tres. Las manufacturas textiles del país, para las cuales se usaba principalmente lana, poco aliviaron la situación. Contribuyeron a reducir el paro, aunque quizá más entre las mujeres que entre los hombres, pero no lograron contener el alza de los precios. Para muchas familias de clase obrera de Buenos Aires, los niveles de salarios reales incluso se redujeron a la mitad entre el comienzo de la depresión en 1913 y el armisticio de noviembre de 1918.[3] El descenso del paro y la disminución de los niveles de vida resultaron ser una combinación explosiva. La anterior quietud del mundo del trabajo terminó bruscamente. Entre 1917 y 1921 los sindicatos argentinos florecieron en una escala como nunca antes se había visto y que no se repetiría hasta el decenio de 1940; crecieron el número, la intensidad y, finalmente, la violencia de las huelgas, que antes tanto brillaban por su ausencia.

Mientras tanto, durante toda la guerra las importaciones y, por lo tanto, los ingresos continuaron bajando. En espera de que se efectuasen cambios en el sistema fiscal que redujeran la dependencia de los ingresos en concepto de derechos de importación, contraer nuevas deudas era lo único que podía hacer el gobierno para aliviar su necesidad de economizar. Lo consiguió hasta cierto punto adquiriendo algunos préstamos a corto plazo de bancos de Nueva York y recurriendo a emisiones de obligaciones internas. Entre 1914 y 1918, al contraerse nuevas deudas, la deuda pública flotante casi se multiplicó por tres, pasando de 256 millones de pesos papel a 711 millones. Sin embargo, los 421 millones a que ascendieron los gastos totales en 1918 eran más o menos lo mismo que en 1914 y no muy superiores a la cifra de 375 millones correspondiente a 1916, la más baja de todo el periodo. Esto volvió a cambiar espectacularmente cuando se reanudó la afluencia de importaciones después del armisticio. A partir de entonces el gasto público experimentó un incremento rápido. En 1922 alcanzó 614 millones de pesos papel, casi un 50 por 100 más que en 1918.[4]

La depresión de la posguerra que empezó en 1921 volvió a provocar desempleo, además de la caída del movimiento sindical, un descenso de las importaciones y otras disminuciones de los ingresos públicos. En 1920 las importaciones se valoraron en 2.120 millones de pesos papel, mientras que en 1922 la cifra fue de sólo 1.570 millones. Debido a un incremento de los aranceles en 1920, los ingresos bajaron durante el mismo periodo en sólo 20 millones: de 481 millones a 461 millones. Con todo, como el gasto público ascendió de 503 millones a 614 millones, la deuda flotante del gobierno también experimentó un incremento notable: de 682 millones a 893 millones. Por lo demás, el principal efecto de la depresión de la posguerra se hizo sentir en el sector de la ganadería al terminar

3. *Ibid.*, p. 317. Para detalles de la inflación durante la guerra, véase Alejandro E. Bunge, *Los problemas económicos del presente*, 1919, Buenos Aires, 1979.

4. Cifras sobre las cuentas públicas en David Rock, *Politics in Argentina, 1890-1930. The rise and fall of Radicalism*, Cambridge, 1975, p. 224.

el gran auge anterior. Después de ello se produjo el retorno a la agricultura. Durante los últimos años del decenio de 1920 gran parte del crecimiento real del sector rural tuvo lugar más allá de la región de las pampas. En el noroeste, Salta y Jujuy pasaron a ser productoras de azúcar junto con Tucumán. En 1920 Salta y Jujuy aportaron menos del 16 por 100 de la producción azucarera nacional. En 1913 la cifra había subido hasta situarse en casi un 26 por 100. La región azucarera más septentrional difería de Tucumán en que la producción se efectuaba principalmente en grandes plantaciones. A partir del decenio de 1920 y hasta bien entrado el decenio siguiente, era común que los propietarios de ingenios de Tucumán compraran plantaciones en el norte. Algunas las destinaban a producir caña. Otras, al parecer, las adquirían para captar a la población trabajadora campesina y hacerla trabajar en las plantaciones.[5] Hubo un nuevo crecimiento de la producción de fruta en el valle de Río Negro, de algodón, arroz, cacahuetes y mandioca en el Chaco, y de fruta y yerba mate en Misiones. La producción nacional de algodón en rama se incrementó de un promedio anual de 6.000 toneladas entre 1920 y 1924 a 35.000 toneladas en 1930-1934. El incremento de la yerba mate fue de 12.000 a 46.000 toneladas. Río Negro, el Chaco y Misiones crecieron rápidamente con la infusión de nuevos inmigrantes europeos y la extensión de la agricultura en pequeña escala. Los tres lugares eran territorios nacionales que se administraban desde Buenos Aires y en este periodo el gobierno central interpretó un papel positivo en la colonización. De resultas de ello, en 1930 la agricultura capitalista a pequeña escala ya había arraigado y su importancia era significativamente mayor que antes de la guerra. En cambio, todas estas regiones dependían mucho de la mano de obra campesina, contratada y barata. Se trajo a gran número de chilenos a las granjas de Río Negro y Neuquén, y de paraguayos, chaqueños y correntinos a las del noreste.[6]

Después de 1913 la industria nacional en conjunto creció más o menos al mismo ritmo que la economía en general, aunque el incremento fue mucho más rápido después de la guerra que durante la misma. Tomando el año 1950 como base 100, el índice de producción industrial fue de 20,3 en 1914 y de 22,1 en 1918. En 1929, empero, ya llegaba a 45,6. Durante la guerra, la tasa anual de incremento del índice fue de 0,36 y, después de ella, de 2,10.[7] Durante el decenio de 1920 la industria también se diversificó hasta cierto punto en campos tales como los bienes de consumo duraderos, los productos químicos, la electricidad y, especialmente, los metales. A finales de dicho decenio la industria metalúrgica avanzó. Entre 1926 y 1929 el índice de producción creció de 29 a 43 (1950 = 100).[8] Aun así, la mayor parte del incremento total de la manufactura se registró de nuevo en las industrias ligeras y tradicionales, continuando con ello la pauta de los años anteriores a 1914. Mientras tanto, la industria textil permanecía en

5. Véase Ian Rutledge, «Plantations and peasants in northern Argentina: the sugar cane industry of Salta and Jujuy, 1930-43», en David Rock, ed., *Argentina in the twentieth century*, Londres, 1975, pp. 88-113.

6. Para la agricultura en el interior, véase Jaime Fuchs, *Argentina: su desarrollo capitalista*, Buenos Aires, 1965, pp. 217-224; también Ricardo M. Ortiz, *Historia económica de la Argentina, 1850-1930*, 2 vols., Buenos Aires, 1955, II, pp. 131-148.

7. Di Tella y Zymelman, *Las etapas del desarrollo*, pp. 309, 393.

8. *Ibid.*, p. 391.

gran parte estancada. El crecimiento de la manufactura tampoco afectó al elevado coeficiente de importaciones de Argentina, que siguió siendo más o menos el mismo que en 1914, es decir, alrededor del 25 por 100.

En el decenio de 1920 entró en Argentina un volumen de inversiones extranjeras mucho más pequeño en comparación con el periodo de antes de la guerra. La fuente principal de estas inversiones eran ahora los Estados Unidos. Durante este periodo las inversiones norteamericanas casi doblaron a las británicas. En 1930 ya representaban alrededor de un tercio de las inversiones británicas tras subir de los 40 millones de pesos oro que se estiman para 1913 a 611 millones en 1929. Mientras que antes los norteamericanos se interesaban casi exclusivamente por el negocio de la carne, ahora se dedicaron también a prestar dinero al gobierno, a exportar y a invertir en la industria del país. Entre 1924 y 1933 se fundaron en Argentina 23 filiales de compañías industriales norteamericanas; otros artículos norteamericanos se fabricaban en Argentina bajo licencia. A primera vista, esto inducía a pensar en la creciente madurez de la economía y de su capacidad de diversificarse más allá de las exportaciones agrarias, así como de generar nuevas fuentes de empleo. No obstante, en el decenio de 1920 la industria volvió a crecer sin cambiar mucho la estructura económica básica. Petróleo aparte, de ella salieron relativamente pocas continuidades hacia atrás. La maquinaria, todavía mucho combustible, las materias primas y la tecnología de las compañías norteamericanas o de las empresas nacionales que usaban patentes norteamericanas eran en gran parte importados. El resultado total de ello fue aumentar la factura de las importaciones, y hacer que la manufactura y el empleo urbano continuasen dependiendo de las ganancias de exportación.

Mientras tanto, el crecimiento de las importaciones de los Estados Unidos creó tirantez en las relaciones de Argentina con Gran Bretaña. El valor de las importaciones de Estados Unidos fue de 43 millones de pesos oro en 1914. Después, la cifra alcanzaría 169 millones en 1918 y 310 millones en 1920. La tendencia continuó durante todo el decenio de 1920. En 1929 las exportaciones norteamericanas a Argentina se valoraron en 516 millones de pesos oro. Durante la guerra, los norteamericanos avanzaron principalmente a expensas de Alemania, pero al terminar la contienda fue a expensas de los británicos, que en el decenio de 1920 se encontraron ante un serio desafío en un mercado que habían dominado en gran parte durante los últimos cien años. La participación británica en el mercado argentino descendió del 30 por 100 en 1911-1913 a sólo el 19 por 100 en 1929-1930, al mismo tiempo que la norteamericana subía del 15 al 24 por 100. Aunque los ingleses aumentaron sus exportaciones de carbón y material ferroviario a Argentina, no pudieron competir con los norteamericanos en el caso de las mercancías cuya demanda crecía con la mayor rapidez: automóviles y bienes de capital para la agricultura y la industria. A estos cambios en el comercio de importación no les siguieron otros parecidos en el de exportación: Argentina no logró conquistar mercados estables y crecientes en los Estados Unidos. A pesar de un incremento temporal durante la guerra, las exportaciones a los Estados Unidos, que supusieron un 6,3 por 100 del total en 1911-1913, no pasaron del 9,3 por 100 en 1928-1930. En las postrimerías del decenio de 1920, el 85 por 100 de las exportaciones argentinas todavía iban destinadas a la Europa occidental. De hecho, la tendencia de las exportaciones era casi exactamente la contraria de la que seguían las importaciones. Aunque Argentina compraba ahora relativamente mucho menos a Inglaterra, sus exportaciones a dicho país crecieron del 26,1 por 100 en 1911-1913 al 32,5 por 100 en 1928-1930: el país estaba diversificando las fuentes de sus importaciones, pero reduciendo sus mercados de exportación.

LA POLÍTICA EN LA GUERRA Y EN LA POSGUERRA

Yrigoyen, 1916-1922

En el plano político, los años comprendidos entre 1916 y 1930 fueron testigos del primero y al mismo tiempo más prolongado de los numerosos y fallidos experimentos de democracia representativa que llevó a cabo Argentina. Junto con el vecino Uruguay, Argentina se adelantó a las demás naciones latinoamericanas en la empresa de crear el sistema político y las instituciones políticas más característicos de las sociedades occidentales avanzadas en los primeros años del siglo xx. En 1921 la antigua clase gobernante, empujada por su ala progresista, la que encabezaba Roque Sáenz Peña, que fue presidente de 1910 a 1914, había reformado el sistema político en gran parte porque quería legitimar y estabilizar su propia autoridad. Desde la aparición de la Unión Cívica Radical a principios del decenio de 1890, se había debilitado gradualmente la confianza en la durabilidad del gobierno de la oligarquía. A raíz del fracaso de la insurrección de 1905, los radicales habían empezado a ensanchar su base de poder y habían hecho numerosos prosélitos entre las florecientes clases medias urbanas y rurales. Actuando de modo semiclandestino, continuaban amenazando con derribar el orden existente por medio de la fuerza a menos que se satisficieran sus exigencias de «democracia» y «restauración de la constitución». Otro foco de desafección era la clase obrera de Buenos Aires. Después de 1900 hubo una serie de huelgas generales, a veces violentas, encabezadas por los anarquistas. Cuando Sáenz Peña fue elegido en 1910, muchos sospechosos de anarquismo ya estaban en la cárcel o habían sido deportados y el movimiento parecía desarticulado. Sin embargo, la mayoría de las condiciones que habían provocado la agitación urbana seguían igual que antes. En su ley de reforma electoral de 1912, respondiendo a esta doble amenaza para la estabilidad, Sáenz Peña prometía el sufragio para los varones adultos, la representación de las minorías en el Congreso y el fin del fraude electoral. A su modo de ver, el orden político era esencial para que continuara la expansión económica:

> No nos engañemos; si nuestro agradecimiento ha comenzado, es porque hemos demostrado el poder incontrastable de la Nación, inspirando seguridades de paz, de reposo, y de confianza. Yo no apoyaré la opresión, pero condeno las revoluciones que la sustituyen o la agravan, y pienso que no habremos de consolidar nuestro presente sino por el perfeccionamiento gradual dentro del orden.[9]

9. Roque Sáenz Peña, *Discursos del Dr. Roque Sáenz Peña al asumir la presidencia de la nación*, Buenos Aires, 1910, p. 40.

Refiriéndose a los radicales, Ramón Cárcano, uno de los partidarios de Sáenz Peña en el Congreso, declaró:

> Después de veinte años existe en el país un partido orgánico, popular, exaltado y pujante, que ha levantado la libertad de sufragio como bandera y proclamado francamente la revolución como único resorte para conquistar sus ideales ... Durante un cuarto de siglo, el gobierno y la Nación han vivido venciendo a la rebelión estallada, o temiendo a la rebelión por estallar ... Cambiar de sistema electoral es no sólo cambiar la política, es hacer en esta hora crítica la única política que la Nación reclama, la política de desarme; que elimina la abstención y la rebelión; que incorpora todas las fuerzas militantes a la vida electoral; la política de coparticipación y concordancia, de libertad, sostenida por la paz y la buena fe.[10]

Aparte de satisfacer a los radicales, lo que se pretendía era dar a las asociaciones obreras de carácter moderado, especialmente al Partido Socialista (fundado en 1894), una oportunidad de desplazar a los anarquistas. Un miembro conservador del Senado Nacional de 1912, Benito Villanueva, sugirió: «Nada [hay] más urgente en este momento que abrir esa válvula y dar entrada a dos o tres socialistas en el Congreso, sobre todo en esta época de agitación obrera en que van a discutirse leyes sobre huelgas y sobre reglamentación del trabajo».[11] Por último, Sáenz Peña y su grupo también albergaban la esperanza de azuzar a las facciones oligárquicas para que creasen un partido conservador fuerte y unido que fuese capaz de ganarse un amplio apoyo popular. En 1912 parecía haber todas las perspectivas de que estos objetivos se cumplieran. Al finalizar su presidencia en 1916, Sáenz Peña podría entregar la misma a un conservador progresista como él fortalecido por el hecho de haber conquistado la presidencia franca y limpiamente en los comicios. Esto debilitaría a los radicales, al mismo tiempo que les privaría de su principal pretexto para llamar a la revolución. Si no lograba domesticar a los obreros, fortalecería la manos del gobierno en el caso de que se reanudasen los conflictos.

Después de 1912 los acontecimientos tomaron un rumbo muy distinto del que se había previsto. Si bien el Partido Socialista obtuvo mucho apoyo electoral en la ciudad de Buenos Aires, no consiguió hacerse con el control de los sindicatos obreros. Aunque el anarquismo siguió decayendo, en su lugar surgió un nuevo movimiento sindicalista que en 1915 se apoderó de la principal federación sindical, la Federación Obrera Regional Argentina. Mientras tanto, el Partido Radical experimentó un crecimiento espectacular en todo el país. Los conservadores, sin embargo, quedaron estancados. Sus esfuerzos por democratizarse sólo fueron afortunados en parte: a diferencia de sus principales rivales, no alcanzaron a crear un movimiento nacional unido. Después de 1912 se escindieron entre los partidarios del gobernador de la provincia de Buenos Aires, Marcelino Ugarte, y el líder del Partido Demócrata Progresista, Lisandro de la Torre, cuya base estaba en Santa Fe. Hasta cierto punto esta falta de unidad era un síntoma de depresión económica; después de 1912 la caída de los precios de la tierra, las restricciones al crédito y la disminución de las ganancias de exporta-

---

10. *Diario de Sesiones*, Cámara de Diputados, 1911, II, p. 160.
11. *Ibid.*, Senadores, 1911, II, p. 338.

ción desmoralizaron de forma creciente al grupo conservador. Sáenz Peña no hizo nada por detener el proceso de fragmentación y decadencia y cuando murió de cáncer en agosto de 1914, las cosas ya habían empeorado en exceso para que fuera fácil ponerles remedio. El sucesor de Sáenz Peña en el cargo de presidente, el financiero septuagenario Victorino de la Plaza, pronto sufrió las repercusiones económicas de la guerra y pocas oportunidades tuvo de maniobrar políticamente. El resultado imprevisto de las elecciones de 1916 fue, pues, una victoria para el Partido Radical y su líder Hipólito Yrigoyen, aunque por un margen mínimo.

La elección de Yrigoyen para la presidencia en los primeros comicios nacionales que se celebraban con el sufragio universal para los varones adultos, los de 1916, fue reconocida por todos como el principio de una nueva era en el desarrollo político del país. El nuevo partido gobernante abarcaba grandes segmentos de la población que antes habían gozado de poca representación real. Era de esperar que pidiesen innovaciones. Pero, a pesar de su derrota y de la desconfianza que Yrigoyen les inspiraba, los conservadores no se alarmaron demasiado. Al aceptar el juego político electoral, los radicales parecían haber abandonado la idea de la revolución. Yrigoyen no había dicho nada que indujese a pensar que se hubiera comprometido a efectuar cambios importantes. A pesar del considerable apoyo que recibía de la clase media, su partido abarcaba un buen número de miembros de la elite. Las elecciones recientes poco habían hecho salvo cambiar al presidente. Los conservadores mismos dominaban el Congreso mediante su mayoría aplastante en el Senado. Controlaban con firmeza muchas de las provincias. Su influencia permanecía también intacta en otras instituciones destacadas: el ejército, la Iglesia, la Sociedad Rural y otras. Habían creado la democracia popular por concesión; lo que habían dado también podían quitarlo. Ya que había ganado su puesto tanto por gentileza de la antigua clase gobernante como por sus propios esfuerzos, Yrigoyen disfrutó de un mandato muy condicional: defendería el *statu quo* al mismo tiempo que reduciría el nivel de agitación popular.

La primera presidencia de Hipólito Yrigoyen (1916-1922) distó mucho de ser la plácida transición hacia la democracia representativa que habían esperado los conservadores. Influyó mucho en ella la inflación que se registró durante la guerra, que alteró la distribución de la renta entre las principales clases sociales; también acusó mucho la influencia de los ciclos de depresión y prosperidad que abarcaron la totalidad del periodo comprendido entre 1916 y 1922. Como hemos visto, la inflación fue la causa de un prolongado brote de malestar entre la clase obrera de Buenos Aires y de otras partes del país. Sus episodios principales fueron una huelga general en Buenos Aires en enero de 1919 y numerosas manifestaciones de agitación entre los trabajadores rurales de la Patagonia en 1920-1922. Los ciclos económicos hicieron fluctuar las importaciones y, por consiguiente, los ingresos públicos. A su vez, los ingresos afectaron de modo importantísimo la capacidad del gobierno de mejorar su apoyo popular y reducir la influencia de la oposición conservadora. Tuvieron mucho que ver con sus relaciones con los estratos superiores de la clase media, que tenían derecho de sufragio, muchos de cuyos miembros trabajaban en la administración pública. Hasta 1919 el gobierno radical cultivó a la clase media principalmente apoyando el cambio y la expansión de la educación universitaria. Después optó por apoyarse de forma creciente en los vínculos de patronazgo. A plazo más largo, Yrigoyen se vio empujado por una serie de fuerzas que le obligaron a reducir su base política, que acabaría consistiendo en su mayor parte en la clase media. De ello nacieron fisuras clasistas en la política argentina que influyeron mucho en el derrocamiento de Yrigoyen en 1930.

Al principio hubo una clara continuidad entre la nueva administración radical y sus predecesoras de signo conservador. Yrigoyen cultivó cuidadosamente el apoyo de estamentos conservadores como la Iglesia, y su gabinete lo integraban miembros de las elites tradicionales. La mayoría de ellos estaban afiliados a la Sociedad Rural, principal guardiana de los intereses de los ganaderos. También había continuidad en los asuntos internacionales, puesto que Yrigoyen reafirmó la neutralidad en la guerra. Durante sus primeros meses en el cargo, el nuevo presidente irritó una y otra vez a la opinión conservadora con sus maniobras políticas secretas y su actitud desdeñosa ante el protocolo, haciendo caso omiso, por ejemplo, de la costumbre de asistir a la apertura del Congreso. Sin embargo, en los asuntos generales, se comportó casi siempre de modo convencional.

Las propuestas legislativas que el nuevo gobierno presentó al Congreso a finales de 1916 eran medidas que se debatieron públicamente durante algún tiempo y cuyo contenido se consideraba moderado. El gobierno solicitó fondos para nuevos programas de colonización en tierras del Estado; un fondo de urgencia para socorrer a los agricultores afectados por una sequía reciente; un nuevo banco del Estado que proporcionara más créditos para la agricultura, y la adquisición de barcos con el fin de resolver el problema de los elevados fletes de guerra. Además, en 1918 propuso que se introdujera un impuesto sobre la renta. El error que cometió Yrigoyen en 1916 fue pedir al Congreso la elevada suma de 100 millones de pesos papel para poner en práctica todas estas medidas. Los conservadores sacaron inmediatamente la conclusión de que los fondos se emplearían para fines partidistas. El Congreso alegó que era necesario economizar y denegó el dinero solicitado. Más que oponerse a las medidas propiamente dichas, lo que no quería hacer el Congreso era conceder al ejecutivo la independencia financiera que hubiera entrañado acceder a la petición: Yrigoyen causaría menos problemas si los recursos de que disponía eran mínimos. Disputas de esta clase sobre la concesión y la disposición de fondos públicos continuaron suscitándose durante toda su presidencia y fueron la causa principal de la creciente desavenencia entre el gobierno y la oposición conservadora. Hubo varios años en que el Congreso no votó el presupuesto anual, a lo cual respondió el gobierno efectuando desembolsos por simple resolución del gabinete. Después de 1919 este pasó a ser el principal método que utilizaba Yrigoyen para incrementar el gasto público. Las discusiones constantes entre el ejecutivo y el Congreso por asuntos financieros fueron una de las razones principales de que la acción legislativa del gobierno resultara un tanto limitada antes de 1922. El logro más importante de Yrigoyen fue la creación en 1920 de un banco hipotecario agrícola al amparo de la ley n.º 10.676. A partir de entonces, los agricultores gozaron de condiciones de crédito más liberales para la adquisición de tierras. La ley ayudaba a las actividades de colonización en los límites exteriores de las pampas y en los territorios nacionales.[12]

12. Véase Roberto Etchepareborda, *Yrigoyen y el Congreso*, Buenos Aires, 1956; para la legislación agraria, véase Ortiz, *Historia económica*, I, p. 57.

El presidente sólo podía imponerse al Congreso cambiando la composición del mismo y obteniendo una mayoría. Para ello tenía que controlar las provincias y suplantar a los gobernadores conservadores y sus maquinarias de partido. Al igual que Roca, Pellegrini y Figueroa Alcorta antes que él, Yrigoyen recurrió a la intervención federal. Las intervenciones en las provincias y los problemas electorales relacionados con ellas dieron origen a algunas de las polémicas más feroces durante los primeros tres años de su presidencia. La más seria tuvo lugar a principios de 1917 cuando Yrigoyen, haciendo caso omiso de la afirmación del Congreso en el sentido de que en tales asuntos eran necesarias las leyes, decretó la intervención en la provincia de Buenos Aires contra Marcelino Ugarte. En total, durante los seis años de su gobierno hubo la cifra sin precedentes de 20 intervenciones federales, 15 de ellas por decreto. La mayoría, sin embargo, se suscitaron después de 1918, cuando la lucha por el poder entre radicales y conservadores entró en su fase más intensa. Asimismo, casi todas las intervenciones se hicieron en las atrasadas provincias del interior, donde el control del ejecutivo y de su reserva de patronazgo, empleos y créditos era la clave de la dominación política. Gracias en gran parte a la intervención federal, en 1918 los radicales obtuvieron una mayoría en la cámara nacional de diputados. Lo que no lograron fue hacerse con el control del Senado, cuyos miembros gozaban de un largo ejercicio del cargo: nueve años renovables por tercios cada trienio.[13]

Antes de 1919 el gobierno radical procuró reforzar sus vínculos con las clases medias apoyando el movimiento de reforma universitaria, La Reforma, que empezó en Córdoba en el año 1918 tras la creciente agitación protagonizada por los que pedían cambios en la educación superior. En aquel entonces había en Argentina tres universidades: la de Córdoba (fundada en 1617 por los jesuitas), la de Buenos Aires (1821) y la de La Plata (1890). El número de alumnos de estas instituciones había crecido de alrededor de 3.000 en 1900 a 14.000 en 1918. Durante un decenio o más antes de 1918 aumentaron en Córdoba las tensiones entre el orden clerical e invariable que gobernaba la universidad y las nuevas clases medias de origen inmigrante, cada vez más representadas en el estudiantado. Durante la guerra, las viejas exigencias de que se mejorara la enseñanza universitaria y se modernizara el plan de estudios se radicalizaron a causa de acontecimientos que ocurrieron fuera del país, especialmente las revoluciones rusa y mexicana. El movimiento reformista empezó en Córdoba con una serie de huelgas combativas y un torrente de manifiestos, todo ello organizado por un nuevo sindicato estudiantil, la Federación Universitaria Argentina. Los estudiantes exigían estar representados en el gobierno de la universidad, que se reformara el procedimiento con que se efectuaban los exámenes y que se pusiera fin al nepotismo en el nombramiento de los catedráticos. Durante gran parte de 1918 reinó la confusión en la Universidad de Córdoba y la ciudad que le daba nombre. En el año siguiente las huelgas estudiantiles se propagaron a Buenos Aires y La Plata.

El gobierno radical apoyó en todo momento a los estudiantes. En 1918 Yrigoyen envió a Córdoba delegados personales que eran favorables al movimiento reformista. Los delegados llevaron a cabo muchos de los cambios que los

---

13. Véase Rodolfo Moreno, *Intervenciones federales en las provincias*, Buenos Aires, 1924.

estudiantes juzgaban necesarios y procuraron establecer vínculos entre los vagos ideales democráticos del radicalismo y el difuso conjunto de doctrinas que emanaba del movimiento partidario de la reforma. Más adelante, el gobierno puso en práctica reformas parecidas en la Universidad de Buenos Aires. Finalmente, las tres universidades recibieron estatutos nuevos que supuestamente garantizaban su autonomía, pero que, en realidad, las colocaban más directamente bajo el control del gobierno central. Cuando en 1919 y 1921 se crearon universidades nuevas en Santa Fe y Tucumán, en ellas se implantó el mismo régimen. Durante mucho tiempo el apoyo del gobierno radical a la reforma de la universidad se consideró como uno de sus logros más positivos y duraderos. En este caso Yrigoyen se las arregló para atacar una de las manifestaciones de los privilegios de clase, así como para asociarse con la democratización, sin verse burlado por la oposición conservadora.

Sus contactos con la clase obrera y los sindicatos de Buenos Aires fueron mucho menos fructíferos debido a la aguda rivalidad entre los radicales y los socialistas, deseosos ambos de obtener una mayoría popular en la capital. La competencia entre los dos partidos empezó durante las primeras elecciones que se celebraron en la ciudad al amparo de la ley Sáenz Peña en 1912 y persistió durante todo el periodo hasta 1930. En 1912 los socialistas ya obtenían más de 30.000 votos en la ciudad. Esta cifra se dobló más adelante y luego se triplicó cuando conquistaron una posición estable entre el electorado. El Partido Socialista, empero, era controlado por intelectuales de clase media y, si bien su mayor fuerza electoral radicaba en los obreros, también atraía a muchos administrativos y pequeños comerciantes. Su programa daba poca importancia a la socialización de la propiedad y se preocupaba más que nada por proteger los intereses de los consumidores urbanos. La principal debilidad del partido, fruto en gran medida de sus actitudes moderadas, era carecer del respaldo de los sindicatos. Antes de 1910 fue vencido constantemente por las maniobras de los anarquistas y después por las de los sindicalistas, los cuales, como hemos visto, en 1915 pasaron a dominar la principal federación obrera de Buenos Aires, la FORA. El objetivo principal de los radicales era explotar esta fisura entre el partido y el sindicato y ganarse los votos de los afiliados a éste.

La competencia por el voto obrero, que ya fue uno de los asuntos más importantes de las elecciones presidenciales celebradas en Buenos Aires en 1916, continuó con la misma intensidad cuando Yrigoyen ocupó el poder. La ofensiva radical comenzó a finales de 1916 al declararse una huelga en el puerto de Buenos Aires. La huelga la organizó un grupo llamado Federación Obrera Marítima, que era una asociación encabezada por sindicalistas. Éstos eran una espécie un tanto distinta de sus predecesores anarquistas. En su mayor parte no eran inmigrantes, sino hombres nacidos en Argentina. Proclamaban el objetivo de la revolución de clase, pero sin hacer nada por ponerla en práctica, y lo que les interesaba eran casi exclusivamente las cuestiones salariales. Yrigoyen vio en la huelga marítima la oportunidad de mejorar su reputación entre la clase obrera y debilitar a los socialistas. Al empezar la huelga, las autoridades respondieron con una serie de medidas que inducían a pensar que simpatizaban con la causa de los trabajadores. Hicieron gala del hecho de no haber recurrido a medidas policiales para sofocar el conflicto, como se acostumbraba a hacer hasta entonces. En vez de ello, se hizo comparecer a varios líderes sindicales ante miembros del gobierno y se les instó a aceptar el arbitraje de los mismos. Finalmente se resolvió la huelga de un modo que satisfacía la mayor parte de las reivindicaciones de los obreros.

La intervención del gobierno en esta huelga y en otras se convirtió rápidamente en un serio asunto político. Durante un tiempo granjeó a los radicales cierta popularidad entre los sindicatos y los electores obreros, lo cual les ayudó a vencer a los socialistas en las urnas. En las elecciones de 1916 para el Congreso en la ciudad de Buenos Aires, los radicales obtuvieron 59.061 votos, es decir, el 47,1 por 100 del total; en 1918 la cifra fue mayor: 74.180 votos, equivalentes del 51,7 por 100 del total. Pero estos triunfos electorales se lograron a costa de la vehemente oposición de los conservadores, que rápidamente fue más allá del Congreso y la prensa y abarcó a las principales asociaciones de intereses especiales, a cuya cabeza se encontraba la Sociedad Rural. En 1917 y 1918 las huelgas se propagaron más allá de Buenos Aires y afectaron a las compañías ferroviarias británicas. En este sector, debido principalmente al elevado coste del carbón importado durante la guerra, las condiciones de trabajo habían empeorado, a la vez que descendían los salarios. Cuando pareció que el gobierno volvía a tomar partido por los huelguistas, la oposición se propagó a los intereses comerciales británicos, que acusaron al gobierno de ser pro alemán. Empujada a actuar por destacadas compañías británicas, la patronal creó una asociación contra las huelgas, la Asociación Nacional del Trabajo, que se comprometió a hacer la guerra total contra los «agitadores» sindicales.

Durante varios meses el mundo laboral permaneció bastante tranquilo. Luego, a principios de enero de 1919, el descontento obrero volvió a despertar súbitamente, con intensidad aún mayor. Este episodio, al que más adelante se llamaría la Semana Trágica, fue fruto de una huelga de trabajadores metalúrgicos que comenzó en los primeros días de diciembre de 1918. La industria metalúrgica tal vez había sufrido más que cualquier otra durante la guerra. Dependía por completo de materias primas de importación en unos momentos en que los precios habían alcanzado niveles astronómicos de resultas de las elevadas tarifas de carga y de la escasez mundial debida a la fabricación de armas. Al subir los precios de las materias primas, los salarios habían bajado. Al finalizar la guerra, la situación de los obreros metalúrgicos era desesperada. La huelga era una lucha por la supervivencia. Inmediatamente se registraron actos de violencia y la policía tuvo que intervenir. Cuando los huelguistas mataron a un agente de la policía, ésta respondió con una emboscada. Dos días después cinco personas resultaron muertas en una refriega entre los dos bandos.

El incidente provocó la erupción de la ciudad. Sin prestar oídos a los ruegos de moderación que hacían los sindicalistas, los trabajadores atacaron en masa y formaron una gran procesión que recorrió la ciudad para homenajear a las víctimas del ataque de la policía. Hubo más brotes de violencia. Las cosas iban complicándose a una velocidad que paralizó al gobierno. Al titubear éste, intervino el ejército. Bajo el mando del general Luis F. Dellepiane, ex jefe de la policía de Buenos Aires, destacamentos militares con artillería y ametralladoras procedieron a sofocar los disturbios. Dellepiane llevó a cabo su tarea con poca dificultad. Los huelguistas fueron dispersados rápidamente. Al poco, lo único que quedaba del movimiento eran algaradas esporádicas motivadas por la escasez de alimentos.

Durante todos estos acontecimientos, Yrigoyen se mantuvo casi siempre en un segundo plano, sin decir nada. Era consciente de la peligrosa oleada de oposición que se estaba levantando en los círculos militares y navales. La causa no era sólo su política laboral, sino también los malabarismos que el presidente hacía con los ascensos militares, para favorecer a los simpatizantes de los radicales, y la utilización del ejército durante las recientes intervenciones federales. En enero de 1919 ya había en las fuerzas armadas algunos elementos que estaban dispuestos a derribar a Yrigoyen. En este clima, el gobierno se vio aprisionado en una reacción conservadora empeñada en vengarse de los recientes desórdenes. A raíz de la huelga surgieron numerosas bandas de vigilantes civiles. Después de una instrucción somera y ejercicios de tiro, todo ello a cargo del ejército, los soltaron en las calles. Pero pronto sus actividades se centraron en la comunidad ruso-judía de Buenos Aires. Los miembros de esta comunidad se convirtieron en los blancos principales, pues se creía que la huelga general había sido el preludio de una revolución bolchevique, parte de una supuesta conspiración mundial dirigida desde Rusia para derrocar el capitalismo. En Argentina, como en otras partes de América y de Europa occidental infectadas por temores parecidos, esta sospecha era infundada. A pesar de ello, la reacción que provocó costó la vida a doscientas personas. La xenofobia, unida a los sentimientos contrarios a los obreros, los comunistas y los judíos, fue el instrumento que usaron los conservadores para vencer el aislamiento y la falta de unidad que les habían costado las elecciones de 1916. Habían formado un numeroso movimiento popular, en el que se hallaban encuadrados muchos radicales, y el apoyo del ejército hacía de dicho movimiento un foco de autoridad contra el gobierno, un foco paralelo que en un momento dado podía competir con el gobierno. Cuando la violencia finalmente se apagó, los grupos de vigilantes se organizaron en una asociación que adoptó el nombre de Liga Patriótica Argentina.

En marzo de 1919 se celebraron en la Capital Federal unas importantes elecciones para el Senado. Los radicales consiguieron ganarlas, pero por un margen de sólo 3.000 votos de un total de 99.000. En apenas un año su participación en los votos había descendido de más del 51 por 100 a menos del 40 por 100. Sin embargo, los conservadores, representados por el Partido Demócrata Progresista, vieron cómo de 9.030 votos pasaban a obtener más de 36.000, lo cual se debió a que las clases medias de Buenos Aires empezaban a alejarse de los radicales. Fue a la vez un voto de censura al gobierno por las huelgas recientes y un gesto decidido de apoyo a los conservadores.

A finales de 1920 hubo otra importante racha de agitación, esta vez en la Patagonia. Empezó en las ciudades y luego se extendió entre las grandes estancias dedicadas a la cría de ovejas. Para que la huelga fuese seguida en las zonas más alejadas, sus partidarios se organizaron en bandas armadas. Hubo escaramuzas con los estancieros, los cuales, angustiados, pidieron ayuda a Buenos Aires. La Liga Patriótica alegó que la huelga encubría complots anexionistas chilenos y exigió que se tomaran medidas. Una vez más, Yrigoyen no pudo oponer resistencia. Se organizó una expedición militar que reprimió la huelga en una larga campaña llevada a cabo durante todo 1921 y todo 1922, puntuada por numerosas noticias de brutalidades perpetradas por el ejército.[14]

Este prolongado episodio de agitación obrera puso de manifiesto en repetidas ocasiones lo frágil que era la autoridad de Yrigoyen. En un intento de recuperar el apoyo de la nación, el presidente recurrió al populismo y al patronazgo. A partir de mediados de 1919, a medida que las importaciones y los ingresos fueron recuperándose, el gasto público comenzó su empinada ascensión. Las intervenciones federales en las provincias dejaron de ser un arroyuelo para convertirse en un torrente. Repartiendo puestos burocráticos entre sus seguidores y recompensando a los que tenía en las provincias, Yrigoyen recuperó rápidamente su popularidad personal. A finales de 1919 el Senado intentó censurar al presidente, pero fracasó a causa de las maniobras obstruccionistas de los radicales. Al mismo tiempo, la huelga de la Patagonia se aprovechaba en parte para que el ejército y la Liga Patriótica dejaran de prestar atención a la política de Buenos Aires. En las elecciones para el Congreso que se celebraron a principios de 1920, los radicales volvieron a vencer a los socialistas y a los demócratas progresistas y estos últimos obtuvieron muchos menos votos que en anteriores comicios. Después de esto, la amenaza electoral de los conservadores menguó rápidamente. (En 1922, como en 1916, se presentaron divididos a las elecciones presidenciales: los demócratas progresistas obtuvieron solamente el 5,8 por 100 de los votos y un nuevo grupo conservador formado para concurrir a las elecciones presidenciales, la Concentración Nacional, obtuvo otro 12,2 por 100.) En el conjunto del país, en 1922 los radicales contaban ya con una organización política que les daba ventaja sobre todos sus adversarios unidos. Pero el frecuente recurso de Yrigoyen a la intervención federal y la política de cuantiosos gastos en un momento en que los ingresos empezaban a descender otra vez durante la depresión de la posguerra provocaron nuevas y duras críticas por parte de los conservadores. Al recompensar a su clientela de clase media, Yrigoyen también provocó fricciones con el sector elitista de su propio partido. Disidentes conservadores y radicales atacaron con crudeza el liderazgo «personalista» del presidente, al que acusaron de fomentar el caos financiero y de colocar a miembros corruptos e incompetentes del partido en puestos clave del gobierno. Algunos predijeron la desintegración si no se detenía el deslizamiento hacia la «demagogia». En 1916 los intereses conservadores aceptaron a Yrigoyen creyendo que protegería la continuidad y la estabilidad. En la mayoría de los campos hubo indudablemente continuidad: las reformas que hicieron los radicales fueron insignificantes. En cambio, en 1922 la estabilidad parecía tan lejana como en cualquier otro momento de los anteriores treinta años.

Alvear, 1922-1928

Con gran alivio de sus adversarios, en 1922 la presidencia de Yrigoyen terminó. Su sucesor, que fue elegido por una gran mayoría de las provincias y por una pluralidad del voto popular contra la oposición conservadora y socialis-

---

14. La historia de la Patagonia la ha contado con detalles dramáticos y fascinantes Osvaldo Bayer, *Los vengadores de la Patagonia trágica*, 2 vols., Buenos Aires, 1972.

ta, fue Marcelo Torcuato de Alvear, miembro de una de las familias más antiguas y más ricas del país. El nuevo presidente ocupó su cargo en el momento culminante de la depresión de la posguerra. De nuevo, el ciclo económico eclipsó algunos de los principales problemas del país: la crisis de la industria cárnica, la reforma arancelaria y la deuda pública. El primero de estos problemas era importante más que nada porque ilustraba el poder que en la política argentina tenían ahora los industriales del sector cárnico. El segundo indicaba que las actitudes decimonónicas ante la protección arancelaria e industrial seguían dominando en gran parte en el decenio de 1920. Mientras tanto, la forma en que Alvear se ocupó de la deuda pública influyó mucho en la política durante todo el decenio de 1920. Fue la razón fundamental de la división del Partido Radical en 1924, de la creciente debilidad de Alvear como presidente y del resurgir de Yrigoyen como líder popular preparado para las elecciones presidenciales de 1928.

La creación de industrias cárnicas norteamericanas y británicas después de 1900 y el aumento de las exportaciones de carne vacuna refrigerada de gran calidad dieron origen a cambios importantes en la cría de ganado. En numerosas zonas de las pampas, especialmente en la provincia de Buenos Aires, se invirtió mucho en mejorar la cabaña, sobre todo el ganado vacuno de cuernos cortos. Al mismo tiempo creció la especialización entre los ganaderos, unos se dedicaron a la cría y otros, al engorde. Durante la guerra, con todo, estas tendencias cesaron bruscamente. El comercio de la carne refrigerada quedó en suspenso, al mismo tiempo que aumentaban rápidamente las exportaciones de carne vacuna congelada y en conserva. Como ahora se exportaba carne de menor calidad, ya no era esencial utilizar ganado de calidad superior ni engordarlo en pastos especiales antes de la matanza. Entre 1914 y 1921 todos los estancieros, prescindiendo de la calidad de su ganado, abastecían a la industria de carne congelada y en conserva y se beneficiaban más o menos en igual medida del auge del sector. Se fundaron varias plantas de preparación de carne en Zárate, Concordia y La Plata. La prosperidad fue más allá de la provincia de Buenos Aires y llegó a regiones ganaderas menos centrales como, por ejemplo, Entre Ríos y Corrientes, donde la mayoría de los rebaños eran de las tradicionales razas criollas. Al mismo tiempo, intereses urbanos de Buenos Aires y Rosario, provistos de abundantes créditos bancarios, comenzaban a dedicarse a la ganadería en gran escala. Entre 1914 y 1921 la cabaña argentina aumentó alrededor del 50 por 100 y pasó de 26 a 37 millones.

El auge terminó en 1921 cuando el gobierno británico dejó de acumular carne argentina, abolió los controles de la carne y empezó a liquidar lo que había acumulado. Comparado con 1918, en 1921 se sacrificaron en Argentina la mitad de reses con destino a la exportación. Los precios también se redujeron a la mitad. La producción de carne vacuna congelada y enlatada, descendió de forma vertiginosa y prácticamente desapareció. Después, el poco comercio que quedó volvió a estar dominado por la carne vacuna refrigerada, tras el intervalo de siete años. Durante un tiempo todos los sectores de la economía ganadera, desde los humildes cultivadores de alfalfa hasta las grandes plantas de preparación como Armour and Swift, sufrieron a causa de la depresión. Pero debido a la organización vertical de la industria, las pérdidas no se repartieron de manera uniforme. Algunos pudieron proteger sus márgenes hasta cierto punto forzando la baja de los precios que pagaban a los sectores que trabajaban para ellos. Este poder y esta libertad de maniobra pertenecían sobre todo a las plantas dedicadas a preparar la carne. Los estancieros con ganado de cuernos cortos también pudieron evitar el efecto pleno de la depresión volviendo al comercio de la carne vacuna refrigerada, mientras los especialistas del engorde podían seguir la iniciativa de las plantas de preparación y recortar los precios que pagaban a los criadores. Aparte de éstos, las principales víctimas de la depresión fueron los propietarios de ganado de Entre Ríos y Corrientes, que habían cometido el error de invertir excesivamente en ganado criollo, y los diversos especuladores que actuaron durante la guerra, que se encontraban igualmente sobrecargados de rebaños inútiles y tenían que hacer frente a elevadísimas obligaciones hipotecarias pendientes.

En el momento más crítico de la crisis, un segmento de los criadores de ganado se hizo con el control de la Sociedad Rural. Se utilizó esta prestigiosa institución para presionar al gobierno con el fin de que interviniese contra las plantas de preparación. Las acusaron de haber creado un acuerdo entre compradores con el fin de salvaguardar sus propios beneficios. Para contrarrestar este monopsonio, la Sociedad Rural propuso que se creara una planta preparadora de propiedad local que pagara precios más altos que los compradores norteamericanos y británicos. Se concibieron otras medidas encaminadas a ayudar a los estancieros que tuvieran un exceso de ganado criollo. Se recomendó un precio mínimo para el ganado empleando como criterio el peso en vez de la calidad y, en segundo lugar, impedir que las empresas extranjeras abastecieran el mercado nacional, reservándolo así para los que tenían ganado inferior. En 1923, con el apoyo del gobierno, el Congreso aprobó leyes que daban cuerpo a la mayoría de estas propuestas, pero el intento de regulación fracasó espectacularmente. Las empresas de preparación respondieron imponiendo un embargo a todas las compras de ganado, medida que rápidamente sembró la confusión y la división entre los rancheros. Poco después, el gobierno dio carpetazo a todo el programa y no tomó más medidas. Los criadores tuvieron que soportar la depresión sin recibir ayuda gubernamental.

Las propuestas que Alvear presentó al Congreso en 1923 para que se hicieran cambios en el arancel nacional se han considerado a veces como un marcado desplazamiento hacia el proteccionismo con el fin de estimular la industria nacional. Este era ciertamente el objetivo que el presidente declaraba en el preámbulo de la medida. Sugirió que se redujeran los derechos de importación de las materias primas que necesitaba la industria metalúrgica y, en segundo lugar, que se ampliara la protección que en el decenio de 1880 se daba al azúcar y los vinos con el fin de que también se beneficiaran de ella el algodón, la yerba mate y la fruta de clima templado. Sin embargo, el efecto que esto surtió en el total de la industria fue leve. En su aspecto proteccionista, esta medida era en gran parte continuación de la política que se siguiera en las postrimerías del siglo XIX. Su mayor importancia fue para regiones agrícolas como el Chaco y Río Negro, regiones que el gobierno intentaba colonizar. Aparte de esto, Alvear también recomendaba un incremento uniforme del 80 por 100 en las valoraciones arancelarias de las importaciones. En este caso, el cambio no se haría en los derechos propiamente dichos, sino en los valores fiscales de las importaciones en las aduanas. A estas importaciones se les aplicaba una serie variable de derechos. El incremento de las valoraciones, que el Congreso dejó en un 60 por 100, se añadió a otro del 20 por 100 que se llevara a cabo bajo Yrigoyen en 1920. Un incremento del 80 por 100 en tres meses parecía mucho, pero, en realidad, apenas compensaba la inflación de los precios de las importaciones durante la guerra. Fue, como hemos visto, un cambio en las valoraciones arancelarias y no, en su mayor parte, en los derechos propiamente dichos: estos últimos proporcionaban la verdadera oportunidad de guiar el desarrollo de la economía nacional. Lo único que se logró con esto fue más o menos volver a 1914 ocho años después de que se hicieran las valoraciones originales. Debido a la inflación, las valoraciones, que al principio fueron de alrededor del 25 por 100 de los valores reales en 1906, habían descendido hasta quedar en una media de sólo el 9,4 por 100 en 1921. Así pues, la reforma arancelaria de 1923 fue proteccionista sólo en medida muy limitada. Sus objetivos principales eran diferentes: incrementar los ingresos públicos al mismo tiempo que se reducían las importaciones durante la recesión de la posguerra, ayudar a los programas de colonización, y evitar que se repitieran los acontecimientos que en 1920 provocaron frecuentes casos de *dumping* por parte de los fabricantes extranjeros. Entre estas metas, el incremento de los ingresos era la más importante. En su mensaje al Congreso de 1923, Alvear calificaba las valoraciones arancelarias vigentes de «flagrante injusticia» y decía que eran la causa de «un declive insatisfactorio de los ingresos nacionales».

En las percepciones del asunto de los aranceles y de la industria nacional a principios del decenio de 1920 pesaba mucho la influencia de los acontecimientos del decenio anterior. Entre 1913 y 1920, primero con la depresión y luego con la guerra, la industria argentina había disfrutado de una protección sin precedentes aunque de todo punto involuntaria. Sin embargo, a ojos de la generación de la posguerra lo único que parecía haberse conseguido era una inflación incontrolable, los rendimientos injustificablemente elevados de los acuerdos entre negociantes aprovechados a expensas de los clientes y una serie de huelgas que habían estado a punto de provocar una revolución obrera. En vista de ello, era esencial volver a la estabilidad de antes de la guerra. Los puntos de vista relativos a la industria nacional eran en gran parte los mismos que durante casi todo el siglo XIX. El proteccionismo era sólo justificable para los productos nacionales que pronto pudieran competir con los precios de las importaciones, principalmente productos agrícolas; los demás eran «artificiales»: fomentarlos por medio del proteccionismo causaría ineficiencias crónicas en la economía. Aunque ayudaran al empleo y redujeran la necesidad de importar, también hincharían los precios y harían bajar el consumo total. Probablemente, la reforma arancelaria de 1923 tuvo escasa repercusión en la industria durante el decenio de 1920, pues creció principalmente con la llegada de nuevos inmigrantes y los comienzos de las inversiones norteamericanas. Si la industria en conjunto gozó de algún proteccionismo significativamente mayor en el decenio de 1920 que antes de 1914, es probable que ello se debiera tanto al recargo oculto sobre las importaciones resultante de la depreciación del peso entre 1921 y 1926 como a cualquier otra causa.

Como complemento de estos cambios en el arancel, Alvear también hizo frente al asunto del gasto y la deuda públicos. En 1923 su ministro de Hacienda,

Rafael Herrera Vegas, profetizó la «ruina nacional» con «el pago de 1.000 millones de deuda flotante y 604 millones de gastos presupuestarios».[15] Tanto él como Alvear estaban decididos a detener el deslizamiento, que venía produciéndose desde 1919, hacia lo que, según reconocían, era la anarquía financiera. Sin embargo, la austeridad fiscal era impopularísima entre la masa del Partido Radical. Para ella, los gastos públicos elevados no significaban sólo oportunidades de hacer carrera y de movilidad social, sino también un medio de huir de la depresión. Para controlar los gastos del Estado, era esencial quitar de la administración a los cargos nombrados por Yrigoyen, muchos de ellos inmediatamente antes de las elecciones presidenciales de 1922. Sin prestar atención a los peligros y al efecto probable que ello surtiría en sus relaciones con Yrigoyen, Alvear se comprometió a llevar a cabo esta tarea. Abandonó la discutida costumbre de su predecesor consistente en autorizar los gastos mediante simples resoluciones del gabinete y restauró plenamente la supervisión de los asuntos financieros por parte del Congreso. Entre las postrimerías de 1922 y 1924 hubo una serie de campañas contra la corrupción administrativa y otra larga serie de purgas y despidos. En 1925 ya imperaba una apariencia de mayor orden. Con los cambios arancelarios y superados los efectos de la depresión, los ingresos públicos mejoraron mucho. Aunque en conjunto Alvear no logró poner coto a la tendencia alcista del gasto público, finalmente consiguió que los ingresos cuadraran con los gastos, así como reducir el crecimiento de la deuda flotante.

Pero le costó caro en lo que se refiere a su partido. Debido al efecto de las purgas y de la enorme reducción de los gastos, Alvear perdió rápidamente el control del partido. A mediados de 1924 los radicales se dividieron en dos bandos irreconciliables. Uno de ellos, que era mayoría en el Congreso y en las comisiones de los distritos electorales, renunció a Alvear y reafirmó su lealtad a Yrigoyen. A partir de ese momento se hicieron llamar «yrigoyenistas». El resto del partido se convirtió en los radicales «antipersonalistas», título que adoptaron para expresar su oposición a Yrigoyen. Este segundo grupo lo componían principalmente los conservadores y el sector elitista del partido, así como muchos radicales de provincias que se habían enemistado con Yrigoyen debido a sus intervenciones federales contra ellos después de 1919. A partir de 1924 las dos facciones lucharon encarnizadamente por la supremacía. El politiqueo y no la política dominaba ahora la administración Alvear. La mayoría yrigoyenista de la Cámara de Diputados torpedeó el programa legislativo del gobierno. Al principio el presidente se alineó con los antipersonalistas, pero en 1925, tratando de reunificar el partido, rompió con ellos y se negó a aceptar su exigencia de intervención federal contra los yrigoyenistas en la provincia de Buenos Aires. En julio de 1925, Vicente Gallo, ministro del Interior y antipersonalista, dimitió. Sin el apoyo de Alvear, el desafío antipersonalista perdió fuerza pronto. No tardó en quedar reducido a otra facción conservadora, poco más que una coalición de agrupamientos provinciales dominados por su filial de Santa Fe.

La poca disposición de Alvear a abrazar la causa antipersonalista y a usar los poderes de la presidencia para favorecerla dejó vía libre a Yrigoyen. Después de 1924 sus seguidores reconstruyeron rápidamente la organización de su parti-

---

15.   Citado en Rock, *Politics in Argentina*, p. 225.

do. Al celebrarse las elecciones provinciales para el Congreso en 1926, florecían comités del partido yrigoyenista en todas las ciudades y también en el campo, atrayendo el apoyo entusiástico de una amplia variedad de grupos populares. Durante este periodo los seguidores de Yrigoyen demostraron ser maestros incomparables del arte de la movilización popular. Inundaron el país de propaganda por medio de la prensa y también de la radio. Buscaron apoyo de forma indiscriminada, sin esforzarse por construir un partido con grupos de intereses compatibles. Ayudados por la vuelta de la prosperidad a mediados del decenio de 1920, cultivaron en el electorado la expectativa de que habría otra abundancia de sinecuras como en 1919-1922, dando a entender que todos los sectores de la población compartirían sus frutos. Al mismo tiempo procuraban glorificar la persona de su jefe, insistiendo en sus virtudes de líder popular y ampliando e hinchando sus logros anteriores. En 1928 Hipólito Yrigoyen ya disfrutaba de una popularidad hasta entonces desconocida en la historia argentina. Estaba en condiciones de protagonizar un retorno triunfal a la presidencia.

No obstante, cercanas ya las elecciones, Yrigoyen aún tenía muchos enemigos poderosos. La animosidad que despertaba en ellos fue en aumento cuando vieron que de nuevo pretendía alcanzar el poder. La posición de Yrigoyen era débil en algunas de las provincias donde mandaban los antipersonalistas y los conservadores. Perduraban en ellas los recuerdos de las numerosas intervenciones habidas durante su anterior administración, que eran consideradas como usurpaciones violentas y arbitrarias de los derechos provinciales. Esta clase de oposición ya no era privativa de las oligarquías terratenientes de las provincias. En Mendoza y San Juan, bajo el liderazgo de las familias Lencinas y Cantoni, la oposición se había democratizado para convertirse en una copia localista del movimiento popular del propio Yrigoyen. Seguía habiendo mucho antagonismo contra él entre los conservadores que habían aventado las llamas del chauvinismo, el antisemitismo y el anticomunismo entre 1919 y 1921. La oposición volvía a ser patente en el ejército. Una vez más circulaban rumores de golpe militar. En las postrimerías de la presidencia de Alvear afloró a la superficie otro rumor en el sentido de que había un complot del ejército para impedir su vuelta al poder, un complot orquestado por el ministro de la Guerra, el general Agustín Pedro Justo.

Entre estos grupos diferentes, Yrigoyen era denunciado una y otra vez por la forma irresponsable y manifiestamente demagógica de utilizar a sus seguidores populares. Los grupos conservadores opinaban que los principales partidarios de Yrigoyen, las clases medias que iban a la caza de empleos, eran irremediablemente corruptos. Yrigoyen parecía ahora un adversario mucho más peligroso que en 1916. Tras la escisión del partido en 1924, habían desaparecido las anteriores trabas que en cierto modo siempre le había puesto el ala conservadora del radicalismo. Existía la sospecha de que tramaba instaurar una dictadura popular. A esas alturas, una serie interminable de derrotas electorales había despojado a la oposición conservadora de casi toda la confianza en la reforma de Sáenz Peña. No había servido para producir el tipo de gobierno que dicha oposición quería. Aunque algunos conservadores, por ejemplo Justo, hubieran aceptado un gobierno de los antipersonalistas, otros habían experimentado recientemente una nueva y acentuada inclinación a la derecha. Admiraban la Italia de Mussolini y la España de Primo de Rivera y abogaban por la dictadura militar. Pero poco podía hacerse estando Yrigoyen cerca del cenit de la popularidad. Un intento de impedir su vuelta al poder suponía el riesgo de provocar la guerra civil. Y en esos momentos no había ninguna garantía de que los conservadores saldrían victoriosos de ella, así que tuvieron que esperar.

El petróleo y las relaciones internacionales

Durante la campaña electoral de 1928 los yrigoyenistas abordaron un asunto que fue importantísimo para el retorno de su líder a la presidencia: la creación de un monopolio estatal del petróleo. Esta campaña nacionalista también concentró su hostilidad en los intereses petroleros norteamericanos, especialmente en la Standard Oil de Nueva Jersey. El asunto se mezcló con otro de alcance más amplio como era la cuestión de las relaciones entre Argentina y Estados Unidos.

La campaña petrolera de finales del decenio de 1920 empezó unos veinte años después del descubrimiento en 1907 de los ricos campos petrolíferos de Comodoro Rivadavia, en la Patagonia, así como de otros más pequeños en Neuquén, Mendoza y Salta. Las peculiaridades que presenta la historia del petróleo en Argentina fueron el papel destacado que el Estado interpretó en la industria desde el principio y, también desde los primeros tiempos, la firme decisión de impedir que los recursos petroleros cayeran en manos de intereses extranjeros. En 1910 se dictaron leyes que creaban una reserva estatal en una zona de 5.000 hectáreas en Comodoro Rivadavia, de la cual quedarían excluidas durante un tiempo todas las pretensiones privadas. Poco después el propio Estado empezó las operaciones de perforación en Comodoro Rivadavia. Al principio, los intereses privados quedaron restringidos a los campos petrolíferos más pequeños que había en Neuquén y las provincias. Sáenz Peña era partidario decidido de que se hicieran esfuerzos por desarrollar la industria petrolera nacional, en gran parte porque las huelgas que hubo en Gran Bretaña inmediatamente antes de la guerra parecían amenazar las importaciones de carbón. Por otro lado, antes de la guerra eran escasos los conflictos entre esta pequeña empresa estatal y las compañías petroleras extranjeras. En aquel tiempo éstas mostraban poco interés por aumentar la producción en Argentina, y el país sólo les interesaba en calidad de importadoras. En estos primeros años el progreso de la industria, cuyo líder era el sector estatal, resultó un tanto decepcionante. No se cumplieron las esperanzas de reducir las importaciones, que procedían principalmente de Texas y México. Antes de 1914 la producción nacional apenas representaba el 7 por 100 del consumo total. El Congreso era reacio a otorgar fondos suficientes. Surgieron otras dificultades, que eran comunes en este tipo de empresas fuera de los países industriales, al tratar de obtener personal especializado y maquinaria. Durante la guerra Estados Unidos prohibió la exportación de maquinaria para perforar y refinar. Aunque los intentos de incrementar la producción nacional recibieron el apoyo creciente de la marina y el ejército durante la guerra, con el fin de satisfacer las necesidades de la defensa, poco hicieron los progresos por aliviar la crisis causada por el descenso de las importaciones de carbón británico. Además, sólo podía refinarse una parte de la producción total de petróleo crudo, que seguía siendo pequeña.

La crisis del combustible durante la contienda moderó algunos de los prejuicios más extremos contra el capital extranjero. Creció el sentimiento de que era un mal necesario para acelerar el desarrollo. Al parecer, esta opinión la compartía el primer gobierno radical. Entre 1916 y 1922, Yrigoyen se mostró tal vez menos nacionalista que sus predecesores inmediatos en lo que se refiere a la cuestión del petróleo. No se opuso a la presencia de un sector privado, la mayor parte de él en manos extranjeras. Bajo su gobierno, las compañías privadas incrementaron su participación en la producción total, que de un minúsculo 3 por 100 pasó a cifrarse en un 20 por 100. Utilizó Comodoro Rivadavia como fuente de patronazgo político. Todos los esfuerzos reformistas que hizo en este caso, como en tantos otros, chocaron con la hostilidad del Congreso. Su medida más significativa fue la fundación en 1922, poco antes de dejar el cargo, de una junta supervisora y administrativa para el petróleo del Estado, la Dirección General de los Yacimientos Petrolíferos Fiscales (YPF). Bajo Alvear, al aparecer condiciones más favorables para la importación de maquinaria, la industria empezó a reanimarse. Alvear puso al frente de la YPF al general Enrique Mosconi, administrador vigoroso y cumplidor, al mismo tiempo que concedía mucha autonomía a ambos. Bajo Mosconi se resolvieron muchas de las primeras dificultades de la industria estatal. En 1925 se inauguró una gran refinería en La Plata. La YPF también organizó su propia red minorista, que producía y distribuía gasolina y parafina. En el periodo de la posguerra inmediata, el petróleo en Argentina por fin empezó a despertar gran interés entre las principales compañías del extranjero. En estos años el crecimiento de la YPF se vio eclipsado por el del sector privado, que en 1928 ya había incrementado su participación en la producción hasta alcanzar un 38 por 100. Sin embargo, el crecimiento de la producción no pudo seguir el ritmo de la demanda nacional. A pesar de que se triplicó la producción total de petróleo crudo entre 1922 y 1928, las importaciones de carbón también se incrementaron en un tercio y las de petróleo casi se doblaron. En 1928 los campos petrolíferos argentinos seguían suministrando menos de la mitad del total de combustible que consumía la nación.

Así pues, a finales del decenio de 1920, mucho antes de la campaña yrigoyenista, ya era tradicional que el Estado participase en la industria del petróleo. La base de esta tradición eran sentimientos nacionalistas que con frecuencia saltaban las barreras entre los partidos políticos. De igual modo, Argentina fue el primer país, exceptuando la Rusia soviética, en formar una industria petrolera de propiedad estatal e integración vertical. Sin embargo, no se había llegado al extremo de excluir la participación privada o extranjera en la industria. Con miras a incrementar la producción y asegurar la eficiencia, cada uno de los gobiernos siguió una política consistente en permitir el crecimiento por igual de los sectores estatal y privado. Las intervenciones fueron principalmente para proteger la participación del sector estatal en el mercado e impedir la exportación regular de petróleo. Después de la guerra, esto permitió que varias compañías extranjeras montaran en el país filiales importantes que con el tiempo les darían la parte del león en la producción. En 1928 las compañías privadas ya proporcionaban un tercio de la producción de Comodoro Rivadavia, dos tercios de la de Plaza Huincul en Neuquén, y toda la de los campos más pequeños de Salta y Mendoza.

Para entonces la Standard Oil ya era la más prominente entre las compañías privadas y tenía intereses en casi todas las esferas de la industria. Al igual que antes de la guerra, seguía siendo la principal importadora de petróleo y controlaba los principales cauces de distribución interna. Tenía intereses considerables en la refinación y, a pesar de la YPF, tenía, con mucho, la mayor participación en las ventas de parafina y de combustible para automóviles. Pero entre sus actividades las que ahora atraían más atención eran sus operaciones de perforación en la provincia de Salta. La Standard Oil se instaló en dicha provincia gracias a que cortejó con asiduidad a las autoridades de la misma, que controlaban los derechos del subsuelo en ella del mismo modo que el gobierno central los controlaba en los territorios nacionales del sur. Durante el decenio de 1920 Salta continuaba bajo una oligarquía de terratenientes, los más poderosos de los cuales se dedicaban ahora a producir azúcar. Hasta hacía pocos años la provincia había sido muy pobre. Con las condiciones que ofreció, a la Standard Oil le costó poco hacerse con una extensa zona y con los derechos exclusivos de exploración y perforación en ella. Los campos petrolíferos de Salta se adquirieron con la intención de vincularlos a un campo de la compañía en Bolivia. La Standard Oil pretendía crearse una esfera de influencia transnacional en este rincón de América del Sur. La posición de que gozaba en Buenos Aires le proporcionaría la salida para las exportaciones que pensaba potenciar desde Bolivia y, si podía, desde la propia Salta.

Durante el decenio de 1920, ante el ya encarnizado y muy divulgado conflicto por la supremacía entre los intereses petroleros privados y la YPF, la opinión pública bonaerense desplegó la hostilidad contra el capital extranjero que ya mostrara antes de la guerra. Con un celo y una exaltación típicos, los yrigoyenistas montaron una campaña encaminada a aprovechar para fines políticos el estado de ánimo que predominaba entre los sectores populares. En julio de 1927 se comprometieron a colocar todos los campos petrolíferos de la nación bajo el control del Estado y a hacer este monopolio extensivo a la refinación, los productos derivados y la distribución. Expusieron el asunto al electorado con característica fanfarronería, cultivando incesantemente las aspiraciones populares al control total de los activos nacionales y la animosidad latente contra los negocios extranjeros. Se presentó la nacionalización del petróleo como el remedio soberano de los males de la nación. Se hicieron grandes promesas según las cuales los ingresos del petróleo, una vez estuvieran bajo control nacional, permitirían cancelar la deuda exterior y harían innecesarios nuevos préstamos. Los fabricantes nacionales contarían con una fuente ilimitada de energía barata, lo cual haría posible pasar de forma milagrosa e incruenta a la condición de sociedad industrial. El monopolio estatal del petróleo permitiría eliminar todos los demás tipos de impuestos y finalmente aliviaría a los sectores populares de los fastidiosos derechos de importación que hinchaban el coste de la vida.

Pronto disfrutó la nacionalización de enorme popularidad entre las clases medias: una vez vinculados al petróleo, los ingresos públicos dejarían de estar sujetos a los movimientos imprevisibles del comercio exterior; luego, virtualmente no habría límites a la expansión del sector público y la burocracia. Asimismo, el asunto tenía mucho que ver con la lucha de Yrigoyen contra los antipersonalistas y los conservadores: sus partidarios presentaban la situación imperante en Salta como la negra alianza de la oligarquía y el imperialismo, una alianza que el monopolio del Estado destruiría. Si Yrigoyen lograba poner el control del petróleo en las manos del gobierno nacional, quitándoselo a las provincias, destruiría uno de los mayores puntales de la oposición. Con los derechos del petróleo en sus propias manos, los yrigoyenistas estaban seguros de la supremacía perpetua.

El componente nacionalista de esta campaña iba dirigido sólo contra la Standard Oil. En gran parte no prestó atención a los consorcios petroleros británicos, tales como la Royal Dutch Shell. Ésta maniobraba de modo más discreto y hasta el momento había tenido menos éxito que la Standard Oil. Pero entre bastidores su alcance no era menos ambicioso. Desde hacía años, el control del petróleo argentino era un objetivo tanto británico como norteamericano. Pese a ello, la Standard Oil era el blanco de las críticas debido a sus desacertadas afiliaciones con la oligarquía de Salta, debido también a su mala reputación internacional y, sencillamente, debido a que era una compañía norteamericana. En este caso, el asunto del petróleo se mezclaba con el de las relaciones internacionales y también con las relaciones entre Yrigoyen y los grupos conservadores con poder.

Asimismo, el antinorteamericanismo no emanaba de las clases medias ni del Partido Radical, sino de los intereses hacendados y exportadores de las pampas y de los conservadores. Su origen se hallaba principalmente en antiguas disputas en torno al comercio. Aunque desde principios de siglo los norteamericanos tenían una participación importante en el mercado argentino, primero con el petróleo de Texas y después con automóviles, Argentina no había conseguido crear exportaciones recíprocas a Estados Unidos. Cumpliendo los deseos del sector agrícola norteamericano, las administraciones republicanas de Estados Unidos impedían continuamente la entrada de la mayoría de los productos argentinos. Argentina protestaba vigorosamente, con frecuencia, pero inútilmente. En 1914, a pesar de la llegada de las empresas cárnicas de Chicago, Argentina aún no había conseguido crear en Estados Unidos un mercado para sus exportaciones de carne vacuna. Los norteamericanos estaban dispuestos a aceptar sólo sus productos de segunda categoría, tales como cueros y linaza. Durante la primera guerra mundial las exportaciones argentinas a Estados Unidos aumentaron diez veces su valor. Sin embargo, poco después, en 1922, el arancel Frodney-McCumber restauró la anterior política de exclusión y, hasta cierto punto, la amplió.

En el decenio de 1920, debido a que su posición seguía siendo débil en el mercado norteamericano, Argentina dependía mucho de sus exportaciones a Gran Bretaña. Pero la estabilidad a plazo más largo de esta conexión se veía amenazada por el creciente desplazamiento hacia Estados Unidos, con preferencia a Gran Bretaña, como proveedores de Argentina. A finales del decenio, el superávit comercial de Argentina con Gran Bretaña era más o menos equiparable a su déficit con Estados Unidos. En Gran Bretaña, con todo, iba en aumento una campaña a favor de la preferencia imperial. Si ésta se adoptaba en un intento de reducir los desequilibrios comerciales británicos, los productores de los dominios británicos —Canadá, Australia, Nueva Zelanda y Suráfrica— recibirían la parte del mercado británico que antes correspondía a Argentina.

Estos asuntos influyeron mucho en la cuestión del petróleo argentino y las relaciones con la Standard Oil de Nueva Jersey. En 1926 la administración Coolidge en Estados Unidos impuso la prohibición absoluta de importar carne vacuna preparada de la región del Río de la Plata. La medida se tomó oficialmente para protegerse contra la glosopeda, pero provocó una respuesta furiosa de Buenos Aires, que vio en ella otra muestra de proteccionismo discriminatorio. El gobierno argentino procedió en seguida a buscar el medio de desquitarse: la Standard Oil se encontraba convenientemente cerca. Por parte de Yrigoyen, la campaña contra la Standard Oil fue un acto de considerable astucia política. Le permitió seguir la corriente de los sentimientos populares, pero, además, presentarse como el paladín de intereses nacionales más amplios y de la elite terrateniente de las pampas. Por otra parte, al abordar la cuestión del petróleo era esencial evitar toda ofensa a los ingleses, que podían usarla también como pretexto para tomar represalias comerciales. Así pues, le tocó a la Standard Oil soportar toda la campaña contra el capital extranjero. Era evidente que, una vez eliminada la Standard Oil, Yrigoyen pensaba dar a los ingleses el papel de importadores principales del petróleo y la maquinaria que necesitaba la YPF. Esto ayudaría a reducir el superávit comercial con Gran Bretaña y mejoraría la posición negociadora de Argentina ante la preferencia imperial.

EL GOLPE MILITAR DE 1930

En 1928 Yrigoyen reconquistó la presidencia con alrededor del 60 por 100 del voto popular, casi 840.000 contra los 537.000 de la oposición conjunta. Al volver a ocupar el cargo en octubre, la adulación de que fue objeto hacía pensar en los honores que se tributaban a los emperadores romanos. No obstante, este momento, el apogeo de una carrera pública que ya abarcaba más de medio siglo, resultó ser su último triunfo personal. Menos de dos años después, en septiembre de 1930, con su reputación por los suelos, fue expulsado ignominiosamente por un golpe de Estado que dieron los militares.

Hipólito Yrigoyen volvió a la presidencia a la avanzada edad de 76 años. En algunos círculos se sospechaba que padecía senilidad y dos años más tarde este fue uno de los pretextos que se usaron para derrocarle. La verdad es que en 1928 reapareció con una estrategia y un propósito definidos con mucho más cuidado que 12 años antes, en 1916. Era consciente de que, prescindiendo de su visible apoyo popular, la supervivencia de su gobierno dependía de que pudiera tener a raya a la oposición conservadora y militar. La cuestión del petróleo aún estaba por resolver; su vuelta a la presidencia representaba poco más que un principio feliz de la batalla en pos del control del mismo. En 1927 sus partidarios habían presentado al Congreso leyes a favor de la nacionalización. Las leyes habían pasado con fortuna por la Cámara de Diputados, que era de elección popular y donde los yrigoyenistas eran mayoría. Pero luego el Senado, donde seguían dominando las voces de las provincias interiores encabezadas por Salta, así como otros adversarios de Yrigoyen, sencillamente no se dio por enterado. El presidente se encontraba con el mismo problema con que tropezara su anterior administración. Para que las leyes fueran aprobadas necesitaba una mayoría en el Senado. Para ganar las elecciones al Senado necesitaba controlar las legislaturas provinciales, pues eran éstas, y no el voto popular, las que elegían a los senadores nacionales. Esto significaba más intervenciones federales para sacar a los regímenes que ocupaban el poder en ellas, pero corriendo el riesgo de exacerbar el resurgente federalismo del interior. A la sazón estaban pendientes elecciones para el Senado en Mendoza y San Juan. Estos eran los centros del lencinismo y del cantonismo y en ellos, como en Salta, la oposición al gobierno era especialmente virulenta y arraigada. Por lo tanto, el nuevo gobierno prestó ante todo mucha atención a la política en las provincias de Cuyo. En el acto se vio envuelto en una lucha encarnizada y a menudo violenta por la supremacía. El asunto se resolvió en dos episodios culminantes. A finales de 1929 el líder de la oposición en Mendoza, Carlos Washington Lencinas, fue asesinado por unos yrigoyenistas. Durante el año siguiente, tras un debate reñido y casi interminable, los partidarios del presidente lograron impugnar la elección de Federico Cantoni y uno de sus seguidores personales como senadores por San Juan. Así pues, a mediados de 1930 los yrigoyenistas se encontraban cerca de la victoria final. Habían aplastado la oposición más extrema en el interior. También se encontraban al borde de una clara mayoría en el Senado. Su intención era volver a presentar las leyes sobre el petróleo cuando el Congreso se reuniera de nuevo en 1931.

Durante 1929 y parte de 1930 Yrigoyen también consiguió tener a raya a sus adversarios conservadores de Buenos Aires, cultivando hábilmente sus simpatías en la cuestión de las relaciones comerciales con Gran Bretaña y Estados Unidos. En 1927, poco después de que los norteamericanos prohibieran las importaciones de buey argentino, y mientras la confrontación política con la Standard Oil alcanzaba su punto más alto, la Sociedad Rural se puso al frente de una campaña que pedía un trato favorable para los artículos británicos de importación. Su lema «Comprad a quienes nos compran», fue adoptado rápidamente por la nueva administración. Cuando el presidente electo Herbert Hoover visitó Buenos Aires a finales de 1928, durante una gira cuyo objetivo era fomentar el comercio en las repúblicas latinoamericanas, se encontró con una recepción hostil y fue virtualmente insultado por Yrigoyen en persona. Sin embargo, durante el año siguiente una misión comercial británica encontró una acogida totalmente distinta. Yrigoyen dio a entender al líder de la misión, lord D'Abernon, su deseo de ofrecer un «gesto moral» a Gran Bretaña en reconocimiento de los «estrechos lazos históricos» entre los dos países. Sin buscar la promesa de que se le compensaría incrementando las exportaciones argentinas a Gran Bretaña, Yrigoyen prometió numerosas concesiones a empresas y mercancías británicas en el mercado argentino. Entre ellas, la de adquirir en Gran Bretaña todo lo que en el futuro necesitaran los ferrocarriles del Estado, abandonando la costumbre normal de solicitar ofertas internacionales.

Así pues, ciertos aspectos de la segunda administración de Yrigoyen inducen a pensar que una estrategia compleja y planificada cuidadosamente iba haciéndose realidad poco a poco, con notable fortuna. El presidente se movía hábilmente entre las aspiraciones de sus partidarios populares en la cuestión del petróleo y el interés de las elites por el comercio internacional. Esto se hizo a costa de los norteamericanos y las provincias. Si el gobierno hubiera podido continuar en estas direcciones, muy poco habría tenido que temer del ejército. En 1929 había pocas señales de la confusión, la incompetencia o la parálisis que se apoderaron de él durante el año siguiente y que son lo que más se recuerda. Lo que transformó en fracaso estos éxitos relativos del principio, tras lo cual las cosas se deslizaron rápidamente hacia el derrumbamiento y la catástrofe, fue la gran depresión que siguió a la caída de Wall Street. La depresión hizo sentir sus efectos en Argentina a finales de 1929, después de dos años de lenta caída de los precios de los productos básicos y de disminución de las reservas de oro. Al acelerarse el descenso, el gobierno de Yrigoyen respondió con medidas anticíclicas de índole ortodoxa similares a las que tomaron los conservadores en 1913-1914. Abandonó la convertibilidad del peso y buscó nuevos préstamos en Gran Bretaña y Estados Unidos para evitar dificultades con la deuda exterior. Fueron respuestas razonables aunque poco inspiradoras. Expresaban la expectativa que al principio albergaban los círculos gubernamentales y bancarios en el sentido de que la crisis duraría poco. La erosión rápida de la autoridad del gobierno empezó cuando se vio obligado a reducir el gasto público. Entonces, Yrigoyen pagó finalmente el precio de su ruptura con las elites, de su decantación por los sectores populares y de los métodos que desde 1924 había tolerado con el fin de ganarse el apoyo de dichos sectores.

Cuando Yrigoyen volvió al poder, sus partidarios habían comenzado inmediatamente una campaña para hacerse cargo de la burocracia. A mediados de 1929 todos los departamentos de la administración ya se habían convertido virtualmente en agencias de colocación que servían a los fines políticos del gobierno. El régimen pronto quedó saturado de corruptelas. El gasto público empezó a subir inmediatamente. En 1928 se registró un descenso del 10 por 100 de los ingresos comparados con el año anterior, pero el gasto se incrementó en un 22 por 100. En 1929 la diferencia se hizo todavía mayor: los ingresos experimentaron una mejora del 9 por 100, pero los gastos se aceleraron en otro 12 por 100. En 1930 los ingresos volvieron a descender hasta quedar alrededor del nivel de 1928, mientras que el gasto era alrededor de un 23 por 100 superior al del citado año.[16] Al final el gobierno tuvo que plantearse la conveniencia de economizar. Al producirse el golpe de Estado en septiembre, ya había indicios de que la subida del gasto empezaba a estabilizarse. Sin embargo, la reducción de gastos y la austeridad llegaron en un momento en que la demanda de subsidios crecía debido al aumento del paro y al descenso de las rentas. En 1930 Yrigoyen cayó en una trampa parecida a la que él había tendido a Alvear en 1922. La depresión desquició rápidamente el partido y el respaldo popular del gobierno. Los seguidores de Yrigoyen se desmoralizaron y pronto empezaron a desertar en número creciente.

En las elecciones para el Congreso que se celebraron en marzo de 1930 el número de votos que obtuvo Yrigoyen disminuyó en un 25 por 100 comparado con 1928: de 840.000 bajaron a poco más de 620.000. En la ciudad de Buenos

16. Cifras detalladas en Carl E. Solberg, *Oil and nationalism in Argentina*, Stanford, 1979, p. 149.

Aires los yrigoyenistas perdieron las elecciones por primera vez desde la escisión del partido en 1924. Fueron derrotados por el Partido Socialista Independiente, ramal recién formado del antiguo Partido Socialista alineado ahora con los conservadores. Durante los meses siguientes la desilusión con el gobierno dio paso a la oposición encendida. Los acontecimientos en las provincias de Cuyo, que antes a menudo no recibían atención, ahora eran objeto de debates intensos y diarios. La prensa publicaba largas y detalladas denuncias de la corrupción administrativa. Los estudiantes, que desde La Reforma se contaban entre los partidarios más ruidosos de Yrigoyen, organizaron manifestaciones contra él. Facciones rivales de yrigoyenistas y una organización derechista llamada la Liga Republicana luchaban públicamente por el dominio de las calles. El gabinete se desintegró en facciones que se combatían mutuamente. Los rumores sobre la senilidad del presidente eran cada vez más insistentes.

Finalmente, los adversarios más inveterados de Yrigoyen, muchos de los cuales tenían algo contra él desde hacía más de un decenio, tuvieron la oportunidad de reunir las fuerzas necesarias para derribarle. El líder del golpe militar, el general José Félix Uriburu, detrás del cual se encontraba el general Justo, destacaba desde hacía tiempo por sus denuncias de las intrigas de Yrigoyen en las listas de ascensos del ejército. Había sido uno de los principales enemigos de la política laboral de Yrigoyen en la posguerra. Durante el decenio de 1920 se había empapado de doctrinas fascistas y corporativistas. Despreciaba la ley Sáenz Peña. También era miembro de la oligarquía salteña que había hecho el trato con la Standard Oil. El levantamiento de septiembre de 1930 sólo fue apoyado activamente por una minoría del ejército. Pero este apoyo le bastó para alcanzar su objetivo. Al dimitir Yrigoyen, estalló una lucha tremenda por la sucesión entre los miembros del gabinete y ello puso al descubierto la bancarrota total de su administración. Pocos de los partidarios de Yrigoyen acudieron a ayudarle. Algunos de ellos se unieron a la chusma que saqueó e incendió su domicilio en Buenos Aires.

El golpe de 1930 fue un asunto totalmente nacional. Aunque la Standard Oil tuviera un interés obvio en que Yrigoyen cayese, no hay ninguna prueba de que hiciera algo para provocar su caída. Washington recibió el golpe con cierta actitud expectante y con la esperanza de que mejorasen las relaciones con Argentina, pero los acontecimientos subsiguientes durante el decenio de 1930 impidieron que la esperanza se hiciese realidad. Toda posible influencia norteamericana en los acontecimientos de 1930 se vio anulada por la presencia británica. Estuvieron entre los que apoyaron a Yrigoyen hasta el final, reacios a alegrarse de su caída. Parecía que las esperanzas británicas de obtener concesiones comerciales perecerían con él. Tras su caída, Hipólito Yrigoyen fue desterrado a la isla de Martín García, en el estuario del Río de la Plata, donde pasó gran parte del resto de su vida (murió en 1933). La democracia representativa en Argentina había vivido y muerto en esta figura que ahora era frágil, que a veces fue moralmente falible, aunque nunca del todo malintencionada. Al desaparecer él, la política en Argentina empezó a seguir rumbos nuevos. Las clases medias vieron defraudadas sus expectativas de supremacía perpetua. Los conservadores volvieron al poder bajo la protección de los militares y siguieron en él durante más de un decenio, hasta el golpe militar de 1943 y la ascensión de Perón.

Capítulo 6

ARGENTINA, 1930-1946

El año 1930 abre la puerta que da paso a la Argentina moderna. El golpe militar de septiembre de 1930 provocó el derrumbamiento del gobierno constitucional y dio comienzo a la larga serie de democracias débiles, interrumpidas por gopes de estado y dictaduras militares, que fue el rasgo cardinal de la política argentina hasta bien entrado el decenio de 1980. La caída en la depresión en 1930 cambió de manera permanente el camino del desarrollo económico. Hasta entonces Argentina había subsistido como dependencia extraoficial de Gran Bretaña, a la que abastecía de carne y cereales a la vez que era el principal mercado del carbón y las manufacturas británicas y, al menos hasta 1914, las exportaciones de capital de la misma procedencia. A partir de 1930 la estructura victoriana, que ya soportaba una presión creciente desde el estallido de la primera guerra mundial, empezó a tambalearse. La depresión causó un descenso de las exportaciones agrarias y una expansión de las manufacturas, lo cual perjudicó la estabilidad de la relación anglo-argentina al transformar los componentes de la economía argentina. De modo paralelo a los cambios económicos tuvo lugar un cambio social de igual magnitud y con las mismas consecuencias duraderas. La población argentina aumentó de 11,8 millones en 1930 a 15,3 millones en 1946, pero la tasa de crecimiento descendió. La disminución de las tasas de crecimiento fue consecuencia de un descenso considerable de la tasa de natalidad, de 31,5 por mil en 1920 a 24,7 por mil en 1935, por culpa, según la gente de la época, de la depresión. (En cambio, las tasas de mortalidad sólo descendieron ligeramente, de 14,7 por mil en 1920 a 12,5 por mil en 1935.) La disminución del crecimiento demográfico se debió también al fin de la inmigración en masa de europeos. Los hombres nacidos en el extranjero todavía representaban el 40 por ciento de la población masculina en 1930, pero sólo el 26 por ciento en 1946. Ya no eran inmigrantes españoles e italianos sino inmigrantes internos quienes alimentaban la expansión continua de Buenos Aires al acelerarse en gran medida la migración del campo y las provincias durante los decenios de 1930 y 1940.

En el año 1930 también se registró una aceleración de un profundo cambio ideológico —la decadencia del liberalismo y la ascensión del nacionalismo— que más adelante daría color en la textura de la política argentina. Las primeras señales de una conciencia nacionalista aparecieron antes de 1930 entre algunos sectores de la intelectualidad. Pero después de 1930 el nacionalismo se convirtió en un movimiento político que complementaba e intensificaba los otros cambios que tenían lugar en el gobierno y las instituciones, la economía y la sociedad y formaba parte de un proceso de cambios complejos que se reforzaban mutuamente. En el decenio de 1930 los ecos del pasado se mezclaban con los precursores del futuro. En septiembre de 1930 cayó la «democracia» y volvió la «oligarquía», que al principio se sostuvo por medio del ejército y luego, durante un decenio o más, del fraude electoral. La reaparición de la oligarquía conservadora en el decenio de 1930 significó una regresión al sistema político que había predominado antes de la reforma electoral de 1912 y la victoria de los radicales en 1916, toda vez que los sucesivos gobiernos excluyeron de las actividades políticas a gran parte de la población que tenía derecho a participar en ellas. Pero, como en 1900-1912, en el decenio de 1930 se produjo una lenta liberalización, y a principios de 1940, bajo el presidente Roberto María Ortiz, la política parecía a punto de entrar de nuevo en la fase democrática que empezó en 1912. Otros aspectos del decenio de 1930 también recordaban el pasado. En el centro de la política económica conservadora durante la depresión estuvo el tratado Roca-Runciman de 1933, que fue un intento de proteger los históricos vínculos comerciales y financieros con Gran Bretaña que la oligarquía del siglo XIX había creado. En otros sentidos, sin embargo, las respuestas conservadoras a la depresión pronto se extendieron en direcciones innovadoras. Empezando por el Banco Central en 1935, se fundaron nuevas instituciones cuyo cometido sería dirigir la economía, al tiempo que palabras y expresiones como «devaluación», «control de cambios» y «financiación mediante déficit» entraron en el léxico de los encargados de formular la política económica, donde han permanecido desde entonces.

El régimen conservador hizo frente a la depresión con notable éxito. La recuperación empezó ya en 1934, y a finales del decenio Argentina había recobrado la prosperidad de los años veinte. Sin embargo, el período de dominio de la oligarquía fue más breve que el de los radicales que lo había precedido (1916-1930), puesto que en los primeros años cuarenta aparecieron nuevas fuerzas políticas que lo desbancaron rápidamente. El derrumbamiento del conservadurismo en junio de 1943, a raíz de un segundo golpe militar, fue en parte resultado de la segunda guerra mundial, que después de 1939 provocó una crisis de las relaciones internacionales y la política económica. A mediados de 1940, mientras la Alemania nazi invadía Francia y Bélgica, los intentos conservadores de revitalizar los antiguos vínculos con Europa terminaron en un súbito fracaso. Ante la rápida caída del comercio exterior, los líderes conservadores hicieron esfuerzos vigorosos por crear una relación nueva pero esencialmente parecida con Estados Unidos. Sin embargo, al negociar un tratado con Estados Unidos en 1940-1941 Argentina no logró alcanzar su objetivo principal: la apertura del mercado norteamericano a sus exportaciones de carne y cereales.

Las circunstancias internas también condicionaron fuertemente el cambio político. Después de 1940 el sector rural experimentó un cambio importante al pasar de la agricultura a la ganadería, dado que el ganado bovino y los cerdos ocuparon gran parte de la tierra donde los arrendatarios cultivaban antes sus cosechas y los peones estacionales recolectaban los cereales. La industria, mientras tanto, estaba en expansión y atraía a la población desplazada del campo a las ciudades. Al finalizar la guerra la migración interna ya había empezado a cambiar radicalmente la distribución física y las ocupaciones de una parte importante de la población. Estos cambios contribuyeron a debilitar la base política del conservadurismo porque redujeron la dominación de los productores agrarios al tiempo que intensificaban el peso de sectores que dependían de las manufacturas urbanas o veían éstas con simpatía.

Si la reducción de gastos y la recuperación se convirtieron en la tónica del decenio de 1930, la revolución estuvo a la orden del día en los primeros años cuarenta. En 1942 el régimen conservador de Ramón S. Castillo, que había dado marcha atrás a los intentos de liberalización de Ortiz, se hallaba dividido y a la deriva. En el extranjero se encontraba ante la creciente oposición de Estados Unidos a su política de neutralidad en la guerra y a su resistencia a ingresar en la alianza panamericana, posturas que había adoptado, al menos en parte, en respuesta a la poca disposición norteamericana a cooperar en el comercio. En el interior el gobierno tenía que hacer frente a una oposición parecida por parte de diversos grupos de intereses y organizaciones políticas, algunas de ellas antiguas partidarias de los conservadores. Pero el desafío más serio procedía de los nacionalistas de la ultraderecha, que se hallaban agrupados en diversas facciones y recibían poco apoyo popular pero iban afianzándose cada vez más en el ejército. El golpe militar de junio de 1943 desencadenó la Revolución Nacionalista, que se comprometió a destruir todos los lazos «imperialistas», a llevar a cabo la expansión industrial patrocinada por el estado y encabezada por una nueva industria de armamentos y a instaurar un sistema político autoritario que extirpara el «comunismo» y el «liberalismo». Dirigida por los nacionalistas, Argentina emprendió una reforma radical y un profundo cambio político. Sin embargo, la dictadura militar corporativista que pretendían crear los nacionalistas de 1943 no llegó a materializarse. En cambio, 1943-1946 fue el período del ascenso de Juan Perón, que culminó con su elección como presidente. Con el respaldo de un movimiento de masas obreras recién creado, los peronistas llegaron al poder con un programa de industrialización y reforma social. La victoria de Perón en 1946 y el triunfo del «populismo nacional» se convirtieron así en la principal consecuencia de la guerra, y el propio Perón, paladín de la «soberanía económica» y la «justicia social» y enemigo de la «oligarquía», el «colonialismo» y el «comunismo», encarnó la transición ideológica de los primeros años cuarenta.

LA POLÍTICA BAJO URIBURU Y JUSTO, 1930-1938

La revolución de septiembre de 1930 fue fruto de las profundas animosidades personales que Hipólito Yrigoyen, presidente de la república de 1916 a 1922 y de nuevo a partir de 1928, despertaba en los conservadores. En 1930 eran pocos los conservadores que se oponían a la «democracia» como sistema político. Seguía preocupándoles más la forma en que había funcionado la democracia bajo los radicales. Analizaban la política en categorías aristotélicas: bajo Yrigoyen la «democracia» se había deslizado hacia la «demagogia» y la «tiranía»; la venalidad de los caciques y los comités del partido yrigoyenista había asfixiado la misión de la democracia, que era alcanzar la «verdadera representación». Detrás de estas percepciones había mucho esnobismo patricio. «Camarillas obsequiosas» y un «abyecto círculo de aduladores ineptos» habían dominado y finalmente destruido el régimen de Yrigoyen. El propio presidente caído era de «baja estofa», hijo ilegítimo de un «vasco desconocido», que mucho tiempo atrás emprendió su carrera política en los garitos y las galleras del distrito bonaerense de Balvanera, donde en el decenio de 1870 había sido jefe de policía. Los cómplices de Yrigoyen eran hombres como él mismo, una «ralea a la caza de beneficios y de enriquecimiento propio» y responsable del otro gran fallo de la democracia, su «avasallamiento de las jerarquías siguiendo los caprichos de la chusma».[1] En 1937, durante su campaña para alcanzar la presidencia, Roberto María Ortiz declaró que la revolución de 1930 había «puesto fin a

1. Véase Carlos Ibarguren, *La historia que he vivido*, Buenos Aires, 1955, pp. 318, 368, 400, 428.

un sistema de desgobierno que substituía el imperio de la ley por el capricho arbitrario de un demagogo que supeditaba el interés general de la nación a apetitos desordenados estimulados por la presión de lo más bajo de las masas».[2]

Los conservadores odiaban a Yrigoyen desde hacía mucho tiempo. Habían hecho todo lo posible por acabar con su reputación antes de las elecciones de 1928, y poco después de éstas empezaron a conspirar para derrocarle. La oportunidad que esperaban llegó con la depresión. El yrigoyenismo estaba edificado sobre el patronazgo y su solidez dependía del flujo de gastos del estado. Controlar a la clase media de esta manera daba buenos resultados durante los períodos de expansión económica, tales como 1928 y la mayor parte de 1929, cuando los ingresos iban en aumento. Pero fracasaba en seguida en tiempos de crisis económica, como la que empezó a finales de 1929. En ese momento Yrigoyen fue víctima de una pugna por los recursos, que disminuían rápidamente, entre los intereses exportadores y poseedores de propiedades, la mayoría de ellos conservadores, y la clase media urbana, que era principalmente radical. Al sobrevenir la depresión, los primeros exigieron que se hiciesen recortes drásticos en los gastos públicos para reducir la presión que soportaban el crédito y los tipos de interés y permitir a los bancos responder con mayor eficacia a los terratenientes y comerciantes en apuros. La clase media reaccionó exigiendo que se aumentara todavía más el gasto público con el fin de proteger el empleo y detener la caída de los ingresos urbanos. En 1930 el gobierno hizo esfuerzos desesperados por superar estas presiones encontradas. Finalmente empezó a reducir el gasto, pero no con la rapidez suficiente según los conservadores y demasiado rápidamente en opinión de los radicales. Así, al tiempo que se intensificaba la oposición de los intereses terratenientes y comerciales también se desintegraba el apoyo popular a Yrigoyen.

Los apologistas del golpe de 1930 solían presentar al ejército como sencillamente el instrumento de la voluntad popular, que actuaba en nombre del pueblo: la revolución, según declaró Carlos Ibarguren, «fue el ejército hecho pueblo, y el pueblo hecho ejército».[3] Como recordaría Felix Weil:

> Nadie ... movió un dedo en defensa del gobierno legal. Los trabajadores se mostraron indiferentes, apáticos, no se convocó ninguna huelga, no se organizó ninguna manifestación, no se cerró ninguna fábrica ni taller ... Con tantos empleados del gobierno, especialmente policías y militares, sin cobrar desde hacía algún tiempo, a la burocracia militar y civil no le importó que se cambiara el gobierno viciado legal pero insolvente de un reformador senil, fantasioso e insincero por el gobierno de un general del que podía esperarse que contara con el favor de los bancos, pagase los salarios puntualmente y recompensara con generosidad a sus seguidores.[4]

En este ambiente fue fácil preparar un golpe con una organización notablemente escasa y con un mínimo de fuerza militar. El golpe del 6 de septiembre de 1930 fue una acción casi exclusivamente militar. El general José Félix Uriburu, su líder, que había participado en la insurrección fracasada contra Juárez Celman en julio de 1890, prohibió explícitamente la participación de civiles alegando que éstos habían sido la causa de la derrota cuarenta años antes. Los líderes de la ultraconservadora Liga Republicana, cuyos

---

2. Citado en Felix Weil, *Argentine Riddle*, Nueva York, 1944, p. 63.
3. Ibarguren, *La historia...*, p. 380.
4. Weil, *Argentine Riddle*, p. 39.

miembros habían combatido esporádicamente a los yrigoyenistas en las calles durante el año anterior, instaron a Uriburu a organizar la revolución, pero no desempeñaron ningún papel activo en el levantamiento propiamente dicho. Por tanto, la función de los civiles consistió en preparar el terreno para el golpe por medio de manifestaciones callejeras, discursos incendiarios y un ataque masivo por parte de la prensa de la oposición durante las semanas que lo precedieron.

La revolución propiamente dicha fue poco más que la marcha de unos cuantos centenares de cadetes desde la guarnición militar de Campo de Mayo hasta la Casa Rosada, la sede del gobierno, en el centro de Buenos Aires, de la cual tomaron posesión. Uriburu no había hecho ningún esfuerzo por organizar movimientos en las provincias ni por trazar planes detallados para apoderarse de centros de comunicaciones e instalaciones importantes. Los preparativos complejos resultaron de todo punto innecesarios. El propio Yrigoyen, que se había enterado de la insurrección, huyó a La Plata. Cuando las tropas que se encontraban allí le negaron su apoyo dimitió y fue detenido. Al entrar en el centro de Buenos Aires, los cadetes encontraron resistencia por parte de unos cuantos francotiradores, la mayoría de los cuales disparaban desde la azotea del edificio del Congreso, y los intercambios de disparos causaron algunas bajas en ambos bandos. Pero esta oposición fue dominada rápidamente y los cadetes siguieron bajando por la Avenida de Mayo hasta la Casa Rosada. Allí el vicepresidente, Enrique Martínez, intentó negociar con los rebeldes, pero fracasó y también dimitió.

Después de hacerse con el poder, los revolucionarios proclamaron un gobierno provisional encabezado por Uriburu. El nuevo régimen consistía casi enteramente en civiles, la mayoría de ellos conservadores de cierta edad que habían ocupado cargos gubernamentales por última vez antes de 1916 bajo Roque Sáenz Peña o su sucesor, Victorino de la Plaza. El gobierno provisional empezó inmediatamente a expulsar a los radicales de la administración, los gobiernos provinciales y las universidades, pero pronto resultó obvio que el nuevo régimen estaba claramente dividido en dos facciones y que la oposición a los yrigoyenistas era lo único que lo unía. El propio Uriburu capitaneaba la primera de las facciones, apoyado por Matías Sánchez Sorondo, el ministro del Interior, y por Carlos Ibarguren, que se convirtió en interventor de Córdoba. A ojos de mucha gente, la facción de Uriburu comprendía los «fascistas» de Argentina, es decir, los elementos empeñados en imponer un sistema como el de Mussolini. Uriburu no sólo persiguió a los radicales, sino que también fusiló fríamente a un par de anarquistas declarados culpables de sabotaje. Alentó la formación de la Legión Cívica Argentina, cuyos miembros llevaban uniformes de estilo fascista y adoptaron el saludo fascista.

Sin embargo, Uriburu rechazó una y otra vez la etiqueta de fascista y el fascismo como «doctrina extranjera» que era «inapropiada» para Argentina. En su lugar, aspiraba a una «democracia verdadera», sin los caciques y los comités yrigoyenistas. De hecho, esta aspiración parecía hacer de Uriburu no un fascista sino un liberal, porque la «democracia», como decía una crítica derechista, le identificaba con «el lenguaje y las ideas de la revolución francesa», el fundamento del liberalismo moderno.[5] En realidad, ni el fascismo ni el liberalismo eran la principal inspiración de las ideas políticas de Uruburu, sino que éstas eran fruto del escolasticismo; su concepción de la democracia estaba más cerca de la idea que de ella se tenía en la antigua Grecia que de su versión moderna en

---

5.   Véase Comisión de Estudios de la Sociedad Argentina de Defensa de la Tradición, Familia y Propiedad, *El nacionalismo: Una incógnita en constante evolución*, Buenos Aires, 1970, p. 29.

Norteamérica o la Europa occidental. Los fundamentos escolásticos de las ideas de Uriburu aparecían con la máxima claridad en un manifiesto que publicó en febrero de 1932
y que, según dijo, era «la doctrina de la Revolución de Septiembre». Este documento
—que se prestaba mucho a la ironía en vista de la conducta de Uriburu como presidente— se hacía eco de preceptos de·san Agustín, santo Tomás de Aquino y sus sucesores:

> La razón de la existencia de la autoridad suprema ... es ... la consecución del bie-
> nestar colectivo ... Cualquier gobierno que no acierte a trabajar con este fin, ya sea
> por abusar de su autoridad o por abdicar de sus responsabilidades, es un gobierno
> tiránico ... El gobierno tiránico es un gobierno sedicioso porque al sacrificar el
> bien común compromete la unidad y la tranquilidad de la sociedad, que existe por
> la sencilla razón de asegurar el bienestar de sus miembros ... Y todo gobierno se-
> dicioso deja, por definición, de ser un gobierno, de tal modo que una revolución
> organizada que lo derroque mediante un acto de fuerza es totalmemte legítima
> mientras su objetivo sea restaurar el bienestar colectivo.[6]

Para Uriburu el propósito de la revolución era establecer un mejor sistema de representación y evitar así la tiranía de una «minoría mística» como los caciques yrigoyenistas, de manera que «representantes auténticos de intereses sociales reales puedan actuar
dentro del estado ... e impedir que el profesionalismo electoral monopolice el gobierno y
se imponga entre el gobierno y las fuerzas vivas».[7] Inspirándose en la teoría corporativista de la época, Uriburu, por tanto, sugirió que en el Congreso estuvieran representados los gremios y no los partidos. Él y sus seguidores calificaban esta idea de nacionalismo, ya que, según afirmaban, unificaría y armonizaría las partes constituyentes de la
nación. Así pues, los uriburistas hicieron campaña a favor de la reforma constitucional y
se concentraron en cambiar el Artículo 37 de la Constitución de 1853: la composición
y las funciones de la Cámara de Diputados. Uriburu parecía dispuesto a convocar elecciones y retirarse una vez hubiera llevado a cabo esta reforma. Al menos durante un
tiempo albergó la esperanza de transmitir la presidencia no a un fascista sino a Lisandro
de la Torre, veterano liberal-conservador que había sido uno de sus camaradas durante la
revolución de 1890 y era su amigo desde entonces.

Uriburu no logró poner en práctica la reforma constitucional ni preparar su propia sucesión. Sus partidarios eran principalmente abogados y académicos conservadores. Sin
embargo, la mayoría del ejército y las fuerzas vivas, los grandes estancieros y comerciantes que dominaban la economía y constituían la principal base civil para la revolución,
apoyaban la segunda facción del gobierno provisional. Acaudillada por el general Agustín Pedro Justo, esta facción pretendía crear un partido conservador popular del tipo que
Sáenz Peña había concebido en 1912 y que impediría que los yrigoyenistas recobrasen el
poder. Sus miembros querían una política económica conservadora que protegiese la economía basada en la exportación y defendiera los vínculos con Gran Bretaña y la Europa
occidental. Así pues, la etiqueta que mejor cuadra a la facción es la de «liberal-conservadora», y la facción difería de los nacionalistas capitaneados por Uriburu en que se oponía
a la reforma constitucional y a la representación corporativa, que, al igual que los otros

6. *Crisol*, 14 de febrero de 1932.
7. Citado en Carlos Ibarguren hijo, *Roberto de Laferrère (periodismo-política-historia)*, Buenos Aires,
1970, p. 32.

adversarios de Uriburu, veía como potencialmente fascista. En esencia la disputa entre «liberales» y «nacionalistas» tenía que ver con la estructura del estado. Los primeros se oponían al tipo de estado mediador situado por encima de la sociedad que proponían los teóricos corporativistas. Querían el gobierno de una clase, el gobierno controlado por ellos mismos: los principales intereses productores y comerciales.

El momento crítico de la pugna entre las dos facciones llegó en abril de 1931 cuando Sánchez Sorondo, como ministro del Interior, convocó elecciones en la provincia de Buenos Aires con la intención de utilizarlas para demostrar el apoyo popular a Uriburu y reforzar a éste contra Justo. El plan falló por completo cuando las elecciones dieron una victoria amplia y del todo imprevista a los radicales que los observadores atribuyeron en parte a un reciente y desacertado incremento del precio de los sellos de correos. A partir de este momento, mientras la posición de Uriburu se desmoronaba, el grupo de Justo controló el gobierno provisional, que fijó la fecha de las elecciones presidenciales para noviembre de 1931, y el papel de Uriburu quedó reducido a poco más que a tener a los radicales a raya. Después de derrotar una revuelta radical en julio de 1931, el presidente detuvo a la mayoría de los radicales más destacados y en septiembre prohibió que sus candidatos concurriesen a las elecciones de noviembre.

De esta manera Justo logró abrirse paso hasta la presidencia. En noviembre de 1931, habiendo mantenido cuidadosamente su prestigio en el ejército y entre las fuerzas vivas, encabezó la recién formada «Concordancia», que era una coalición de partidos con tres ramas principales: los antiguos conservadores, que ahora se llamaban Demócratas Nacionales, aunque eran en su mayor parte oligarcas regionales; los Radicales Antipersonalistas, que se habían escindido de Yrigoyen en 1924, y los Socialistas Independientes, que se habían separado del Partido socialista en 1927. Los únicos adversarios de Justo en noviembre de 1931 eran una coalición del Partido Demócrata Progresista de Lisandro de la Torre y los socialistas ortodoxos de Nicolás Repetto. De un electorado de 2,1 millones de personas, votaron 1,5 millones. El total de votos que obtuvo la Concordancia fue de un poco más de 900.000, y el de la alianza de los demócratas progresistas y los socialistas de un poco menos de 500.000. Tres meses más tarde, en febrero de 1932, Justo asumía la presidencia y Uriburu partía con destino a Europa, donde murió, víctima del cáncer, al cabo de poco tiempo.

Las elecciones de 1931 devolvieron la presidencia a los mismos intereses, en particular los terratenientes y exportadores de las pampas, que controlaban el gobierno antes de 1916. Justo había adquirido el poder gracias al respaldo del ejército y de las fuerzas vivas y a la proscripción de los radicales. Hubo mucho fraude electoral. Inmediatamente después de los comicios, De la Torre, Repetto y los radicales dieron detalles de casos de fraude descarado en todo el país. En algunas partes la policía había robado las papeletas a los votantes de la oposición que hacían cola para depositarlas en las urnas; se demostró que las fichas de los que habían votado contenían muchas firmas falsificadas, lo cual significaba que entre los supuestos votantes de la Concordancia había muchas personas que en realidad no habían votado. Los partidarios de la oposición habían visto algunos sellos y precintos falsificados en las urnas, lo cual sugería que o bien dichas urnas eran falsas o las habían abierto antes del recuento oficial, para comprobar y hacer los «ajustes» necesarios para asegurarse de que su contenido diera los resultados deseados. En numerosos casos se habían usado papeletas falsificadas y en todavía más casos habían votado los muertos.

El fraude electoral, que había sido endémico hasta la ley de Sáenz Peña de 1912, no era ninguna novedad en Argentina. El fraude había persistido bajo los radicales, en particular en las zonas rurales, aunque normalmente se había practicado indirectamente, más por medio de la intimidación solapada que de la falsificación directa. Pero en el decenio de 1930, a partir de noviembre de 1931, el fraude volvió a ser común en la política y a veces los conservadores confesaban francamente que recurrían a él: era, según decían, un «fraude patriótico», una necesidad lamentable para tener a los radicales a raya. Ejemplos notorios fueron las elecciones para gobernador de la provincia de Buenos Aires en 1935, en las cuales los partidarios de Manuel Fresco se aseguraron la victoria utilizando la fuerza para impedir que votasen los radicales, cambiando las urnas y substituyendo el voto verdadero por otro inventado en los clubes conservadores. En unas elecciones que hubo en Corrientes en 1938 votaron más hombres de los que constaban en el censo electoral; en Mendoza, en 1941, conservadores armados con fusiles vigilaban las cabinas de votación y observaban cada una de las papeletas que se depositaban. Entre las numerosas formas de soborno electoral durante este período, una de las más comunes consistía en ofrecer a los votantes sobres cerrados que contenían papeletas marcadas de antemano y que el votante introducía a escondidas en la cabina y utilizaba para votar. Para demostrar que había cumplido la misión, salía con la tarjeta y el sobre que le habían dado dentro; después de entregarlos, se le pagaban sus servicios. En el decenio de 1930 la ciudad de clase obrera de Avellaneda, justo en las afueras de la capital, tenía una de las peores reputaciones en lo que se refería a la corrupción política. Según se decía, allí, en lo que algunos llamaban el «Chicago argentino», los caciques políticos conservadores encabezados por Alberto Barceló estaban muy metidos en el juego, la prostitución y la extorsión, y parte de los beneficios que se obtenían de estos negocios se usaban para controlar las elecciones. Durante todo el decenio de 1920 los conservadores se habían quejado en repetidas ocasiones de los caciques, los comités y las técnicas de patronazgo corruptas que habían empleado los radicales. A pesar de ello, después de recuperar el poder en 1931, los propios conservadores se apresuraron a recurrir a versiones todavía más burdas de los mismos métodos.

Los tres partidos que formaban la Concordancia se fusionaron gradualmente y perdieron por completo su identidad propia. En 1934 el Partido Socialista Independiente y los antipersonalistas ya habían desaparecido; la función principal de ambos partidos había sido permitir que un reducido puñado de líderes políticos se pasara a los conservadores y tomara posesión de cargos bajo el gobierno de Justo. De los socialistas independientes, por ejemplo, procedía Federico Pinedo, dos veces ministro de Hacienda durante este período, que patrocinó varias de las principales reformas económicas de la Concordancia.[8] Otro destacado socialista independiente era Antonio de Tomaso, talentoso ministro de Agricultura, cuya carrera terminó al morir en 1934. Pero la mayoría de los líderes de la Concordancia eran antipersonalistas: el propio Justo; Roberto María Ortiz, que sucedió a Justo en la presidencia, y Leopoldo Melo, a quien Yrigoyen había derrotado en las elecciones de 1928 y que ahora servía en calidad de ministro del Interior en el gobierno de Justo. Durante todo el decenio de 1930 los conservadores de verdad fueron una minoría en el gobierno. El más prominente era Ramón S. Castillo, el último de los ministros de Justicia e Instrucción Pública de Justo. En 1938 Castillo se convirtió en vicepresidente de Ortiz y luego, en 1940, él mismo en presidente.

Así, las figuras más progresistas eran muy superiores en número a los reaccionarios en el gobierno, y aunque durante algún tiempo su preponderancia no contribuyó en nada

8. Véase abajo, pp. 181-182, 198-201.

a disminuir el fraude electoral, dio al régimen de Justo un carácter relativamente benévolo y tolerante que contrastaba mucho con el ambiente político represivo que existiera bajo Uriburu. Justo en persona dedicaba gran parte de su tiempo a mantener su posición en el ejército, procurando aislar a algunos uriburistas intransigentes capitaneados por el coronel Juan Bautista Molina que continuamente tramaban complots para derribar el gobierno. Durante todo el decenio de 1930 el ejército fue una fuerza política de importancia fundamental que Justo mantuvo firmemente controlada y fuera de la política mediante una hábil estrategia de nombramientos y ascensos.

Al tomar posesión de su cargo en 1932, Justo levantó el estado de sitio que estaba en vigor desde la revolución de 1930. Puso en libertad y amnistió a los presos políticos de Uriburu, entre ellos Hipólito Yrigoyen, que hasta su muerte, acaecida en julio de 1933, hizo débiles esfuerzos por reunir a sus partidarios para volver a la política. Justo rehabilitó a los profesores universitarios a los que Uriburu había expulsado porque eran radicales. Reprimió con dureza las actividades de la Legión Cívica, la organización paramilitar patrocinada por Uriburu. La legión, ahora bajo el liderazgo del general retirado Emilio Kinkelín, tuvo poca importancia después de 1932, aunque se las arregló para sobrevivir hasta los primeros años cuarenta. La suerte de la legión es un ejemplo de la habilidad con que Justo aisló y debilitó repetidamente a sus adversarios políticos. A medida que desmilitarizaba el régimen, Justo adoptó un nuevo estilo tecnocrático de gobierno que confiaba ciertos aspectos de la política a especialistas. El más famoso de estos especialistas era Raúl Prebisch, que se convirtió en miembro destacado del equipo encabezado por Pinedo que concibió y puso en práctica las importantes reformas económicas del decenio de 1930.

Justo experimentó pocas dificultades con el trabajo organizado, toda vez que, en el apogeo de la depresión, los obreros luchaban principalmente por evitar el paro. El gobierno hizo de mediador en una huelga de los obreros de teléfonos en 1932 y también en posteriores disputas laborales. Esta forma de actuar contrastaba con lo ocurrido bajo Uriburu, cuyo gobierno amenazó en determinado momento con fusilar a tres taxistas declarados culpables a menos que obtuviera una obsequiosa declaración de apoyo por parte de destacados sindicalistas. El régimen de Justo patrocinó una importante serie de leyes laborales que incluían las indemnizaciones por despido y restricciones al trabajo los sábados por la tarde, medida que recibió el nombre de «sábado inglés». Aun así, el gobierno nunca vaciló en utilizar la represión contra los sindicatos y Justo continuó las deportaciones de «agitadores» que habían empezado después de la Ley de Residencia de 1901. El gobierno aumentó los poderes de la policía y creó una sección especial para que se ocupara de los asuntos laborales.

En 1930 el movimiento obrero se había unido oficialmente en la Confederación General del Trabajo (CGT), que fusionó las dos confederaciones principales que existían a finales de los años veinte, la socialista Confederación Obrera Argentina (COA) con la sindicalista revolucionaria Unión Sindical Argentina (USA). Aunque los impresores dominaron durante un tiempo el liderazgo de la CGT, el único sindicato que tenía alguna importancia era el de ferroviarios, la Unión Ferroviaria, que representaba alrededor del 40 por ciento de los afiliados a la CGT. Liberales económicos dirigían la Unión Ferroviaria; apoyaban el libre comercio, la reanudación de las inversiones extranjeras y —su única desviación de los conceptos librecambistas— la protección de los obreros contra el despido y el paro. Durante todo el decenio de 1930 menos de una quinta parte de los trabajadores de Buenos Aires estaba sindicada. La mayoría de los sindicatos de aquel momento conservaban vínculos con el Partido Socialista, al menos extraoficiales, si bien aún existían reducidos grupos anarquistas y sindicalistas revolucionarios. Un sindicalista revolucionario, Antonio Tramonti, estuvo al frente de la CGT hasta que fue derrocado en la escisión sindical de 1935, que dejó a la mayoría de los sindicatos bajo la dominación de José Domenech, socialista que guió a la CGT hacia una postura más explícitamente política y específicamente antifascista. En las postrimerías del decenio de 1930 la CGT dedicó la mayor parte de sus energías a la defensa de la república española durante la guerra civil. La influencia comunista en los sindicatos siguió siendo insignificante hasta que en 1936 se creó un nuevo sindicato de trabajadores de la construcción, la Federación Obrera Nacional de la Construcción (FONC), cuando el Comintern ordenó a los comunistas de todo el mundo que formaran un movimiento sindical independiente liderado por los comunistas. En 1939 la FONC ya se había convertido en el segundo sindicato argentino en orden de importancia y daba el ejemplo en lo que se refería a sindicar a los obreros no especializados y mal pagados, la mayoría de los cuales había dejado el campo por la ciudad. A pesar del crecimiento de la FONC durante los últimos años treinta, el Partido Comunista no había avanzado mucho desde su creación en 1920 y aún consistía en poco más que un puñado de intelectuales y líderes obreros cuya influencia política era todavía relativamente pequeña.

La persuasión y la manipulación se convirtieron en los rasgos distintivos del régimen de Justo. Durante un tiempo logró la estabilidad política, pero a costa del aumento de la desilusión y la indiferencia populares. El gobierno nunca consiguió liberarse del estigma de sus orígenes, que radicaban en el fraude electoral. La fuerza aparente de Justo se derivaba en gran parte de la debilidad de los adversarios del gobierno, de la inexistencia de una oposición eficaz que presentara alternativas auténticas a su política. Durante el decenio de 1930 el antiguo Partido Socialista tampoco creció mucho más allá de su baluarte tradicional en la capital federal. Los socialistas nunca se recuperaron del todo de la defección de los socialistas independientes en 1927 y la muerte del fundador del partido, Juan Bautista Justo, en 1928. Bajo unos líderes de edad avanzada encabezados por Nicolás Repetto, el Partido Socialista seguía siendo el mayor de la capital, donde el fraude electoral era menos común que en otras partes, pero su programa venía a ser el mismo que veinticinco años antes. Tan entregado como siempre a su electorado de consumidores de clase obrera, el partido funcionaba de acuerdo con más o menos las mismas suposiciones liberales de carácter general que guiaban la actuación del gobierno. El atractivo de los socialistas estribaba en sus evaluaciones seculares y realistas de los asuntos públicos; de lo que ahora carecían era de la energía y el evangelismo que habían mostrado bajo Juan Bautista Justo años antes al desafiar a la vieja oligarquía. A mediados de 1936 recuperaron finalmente un poco de su estilo de antaño cuando, codo a codo con la CGT, emprendieron campañas de apoyo a la atribulada república española, pero cuando ésta acabó sucumbiendo ante las fuerzas de Franco a principios de 1939, el socialismo argentino ya iba camino de convertirse con demasiada rapidez en una fuerza extinguida.

También se encontraba en rápida decadencia el Partido Demócrata Progresista, que a mediados del decenio de 1930 equivalía a poco más que a la persona de su líder, Lisandro de la Torre. En ese momento De la Torre llevaba mas de cuarenta años ocupando un lugar destacado en la política desde su base en Rosario, donde durante mucho tiempo había sido portavoz de los agricultores y los pequeños estancieros del litoral. Admirado por su oratoria, su integridad y su personalidad pintoresca y enérgica, De la Torre defendía ideas que en su mayor parte eran conservadoras. Pero durante toda su carrera, que empezó en la rebelión de 1890 contra Juárez Celman, había sido un demócrata firme que detestaba el fraude electoral. Por ser partidario decidido de la democracia, De la Torre nunca encontró mucho apoyo entre los conservadores más tradicionales, aparte de Uriburu en 1930 (cuyo ofrecimiento de la presidencia había rechazado).

En 1935 De la Torre fue miembro de una comisión del Congreso que investigó la industria cárnica y en esa capacidad provocó uno de los mayores escándalos políticos de la presidencia de Justo. Durante los primeros años treinta las empresas de productos cárnicos británicas y norteamericanas reaccionaron a la caída de los precios organizando un consorcio de fijación de precios para salvaguardar los beneficios a expensas de sus proveedores. Así, mientras que los precios que las empresas cárnicas pagaban a los estancieros por el ganado bajaban de una media de treinta y cuatro centavos el kilo en 1929 a sólo diecisiete centavos en 1933, entre 1930 y 1934 los beneficios de las empresas cárnicas oscilaban entre el 11,5 y el 14 por ciento de las inversiones de capital. En 1935 la comisión probó las acusaciones de que se había creado un consorocio ilegal. Pero De la Torre manifestó una opinión discrepante y fue mucho más lejos que las críticas un tanto calladas de sus colegas y acusó a las empresas de numerosos fraudes contables y fiscales. Se había descubierto que una compañía, la Vestey Brothers, trataba de sacar clandestinamente sus cuentas del país en un contenedor cuyo rótulo decía «carne de buey enlatada». Además, según declaró De la Torre, miembros del gobierno encabezados por el ministro de Agricultura, Luis Duhau, habían sido cómplices de estas evasiones y se habían beneficiado personalmente de ellas. El Congreso debatió las alegaciones de De la Torre, mientras cada uno de los bandos insultaba al otro y los miembros del gobierno negaban categóricamente las acusaciones. La tensión fue en aumento y un espectador desconocido trató de matar a tiros a De la Torre, pero sólo consiguió herir mortalmente a Enzo Bordabehere, su joven colega de Santa Fe en el Senado. Después de esto, De la Torre desapareció rápidamente de la política y al cabo de pocos años se quitó la vida.

Durante todo el decenio de 1930, de hecho casi hasta la víspera de las elecciones de 1946, el radicalismo siguió siendo el mayor de los movimientos políticos de Argentina, y sólo la proscripción, el fraude o las discrepancias internas le impidieron llegar a la presidencia. Poco después de la revolución de 1930 los radicales volvieron a dar muestra de gran parte de la energía y el ímpetu que habían desplegado durante los años veinte cuando se embarcaron en un intento, a veces violento, de recuperar la supremacía. En abril de 1931 ya volvían a tener una mayoría popular en la provincia de Buenos Aires; en julio intentaron una rebelión armada, aventura que algunos de ellos repitieron, de nuevo sin éxito, en 1933. Tras el golpe de estado los radicales denunciaron incesantemente el encarcelamiento de Hipólito Yrigoyen, la mayor parte del cual tuvo por marco la isla de Martín García, en medio del Río de la Plata, y cuando Justo finalmente dejó en libertad a Yrigoyen, muchos radicales acudían todos los días a rendirle homenaje en su domicilio de Buenos Aires. La muerte de Yrigoyen en 1933 provocó una de las mayores manifestaciones de la historia de Buenos Aires.

Aunque en el momento de su muerte Yrigoyen hubiese recuperado gran parte de la popularidad de la que gozara al comienzo de su segundo gobierno cinco años antes, después de su derrocamiento, continuamente enfermo, se había convertido en poco más que un símbolo nostálgico. En abril de 1931 el ex presidente Marcelo Torcuato de Alvear volvió a Argentina desde su segundo domicilio en París y se convirtió, con la aprobación de Yrigoyen y a pesar de sus pasadas diferencias, en el líder reconocido del partido, posición que conservó hasta 1942, año de su muerte. De Alvear, vástago de una gran familia patricia que parecía encarnar precisamente a la «oligarquía» que el radicalismo se había comprometido a destruir, había carecido hasta ahora de una base de poder personal en el partido. Pero su posición subió de inmediato en 1931 cuando repudió públicamente a Uriburu y luego se sometió alegremente a la detención y el encarcelamiento a manos del gobierno provisional. Con toda probabilidad, de haberse librado los radicales de la proscripción y el fraude durante las elecciones de noviembre de 1931, De Alvear, que era su candidato, hubiera vuelto a ser presidente.

Sin embargo, como líder del partido durante todo el decenio siguiente, De Alvear no mantuvo el impulso y la energía de 1931. Como presidente, continuó sus intentos de hacer entrar en vereda a los comités y los caciques del partido y convertir éste, como intentaran los antipersonalistas, en un movimiento conservador popular en torno a una clara serie de programas en vez de la búsqueda de patronazgo o asuntos individuales como la campaña pro nacionalización del petróleo en 1927-1930. En este empeño De Alvear volvió a fallar, y a medida que pasó el tiempo fue transformándose en una figura cada vez más anticuada cuyos pactos secretos con el gobierno daban pie a muchos rumores y molestaban a gran parte de las bases del partido. Tampoco cambió mucho el radicalismo después de morir De Alvear cuando el liderazgo pasó a Honorio Pueyrredón, hombre de carácter y orígenes parecidos.

Así pues, bajo un liderazgo anodino y nada inspirador los radicales empezaron a navegar a la deriva. Hasta 1935 se negaron invariablemenete a participar en las elecciones y readoptaron la «abstención», una de las tácticas de Yrigoyen en los primeros tiempos del partido cuya finalidad era resaltar el fraude electoral y protestar contra él. Cuando finalmente dejaron de abstenerse en 1935 el fraude y la necesidad de reconstruir la organización del partido hicieron que los radicales fueran electoraimente débiles durante varios años. Los socialistas dominaron la capital hasta los primeros años cuarenta y los conservadores, bajo líderes como Alberto Barceló y Manuel Fresco, controlaban la provincia de Buenos Aires. El gran baluarte del radicalismo se encontraba ahora en Córdoba bajo Amadeo Sabbatini, que durante mucho tiempo había rivalizado con De Alvear por el control del partido nacional. Los radicales, al igual que los socialistas, parecían no tener ninguna idea nueva. Aunque continuaron exigiendo la nacionalización del petróleo (asunto que Uriburu y Justo sencillamente dejaron de lado), también ellos conservaron una perspectiva en su mayor parte liberal, añorando los años veinte y, exceptuando algunos grupos marginales, oponiéndose a toda reforma importante. Los radicales seguían estando cargados de imperativos morales, pero con frecuencia faltos de sustancia, atormentados por incesantes rivalidades internas. En 1944 Felix Weil no pudo discernir ninguna diferencia real entre la perspectiva de los radicales y la de los conservadores:

La disensión predomina aún más entre los Radicales [sic] hoy. Todavía no tienen ningún programa político constructivo y su necesidad de liderazgo autoritario es mayor que nunca desde la muerte de De Alvear. La oposición a los conservadores no es un factor lo bastante fuerte como para unificar a un partido desmoralizado, en particular porque es difícil distinguir entre las deslumbrantes generalidades de los radicales y las de los conservadores. Los conservadores representan «el progreso moderado y el gobierno honrado», y los radicales, un «programa suavizado y un gobierno limpio». Ninguno de los dos habla en serio.[9]

9. Weil, *Argentine Riddle*, p. 6.

ECONOMÍA Y SOCIEDAD EN EL DECENIO DE 1930

La revolución de 1930 tuvo lugar en el momento en que la economía argentina acusaba los efectos de la depresión mundial. En 1930-1931 las ganancias obtenidas de la exportación cayeron en un tercio, de una media de alrededor de mil millones de pesos durante los últimos años veinte a sólo 600 millones en 1931. El producto interior bruto (PIB) descendió del 14 por ciento entre 1929 y 1932, con la producción de cereales disminuyendo en un 20 por ciento y la manufacturación en un 17 por ciento. Después de la suspensión del patrón oro al cerrarse la Caja de Conversión a finales de 1929, el peso se depreció en alrededor del 25 por ciento antes de finalizar 1931. Argentina se libró de las peores aflicciones de la depresión, tales como los índices de paro de entre el 20 y el 30 por ciento que se registraron entre los obreros industriales en Alemania y Estados Unidos y la catástrofe que cayó sobre Chile cuando los mercados exteriores del cobre desaparecieron casi por completo. Aun así, la crisis afectó seriamente a la agricultura y provocó una oleada de quiebras en las ciudades al descender la manufacturación y el comercio. A principios de 1931 el índice de quiebras ya era el triple del de mediados de 1929 y alcanzó un punto máximo tras la mala cosecha de 1930. De 1929 a 1933 los precios al por mayor de los principales productos de exportación de Argentina —cereales, linaza y carne— descendieron en aproximadamente la mitad. Se calcula que los salarios reales cayeron en un 10 por ciento.

El gobierno provisional de 1930-1931 tomó medidas rápidas y enérgicas en relación con el gasto público y el comercio exterior. En 1930, después de dos años de rápido crecimiento del gasto público bajo Yrigoyen, el déficit presupuestario había subido hasta la elevada tasa del 6,5 por ciento del PIB. En 1931 la deuda pública había alcanzado 1.300 millones de pesos, lo cual representaba un incremento de más del 50 por ciento desde 1929. La rápida caída de los ingresos provocada por la depresión agravó las dificultades que tenía el nuevo gobierno para frenar la subida de la deuda pública. El gobierno respondió con rigurosos recortes del gasto, que cayó de 934 millones de pesos en 1930 a 648 millones en 1932. Los despidos masivos de personal de la administración pública —alrededor de 20.000 en total— se convirtieron en el arma principal de la lucha para reducir el gasto, siendo los radicales las víctimas principales. En un intento de contener la caída de los ingresos el gobierno subió los impuestos y en 1931 introdujo un impuesto sobre la renta que pretendía disminuir la dependencia de los derechos arancelarios como fuente de finanzas públicas. El déficit presupuestario había caído hasta el 1,5 por ciento del PIB en 1932.

En 1930 cayeron tanto el valor de las exportaciones como su volumen, esto último debido a las malas cosechas. La contracción de las importaciones, sin embargo, fue más lenta y sus precios cayeron de forma mucho menos vertiginosa que los de las exportaciones: la relación de intercambio, tomando 1937 como base 100, ascendía a 97,6 en 1928, pero sólo a 63,2 en 1931. El resultado fue un grave déficit de la balanza de pagos que vació las reservas de oro del país y amenazó su capacidad de atender al servicio de la deuda exterior. En un esfuerzo por recortar las importaciones el gobierno de Uriburu subió los aranceles, que pasaron a ser más importantes como reguladores del intercambio que como instrumento fiscal. En octubre de 1931, siguiendo el ejemplo de otros muchos países, Argentina impuso controles de cambios. Estas medidas resultaron eficaces al menos temporalmente, toda vez que a mediados de 1932 se había eliminado el déficit de la balanza de pagos. En 1932 las importaciones por volumen alcanzaban apenas un 40 por ciento de la cifra de 1929.

El servicio de la deuda exterior a principios del decenio de 1930 resultó mucho menos difícil que en los primeros años del de 1890. Una de las razones fue que la depreciación del peso provocó la correspondiente contracción de los beneficios en oro o moneda fuerte de las compañías extranjeras, muchas de las cuales, por consiguiente, dejaron de hacer remesas al extranjero con la esperanza de que los tipos de cambio mejorasen con el tiempo. Se calcula que las compañías ferroviarias británicas perdieron así 6 millones de libras esterlinas entre julio de 1930 y julio de 1932. Las remesas aplazadas ayudaron a reducir los déficits de la balanza de pagos y los recursos que se requerían para el servicio de la deuda exterior. Una segunda razón fue que en los primeros años treinta el endeudamiento exterior público siguió siendo ligero en comparación con el de los primeros años del decenio de 1890. Así, de un total de inversiones extranjeras de 4.300 millones de pesos en 1934, sólo 900 millones constituían deudas públicas. Aunque el servicio de la deuda exterior absorbía alrededor de la mitad del total de reservas de oro en 1930-1931, Argentina pudo evitar el incumplimiento del servicio de la deuda exterior.

En Argentina los primeros años de la depresión fueron un período de dislocación más que de derrumbamiento. A pesar de la caída de los precios de las exportaciones, la producción agrícola y los volúmenes de exportación de productos agrícolas no descendieron de forma acusada hasta 1930 y luego se recuperaron hasta alcanzar los niveles de los últimos años veinte. En las ciudades la depresión afectó a los alimentos y las bebidas, las industrias metalúrgicas y las de pequeños enseres domésticos, pero no hizo daño al ramo de la construcción y especialmente a la industria textil. El paro visible siguió siendo notablemente ligero, tal vez entre el 5 y el 6 por ciento. En 1933 el agregado comercial británico en Buenos Aires calculó que el paro alcanzaba sólo el 2,8 por ciento. Un año después su sucesor comentó que «en comparación con el resto del mundo, puede decirse que Argentina no tiene ningún problema grave de paro».[10] Puede que las estadísticas oficiales subestimaran mucho el paro real, sin embargo. No tuvieron en cuenta a las obreras, que representaban quizá una quinta parte del total, y definían el paro, de manera muy engañosa, como porcentaje de la población total en vez de la población activa total.

Aparte de 1930, 1933 resultó el año más riguroso de la depresión, ya que los precios mundiales cayeron en picado hasta sus niveles más bajos desde hacía cuarenta años y ascendían apenas al 50 por ciento de los de 1929. Esto produjo otro grave déficit de la balanza de pagos que obligó al gobierno de Justo a tomar nuevas medidas para hacer frente a la crisis. En 1933 el gobierno se esforzó por fomentar las exportaciones y ayudar a los agricultores y con tal fin estimuló una nueva depreciación del peso, que el año siguiente ya tenía sólo el 60 por ciento de su valor de 1929. Una segunda medida de 1933 amplió el impuesto sobre la renta introducido dos años antes. Como consecuencia de ello, los derechos de importación que habían proporcionado el 54 por ciento de los ingresos en 1930 representaron sólo el 39 por ciento en 1934.

En 1933 el gobierno también modificó el sistema de controles de cambios introducido en 1931. Las disposiciones originales tenían por fin frenar la depreciación del peso y

10.   H. O. Chalkley, en Department of Overseas Trade, Great Britain, *Economic Conditions in the Argentine Republic*, Londres, 1933, p. 146; Stanley G. Irving, en Department of Overseas Trade, Great Britain, *Economic Conditions in the Argentine Republic*, Londres, 1935, p. 174.

garantizar la disponibilidad de fondos para el servicio de la deuda exterior. En ese momento el gobierno obligó a los exportadores a venderle las divisas extranjeras que obtenían de sus transacciones, que el gobierno luego revendía en subasta pública. Las reformas de noviembre de 1933 establecieron un procedimiento de examen para todas las remesas de divisas extranjeras hechas por particulares y se empezó a clasificar las importaciones de acuerdo con una escala de prioridades. Recurriendo a la introducción de permisos, las medidas limitaron el número de posibles compradores de divisas extranjeras al gobierno. Quienes carecían de permisos tenían que comprar las divisas extranjeras en un mercado libre a precios muy superiores. Con estos cambios el gobierno podía regular no sólo el volumen de las importaciones, sino también su contenido y su origen. Dar a los importadores de artículos británicos muchos más permisos de control de cambios que a quienes deseaban importar artículos norteamericanos, por ejemplo, resultó ser un medio eficaz de encauzar el comercio hacia los artículos británicos.

Después de introducir las reformas del control de cambios el gobierno empezó a obtener grandes beneficios de sus operaciones con divisas extranjeras, que en 1940 ya totalizaban alrededor de mil millones de pesos. Algunos de estos ingresos ayudaron a atender al servicio de la deuda exterior, pero la mayor parte de ellos se empleó para subvencionar a los productores rurales. Se crearon juntas reguladoras para que administrasen las subvenciones. Empezando con la junta de cereales en 1933, pronto se crearon entidades parecidas para la carne, el algodón, la leche y otros productos.

Las reformas económicas de finales de 1933 se llevaron a cabo bajo Federico Pinedo, que se convirtió en ministro de Hacienda como sucesor de Alberto Hueyo, figura ortodoxa que había logrado controlar los déficits de la balanza de pagos, frenar el gasto público y evitar el impago de la deuda exterior. Pinedo, en cambio, demostró ser imaginativo e innovador, gracias en gran parte a su equipo de consejeros técnicos encabezado por Raúl Prebisch. En 1934 Pinedo consolidó la deuda pública, medida que fomentó la bajada de los tipos de interés y desvió las inversiones de los bonos del estado de alto rendimiento. Pero el Banco Central, creado en 1934, se convirtió en el gran monumento del ministerio de Pinedo. Hasta entonces el sistema bancario había adolecido de una rigidez indebida, con el crédito restringido durante los períodos de recolección, los bancos compitiendo por los empréstitos del Banco de la Nación, entidad privada que cumplía algunas funciones primitivas de banco central y cuyos tipos de interés tendían, por tanto, a subir en vez de a bajar durante los períodos de depresión. El Banco Central ofrecía métodos nuevos para regular la economía mediante el control de la oferta monetaria: comprar y vender títulos del estado, redescontar y cambiar las reservas obligatorias. El Banco Central vinculó la oferta crediticia al flujo y reflujo de la actividad económica y dio al gobierno mayor control de los tipos de cambios y el comercio exterior. Aunque acabó siendo un instrumento de la financiación mediante déficit, no se había creado con esta intención. El grupo de Pinedo creía que el gasto deficitario intensificaría las importaciones y, por tanto, los déficits de la balanza de pagos, al tiempo que provocaría inflación.

Las medidas que tomó Pinedo en 1933 y 1934 establecieron muchos de los instrumentos básicos que gobiernos posteriores perfeccionarían y ampliarían al crear una economía centralizada y dirigida. El Tratado Roca-Runciman de 1933 encarnaba la otra cara, la cara regresiva, de la política económica conservadora durante la depresión. El tratado se firmó después de que Gran Bretaña adoptase la preferencia imperial en la conferencia de Ottawa un año antes. La preferencia imperial significaba que Gran Bretaña procuraría importar tanto como pudiese del imperio al tiempo que excluiría las importaciones procedentes de otros países a cambio de gozar de acceso privilegiado a los mercados imperiales. La preferencia imperial amenazaba a Argentina, porque en Ottawa los ingleses se encontraron ante enérgicas exigencias australianas y sudafricanas de importar carne de estas procedencias a expensas del suministro argentino. Circularon rumores de que Gran Bretaña se proponía aplicar un 5 por ciento de recortes mensuales a las importanciones de carne argentina, reduciendo las compras hasta en un 65 por ciento durante el primer año.

Desde el principio pareció improbable que los ingleses pensaran poner en práctica la propuesta hasta semejante extremo, toda vez que los proveedores imperiales parecían incapaces de incrementar la producción y las exportaciones con la rapidez suficiente para satisfacer la demanda británica. Al mismo tiempo, reducir las importaciones de carne de Argentina representaba una amenaza en potencia a las exportaciones británicas a Argentina y el riesgo de represalias contra las inversiones y compañías británicas. En 1933 los ingleses buscaban una capacidad negociadora, un medio de obligar a Argentina a comprar más artículos británicos y menos artículos norteamericanos y de corregir la tendencia comercial que había surgido en los años veinte, durante los cuales Argentina había vendido grandes cantidades de artículos a Gran Bretaña mientras aumentaba continuamente las importaciones de Estados Unidos, dejando a Gran Bretaña con un creciente déficit comercial. Durante los primeros años de la depresión también habían irritado a los ingleses las restricciones que los controles de cambios y la depreciación del peso habían impuesto a las remesas de las compañías británicas en Argentina.

El gobierno argentino respondió a la amenaza que pesaba sobre las exportaciones de carne enviando un equipo de negociadores a Londres encabezado por el vicepresidente, Julio A. Roca hijo. En mayo de 1933 Roca y Walter Runciman, presidente de la British Board of Trade,* firmaron un tratado comercial al que a finales de septiembre siguieron un protocolo y un acuerdo sobre aranceles. El tratado especificaba que Gran Bretaña continuaría importando la misma cantidad de carne argentina que había importado de julio de 1931 a junio de 1932, a menos que una nueva caída importante de los precios al consumidor hiciera necesario aplicar nuevas restricciones para salvaguardar los beneficios de los minoristas en Gran Bretaña. Los ingleses accedieron a que las empresas cárnicas de propiedad argentina suministraran el 15 por ciento de las exportaciones de carne a Gran Bretaña, concesión con la que querían responder a las quejas argentinas relativas al consorcio de empresas cárnicas extranjeras. Se arguyó que permitir las exportaciones de carne de frigoríficos que eran de propiedad en régimen de cooperativa de los ganaderos ayudaría a mantener los beneficios de éstos. Finalmente, Gran Bretaña se comprometió a no imponer derechos arancelarios a las importaciones de cereales argentinos.

Dado que Gran Bretaña no importaba cereales argentinos en grandes cantidades, el tratado estaba relacionado principalmente con la carne de buey y equivalía a un acuerdo de mantener las importaciones de dicha carne en los niveles relativamente bajos de 1931-1932. A cambio, sin embargo, Argentina accedió a reducir los derechos sobre casi 350 importaciones británicas al nivel que tenían en 1930, antes de los aumentos arancelarios que decretó el gobierno de Uriburu, y abstenerse de imponer derechos a artículos tales como el carbón, que hasta el momento se habían librado de los aumentos arancelarios. Además, Gran Bretaña consiguió que Argentina estuviera de acuerdo con que las reme-

---

* Ministerio de Comercio británico. (*N. del T.*)

sas de las compañías británicas se pagaran por medio de deducciones de las ganancias de exportación argentinas a Gran Bretaña; a partir de ahora cualquier remesa que permaneciera «bloqueada» en Argentina se trataría como empréstito con intereses. En el Tratado Roca-Runciman Argentina se comprometió a dispensar un «trato benévolo» a las compañías británicas, ofreciéndoles condiciones favorables para adquirir importaciones bajo las disposiciones de control de cambios. El tratado eximía a las compañías ferroviarias británicas de contribuir a los recién creados planes de pensiones para sus trabajadores. El tratado no especificaba nada sobre los transportes marítimos y, por tanto, dejaba la mayor parte del comercio anglo-argentino en manos de los expedidores británicos, dando a los ingleses una parte casi exclusiva de las ganancias invisibles obtenidas del comercio.

El Tratado Roca-Runciman permitió a Argentina mantener las exportaciones de carne en el nivel de 1931-1932, pero poco más. Resultó que las concesiones a las cooperativas cárnicas locales no significaban nada, ya que los expedidores británicos evitaban comerciar con ellas, y como no podían encontrar barcos, las cooperativas sólo podían desarrollar sus actividades en el mercado nacional. Gran Bretaña, en cambio, recuperó las condiciones para el comercio de que gozaba antes de la depresión. Como los ingleses también obtuvieron acceso preferencial a las escasas divisas extranjeras, se hicieron con lo que equivalía al dominio del comercio con Argentina, protegido ahora por un tratado, que tenían antes de 1914. Los ingleses obtuvieron condiciones muy favorables para hacer remesas, incluida la protección contra la futura devaluación del peso. El Tratado Roca-Runciman también representó un duro golpe para Estados Unidos. Los importadores de mercancías norteamericanas estaban obligados ahora a superar el muro de los aranceles creado en 1930 y comprar caras divisas extranjeras en el mercado libre de cambios.

Pensado al principio para que estuviera en vigor durante tres años, el Tratado Roca-Runciman se renovó y prorrogó en 1936. En esta ocasión los ingleses obtuvieron una autorización para cobrar nuevos impuestos sobre la carne importada de Argentina. A cambio de reducir las tarifas de carga, las compañías ferroviarias británicas recibieron condiciones aún más favorables para hacer remesas. Se les prometió que no se concedería a los ferrocarriles estatales tarifas subvencionadas que fuesen más baratas que las británicas, y que se reduciría la construcción de carreteras que quitasen tráfico a los ferrocarriles.

A pesar de todas las concesiones por parte de Argentina en 1933 y 1936, Gran Bretaña hizo poco más que proteger el comercio que ya tenía en el decenio de 1930. Aunque las exportaciones norteamericanas descendieron vertiginosamente, la parte británica, que ascendía a poco menos del 20 por ciento en 1927, siguió siendo inferior al 24 por ciento durante todo el decenio de 1930. Además, aunque Gran Bretaña había conseguido condiciones mejores para las remesas desde Argentina, las ganancias totales de las compañías británicas descendieron de manera acusada durante la depresión, de tal modo que los beneficios siguieron estando muy por debajo de los niveles del decenio de 1920. En 1929-1935 los tonelajes transportados por los ferrocarriles británicos cayeron en un 23 por ciento, pero los ingresos disminuyeron en un 40 por ciento. La mitad de los inversores británicos que tenían acciones en los ferrocarriles argentinos no cobró dividendos durante el decenio de 1930; la cotización media de las acciones de las compañías ferroviarias en 1936, por ejemplo, apenas alcanzaba el 10 por ciento de la de finales de los años veinte. Como ilustración de los apuros financieros de los ferrocarriles británicos, en 1937 la compañía Central Córdoba ofreció voluntariamente su propia expropiación por parte del gobierno y su incorporación a las líneas del estado.

Las dificultades financieras de las compañías ferroviarias británicas fueron resultado no sólo de la depresión sino de la creciente competencia del transporte por carretera. Durante todo el decenio de 1920 Argentina había importado gran número de automóviles, autobuses y camiones, la mayoría de ellos de Estados Unidos. En 1932, a pesar de la encarnizada oposición de los ferrocarriles, el gobierno de Justo puso en marcha un programa de construcción de carreteras. La mayoría de estas carreteras nuevas se construyó en el litoral, donde competían directamente con los ferrocarriles británicos. El crecimiento del nuevo tipo de transporte se hizo todavía más conspicuo en las ciudades, donde los anticuados tranvías británicos hacían frente a un desafío cada vez mayor por parte de los autobuses llamados «colectivos», que resultaban invariablemente más baratos, más rápidos y más flexibles. En 1929 los tranvías ganaron 43 millones de pesos, pero en 1934 sólo 23 millones. En 1935, mientras se empezaban las negociaciones preliminares para renovar el Tratado Roca-Runciman —momento que juzgó propicio para actuar— la mayor de las compañías de tranvías británicas en Buenos Aires, la Anglo-Argentine, presentó un plan al gobierno para poner los servicios de transportes de la ciudad bajo una sola entidad, la Corporación de Transportes.

Crear la Corporación de Transportes equivalió a un complot apenas disimulado cuyo objetivo era someter los colectivos al control de los tranvías, que entonces procederían a destruirlos. Según las disposiciones del plan, todas las partes que prestaran servicios de transporte en la ciudad serían obligadas a formar parte de la Corporación, donde recibirían acciones y derecho a voto de acuerdo con la magnitud de su activo de capital. Los tranvías dominarían el transporte ciudadano, dado que los colectivos eran con frecuencia empresas muy modestas que dependían en gran medida de los créditos. En 1935 la Anglo-Argentine Tramway Company pidió también que se garantizase a la Corporación de Transportes un beneficio mínimo del 7 por ciento, el tipo de subvención que se había utilizado mucho antes de 1890 para atraer inversiones británicas a Argentina. Como temía las represalias contra las exportaciones de carne al acercarse el momento en que había que renovar el Tratado Roca-Runciman, el gobierno de Justo se sintió obligado a mostrarse de acuerdo con que se crease la Corporación, a pesar de la fuerte oposición tanto de los «colectiveros» como de los consumidores capitaneados por el Partido Socialista. Pero después de mostrarse de acuerdo, el gobierno no hizo nada por poner el plan en práctica. Evitó todo intento de obligar a los colectivos a entrar en la Corporación y denegó repetidamente la subida de las tarifas que pedían los tranvías. En este asunto el gobierno de Justo logró vencer a los ingleses, aunque simultáneamente sufría graves daños políticos, a manos de Lisandro de la Torre, a causa del asunto del consorcio de las empresas cárnicas.

En 1934 el crecimiento económico ya se había reanudado en Argentina y la recuperación continuó a ritmo acelerado durante los últimos años treinta, exceptuando la recesión que en 1937-1938 causó la mala cosecha. Los cereales impulsaron la recuperación de mediados del decenio de 1930. En 1936-1937 Argentina registró el mayor volumen de exportación de cereales de su historia, mientras los agricultores obtenían un incremento de más del 20 por ciento de los precios sobre 1933. En 1937 Argentina seguía ocupando el séptimo lugar entre los productores mundiales de trigo y el segundo entre los exportadores; también produjo la mitad de la linaza del mundo. La devaluación del peso en 1933, que impulsó las exportaciones de cereales durante los años siguientes, causó mucha inflación; el coste de la vida en Buenos Aires subió alrededor de un 25 por ciento entre mediados de 1934 y mediados de 1936, momento en que la inflación fue síntoma de la recuperación económica. El alza de los precios contribuyó a fomentar el auge de la construcción en Buenos Aires a finales de los treinta. En 1939, después de varios años de subida del gasto público y un aumento del 20 por ciento sólo en 1939, Argentina tenía un déficit presupuestario que equivalía al 2 por ciento del PIB.

Durante los primeros años treinta la industria manufacturera estuvo deprimida junto con el resto de la economía, aunque la baja había sido menos grave que en otros sectores. Luego la manufacturación se recuperó rápidamente y a partir de mediados del decenio de 1930 empezó a dejar atrás a todos los otros sectores y su tasa de crecimiento fue el doble de la correspondiente a la agricultura. Varias condiciones favorecieron el crecimiento industrial durante los años treinta. Los aranceles, el comercio bilateral, los controles de cambios y las devaluaciones restringieron las importaciones y distorsionaron su composición al hacer que los productores del país fuesen más competitivos en el mercado nacional. Durante todo el decenio de 1930 los fabricantes argentinos pudieron adquirir maquinaria de segunda mano a precios rebajados de empresas industriales extranjeras que habían quebrado. La mano de obra barata era cada vez más abundante como consecuencia de la migración del campo a la ciudad.

El censo de 1914 había contado 383.000 trabajadores «industriales». En 1935 eran 544.000; en 1941 el número había subido hasta 830.000, y en 1946 superaba el millón. En los primeros años cuarenta el sector manufacturero producía diversos artículos, entre los que destacaban los textiles y los alimentos en conserva, seguidos de los productos químicos, los metales y el cemento. La mayoría de las industrias fabricaba productos acabados para el consumo. La inexistencia de industria pesada reflejaba la limitación de las reservas nacionales de materias primas básicas como el carbón y el mineral de hierro y las deficiencias de la red de comunicaciones, que seguía siendo mucho más favorable a las exportaciones agrícolas. Las escaseces crediticias también impidieron un desarrollo industrial más diverso. Aparte de todo esto, los fabricantes argentinos a veces se comportaban más como especuladores que como empresarios e inversores a largo plazo. Con frecuencia parecían creer que la manufacturación podía dar beneficios a corto plazo con una inversión mínima, pero no era posible confiar en ella a un plazo más largo excepto en muy pocos casos. Estas actitudes se derivaban en parte de los recuerdos de los años de la guerra y la posguerra inmediata; la industria había florecido en 1914-1918, pero luego se había derrumbado al reanudarse las importaciones después de la contienda. Durante los años treinta predominaban expectativas parecidas; sólo la depresión impidió que se reanudaran las importaciones, y cuando la depresión pasara, la competencia extranjera volvería a estrangular a los fabricantes locales. Todas estas condiciones ayudaron a preservar la mayoría de las unidades industriales como empresas pequeñas en las que se invertía poco. Las cifras de 1939 mostraban que el 60 por ciento de las «empresas industriales» tenían diez empleados o menos, y el 75 por ciento menos de cincuenta. En 1935 dos tercios de la industria abarcaban los alimentos y las bebidas y los textiles. Sin embargo, al lado de estas empresas pequeñas, que eran numerosas, había un puñado de empresas muy grandes cuya envergadura se derivaba del monopolio y de la abundancia de materias primas baratas. Entre ellas estaban el gran consorcio Bemberg, que dominaba la industria cervecera; Torcuato di Tella, cuya compañía, Sociedad Industrial Americana de Maquinarias (SIAM), producía diversos aparatos con licencia estadounidense, y Miguel Miranda, que de pobre había pasado a ser el gigante de los alimentos en conserva y a finales del decenio de 1940 se convirtió, bajo Perón, en el principal planificador de la economía argentina. Los extranjeros seguían ocupando una posición prominente en la manufacturación argentina, como antes de 1914. Parte de la súbita aceleración del crecimiento industrial a finales del decenio de 1930, por ejemplo, tenía su origen en la oleada de refugiados judíos que llegaron con el capital que pudieron recuperar cuando los nazis extendieron su dominio sobre la Europa central. Otro rasgo notable del sector manufacturero en Argentina fue su abrumadora concentración en la ciudad de Buenos Aires y sus alrededores más próximos. Las cifras de 1939 mostraban que el 60 por ciento de las empresas industriales, el 70 por ciento de los trabajadores industriales y alrededor del 75 por ciento de los salarios industriales estaban en Buenos Aires.

Algunas de las industrias que registraron expansión en los años treinta y cuarenta, en particular la textil y la de alimentos elaborados, existían desde hacía una generación o más. Entre las que producían artículos novedosos, como bombillas eléctricas y neumáticos de caucho, había varias que nacieron como filiales, en su mayor parte de compañías norteamericanas. Los exportadores estadounidenses crearon empresas en Buenos Aires debido a los aranceles elevados y al uso discriminatorio de los controles de cambios después de 1933. Aunque las inversiones estadounidenses en su conjunto disminuyeron durante la depresión y la guerra, las inversiones privadas en estas filiales manufactureras aumentaron en 30 millones de dólares norteamericanos entre 1933 y 1940. A finales del decenio de 1930 se fundaron catorce filiales de compañías estadounidenses que daban empleo a un total de catorce mil trabajadores.

Con todo, en los años treinta la industria principal era la textil, que continuó creciendo durante los primeros años del decenio, aunque la manufacturación en conjunto se contrajo. El número de fábricas textiles aumentó de veinticinco a treinta entre 1929 y 1934, y los trabajadores empleados en ellas pasaron de ser ocho mil a doce mil. En 1930 los productores textiles del país satisfacían sólo el 9 por ciento del consumo total. En 1940 la participación de los productores nacionales en el mercado aumentó en casi la mitad, y en 1943, al caer vertiginosamente las importaciones a causa de la guerra, subió hasta más de cuatro quintas partes. A mediados de los treinta Argentina pasó a ser autosuficiente en tejidos de algodón y en los números más bastos de hilo de algodón. Asimismo, se creó una industria sedera. Durante los años treinta y cuarenta los textiles alcanzaron una tasa de crecimiento anual del 11 por ciento, comparada con la de alrededor del 6 por ciento del total de las manufacturas.

Durante todo este período los productores textiles disfrutaron de condiciones excepcionalmente favorables. La primera entre ellas era la abundancia de lana, ya que las exportaciones de este producto se derrumbaron durante la depresión. Los textiles de lana representaron alrededor de tres cuartas partes de la producción total hasta finales del decenio de 1930. Ya en 1934 varios fabricantes de lana bonaerenses trabajaban para servir pedidos recibidos con doce meses de antelación. Simultáneamente, la producción de algodón en rama aumentaba con rapidez, dado que la tierra dedicada a su cultivo pasó de 10.449 hectáreas en 1924 a 28.593 en 1934 y 33.696 en 1940. Los pequeños agricultores de la provincia del Chaco en el lejano norte, la mayoría de ellos cerca de la ciudad de Resistencia, suministraban más de las cuatro quintas partes de algodón en rama. En 1933 el gobierno introdujo una subvención para los cultivadores de algodón que se financiaría con los beneficios obtenidos del control de cambios, y esta «junta de algodón», una de las juntas reguladoras de Pinedo, ayudó a que la producción continuase creciendo. Además de acceso a materias primas baratas, los textiles gozaban de otras ventajas. Las medidas que se tomaron durante la depresión —subida de los aranceles, controles de cambios y devaluaciones— tendían o bien a reducir las importaciones de textiles o a cambiar los precios relativos de los artículos nacionales y las importaciones. El Tratado Roca-Runciman, por ejemplo, ayudó a reducir la afluencia de textiles más baratos procedentes de países como Japón e Italia a favor de mercancias británicas relativamente caras, lo cual incrementó la ventaja competitiva de los productores locales. Mientras que las condiciones de la oferta cambiaron, la demanda de productos textiles siguió siendo relativamente constante e inelástica, y al caer las importaciones aumentaron los beneficios de los productores locales, lo cual estimuló la producción. Al igual que el resto de las manufacturas, la industria textil se benefició de la creciente abundancia de mano de obra barata y se convirtió en tal vez el mayor patrono de mujeres. También benefició a la industria la práctica de requisar maquinaria barata de segunda mano procedente del extranjero; el número de husos de algodón, por ejemplo, se multiplicó por cinco en 1930-1936. Entre todas estas condiciones favorables, la más importante fue la facilidad de obtener materias primas baratas. Otros sectores de la manufacturación, como la metalurgia, que siguieron dependiendo de materias primas importadas, crecieron a un ritmo más lento durante los años treinta en comparación con los veinte. La nueva industria textil tenía los mismos rasgos generales que la industria en general. En 1936 funcionaban unas 225 empresas, pero las diez principales empleaban a casi la mitad de la población activa total.

La migración en masa del campo a las ciudades acompañó la subida de la manufacturación. La migración interna no empezó durante el decenio de 1930, pero su ritmo se aceleró. Después de aportar una media de alrededor del 5 por ciento al crecimiento de Buenos Aires y sus barrios periféricos entre 1914 y 1935, la parte correspondiente a los inmigrantes aumentó hasta el 37 por ciento en 1937-1947, lo cual reflejaba también el marcado descenso de la tasa de inmigración extranjera durante los años treinta y cuarenta. Entre 1937 y 1943 una media de 70.000 inmigrantes entraron en la ciudad de Buenos Aires y sus barrios periféricos cada año, pero en 1943-1947 la tasa subió hasta 117.000. La migración desempeñó un papel importante en el sostenimiento de la expansión de Buenos Aires, cuya población, 1,5 millones en 1914 y 3,4 millones en 1936, había crecido hasta cifrarse en 4,7 millones en 1947. Estudios recientes de la migración interna han tratado de evaluar el movimiento de salida del campo, en contraposición a las añadiduras a la población urbana. Estas cifras sugieren no sólo que la tasa de movilidad fue mucho más alta de lo que habían indicado cálculos anteriores, sino también que la migración empezó a aumentar de forma acentuada durante los primeros años de la depresión en lugar de a finales del decenio de 1930. No obstante, nadie ha discutido la anterior opinión de que la migración se intensificó durante los años cuarenta y después. Los cálculos de Alfredo E. Lattes, por ejemplo, indican que el número de personas que abandonaron las zonas rurales fue de 185.000 durante el quinquenio 1930-1934, 221.000 entre 1935 y 1939 y 446.000 en 1940-1944. Durante la totalidad de los decenios de 1930 y 1940 casi dos tercios de los inmigrantes procedían de la región de las pampas, y principalmente de la provincia de Buenos Aires, en lugar del interior. Lattes calcula que el Gran Buenos Aires atrajo 1,1 millones de inmigrantes entre 1935 y 1947, de los cuales dos tercios procedían de las provincias de las pampas y Mendoza. A comienzos del decenio de 1950 las cosas cambiaron mucho, pero antes de entonces, al parecer, la mayor parte de la migración se producía entre lugares separados por distancias relativamente cortas y era frecuente que consistiera primero en un movimiento del campo a las pequeñas ciudades adyacentes seguido de otro movimiento hacia la zona metropolitana.[11]

11. Alfredo E. Lattes, «La dinámica de la población rural en la Argentina», *Cuadernos del CENEP*, n° 9, (1979).

La manufacturación atraía personas a la ciudad; las condiciones de la agricultura las expulsaban del campo. La depresión afectó a una sociedad agraria cuyos rasgos básicos habían cambiado poco durante la generación anterior. En las pampas la población rural aún la integraban principalmente arrendatarios y jornaleros que se empleaban en grandes estancias en condiciones que con frecuencia hacían que su vida fuese extremadamente insegura. La tenencia de la tierra apenas había cambiado desde 1914. En la provincia de Buenos Aires poco más de 300 familias poseían una quinta parte de la tierra, y sólo 3.500 familias, la mitad de la tierra. Tanto en Buenos Aires como en Santa Fe, las dos principales provincias de las pampas, grandes estancias de más de 1.000 hectáreas abarcaban dos tercios de la tierra. Un censo agrícola de 1937 reveló que sólo 20.000 terratenientes, en una población rural total de alrededor de 1,5 millones, poseían el 70 por ciento de la tierra pampera. Durante los primeros años treinta los terratenientes que se veían amenazados por la depresión habían constituido sociedades mercantiles para atraer nuevo capital e impedir la enajenación o subdivisión de sus propiedades.

Durante los primeros años de la depresión el gobierno hizo algunos esfuerzos por mejorar las condiciones para la población agrícola, en particular los arrendatarios. En 1932 diversas leyes establecieron contratos mínimos de cinco años para los arrendatarios e insistieron en que se reembolsara a éstos el importe de las mejoras que hicieran en las tierras que labraban. En 1933, al caer en picado los precios agrícolas en los mercados internacionales, el gobierno impuso una moratoria a las deudas de los agricultores. A menos que se encontraran con que sus arrendamientos subían, los agricultores también obtuvieron cierta protección de la depreciación del peso después de 1929 y de las subvenciones que concedía la junta de cereales. Al menos desde el punto de vista de la producción, estas medidas ayudaron a mantener la producción agrícola, que continuó subiendo hasta llegar a la cosecha sin precedentes de 1937.

Sin embargo, había otras señales de que los agricultores seguían descontentos y su posición era incierta. En el decenio de 1930 los arrendatarios agrícolas todavía sufrían a causa de una condición que los observadores no habían dejado de criticar durante los últimos cincuenta años: el crédito seguía siendo insuficiente y aún procedía en gran parte de los tenderos locales (pulperos), que a menudo eran rapaces, en vez de los bancos agrícolas; los agricultores carecían de instalaciones para almacenar sus cereales y, por tanto, tenían que desprenderse de sus cosechas a medida que iban recogiéndolas, lo cual provocaba la caída de los precios; también seguían dependiendo de los ferrocarriles para el transporte y de la buena voluntad de los exportadores de cereales de Buenos Aires, el monopolio de los llamados «Cuatro Grandes». La mayor de las grandes empresas exportadoras de cereales, Bunge y Born, exportaba ahora casi una tercera parte de la cosecha total y hacía de intermediaria en la financiación de la mitad de los cereales del país entre el momento de la recolección y el de la exportación. Sólo dos empresas se encargaban de casi tres cuartas partes de todos los envíos de cereales. En el campo la continuada práctica de arrendamiento temporal y la dependencia de los trabajadores estacionales fomentaban la debilidad de las estructuras familiares, una baja tasa de nupcialidad, una tasa también baja de natalidad y una tasa elevada de ilegitimidad.

Estas adversidades acosaban a los agricultores desde hacía decenios. Pero en los años treinta había indicios de que las condiciones iban a peor. A medida que más y más estancias se constituían en sociedades mercantiles, creció el ausentismo de los terratenientes, que era otra queja perenne de los agricultores. Las relaciones entre los terratenientes y los arrendatarios se hizo todavía más impersonal, y los vínculos paternalistas que a veces los habían unido disminuyeron. A pesar de las leyes de 1932, la mayoría de los arrendatarios continuaban trabajando sin contratos por escrito, y, a pesar de las escaseces de importaciones durante la depresión, la agricultura siguió mecanizándose, y el número de cosechadoras aumentó de 28.600 en 1930 a unas 42.000 en 1940. La creciente mecanización disminuyó la necesidad de trabajadores estacionales y tendió a causar la desaparición de los pequeños agricultores marginales. En 1934 el agregado comercial británico hizo referencia al «creciente número de vagabundos [que son] motivo de grave preocupación para los propietarios de campamentos y para las compañías ferroviarias».[12] Los agricultores sufrieron su mayor golpe después de mediados de 1940 con el derrumbamiento de las exportaciones agrícolas durante la guerra. Pero incluso antes de 1940 indicios al menos fragmentarios sugerían el aumento de las diferencias entre los ingresos del campo y los de la ciudad, posible causa de la migración interna.

EL AUGE DEL NACIONALISMO

Durante el decenio de 1930 la política argentina empezó a experimentar los cambios y realineamientos que culminarían con la subida de Perón al poder. De las nuevas corrientes políticas de este período, el nacionalismo se convirtió en la más central e importante. Las raíces del nacionalismo eran complejas y se remontaban a principios del siglo XIX, pero la súbita proliferación de ideas nacionalistas después de 1930 acompañó a la depresión. El nacionalismo surgió como fuerza ideológica importante en 1934 con la publicación de *La Argentina y el imperio británico: Los eslabones de una cadena, 1806-1933*, de Rodolfo y Julio Irazusta. Este libro atacaba la mentalidad de la clase gobernante liberal-conservadora que tantas concesiones había hecho, según afirmaban los Irazusta, en el Tratado Roca-Runciman, empujada por una gratitud y lealtad inmerecidas a Gran Bretaña por el apoyo británico durante la lucha por la independencia. Los Irazusta rechazaban esta idea por considerarla un mito: si Gran Bretaña había apoyado alguna vez el movimiento independentista, había sido sólo para captar a Argentina como mercado comercial y de inversiones y para establecer una nueva forma de dominación colonial que substituyera la de España.

Dentro del movimiento nacionalista en general aparecieron dos corrientes distintas que Perón uniría más adelante. La primera de ellas era la corriente nacionalista popular que había aflorado a la superficie por primera vez durante las campañas a favor de la nacionalización del petróleo a finales de los años veinte. La campaña aspiraba a extender el control del estado sobre materias primas como el petróleo y excluir a los extranjeros, cortando así la salida de riqueza que el control extranjero supuestamente inducía y potenciando nuevos campos de empleo. En 1935 el tipo de nacionalismo yrigoyenista reapareció en una pequeña organización de radicales jóvenes llamada Fuerza de Orientación Radical de la Juventud Argentina (FORJA). La FORJA encarnaba sobre todo dos principios: la democracia popular («La historia de Argentina —declaraba su primer manifiesto en junio de 1935— demuestra la existencia de una lucha permanente del pueblo por la soberanía popular») y el antiimperialismo («Somos una colonia; queremos una Argentina libre»).[13]

---

12. Véase Chalkley, *Economic Conditions in the Argentine Republic*, 1935, p. 174.

13. Citado en Arturo Jauretche, «De FORJA y la década infame», en Alberto Ciria, ed., *La década infame*, Buenos Aires, 1969, p. 91.

Durante un decenio, hasta que muchos de sus miembros la abandonaron para unirse a Perón en 1945, la FORJA fue uno de los principales agentes irritantes para Alvear dentro del radicalismo. Los «forjistas» intensificaron la anglofobia que los Irazusta habían contribuido a crear. En su muy leída obra *Ferrocarriles Argentinos*, publicada en 1940, Raúl Scalabrini Ortiz, miembro marginal de la FORJA, calificaba a las compañías ferroviarias británicas de explotadoras corruptas y agentes de la dominación colonial británica. Durante la segunda guerra mundial el antiimperialismo condujo a la FORJA a una acérrima defensa de la neutralidad contra la postura a favor de los aliados que adoptaron Alvear y la mayoría de los otros radicales. Pero aunque sus campañas fueron poderosas y eficaces, la FORJA tenía sus limitaciones como movimiento antiimperialista con todas las de la ley. Sus preocupaciones y objetivos primordiales eran traspasar las propiedades o los recursos controlados por extranjeros a nativos. Al igual que los radicales en general, la FORJA tendía a pasar por alto los asuntos más hondos y en última instancia más difíciles como la industria y la reforma social, y su papel principal, totalmente en consonancia con la tradición radical, era promover los intereses de la clase media «estatista» que los radicales representaban.

El nacionalismo, movimiento de la extrema derecha cuyos orígenes y contenido eran más complejos que los de la FORJA, se convirtió en la segunda corriente nacionalista del decenio de 1930. Al principio los nacionalistas comprendían el pequeño grupo de partidarios civiles de Uriburu en 1930-1932 que había apoyado su intento de reformar el sistema de representación en el Congreso y crearon grupos paramilitares como la Legión Cívica. Hasta cierto punto el nacionalismo era un eco del federalismo del siglo XIX. Sus miembros detestaban Buenos Aires como agente de dominación interna sobre las provincias y como símbolo de «materialismo corrupto», al tiempo que idealizaban las provincias, las zonas rurales y sus habitantes porque, a su modo de ver, encarnaban las virtudes que los nacionalistas consideraban característicamente hispánicas y argentinas. Durante su período de formación antes de 1930 había sido un movimiento principalmente literario y luego había asimilado varias influencias ultraconservadoras de Europa, las más importantes de las cuales eran el clericalismo español y las doctrinas de Charles Maurras, el monárquico francés. Estas influencias europeas dieron forma a sus ingredientes básicos, el antiliberalismo y el anticomunismo. En el corazón del nacionalismo residía el convencimiento de que el liberalismo y la democracia popular representaban un mero preludio del comunismo. Un sistema político liberal, según declaró Roberto de Laferrère, uno de los principales nacionalistas de los años treinta, «permite toda clase de propaganda sediciosa. Una poderosa organización comunista ha surgido entre nosotros ... La democracia nos entrega desarmados a estas fuerzas del socialismo extremo y la anarquía».[14]

Los enemigos de los nacionalistas atacaban las exageraciones infundadas y la paranoia que había debajo de esta clase de declaraciones y tachaban a los nacionalistas de «fascistas criollos». De hecho, en el movimiento había muchos elementos e imitaciones fascistas. Sus miembros veneraban la dictadura en los mismos términos que Mussolini («impulsar acciones ... silenciar la disensión ... hacer trabajos constructivos») y rendían culto a la voluntad, la intuición y la virilidad, buscando la «grandeza de la vida ... mediante un salto a la disciplina esforzada».[15] Al igual que el fascismo, el nacionalismo se

14. Ibarguren hijo, *Laferrère*, pp. 69-70.
15. Véase Comisión de Estudios, *El nacionalismo*, pp. 110-111.

encontraba a gusto llevando a cabo cruzadas contra antitipos míticos. Consideraba que tanto el liberalismo como el comunismo eran de origen judío y sostenía que los judíos controlaban simultáneamente el capitalismo mundial y el proletariado revolucionario del mundo. Típico de lo que escribían los nacionalistas fue el ataque contra el «nihilista judío, el explotador pero también el director secreto del proletariado mundial ... el judío sin Dios y sin nación que se está infiltrando en las mentes de nuestros jóvenes proletarios».[16]

Durante todo el decenio de 1930 los nacionalistas encabezaron ataques contra destacadas familias judías, cuyos trapos sucios sacaban al sol. Estos ataques quedaron íntimamente asociados con su creencia dogmática de que en Argentina la ciudad explotaba al campo, toda vez que en la propaganda nacionalista el urbanismo era con frecuencia sinónimo del judaísmo. Ejemplos típicos de sus campañas antisemitas fueron las denuncias del monopolio de las casas exportadoras de cereales de Buenos Aires, la mayoría de las cuales eran propiedad de judíos. Los nacionalistas no eran en modo alguno los únicos que atacaban dichas empresas, ya que desde hacía mucho tiempo éstas eran blanco favorito de todos los que apoyaban a los agricultores. Pero los nacionalistas destacaron de los demás por su racismo violento. Los Bemberg, que eran judíos, fueron otro de sus blancos principales: los nacionalistas sostenían que el cabeza de la familia Bemberg, Otto, había maniobrado para hacerse con el monopolio de la industria cervecera y había utilizado los beneficios para acaparar tierras de agricultores y estancieros arruinados cuyas hipotecas habían sido ejecutadas.

Así pues, había en el nacionalismo ecos de la Italia fascista y algunos de la Alemania nazi, unidos a un ruralismo místico y una defensa agresiva de los intereses ganaderos más pequeños y los peones que dependían de ellos. En otros aspectos el nacionalismo apareció como vástago del conservadurismo español y como una versión más débil del movimiento nacionalista español que hizo la guerra civil bajo Franco. En los primeros años treinta Argentina vivió un renacimiento del catolicismo que alcanzó su apogeo durante el Congreso Eucarístico Internacional celebrado en Buenos Aires en 1934. En ese momento sacerdotes radicales y católicos laicos llegaron a ejercer un papel dominante en el movimiento y a dar forma a sus ideas centrales. En el corazón del nacionalismo había un concepto orgánico de la sociedad que tenía sus raíces en la antigüedad y en el escolasticismo católico. Al igual que el manifiesto que Uriburu había publicado en 1932, los nacionalistas consideraban que la misión del gobierno era servir al «público» o al «bien común» y definían la sociedad humana en los términos espirituales y corporativistas que constituían el núcleo del catolicismo conservador, rechazando el liberalismo porque trataba a la humanidad en términos falsamente individualistas y el comunismo por su ateísmo y su materialismo.

Pero la gran peculiaridad del nacionalismo que explica en gran parte su importancia después de 1940 era que yuxtaponía las actitudes más reaccionarias y un compromiso con la reforma progresista. Entre las principales influencias que recibió el nacionalismo se encontraban las encíclicas pontificias de 1891 y 1931, *Rerum Novarum* y *Quadragesimo Anno*. Ambos documentos contenían ataques encarnizados contra el liberalismo y el socialismo, pero también planteaban el asunto de la «justicia social», esto es, un mejor ordenamiento de las relaciones entre las clases sociales para llevar a buen término la antiquísima búsqueda católica de una «sociedad armoniosa», orgánica. A mediados de los años treinta, mientras despotricaban contra los «liberales» y los «comunistas», los

---

16. Federico Ibarguren, *Orígenes del nacionalismo argentino, 1927-1937*, Buenos Aires, 1969, p. 398.

nacionalistas proclamaban su preocupación por la clase obrera y la reforma social. «La falta de equidad —declaró La Voz Nacionalista—, de bienestar, de justicia social, de moralidad, de humanidad, ha convertido el proletariado en un animal de carga ... incapaz de disfrutar de la vida o de los avances de la civilización».[17] En 1937 uno de los grupos antisemitas más estridentes, la Alianza de la Juventud Nacionalista, sumó las exigencias de que se prohibiera la inmigración de judíos y se expulsara a los que ocupaban cargos públicos no sólo a la «justicia social» sino a lo que calificó de reforma agraria «revolucionaria» para acabar con la «oligarquía». Los nacionalistas destacaban entre los primeros en proponer la industrialización y la nacionalización de los servicios públicos de propiedad extranjera. Ya en 1931 propusieron que se creara una industria nacional del acero. En 1932 uno de sus periódicos atacó la Unión Telefónica, que era de propiedad norteamericana, tachándola de «empresa extranjera que monopoliza un servicio público y que debería haberse nacionalizado hace ya algún tiempo».[18]

El nacionalismo no era un «partido» político, designación que sus miembros rechazaban totalmente porque la palabra «partido» implicaba la proposición liberal de que un mero segmento de la comunidad podía mantener una identidad distinta de la sociedad en general; «los partidos», según los nacionalistas, «escinden» una entidad indivisible: la nación. Igualmente, los nacionalistas se negaban a tomar parte en todas las elecciones, toda vez que consideraban que las prácticas electorales eran otro derivado del liberalismo. Durante todo el decenio de 1930 el movimiento consistió en una docena y pico de facciones que a menudo competían y se peleaban unas con otras y al frente de las cuales había miembros de la intelectualidad cuyas principales actividades eran difundir propaganda, celebrar mítines públicos y organizar esporádicas manifestaciones callejeras. Al finalizar el decenio, además de la publicación de numerosos periódicos y revistas, los nacionalistas ya habían recurrido al «revisionismo histórico», la reescritura de la historia argentina para atacar lo que para ellos era la visión histórica tergiversada de los liberales, los héroes de la historiografía liberal, los ingleses, y sobre todo para rehabilitar la figura de Juan Manuel de Rosas como el gran modelo del liderazgo político al que aspiraban. «Es una vil mentira —declaró Marcelo Sánchez Sorondo— que debamos nuestra existencia histórica al liberalismo. Al liberalismo sólo le debemos la entrega de nuestras tierras fronterizas, y el tutelaje de los extranjeros.»[19] Los gobiernos de Juan Manuel de Rosas, en cambio, eran ejemplos de la «colaboración de cada uno de los elementos de la sociedad: el líder, la minoría ilustrada y la masa».[20] Por tanto, poco después de 1930 los nacionalistas habían renunciado a la aspiración uriburista a la «democracia verdadera» por un compromiso con el corporativismo autocrático bajo un líder militar. A pesar de este cambio, el gobierno seguía teniendo la obligación de promover tanto el «bien común» como la «justicia social».

Durante los años treinta estas sectas derechistas empezaron a tener una influencia muy superior a la que correspondía a su importancia numérica, pues eran sólo varios centenares de activistas. Los nacionalistas interpretaron un papel importante en la formación del incipiente movimiento antiimperialista, que iba encontrando partidarios no sólo en la derecha, sino también en la izquierda y el centro. El antiimperialismo argenti-

17. La Voz Nacionalista, *El nacionalismo argentino*, Buenos Aires, 1935, p. 5.
18. *Crisol*, 21 de febrero de 1932.
19. Marcelo Sánchez Sorondo, *La revolución que anunciamos*, Buenos Aires, 1945, p. 35.
20. Véase Tulio Halperín Donghi, *El revisionismo histórico argentino*, Buenos Aires, 1971, p. 14.

no creció sobre una red de teorías relativas a conspiraciones del tipo que era fundamental para las tácticas y técnicas políticas de la ultraderecha. En gran parte de la propaganda antiimperialista, por ejemplo, los ingleses y, más adelante, los norteamericanos eran vistos en términos muy parecidos al concepto que los nacionalistas tenían de los judíos, como fuerzas conspiratorias encubiertas y malévolas. Así, Raúl Scalabrini Ortiz, supuesto izquierdista, criticó a los ingleses empleando los mismos términos y el mismo vocabulario que aparecían en uno de los folletos antisemitas de los nacionalistas: «Tenemos entre nosotros un enemigo que ha alcanzado la dominación mundial por medio de la astucia y la habilidad de sus maniobras indirectas, por medio de sus actos de mala fe, por medio de sus constantes mentiras».[21]

En el decenio de 1930 el movimiento nacionalista siguió siendo principalmente civil y, a pesar de las actividades de Molina, Kinkelín y un puñado de otros correligionarios, aún no había conseguido penetrar mucho en el ejército.

ARGENTINA EN VÍSPERAS DE LA SEGUNDA GUERRA MUNDIAL

Poco antes de la segunda guerra mundial Argentina se encontraba más o menos en la misma posición próspera y prometedora de la que gozara en vísperas de la primera. Sólo la reciente expansión del Buenos Aires industrial y la creciente salida de población de las pampas ofrecían un contraste notable con las circunstancias de treinta años antes. El país mantenía su diversidad regional, junto con la desigualdad estructural que concentraba una parte desproporcionada de la población, la riqueza y los recursos en Buenos Aires y sus alrededores. Desde 1914 habían aparecido nuevos centros de crecimiento en las regiones, tales como el cinturón algodonero del Chaco, más allá de las pampas, pero en otros sentidos el interior permanecía en gran parte igual que antes: la Patagonia era una tierra vacía de inmensas granjas ovinas; el valle del Río Negro, una zona de cultivo de fruta en pequeña escala; Mendoza y San Juan, productores de vino, y Tucumán, fuente del azúcar. En el lejano nordeste y el lejano noroeste persistían las prácticas de trabajo forzado que los reformadores bonaerenses habían denunciado hacía ya mucho tiempo. El interior seguía siendo extremadamente pobre y en gran parte despoblado. En 1941 los ingresos combinados de nueve provincias del interior ascendían a sólo el 1 por ciento del total de ingresos imponibles en toda la nación, y los ingresos per cápita de Catamarca y Santiago del Estero, dos de las provincias más pobres, representaban sólo un 10 por ciento de los de la ciudad de Buenos Aires. Las enfermedades causadas por la nutrición deficiente seguían siendo endémicas en el interior, sobre todo entre los obreros de la industria azucarera de Tucumán, que continuamente eran víctimas de la malaria, el impétigo e incluso la lepra. En Tucumán, como en gran parte del interior, el 50 por ciento de los nacimientos eran ilegítimos.

Pese al reciente desarrollo industrial, la inmensa clase media de Buenos Aires había experimentado pocos cambios durante la última generación y seguía estando muy agrupada en los servicios, las profesiones liberales, el comercio y la administración pública. En 1944 Felix Weil describió la clase media diciendo que era:

---

21. Raúl Scalabrini Ortiz, «De: Política británica en el Río de la Plata», en Ciria, ed., *La década infame*, p. 198.

Una masa bastante amorfa de elementos independientes formada por artesanos, mercaderes, propietarios de tiendas, oficinistas y agentes de empresas de exportación e importación, empleados de empresas de servicios públicos e innumerables beneficiarios del sistema de patronazgo político que viven de salarios y estipendios de todo tipo. Dado que no hubo industria en gran escala hasta que la industrialización aumentó después de 1930, no había ningún lugar para una clase media independiente. Lo que había eran los restos de una economía colonial unida al sistema que consistía en dar sinecuras como recompensa política. Esta masa es necesariamente amorfa en la política y en las filosofías políticas. Se convierte fácilmente en objeto de manipulación por parte de las maquinarias políticas.[22]

Durante todo el decenio de 1930 sucesivos gobiernos conservadores habían cortado deliberadamente el acceso de la clase media al poder y sus prebendas. Aunque las escuelas, academias y universidades administradas por la clase media mantenían la ciudad como centro de alta cultura, con frecuencia eran caldo de cultivo de aspiraciones sociales que luego se veían bloqueadas y de frustraciones cumulativas. Además de Weil, otros observadores hicieron comentarios sobre la congestión de las profesiones liberales y el descenso de las tasas de nupcialidad y natalidad y el aumento de la tasa de suicidios de la clase media en este período. En un artículo titulado «Esplendor y decadencia de la raza blanca», publicado en 1940, el economista Alejandro Ernesto Bunge instó a sus compatriotas, «en particular a los más bienaventurados materialmente», a practicar «matrimonios católicos» y criar familias numerosas. «A partir de ahora —declaró—, con todo nuestro vigor, nuestro patriotismo y con un abnegado espíritu cristiano, deberíamos procurar restaurar la aceptabilidad de las familias numerosas y la idea de que los hijos son una bendición».[23]

A primeros de 1940 muchos observadores empezaban a tomar nota de los cambios económicos y sociales habidos en años recientes. Pero esto se reflejaba poco en la política del gobierno. Durante los años treinta los líderes conservadores reconocían frecuentemente que las restricciones que habían impuesto a las importaciones y sus intentos de reencauzar el comercio exterior fomentarían el crecimiento industrial, pero seguían estando muy lejos de adoptar un compromiso deliberado con el desarrollo industrial. Por regla general, su perspectiva había cambiado poco desde el siglo XIX: argüían que un poco de desarrollo industrial reforzaría la balanza de pagos y contribuiría a evitar el malestar laboral al crear nuevos puestos de trabajo. El economista norteamericano George Wythe exageró al declarar en 1937 que: «El nuevo camino de [industrialización] ha sido aceptado y no es posible volverse atrás».[24] El Banco Central pintó un cuadro más fiel a la realidad en 1938: «La capacidad del país para la industrialización es limitada ... y si incrementamos demasiado el poder adquisitivo, la producción no aumentará y subirán los precios ... con todas las consecuencias desafortunadas en el coste de la vida».[25]

Lo que querían los miembros del gobierno y las entidades como el Banco Central no era intensificar el desarrollo industrial, sino tratar de restaurar las condiciones que exis-

---

22. Weil, *Argentine Riddle*, p. 4.

23. Alejandro E. Bunge, «Esplendor y decadencia de la raza blanca», *Revista de Economía Argentina*, n° 259 (enero de 1940), pp. 9-23.

24. Citado en Vernon L. Phelps, *The International Economic Position of Argentina*, Filadelfia, 1938, p. 7.

25. Citado en Eduardo F. Jorge, *Industria y concentración económica*, Buenos Aires, 1971, p. 172.

tían antes de 1930. Así pues, sus medidas favorecieron los intereses exportadores y procuraron reactivar las inversiones extranjeras. Los encargados de formular la política hicieron hincapié repetidas veces en los obstáculos para el desarrollo industrial: el riesgo de inflación, las escasas e inaccesibles reservas de carbón y mineral de hierro, las insuficiencias de la electricidad y el transporte, las escaseces de capital y la pequeñez del mercado nacional, que impedía las economías de escala. Fuera del reducido grupo de nacionalistas económicos, estos puntos de vista predominaban entre otros grupos políticos organizados, entre ellos una gran mayoría de los radicales.

A finales del decenio de 1930 la expansión industrial despertaba mayor interés entre los sindicatos al percibir éstos que la nueva industria significaba nuevos puestos de trabajo. Algunos, al igual que los nacionalistas, argüían que una política de progresiva redistribución de la renta debía acompañar al apoyo a la industria, ya que poner más dinero en manos de los asalariados contribuiría a ampliar los mercados e intensificaría el crecimiento industrial. Con todo, las ideas de esta clase recibían poco apoyo de los propios industriales, que continuaban pensando que los salarios bajos eran la clave de los beneficios elevados. Ejemplo típico de esta perspectiva era la Federación Argentina de Entidades del Comercio y la Industria, que hacía una guerra implacable contra los sindicatos porque «perturbaban» los mercados de trabajo. Algunos industriales, sin embargo, habían empezado a apoyar el proteccionismo. Poco a poco las ideas proteccionistas fueron ganando aceptación después de 1933, cuando la Unión Industrial Argentina, la mayor y la más poderosa de las asociaciones patronales urbanas, dirigió una campaña contra el «dumping» extranjero. Las campañas posteriores de la Unión atacaron las anomalías en los aranceles vigentes, que, según se alegó, con frecuencia imponían derechos más elevados a las materias primas industriales que a los productos acabados. Pero entre todos estos grupos, sindicatos y patronales por igual, no se había hecho ningún esfuerzo concertado o sostenido por promover el desarrollo industrial.

A comienzos de 1938 la presidencia de seis años de Agustín Pedro Justo llegó a su fin. En ese momento, en el epílogo de la prosperidad de antes de la guerra, no sólo crecían las influencias nacionalistas sino que habían aparecido claras diferencias en el seno de la Concordancia gobernante entre reformadores y reaccionarios. Las elecciones presidenciales de 1937, que la Concordancia volvió a ganar fácilmente gracias al fraude extenso, reflejaron esta división: la presidencia pasó a Roberto María Ortiz, que era reformador, pero la vicepresidencia fue para Ramón S. Castillo, líder de los conservadores.

Ortiz, que era hijo de un abacero vasco y hombre que se había hecho una posición por su propio esfuerzo, fue el primer presidente electo que procedía de la clase media urbana descendiente de inmigrantes. Ortiz se había ganado la vida y amasado una fortuna principalmente como abogado de varias compañías ferroviarias británicas y, por tanto, era impopularísimo entre los nacionalistas. Después de ser diputado radical durante el primer mandato de Yrigoyen (1916-1922), Ortiz ingresó en las filas de los antipersonalistas en 1924 y fue ministro de Obras Públicas bajo Alvear y luego ministro de Hacienda bajo Justo. Como sugería su carrera anterior, Ortiz era un demócrata antiyrigoyenista con unas impecables credenciales liberales-conservadoras: «liberal» por sus vínculos con los ingleses y su promesa de poner fin al fraude electoral («Creo sinceramente en los beneficios de la democracia» —dijo al aceptar la candidatura a la presidencia en julio de 1937), y «conservador» por su temor al «gobierno de la chusma» yrigoyenista. Castillo, en cambio, procedía de Catamarca, una de las provincias occidentales más subdesarrolladas, bastión de una oligarquía de hacendados. Durante muchos años había sido decano de la facultad de Derecho de la universidad de Buenos Aires hasta convertirse en ministro de Justicia e Instrucción Pública en el gobierno de Justo.

Al acceder Ortiz a la presidencia, creció la tensión entre el gobierno nacional y Manuel Fresco, gobernador de la provincia de Buenos Aires. Fresco era un ex conservador que, al igual que el propio Ortiz, había tenido vínculos con los ferrocarriles británicos pero ahora se presentaba como nacionalista. Lanzaba ataques continuos contra el «comunismo», perseguía a quienes consideraba partidarios del mismo y buscó la amistad y el patronazgo de Mussolini durante una visita a Roma en 1938. Pero también se presentaba como paladín de la reforma social. Bajo Fresco el gobierno de la provincia de Buenos Aires organizó obras públicas en gran escala entre las que había planes para edificar viviendas públicas y un amplio programa de construcción de carreteras. Patrocinó leyes laborales tanto para los trabajadores urbanos como para los rurales e hizo algunos intentos de crear una red de sindicatos controlados por su administración. En la capital federal le consideraban fascista.

El gobierno de Ortiz empezó a recortar los fondos y las subvenciones federales destinados a la provincia, lo cual obligó a Fresco a incurrir en déficits presupuestarios y más adelante a reducir sus actividades. Finalmente, en marzo de 1940 Ortiz decretó una intervención federal en la provincia de Buenos Aires para derribar a Fresco, al que acusó de tramar un fraude en las próximas elecciones para gobernador. Poco después Ortiz llevó a cabo intervenciones en otras provincias, entre ellas Catamarca, lo que disgustó mucho a su vicepresidente. En las elecciones para el Congreso de mayo de 1940 los radicales obtuvieron su mayor victoria desde hacía más de un decenio y volvieron a estar en mayoría en la Cámara de Diputados. Así pues, a comienzos de 1940 la política argentina parecía seguir el mismo rumbo que después de la elección de Roque Sáenz Peña en 1910. Capitaneada por Ortiz, la Concordancia, al igual que los conservadores de treinta años antes, se había comprometido a restaurar la democracia. Y, como antes, la democratización abrió la puerta a los radicales.

Economía y política, 1940-1943

En el mismo momento en que tan fuerte parecía, la Argentina liberal se encontraba al borde del derrumbamiento. En mayo de 1940 Alemania invadió y ocupó la Europa occidental, y después de evacuar sus maltrechas fuerzas de las playas de Dunkerque, Gran Bretaña impuso un bloqueo naval contra el continente. Las conquistas alemanas y el bloqueo significaron un golpe para la economía argentina que fue aún más grave que el de 1929-1930. El comercio cayó en picado inmediatamente: en 1940 las exportaciones se redujeron en un 20 por ciento. En 1938 el 40 por ciento de las exportaciones de Argentina tuvieron por destino la Europa occidental, pero en 1941 la proporción había quedado reducida a sólo un 6 por ciento, casi toda dirigida a España y Portugal, que eran neutrales. Gran Bretaña importaba la mayor parte de la carne argentina y el mercado británico permaneció abierto, pero el continente europeo se había hecho inaccesible para la mayor parte de los cereales argentinos, y el resultado fue que los efectos más graves de la guerra fueron para la agricultura y los agricultores, en vez del ganado y los ganaderos. A finales de 1940 el tráfico en los puertos argentinos había quedado reducido a la mitad. Tanto las exportaciones como las importaciones se hundieron hasta niveles inferiores al punto bajo de la depresión.

Las condiciones perjudiciales que surgieron a finales de 1940 persistieron durante los siguientes cuatro años de guerra. En 1937 Argentina había exportado 17 millones de toneladas de cereales, pero en 1942 sólo pudo exportar 6,5 millones de toneladas. Los precios agrícolas alcanzaron una media de sólo dos tercios de los correspondientes a finales del decenio de 1930. Dentro de la agricultura en conjunto la guerra causó los mayores daños al maíz, ya que antes de la contienda alrededor del 90 por ciento del maíz iba a la Europa continental. Durante los últimos años treinta las exportaciones de maíz alcanzaron una media de más de 6 millones de toneladas, pero en 1941-1944 la cifra fue de sólo 400.000 toneladas. En 1941 las importaciones de carbón ya eran sólo un tercio de las de 1939, y en 1943, una sexta parte. En 1942 las importaciones de petróleo representaron la mitad del nivel de 1939 y en 1943, otra vez la mitad.

Inmediatamente antes de la guerra los importadores argentinos habían hecho pocos esfuerzos por formar una reserva de maquinaria, materias primas o piezas de recambio, por lo que ahora fue necesario improvisar con los materiales disponibles. Al verse privados del abastecimiento normal de carbón, los ferrocarriles recurrieron a quemar leños de quebracho, como hicieran en 1914-1918, y luego, al disminuir las reservas de leña, echaron mano del excedente de maíz. En 1944 los cereales satisfacían alrededor de un tercio de las necesidades energéticas del país. Al disminuir las reservas de petróleo importado, la compañía estatal Yacimientos Petrolíferos Fiscales (YPF) hizo grandes esfuerzos por incrementar la producción y finalmente logró doblar la de los pozos de Comodoro Rivadavia. Aun así, la escasez de petróleo obligó a recurrir al uso generalizado de linaza como sucedáneo. La disminución de las importaciones ofreció grandes y nuevas oportunidades a los fabricantes argentinos y los turnos permanentes no tardaron en ser cosa común en las fábricas de Buenos Aires. Sin embargo, la tasa de crecimiento industrial durante la guerra fue un tanto menor que a finales del decenio de 1930, puesto que los industriales se vieron perjudicados ahora por las repetidas escaseces de electricidad y por la imposibilidad de obtener los suministros que necesitaban en el extranjero. Al mismo tiempo, el paro urbano siguió siendo prácticamente inexistente porque tanto la manufacturación como los servicios absorbieron sin parar a los nuevos trabajadores, entre los que había gran número de mujeres. Las reparaciones se convirtieron en el mayor componente del nuevo sector de servicios y un ejército de mecánicos versátiles se esforzaba por mantener en funcionamiento la maquinaria, los coches y los camiones viejos así como el material rodante que llevaba treinta años circulando.

El derrumbamiento de las exportaciones agrícolas a partir de mediados de 1940 tuvo algunos efectos beneficiosos en la economía urbana, toda vez que hizo que el pan fuese barato y el coste de la vida fuera relativamente estable. Pero la decadencia de la agricultura causó problemas en el campo. Durante la guerra tuvieron lugar dos procesos simultáneos: la agricultura decayó, pero la ganadería registró una expansión porque Gran Bretaña incrementó de manera ininterrumpida sus importaciones de carne. El resultado fue un gran cambio de la agricultura a la ganadería y la extensión de tierra cultivada disminuyó en más de 3 millones de hectáreas durante la contienda. Se calcula que la tierra destinada al cultivo de trigo disminuyó en un 8,4 por ciento, pero la destinada al maíz disminuyó en más de un 40 por ciento. Los excedentes de maíz ayudaron a intensificar el cambio a la ganadería, ya que hicieron crecer la cría de cerdos, actividad cuya importancia se multiplicó por dos durante la guerra. Hasta cierto punto el crecimiento del cultivo de forraje —alfalfa, cebada y avena— para la ganadería y algunos cultivos industriales nuevos encabezados por los girasoles compensó el descenso de los cereales básicos de antes. Pero la tendencia primordial fue abandonar el cultivo de cereales por la ganadería. Entre 1937 y 1947 la cabaña de las pampas aumentó en un 25 por ciento, lo que equivalía a 3,5 millones de cabezas de ganado, mientras la población humana descendía en alrededor de medio millón. Los intentos gubernamentales de detener la salida de población, tales como el control de los arriendos que se introdujo en 1942, resultaron totalmente ineficaces y no consiguieron impedir que la gente abandonara el campo.

En cambio, las condiciones en el interior empezaron a divergir de las que existían en las pampas. Los productores del interior respondieron a la rápida expansión del mercado interno centrado en Buenos Aires incrementando la producción. El crecimiento fue especialmente acentuado en regiones como el Chaco, donde aún había tierra virgen disponible. En otras partes de las regiones campesinas colonizadas del noroeste y el nordeste el incremento de la producción para el mercado aumentó la demanda de mano de obra y, por tanto, contribuyó durante un tiempo a atraer habitantes a la región. Con todo, el crecimiento también aumentó la demanda de una reserva de tierra relativamente fija, y de esta manera, a largo plazo, provocó una expansión de las haciendas que producían para el mercado a expensas de las pequeñas propiedades campesinas orientadas a la subsistencia. El resultado final fue un proceso de cercamiento de los campesinos y el principio de una polarización latifundio-minifundio que con el tiempo se volvería aguda y a partir de los años cincuenta provocaría una segunda oleada de huídas del campo, mayor aún que la primera. De esta forma el interior acabaría substituyendo a las pampas como origen principal de inmigrantes internos.

A finales de 1940 el gobierno conservador procuró responder a la caída del comercio con un Plan de Reactivación Económica, más conocido con el nombre de Plan Pinedo, pues su autor principal era Federico Pinedo, que cumplía un segundo mandato como ministro de Hacienda. El plan se concibió basándose en la suposición de que durante el año siguiente, 1941, las exportaciones permanecerían en niveles inferiores a los de la depresión. Si así ocurría, el resultado sería «crisis industrial, paro y miseria en las ciudades, un derrumbamiento general de la actividad económica que tendría consecuencias sociales de alcance imprevisible».[26] Por tanto, Pinedo propuso, al estilo del New Deal, que se usara el gasto público como mecanismo anticíclico para reactivar la demanda, minimizar la inflación y salvaguardar el empleo. Sobre todo, la medida estaba relacionada con las «consecuencias sociales de alcance imprevisible», palabras que era fácil interpretar como referencia a la agitación laboral de la primera guerra mundial, que había culminado con la «huelga revolucionaria» de enero de 1919.

El Plan Pinedo representó la entrada de Argentina en el campo de la planificación económica global. En primer lugar, proponía que se ayudara al sector agrícola ampliando los planes de financiación que administraba la junta que el propio Pinedo había creado siete años antes. El gobierno aumentaría sus compras de cereales a los agricultores y ofrecería precios más altos, al tiempo que instaría a los terratenientes a ser comedidos con los arriendos para que a los arrendatarios les quedasen unos beneficios suficientes. En segundo lugar, el plan procuraba fomentar un crecimiento industrial más rápido y empezar a exportar productos industriales. Proponía que se creara un nuevo fondo crediticio respaldado por el estado para la industria y que se introdujeran reintegros, plan que la Unión Industrial pedía desde hacía mucho tiempo y que disponía que se reembol-

26. Véase «El plan de reactivación económica ante el Honorable Senado», *Desarrollo Económico*, 19, nº 75 (1979), p. 404.

saran a los exportadores de manufacturas los derechos arancelarios en que incurrieran al importar materias primas o bienes de capital. Como complemento de estas medidas, el gobierno intentaría firmar tratados de libre comercio con otras naciones de América Latina con el fin de crear mercados nuevos para las manufacturas y ayudar a los productores a beneficiarse de las economías de escala. En tercer lugar, el plan proponía que se financiara la expansión de la industria de la construcción, que el gobierno creía capaz de proporcionar más de 200.000 nuevos puestos de trabajo. Por medio de programas de construcción subvencionados por el gobierno, se ofrecerían casas baratas con hipotecas a largo plazo a los obreros y los empleados.

En 1940 el gobierno todavía era sumamente sensible a la acusación de que se inclinaba hacia la financiación mediante déficit con el consiguiente riesgo de inflación. Pinedo declaró que el plan no se financiaría imprimiendo dinero, sino recurriendo a empréstitos internacionales y que los desembolsos se dirigirían hacia las actividades productivas en vez de emplearlos como meras subvenciones para los parados. El Plan Pinedo manifestaba una preocupación mucho mayor por la agricultura que por la industria, ya que el total de las sumas asignadas para conceder créditos a la industria representaba sólo una sexta parte de las destinadas a los agricultores. Así pues, el cambio a favor de la industria siguió siendo relativamente pequeño. Pinedo declaró que el gobierno apoyaría únicamente a las «industrias naturales». Esta expresión era de uso común entre los liberales desde hacía setenta años y significaba que sólo recibirían apoyo del gobierno las industrias que empleasen una cantidad considerable de materias primas del país y que fueran competitivas. Pinedo contaba con que la industria continuase teniendo un papel secundario en la economía. Al defender la medida ante el Congreso, dijo que las exportaciones agrícolas eran la «rueda principal» de la economía; la manufacturación y la construcción se convertirían en «ruedas menores» al lado de las exportaciones.

El Plan Pinedo ofreció una fórmula para un cambio controlado y cierto grado de diversificación que serviría para contener los efectos de la guerra y minimizaría la agitación y la dislocación. Pero no pasó de ser un plan, toda vez que apareció cuando el país ya había caído en una crisis política. En julio de 1940 el presidente Ortiz, que era diabético y ahora sufría ataques de ceguera, tuvo que abandonar el cargo y traspasar el poder al archiconservador Castillo. Durante un año, hasta que Ortiz finalmente dimitió, Castillo fue sólo presidente en funciones. Pero poco después de asumir la presidencia empezó a dar marcha atrás a la política de liberalización emprendida meses antes. En septiembre de 1940 Castillo ya había reorganizado parcialmente el gabinete y, con creciente enfado de los radicales, empezó a organizar elecciones en las provincias que Ortiz había puesto bajo «intervención». En estas elecciones hubo mucho fraude y los conservadores ganaron en la mayoría de ellas. Hacía muy poco que los radicales habían estado convencidos de que por fin iban camino de recuperar el poder y ahora se encontraron en peligro de ser estafados por Castillo. Empezó entonces una racha de conflictos enconados entre los partidos cuya víctima principal fue el Plan Pinedo. Aunque el Senado, que los conservadores dominaban, aceptó el plan, la mayoría radical en la cámara baja impidió que se debatiera. Los radicales rechazaron un llamamiento de Pinedo a favor de un «acuerdo histórico» para hacer frente a la crisis económica hasta que se les ofreciera una satisfacción por las recientes elecciones.

El Plan Pinedo fracasó debido a las largas peleas entre los radicales y los conservadores que Castillo había vuelto a provocar. Sin embargo, aun en el caso de que la política no hubiese predominado, el plan contenía ciertos supuestos y expectativas que desde el principio hicieron dudar de su éxito. Durante los meses siguientes una serie de decretos ejecutivos puso en práctica muchas de sus propuestas relativas a la agricultura, pero poco hizo por resolver la crisis agrícola o detener la creciente oleada de emigrantes que llegaban a Buenos Aires.

El Plan Pinedo también planteó un asunto que ahora era de la mayor importancia: las relaciones con Estados Unidos. El objetivo de promover la industria se apoyaba en la suposición de que Argentina podría continuar importando los bienes de capital y las materias primas de los que carecía. Sin embargo, para importar tenía que exportar o, en su defecto, asegurarse de una afluencia importante y continua de empréstitos e inversiones extranjeros. En ese momento, con el cierre de los mercados europeos para sus cereales, el mercado británico era el único importante que le quedaba. Pero al movilizarse para la guerra, Gran Bretaña no pudo seguir exportando a Argentina las mercancías que eran útiles para la industria local. El resultado fue que durante toda la contienda las ganancias de exportación de Argentina se acumularon en Gran Bretaña como «saldos en libras esterlinas». A finales de 1942 dichos saldos ya ascendían a 295 millones de pesos, y un año después, a 714 millones. Se calcula que en diciembre de 1944 los saldos superaban los mil millones de pesos, es decir, unos 80 millones de libras esterlinas. Los ingleses se comprometieron a proteger los saldos en libras esterlinas de cualquier devaluación futura de la libra; pero con la esperanza de cancelar la deuda por medio de exportaciones después de la guerra, mantuvieron los saldos «bloqueados» en Gran Bretaña, completamente fuera del alcance de los argentinos. En varias ocasiones los ingleses respondieron negativamente cuando Argentina pidió que los fondos bloqueados se usaran para liquidar parte de su deuda con Gran Bretaña o se canjearan por los activos de empresas de propiedad británica en Argentina; estas empresas, encabezadas por las ferroviarias, solían comprar la mayor parte de sus suministros en Gran Bretaña y, por tanto, ayudaban a las exportaciones británicas. Además, los ingleses jamás permitirían que los argentinos convirtieran en dólares sus saldos en libras esterlinas, toda vez que esto significaría volver a las prácticas comerciales del decenio de 1920, cuando las ganancias que obtenía Argentina de sus ventas a Gran Bretaña se usaban para incrementar las compras en Estados Unidos. Los ingleses consideraban que dichas prácticas eran sumamente desfavorables. En 1940 Argentina se encontró atrapada en la relación bilateral con Gran Bretaña que tan ansiosamente había buscado en 1933, pero de una manera que no tenía ninguna utilidad para el objetivo de «reactivación económica» de Pinedo.

Al preparar el plan de 1940, tanto Pinedo como Raúl Prebisch, que seguía siendo su principal consejero, previeron que Estados Unidos se convertiría en proveedor substitutivo de las mercancías que necesitaba la industria local y en nuevo mercado para las exportaciones argentinas. «El gran mercado de Estados Unidos —declaraba el plan— ofrece enormes oportunidades. No hay ninguna razón lógica por la cual nuestros productores no deban sacar provecho de él».[27] Durante un breve período a finales de 1940 Pinedo intentó orquestar una campaña pro Estados Unidos en Argentina y fomentar la idea de que estrechar los vínculos con el citado país daría por resultado una oleada de prosperidad. Los cálculos de Pinedo trascendían los objetivos puramente a corto plazo. A ojos de conservadores como él, Argentina se encontraba ahora en una encrucijada histórica. El antiguo vínculo con Gran Bretaña ya no funcionaba y, de hecho, podía derrumbarse completamente si, como ahora parecía muy probable, Gran Bretaña era inva-

27. «El plan de reactivación económica», p. 423.

dida y derrotada por los alemanes. Una nueva relación con Estados Unidos no sólo re-
solvería el asunto del comercio, sino que, además, también salvaguardaría con ello el dominio político de la clase que formaban los rancheros y los comerciantes y que sostenía
el conservadurismo liberal. Por estas razones Pinedo abogó ahora por una «cooperación
estrecha y total» con Estados Unidos.

Sin embargo, en este momento Argentina tampoco logró salvar las barreras que durante casi un siglo habían obstaculizado de manera persistente todos los esfuerzos por
crear lazos estables y duraderos con Estados Unidos. Durante el decenio anterior las relaciones entre los dos países con frecuencia habían sido frías al extender Estados Unidos
sus medidas proteccionistas contra las mercancías procedentes de Argentina. En 1930 la
Ley Hawley-Smoor reforzó las restricciones que afectaban a la mayor parte de la carne
y los cereales argentinos al subir los aranceles sobre la carne y el trigo e imponer nuevos
derechos a las pieles. En 1935 todos los artículos agrícolas importados que se vendían
más baratos que sus equivalentes norteamericanos fueron prohibidos por completo. En
1936 se impusieron nuevos derechos al sebo argentino. Durante todo el decenio de 1930
Estados Unidos se valió de las normas sanitarias, aparentemente dirigidas contra la propagación de la glosopeda, para excluir otras mercancías procedentes de Argentina. Tanto Uriburu como Justo formularon protestas intermitentes pero inútiles contra estas medidas, mientras Estados Unidos rechazaba la sugerencia que hizo Justo para la firma de
un tratado bilateral entre los dos países. A modo de represalia, los conservadores, al igual
que los radicales a finales de los años veinte, a veces hostigaban a compañías norteamericanas como la Standard Oil al tiempo que empleaban los controles de cambios para excluir las importaciones estadounidenses. Así pues, durante todo el decenio de 1930 las
importaciones procedentes de Estados Unidos fueron una mera fracción de lo que habían
sido en los años veinte, a la vez que las exportaciones argentinas a Estados Unidos quedaban reducidas a la mitad.

Los conflictos comerciales de los años treinta agudizaron las corrientes contra Estados Unidos que existían en estado latente en Argentina. Los argentinos empezaron a pasar por alto o atacaban la política «de buena vecindad» del gobierno Roosevelt, que renunciaba a la intervención armada de Estados Unidos en América Latina, y veían el
movimiento panamericano patrocinado por Washington como un ejemplo de «maquia-
velismo yanqui» cuyo verdadero propósito era controlar todo el continente sudamerica-
no. Después de 1935 Argentina participó, a veces de mala gana, en las sucesivas confe-
rencias panamericanas patrocinadas por Estados Unidos, y cuando, próximo ya el
estallido de la guerra, los norteamericanos intentaron crear una alianza defensiva panamericana, el gobierno Ortiz aprobó la idea con poco entusiasmo. El comercio y la diplomacia habían quedado vinculados de forma inextricable. A finales de 1939 como mínimo algunos norteamericanos empezaban a reconocer la causa principal de la poca
disposición a cooperar que mostraba Argentina. «Ganarse la amistad de Argentina —declaró John W. White, diplomático norteamericano en Buenos Aires— es en gran parte
cuestión de comercio y economía.» «Debemos resignarnos —prosiguió— a hacer algunos sacrificios comerciales en aras de nuestra seguridad política y militar, y permitir la
importación de productos argentinos.»[28] Pero en 1939-1940 lo único que obtuvo Argentina de Estados Unidos fue un crédito del Export-Import Bank de Nueva York para la
compra de mercancías norteamericanas. Después de la Ley de Préstamos y Arriendos de

28.   John W. White, *The Life Story of a Nation*, Nueva York, 1942, pp. 21, 311.

enero de 1941, Washington empezó a proporcionar armas a sus aliados latinoamericanos encabezados por Brasil, pero dio a Argentina la prioridad más baja, negándole casi totalmente los pertrechos militares debido a su postura ante la defensa del hemisferio.

Sobre este trasfondo desalentador, pero como parte de la estrategia del Plan Pinedo, el gobierno Castillo emprendió finalmente negociaciones comerciales oficiales con Estados Unidos y buscó por medio de un tratado comercial —el primero con Estados Unidos desde hacía casi un siglo— las concesiones que se le habían negado durante tanto tiempo. Durante cierto tiempo los miembros del gobierno, los partidos políticos y hasta algunos sindicatos se convirtieron en partidarios entusiasmados del panamericanismo al pensar en la llegada de abundantes fondos y mercancías estadounidenses. Pero cuando se firmó el tratado en octubre de 1941, la decepción fue total, ya que ambas partes hicieron sólo concesiones simbólicas. Estados Unidos ofreció poco más que rebajar los aranceles que gravaban las mercancías que ya importaba de Argentina, tales como linaza y pieles. Las únicas mercancías nuevas que se importarían de Argentina eran algunos minerales raros, como el tungsteno, que necesitaban los fabricantes de armas estadounidenses, y algunos productos lácteos y vinos que Estados Unidos importaba antes de Francia e Italia. Pero la puerta siguió cerrada a los grandes productos básicos de Argentina, la carne y los cereales. Estados Unidos dio así la impresión de que el tratado era simplemente un recurso que la guerra hacía necesario y que no reflejaba ningún cambio importante en su política tradicional.

El fracaso del tratado de octubre de 1941 con Estados Unidos señaló el próximo fin del plan liberal-conservador para lograr la recuperación económica y mantener así el dominio político. Durante más de un año, desde que Ortiz se vio obligado a retirarse en julio de 1940, el equilibrio de poder en la Concordancia y el gobierno había ido cambiando. A principios de 1941 Pinedo había dimitido a raíz de las acusaciones instigadas por los nacionalistas sobre su involucración en tratos corruptos con las compañías ferroviarias británicas. En marzo el ministro de Relaciones Exteriores, José Luis Cantilo, liberal-conservador, también había dimitido, con lo que los ultraconservadores acaudillados por Castillo en persona habían pasado a dominar el gobierno. Pero Castillo se veía cada vez más aislado y repondió introduciendo en el gobierno a hombres que simpatizaban con los nacionalistas. Entre ellos se encontraba el nuevo ministro de Relaciones Exteriores, Enrique Ruiz Guiñazú, cuyas simpatías por la España del general Franco eran muy conocidas.

Así pues, el nacionalismo iba dejando de ser un movimiento situado al margen de la política. A medida que surgían nuevas organizaciones nacionalistas y su propaganda se intensificaba, los nacionalistas empezaron a arrastrar al país en varias direcciones nuevas. La primera era hacia la «soberanía económica», lo cual significa principalmente aumentar la industrialización y nacionalizar las compañías extranjeras en el sector de los servicios públicos. La segunda era lo que dio en llamarse «neutralidad activa», que quería decir, como la definió sucintamente un propagandista en enero de 1941, «no somos neutrales, estamos en contra de todos».[29] La tercera consistió en dar nuevo énfasis a la «justicia social». A finales de 1939 los nacionalistas se quejaban de que

en Santiago del Estero la gente carece de agua. [En otras partes] no hay pan. En el sur los niños no van a la escuela por falta de ropa. Pero en Buenos Aires un comité formado por

29. *El Fortín*, enero de 1941.

dos ex presidentes, un vicepresidente, senadores, etcétera ... todos ellos argentinos recauda fondos para los hospitales de guerra en Francia.[30]

En 1941 estos sentimientos habían adquirido una forma más agresiva. La Alianza Libertadora Nacionalista declaró que ahora los nacionalistas aspiraban al «liderazgo de las masas proletarias, para ponerlas en armonía con otros elementos de la sociedad hacia la conquista de la justicia y la grandeza de la Nación».[31] Un típico programa nacionalista de 1941 indicaba las siguientes exigencias: «emancipación económica» para que el país pudiera recuperar «todas sus fuentes de riqueza» controladas por extranjeros; creación de «grandes mercados de consumo interno» por medio de la «industrialización»; redistribución de la «tierra no cultivada "para su trabajo"»; «representación funcional»; «salarios justos»; reintroducción de la educación católica en las escuelas; defensa contra las «amenazas a la unidad nacional» (eufemismo del antisemitismo y el anticomunismo); y medidas para garantizar la «preparación militar» del país.[32] Estas ideas se expresaban comúnmente en las consignas «Soberanía», «Nacionalización», «Justicia Social».

Muchos observadores consideraban que todo esto eran síntomas de la ascensión del nazi-fascismo en Argentina. Años después Raúl Prebisch instó a sus oyentes a no subestimar la influencia nazi en Argentina durante el decenio de 1930. «La he visto; la he experimentado en persona cuando estaba en el Banco Central. La penetración del nazismo en el ejército, en ciertos periódicos, ayudada por los recursos de la embajada alemana era un elemento muy preocupante en Argentina».[33] En efecto, del mismo modo que los fascistas acechaban entre los nacionalistas en los años treinta, quienes acechaban ahora eran los simpatizantes nazis, entre ellos la redacción de *El Pampero*, un periódico nuevo de Buenos Aires cuyo director, Enrique Osés, recibía subvenciones de la embajada alemana a cambio de publicar boletines de guerra nazis y un poco de propaganda del mismo signo. En 1940-1941 algunos esperaban que Alemania proporcionase el tipo de relación que el grupo de Pinedo había querido establecer con Estados Unidos. Al mismo tiempo, muchos nacionalistas miraban a Alemania y al nazismo con hostilidad. Para los grupos hispanófilos católicos el nazismo simbolizaba «cuatrocientos años de apostasía» que había empezado con la Reforma, y los pro nazis locales recordaban a un nacionalista (refiriéndose a Carlos de Alvear, uno de los líderes del movimiento independentista argentino) «la postura de algunos de los hombres durante la revolución de mayo [de 1810], que contribuyeron a nuestra independencia de España sólo para hacernos depender de los ingleses».[34] En septiembre de 1939 un diplomático nazi en Buenos Aires comentó a sus superiores en Berlín: «El sentimiento antibritánico ... no debe interpretarse como pro alemán ... La nueva Alemania se ve como anticultural [*sic*] ... debido a su supuesta amenaza a la Iglesia católica».[35] Más que expresar una expansión de la influencia nazi-alemana, el nacionalismo surgió tras el creciente sentimiento antinorteamericano y en el vacío que dejaron los liberales-conservadores al abandonar la Concordancia. A finales de 1941, tras

---

30. *La Maroma*, octubre de 1939.

31. Citado en Comisión de Estudios, *El nacionalismo*, p. 50.

32. Estatutos del Consejo Superior del Nacionalismo, Buenos Aires, 1941.

33. Raúl Prebisch, «Argentine Economic Policies since the 1930s — Recollections», en Guido Di Tella y D. C. M. Platt, eds., *The Political Economy of Argentina, 1880-1946*, Londres, 1986, p. 146.

34. Ibarguren hijo, *Laferrère*, p. 94.

35. Citado en Stewart Edward Sutin, «The Impact of Nazism on Germans in Argentina», tesis doctoral, Universidad de Texas, 1975, p. 68.

el fracaso de la aproximación a Estados Unidos, Argentina se encontró privada de mercados y pertrechos extranjeros. Además, se hallaba ante lo que percibía como una amenaza militar por parte de Brasil, país al que los norteamericanos estaban armando más rápidamente que a cualquier otro de la región. Impulsada por los nacionalistas, la respuesta de Argentina se volvió cada vez más enérgica y recalcitrante. Mientras reafirmaba su neutralidad y se negaba a doblegarse ante la presión estadounidense para que entrase en la alianza panamericana, empezó a buscar maneras de superar su aislamiento económico y militar.

A finales de 1941 las influencias nacionalistas adquirieron más fuerza y arraigo en el seno del ejército, donde la idea de crear una industria armamentista nacional ejercía una fascinación creciente, lo que a su vez aumentó mucho el apoyo al desarrollo industrial. Los anteriores planes de promoción industrial, como el de Pinedo, hacían hincapié en la industrialización *selectiva*, es decir, la creación de empresas cuyo objetivo fuera la eficiencia competitiva y que buscasen economías de escala por medio de la exportación. Lo que iba adquiriendo forma ahora era el compromiso con la industrialización *total*, dirigida por el ejército y el estado. Presionado por el ejército, el gobierno creó la Dirección General de Fabricaciones Militares, que se encargaría de proyectar armamentos. Al cabo de un año y pico el coronel Manuel S. Savio trazó los planes para la creación de una industria del acero y propuso que el estado se encargara de financiarla y dirigirla.

Durante 1941 y 1942 Castillo se aferró al poder pese a que su base de apoyo era cada vez más estrecha y al crecimiento ininterrumpido de la oposición encabezada por los radicales. Si bien algunos nacionalistas como Ruiz Guiñazú habían entrado en el gobierno, la mayoría de ellos rechazaban el régimen por considerarlo demasiado «liberal», «oligárquico» o «electoralista». Con el Congreso controlado por los radicales, el presidente empezó a gobernar casi exclusivamente por decreto. El ataque japonés contra Pearl Harbor en diciembre de 1941 fue el pretexto primero para la imposición del estado de sitio y luego para usar la policía para impedir las manifestaciones (generalmente a favor de los aliados) y amordazar a la prensa. Pero Castillo no logró contener a la oposición y se vio obligado a cultivar al ejército. Con intervalos regulares ofrecía espléndidos banquetes a los que asistían jefes militares. La crisis y un ambiente de decadencia invadían ahora el país. John W. White, el observador norteamericano, percibió los «problemas de 1942» como

el gobierno reaccionario de la fuerza en manos de un partido minoritario, una economía cerealista excesivamente especializada con una dependencia casi impotente de los mercados extranjeros, una concentración poco saludable de la población en las ciudades, una clase agricultora explotada que no estaba instalada en la tierra que trabajaba, una tasa de natalidad en descenso y una elevada tasa de ilegitimidad y analfabetismo.[36]

Las dificultades de Castillo se agravaron cuando las relaciones con Estados Unidos empeoraron de manera acusada al encabezar Ruiz Guiñazú un intento de fomentar el neutralismo, a expensas del panamericanismo, en otras partes de América Latina. En enero de 1942, en la conferencia panamericana de Río de Janeiro, cuyo propósito principal era persuadir a las naciones latinoamericanas a romper las relaciones diplomáticas

36. White, *Argentina*, p. 292.

con el Eje y Japón, Ruiz Guiñazú se opuso constantemente a Estados Unidos y, aunque no logró crear un «bloque meridional» fuera de la alianza panamericana, sí consiguió impedir que se accediera a romper las relaciones. La resolución que salió de Rio meramente «recomendaba» la ruptura, pero dejaba que cada país determinara su propia forma de proceder. Bajo la dirección del Secretario de Estado, Cordell Hull, Washington tomó represalias e impuso a Argentina un embargo total de armas, detuvo la concesión de créditos del Export-Import Bank y canceló el suministro de petroleros y maquinaria.

Después de la conferencia de Rio, Estados Unidos empezó a calificar el gobierno argentino de «fascista» y «pro Eje». En Buenos Aires corrían rumores de una inminente invasión por parte de Brasil y de planes de ocupación de Comodoro Rivadavia, la principal fuente de petróleo, por la infantería de marina norteamericana. Pero mientras esta presión iba en aumento durante todo 1942, Castillo encontró apoyo inesperado por parte de Gran Bretaña. En los primeros años cuarenta Estados Unidos y Gran Bretaña tenían objetivos muy diferentes con respecto a Argentina. Lo que más interesaba a los norteamericanos era forjar un frente militar y político unido en toda América Latina y veía Argentina como un obstáculo para ello. Gran Bretaña, sin embargo, dependía cada vez más de la carne argentina y opuso resistencia a toda forma de proceder que amenazara los envíos de carne. Además, debido a los extensos intereses comerciales y financieros de Gran Bretaña en Argentina, los ingleses eran reacios a permitir que Argentina entrase totalmente en la órbita de Estados Unidos, como parecía probable que sucediera si Argentina se comprometía plenamente con el panamericanismo. Desde 1940 Gran Bretaña había visto con aprensión los intentos estadounidenses de hacerse con el control de las compañías británicas que actuaban en Argentina. Una propuesta norteamericana de dicho año, por ejemplo, sugería que los ingleses pagaran la carne argentina con acciones de las compañías británicas, que luego Argentina utilizaría para pagar las importaciones de Estados Unidos. Debido a ello, en Gran Bretaña la opinión era a menudo favorable a una Argentina neutral. Aunque la neutralidad argentina representaba el riesgo de permitir que espías del Eje transmitieran información sobre los movimientos de los barcos británicos, ayudaría a proteger los barcos que transportaban carne bajo bandera argentina de los ataques de los submarinos alemanes.

A partir de comienzos de 1942 el Departamento de Estado norteamericano buscó pruebas que corroborasen su creencia de que debajo de la neutralidad de Argentina se ocultaba el apoyo al Eje. Sacó a la luz las subvenciones que *El Pampero* recibía de la embajada alemana; acusó al gobierno argentino de favorecer la propaganda alemana contra los aliados y de tratar de acabar con las organizaciones pro aliados; descubrió que el gobierno de Buenos Aires tenía tratos con empresas alemanas y que se habían concedido visados a personas que eran sospechosas de ser espías alemanes. Pero el ministerio de Asuntos Exteriores británico adoptaba a menudo una postura diferente. A veces reconocía las dificultades prácticas de administrar la neutralidad en un país en el cual la mayoría de las potencias beligerantes poseían considerables intereses comerciales y nutridas colonias de expatriados. Los ingleses parecían reconocer la falta de un compromiso general con la causa aliada en Argentina. En general, la opinión pública estaba a favor de la democracia y temía el totalitarismo, pero estas simpatías se veían empañadas por las animosidades que seguía despertando Gran Bretaña a causa del Tratado Roca-Runciman y por la hostilidad profundamente arraigada contra Estados Unidos. Durante todo 1942 y comienzos de 1943 la opinión británica, aunque se basara en el interés propio, ofrecía una visión más exacta de los asuntos argentinos que la de Estados Unidos: en vez de apoyar secretamente al Eje, en realidad Castillo no apoyaba a nadie. No tenía ninguna política exterior constructiva y su única intención era aguantar hasta que terminase la guerra, con la esperanza, al parecer, de que en tal momento Argentina pudiera restaurar su relación de antes de la contienda con la Europa occidental y de que disminuyera la presión estadounidense.

A mediados de 1943 Castillo tuvo que hacer frente a otra crisis política nacional, y esta vez no logró superarla. En abril se negó a apoyar a Rodolfo Moreno, el gobernador de la provincia de Buenos Aires, que pretendía sucederle y causó con ello una escisión en la Concordancia. Al cabo de un mes y pico se supo que Castillo quería que Robustiano Patrón Costas, destacado magnate del azúcar de Tucumán y conservador de la vieja guardia procedente del lejano interior como él mismo, fuese el próximo presidente. En cuestión de días la noticia de las intenciones de Castillo provocó un golpe de estado militar que, el 4 de junio de 1943, apartó al régimen con la misma facilidad con que el ejército había despachado a los liberales en 1930. Una vez más las tropas marcharon hasta el centro de Buenos Aires para ocupar la Casa Rosada, mientras durante unas horas Castillo hacía inútiles intentos de resistencia desde un destructor de la armada en el Río de la Plata en el cual se había refugiado.

La subida de Perón, 1943-1946

El golpe de junio de 1943 se diferenció del de septiembre de 1930 en que llegó sin anunciarse, sin la visible agitación civil que había presagiado la caída de Yrigoyen; pareció pillar por sorpresa a la población en general. Sin embargo, el golpe había estado en el aire desde hacía meses. En el momento de la caída de Castillo la Concordancia no era más que una sombra de lo que había sido, y durante algún tiempo el gobierno había sobrevivido gracias sólo al ejército. En dos aspectos el golpe de 1943 se pareció al de 1930: fue concebido y ejecutado exclusivamente por el ejército y sus líderes se dividían en «liberales» y «nacionalistas». Los primeros, que al principio eran más importantes en número y categoría, pretendían crear de nuevo un gobierno como el de Ortiz, libre del fraude que creían que acompañaría a la elección de Patrón Costas y respaldados por los grandes grupos de intereses liberales o «fuerzas vivas». De los liberales podía esperarse que llegaran rápidamente a un acuerdo con Estados Unidos, lo cual ahora significaba, ante todo, romper las relaciones con el Eje. Los nacionalistas, en cambio, seguían comprometidos con oponer resistencia a Estados Unidos, con mantener la neutralidad y apoyar la creación de una industria nacional de armamentos.

En el corazón de la facción nacionalista había una asociación secreta de militares, el Grupo Obra de Unificación (GOU), que consistía sólo en una veintena de miembros activos, cerca de la mitad de ellos coroneles u oficiales de graduación inferior. El GOU estaba obsesionado con el comunismo. Antes de la revolución de junio sus miembros parecían menos preocupados por la perspectiva de que otro gobierno conservador fuera elegido mediante el fraude que por la posibilidad de que apareciera un frente popular controlado por los comunistas que concurriese a las elecciones de noviembre. La victoria electoral de un frente popular, según los miembros del GOU, acarrearía un desastre tan grande como la revolución rusa o la guerra civil española. El GOU consideraba que su obligación era hacer que el ejército en general se diera cuenta de este peligro: de ahí su «tarea de unificación». Los miembros del GOU parecían ser nacionalistas de unifor-

me y no paraban de hablar de «conspiraciones internacionales». El movimiento masóni-
co internacional, por ejemplo, era «creación de los judíos ... una temible organización secreta, de carácter internacional ... una especie de mafia corregida y aumentada ... Entre
sus obras se contaban la revolución francesa, la guerra civil española ... Es anticatólica
y, por tanto, por definición antiargentina». El Club de Rotarios era una «red de espionaje y propaganda del judaísmo internacional al servicio de Estados Unidos». Y el Frente
Popular era «una seudodemocracia, una vulgar reunión de compañeros de viaje (comu-
nizantes) que actuaban a instancias del judaísmo ... una organización declaradamente revolucionaria que trataba de repetir la pauta de España, donde los moderados cayeron y
se convirtieron en marionetas de los comunistas». Los nacionalistas, en cambio, eran
«las fuerzas más puras, las que tenían la mayor conciencia espiritual dentro del panorama de la política argentina».[37] Los vínculos estrechos entre el GOU y los nacionalistas
quedan demostrados por una notable afirmación que pretendía justificar la revolución de
1943 y la imposición de la dictadura militar y que cobró la forma de una larga cita de la
obra de san Agustín *De libero arbitrarie*:

> Cuando un pueblo es moderado y serio por costumbre ... y estima el interés de to-
> dos por encima del interés particular, es justa la ley que le permite elegir sus pro-
> pios magistrados. Pero cuando poco a poco empieza a poner el interés particular
> por encima del bien común, y si es corrompido por hombres ambiciosos, cae en la
> costumbre de vender sus votos y entregar el gobierno a los depravados, es justo
> que el hombre de buena voluntad, aunque sea un solo hombre poseedor de in-
> fluencia o de la fuerza necesaria, pueda quitar el derecho de escoger gobierno y
> pueda someter el pueblo a la autoridad de un solo hombre.[38]

El líder titular del golpe de estado de junio era el general Arturo Rawson, popular y
bien relacionado tanto en el ejército como en la marina y capaz de unir a las dos fuerzas
contra Castillo en una promesa de extirpar la corrupción gubernamental. Pero después de
asumir la presidencia, Rawson fue depuesto inmediatamente por sus colegas militares
tras una serie de disputas relacionadas con la composición del nuevo gabinete. El lugar
de Rawson lo ocupó el general Pedro Ramírez, que hasta pocos días antes del golpe había sido ministro de la Guerra en el gobierno de Castillo. La fuerza de la pretensión de
Ramírez estaba en sus vínculos secretos con el GOU, cuyos miembros, de hecho, le habían jurado lealtad, pero también en su atractivo para los liberales y los radicales: durante los meses anteriores se había insinuado que los radicales querían que Ramírez fuese su candidato en las elecciones de noviembre.

El gabinete de Ramírez lo formaban casi exclusivamente miembros de las fuerzas armadas cuyas filiaciones políticas exactas aún no eran claras pero que, de hecho, se dividían en partes casi iguales en liberales y nacionalistas. El único miembro civil del gabinete
era Jorge Santamarina, el ministro de Hacienda, liberal muy conocido como vástago de las
fuerzas vivas o, como lo calificó el GOU, «uno de ellos».[39] Al menos por fuera el nuevo
gobierno parecía controlado por los liberales: el Departamendo de Estado norteamericano

---

37. Citas de Robert A. Potash, comp., *Perón y el G. O. U.: Los documentos de una logia secreta*, Buenos
Aires, 1984, pp. 101-102, 103, 199, 200.
    38. Citado en *ibíd.*, p. 235.
    39. *Ibíd.*, p. 220.

se apresuró a dar la bienvenida al golpe y a reconocer a Ramírez, mientras la embajada alemana quemaba sus archivos secretos al día siguiente del golpe. Ciertamente en ese momento los liberales controlaban la política exterior por mediación del almirante Segundo Storni, ministro de Relaciones Exteriores. A comienzos de julio Ramírez informó a Estados Unidos de que podía esperar que Argentina rompiera sus relaciones diplomáticas con Alemania en agosto. En ese momento, además, Ramírez, a pesar de sus vínculos con el GOU, parecía dispuesto a convocar elecciones al cabo de poco tiempo porque, al parecer, preveía que iba ser el candidato de una coalición encabezada por los radicales.

Antes de que transcurriera un mes desde el golpe las dos facciones se hallaban enzarzadas en una lucha por el control total del régimen militar. Los liberales querían sacar a los nacionalistas del gobierno y el lema de su campaña era «Poned los generales delante de los coroneles» y los nacionalistas contraatacaban con una campaña cuyo objetivo era impedir que Ramírez fijase una fecha para las elecciones, las cuales, según argüían, significarían la entrada del Frente Popular y, por ende, los comunistas en el poder. Hubo numerosas disputas entre los dos bandos a causa de los nombramientos gubernamentales de nivel inferior, toda vez que los dos trataban de meter a sus propios hombres en el gobierno. Finalmente, a comienzos de septiembre los liberales intentaron salir del punto muerto recabando el apoyo de Estados Unidos. En la célebre «carta de Storni» a Cordell Hull, el ministro de Relaciones Exteriores daba a entender que el régimen ya estaba preparado para romper las relaciones con el Eje, pero pedía a Hull que primero levantara el embargo de armamentos. Storni argüía que levantar el embargo representaría un gesto de buena voluntad por parte de Estados Unidos, que demostraría su disposición a restaurar el equilibrio estratégico en América del Sur, eliminando lo que Argentina percibía como la amenaza militar de Brasil. El propósito obvio de esta petición era provocar en el ejército una oleada de sentimientos a favor de Estados Unidos que los liberales pudieran aprovechar luego para vencer a los nacionalistas y acabar con ellos. Pero Hull hizo caso omiso de esta importantísima oportunidad de intervenir de una manera que favoreciese los intereses de Estados Unidos. En contra de los deseos de sus principales consejeros encabezados por Sumner Welles, el subsecretario para Asuntos Latinoamericanos, rechazó de forma tajante la petición de Storni y exigió que Argentina rompiera las relaciones con el Eje sin ningún quid pro quo previo por parte de Estados Unidos. En su respuesta Hull sacaba a colación el comportamiento de Argentina durante la conferencia de Rio de Janeiro dieciocho meses antes, cuando había desafiado sistemáticamente las propuestas norteamericanas. Así pues, la carta de Storni no ayudó a los liberales, sino que más bien dio la razón a los nacionalistas y reforzó el argumento que venían presentando de manera persistente desde 1941: Estados Unidos era hostil a Argentina y, por tanto, el único recurso de Argentina era obrar por cuenta propia. Pocos días después de que la respuesta de Hull llegase a Buenos Aires, todos los liberales, incluido Storni, habían dimitido del gobierno de Ramírez y habían sido substituidos por nacionalistas. Entre los nuevos nombramientos los más significativos eran los del general Edelmiro Farrell como vicepresidente y el de Gustavo Martínez Zuviría, el notorio novelista antisemita «Hugo Wast», como ministro de Justicia e Instrucción Pública. El escenario quedó despejado para la revolución nacionalista y la subida de Perón.

Los comentarios de Ysabel Rennie sobre el golpe de estado de junio de 1943, escritos poco después del acontecimiento, eran una visión muy perceptiva del futuro rumbo de la política argentina:

Con la perspectiva del tiempo, este acontecimiento se verá tal como fue: el más importante económica, política y socialmente desde la [revolución de 1890]. Porque este golpe, descargado con rapidez, y sin advertencia previa, señaló el final de una sociedad, una economía y un estilo de vida. Con él se enterró la Argentina que vivía exclusivamente de la carne de buey, la Argentina de la Oligarquía Ilustrada, la Argentina liberal, la partidaria del libre comercio, y las esperanzas, el poder y el predominio de la aristocracia terrateniente.[40]

Con todo, el juicio de Rennie era más apropiado para los meses inmediatamente posteriores al golpe de estado que para éste mismo. Fue en octubre y no en junio cuando ocurrió el cambio político más decisivo antes de la culminación de febrero de 1946, cuando Perón ganó las elecciones como presidente.

Una vez los nacionalistas hubieron obtenido el control total de la junta de Ramírez en octubre de 1943, actuaron rápidamente para consolidarse en el país y en el extranjero. Se negaron a seguir hablando con Estados Unidos de romper las relaciones con el Eje y la respuesta norteamericana fue congelar los activos argentinos depositados en bancos en Estados Unidos. Los nacionalistas reiteraron la neutralidad «activa» y reanudaron la búsqueda de aliados en América Latina. A finales de 1943 Argentina había forjado un considerable mercado de exportación de artículos manufacturados en América Latina que Ramírez procuró consolidar firmando tratados comerciales con varios estados latinoamericanos vecinos. El régimen también empezó a meterse en la politica de sus vecinos; en un episodio que de nuevo creó fricciones graves entre Argentina y Estados Unidos, un golpe de estado en Bolivia en diciembre de 1943 llevó al poder un régimen neutralista y pro argentino que durante un tiempo sólo tuvo el reconocimiento diplomático de Buenos Aires.

En el plano interior, el régimen dejó de fingir que no tardaría en convocar elecciones. A causa de ello, empezó a encontrar creciente oposición capitaneada por los radicales. El régimen respondió con una mezcla de proclamaciones de estilo nacionalista, represión, populismo incipiente y una creciente oleada de propaganda. Impuso una reducción del 20 por ciento de los arriendos agrícolas y una congelación de los alquileres urbanos. Los tranvías de Buenos Aires, cuya empresa más importante era la Anglo-Argentine Tramway Company, fueron obligados a reducir el precio de los billetes y se abolió la odiada Corporación de Transportes. El régimen nacionalizó la Primitiva Gas Company, que era de propiedad británica. También intensificó la campaña contra la corrupción y llevó a cabo una nueva oleada de purgas. Puso las provincias bajo interventores militares y amplió la censura de prensa. A finales de 1944 abolió todos los partidos políticos porque, según afirmó, no representaban realmente la «auténtica opinión pública». Mientras tanto miembros del gobierno pronunciaron numerosos discursos repletos de consignas nacionalistas como «Honradez, Justicia, Deber»; el propio Ramírez alabó en particular a la población trabajadora rural, que «no estaba contaminada —como dijo— por las ideas exóticas de las ciudades».

Martínez Zurivía comenzó su mandato como ministro de Justicia con un discurso en el que instó a tomar medidas para «cristianizar el país ... Deberíamos incrementar la tasa de natalidad y no la inmigración; debemos asegurar que el trabajo reciba la parte justa de las recompensas y poner a todas las familias bajo un techo decente; tenemos que extir-

40. Ysabel Rennie, *The Argentine Republic*, Nueva York, 1945, p. 344.

par las doctrinas basadas en los odios de clase y el ateísmo».[41] Con gran aprobación por parte de la Iglesia, Martínez Zurivía volvió a imponer la enseñanza religiosa en las escuelas por primera vez en sesenta años y luego dirigió una búsqueda de «comunistas» en las universidades, cerrándolas cuando los estudiantes respondían con huelgas. También se adoptaron medidas antisemitas. Aunque los rumores de que el gobierno había creado campos de concentración en la Patagonia resultaron falsos, suprimió varias organizaciones de beneficiencia judías, despidió a algunos maestros judíos y canceló la ciudadanía de algunos judíos naturalizados. La prensa nacionalista llevó a cabo una larga campaña contra Bemberg, el magnate de la cerveza. En abril de 1944 el gobierno se hizo con el control del comercio de exportación de cereales y nacionalizó los elevadores y almacenes de cereales, medidas que algunos consideraron antisemitas porque iban dirigidas contra las casas exportadoras llamadas las Cuatro Grandes. Finalmente, hubo otra racha de ataques contra los comunistas, esta vez entre los sindicatos. Inmediatamente después de hacerse con el poder en junio de 1943, el gobierno había disuelto una facción de la CGT dirigida por los comunistas que había conseguido escindir la federación en marzo de aquel año. En ese momento también acabó con la FONC, los sindicatos de obreros de la construcción, que estaban dominados por los comunistas. A finales de 1943 hubo huelgas de los trabajadores de las empresas cárnicas en Buenos Aires y el gobierno las denunció diciendo que eran instigadas por los comunistas al tiempo que procedía a practicar detenciones en masa. Varios sindicatos, entre ellos las organizaciones de ferroviarios, ya habían sido puestos bajo el control del gobierno por medio del mecanismo de la intervención.

Gran parte de este comportamiento del gobierno manifestaba la cara negativa y puramente reaccionaria del nacionalismo, su exótica mezcla de prejuicios contra el «liberalismo», el «capitalismo» y el «comunismo», su costumbre de romantizar la ruralidad, sus ciegas antipatías contra lo «extranjero» y sus amenazadores impulsos antisemitas. A pesar de ello, el nacionalismo conservaba su compromiso con la «justicia social», cuyo propósito era reconstruir la comunidad nacional orgánica. Esta otra cara del movimiento también se dejó ver cuando aún no había transcurrido un mes desde la revolución de palacio de octubre de 1943 y se procedió al nombramiento, el 28 de octubre, del coronel Juan Domingo Perón como jefe del Departamento Nacional del Trabajo. Los allegados al régimen reconocieron de inmediato la gran importancia de su nombramiento. Perón, según dijo *Cabildo*, que ahora era el principal diario nacionalista, daría «peso y eficiencia a los problemas laborales», porque conocía las «verdaderas necesidades de las organizaciones obreras», y apoyaría la unidad del movimiento sindical, «tratando siempre de evitar y resolver [*sic*] los conflictos». La tarea de Perón era la «organización de los sindicatos».[42]

Aunque todavía no formaba parte del gabinete, y no era nada conocido del público, Perón apareció así en las primeras filas del régimen nacionalista. Había sido uno de los fundadores y líderes del GOU, participando activamente en la «tarea de unificación» en el ejército, en la conspiración contra Castillo, como partidario de Ramírez contra Rawson en junio y más recientemente como una de las figuras principales en la lucha entre los liberales y los nacionalistas. De la carrera anterior de Perón, que desde la adolescencia había pasado en el ejército, el rasgo más sobresaliente era su larga experiencia en la política militar. Inmediatamente antes de la revolución de 1930 Perón había interpretado

41. *Cabildo*, 15 de noviembre de 1943, 1 de enero de 1944, 2 de noviembre de 1943.
42. *Ibíd.*, 28 de octubre de 1943, 30 de octubre de 1943.

un papel secundario como intermediario entre las facciones de Uriburu y Justo, aunque había evitado que se le identificara con una u otra. Inmediatamente antes y después de que estallara la guerra en 1939 había estado en misión oficial en varios países europeos y se había familiarizado con los regímenes de Mussolini y Franco además de ser testigo de la caída de Francia. Perón gozaba de cierto prestigio en el ejército por su talento de organizador y por sus ideas sobre el papel del ejército en la sociedad moderna. Sus opiniones al respecto eran típicas de los nacionalistas. A diferencia de los liberales, que veían al ejército en un papel negativo de vigilante y simple apéndice del estado, Perón y los nacionalistas lo consideraban el epicentro mismo de la comunidad nacional, el encargado de dirigir y movilizar la sociedad. Como miembro del GOU Perón había evitado las toscas diatribas antisemitas y xenófobas de los demás oficiales, pero se había distinguido como anticomunista extremo, temeroso de las intrigas comunistas para formar un frente popular y, sobre todo, temeroso de la influencia comunista en los sindicatos. La intervención de Perón en los asuntos laborales precedió a su nombramiento como jefe del Departamento Nacional del Trabajo. Había buscado activamente contactos en los sindicatos desde el golpe de estado de junio, sobre todo en la «intervenida» Unión Ferroviaria, que ahora era administrada por su íntimo colaborador y amigo personal el coronel Domingo Mercante.

A finales de 1943 los diversos subtemas de la «justicia social» habían pasado a ser objeto de debates casi diarios en los círculos derechistas, católicos y nacionalistas de Argentina. Durante varios años la Alianza Libertadora Argentina había conceptualizado la justicia social como un sistema de sindicatos controlados por el estado. Después del golpe de junio de 1943, al tiempo que de manera típica exigía medidas contra los «comunistas» y los «judíos», la Alianza instaba a formar un «estado protector de la clase obrera argentina».[43] En 1943 la prestigiosa *Revista de Economía Argentina* prestó mucha atención al Plan Beveridge que acababa de hacerse público en Gran Bretaña y juzgaba que la formación de un «estado benefactor» era la mejor manera de evitar una revolución comunista. Otros nacionalistas percibían la clase obrera bajo su control y tutelaje como el instrumento que los llevaría al poder: «La conquista del estado empieza por la conquista de la multitud» —había declarado Marcelo Sánchez Sorondo en mayo de 1943.[44] La mayoría de estas ideas sobre la movilización de las masas y el tutelaje de la clase obrera surgieron del fascismo europeo. Pero los nacionalistas que buscaban inspiración externa para crear sus programas y estrategias ya no tenían que concentrarse en el régimen fascista de Italia, que se estaba desmoronando rápidamente, sino que ahora había un modelo mucho más cercano en el Brasil de Getúlio Vargas: «Vargas ha dado un impulso extraordinario a los derechos de los obreros en Brasil. Empezó esta actividad con la creación del ministerio de Trabajo ... La manera en que se ocupan de esta cuestión en Brasil ... nos invita a considerar esto como base para el estudio y las ideas».[45]

Así pues, la entrada de Perón en el Departamento Nacional del Trabajo en octubre de 1943 podría verse como la ejecución de una estrategia nacionalista que venía de mucho antes y que Perón adoptó con pleno conocimiento y apoyo de sus colegas de la junta militar. Hizo varias declaraciones muy explícitas sobre sus intenciones y objetivos, la primera en una entrevista con un periodista chileno, Abel Valdés, transcurridas apenas dos

43. *La Razón*, 8 de junio de 1943.
44. Sánchez Sorondo, *La revolución que anunciamos*, p. 246.
45. *La Razón*, 8 de junio de 1943.

semanas desde que tomara posesión de su cargo. A lo largo de toda esta entrevista Perón hizo referencias constantes a conceptos nacionalistas relacionados con asuntos obreros y también empleó el fraseo y el vocabulario clásicos de los nacionalistas:

> Nuestra revolución es esencialmente espiritualista. En Argentina la riqueza del pueblo [debería permanecer] en nuestras manos, de manera que cada argentino pueda percibir el mejor rendimiento de sus esfuerzos. Yo mismo soy sindicalista y como tal soy anticomunista, pero también creo que el trabajo debería organizarse en forma de sindicatos, para que los propios trabajadores, y no los agitadores que los controlan, sean los que cosechen los beneficios de sus esfuerzos.

Su objetivo, según declaró Perón, era

> mejorar el nivel de vida de los trabajadores, pero sin tolerar el conflicto social ... No daré carta blanca a los agentes de la destrucción y la agitación, que con frecuencia ni siquiera son argentinos, sino extranjeros. Tengo los asuntos obreros totalmente controlados, y no por la fuerza sino por la conciliación ... No crea usted que somos anticapitalistas. Nada de eso. [Pero] el capitalismo internacional está muy equivocado si cree que puede vencer al espíritu nacional de Argentina que este gobierno encarna.[46]

Así pues, según Perón, los nacionalistas trataban de llevar a cabo una revolución espiritualista: la palabra, tomada en préstamo del conservadurismo español, era una de las más comunes del léxico del nacionalismo. La revolución nacionalista significaba mantener la riqueza nacional en el país y dar al trabajo la parte que le correspondía; el propósito de la organización sindical era tener a los «agitadores» a raya y mejorar los niveles de vida sin provocar conflictos de clase. Los comentarios de Perón sobre el «capitalismo internacional» también eran ecos de los nacionalistas, y sus insinuaciones en el sentido de que el capitalismo debía hacer concesiones para impedir que el trabajo se volviera revolucionario parafraseaban las grandes encíclicas pontificias *Rerum Novarum* y *Quadragesimo Anno*. De nuevo había evitado Perón comentarios antisemitas explícitos, pero sus críticas simultáneas contra el comunismo y el «capitalismo internacional» adoptaban las suposiciones generales y la perspectiva en que se basaba el antisemitismo en Argentina.

La entrevista con Valdés fue la primera vez que Perón se presentó al público en general. Su aire era de confianza en sí mismo; su actuación fue atractiva y empujó al propio Valdés a hacer una predicción memorable: «Mi impresión general es que el actual gobierno argentino está unido, poderoso y fuerte ... Otra de mis impresiones es que ... el coronel Juan Perón puede convertirse muy pronto en el caudillo máximo de la República Argentina, y quién sabe durante cuánto tiempo».[47] Poco después, en una carta abierta dirigida a Ramírez, Perón negó modestamente que aspirase a algo más que al puesto que ocupaba en ese momento, pero era claro a ojos de todo el mundo que estaba cobrando rápidamente ímpetu personal y estatura política.

A finales de noviembre, en un decreto que firmó la totalidad de los ocho miembros del gabinete, el gobierno substituyó el Departamento Nacional del Trabajo por la Secre-

46. *Cabildo*, 11 de noviembre de 1943.
47. *Ibíd.*, 11 de noviembre de 1943.

taría de Trabajo y Bienestar Social, con lo que Perón, su jefe, pasó a formar parte del gabinete. En un largo preámbulo del decreto Perón esbozaba de manera todavía más explícita sus planes relacionados con el trabajo. El preámbulo decía que la Secretaría de Trabajo serviría como «organización que centralice y controle», para producir «mayor armonía entre las fuerzas productivas: reforzar la unidad nacional mediante un grado mayor de justicia social y distributiva ... concebida de manera cristiana a la luz de las grandes encíclicas».

Al hablar con un grupo de obreros unos cuantos día después, Perón declaró «Soy un soldado en el gremio más poderoso de todos: el militar. Y, por tanto, os aconsejo que para conseguir la misma cohesión y fuerza que tenemos nosotros, permanezcáis siempre unidos».[48]

Mientras Perón explicaba sus intenciones para con los sindicatos, había algunas señales indudables de que el trabajo estaba dispuesto a colaborar. En diciembre de 1943 la Secretaría de Trabajo llegó a un acuerdo sobre salarios y beneficios marginales con la Unión Ferroviaria que equivalía a conceder al sindicato virtualmente todo lo que había exigido pero se le había negado de manera continua desde 1929. Poco después, los líderes sindicales encabezados por el secretario de la CGT, José Domenech, saludaron a Perón como «Trabajador Número Uno de Argentina». Perón terminó el año haciendo un llamamiento público a los hombres de negocios para que pagasen voluntariamente a sus trabajadores un aguinaldo navideño consistente en una mensualidad extra. La campaña destinada a fomentar la «justicia social» continuó hasta bien entrado el año 1944. Perón destacó aún más al dirigir las operaciones de socorro después de que un terremoto devastador arrasara la ciudad de San Juan. También en este momento empezó Perón lo que pronto sería su notoria relación con la actriz Eva Duarte, que formaba parte de un grupo de artistas populares que participó en la campaña para socorrer a San Juan.

Poco después del desastre de San Juan, sin embargo, una nueva crisis en los asuntos exteriores eclipsó de repente las actividades de Perón entre los sindicatos. A raíz del asunto de la carta de Storni Estados Unidos había intensificado su boicot económico y reanudado su campaña propagandística contra Argentina, después de que ambos fueran suspendidos brevemente desde el derrocamiento de Castillo. La campaña alcanzó su apogeo en diciembre de 1943 tras el golpe de estado en Bolivia, en medio de noticias que afirmaban que Argentina estaba envuelta en una conspiración parecida para derribar al gobierno de Uruguay. El régimen nacionalista redobló ahora sus esfuerzos por crear una industria armamentista, pero en un intento desesperado de aliviar sus debilidades militares inmediatas empezó a tramar la compra de armas a la Alemania nazi. Esta medida resultó un error desastroso, toda vez que Osmar Hellmuth, el agente secreto de Ramírez, fue detenido por los ingleses en Trinidad cuando iba camino de España y Alemania y los ingleses pasaron información sobre sus actividades al Departamento de Estado. El caso Hellmuth proporcionó finalmente a Estados Unidos lo que parecía una prueba concreta de la colusión de Argentina con el Eje, y armado con esta prueba, el Departamento de Estado amenazó inmediatamente con hacerla pública, colocando así a Ramírez en una posición insostenible. Ramírez no tardó en rendirse y el 26 de enero decretó la ruptura de relaciones diplomáticas que Estados Unidos venía exigiendo inútilmente desde 1942.

Excepto para el puñado de personas que conocían los detalles del caso Hellmuth y sus consecuencias, la ruptura diplomática carecía de toda explicación racional y parecía una

48. *Ibíd.*, 30 de noviembre de 1943; *La Razón, 10 de diciembre de 1943.*

capitulación incomprensible ante las presiones norteamericanas. La ruptura de relaciones, por tanto, precipitó inmediatamente una crisis política que llegó a un punto culminante en la segunda semana de febrero, cuando el gobierno trató de acallar la creciente avalancha de críticas de los nacionalistas disolviendo y prohibiendo de pronto todas las asociaciones nacionalistas. Después de la prohibición hubo una racha de dimisiones en el gabinete, entre ellas la del coronel Alberto Gilbert, que, como ministro de Relaciones Exteriores, se convirtió en el chivo expiatorio directo de la misión de Hellmuth, y la de Martínez Zurivía, que dejó el gobierno en señal de protesta tanto por la ruptura de relaciones diplomáticas como por la proscripción de los nacionalistas. Pero luego los nacionalistas contraatacaron y el propio Ramírez fue depuesto el 25 de febrero por sus críticos, que le obligaron a dejar la presidencia, primero temporalmente y poco después de manera permanente. El caso Hellmuth había provocado así la caída de Ramírez y otros, pero el régimen nacionalista en conjunto no resultó afectado, como demostró el hecho de que Estados Unidos se negara a reconocer diplomáticamente al nuevo gobierno. El episodio fue otra etapa importantísima de la subida de Perón. Al substituir a Ramírez en la presidencia, el vicepresidente Farrell renunció al cargo que había ostentado hasta entonces, el de ministro de la Guerra, que fue para Perón, primero de forma provisional pero poco después permanentemente. Gracias a la caída de Ramírez, Perón controlaba ahora dos puestos del gabinete.

Bajo Farrell, Argentina siguió distanciada de Estados Unidos y, aunque continuaron los envíos de carne a Gran Bretaña, Washington mantuvo un bloque virtual de los suministros a Argentina. El régimen replicó a su aislamiento forzoso con una inmensa movilización militar de hombres y recursos. A finales de 1945 había triplicado los efectivos del ejército al tiempo que incrementaba la participación militar en el gasto público del 17 por ciento en 1943 al 43 por ciento en 1945. Al crecer el ejército, se empleó el personal militar en la construcción de carreteras; se formaron nuevas plantas experimentales bajo el control y la supervisión del ejército; el ejército dirigió la búsqueda afanosa de materias primas industriales en la región andina. En abril de 1944 el gobierno creó un Banco Industrial que se encargaría de financiar las industrias que se considerasen de interés nacional, lo cual significaba principalmente las compañías estatales dedicadas a producir armamentos. La rápida militarización en 1944, que empezó sobre todo como respuesta a las presiones norteamericanas, se convirtió así rápidamente en un instrumento de la política económica, un medio de encauzar los recursos hacia la industrialización. La militarización se correspondía con los principios fundamentales del nacionalismo, que consideraba al ejército un instrumento para reestructurar la sociedad. Pero ahora se estaba formando una estructura visiblemente autoritaria. Al ampliar las fuerzas armadas, el gobierno impuso todavía más restricciones a la prensa y en abril de 1944 aplicó una prohibición de cinco días a *La Prensa*. A finales de julio Farrell ofició en una gran concentración con antorchas en la Avenida Nueve de Julio de Buenos Aires. Ante un público que se calcula en un cuarto de millón de personas dio a conocer una «Declaración de Soberanía»:

> Hoy ... todo el pueblo de la República ... ha comprendido las verdades fundamentales del nacionalismo ... [Esta manifestación] revela la existencia de una poderosa fuerza nacional que va en pos de objetivos que son puramente nacionales y que, por tanto, no puede ser un partido político, porque no defiende los intereses de ninguna «parte» contra otra parte cualquiera, sino la grandeza de toda la nación.[49]

49. *Cabildo*, 12 de enero de 1944.

El gobierno promulgó edictos aún más nacionalistas, entre ellos un «estatuto del peón» que fijaba salarios mínimos para los trabajadores rurales y era así ejemplo de la vieja preocupación de los nacionalistas por la población rural. A mediados de octubre Farrell presidió una ceremonia que «consagró» simbólicamente las fuerzas armadas a «la Virgen», acto cuyo propósito era evocar la «unión de la Cruz y la Espada» que constituía la visión nacionalista de la conquista de América por los españoles.

De este modo, a pesar de la confusión del caso Hellmuth, el régimen nacionalista continuó cobrando ímpetu y adquiriendo un carácter cada vez más agresivo. Tras la caída de Ramírez, Perón reanudó sus actividades en la Secretaría de Trabajo y se ocupó de eliminar a los adversarios en los sindicatos, principalmente socialistas. En junio, después de eliminar a su líder, Francisco Pérez Leiros, se había hecho con el control del gran sindicato de obreros metalúrgicos, la Unión Obrera Metalúrgica. Aparecieron ahora señales inconfundibles de que había empezado a movilizar a una inmensa base popular. En marzo de 1944 gran número de ferroviarios se manifestaron a su favor. Por primera vez en la historia la CGT participó en el desfile anual del 25 de mayo que conmemoraba la revolución de mayo de 1810. Durante todo este período Perón permaneció en constante comunicación con los líderes sindicales, prometiendo, exhortando y si hacía falta amenazándoles. Su mensaje seguía siendo el mismo que a finales de 1943: instaba a la unidad y promulgaba constantemente el clásico precepto católico de la «justicia social»:

... la nueva política social ... se basa en la necesidad ... de evitar una situación en que algunos hombres sean demasiado ricos y otros demasiado pobres. La sabiduría del «*in medio veritas*» continúa siendo válida ... La verdad se encuentra en el punto medio, en que se mantenga el debido equilibrio en el reparto de la riqueza con el fin de eliminar la absurda polarización ... entre la clase de los ricos y poderosos y la clase de los mendigos ... un sano equilibrio ... comprensión y conciliación entre las clases ... En su discurso ... Perón mencionó todos los puntos que comprenden el concepto cristiano de la justicia social que contienen las grandes encíclicas pontificias.[50]

Desde su otro puesto, el de ministro de la Guerra, Perón supervisó activamente la expansión del ejército al tiempo que incrementaba su poder y su prestigio en el seno del mismo. Como ministro controlaba las comunicaciones entre el gobierno y los militares, y aprovechaba plenamente su poder sobre los suministros, el patronazgo y los ascensos en un momento en que el presupuesto militar crecía a ritmo acelerado. Perón aparecía como el ideólogo más destacado de la proposición nacionalista de que el papel del ejército era dirigir la política pública y construir una sociedad nueva. El 11 de junio de 1944 pronunció su discurso más impresionante hasta la fecha, en el cual presentó su concepto de la «nación en armas». Perón declaró que la guerra era una consecuencia inevitable de la condición humana. Pero el mejor medio de evitarla que tenía cada nación consistía en hacerse militarmente fuerte, y la fuerza militar requería la movilización de todos los recursos disponibles; a su vez, movilización significaba industrialización y «justicia social». «Si vis pacem, para bellum»—proclamó: «Si deseas la paz, prepárate para la guerra».[51]

En Estados Unidos el discurso de Perón fue atacado por «totalitario» y provocó un

50. *Ibíd.*, 25 de junio de 1944.
51. *La Prensa*, 11 de junio de 1944.

nuevo enfriamiento de las relaciones. A partir de entonces, el Departamento de Estado utilizaría con frecuencia la palabra «nazi» para referirse al régimen argentino. Pero en Argentina misma el discurso favoreció la posición política de Perón. Miles de sindicalistas respondieron con manifestaciones populares a los ataques norteamericanos contra Perón. Aprovechando su creciente estatura, menos de un mes después del discurso Perón provocó un conflicto sobre las esferas de autoridad con el general Luis Perlinger, que, como ministro del Interior, se había convertido en su rival principal en la junta. En este conflicto Perón demostró ser irresistible y logró que el resto del gobierno secundara su exigencia de que Perlinger dimitiese. Cuando así hizo Perlinger, Perón adquirió un tercer cargo, la vicepresidencia, que había estado vacante desde la caída de Ramírez en febrero.

En apenas un año a partir del golpe de estado de junio de 1943 contra Castillo, Perón se había convertido de manera indiscutible en la figura principal del régimen militar; Farrell se replegó y a partir de entonces su papel fue el de figura decorativa como presidente. A mediados de 1944 a Perón ya sólo le quedaban dos adversarios: el Departamento de Estado norteamericano y una masa amorfa pero numerosa de oponentes en el país, encabezados por los radicales y las fuerzas vivas, beneficiarias de la vieja economía liberal que se veía amenazada por la política de industrialización y reforma social dirigidas por el estado. Durante el resto de 1944 el Departamento de Estado norteamericano mostró poco interés por Argentina. Las sanciones económicas permanecieron vigentes, pero Estados Unidos resultó incapaz de tomar nuevas medidas contra Argentina, principalmente debido a la oposición británica. A finales de 1944 la oposición interior a Perón iba en aumento, pero seguía siendo extremadamente desunida y difusa. La liberación de París en agosto provocó grandes manifestaciones callejeras en Buenos Aires que se convirtieron en estallidos de cólera contra el régimen por sus «simpatías nazis». Los portavoces de los partidos políticos, que seguían prohibidos, exigían de vez en cuando que se convocaran elecciones, y el «estatuto del peón» provocó una oleada de críticas de las asociaciones de estancieros y agricultores capitaneadas por la Sociedad Rural Argentina. A finales de año Perón se vio envuelto en una enconada disputa con la Unión Industrial Argentina, la principal organización de patronos industriales, al instituir una paga extra obligatoria de fin de año para los obreros, el «aguinaldo», que el año anterior había sido puramente voluntaria. Pero la naturaleza de la política argentina se estaba transformando rápidamente: cada vez que los adversarios de Perón, en el país y en el extranjero, arremetían contra él, sus partidarios sindicales y obreros respondían inmediatamente apoyándole.

Al formar su alianza popular, Perón se benefició de varias circunstancias que contribuyeron a que el mundo del trabajo fuese receptivo a su llamada. En primer lugar, era inevitable que una política de industrialización que incrementaba el empleo urbano resultara popular entre una clase obrera que crecía con rapidez. En segundo lugar, aunque entre 1941 y 1944 el número total de *obreros* afiliados a sindicatos de la CGT aumentó con relativa lentitud de 441.000 a 528.000, es decir, en un 17,7 por ciento, el número de *sindicatos* afiliados a la CGT durante el mismo período aumentó de 356 a 969, lo que equivale a un 285 por ciento, tendencia que ilustraba la propagación del sindicalismo en los nuevos sectores de manufacturación en pequeña escala. A resultas de ello, al empezar a funcionar, la Secretaría de Trabajo tenía una masa de contactos en potencia a los que podía vincularse en toda la población activa. Sin embargo, a los patronos, ante un mercado de trabajo favorable al vendedor y separados unos de otros por enormes diferencias de escala, les resultaba difícil unirse para oponer resistencia en común a los sindicatos o a Perón. En tercer lugar, a diferencia del período 1914-1919, en el que se registró un descenso vertiginoso de los salarios reales, en los años 1939-1945 hubo un lento incremento de los salarios reales, principalmente debido a la creación de nuevos puestos de trabajo industriales y a la abundancia de cereales baratos. En 1940 los salarios reales medios estaban más o menos en el mismo nivel que en 1929 y crecieron en un 10 por ciento antes de 1944. Las huelgas fueron mucho menos frecuentes durante los primeros años cuarenta en comparación con veinticinco años antes. Entre 1940 y 1944 la incidencia de huelgas, medida por horas-hombre perdidas, fue de sólo un tercio de la de 1915-1919, aunque la población activa más o menos se había doblado entre los dos períodos. Así pues, durante la segunda guerra mundial no sólo se mostró el trabajo menos militante que veinticinco años antes, sino que los sindicatos tendieron a preocuparse menos por los salarios que por beneficios marginales como el subsidio de enfermedad, las pagas extras, las vacaciones pagadas y la compensación por accidente.

Los beneficios marginales eran más fáciles de dar que los incrementos salariales y eran exactamente el tipo de recompensas que la Secretaría de Trabajo podía gestionar. Asimismo, resultaba mucho más fácil tratar con el trabajo cuando el asunto principal se refería a mejoras relativamente superficiales de condiciones que ya eran bastante aceptables, en lugar de la supervivencia de obreros desesperados, a menudo al borde de la rebelión, como sucedía veinticinco años antes. Las técnicas básicas que empleaba Perón eran hacer cumplir la legislación laboral que ya existía, apoyar los aumentos salariales en sectores donde los sindicatos ya estaban organizados y promover sindicatos nuevos donde no existiera ninguno. Perón obtuvo alguna ventaja de la purga de líderes sindicales comunistas poco después del golpe de junio de 1943. Los comunistas eran los líderes sindicales que probablemente se hubieran resistido a él con mayor tenacidad. Sin embargo, su número seguía siendo escaso y el gobierno exageraba constantemente su influencia. Tampoco era muy seguro el prestigio de los comunistas entre los obreros, ya que durante toda la guerra habían evitado las posturas extremistas que pudieran afectar al esfuerzo bélico. Aunque muchos líderes sindicales en 1943-1945 rehusaron tratar con Perón e intentaron guardar las distancias, las presiones de las bases con frecuencia les obligaron a tratar con la Secretaría de Trabajo. A finales de 1944 la Secretaría había empezado a tratar sólo con los sindicatos que poseyeran *personería gremial*, es decir, personalidad jurídica plena conferida por el gobierno. Pero para adquirir esta personalidad los sindicatos tenían que ser controlados por líderes que Perón considerase aceptables, lo cual quería decir líderes que estuvieran dispuestos a seguir sus órdenes.

En el plano internacional, después de la dimisión de Cordell Hull como secretario de estado en noviembre de 1944, la responsabilidad de los asuntos latinoamericanos en el Departamento de Estado pasó a Nelson Rockefeller, el nuevo subsecretario. Apoyado por numerosas asociaciones de fabricantes de Estados Unidos que veían Argentina como un gran mercado potencial en la posguerra, Rockefeller trató de obtener mayor cooperación de Argentina haciendo concesiones. Poco despues de noviembre Estados Unidos restableció las relaciones diplomáticas, suavizó los embargos comercial y financiero y dio a entender que estaba dispuesto a levantar la prohibición de vender armas a Argentina que había impuesto durante la guerra. Esta diplomacia de nuevo cuño tuvo casi al instante varios resultados positivos. En febrero de 1945 Argentina firmó el Acta de Chapultepec, que prometía la cooperación interamericana en la defensa y el comercio mutuos. Finalmente, a finales de marzo, Argentina declaró la guerra a Alemania y Japón. En ese momento, cuando apenas faltaba un mes para la capitulación de Alemania, la declaración de guerra fue sólo simbólica, pero el gesto sirvió para que Argentina fuera admitida en las Naciones Unidas al tiempo que sugería que estaba dispuesta a que las futuras relaciones con Estados Unidos fuesen muy diferentes. Durante un período fugaz pareció, pues, que las aspiraciones del Plan Pinedo de finales de 1940 acabarían cumpliéndose bajo la junta militar.

Sin embargo, el nuevo trato dispensado a Argentina bajo Rockefeller cesó bruscamente después de mediados de abril, cuando Truman substituyó a Roosevelt en la presidencia y el Departamento de Estado experimentó una reorganización más. Aunque Rockefeller permaneció en su puesto durante un tiempo, el control de la política para con Argentina pasó a Spruille Braden, uno de los principales críticos de la neutralidad argentina durante la contienda así como del gobierno argentino del momento. Al terminar la guerra en Europa, Estados Unidos se libró por fin de las restricciones británicas y, encabezado por Braden, aplicó sus energías a una campaña cuyo objetivo era apartar a Perón y al régimen nacionalista. En mayo Braden fue nombrado embajador en Argentina y en junio ya recorría el país atacando al gobierno y exigiendo elecciones inmediatas; instó a Washington a no prestar más ayuda a Argentina «hasta el momento en que el control militarista nazi de este país haya sido substituido por una democracia constitucional y cooperante [*sic*]».[52]

Mientras tanto, Perón había seguido ampliando y consolidando su alianza con los sindicatos. En su discurso más destacado de este período definió su objetivo como «la revolución pacífica de las masas»:

> Si no llevamos a cabo la Revolución Pacífica, el Pueblo mismo tomará el camino de la Revolución Violenta ... Y la solución de todo el problema es la justicia social para con las masas ... Naturalmente, esta idea no es popular entre los ricos ... Pero ellos son sus propios peores enemigos. Mejor ofrecer el 30 por ciento ahora que dentro de años, o quizá incluso meses, arriesgarse a perder todo lo que tienen, incluidas las orejas.[53]

En efecto, el mensaje no era popular entre los «ricos», y a mediados de 1945 las actividades de Spruille Braden reavivaron rápidamente la oposición a Perón que había permanecido dormida en gran parte durante algunos meses. En junio un «Manifiesto de las Fuerzas Vivas» atacó las reformas sociales del gobierno, pero este documento fue seguido al cabo de muy poco por un contramanifiesto de los sindicatos «en defensa de los beneficios conquistados por medio de la Secretaría de Trabajo y Bienestar Social».

Finalmente, el 19 de septiembre, después de tres meses de creciente tensión, miles y miles de adversarios de Perón se reunieron en las calles de Buenos Aires en una «Marcha de la Constitución y la Libertad». Cinco días después el general Arturo Rawson, que había sido presidente por un día en junio de 1943, capitaneó un golpe de estado fallido desde Córdoba. A finales de septiembre la marina se pronunció a favor de una vuelta al poder civil. Poco después, el gobierno mismo se dividió entre los adversarios de Perón, encabezados por el general Eduardo Ávalos, y sus partidarios. El 9 de octubre Ávalos consiguó obligar a Perón a dimitir de sus múliples puestos en el gobierno. Tres días des-

---

52. Cable del 11 de julio de 1945. Citado en Bryce Wood, *The Dismantling of the Good Neighbor Policy*, Austin, Tex., 1985, p. 96.

53. Citado en Darío Cantón, «El ejército en 1930: El antes y el después», en Haydée Gorostegui de Torres, ed., *Historia integral Argentina*, vol. 7, Buenos Aires, 1970, p. 11.

pués fue encarcelado en la isla de Martín García. Parecía que el «peronismo» se había derrumbado bajo los ataques y que Farrell no tardaría en satisfacer las principales exigencias de los «constitucionalistas» liberales: fijar una fecha para celebrar elecciones al tiempo que cedía el control a un gobierno provisional encabezado por los jueces del tribunal supremo.

Tuvo lugar entonces lo que según sir David Kelly, el embajador británico, fue una «comedia increíble». Con la victoria a su alcance, el movimiento que pretendía acabar con Perón flaqueó. En los días que siguieron a su caída, las discusiones en el seno de la coalición liberal retrasaron los esfuerzos de Juan Álvarez, el presidente del tribunal supremo, por organizar un gobierno provisional. Surgieron otros conflictos entre los líderes de la coalición y el ejército. Aunque éste, capitaneado por Ávalos, había acabado doblegándose ante la presión y sacrificando a Perón, no quiso tomar más medidas que hubieran significado el derrumbamiento y el fin de la revolución de 1943. En el seno del ejército, en parte debido a la preocupación ante futuras represalias pero también porque no quería renunciar a sus nuevos poderes tanto en el gobierno como en la economía, creció rápidamente la resistencia al plan de entregar el gobierno al tribunal supremo. Se llegó a un punto muerto que continuó hasta que los acontecimientos dieron un giro repentino y decisivo cuando el 17 de octubre miles de obreros marcharon hasta el centro de Buenos Aires para exigir la puesta en libertad de Perón. Si el ejército hubiera querido un gobierno nuevo dominado por los liberales, hubiera podido actuar rápidamente para impedir la marcha de los obreros. No sólo permitió la marcha, sino que autorizó a Perón, que dos días antes había regresado a Buenos Aires desde Martín García, después de convencer a sus carceleros de que necesitaba tratamiento médico, a dirigir la palabra desde la Casa Rosada a las inmensas multitudes reunidas en la Plaza de Mayo. Proclamó una «indestructible unión de hermandad entre el pueblo [y] el ejército».[54] Después del 17 de octubre la facción de Ávalos en el gobierno de Farrell dimitió; Perón y sus partidarios volvieron al poder.

Para todos los observadores contemporáneos la marcha de los obreros ocurrió de forma totalmente espontánea. Sin embargo, era obvio que Perón había planeado un acontecimiento de este tipo como parte de su estrategia para la supervivencia política. Al despedirse de su estado mayor el 10 de octubre, instó a tratar de conseguir el apoyo popular. Después de su caída, sus principales colaboradores encabezados por Domingo Mercadante recorrieron los distritos industriales y obreros de la ciudad instando a la acción en su nombre. Muchos obreros ya se habían declarado en huelga el 13 de octubre, después de que numerosos patronos rehusaran cumplir la orden de Perón de que el día 12, el «Día de la Raza», fuera fiesta laboral. Los intentos de los obreros de cruzar el río Riachuelo, que dividía la capital federal de la provincia de Buenos Aires, empezaron el 16 de octubre. La gran marcha del 17 de octubre no debía prácticamente nada a la CGT, cuyos líderes no se reunieron hasta la tarde del día 16 mientras las manifestaciones iban in crescendo. Incluso entonces la CGT votó a favor de apoyar a los obreros por un escaso margen de 21 a 19. Sobre todo el «17 de octubre» pareció ser una demostración de comportamiento arraigado, ya que durante un año y pico los sindicatos y los obreros se habían ido acostumbrando a responder a las amenazas contra Perón con la movilización popular.

54. La traducción literal de esta expresión dice «hermandad entre el pueblo, el ejército y la policía». Véase Félix Luna, *El '45*, Buenos Aires, 1971, p. 295.

Los acontecimientos de septiembre-octubre de 1945 demostraron hasta qué punto, en sólo dos años, Perón había transformado totalmente la política argentina: había hecho que la pelea de cincuenta años entre los radicales y los conservadores resultara un anacronismo; había empujado a la clase obrera a participar en la política, al tiempo que prácticamente eliminaba los tradicionales partidos obreros, en particular el socialista; había dividido el país entre los partidarios «peronistas» de la «independencia económica» y la «justicia social» y los defensores «antiperonistas» del antiguo orden liberal. En noviembre, aunque continuó resistiéndose a dar paso a un gobierno bajo el tribunal supremo, la junta anunció que se celebrarían elecciones en febrero de 1946. En diciembre de 1945 los adversarios de Perón habían superado finalmente sus diferencias internas y habían formado una Unión Democrática (UD) para concurrir a las elecciones. Los radicales dominaban esta coalición, pero a su lado había una mezcla dispar que incluía restos del conservador Partido Democrático Nacional, el Partido Socialista y el Partido Comunista. La UD representaba lo más parecido que surgió en Argentina al Frente Popular contra el que se había movilizado el GOU en 1943. Pero la UD carecía del ingrediente principal del Frente Popular: el apoyo de la clase obrera organizada. Detrás de su fachada reformista la coalición subsistía con poco más que el impulso de oponerse a Perón. No obstante, acaudillada por José Tamborini, ex radical con unos antecedentes políticos parecidos a los de Roberto María Ortiz, la UD seguía confiando en obtener una arrolladora victoria electoral.

Para Perón la crisis de septiembre-octubre de 1945 había terminado en un escape casi milagroso del olvido político y, sin embargo, pese al 17 de octubre, no en una victoria definitiva. Ahora se enfrentaba al reto de presentarse con poca organización propia a unas elecciones contra una coalición que comprendía a casi todos los partidos políticos. Tenía el apoyo de los sindicatos de Buenos Aires, pero casi nada más. En menos de cinco meses tenía que formar una coalición nacional. En primer lugar, Perón se aseguró el apoyo del Partido Laborista, nuevo partido obrero respaldado por los sindicatos cuyo modelo era más o menos el Partido Laborista británico. En segundo lugar, después de numerosos fracasos durante 1944 y 1945, Perón logró finalmente ganarse a una minoría considerable de los radicales. Hortensio Quijano, el líder de la facción radical disidente, la Unión Cívica Radical-Junta Renovadora, que ahora apoyaba a Perón, se convirtió en su compañero de candidatura y ayudó a proyectar el movimiento a las provincias. Entre los otros desertores radicales que se unieron a Perón a finales de 1945 había varios miembros destacados de la FORJA, junto con algunos nacionalistas conservadores capitaneados por la Alianza Libertadora Nacionalista. En las provincias Perón aumentó sus partidarios atrayendo a unos cuantos caciques políticos de talante conservador que habían probado por última vez el poder bajo Castillo y seguían oponiéndose a toda costa a los radicales. Finalmente, Perón gozaba del apoyo de la Iglesia, ya que se comprometió a conservar la enseñanza religiosa en las escuelas que Martínez Zurivía había vuelto a introducir en 1943 y recordaba continuamente a la jerarquía eclesiástica que los comunistas formaban parte de la UD. A finales de 1945 el «peronismo» creció así rápidamente más allá de su base en los sindicatos bonaerenses y se convirtió en un movimiento heterogéneo con nuevas fuentes de apoyo en las provincias y la población rural.

A medida que se acercaban las elecciones de febrero, y tras haber empezado muy a la zaga de su adversario Tamborini, Perón iba ganando terreno rápidamente. Entonces, cuando faltaban sólo unos días para los comicios, el Departamento de Estado norteamericano publicó un libro azul titulado «A Blue Book: A Memorandum of the United States Government [a otros gobiernos latinoamericanos] With Respect to the Argentine Situation». Spruille Braden, que ahora era subsecretario de estado, había instigado la preparación y distribución de este documento, cuyo propósito era demostrar «cómo agentes nazis en Argentina ... se habían combinado con grupos totalitarios para crear un estado nazi-fascista».[55] El informe presentaba materiales recogidos por Estados Unidos durante la guerra que trataban de demostrar que miembros de sucesivos gobiernos argentinos y personal militar de alta graduación, entre ellos el mismísimo Perón, habían actuado en colusión con el Eje. Repetía las acusaciones de que Argentina había tolerado o alentado el espionaje y la propaganda alemanes; citaba los discursos pro Eje de líderes militares, tratos entre los gobiernos y empresas alemanas y empréstitos concedidos por bancos alemanes a políticos argentinos.

El «Libro Azul» fue recibido por casi todos los bandos argentinos como una burda treta extranjera cuya intención era influir en las elecciones. Reavivó instantáneamente las simpatías nacionalistas, inutilizó a la UD y dio a Perón un asunto importante para unir al electorado a su alrededor. En una entrevista que le hizo un periodista brasileño Perón dio sarcásticamente las gracias a Braden «por los votos que me ha dado. Si me llevo dos tercios del electorado, un tercio se lo deberé a Braden».[56] En la recta final de las elecciones en la campaña peronista resonaba el grito de «¡Braden o Perón!»: la rendición ante las presiones norteamericanas o un audaz compromiso al lado de Perón con un programa de cambio revolucionario. Al hacerse el recuento de votos, se vio que Perón había ganado el 52,4 por ciento frente al 42,5 por ciento de Tamborini (1,49 millones de votos contra 1,21 millones), con el resto de los votos para los partidos menos importantes. Pero habiendo vencido en once de las quince provincias, incluida la capital federal, Perón obtuvo una mayoría arrolladora en el colegio electoral. Ahora tomaría posesión de la presidencia el 4 de junio de 1946, tercer aniversario del golpe de 1943.

Las elecciones de 1946 demostraron que los bastiones del peronismo estaban en la capital y en dos de las tres provincias principales del litoral, Buenos Aires y Santa Fe. En las tres jurisdicciones sin excepción la alianza peronista obtuvo más del 50 por ciento del voto popular. Dentro del litoral sólo Córdoba cayó en poder de la UD, gracias a una alianza frágil y formada apresuradamente entre los liberales y los conservadores. Los peronistas obtuvieron una mayoría en Mendoza y Tucumán, las principales provincias vinateras y azucareras, en las cuales había gran número de trabajadores rurales y urbanos, y en las provincias más atrasadas del oeste y el norte, donde vivían grandes comunidades de campesinos: Catamarca, La Rioja y Santiago del Estero. En las ciudades del este, sobre todo en Buenos Aires, el Partido Laborista obtuvo el voto de casi toda la clase obrera, tanto los trabajadores «nuevos» que se componían de emigrantes empleados en nuevas fábricas y nuevos servicios como el proletariado «viejo» que antes votaba a los socialistas.[57] En la capital y sus principales barrios periféricos empezando por Avellaneda el peronismo apareció así como un movimiento formado en su inmensa mayoría por obreros que obtuvo el apoyo de una pequeña minoría perteneciente a otros sectores. Pero

55. Citado en Wood, *Dismantling of the Good Neighbor Policy*, p. 113.

56. Citado en Enrique Díaz Araujo, *La conspiración del '43*, Buenos Aires, 1971, p. 95.

57. La distinción entre las clases obreras «vieja» y «nueva» y su contribución al apoyo electoral a Perón en 1946 se documenta y debate en Peter H. Smith, «La base social del peronismo», y Gino Germani, «El surgimiento del peronismo: El rol de los obreros y de los migrantes internos», en Manuel Mora y Araujo e Ignacio Llorente, eds., *El voto personista: Ensayos de sociología electoral argentina*, Buenos Aires, 1980, pp. 39-164.

en otras partes el apoyo a Perón fue mucho más heterogéneo e incluía a numerosos grupos rurales que a menudo habían apoyado a candidatos conservadores. La facción disidente radical Junta Renovadora que apoyaba a Perón desempeñó un papel importante en las elecciones al llevarse votos de la facción radical ortodoxa (la Unión Cívica Radical).

En 1946 Argentina se embarcó así en la versión revisada y popular de la revolución nacionalista que proponía Perón. Hasta finales de 1940 pocos habían sido los indicios de la inminencia de esta gran transición. Que el cambio tuviera lugar reflejaba en parte el accidente que representó la retirada y la muerte prematura de Ortiz, ya que, de haber vivido éste, los conflictos entre los radicales y los conservadores que debilitaron a Castillo tal vez hubieran sido mucho menos agudos. Sin embargo, el cambio de presidente no bastó para desatar las fuerzas que acabaron con el conservadurismo liberal. Igual importancia para su caída tuvieron la segunda guerra mundial y el fracaso de los intentos de llegar a un acuerdo con Estados Unidos, lo cual proporcionó a los nacionalistas la oportunidad de difundir su visión alternativa del futuro de Argentina.

Capítulo 7

ARGENTINA DESDE 1946*

LA DÉCADA PERONISTA, 1946-1955

El día 24 de febrero de 1946 el general Juan Domingo Perón fue elegido presidente de Argentina en una elección sin fraude. Esta victoria fue la culminación de su vertiginoso ascenso político, que había empezado unos cuantos años antes, cuando la revolución militar de junio de 1943 puso fin a una década de gobiernos conservadores y llevó al poder a un grupo de coroneles del ejército con simpatías filo-fascistas. El naciente régimen militar había avanzado a tientas entre la hostilidad que sus tendencias autoritarias y clericales habían despertado en las clases media y alta y la cuarentena diplomática organizada por Estados Unidos como represalia por la postura neutral de Argentina en la segunda guerra mundial. Por medio de astutas maniobras palaciegas Perón se convirtió en la figura dominante del régimen y puso fin al aislamiento político de la elite militar emprendiendo una serie de reformas laborales que surtieron un fuerte efecto en la clase obrera, numéricamente acrecida por obra del proceso de industrialización y urbanización acelerado a partir de los años treinta. Desde la perspectiva de Perón, la función de estas reformas era prevenir la radicalización de los conflictos y la propagación del comunismo. Sin embargo, la burguesía argentina no temía una inminente revolución social, temor que, en otras épocas y en otros lugares, había facilitado la aceptación de reformas parecidas. A resultas de ello, se sumó al frente antifascista que organizó la clase media, impregnando las divisiones políticas de un visible sesgo clasista.

En 1945 el nuevo clima creado por el inminente triunfo de las fuerzas aliadas empujó a las autoridades militares a buscar una solución institucional. Luego de intentar con éxito limitado obtener el respaldo de los partidos tradicionales, Perón decidió lanzar su candidatura presidencial apelando al apoyo popular que había cultivado durante su permanencia en el poder. En octubre de 1945, ese apoyo resultó decisivo cuando un complot militar instigado por la oposición estuvo a punto de interrumpir su carrera política, al forzar su renuncia y su posterior detención. Una movilización popular, organizada por

* Quisiéramos expresar nuestro agradecimiento a Guido Di Tella, cuyo manuscrito sobre la historia económica de este período nos fue de suma utilidad, si bien la responsabilidad final de este capítulo es exclusivamente nuestra.

los sindicatos y secundada por los partidarios de Perón en el ejército y la policía, logró sacarlo de la cárcel y reinstalarlo en la contienda electoral. La candidatura de Perón fue apoyada por los sindicatos, que eran la fuerza principal detrás del recién creado Partido Laborista, junto con los disidentes del Partido Radical organizados en la UCR— Junta Renovadora. La oposición se nucleó en la Unión Democrática, coalición de partidos centristas e izquierdistas que recibió el ostensible respaldo del sector empresarial y de funcionarios del gobierno de Estados Unidos. Perón aprovechó plenamente estas circunstancias para presentarse como paladín de la justicia social y los intereses nacionales y ganar las elecciones celebradas en febrero de 1946.

Una vez concluidas las elecciones, la coalición peronista, formada en un plazo relativamente breve, reuniendo sectores de orígenes diferentes, se encontró al borde de la desintegración. En el centro del conflicto se encontraban los líderes sindicales del Partido Laborista y los políticos radicales disidentes de la Junta Renovadora. De acuerdo con las reglas constitucionales, los representantes en el Senado eran elegidos indirectamente por las legislaturas provinciales. Antes de los comicios, los laboristas y la Junta Renovadora habían acordado compartir los escaños del Senado a partes iguales, pero cuando llegó la hora los políticos utilizaron argumentos caprichosos y el soborno para desplazar a los líderes laboristas del Senado y los gabinetes provinciales. En este conflicto Perón decidió apoyar a los elementos más dóciles provenientes de los partidos tradicionales y disminuir la influencia de los laboristas. Unos días antes de asumir la presidencia en junio de 1946, ordenó la disolución de los partidos de la alianza electoral y la creación de un nuevo partido, invocando la necesidad de contar con un movimiento cohesionado con el fin de gobernar con eficacia y unidad. Los líderes del Partido Laborista, que insistía en su propia autonomía más que la Junta Renovadora en la suya, debatieron durante varios días la actitud a adoptar. Finalmente, los argumentos a favor de la unidad se impusieron. A cambio de renunciar a sus antiguas ambiciones políticas se les prometió un lugar representativo en el nuevo partido. Los beneficios potenciales que conllevaba su incorporación en el orden político oficial prometían demasiado para arriesgarlos en la defensa de una independencia, que les hubiera colocado en los márgenes de la naciente Argentina peronista.

Así pues, la breve resistencia de los laboristas terminó a mediados de junio de 1946. Perón nombró a los organizadores del nuevo partido entre los legisladores recién elegidos. Aunque había unos cuantos sindicalistas, la mayoría eran políticos de clase media. Esta tendencia se acentuaría con el tiempo. No había lugar en el esquema de la nueva organización para sectores que tenían una base de poder independiente del partido mismo.

En junio de 1947, cuando los organizadores del nuevo partido solicitan a Perón que aprobase el nombre de «Partido Peronista», sancionaron explícitamente otro rasgo, más decisivo, de la estructura política del movimiento. El personalismo fue una consecuencia casi inevitable de un movimiento formado en un período tan breve y partiendo de la convergencia de fuerzas heterogéneas. Por otro lado, Perón procuró recortar la influencia de las fuerzas que le apoyaban en la nueva organización. El Artículo 31 de los estatutos del Partido Peronista, aprobados en diciembre de 1947, le autorizaba a modificar todas las decisiones que tomara el partido además de revisar todas las candidaturas. Aunque Perón tenía contraída una obvia deuda ideológica con la tradición autoritaria en la cual se había formado, el conflicto en el seno del bloque triunfante de 1946 también gravitó para imponer un liderazgo fuerte y centralizado. La anarquía fue, de hecho, el rasgo distintivo del movimiento peronista durante los primeros años. Sólo el ejercicio constante de la autoridad por parte del propio Perón neutralizó la falta general de disciplina entre sus seguidores.

Poco después de tomar posesión de su cargo, Perón resolvió varios conflictos políticos provinciales, empezando en la provincia de Catamarca, substituyendo a las autoridades locales por un interventor nombrado por la administración central. Este mecanismo de control, previsto en la constitución, se utilizó abundantemente durante el primer año: en Córdoba en 1947, La Rioja, Santiago del Estero y de nuevo Catamarca en 1948 y Santa Fe en 1949. Incluso Corrientes, la única provincia donde la oposición había triunfado en 1946, fue sometida a la intervención en 1947.

Perón también apuntó hacia el último baluarte de los sobrevivientes del Partido Laborista. En noviembre de 1946 Luis Gay, ex presidente del partido, fue elegido secretario general de la Confederación General del Trabajo (CGT) y, desde allí, trató de seguir una línea independiente. La controvertida visita de una delegación de líderes obreros norteamericanos brindó a Perón la oportunidad de acusar a Gay de tramar el retiro del apoyo que la CGT prestaba al gobierno y el ingreso en el movimiento sindical interamericano que promovía Estados Unidos. La acusación desencadenó una campaña violenta de la prensa oficial contra Gay, que tuvo que dimitir en enero de 1947. Unos cuantos de sus colaboradores más allegados dimitieron con él, pero la mayoría optó por adaptarse al nuevo orden. A partir de entonces la CGT, encabezada por figuras de segundo orden, se convirtió en una agencia de las directivas oficiales dentro del movimiento laboral.

Paso a paso, Perón fue recuperando los márgenes de poder independiente que había debido tolerar durante la campaña electoral. Además del Partido Peronista y la CGT, el otro pilar fundamental del régimen eran las fuerzas armadas. La franca ruptura entre los militares y la oposición democrática en 1945 había permitido a Perón lanzarse a la conquista de la presidencia. Después de ser elegido, procuró presentarse como hombre de armas en un esfuerzo por granjearse el apoyo de los militares. Para ello, se esforzó por definir sus relaciones con los militares sobre bases estrictamente institucionales, y aunque muchos oficiales sirvieron en el gobierno, la institución en conjunto no fue involucrada. El objetivo de Perón era la neutralidad del cuerpo de oficiales y, con el fin de alcanzarlo, se abocó ante todo a satisfacer sus exigencias profesionales.

Estos fueron los años de la expansión y la modernización en las fuerzas armadas. Como resultado del auge de las inversiones militares que siguió al golpe de 1943, los gastos militares ya representaban el 38,4 por 100 del presupuesto nacional en 1945. En los años sucesivos, el porcentaje descendió hasta el 20,6 por 100 en 1951, pero, aun así esta cifra estaba muy por encima del nivel de antes de la guerra, que era del 18,2 por 100, y Argentina continuó destinando más fondos de su presupuesto a la defensa que cualquier otro país latinoamericano. La ampliación del cuerpo de oficiales a un ritmo más rápido que el incremento del número de soldados rasos (el número de generales se dobló entre 1946 y 1951) y la compra de material moderno permitieron ganar la tolerancia de las fuerzas armadas a las políticas del régimen durante los primeros años.

Este intercambio político no habría sido posible sin algún grado de identificación de los militares con los principios generales del gobierno de Perón. El nacionalismo, la industrialización y la justicia social coincidían con creencias profundamente arraigadas entre los oficiales. Además, una prudente manipulación de las rivalidades internas y el reparto de favores menudos contribuyeron a aislar a los elementos menos confiables y a recompensar la lealtad de los más adictos. Confinadas a un papel profesional que les reportaba beneficios tangibles, las fuerzas armadas se insertaron discretamente en el régimen peronista.

La Iglesia contribuyó, asimismo, a la consolidación del nuevo régimen. Ya durante la campaña de 1946 había desempeñado un papel positivo. Hostigada por el anticlericalismo de las fuerzas políticas tradicionales, imbuida de ideología antiliberal, la jerarquía eclesiástica recibió con agrado el homenaje constante de Perón a la doctrina social de la Iglesia. En vísperas de las elecciones recomendó a sus fieles no votar a los candidatos cuyos programas y actitudes contradijeran el mensaje católico. Fue obvio que esta advertencia apuntaba a la Unión Democrática, que objetaba la decisión del gobierno militar imponiendo por decreto la enseñanza religiosa en las escuelas en 1943. Una vez en el poder, Perón transformó el decreto en ley. Más adelante, la actividad oficial en el campo del bienestar social y la educación habría de enfriar el entusiasmo de los obispos, que no hallaban tampoco fácil conciliar su apoyo a Perón con sus vínculos tradicionales con la clase alta. No obstante ello, se abstuvieron inicialmente de hacer públicas sus reservas, en un esfuerzo por lograr una pacífica coexistencia con el nuevo orden político.

Con el respaldo del ejército y la Iglesia, y la lealtad de una masa popular muy pronto encuadrada bajo un liderazgo centralizado, el nuevo régimen había levantado cimientos seguros para su sustentación. Empero, Perón decidió reforzar igualmente su gobierno por medio de mecanismos burocráticos y represivos. La primera víctima fue la Corte Suprema, que había opuesto resistencia a las reformas sociales de Perón desde el principio. En septiembre de 1946 sus miembros fueron acusados en el Congreso de, entre otras cosas, haber reconocido como legítimos los gobiernos de hecho que surgieron de los golpes militares de 1930 y 1943. Ocho meses más tarde fueron destituidos como parte de una purga general del poder judicial. Otro baluarte de resistencia en 1945, la universidad, pasó por un proceso parecido con la expulsión de miles de profesores. En 1947 fueron cerrados los semanarios políticos de la oposición, y grupos económicos vinculados al régimen empezaron a adueñarse del sistema de radiodifusión nacional. En 1951 la expropiación de uno de los periódicos más tradicionales, *La Prensa*, y su traspaso a la CGT crearon un virtual monopolio estatal de los medios de comunicación. Los pocos que sobrevivieron con cierto grado de independencia se cuidaron bien de no desafiar francamente el tono uniforme y proselitista utilizado por los medios oficiales para celebrar la política del régimen.

Con esta supresión gradual de las libertades públicas, la oposición política se encontró limitada a la esfera del Congreso. Sin embargo, el estrecho margen de votos que había dado la victoria a la coalición peronista fue transformado por la legislación electoral en una abrumadora mayoría gubernamental. La aplicación de la ley Sáenz Peña, que otorgaba dos tercios de los escaños electorales a la mayoría y el tercio restante al principal partido minoritario, dio a los peronistas el control no sólo del poder ejecutivo, sino también de la cámara baja, con 109 de 158 diputados. Además, los peronistas triunfaron en 1946 en trece de los catorce gobiernos provinciales y esto les dio el control del Senado.

La conmoción psicológica que experimentaron las fuerzas de la oposición a raíz de la derrota en las elecciones se vio magnificada cuando se dieron cuenta de que prácticamente habían desaparecido del mapa político. El Partido Demócrata y la facción antipersonalista Unión Cívica Radical (UCR), que había gobernado entre 1932 y 1943, quedaron reducidos a tres diputados y dos senadores. El Partido Socialista, cuya presencia en el Congreso había sido continua desde 1904, no tenía ni un solo representante; lo mismo ocurría con el partido Comunista. Sólo los radicales habían logrado sobrevivir al colapso, aunque quedaron reducidos a cuarenta y cuatro diputados.

Las tendencias autoritarias del régimen estuvieron lejos de facilitar un apaciguamiento de los antagonismos políticos. El pequeño y combativo bloque de la oposición no dio tampoco tregua al movimiento oficialista, pero sus críticas no lograron trasponer el recinto del Congreso e incluso allí se veían acalladas por la presión de la gran mayoría peronista. En las elecciones legislativas de 1948, el 52 por 100 que la coalición peronista obtuvo en 1946 aumentó hasta situarse en un 57 por 100, con lo que el poder político quedó todavía más concentrado.

Garantizada su legitimidad en el plano interno, el nuevo gobierno buscó restablecer sus relaciones con Estados Unidos. Unas semanas después de asumir el poder, Perón envió al Congreso el Acta de Chapultepec (marzo de 1945) para su ratificación y oficializar, así, el reingreso de Argentina en la comunidad interamericana. Simultáneamente, se permitió un gesto de independencia y renovó las relaciones con la Unión Soviética, que habían estado suspendidas desde 1917. A esto le siguió la deportación de un número de espías nazis y la adquisición por el estado de compañías de propiedad alemana y japonesa. En junio de 1947 el presidente Truman declaró su satisfacción con la conducta argentina. En la muy demorada conferencia interamericana convocada en Rio de Janeiro en septiembre de 1947 el ministro de Exteriores de Perón, con una actitud muy diferente de la de su predecesor en la anterior conferencia de Rio, celebrada en 1942, firmó el Tratado de Seguridad del Hemisferio. La recompensa fue el levantamiento del embargo de armas por parte de Estados Unidos.

Al terminar la segunda guerra, Argentina se encontró libre de deuda externa y en posesión de importantes reservas de divisas extranjeras, al tiempo que se beneficiaba de la gran demanda y los precios elevados de sus exportaciones de alimentos y de una industria en crecimiento. Dentro de este marco, el gobierno peronista puso en práctica una política económica con tres objetivos principales: la expansión del gasto público, reforzando el papel del estado en la producción y la distribución; la alteración de los precios relativos con el fin de fomentar una distribución más igualitaria de la renta nacional; y el progresivo establecimiento de un sistema de incentivos que premió las actividades orientadas al mercado interno y desestimuló la producción destinada a los mercados internacionales.

Esta combinación de intervención estatal, justicia social y economía orientada hacia adentro no fue una experiencia aislada en América Latina en la década de 1940. Es cierto que en el caso argentino, caracterizado por un mercado de trabajo sin grandes bolsones de marginalidad y un movimiento sindical muy activo, el sesgo igualitario fue más acentuado que en otros países de la región. No obstante, el destacado papel del sector público en la acumulación de capital y el énfasis creciente en el mercado interno constituían, casi sin excepción, la contraparte regional del keynesismo en boga en los países principales de Occidente.

La economía peronista no fue fruto de una estrategia económica deliberada. Las bases sociales del régimen condicionaron en sus opciones económicas. Entre el proyecto de la industrialización para la defensa nacional, a partir de la industria pesada, auspiciado por oficiales del ejército durante la guerra, y la continuación de la industrialización liviana, Perón escogió la segunda opción, que era más congruente con una distribución progresiva de la renta. En sólo tres años —entre 1946 y comienzos de 1949— el salario real aumentó más de un 40 por 100. Esta alteración de los precios relativos, casi sin precedente nacional o incluso internacional, produjo una rápida expansión del consumo y un crecimiento industrial que alcanzó el 10,3 por 100 en 1946, el 12,1 por 100 en 1947 y el 6,9 por 100 en 1948. En este contexto el clima de optimismo prevaleciente en el sector empresarial venció la inquietud causada por la audaz política de ingresos y el poder de los sindicatos, preparando el camino para una euforia prolongada en la bolsa y una oleada de inversiones por parte de las empresas privadas. La idea de que el beneficio capitalista podría aumentar al mismo tiempo que subían los salarios dejó de ser una paradoja ensalzada por la propaganda oficial y se convirtió en una convicción generalizada.

El rápido crecimiento del aparato económico estatal y las restricciones a los flujos del comercio exterior no fueron tampoco decisiones que se derivaron racionalmente de una estrategia económica original. Es verdad que a partir de 1946 el gobierno peronista llevó a cabo una política de nacionalización de los servicios públicos (ferrocarriles, teléfonos, marina mercante, líneas aéreas, gasolina, etcétera). Estas decisiones, junto con los crecientes fondos del presupuesto asignados a la política de bienestar social, condujeron a una ampliación progresiva de la esfera de acción del estado y un salto de alrededor del 30 por 100 del gasto público. También es cierto que a través de la política cambiaria y la imposición de restricciones cuantitativas a las importaciones —especialmente después de 1948— se fue moldeando una economía volcada hacia adentro de sus propias fronteras con un bajo grado de exposición a la competencia internacional.

Sin embargo, parecía no haber ninguna alternativa a estos fenómenos, tanto desde el punto de vista del gobierno como desde el de la principal oposición. Ambos estaban convencidos del inminente estallido de una tercera guerra mundial y creían que ésta acabaría asestando un fuerte golpe al comercio internacional. También albergaban cierta desconfianza, común en América Latina, ante el liderazgo del capital privado en el proceso de desarrollo. Partiendo de estas premisas, ambos bandos coincidían en pensar que la construcción de un estado fuerte y extenso y la protección de las empresas nacionales —intrínsecamente débiles ante la competencia extranjera— eran necesarias para el crecimiento económico y, sobre todo, para el mantenimiento de un elevado nivel de empleo. Además, el estatismo generalizado en la mayoría de los países occidentales, la calma tensa de la guerra fría y la lenta expansión de las oportunidades comerciales en el mercado mundial para la industria argentina parecían corroborar el diagnóstico dominante.

La política económica del peronismo, con sus rasgos nacionalistas, keynesianos y distribucionistas, fue posible gracias a la combinación de una serie de circunstancias favorables que no se repetirían en la historia de la economía argentina. Después de casi dos décadas de crisis comercial, la abrupta mejora de los precios de las exportaciones agrícolas y, por consiguiente, de los términos de intercambio permitió que la nueva prosperidad se financiara con divisas extranjeras y abriera un cauce a las medidas de redistribución necesarias para consolidar el régimen peronista. Las reservas de fondos extranjeros acumulados durante la guerra —gran proporción de los cuales no era convertible— también permitieron financiar la nacionalización de servicios públicos.

Además, la relativa abundancia de recursos fiscales fáciles de recaudar significó que el nuevo nivel de gasto público pudo alcanzarse y mantenerse sin grandes dificultades. La creación del Instituto Argentino para la Promoción y el Intercambio (IAPI), entidad que tenía el monopolio virtual del comercio exterior, proporcionó al gobierno acceso indirecto a la principal fuente de acumulación de capital y permitió desviar el alza de los precios de exportación en beneficio del sector público. Con este objeto, el IAPI compraba cereales a los productores locales a un precio que fijaban las autoridades y los vendía en el mercado internacional a precios más altos. Los recursos obtenidos por medio de este mecanismo, junto con los ahorros forzosos procedentes de un sistema de pensiones fuertemente superavitario y una amplia batería de impuestos directos e indirectos que recayeron, en particular, sobre los grupos de renta más elevados, fueron conformando la imagen veraz de un estado rico y generoso.

Finalmente, la nacionalización del sistema financiero y la notable expansión de sus depósitos, resultante en buena medida del ascenso económico de los pequeños ahorristas beneficiados por la redistribución de la renta, permitieron incrementar los créditos subvencionados hacia las empresas públicas y privadas. Esta política crediticia constituyó una parte importante de la economía peronista, ya que estimuló las inversiones en capital y abarató el capital de trabajo, compensando así los efectos del mayor coste de la mano de obra mediante los beneficios financieros.

Así, la economía peronista se vio favorecida por la evolución excepcional del mercado internacional de la posguerra, los crecientes ingresos fiscales y la masificación del ahorro institucionalizado. Esta estrategia de desarrollo, que se basaba en el poder adquisitivo del estado y en los salarios altos, y que, por estar orientada al mercado interno, pudo hacer caso omiso de los inevitables costos en términos de eficacia y competitividad, duró apenas tres años. No obstante, fueron los años que grabaron una imagen duradera de la economía del peronismo en la memoria colectiva.

Entre 1946 y 1948 Argentina debió hacer frente a las trabas a su comercio externo creadas por el boicot impuesto por los Estados Unidos como consecuencia de la neutralidad argentina en la segunda guerra mundial. El boicot había empezado ya en 1942 y hasta finales de la década, la política comercial norteamericana trató a Argentina como nación enemiga. Se aplicó un embargo parcial de combustible y se negaron al país otras importaciones fundamentales, por encima de las restricciones que imponía la guerra. De 1946 a 1949 el foco del boicot se desvió desde las trabas al abastecimiento de insumos industriales críticos hacia un esfuerzo por reducir las exportaciones argentinas, con vistas a forzar a un régimen considerado hostil a hacer concesiones políticas. Cuando se normalizaron las relaciones en 1947, el hostigamiento económico por parte del gobierno de Estados Unidos continuó de forma encubierta, a través de la Economic Cooperation Administration (ECA). Este poderoso organismo, encargado de distribuir los fondos del Plan Marshall a sus beneficiarios europeos, desalentó las compras de alimentos argentinos al tiempo que fomentó las de sus competidores, como Canadá y Australia. Esta política estaba, empero en contradicción con las directivas del Departamento de Estado norteamericano. Sus efectos fueron lo bastante perjudiciales como para suscitar el reconocimiento extraoficial por parte de funcionarios norteamericanos de que la discriminación de la ECA había contribuido a la escasez de dólares de Argentina y colocado al país en la ruta de una futura catástrofe económica. Cuando los obstáculos puestos a la principal fuente de divisas externas del país coincidieron con la declaración unilateral de Gran Bretaña de la inconvertibilidad de la esterlina en agosto de 1947, la situación se hizo cada vez más difícil de manejar.

Dirigiendo ahora la atención a las fuerzas económicas, hay que destacar que los terratenientes argentinos demostraron una gran flexibilidad ante el nuevo régimen. Perón contribuyó a ello al escoger a un miembro de la Sociedad Rural para el cargo de ministro de Agricultura. Además, les aseguró que las veladas amenazas de expropiación de la tierra hechas durante la campaña electoral serían archivadas. La asociación representativa de los propietarios rurales pronto hizo las paces con el nuevo presidente y mantuvo intacta su estructura institucional. La suerte que corrió la Unión Industrial fue distinta. Los empresarios industriales desafiaron al nuevo gobierno nombrando a líderes anticolaboracionistas al frente de su asociación. El precio que pagaron por su audacia fue una decisión gubernamental poniendo fin a la independencia de la central empresaria. Poco a poco, sin embargo, los empresarios fueron acomodándose a la nueva situación cuando se dieron cuenta de que la política oficial no llegaría al extremo de confiscar los beneficios del auge económico y su franca resistencia inicial se transformó en un forzado conformismo.

Por su parte, los sindicatos continuaron reclutando nuevos afiliados con apoyo oficial. Los 877.300 obreros sindicalizados que había en 1946 se convirtieron en 1.532.900 en 1948. En la mayoría de los sectores de la economía urbana la tasa de sindicalización se ubicó entre un 50 y un 70 por 100. El aumento de la influencia sindical corrió paralela con la extensión y la unificación de las instituciones que regulaban las relaciones laborales. Durante los años previos, las normas laborales habían reflejado grandes desequilibrios de fuerza en el seno del movimiento laboral; las condiciones de trabajo de que gozaban, por ejemplo, los empleados de los ferrocarriles eran desconocidas en otros sectores. La política laboral de Perón acabó con este tipo de elitismo sindical. A partir de 1946 las negociaciones colectivas penetraron profundamente en el mercado laboral; el sistema de pensiones se hizo extensivo a los empleados y trabajadores de la industria y el comercio; y se introdujeron las vacaciones pagadas y las indemnizaciones por despido. La tolerancia oficial y una situación próxima al pleno empleo se tradujeron en un aumento del activismo sindical dirigido contra las empresas. En 1945 las huelgas en la ciudad de Buenos Aires afectaron a 50.000 trabajadores; en 1946 el número de huelguistas aumentó hasta situarse en 335.000; y la cifra correspondiente al año siguiente fue de 550.000.

El clima social que acompañó al desarrollo del régimen necesitaba una vigilancia constante, para la cual Perón encontró a la colaboradora ideal en la persona de su propia esposa. Eva Duarte había nacido en el seno de una familia de clase media baja en la provincia de Buenos Aires y era hija ilegítima de un estanciero que se negó a reconocerla a ella y a sus hermanos. A la edad de quince años llegó a Buenos Aires, atraída por el encanto de la ciudad e interpretó pequeños papeles en olvidables obras de teatro y programas de radio hasta que conoció a Perón en 1944. Eva asimiló rápidamente las nociones elementales de una educación política que le impartió el extrovertido oficial del ejército que le profesaba admiración. En 1946 Evita —como pronto fue llamada— tenía veintisiete años de edad y enseguida resultó obvio que no pensaba aceptar un papel decorativo como primera dama del régimen. Mientras Perón se concentraba en las tareas de gobierno, Evita tomó para sí la activación política del movimiento oficial, a cuyo servicio puso una retórica vibrante y deliberadamente brutal que enardecía a sus seguidores y despertaba miedo y odio entre sus enemigos. Tal como escribió en su autobiografía:

> Porque conozco las tragedias personales de los pobres, de las víctimas de los ricos y poderosos explotadores del pueblo, debido a esto, mis discursos suelen contener veneno y amargura... Y cuando digo que se hará justicia de manera inexorable, cueste lo que cueste y afecte a quien afecte, estoy segura de que Dios me perdonará por insultar a mis oyentes, ¡porque he insultado empujada por el amor

a mi pueblo! Él les hará pagar por todo lo que han sufrido los pobres, ¡hasta la última gota de su sangre![1]

Su injerencia se hizo visible primero desde su despacho del ministerio de Trabajo, donde administraba recompensas y castigos y enseñaba a los líderes sindicales la férrea disciplina del nuevo régimen. Más adelante tendió la mano a los sectores más marginados de la población, el subproletariado urbano y las clases más atrasadas de las provincias, para las cuales los nuevos derechos laborales tenían sólo importancia limitada. Evita creó una red de servicios sociales y hospitalarios para ellos por medio de la Fundación Eva Perón, que substituyó y superó largamente las organizaciones de caridad de inspiración religiosa de las clases altas. La fundación se convirtió en un eficaz instrumento para hacer proselitismo entre los sectores más pobres y sus actividades llegaron hasta todos los rincones del país con envíos de máquinas de coser, bicicletas y pelotas de fútbol. Más tarde, Evita encontró otra cruzada a la que podía dedicar sus energías en la condición política de las mujeres: dirigió la campaña a favor del sufragio femenino y, una vez instaurada por ley en 1949, organizó la rama femenina del partido oficial. Por medio de su intervención, el peronismo continuó la movilización política iniciada en 1945; nuevos sectores se sumaron al vasto séquito popular del régimen, complementando y al tiempo recortando el papel de los sindicatos dentro del mismo.

La prosperidad económica, el apoyo popular y el autoritarismo se combinaron para garantizar el desarrollo del régimen, que trató de afianzarse por medio de la reforma constitucional de 1949. Una asamblea constitucional en la cual los seguidores de Perón tenían una mayoría holgada introdujo modificaciones en la constitución liberal de 1853. Algunas de estas medidas consolidaron los avances en los derechos civiles y laborales. Un artículo basado en la constitución mexicana instauró la propiedad estatal de los recursos energéticos, pero la modificación política más significativa consistió en revocar la disposición que prohibía que el presidente fuera reelegido de manera consecutiva.

Una vez aprobada la reforma, se inició una campaña para que Perón fuese reelegido en 1951. Los sindicatos propusieron que Evita también formara parte de la candidatura presidencial, pero la idea no contó con la aprobación de los jefes militares, que aconsejaron a Perón su rechazo. El presidente se inclinó ante el veto militar y Evita anunció luego que retiraba su candidatura. La victoria arrolladora de Perón en las elecciones de noviembre de 1951, con Hortensio Quijano como candidato a la vicepresidencia para un segundo mandato, defraudó todas las esperanzas de vencer al peronismo por la vía electoral. La lista de candidatos oficiales obtuvo 4.580.000 votos, mientras que los candidatos del Partido Radical, Ricardo Balbín y Arturo Frondizi, a quienes se les había negado el acceso a los medios de comunicación, obtuvieron 2.300.000 votos.

Al votar a favor de Perón por un margen de 2 a 1, el electorado le autorizó a seguir avanzando por el camino autoritario. En 1952, el Congreso, en el cual los cuarenta y cuatro diputados de la oposición habían quedado reducidos a catorce, elevó la ideología peronista a la condición de doctrina nacional bajo el nombre de «justicialismo». Esta «nueva filosofía de la vida, sencilla, práctica, popular y fundamentalmente cristiana y humanística», tenía como «supremo objetivo garantizar la felicidad del pueblo y la grandeza de la Nación por medio de la Justicia Social, la Independencia Económica y la Soberanía Política, armonizando los valores espirituales y los derechos del individuo con

---

1. Eva Perón, *La razón de mi vida*, Peuser, Buenos Aires, 1951, p. 122.

los derechos de la sociedad».[2] Su imposición obligatoria a funcionarios y ciudadanos eliminó todo rastro de pluralismo en la vida política y condenó a los demás partidos a una existencia prácticamente clandestina.

Una vez que el peronismo se consideró a sí mismo el único movimiento nacional, sus relaciones con el resto de la sociedad estaban destinadas a cambiar. Uno de los cambios más importantes después del comienzo del segundo mandato de Perón en junio de 1952 fue la reorganización de los vínculos entre el estado y los intereses sociales. El orden corporativista erigido por Perón fue congruente con su ideología; prometía una sociedad armoniosa libre de luchas de clases. El nuevo equilibrio entre las fuerzas sociales habría de facilitar la instauración de una «comunidad organizada» cuyos principales componentes rivales se unían para actuar como un conjunto orgánicamente interdependiente bajo la conducción del estado. Después de las elecciones de 1951, el incipiente orden corporativista se amplió de manera sucesiva. A la CGT se sumaron la Confederación General Económica (CGE), organización que aglutinaba al sector empresario, y, poco después, la Confederación General de Profesionales, la Confederación General Universitaria y la Unión de Estudiantes Secundarios.

Las motivaciones ideológicas no eran el único factor que inspiró la nueva arquitectura del régimen. También gravitó la aspiración a construir un orden político que se centrara menos en los sectores obrero y popular y otorgara claramente al estado el papel de árbitro entre las fuerzas sociales. La creación de esta nueva estructura de poder modificó asimismo la posición que ocupaban las fuerzas armadas, que ya habían empezado a perder la relativa autonomía de que habían gozado entre 1946 y 1949. Perón comenzó a exigir una creciente integración de las instituciones militares en el movimiento político oficial, mientras procuraba ganar a los oficiales de alta graduación por medio de nuevos favores y privilegios. Las reiteradas pruebas de la fuerza electoral del peronismo convencieron, a su vez, a la oposición política de que el camino de las urnas no contenía ningún futuro para ella; apoyada por varios militares retirados que habían sido víctimas de las purgas de 1945, hizo diversos intentos vanos de derrocar al presidente. Sin embargo, su suerte pareció cambiar hacia 1951 debido al descontento existente entre los militares ante las claras señales de que Perón se estaba preparando para ser reelegido y que, más grave aún, Evita le acompañaría en la candidatura presidencial. Esta amenaza ayudó a vencer la resistencia de los altos mandos militares, que empezó a discutir la destitución de Perón. Pero diferencias tácticas y rivalidades personales primero y luego el retiro de la candidatura de Evita dificultaron la gestación de un levantamiento coordinado; el general retirado Benjamín Menéndez hizo un intento aislado que fue sofocado rápidamente. La reelección de Perón por un 62 por 100 de los votos provocó un repliegue de los conspiradores y despejó la vía para una intensificación del control político de las fuerzas armadas. A partir de 1952 los intentos de substituir la subordinación constitucional al jefe del estado por la lealtad al liderazgo personal de Perón se hicieron más manifiestos. Los militares cedieron ante las nuevas exigencias, pero su descontento permaneció vivo, en particular entre los oficiales de los cuerpos intermedios.

La reorientación de los militares con respecto al peronismo formó parte de un proceso más amplio. Debido a su nivel de vida y a su procedencia social, los miembros del cuerpo de oficiales compartían la preocupación con que las antiguas clases medias se-

2. Véase Alberto Ciria, *Política y cultura popular. La Argentina peronista,* De la Flor, Buenos Aires, 1984, p. 62.

guían la presencia abrumadora de las masas en la vida pública. La rapidez con que se había producido el cambio social hizo flaquear el espíritu tradicionalmente progresista de la clase media urbana. Países más antiguos habían pasado por cambios estructurales parecidos a los de Argentina con la intensificación de la industrialización, pero en ellos las instituciones habían absorbido estos cambios en forma más gradual y lenta, por lo que la transición a la democracia de masas había sido menos brusca. En cambio, en la Argentina de Perón todo parecía suceder a la vez y demasiado rápido: el crecimiento de los sectores obreros, el desarrollo de los sindicatos, la expansión del bienestar social y, en un nivel más profundo, la quiebra de la deferencia que el antiguo orden acostumbraba a esperar de los estratos más bajos de la sociedad.

Esta subversión de las pautas tradicionales de poder y prestigio se vio agravada por una pregunta inquietante: ¿Hasta dónde llegaría el peronismo? ¿Cuándo consideraría Perón que la reparación histórica a las masas populares había quedado completada? Para que la clase media urbana advirtiera que detrás del lenguaje agresivo de la pareja gobernante existía un respeto no menos sincero por las bases últimas del orden existente, se hubiera necesitado una capacidad de percepción que, en aquellas circunstancias, apenas poseía. Movidas por una profunda aversión al tono plebeyo que teñía los logros del régimen, se convirtieron en la masa de maniobras de la oposición conservadora. Un movimiento de resistencia civil comenzó a tomar forma, al principio de manera subrepticia y consistente en pequeños y simbólicos gestos de rebelión.

El 26 de julio de 1952 murió Evita, víctima del cáncer. Con ella desapareció la figura que mejor representaba al movimiento peronista para las masas populares, pero también cuanto éste tenía de intolerable para sus adversarios. El sentimiento de hondo dolor colectivo que provocó su desaparición inauguró, de forma ominosa, el segundo mandato de Perón. Desaparecido el elemento clave del activismo popular, el gobierno apareció desde entonces como una máquina burocrática que carecía del atractivo político de los primeros años y mostraba los vicios asociados con un poder demasiado seguro de sí mismo; a principios de 1953 el círculo íntimo de Perón se vio envuelto en un escandaloso caso de corrupción que tuvo por protagonista a Juan Duarte, hermano de Evita. La CGT acudió apoyando los esfuerzos del presidente por rectificar las cosas, pero el acto público en solidaridad con Perón terminó de manera dramática, al estallar varias bombas puestas por comandos opositores, que causaron heridos y muertos. La respuesta inmediata de los peronistas fue incendiar el Jockey Club, la sede tradicional de la clase alta, y destruir las oficinas centrales de los partidos de la oposición. Una oleada de detenciones en masa siguió a estos sucesos y descargó un duro golpe sobre el embrionario movimiento de resistencia.

Luego de los incidentes, Perón pareció darse cuenta de la necesidad de disipar la tensión política. Las puertas del palacio presidencial se abrieron a los líderes de la oposición, pero los interlocutores que importaban eran los radicales. Diez años después de la revolución de 1943, el apoyo electoral tanto de los conservadores como de los socialistas prácticamente había desaparecido. Los radicales, que habían ampliado su audiencia al presentarse como la única alternativa al peronismo, se mostraron poco dispuestos a llegar a un entendimiento que, si daba buenos resultados, entrañaría la renuncia a su papel de ferviente oposición. El gobierno tampoco fue muy lejos en la busca de la reconciliación. Hacia finales de 1953 se declaró una amnistía, pero sus beneficiarios descubrieron que estar fuera de la cárcel pocas cosas cambiaba, toda vez que las restricciones a la actividad política se mantuvieron en plena vigencia.

Para entonces la prosperidad económica que había acompañado a la instauración del régimen peronista se estaba disipando. Las primeras señales de deterioro de la economía ya eran evidentes en 1949. Después de cuatro años consecutivos de superávit, el déficit comercial ascendió a 160 millones de dólares, debido en gran parte a un descenso de los términos de intercambio. El índice de los términos de intercambio (1935 = 100) fue de 133 en 1947 y 132 en 1948. En 1949 retrocedió hasta 110, y en 1950, hasta 93. Al mismo tiempo, la inflación, que había sido del 3,6 por 100 en 1947, aumentó hasta alcanzar un 15,3 por 100 en 1948 y un 23,2 por 100 en 1949. La expansión del gasto público y el consiguiente crecimiento del déficit fiscal completaban un panorama de crecientes dificultades.

Aunque entre los miembros del gobierno crecía la conciencia del comienzo de la crisis, se limitaron a corregir los precios relativos y, careciendo de una política de austeridad fiscal, durante un tiempo titubearon entre la continuidad y el cambio. Para un modelo de crecimiento que desde el principio se había basado en el liderazgo del sector público y en el crédito barato para financiar la expansión del mercado interno y los salarios altos, la estabilización tenía un coste muy elevado en términos del nivel de actividad, el empleo y los niveles salariales.

Por estas razones, las primeras medidas fueron parciales y muy poco eficaces. Miguel Miranda, que había presidido los asuntos económicos durante los años de bonanza, fue substituido por Alfredo Gómez Morales, al que se encargó que tomara una nueva dirección. Sus primeras medidas consistieron en una devaluación moderada de la moneda y un racionamiento del crédito tanto para el sector privado como para el público. No obstante, los tipos de interés que el Banco Central cargaba sobre las líneas de crédito especiales continuaron siendo negativos y se mantuvieron los salarios reales en los elevados niveles de años anteriores. Los resultados de esta primera prueba de estabilización, de 1949 a 1950, fueron por tanto ambiguos: la prosperidad de los primeros tiempos se interrumpió al entrar la economía en una fase recesiva, pero los precios relativos y el modelo distributivo existente no se modificaron.

La crisis alcanzó su nivel más alto en 1951 y expuso las debilidades de una estrategia económica que había dado buenos resultados gracias a excepcionales circunstancias internas y externas. Durante 1951 y 1952 los términos de intercambio continuaron cayendo y colocaron al país en una situación de estrangulamiento externo que más adelante se repetiría con frecuencia pero que en esta etapa hizo añicos el optimismo oficial sobre la evolución de los mercados internacionales. La balanza comercial fue de 304 millones de dólares de déficit en 1951 y 455 millones de dólares en 1952. Al mismo tiempo, la inflación volvió a acelerarse y alcanzó un índice de más del 30 por 100 en 1952. Fue entonces que el gobierno decidió efectuar un cambio radical de su política económica y revisar sus prioridades iniciales. La nueva estrategia favoreció ahora la estabilidad a expensas de la expansión económica y el consumo, la agricultura a expensas de la industria, la iniciativa privada y el capital extranjero a expensas del crecimiento del sector público.

Convencido de que la lucha distribucionista tenía un papel principal en la inflación, el Gobierno impuso una tregua social a las empresas y los sindicatos. El instrumento que empleó con tal fin fue una congelación de salarios y precios durante dos años, de mayo de 1952 a mayo de 1954, luego de reajustar los salarios y los precios. Se encomendó a la Comisión de Precios y Salarios, formada por representantes de la CGT, las empresas y el gobierno, la misión de controlar la marcha del acuerdo social y estudiar el otorgamiento de incrementos salariales en función de la productividad del trabajo. La aceptación de las restricciones salariales por parte de los trabajadores se vio facilitada por el control de los precios y por las subvenciones concedidas a los alimentos y a los costes de las empresas de servicio público.

La prioridad que se dio a la política contra la inflación y la conciencia clara del apoyo popular que sostenía al régimen hicieron que Perón prescindiese de la opción de una nueva devaluación, aunque representaba una manera rápida de eliminar el déficit de la balanza de pagos. El tipo de cambio se mantuvo constante en términos reales, debido a que una devaluación desviaría los mayores ingresos hacia los agricultores pero a costa de incrementar los precios de los alimentos en el mercado interno. Con el fin de controlar el desequilibrio exterior, las autoridades recurrieron primero a un mecanismo que se había empleado de forma selectiva desde 1948: las restricciones cuantitativas a la importación. Estas restricciones se habían aplicado en diciembre de 1950, cuando el estallido de la guerra de Corea pareció el preludio de una tercera contienda mundial y llevó a la compra de productos importados que podían escasear en el futuro inmediato. En 1952 estas compras tuvieron que reducirse drásticamente mientras una grave sequía obligaba a Argentina a importar trigo por primera vez en su historia.

Una vez descartada la opción de la devaluación, se estimuló la producción agrícola por medio de una reorientación de las subvenciones. El IAPI, que hasta entonces había servido para transferir recursos del campo a los centros urbanos, subvencionó ahora los precios que cobraban los agricultores por las cosechas que exportaban. Herramientas claves de esta operación fueron asimismo una política monetaria más restrictiva para con la industria y una caída de las inversiones públicas.

Esta política de ajuste y austeridad tuvo tanto beneficios como costos. La inflación empezó a bajar y alcanzó un mínimo del 3,8 por 100 en 1954. Los desequilibrios de las finanzas públicas fueron reducidos al 9,8 por 100 del PIB en 1949 y un poco más del 5 por 100 en 1952. Al mismo tiempo, la producción industrial cayó en un 7 por 100 en 1952 y un 2 por 100 en 1953. Los salarios reales disminuyeron un 25 por 100 en dos años. A pesar de estos costes, se echaron los cimientos para una rápida y sorprendente reactivación económica. Esta recuperación se apoyó también en una política crediticia más moderada, una mayor ayuda financiera al sector agrícola y una política de ingresos más restrictiva.

La reorientación de la política económica incluyó un papel nuevo para las inversiones extranjeras. Para entonces, Argentina era casi autosuficiente en bienes de consumo final. La demanda de importaciones estaba concentrada en los combustibles y las materias primas y los bienes de capital que requería un sector industrial más diversificado que el que existía antes de la guerra. Los problemas del suministro y los obstáculos a la modernización industrial creados por la escasez de divisas fuertes indujeron a Perón a hacer un llamado a las inversiones extranjeras. Este cambio en la ideología estatista y nacionalista del régimen empezó en 1953 con una nueva ley de inversiones extranjeras, más permisiva, a la que siguieron acuerdos con varias compañías, entre ellas Mercedes Benz y Kaiser Motors. La iniciativa más audaz se tomó en el campo de la explotación del petróleo, bastión sagrado del nacionalismo argentino, en el cual se hizo un intento de atraer a una subsidiaria de la Standard Oil Company. Tratando de convencer a un grupo de líderes sindicales de la bondad de su nueva política, Perón dijo:

> Y, por tanto, si trabajan para la YPF [la compañía petrolera estatal], no perdemos absolutamente nada, porque incluso les pagamos con el mismo petróleo que ellos

extraen. Es bueno, pues, que vengan a darnos todo el petróleo que necesitamos. Antes, ninguna compañía quería venir si no se le daba el subsuelo y todo el petróleo que producía. Ahora, para que vengan, ¿por qué no debería ser una transacción comercial, una transacción importante, si todos los años gastamos más de 350 millones de dólares para comprar el petróleo que necesitamos cuando lo tenemos bajo tierra y no nos cuesta ni un centavo? ¿Cómo podemos seguir pagando esto? ¿Para que ellos saquen beneficios? Por supuesto, no van a trabajar por amor al arte. Ellos se llevarán sus beneficios y nosotros, los nuestros; eso es justo.[3]

La apertura al capital extranjero supuso, si no el abandono, al menos una modificación de muchos aspectos de la política exterior peronista. Esta política se había inspirado en lo que dio en llamarse la Tercera Posición, un esfuerzo por encontrar un lugar entre los dos bloques rivales que nacieron de la segunda guerra mundial. La Tercera Posición, que puso de manifiesto la influencia de la corriente de no alineación entre los países que habían alcanzado la independencia en el proceso de descolonización de la posguerra, fue, sobre todo, un instrumento que utilizó Perón para negociar el precio de su apoyo a Estados Unidos en los asuntos internacionales. Después de 1953, esta política fue substituida progresivamente por una franca búsqueda de buenas relaciones con la nueva administración de Eisenhower.

La crisis que habría de provocar la caída del régimen peronista tuvo sus orígenes menos en la situación económica que en los conflictos políticos que el propio Perón desató. De hecho, la economía argentina de 1953 a 1955 gozó de buena salud, comparada con la emergencia de 1952. El índice de inflación anual, después de haber subido hasta superar el 30 por 100, descendió hasta quedar en un 4 por 100 en 1953 y un 3,8 por 100 en 1954. Después del brusco descenso de 1952, los salarios reales industriales aumentaron, aunque sin volver a alcanzar el nivel de 1950. Lo mismo ocurrió con las ganancias de las compañías. La actividad económica se recuperó con un crecimiento acumulativo del producto bruto interno del 5 por 100 entre 1953 y 1955. La balanza de comercio exterior fue positiva en 1953 y 1954, aunque fue deficitaria a finales de 1955. Había, por cierto, problemas pendientes de resolución. A pesar de los excelentes resultados de 1953, la producción agrícola no pudo aumentar su volumen de saldos exportables. Al mismo tiempo, la reevaluación de la divisa local y el desfase de los precios de los servicios públicos constituían factores de inflación reprimida. Pero el panorama económico no mostraba señales de crisis inminente. Además, el acercamiento en las relaciones con Estados Unidos y la apertura al capital extranjero habían galvanizado la imagen del régimen peronista en el extranjero.

La causa más directa de la conspiración militar que puso fin al régimen peronista la suministró el enfrentamiento del gobierno con la Iglesia. Para las fuerzas armadas, el apoyo de la jerarquía eclesiástica a la política oficial había sido la confirmación del carácter culturalmente conservador del peronismo. Sin embargo, a finales de 1954 una sucesión de iniciativas del gobierno empezó a debilitar los intereses y la influencia de la Iglesia en la vida nacional. Entre ellas, la eliminación de las subvenciones estatales para las escuelas privadas, la legalización de la prostitución y la supresión de la enseñanza religiosa en las escuelas públicas. ¿Qué había detrás de esta súbita ofensiva contra la Iglesia?

3. *La Nación,* 17 de septiembre de 1953; citado en Robert Potash, *El ejército y la política en la Argentina, 1945-1962,* Sudamericana, Buenos Aires, 1981, p. 225.

Esta cuestión ha dado pie a innumerables interrogantes, toda vez que Perón nunca explicó claramente las causas del conflicto. Se ha sugerido que la razón podría haber estado en el malestar de Perón frente al abandono de la neutralidad política por parte de la jerarquía eclesiástica al decidirse apoyar la creación de un Partido Cristiano Demócrata; otros han sostenido que el conflicto fue creado deliberadamente en la búsqueda de un nuevo elemento de cohesión del movimiento peronista en unos momentos en que el régimen debía archivar definitivamente su nacionalismo económico. Sea cual fuere la explicación, lo cierto es que Perón desencadenó un conflicto que aumentó hasta escapar a su control y precipitó así el fin de su régimen.

Las reformas legales antes mencionadas fueron secundadas por una masiva campaña anticlerical en la prensa oficial. Perón irritó a los obispos al dedicar mayor atención oficial al clero de otros cultos religiosos, incluso a los adeptos al espiritismo. Durante la primera mitad de 1955 el enfrentamiento revistió un tono más amenazante al anunciarse una nueva reforma constitucional para decidir la separación de la Iglesia y el estado. Ante estos ataques, la jerarquía eclesiástica optó por la prudencia, pero los sectores católicos activistas cerraron filas y convirtieron los templos en tribunas de protesta moral y política. Los más diversos grupos de la oposición antiperonista acudieron en su ayuda al percatarse de que el conflicto brindaba la oportunidad de reactivar el movimiento de resistencia. Bajo una nueva bandera, la alianza de 1945 entre la clase media, los círculos conservadores y los estudiantes volvió a apoderarse de las calles. El 11 de junio de 1955, día del Corpus Christi en el calendario católico, una multitudinaria procesión desfiló por el centro de Buenos Aires desafiando las prohibiciones de la policía.

Los acontecimientos de los tres meses siguientes revelarían un fenómeno novedoso: un Perón desprovisto de la astucia política que en ocasiones anteriores le había permitido hacer frente a las situaciones más difíciles. El día después de la procesión del Corpus Christi, el gobierno acusó a los católicos de haber quemado una bandera nacional y deportó a dos clérigos, a los que acusó de agitación antigubernamental. A la protesta civil le siguió el 16 de junio un intento de golpe de estado. Un sector de la marina de guerra y la fuerza aérea se alzó en rebeldía bombardeando y ametrallando los alrededores del palacio presidencial, causando numerosos muertos y heridos. Esa noche, sofocado el levantamiento, las principales iglesias del centro de la ciudad fueron saqueadas e incendiadas por peronistas.

El estupor causado por estos actos de violencia, sin precedentes en la historia reciente, ensombreció la victoria de Perón. Además, la intervención de la CGT, que proporcionó armas a los obreros, creó una justificada alarma entre los jefes militares que seguían siendo leales al régimen. Unos días después de estos sombríos sucesos, Perón, siguiendo los consejos del alto mando, anunció una política de conciliación. Se levantó el estado de sitio, las figuras más irritantes del gabinete —en particular los ministros de Educación y del Interior, a los que se asociaba abiertamente con la campaña anticlerical— fueron substituidas y se invitó a los líderes de la oposición a discutir una tregua política. Perón declaró a sus seguidores que «la revolución peronista ha terminado» y prometió que a partir de aquel momento sería «el presidente de todos los argentinos».

El llamado a la pacificación, cuyo objetivo era aislar al movimiento de resistencia, no tuvo el eco esperado. De hecho, exacerbó la oposición civil y militar. Los líderes políticos, a los que se dio acceso a la radio por primera vez en doce años, aprovecharon la concesión del gobierno para dejar claro que no estaban dispuestos a transigir. Arturo Frondizi, que hablaba en nombre del Partido Radical, prometió llevar a cabo, en paz y libertad, la revolución económica y social a la que renunciaba el peronismo y, con la confianza propia de un vencedor, prometió un indulto generoso para los colaboradores del régimen.

El fracaso de la tregua hizo que Perón cambiase de táctica. El 31 de agosto, en una carta al Partido Peronista y la CGT, reveló su decisión de dejar el gobierno con el fin de garantizar la paz. Como era de prever, los sindicatos organizaron una gran manifestación de apoyo. La Plaza de Mayo fue testigo de una nueva versión del 17 de octubre de 1945. Siguiendo un texto preparado, Perón dijo a la multitud que retiraba su dimisión y seguidamente pronunció el discurso más violento de su carrera política. Empezó diciendo que había ofrecido la paz a sus adversarios pero que éstos no la querían y terminó autorizando a sus seguidores a tomarse la justicia por su mano:

> Con nuestra tolerancia exagerada, nos hemos ganado el derecho a reprimirlos violentamente. Y a partir de ahora establecemos una regla permanente para nuestro movimiento: Quienquiera que en cualquier lugar trate de alterar el orden contra las autoridades constituidas, o contra la ley y la constitución, puede ser muerto por cualquier argentino ... La consigna para todo peronista, ya sea solo o dentro de una organización, es responder a un acto violento con otro acto violento. Y cuandoquiera que caiga uno de nosotros, caerán cinco de ellos.[4]

Esta inesperada declaración de guerra venció la resistencia de muchos militares indecisos. Una iniciativa encabezada por la CGT también contribuyó a precipitar el desenlace. Poco después de la arenga de Perón, la CGT hizo saber a los militares que ponía los obreros a disposición del ejército para custodiar conjuntamente los destinos del régimen. Los jefes militares, inquietos desde hacía tiempo por la perspectiva de la creación de milicias obreras, se apresuraron a rechazar el ofrecimiento. El 16 de septiembre estalló finalmente la decisiva revuelta militar. Tropas rebeldes bajo el mando del general Eduardo Lonardi ocuparon las guarniciones de Córdoba y la rebelión se extendió por el resto del país con mayor o menor fortuna. Las fuerzas leales al gobierno eran superiores en número, pero, en la emergencia, carecieron de la voluntad de luchar. Durante cinco días el resultado del conflicto estuvo en el aire, hasta que los comandantes leales recibieron un mensaje de Perón que decía que estaba dispuesto a facilitar una solución pero se abstenía de dimitir. La confusión se aclaró al día siguiente cuando Perón se refugió en la embajada de Paraguay. El 23 de septiembre, mientras la CGT reclamaba a los obreros que conservaran la tranquilidad, una multitud se congregó en la Plaza de Mayo, esta vez para celebrar el juramento del general Lonardi como presidente provisional de la República Argentina.

LA REVOLUCIÓN LIBERTADORA, 1955-1957

Los integrantes de la coalición política y económica que respaldó el movimiento armado en 1955 tenían un objetivo en común: desmantelar el sistema de controles autoritarios creado por Perón. Pero a la hora de definir el perfil del nuevo orden social y económico que habría de emerger de la urgente tarea de reconstrucción sus coincidencias se revelaron más bien escasas.

4. *La Nación*, 1 de septiembre de 1955; citado en Potash, op. cit., p. 268.

Los portavoces de la vieja elite, vinculada al campo y a la economía de exportación, aprovecharon los debates que siguieron a la caída de Perón para transmitir un mensaje brutal y sencillo: el origen de los problemas del país estaba en el equivocado intento del peronismo por subvertir la economía «natural» de Argentina. En consecuencia, propusieron hacer tabla rasa con la estrategia que había llevado a la creación de una infraestructura industrial excesivamente protegida, que imponía una pesada carga a los productores rurales y fomentaba una incorporación prematura y excesiva de los trabajadores en el mercado de consumo. En su lugar, abogaron por un retorno a la estrategia económica basada en el librecambio y sus ventajas relativas, bajo cuyas líneas maestras Argentina había experimentado un formidable crecimiento hasta 1929. En el corto plazo, el objetivo prioritario fue ajustar la economía a los efectos de compensar el creciente déficit de la balanza de pagos, apelando a fuertes devaluaciones para reducir las importaciones y promover las exportaciones agrícolas, a severas restricciones monetarias y crediticias y a una reducción de los salarios de modo tal que el consumo interno estuviera en consonancia con las limitaciones financieras del país. En el largo plazo, el objetivo era recrear la estructura económica y el equilibrio político y social de antes de la Segunda Guerra.

Después de una década de crecimiento industrial y redistribución de ingresos, de movilidad social y ampliación de la participación política, ésta era una empresa difícilmente factible. Es verdad que la experiencia peronista no había logrado alterar las bases sobre las cuales la clase política conservadora de los años treinta levantó la arquitectura económica del país: una industrialización liviana y complementaria para un país agroexportador. Sin embargo, al convertir lo que fuera una política de emergencia ante la crisis de 1929 en un programa más permanente, reorientando los recursos nacionales a la substitución extensiva de las manufacturas importadas, el peronismo había contribuido a profundizar la diferenciación interna de la estructura económica y social existente. Junto a los sectores terratenientes, los grandes capitalistas extranjeros y agrarios y la vieja clase media comercial y burocrática, se fue consolidando un vasto mundo industrial, débil por su poder económico, dependiente por su conformación productiva, pero dotado de una gravitación social considerable debido a su incidencia en el empleo y las transacciones de la economía urbana.

Cuando en 1955 los portavoces de la vieja elite procuraron poner en marcha su estrategia se encontraron frente a la resistencia no siempre coordinada pero siempre perturbadora de ese complejo urbano-industrial crecido a sus expensas. Si al principio de los años cincuenta era ya evidente que la industria liviana orientada al mercado interno estaba perdiendo su ímpetu expansivo, en 1955 fue igualmente claro que una regresión a la Argentina de antes de la guerra era insostenible desde el punto de vista político. Las transformaciones en la sociedad y la economía durante el peronismo no habían eliminado el viejo orden jerárquico; más bien superpusieron sobre él un nuevo orden industrial y participativo. Así, los terratenientes, los hombres de negocios, la clase media, la clase obrera —todos estos sectores— dieron lugar a un compacto nudo de intereses, que se atrincheró detrás de sus propias y diferenciadas instituciones. Si bien ninguno de estos sectores pudo por sí solo conducir el proceso de cambio, cada uno de ellos fue, no obstante, lo suficientemente poderoso como para impedir que los demás lo hicieran. Después de 1955 las opciones políticas del país habrían de decidirse en el contexto de este pluralismo negativo.

El derrocamiento de Perón, lejos de responder a un plan político y militar concertado, fue fruto de los esfuerzos aislados de líderes militares y políticos en muchos terrenos opuestos entre sí. Ello condujo a una premonitoria crisis política durante los primeros días de la Revolución Libertadora. La unanimidad con que los revolucionarios celebraron el fin del régimen peronista se evaporó en cuanto fue necesario decidir el rumbo político del período de transición. La etapa posrevolucionaria se vio sacudida así por una sorda lucha dentro del estamento militar. La actitud a adoptar ante el movimento peronista constituyó la cuestión más litigiosa.

Un sector, de filiación nacionalista, era partidario de una política de conciliación. Con el lema de «Ni vencedores ni vencidos», formulado por el presidente Lonardi al asumir el gobierno, tenían la esperanza de recoger el legado político del régimen depuesto, negociando con los líderes del sindicalismo peronista. A esta política se opuso desde un principio otro sector que, en nombre de la democracia, se declaró categóricamente contrario a todo trato con los enemigos de la democracia, previsiblemente identificados en los seguidores de Perón. No obstante sus propuestas diferentes, las dos facciones militares tenían una creencia en común, el convencimiento de que el peronismo no sobreviviría como fuerza política después de la caída del régimen que lo había creado. Para los nacionalistas esto significaba encauzar el movimiento y eliminar sus excesos bajo un nuevo liderazgo. Con este propósito, el presidente Lonardi nombró a un abogado sindical peronista al frente del Ministerio de Trabajo. Los destinatarios de estos gestos de conciliación respondieron favorablemente y de esta manera consiguieron poner a salvo sus organizaciones; luego de exhortar a los trabajadores a evitar conflictos acordaron renovar las conducciones de los sindicatos por medio de elecciones supervisadas por el Ministerio de Trabajo.

El proyecto político de los nacionalistas no logró, empero, levantar vuelo. Todo en él despertaba la desconfianza del núcleo mayoritario de la coalición política y militar de la Revolución Libertadora. Varios de los militares nacionalistas habían sido leales al régimen derrocado hasta el último momento; sus consejeros políticos eran destacados intelectuales católicos de tendencias antiliberales. Algunos de ellos intentaron, a su vez, utilizar en beneficio propio las fuerzas que habían apoyado a Perón suscitando comprensiblemente sospechas muy creíbles de una vuelta a la situación política que acababa de concluir. Aún no habían transcurrido dos meses desde el levantamiento armado cuando la presión concertada de militares y políticos provocó, el 13 de noviembre, la dimisión del presidente Lonardi y de sus colaboradores nacionalistas. A partir de allí la revolución habría de seguir su camino bajo el liderazgo del nuevo presidente, el general Pedro Eugenio Aramburu, en busca de la «regeneración democrática» del país.

Esta empresa descansaba en la convicción muy difundida según la cual Argentina había transcurrido los últimos diez años bajo una pesadilla totalitaria. Por tanto, la misión del gobierno era convencer a las masas, engañadas por la demagogia de Perón, de la necesidad de abandonar sus viejas lealtades y unirse, en forma individual, a la familia de los partidos democráticos. En la emergencia, la Revolución Libertadora recurrió a la represión y la proscripción para llevar a cabo su tarea de reeducación política. Después de un intento fallido de huelga general, la CGT y los sindicatos quedaron intervenidos por el gobierno, el Partido Peronista fue disuelto oficialmente y se impuso un decreto que prohibía la utilización de símbolos peronistas e incluso mencionar el nombre de quien había sido y seguía siendo desde el exilio su líder indiscutido.

La firme actitud adoptada frente a los peronistas no se replicó al momento de actuar ante los problemas económicos heredados del régimen anterior. Durante la última parte de su gestión Perón ya había reconocido la necesidad imperiosa de cambiar el rumbo económico. Las correcciones que introdujo en la política agraria y en el terreno de las inversiones extranjeras señalaron una nueva dirección que sus compromisos políticos le impidieron proseguir. La Revolución Libertadora no tuvo mejor suerte; tropezó con los obstáculos puestos por los conflictos internos del frente antiperonista y también ella dejó las grandes decisiones en manos de las futuras autoridades constitucionales. Una de las primeras iniciativas del presidente Lonardi fue solicitar al doctor Raúl Prebisch —el reputado economista argentino director de la Cepal— que estudiase la situación económica en que se hallaba el país y recomendara una política. El informe de Prebisch soslayó una definición neta al dilema de la nación agraria frente a la nación industrial, disyuntiva que algunos sectores nostálgicos pretendían plantear de nuevo, y abogó por continuar el proceso de industrialización. No obstante y con el fin de resolver el problema del déficit de la balanza de pagos, aconsejó una política de precios favorable a las exportaciones agrícolas.

Las medidas menos controvertidas del programa se adoptaron sin demora. Se devaluó el peso, se desnacionalizaron los depósitos bancarios, el país ingresó en organizaciones financieras internacionales como el Fondo Monetario Internacional (FMI) y el Banco Mundial y se eliminaron los controles sobre el comercio exterior al tiempo que se disolvía el IAPI. La política relativa al capital extranjero había sido uno de los asuntos más controvertidos en los años de Perón y volvería a serlo nuevamente. La oposición política, habiendo criticado a Perón por la actitud más liberal de su última época, no estaba dispuesta ahora a abandonar sus convicciones nacionalistas e influyó sobre el gobierno militar para que cancelase sus negociaciones en curso con la California Petroleum Company. A resultas de ello cayó la afluencia de inversiones extranjeras.

Las medidas destinadas a estimular la economía agropecuaria fueron en parte neutralizadas por el descenso de los precios internacionales de las exportaciones argentinas. No obstante el mayor volumen de las exportaciones, su valor en dólares aumentó sólo en un 7 por 100 entre 1955 y 1958. Además, la supresión de los controles a la importación provocó una explosión de la demanda de divisas extranjeras, durante mucho tiempo reprimida. Esta presión se observó de forma especial en la demanda de automóviles importados, cuyo volumen se dobló entre 1955 y 1957.

La decisión del régimen militar de convocar elecciones para elegir un nuevo gobierno civil le aconsejó renunciar a cambios bruscos en el equilibrio social, que hubiesen afectado negativamente el proyecto de regeneración democrática de las masas peronistas. Esta preocupación por evitar un fuerte deterioro de los niveles de ingresos limitó el viraje de la economía a favor del sector rural y pospuso el ataque contra los desequilibrios de la estructura productiva. En este marco, los salarios de los trabajadores registraron un aumento y los empresarios respondieron con un alza de los precios. Después de un descenso en los últimos años del régimen de Perón, la inflación volvió a acelerarse y en 1957 el costo de vida subió en un 25 por 100. En ese año se hizo un intento de estabilización que tuvo un éxito moderado pero la mayor parte del tiempo los responsables de la economía estuvieron a la defensiva, manejando como mejor podían la situación. En fin, la contradicción entre sus objetivos económicos y políticos, la diversidad de miras de los miembros del gabinete, entre los que había representantes del mundo de los negocios así como miembros del Partido Radical, imprimieron a la Revolución Libertadora un rumbo económico vacilante y dejó pendientes de solución los problemas que había heredado.

A diferencia de lo que harían futuros gobiernos militares, la presidencia del general Aramburu no reprimió la actividad sindical ni interrumpió la negociación colectiva. Su plan laboral puso, más bien, el acento en la eliminación de la influencia peronista en el movimiento obrero. En abril de 1956, fue dado a conocer un decreto inhabilitando para el desempeño de cargos gremiales a todos los dirigentes que hubiesen ocupado esas posiciones entre 1952 y 1955. Por medio de la proscripción y también la cárcel las autoridades procuraron purgar a los sindicatos como paso previo a devolverlos a los trabajadores, junto con el ejercicio de sus derechos. Contradiciendo las expectativas oficiales, las elecciones sindicales celebradas a finales de 1956 y principios de 1957 marcaron el comienzo del retorno del peronismo.

La decisión de participar en esas elecciones fue la ocasión para el estallido de un primer conflicto entre Perón y la nueva generación de dirigentes sindicales peronistas. Desde su exilio, Perón ordenó la abstención y el reconocimiento como autoridades legales de las anteriores a 1955, reunidas en una central obrera clandestina. Desoyendo esas instrucciones, la camada de dirigentes surgida después de 1955 eligió participar y logró el control de importantes sindicatos industriales, levantando por toda plataforma electoral su identidad peronista. Durante 1957 acciones más concertadas siguieron a las huelgas sectoriales típicas de 1956 y en los meses de junio y julio dos huelgas generales volvieron a reponer la presencia del sindicalismo peronista en el centro del escenario político.

El debut político de estas nuevas conducciones gremiales tuvo lugar en el congreso convocado por el gobierno en agosto de 1957 para normalizar a la CGT. Una alianza de peronistas y comunistas logró la mayoría de los escaños y ello provocó la suspensión de las deliberaciones. Los delegados peronistas en el fallido congreso se agruparon luego en lo que se llamó las «62 Organizaciones» y bajo este nombre ingresaron como un actor central a la vida política argentina.

Los avances realizados por el sindicalismo peronista eran, aunque firmes, todavía limitados en comparación con el retroceso sobre las posiciones ocupadas en el pasado inmediato. Si hasta 1955 la incorporación política de la clase obrera organizada había sido continua, ahora entre ellas y las instituciones se había abierto un abismo. En estas condiciones, la única opción que parecía viable era replegarse sobre su identidad, sobre la defensa de sus símbolos y creencias y radicalizar sus luchas. Perón compartió en un principio esa actitud, desde el exilio en Paraguay, Panamá y Venezuela. Había, empero, otro camino, que comenzó a delinearse al compás de la crisis del principal partido de la coalición antiperonista, el Partido Radical.

El antiguo partido de Yrigoyen no había salido incólume de la traumática experiencia de 1946. Luego de la derrota electoral, una de las facciones internas, el ala intransigente, desplazó progresivamente a los viejos líderes moderados, demasiado asociados al sesgo conservador que tomó la Unión Democrática. En 1954 lograron elegir presidente del Comité Nacional a uno de los suyos, Arturo Frondizi, quien ese mismo año dio a conocer en su libro *Petróleo y política* un mensaje de fuerte tono nacionalista y antiimperialista. Mientras que la facción moderada rechazaba abiertamente el régimen peronista, los intransigentes trataron de ubicarse a su izquierda, cuestionando ya no sus objetivos, sino su debilidad para encararlos, en particular, la política hacia el capital extranjero y las relaciones internacionales.

Derrocado Perón, la suerte de la política de desperonización de la Revolución Libertadora dependía de que el frente democrático se mantuviera unido detrás de la condena de Perón y su legado. En esas condiciones cuando se reabriera el juego electoral a los seguidores de Perón no les habría quedado otra opción que sumarse a los partidos políticos tradicionales. Pero ello no fue lo que, en definitiva, ocurrió. Desde los primeros días del gobierno del presidente Aramburu, el Partido Radical se alineó en el campo de la oposición con el fin de presentarse como el nuevo paladín de los intereses nacionales y populares. Así, Frondizi denunció la política económica del régimen, caracterizándola como un plan orquestado por la oligarquía y el imperialismo y, para ganarse las simpatías de los obreros peronistas, exigió el fin de las persecuciones y la preservación de las estructuras sindicales previas. El objetivo de la estrategia de Frondizi pronto resultó obvio a los ojos de todos: convertirse en el heredero de la Revolución Libertadora y ser la alternativa políticamente viable para las masas peronistas proscritas. Para ocupar ese lugar primero debía encontrar apoyos dentro del Partido Radical, donde sus actitudes despertaban las justificadas suspicacias de los sectores moderados. Al cabo de varios meses dominados por los conflictos internos, en noviembre de 1956 se reunieron los congresales del partido a fin de escoger candidatos a las próximas elecciones presidenciales. Disconformes con el trámite de la asamblea los sectores moderados y una facción de los intransigentes decidieron abandonarla, pero Frondizi se las arregló para conservar el quórum necesario y ser propuesto candidato a la primera magistratura. Poco después la división adquirió carácter oficial: en enero de 1957 los sectores disidentes se unieron bajo el nombre de Unión Cívica Radical del Pueblo (UCRP), mientras el sector victorioso en la convención del partido se encuadró detrás de la sigla Unión Cívica Radical Intransigente (UCRI).

La crisis radical tuvo repercusiones en las filas del gobierno, donde las maniobras políticas de Frondizi eran seguidas con preocupación. En un gesto francamente favorable a la UCRP, cuyo líder más importante era Ricardo Balbín, el presidente Aramburu le ofreció tres puestos en el gabinete, entre ellos la cartera clave del Ministerio del Interior. Con esta decisión dejó claro dónde estaba para él el mayor peligro que se cernía sobre el futuro de la Revolución Libertadora, pero, a la vez, fue una confesión implícita de que no podía afrontarlo con sus propias fuerzas. Quienes mejor expresaban los intereses y aspiraciones del gobierno militar, los sectores políticos conservadores, no contaban mucho desde el punto de vista electoral. Este fenómeno, que sería una de las constantes de la vida política argentina a partir de 1955, indujo a los militares a apoyar al partido de Balbín, con cuya retórica yrigoyenista tenían poco en común. Así pues, el conflicto entre el peronismo y el antiperonismo se libraría detrás de los hombres y las tradiciones del, ahora fragmentado, Partido Radical.

La primera de las confrontaciones para las cuales se estaban preparando los argentinos tuvo lugar en julio de 1957. En esa fecha, el gobierno militar convocó a elecciones para la asamblea constituyente con el fin de dar carácter oficial a la revocación de la reforma constitucional promulgada por Perón en 1949; el otro objetivo complementario era medir la importancia electoral de las diversas fuerzas políticas antes de llamar a las elecciones presidenciales. Durante la campaña electoral Frondizi hizo lo imposible tanto por atraer al electorado peronista como para neutralizar la campaña en favor del voto en blanco organizada por los partidarios de Perón. Los resultados electorales de 1957 indicaron que el número de votos en blanco era mayor que los recibidos por cualquiera de los demás partidos. Sin embargo, los 2.100.000 votos en blanco eran menos de la mitad del número de sufragios conseguidos por los peronistas tres años antes. Con una pequeña diferencia, la UCRP se ubicó en segundo lugar mientras el partido de Frondizi recibía 1.800.000 votos; los votos que obtuvieron los partidos Conservador y Socialista apenas pasaban del medio millón. A pesar de haber logrado un considerable apoyo electoral, la UCRI debió admitir el fracaso de su política de cooptación del electorado peronista.

Cuando la Asamblea Constituyente inició sus deliberaciones, los representantes de la UCRI cumplieron su promesa de boicotearla. Muy pronto les siguieron los representantes de otros partidos minoritarios; incluso una facción de la UCRP decidió retirarse. Desde un comienzo las recriminaciones mutuas entre los radicales y los conservadores dominaron las sesiones de la asamblea. En este ambiente, escasamente cooperativo, las reformas a la Constitución de 1853, otra vez en vigencia, fueron pocas y limitadas. La Asamblea Constituyente pronto perdió su importancia y los partidos se entregaron de lleno a hacer campaña para las próximas elecciones presidenciales.

Mientras tanto, el gobierno militar había ido perdiendo el control de la situación económica. Uno tras otro, sus ministros de Economía —cuatro en el plazo de tres años— se revelaron incapaces de detener el alza de los precios o atraer inversiones extranjeras. Una absorbente obsesión ganó entonces a los líderes del gobierno: entregar cuanto antes el poder a las futuras autoridades constitucionales. Ello no implicó que renunciaran a influir sobre quienes habrían de sucederlos. El apoyo oficial se volcó sin disimulos a favor de la candidatura de Balbín, quien fue convocado a defender las banderas del antiperonismo, a pesar de sus esfuerzos por presentarse como político progresista.

El futuro político de Frondizi, en cambio, no podía ser más incierto. El electorado peronista no se había mostrado receptivo a sus tentativas de acercamiento, a la vez que los sectores antiperonistas parecían tomarlas demasiado en serio. En un esfuerzo por romper su aislamiento, Frondizi se movió pragmáticamente en varias direcciones. Las elecciones para la Asamblea Constituyente habían puesto claramente de manifiesto la vitalidad que conservaba el movimiento proscripto; de este modo, si las masas peronistas no se mostraban dispuestas a escuchar, entonces era necesario negociar en forma directa con Perón. Envueltos en gran secreto, emisarios de Frondizi viajaron a Caracas, donde el líder exiliado vivía bajo la protección del dictador Marcos Pérez Jiménez, y le prometieron poner fin a las proscripciones políticas y restaurar las leyes sindicales vigentes durante su pasada gestión, a cambio de que apoyase al candidato de la UCRI.

Mientras se producían estas negociaciones, Frondizi entró de lleno al debate público sosteniendo la tesis de que el dilema argentino no pasaba por escoger entre peronismo y antiperonismo, como afirmaban los líderes de la Revolución Libertadora; la verdadera disyuntiva nacional estaba entre industrialización y subdesarrollo. Levantando esta consigna, llamó a la formación de un frente nacional y popular integrado por los sectores obreros, la burguesía nacional, el ejército y la Iglesia. La ideología de esta nueva alianza de clases, convocada en nombre del desarrollo económico y la integración política, fue la obra de un grupo de intelectuales disidentes de izquierda, liderado por Rogelio Frigerio, que rodeó al candidato de la UCRI y relegó a un segundo plano a los militantes del partido.

Esta convergencia entre intelectuales y dirigentes políticos constituía toda una novedad en la vida política reciente y fue acentuada por la propia personalidad de Frondizi. Más un maestro que un político, el jefe de la UCRI adoptó un lenguaje árido y tecnocrático, sin hacer concesión alguna a la tradicional retórica política que dominaba Balbín, su rival en la carrera hacia la presidencia. Esa imagen de racionalidad, el intento mismo de modificar los términos del conflicto político que dividía al país, tuvo un efecto positivo en las clases medias modernas y cautivó a la nueva generación que había alcanzado la mayoría de edad después de 1955. A estas fuerzas, Frondizi procuró sumar apoyos más decisivos. En un intento de ganar cierta influencia en el ejército, hizo contactos con el sector nacionalista militar desplazado en noviembre de 1955 con la renuncia del general Lonardi; al mismo tiempo se esforzó por apaciguar a la opinión pública conservadora declarándose partidario de la postura de la Iglesia a favor de la libertad de enseñanza y contra el divorcio. La clave fundamental de esta compleja operación política estaba, sin embargo, en manos de Perón, quien a dos años y medio de su derrocamiento continuaba siendo el árbitro del equilibrio político argentino.

Finalmente, desde la República Dominicana, donde el general Trujillo le brindó hospitalidad al caer la dictadura de Pérez Jiménez en Venezuela, Perón abandonó su postura abstencionista y se declaró francamente en favor del voto afirmativo por la candidatura de Frondizi. El 23 de febrero de 1958 las masas peronistas acudieron a las urnas siguiendo las instrucciones del caudillo exiliado. Y doce años después de 1946 volvieron a decidir el resultado de los comicios, premiando ahora el virtuosismo político de Frondizi con 4.100.000 votos frente a los 2.550.000 que obtuvo Balbín. En el cómputo electoral se registraron también unos 800.000 votos en blanco, certificando la existencia de un sentimiento de alienación y resistencia política que ni siquiera las órdenes de Perón habían logrado alterar.

LA PRESIDENCIA DE ARTURO FRONDIZI, 1958-1962

Aunque la victoria de Frondizi había sido arrolladora, su significado distaba mucho de ser claro. El júbilo con que los partidarios de Perón celebraron los resultados de los comicios aclaró buena parte de los interrogantes al identificar al verdadero artífice de la victoria. Ello no hizo más que crear un extendido malestar en los círculos militares. Sectores del ejército y de la marina insinuaron la posibilidad de no reconocer las credenciales del candidato elegido con los votos peronistas. Pero el presidente Aramburu se apresuró a felicitar a Frondizi el mismo día de su triunfo y, con su gesto, bloqueó esa alternativa y articuló los apoyos necesarios para hacer honor a la palabra de los revolucionarios de 1955 de encaminar al país hacia la democracia.

Las elecciones de 1958 pusieron fin al optimismo con que las fuerzas armadas habían emprendido la tarea de desmantelar las estructuras del régimen peronista. Frente a una realidad política que se resistía al cambio, optaron por respetarla oficialmente y se replegaron a sus cuarteles para desde allí influir sobre la futura administración. En estas condiciones, la que habría de emerger sería una democracia tutelada.

Con la resistencia apenas disimulada de los militares y la franca oposición de la UCRP, que había visto desvanecerse una victoria segura, el presidente electo se dispuso a cumplir las numerosas promesas hechas durante la campaña electoral. Si en sus cálculos había contemplado la posibilidad de institucionalizar la coalición victoriosa en un movimiento político que trascendiera sus antiguas diferencias, esa fue una fantasía de corta duración. La naturaleza contradictoria de las aspiraciones de quienes lo habían votado era muy poco apropiada para semejante proyecto. No obstante, lo que lo hizo, en definitiva, imposible fue la desconfianza que rodeaba a la persona de Frondizi, compartida incluso por los aliados que reclutara en su trayectoria al poder. Frondizi justificó con creces esa desconfianza cuando, al asumir la presidencia el 1 de mayo, reveló a amigos y adversarios las principales líneas de su plan político.

Las medidas iniciales del nuevo presidente estuvieron dirigidas a saldar su deuda con Perón: la revocación del decreto que prohibía las actividades peronistas; la promulgación de una ley de amnistía; la anulación de un decreto, promulgado en los últimos tramos del gobierno militar, que había entregado la CGT a un grupo de sindicalistas no peronistas; la devolución de varios sindicatos importantes intervenidos por el gobierno a dirigentes peronistas; el restablecimiento del sistema de monopolio sindical vigente hasta 1955; y un aumento general de salarios. La revisión de la política antiperonista de la Revolución Libertadora se detuvo antes de llegar a un capítulo crucial: el decreto que disolviera el Partido Peronista no fue anulado, por lo que los peronistas, aunque podían volver a actuar y difundir sus ideas, seguían sin poder concurrir a las elecciones con sus propias banderas y sus candidatos.

Esta política de conciliación con el peronismo suscitó las denuncias y acusaciones de grupos antiperonistas civiles y militares, que vieron en ella la confirmación de sus peores temores. En agosto hubo una reacción igualmente hostil en las filas de la coalición vencedora cuando Frondizi decidió autorizar la concesión de títulos académicos por las universidades privadas. La nueva legislación, concebida por el anterior gobierno militar pero abandonada luego para evitar conflictos, figuraba entre las promesas hechas por Frondizi a la Iglesia. La autorización de la enseñanza religiosa en un campo hasta entonces reservado al estado conmovió creencias muy arraigadas en el movimiento estudiantil y reavivó los sentimientos anticlericales en segmentos importantes de las clases medias. Grandes multitudes ocuparon las calles para defender la tradición laica al tiempo que la opinión católica hacía lo mismo demandando la libertad de enseñanza. Finalmente, el Congreso aprobó la controvertida iniciativa y puso fin al conflicto pero no a la hostilidad que desde entonces el gobierno encontraría en las filas del movimiento estudiantil.

La medida que tuvo las mayores repercusiones se conoció el 25 de julio cuando Frondizi anunció el lanzamiento de la «batalla del petróleo». El ex intelectual nacionalista sorprendió a la opinión pública al comunicar haber firmado varios contratos con compañías extranjeras para la extracción y la explotación de petróleo con estos argumentos:

> El principal obstáculo al avance del país es su extrema dependencia de la importación de combustibles y acero. Esta dependencia debilita nuestra capacidad de autodeterminación y pone en peligro nuestra soberanía, especialmente en el caso de una crisis armada a escala mundial. De hecho, Argentina importa alrededor del 65 por 100 del combustible que consume. De los 14 millones de metros cúbicos consumidos en 1957, aproximadamente 10 millones procedían del extranjero. Argentina se ha visto obligada a convertirse sencillamente en exportadora de materias primas, que se intercambian por petróleo y carbón. El país trabaja para pagar el petróleo importado, petróleo que tenemos bajo nuestros propios pies. Argentina no puede continuar en este camino, que se ha convertido en una peligrosa pendiente hacia la dominación.[5]

Con esta iniciativa Frondizi retomó el camino que el régimen peronista había intentado explorar, con escasa convicción, en sus últimos días. Ahora, al igual que entonces, el objetivo consistía en reducir la demanda de petróleo, bienes de capital y bienes intermedios que tanto pesaban en el déficit de la balanza de pagos. La «batalla del petróleo» habría de ser el comienzo de un nuevo intento por avanzar en la substitución de importaciones a los efectos de potenciar la industria básica y construir una estructura industrial

---

5. Arturo Frondizi, *Mensajes presidenciales*, Buenos Aires, 1978, p. 133.

más integrada. El proyecto auspiciado por el principal consejero de Frondizi, Rogelio Frigerio, comportaba una marcha forzada hacia la industrialización, por cualquier medio y a cualquier costo. A pesar del crecimiento registrado en la industria liviana desde mediados de los años treinta, Argentina continuaba siendo un país productor de alimentos e importador de combustible, maquinaria e insumos para las manufacturas locales. Según Frigerio, la causa del subdesarrollo y la dependencia de Argentina estaba en la posición que ocupaba el país dentro de la división internacional del trabajo. En consecuencia, el estímulo a la industrialización, en particular, a la producción de acero, complejos petroquímicos y refinerías de petróleo, modificaría el patrón de desarrollo basado en la exportación de materias primas y, por ende, habría de ser el factor clave para el logro de la liberación nacional.

El viejo sueño de la autarquía económica alentado por los militares durante la Segunda Guerra Mundial reaparecía formulado en un nuevo lenguaje. El proceso de acumulación de capital había tropezado entonces con las urgencias políticas del régimen peronista, que optó por una política de industrialización más limitada y compatible con la redistribución del ingreso. Colocado ante la misma ecuación, Frondizi decidió financiar el esfuerzo industrializador acudiendo a los capitales extranjeros. Esta propuesta le permitió sacar partido de un fenómeno novedoso en América Latina: el aumento en el flujo de las inversiones de las compañías multinacionales en las industrias locales. Al igual que otros en la región, el gobierno argentino ofreció a los inversores un mercado cerrado por altas barreras proteccionistas, con óptimas posibilidades de expansión, garantizadas por una demanda preexistente y un control oligopólico de sus condiciones de operación.

Para justificar este proyecto heterodoxo sin abandonar su adhesión al nacionalismo, Frondizi sostuvo que el origen del capital no era importante en la medida que éste se invirtiera, con la apropiada dirección del gobierno, en áreas de importancia estratégica para el desarrollo nacional. Los prejuicios contrarios al capital extranjero —argumentó— sólo servían para consolidar la estructura de subdesarrollo al dejar el petróleo bajo tierra y postergar la integración del aparato industrial.

Mientras maduraban los frutos de la nueva estrategia, y consciente de la fragilidad política del poder que había recibido, otorgó un aumento general de salarios apenas unos días después de tomar posesión del cargo. A esta medida le siguió una mayor flexibilidad de la política monetaria y fiscal, todo lo cual agravó la situación económica y preparó las condiciones para una grave crisis inflacionaria y de balanza de pagos. Las señales premonitorias de una crisis inminente no parecieron alarmar al presidente ni a sus consejeros económicos, ocupados como estaban en ganarse la buena voluntad de los peronistas para su estrategia económica.

Hablar de peronismo era entonces hablar de los dirigentes sindicales. Con Perón en el exilio y con la ausencia de uun partido legalizado, las organizaciones sindicales se transformaron en los portavoces naturales de las masas peronistas. Este deplazamiento de la representación del movimiento político hacia los dirigentes sindicales habría de tener importantes consecuencias en la vida institucional del país. En el corto plazo, le permitió al gobierno negociar por ejemplo una nueva ley de Asociaciones Profesionales en sintonía con sus intereses a cambio de la neutralidad sindical ante el abandono de aspectos del programa del 23 de febrero que eran, en todo caso, los mismos que el propio régimen peronista había intentado archivar en sus últimos días. El acercamiento del sindicalismo peronista y el gobierno duró muy poco sin embargo.

A pesar de los esfuerzos hechos desde ambas partes por evitarla, a finales de 1958 estalló la crisis. En el mes de septiembre se prorrogaron por un año más los contratos laborales, lo que entrañaba un virtual congelamiento de salarios, al tiempo que trascendió que estaba en estudio la regulación del derecho a la huelga. Esto era más de lo que las 62 Organizaciones estaban dispuestas a tolerar sin decir nada; y a mediados de octubre decidieron contra su reciente aliado una primera huelga general. En su manejo de la cuestión sindical el gobierno se movió en medio de presiones contrapuestas. Cada medida destinada a apaciguar a los sindicatos peronistas provocaba la alarma de sus adversarios civiles y militares. Frente a este dilema, Frondizi creyó encontrar una salida complementando la búsqueda de una tregua laboral con gestos ejemplares revestidos de firmeza política. La huelga de trabajadores del petróleo en Mendoza fue un primer ensayo de esta compleja estrategia. Argumentando que el conflicto formaba parte de un complot insurreccional, Frondizi impuso la ley marcial durante treinta días y puso en prisión a numerosos militantes obreros. La réplica de las 62 Organizaciones fue la convocatoria a una nueva huelga general de cuarenta y ocho horas. Por un momento pareció que el enfrentamiento entre el gobierno y los sindicatos era inevitable. No obstante, la ruptura no se produjo y a ello contribuyó la voluntad acuerdista de las 62 Organizaciones, reluctantes a desestabilizar un orden constitucional en el que esperaban consolidar sus posiciones corporativas.

La audacia de Frondizi no quedó limitada al abandono de las causas ideológicas con las que se había identificado durante tanto tiempo. Trató asimismo de modificar la relación de fuerzas dentro del estamento militar para disminuir la influencia de los sectores que le eran hostiles. Para ese atrevido intento buscó el respaldo de los oficiales nacionalistas y de quienes habían sido excluidos del servicio activo en las recientes purgas internas. A principios de septiembre el presidente y su secretario de la fuerza aérea intentaron reincorporar a un oficial que Aramburu había dado de baja en 1957. La resistencia ofrecida por el grueso de los jefes y oficiales provocó un estado de rebelión en la fuerza aérea que no desapareció hasta que el presidente retiró su controvertida decisión y reemplazó a su secretario. Al precio de un grave debilitamiento de su autoridad, Frondizi debió reconocer que la estabilidad de su gobierno dependía del mantenimiento de la distribución del poder heredada dentro de la corporación militar.

Por su parte, los jefes militares argentinos reaccionaron redoblando su vigilancia sobre las actividades del gobierno. Vocero de sus inquietudes fue el ex presidente general Aramburu, quien, al tiempo que reiteraba el respaldo al orden constitucional, reclamó a Frondizi la destitución de su eminencia gris, Rogelio Frigerio. En su cargo de Secretario de Relaciones Socioeconómicas, Frigerio despertaba una profunda desconfianza en los círculos militares debido a sus orígenes izquierdistas, a su ascenso político al margen de las estructuras partidarias y el papel que desempeñaba en las negociaciones con los peronistas. Inicialmente el presidente pareció acceder a esa demanda y el 10 de noviembre relevó a Frigerio de sus funciones oficiales; sin embargo, exhibiendo esa duplicidad que tanto enfurecía a sus enemigos, poco más tarde lo reincorporó por la puerta de atrás como miembro de su círculo íntimo.

En estas circunstancias, comenzaron a circular rumores insistentes de golpe de estado. La presunta existencia de un pacto secreto entre Frondizi y Perón en 1958, denunciada por los partidos opositores y negada con escaso éxito por el gobierno, agregó una nueva y más profunda duda sobre la estabilidad del gobierno. La incertidumbre reinante acerca de las verdaderas intenciones de Frondizi convirtió la hipótesis de un levantamiento armado en una alternativa plausible. El clima de conspiración que conociera el país en vísperas de la caída de Perón volvió a apoderarse de la vida política. Y, como entonces pudo escucharse, ahora a través de la palabra de Balbín, la encendida defensa de la revolución como un derecho natural de toda sociedad ante el peligro de una amenaza totalitaria. La campaña de la oposición civil contra Frondizi tropezó, sin embargo, con los escrúpulos de los militares, todavía indecisos acerca de si debían o no clausurar el incipiente experimento constitucional. A la vista de este estado de cosas, los líderes de las 62 Organizaciones decidieron suspender la huelga general de noviembre. Aunque de Frondizi sólo habían recibido promesas, optaron por frenar la movilización de los trabajadores a fin de no dar a los militares nuevas excusas para tomar el poder. La continuidad de la tregua entre el gobierno y los sindicatos requería, empero, que ambos pudiesen controlar sus propias decisiones. Pronto resultó evidente que ni uno ni otros estaban en condiciones de hacerlo.

El 29 de diciembre fue anunciado el plan de estabilización acordado con el FMI con el propósito de obtener la asistencia finanaciera necesaria para aliviar la crisis de la balanza de pagos heredada y agudizada aún más por la propia gestión de Frondizi. Sus medidas principales incluyeron una más rígida política monetaria, estímulos a las exportaciones y a las nuevas inversiones y la abolición de los sistemas de controles y subvenciones oficiales. Sus consecuencias inmediatas fueron previsibles. Los salarios cayeron un 25 por 100 y el PBI descendió en un 6,4 por 100. Después de la unificación de los tipos de cambio hubo una devaluación del 50 por 100, lo que provocó un incremento de precios de tales proporciones que hacia finales de 1959 la tasa de inflación duplicaba la del año anterior. En términos reales la devaluación terminó siendo del 17 por 100 y contribuyó a transformar el déficit comercial de 1958 en un modesto superávit en 1959.

Las negociaciones con los sindicatos no tenían cabida en la nueva política económica. Pero el enfrentamiento ocurrió mucho antes de que sus efectos se hicieran sentir plenamente. El incidente que lo precipitó fue la decisión de Frondizi de utilizar la fuerza para desalojar a los obreros del frigorífico Lisandro de la Torre, que habían ocupado las instalaciones en protesta contra su próxima privatización. Al ordenar la intervención del ejército Frondizi clausuró su política de acercamiento con el sindicalismo y contrajo una deuda con los militares. De allí en más se ocupó de satisfacer las exigencias de los altos mandos. En los meses siguientes fue revisada la política laboral, el ministro de Trabajo (ex líder obrero y colaborador de Frigerio) dimitió, se suspendieron las elecciones sindicales previstas y varios sindicatos importantes de los que poco antes se habían hecho cargo líderes peronistas volvieron a ser intervenidos.

El nuevo rumbo político no se limitó a la política laboral. Adicionalmente, Frondizi hizo otros gestos para aplacar a los militares: en abril prohibió las actividades del Partido Comunista, expulsó a varios diplomáticos soviéticos y despidió del gobierno a estrechos colaboradores de Frigerio, quien otra vez presentó la renuncia. Estos gestos no bastaron para ponerlo a salvo de una nueva crisis política cuando Perón, en junio de 1959, y confirmando las sospechas de muchos, distribuyó a la prensa en Santo Domingo, adonde estaba radicado, copias de su pacto con Frondizi en vísperas de las elecciones de 1958. Disgustado con su antiguo aliado, Perón ofrecía así un nuevo pretexto a los sectores antiperonistas y antifrondizistas para poner en cuestión la lealtad de los militares a las autoridades constitucionales. Las desmentidas de Frondizi no convencieron a nadie. En el cuarto aniversario del levantamiento antiperonista del 16 de junio de 1955, un grupo de militares retirados se trasladó en avión a Córdoba para ponerse al frente de una rebelión de las tropas locales. La intentona golpista no tuvo repercusión alguna. A pesar de su postura crítica hacia las actitudes y la política de Frondizi, el alto mando militar prefería aún evitar el recurso a medidas extremas.

El desenlace de la crisis de junio de 1959 fue otro e inesperado viraje de Frondizi. Con el fin de mejorar su deteriorada imagen en los círculos de poder, promovió una vasta reorganización del gabinete. El 24 de junio ofreció a Álvaro Alsogaray, un crítico persistente de su gobierno, las carteras de Economía y Trabajo. Ferviente defensor de la empresa privada y la economía de mercado, Alsogaray parecía un candidato imposible para Frondizi, que con esta decisión dio otra prueba más de la falta de escrúpulos políticos que alarmaba a sus partidarios y sorprendía a sus enemigos. Ciertamente, las credenciales de Alsogaray eran las más apropiadas para llevar tranquilidad a la jerarquía militar y poner en práctica el plan de austeridad acordado con el FMI.

Bajo las directivas de este plan, 1959 fue un año de fuerte recesión económica. Argentina nunca había experimentado una tentativa de tal envergadura por llevar a la práctica las recetas monetaristas. A la drástica disminución de la liquidez general de la economía se sumó el incremento rápido del costo de vida provocado por la eliminación de los controles de precios. Los sindicatos no demoraron su respuesta y lanzaron una ola de movilizaciones en gran escala. La ofensiva sindical se estrelló sin embargo contra la sólida defensa que secundó la política económica de Frondizi. El mundo de los grandes negocios y el estamento militar silenciaron sus reservas ante un gobierno de origen tan espurio y a la hora de la confrontación le dieron todo su apoyo. La mayoría de las huelgas fue derrotada, un gran número de militantes sindicales preso, y los principales gremios intervenidos.

Los salarios experimentaron una caída del 30 por 100 —que tardarían diez años en recuperar— devolviendo a las empresas los incentivos postergados durante la década de distribucionismo peronista. El colapso de las huelgas de 1959 y 1960 cerró el ciclo de movilizaciones obreras iniciado en 1956. Los días-hombre perdidos a causa de las huelgas fueron más de 10 millones en 1959, casi 1,5 millones en 1960 y sólo 268.000 en 1961. Bajo los efectos de la represión y la penuria económica comenzó un proceso de desmovilización y desmoralización de los militantes obreros que habían sido el núcleo del renacimiento del sindicalismo peronista.

La sujeción de su política económica al monetarismo ortodoxo recomendado por Alsogaray no libró al presidente de nuevas presiones militares. Desde mediados de 1959 hasta marzo de 1962 Frondizi debió gobernar bajo la atenta supervisión de los altos mandos, que actuaron convencidos de que bastaba con presionar al presidente para extraer de él las políticas que consideraban adecuadas: no era necesario ni deseable apartarle del poder. La figura más sobresaliente en el ejercicio de esta omnipresente tutela fue el general C. Toranzo Montero, designado comandante en jefe del ejército después de la crisis de junio de 1959. En sus nuevas funciones Toranzo Montero incorporó al alto mando hombres de su confianza que, como él, temían por la suerte de los ideales de la Revolución Libertadora. Con esta preocupación no tardó en quedar enfrentado con el secretario de Guerra de Frondizi, quien, a su turno, le ordenó abandonar su puesto. Por toda respuesta, Toranzo Montero se declaró en rebeldía. Durante los días 3 y 4 de septiembre el país se mantuvo en vilo, esperando la batalla entre los tanques desplegados por ambos bandos por todo el centro de Buenos Aires. El choque fue evitado al acceder Frondizi a las exigencias del general rebelde y sacrificar a su secretario de Guerra. Con gran consternación del partido gobernante, a partir de aquel momento Frondizi tuvo que convivir con un caudillo militar cuya autoridad provenía precisamente de su exitoso desafío a los poderes del presidente.

Las preocupaciones del ejército liderado por Toranzo Montero reflejaban fielmente el nuevo clima político creado por la influencia de la revolución cubana. En un principio la prensa antiperonista interpretó el triunfo de Fidel Castro en 1959 como otra manifestación de la cruzada democrática que había derrocado a Perón. Luego, tras la rápida radicalización del régimen de La Habana y el deterioro de sus relaciones con Estados Unidos, esa actitud positiva dejó paso a una alarma creciente frente al flamante modelo de revolución latinoamericana. Debido a su reciente estadía en Washington como delegado argentino ante la Junta de Defensa Interamericana, Toranzo Moreno se encontraba en una ventajosa posición para encarnar las inquietudes de los círculos militares del continente. En sintonía con ellas encaró una reorganización del ejército con vistas a su participación en una futura guerra antirrevolucionaria.

En marzo de 1960 Frondizi capituló ante las demandas de los militares y puso en marcha el Plan Conintes, que asignaba el control de la lucha antiterrorista a las fuerzas armadas, subordinaba las policías provinciales al control de aquéllas y autorizaba el juzgamiento de civiles por los tribunales militares. La intrusión del poder militar en áreas reservadas a la jurisdicción civil fue el origen de previsibles conflictos. Así, el comandante militar de la región de Córdoba acusó al gobernador local de complicidad con el terrorismo y exigió su destitución. Frondizi cedió una vez más y obligó a sus seguidores en el Congreso a decretar la intervención de la provincia de Córdoba.

Esta y otras manifestaciones de la progresiva capitulación del gobierno frente a las presiones militares indujeron a Toranzo Montero a dar un paso más y desafiar de manera abierta la autoridad de Frondizi. En octubre de 1960 el alto mando del ejército dio a conocer un memorándum donde acusaba a las autoridades de tolerar la presencia comunista en las instituciones culturales y educacionales, de manipular el resentimiento de las masas peronistas contra las fuerzas armadas y de administrar las empresas estatales de manera corrupta e ineficiente. Como era de esperar, esta sucesión de planteos militares hizo cundir un generalizado temor por el precario equilibrio sobre el que descansaba el gobierno. Fue entonces cuando Frondizi buscó y encontró formas de explotar astutamente ese sentimiento colectivo para reforzar su permanencia en el poder. Con ese objetivo procuró persuadir a la opinión pública de que la alternativa a su gobierno era el inevitable deslizamiento del país hacia la guerra civil. A fin de volver creíbles sus advertencias, comenzó por levantar las restricciones que pesaban sobre los sindicatos, inició negociaciones para la normalización de la CGT y permitió una mayor libertad a las actividades del movimiento peronista. Frondizi esperaba que la amenaza en ciernes generada por esas medidas volcara en su beneficio a los sectores antiperonistas y restituyera así a su autoridad la popularidad necesaria para resistir la presión de sus enemigos civiles y militares.

A principios de 1961 el presidente maniobró con éxito en la búsqueda de mayor autonomía cuando consiguió librarse de Toranzo Montero. Después de tres años difíciles en el poder, Frondizi dispuso ahora de un poco más de libertad para escoger los rumbos de su gobierno. Sin dar explicación alguna, destituyó a Alsogaray, quien no obstante haber mostrado un inesperado pragmatismo nunca había sido bien acogido en el gabinete de Frondizi. La decisión constituyó antes que nada una manifestación de autoridad porque el reemplazante de Alsogaray, otra figura del mundo financiero local, se abstuvo de hacer grandes cambios en la política económica y mantuvo los acuerdos con el FMI. Al cabo de la aguda depresión de 1959, la tasa de crecimiento de la economía alcanzó un 7 por 100 en 1960 y 1961, motorizada por el flujo de inversiones. Debido a la contención de los salarios y la austera política fiscal, el consumo se mantuvo estable, pero esto fue holgadamente compensado por la movilización de capitales alentada por el nuevo ciclo de sustitución de importaciones. Gracias al incremento de las inversiones en los mercados de automóviles, tractores, productos químicos pesados, acero y petróleo, todos sectores muy protegidos, la expansión de la demanda global hizo posible la reducción de la capacidad ociosa generada por la recesión de 1959.

El éxito del programa de reactivación no fue independiente del respaldo de las finanzas internacionales. El financiamiento del *boom* inversionista provino del ahorro externo, ya fuera por medio de empréstitos a corto o largo plazo, o de la inversión directa. El recurso al endeudamiento externo permitió superar las restricciones a la capacidad de importar derivadas del pobre desempeño de las exportaciones. El flujo de fondos externos facilitó asimismo el otorgamiento de créditos al sector privado sin comprometer los objetivos de la política monetaria acordada con el FMI.

Inicialmente, la recuperación económica vino acompañada de una pronunciada reducción de la inflación. Al momento de la designación de Alsogaray los precios aumentaban a razón de un 127 por 100 anual; en abril de 1961, al dejar Alsogaray su cargo, habían descendido hasta quedar en 9,5 por 100. Su sucesor aseguró la continuidad de la política económica en curso. No pudo impedir, sin embargo, que los precios subieran en un 21 por 100 en enero de 1962, cuando, en vísperas de las elecciones, Frondizi decidió flexibilizar el programa de austeridad. Las fluctuaciones experimentadas tanto en el terreno económico como en la vida política tenían por telón de fondo un contexto nacional .altamente sensible debido a la mayor gravitación de los capitales extranjeros. El mantenimiento de la confianza de los inversores extranjeros requería de un clima de tranquilidad política que Frondizi no estaba en condiciones de garantizar en forma duradera.

La política exterior fue el segundo frente donde el líder de la UCRI trató de sacar partido de su mayor libertad de acción, adoptando una línea independiente en el tratamiento de la cuestión cubana. En agosto de 1960, en un encuentro de ministros de Relaciones Exteriores latinoamericanos celebrado en Costa Rica, Frondizi definió su postura ante las nuevas circunstancias creadas por la revolución cubana. En aquella ocasión dio expresas instrucciones a la delegación argentina para que, al tiempo que condenaba la amenaza comunista, llamase la atención de los Estados Unidos sobre el estado de subdesarrollo de América Latina. En su visión de los problemas de la región, la pobreza y la subversión iban de la mano, y, por lo tanto, la lucha contra el comunismo debía ser indisociable de la lucha contra el subdesarrollo, como, por otra parte, John F. Kennedy lo había destacado al lanzar la Alianza para el Progreso. Frondizi utilizó este argumento para solicitar ayuda económica de Estados Unidos y justificar una cierta independencia relativa en el conflicto entre Washington y Fidel Castro. En marzo de 1961 Argentina ofreció sus buenos oficios para facilitar un entendimiento, pero su intervención fue rechazada, mereciendo además la severa condena de los sectores antifrondizistas. Un mes más tarde, Frondizi dio nuevos pretextos a sus críticos al firmar un tratado de amistad con Brasil. La postura francamente neutralista de Jânio Quadros, el presidente brasileño, frente a la rivalidad que oponía a norteamericanos y soviéticos y sus simpatías por Cuba sacudieron la relativa calma que reinaba en los cuarteles militares. En estos ambientes la única actitud admisible era la oposición abierta y firme a Fidel Castro, por lo que cada gesto oficial de la ambigüedad a ese respecto era recibido con alarma e indignación. Así, después de que Frondizi celebrara una entrevista secreta con Ernesto «Che» Guevara en la residencia presidencial a mediados de agosto, en un nuevo intento de mediación entre Cuba y Estados Unidos, se vio obligado a destituir a su ministro de Relaciones Exteriores y a firmar una declaración conjunta con las fuerzas armadas ratificando la condena del experimento comunista en Cuba.

El segundo y último capítulo del enfrentamiento de los militares y el gobierno a propósito de la cuestión cubana tuvo lugar en la conferencia de la Organización de Estados Americanos (OEA) en enero de 1962. Patrocinado por Estados Unidos este encuentro se proponía aplicar sanciones contra Cuba y expulsarla del sistema interamericano. Con el mismo propósito y en los días previos a la conferencia, se reunió en Washington la Junta de Defensa Interamericana y en ella el delegado militar argentino votó a favor del rompimiento de las relaciones con el gobierno de Fidel Castro. Sin embargo, en la conferencia de la OEA, celebrada en Punta del Este, el ministro de Relaciones Exteriores de Argentina, junto con los de Brasil, México, Chile, Bolivia y Ecuador, decidió abstenerse en lugar de aprobar la moción que, con el voto de catorce países, ordenó la expulsión de Cuba de la organización regional. La negativa a secundar a Estados Unidos fue recibida con el rechazo unánime de los militares. Los jefes de las tres armas exigieron al presidente que rompiera de inmediato las relaciones con Cuba y terminara con las ambigüedades de su política exterior. Durante varios días Frondizi y el alto mando deliberaron día y noche mientras crecía el malestar en las guarniciones. Finalmente, agotados sus argumentos, el presidente tuvo que ceder y firmar un decreto que ordenaba el fin de las relaciones con La Habana.

El desenlace de la crisis cubana fue el prólogo de otra y más definitiva crisis. En marzo de 1962 debían celebrarse elecciones en las que estaba en juego el control de la Cámara de Diputados y de varios gobiernos de provincia. En ellas Frondizi esperaba obtener una victoria suficientemente clara para poder quitarse de encima la tutela de los militares. Con ese objetivo tomó la decisión más audaz de sus cuatro años de gobierno: autorizó la participación de los peronistas en los comicios, bajo la fachada de agrupaciones partidarias afines. Los riesgos de esta atrevida maniobra eran evidentes. En las elecciones legislativas de 1960 los peronistas, que estaban proscriptos, habían emitido 2.176.864 votos en blanco (24,6 por 100), seguidos por la UCRP con 2.109.948 (23,8 por 100). Entre tanto, el partido oficial, la UCRI, quedó en tercer lugar con 1.813.455 votos (20,5 por 100). Para cambiar este panorama en su beneficio, Frondizi debía ser capaz de superar el voto de la UCRP y convertirse en la verdadera alternativa al temido retorno del peronismo. Sacando partido de la comprensible ansiedad que despertaba la propaganda peronista, Frondizi buscó transformar las elecciones en un plebiscito sobre quién emergería como garante de la paz y el progreso. Una serie de elecciones provinciales en diciembre de 1961 parecieron dar credibilidad a sus expectativas. En ellas el partido oficial recuperó el terreno perdido en 1960 y creció a expensas de la UCRP, mientras que los peronistas, forzados a batirse fuera de sus principales bastiones urbanos, no parecían ser una fuerza electoralmente temible. El 18 de marzo, sin embargo, la victoria que retrospectivamente hubiera justificado tantas humillaciones terminó en una derrota.

Al cabo de siete años de proscripción política, el peronismo retornó como principal fuerza electoral, con el 32 por 100 de los sufragios. Los votos recibidos por las diversas agrupaciones bajo las que participaron los peronistas —toda vez que el Partido Justicialista continuó en la ilegalidad— totalizaron 2.530.238; la UCRI obtuvo 2.422.516 votos, y la UCRP, 1.802.483. De las catorce elecciones provinciales, nueve fueron ganadas por los peronistas, incluso el distrito electoral más importante, la provincia de Buenos Aires, donde el dirigente sindical Andrés Framini resultó electo gobernador.

La reacción de los altos mandos militares no se hizo esperar y el 19 de marzo forzaron al presidente a anular por decreto las elecciones en los distritos donde habían triunfado los peronistas. Éste no iba a ser el único precio a pagar por su fallida apuesta electoral. Con independencia de sus motivaciones, al rechazar los resultados de las elecciones Frondizi había violado en los hechos el juramento constitucional de respetar la ley; sus enemigos civiles y militares no necesitaron más razones para provocar su derrocamiento. Comenzó así una vigilia de diez días durante los cuales la opinión pública estuvo pendiente de las negociaciones secretas entabladas entre los militares y los políticos en la busca de una fórmula para resolver la crisis. El tiempo invertido en este esfuerzo puso claramente de manifiesto la reluctancia de sectores importantes de las fuerzas armadas a dar por terminada la experiencia democrática iniciada en 1958. Finalmente, el 29 de marzo se arribó a una decisión y Frondizi fue depuesto de la presidencia.

En medio de la indiferencia general, llegó así a su fin el intento más audaz e innovador para hacer frente a los problemas de la Argentina post-Perón. Durante cuatro turbulentos años, Frondizi procuró reincorporar a las masas peronistas a la vida política y poner en marcha una nueva fase de sustitución de las importaciones. Sus propuestas no consiguieron suscitar el suficiente consenso como para asegurar al mismo tiempo la consolidación de la democracia.

El programa económico no fue bien recibido, ni siquiera en los medios empresariales. Si bien prometió a la burguesía argentina mucho más de lo que se le había ofrecido en el pasado inmediato, era un experimento demasiado ambiguo para confiar en él. Fueron muy pocos los políticos de derecha que supieron reconocer el proyecto de desarrollo capitalista que estaba encerrado en la retórica de Frondizi. El país nunca estuvo más cerca de crear un partido conservador moderno, pero perdió esa oportunidad. Ciertamente los caminos tortuosos que escogió Frondizi para formular su proyecto tampoco contribuyeron a facilitarlo. De todos modos, las iniciativas promovidas desde la presidencia dieron lugar a un proceso de grandes cambios modernizadores de la economía y de la sociedad.

En paralelo al aprovechamiento de las inversiones extranjeras, el gobierno tuvo que generar ahorros adicionales para poder financiar la construcción de infraestructura y los subsidios industriales. La alternativa a la que apelara Perón —extraer ahorros del sector agrícola— ya no era para entonces viable. Por el contrario, este sector debió ser fortalecido por medio de una política de precios altos. En estas condiciones, el gobierno recurrió a la reducción de los salarios para apuntalar el esfuerzo industrializador. Este recurso fue eficaz en dos sentidos: en el sector público, la disminución de los gastos en salarios dejó el espacio para incrementos de las inversiones; en el sector privado, permitió una expansión de los beneficios. El proyecto de Frondizi descansaba en la creencia de que mayores beneficios, mayores inversiones y un crecimiento más rápido de la productividad permitirían más adelante recuperar los niveles salariales. En términos macroeconómicos el objetivo era trasladar recursos del consumo a la inversión; congruentemente, la proporción de las inversiones en el PBI creció del 17,5 al 21,7 en 1961.

Las inversiones extranjeras tendieron a concentrarse en nuevas áreaass donde tenían garantizada una protección especial, y sólo muy parcialmente promovieron la modernización de los sectores preexistentes. De este modo, se fue creando una economía industrial dualista en la cual un sector moderno intensivo en capital, con una fuerte presencia de compañías extranjeras, tecnologías avanzadas y salarios altos, comenzó a coexistir con un sector más tradicional, financiado de forma predominante con capitales nacionales, que operaba con equipos obsoletos, era más intensivo en mano de obra y pagaba salarios más bajos.

Vista en perspectiva, la gestión de Frondizi se tradujo efectivamente en estímulos a la expansión de las manufacturas y al desarrollo del mercado interno. Fue, con todo, una paradoja que el proyecto de sustitución de importaciones, concebido durante la segunda guerra mundial como expresión de un sentimiento nacionalista, terminara incrementando la influencia del capital extranjero en la economía. Por lo demás, la ampliación de la estructura productiva de la industria se llevó a cabo en forma desequilibrada. Limitada al mercado interno, no permitió a las empresas sacar partido de las economías de escala, como hubiera sido el caso si se hubiese dado una mayor prioridad en la agenda del gobierno al crecimiento de las exportaciones industriales. La nueva estructura continuó dependiendo de los recursos aportados por las exportaciones del agro para financiar la compra de sus bienes intermedios y equipos de capital: precisamente la dependencia tradicional que la estrategia de Frondizi se había propuesto eliminar.

La presidencia de José María Guido, 1961-1963

Los militares que derrocaron a Frondizi se encontraron pronto frente al desafío de cómo llenar el poder vacante. La alternativa de una dictadura militar era una solución favorecida sólo por algunos sectores. Tampoco el contexto internacional era propicio a los experimentos autoritarios, como había demostrado la fallida intervención del embajador del presidente Kennedy a favor de Frondizi. Finalmente se resolvió el dilema nombrando presidente del país al presidente del Senado, el doctor José María Guido, de acuerdo con las previsiones de ley en los casos de acefalía en el cargo de jefe del estado.

Una vez resuelta esta cuestión institucional, el nuevo ministro del Interior, Rodolfo Martínez, figura clave de la facción militar opuesta a una solución dictatorial, comenzó a desplegar el nuevo plan político. En líneas generales, el plan de Martínez retomaba la política de Frondizi consistente en reintegrar muy gradualmente a los peronistas a la vida política. Para llevar a cabo este plan era preciso antes que la facción legalista de las fuerzas armadas se impusiera no sólo en el seno del ejército sino también dentro de la marina y de la fuerza aérea. Tal fue el origen de la primera de una serie de crisis militares que pautaron la administración de Guido. A un mes del derrocamiento de Frondizi, la poderosa base militar de Campo de Mayo se declaró en contra del plan de Martínez.

La marina también ejerció su influencia en defensa de los ideales de 1955. En estas circunstancias, el ministro del Interior dimitió y Guido se vio obligado a firmar decretos que anulaban todas las elecciones celebradas en marzo, disolvían el Congreso y extendían el control federal también sobre las provincias donde los peronistas no habían ganado en las elecciones. Así, se abandonó la búsqueda de una solución política que hubiera incluido a las masas peronistas, aunque fuese en una posición subordinada.

El manejo de la economía no planteó disidencias dentro de la nueva administración. Guido se hizo cargo de la economía en un clima de extrema incertidumbre. En los meses que precedieron a las elecciones de marzo, las señales de crisis en el programa económico de Frondizi habían provocado una fuga de capitales. Los puntos débiles de la recuperación de 1960-1961 fueron haciéndose evidentes a medida que los incrementos de la actividad económica y las inversiones públicas y privadas provocaron un déficit comercial a finales de 1961. El aumento de las importaciones estimulado por el gran salto adelante en la industrialización no alcanzó a ser compensado por el magro volumen de exportaciones agrícolas. Adicionalmente, el país tuvo que hacer frente a la cuantiosa deuda externa de largo y corto plazo contraída en los años previos para financiar las nuevas inversiones. El deterioro de las reservas de divisas extranjeras, agravado por maniobras especulativas, complicó todavía más las finanzas públicas. Cuando el gobierno se vio obligado a recurrir a créditos del Banco Central para financiar sus gastos corrientes, superando los límites acordados con el FMI, la institución financiera internacional declaró que Argentina había violado sus compromisos.

Para hacer frente al nada glorioso final de la aventura desarrollista, el presidente Guido nombró ministro de Economía a Federico Pinedo. Al cabo de veintidós años, este padre fundador del conservadurismo liberal tomó las riendas de la economía una vez más, como elocuente recordatorio de la permanencia de aquella Argentina tradicional contra la que Frondizi había lanzado su programa de modernización. Pinedo duró sólo unas cuantas semanas en el cargo, pero fueron suficientes para que hiciese el trabajo para el cual le habían llamado: devaluó el peso de 80 a 120 por dólar. Su reemplazante fue A. Alsogaray, que retornó para administrar un nuevo acuerdo con el FMI, con metas fiscales y monetarias sumamente restrictivas. Su objetivo manifiesto fue equilibrar el presupuesto y purgar la economía del «exceso de la demanda» incurrido durante los últimos años del mandato de Frondizi.

La severa restricción monetaria provocó un marcado descenso del nivel de actividad. El PBI cayó en un 4 por 100 entre 1962 y 1963 a la vez que se multiplicaban los cierres de empresas y crecía el desempleo. La crisis de liquidez hizo que todos los pagos —tanto en el sector privado como en el público— comenzaran a ser postergados y que los cheques de las empresas y los bonos emitidos por el gobierno circularan como substitutos del papel moneda. Durante este período la economía operó bajo las condiciones de mercado libre más amplias conocidas desde 1930. Sin embargo, la terapia de choque, a pesar de la fuerte recesión, no impidió que la inflación se acelerara hasta que alcanzó una tasa anual de entre el 20 y el 30 por 100. La nota positiva en este sombrío panorama fue la excelente cosecha de 1962, que permitió mejorar la balanza comercial y reponer las reservas de divisas extranjeras. La economía continuó, no obstante, gobernada por la incertidumbre que creaban las abiertas disidencias de los jefes militares sobre el futuro político del país.

El desenlace del conflicto de abril de 1962 no había terminado por zanjar la lucha por el poder dentro de la corporación militar. En agosto, los partidarios de la solución dictatorial hicieron otro intento, bajo el liderazgo del general Federico Toranzo Montero, hermano del más intransigente censor del ex presidente Frondizi. El objeto del levantamiento era la dimisión del secretario de la Guerra con la excusa de que se había infringido el reglamento interno de ascensos del ejército. Con la dimisión del secretario comenzó la búsqueda de un substituto en un contexto que reveló claramente el estado de anarquía existente en las fuerzas armadas. Así se puso en marcha un verdadero proceso electoral, que el país pudo seguir en la prensa y en el cual los generales se comportaban como grandes electores. Cuando se contaron los votos y se evaluó la potencia de fuego que había detrás de cada sufragio, las elecciones favorecieron a la facción legalista del ejército. El presidente Guido nombró secretario de la Guerra a uno de los miembros de dicha facción, pero los oficiales que habían sido derrotados hicieron caso omiso de su autoridad. Estos hombres, que estaban decididos a no retroceder y seguían bajo el liderazgo de Toranzo Montero, propusieron su propio candidato y desplegaron sus tropas en posición de combate en el centro de Buenos Aires. La facción legalista también pasó a la acción y una vez más el país se encontró al borde del enfrentamiento armado. Los recursos militares de los legalistas eran superiores a los que tenían los seguidores de Toranzo Montero, pero el presidente intervino para evitar un conflicto abierto. Al igual que en abril, los sectores más decididamente antiperonistas obtuvieron una victoria política a pesar del relativo equilibrio entre los dos bandos.

Al verse privada de su victoria militar, la facción legalista reaccionó con rapidez: sus portavoces exigieron la vuelta de la constitución, el repudio a toda dictadura y el llamado a elecciones a plazo fijo. En estas circunstancias, de nuevo estalló el conflicto. La guarnición de Campo de Mayo se puso al frente de la rebelión bajo el mando del general Juan Carlos Onganía y montó un operativo dirigido a la oposición pública que fue decisivo para el desenlace: a través de dos emisoras de radio y en un esfuerzo por imponer la imagen de un ejército democrático justificó su actitud afirmando: «Estamos dispuestos a luchar por el derecho del pueblo a votar».

Esta vez, las facciones militares en pugna entraron en combate. Los legalistas adoptaron el nombre de «los azules», mientras que sus adversarios eran conocidos por el de «los colorados». En la emergencia, los «colorados» se mantuvieron siempre a la defensiva y no representaron ningún desafío real para los «azules». Éstos no sólo tenían mayor potencia de fuego sino que, además, contaban con el apoyo de la fuerza aérea, que amenazó con bombardear las concentraciones de tropas «coloradas», minando su voluntad de combate. La marina, aunque simpatizaba con los «colorados», se mantuvo al margen de la lucha. El 23 de septiembre de 1962 las tropas del general Onganía obtuvieron la rendición de sus adversarios y procedieron a imponerles la paz del vencedor. Las principales jerarquías del ejército quedaron en sus manos y llevaron a cabo una verdadera purga que puso fin a la carrera de 140 oficiales de alta graduación.

La victoria de la facción «azul» del ejército llevó nuevamente al doctor Martínez al frente del Ministerio del Interior, desde donde reanudó la búsqueda de una fórmula política que permitiera a las fuerzas armadas volver a los cuarteles. La decisión original de facilitar la incorporación de las masas peronistas en la vida institucional se mantuvo, y lo mismo se hizo con la negativa a permitir que líderes peronistas llegaran a ocupar posiciones de poder. Para resolver el dilema implícito en este doble objetivo se propuso alentar la formación de un amplio frente político al que las masas peronistas aportarían su caudal electoral pero cuya conducción permanecería en manos de otras fuerzas. Esta repetición de la experiencia de 1958 pareció encontrar en Perón una respuesta favorable: frente a la alternativa de una dictadura militar, el peronismo se avenía a aceptar un retorno lento y gradual al sistema institucional mientras daba su apoyo a la fórmula política patrocinada por el sector dominante de las fuerzas armadas. El líder exiliado aceptó esta solución de compromiso y confió al político moderado doctor Raúl Matera la conducción local de su movimiento a la vez que destituía a Andrés Framini, el líder sindical que, después de su fallido intento de convertirse en gobernador de Buenos Aires en 1962, venía adoptando posturas cada vez más intransigentes, acercándose más a las fuerzas de la izquierda.

Bajo estos auspicios, el ministro del Interior comenzó a reunir las piezas dispersas del complejo rompecabezas político. Varios partidos pequeños entraron en la pugna por la codiciada candidatura presidencial del futuro frente electoral. Pero Perón y Frondizi no renunciaron a sus esfuerzos por controlar el resultado político, y maniobrando entre bastidores se ocuparon de frustrar las aspiraciones de los que pretendían convertirse en los salvadores y herederos de las fuerzas proscritas. Por su parte, el ministro del Interior reconoció oficialmente a un partido neoperonista, la Unión Popular, que se ofreció a encauzar los votos de los seguidores de Perón.

Esta jugada audaz del ministro del Interior provocó, previsiblemente, inquietud y malestar en el bando antiperonista, que trató de presionar al presidente Guido para que revocase la decisión. Para desarmar esas prevenciones, los inspiradores del frente político anunciaron públicamente su condena del régimen depuesto en 1955. De manera simultánea, prepararon otra iniciativa igualmente atrevida que, al final, sería la ruina de sus planes. En marzo de 1963 el doctor Miguel Ángel Zavala Ortiz, líder fervientemente antiperonista de la UCRP, denunció con indignación un ofrecimiento del ministro del Interior para que ocupase el segundo lugar en una candidatura presidencial que encabezaría el general Onganía y tendría el respaldo de todos los partidos. La denuncia y el clamor que se levantó dentro del bando antiperonista obligaron a Martínez a dimitir. Presionado por sus camaradas, entre los que había numerosos partidarios del general Aramburu, Onganía debió desmentir que fuese candidato para la alianza propuesta.

Las divisiones internas en los altos mandos del ejército alentaron una nueva rebelión militar, esta vez centrada en la marina, que tuvo lugar el 2 de abril y se organizó contra la política electoral del gobierno. Luego de varios días de lucha sangrienta, los «azules» del ejército, con el auxilio de la fuerza aérea, lograron la rendición de las fuerzas rebeldes. La derrota de la marina, donde los simpatizantes de los «colorados» estaban en mayoría, inició su ocaso político; pasarían trece años antes de que recuperara su posición dentro de la corporación militar. En la coyuntura y frente al agudo peligro de desintegración institucional, los jefes militares optaron por abandonar sus planes políticos.

El viraje del gobierno sorprendió a Perón, quién, otra vez aliado con Frondizi, parecía dispuesto a acatar las reglas del juego establecidas para las próximas elecciones del 7 de julio. El gobierno se mostró insensible a estas manifestaciones de buena voluntad. Después de un año de marchas y contramarchas, durante el cual había habido cinco ministros del Interior, el nuevo ministro encargado de la conducción política del gobierno puso fin a las ambigüedades. Nombrado en mayo de 1963, el general Osiris Villegas empezó por excluir a la Unión Popular de la competencia electoral por cargos ejecutivos y luego proscribió paulatinamente a todas las agrupaciones sospechosas de representar al peronismo ortodoxo o de estar aliados con él.

El sinnúmero de obstáculos e impedimentos jurídicos que se alzaron sobre el frente peronista intensificó el conflicto en sus filas, ya debilitadas como resultado de las dificultades encontradas para coincidir en un candidato común a la presidencia. Cuando Perón y Frondizi acordaron apoyar a Vicente Solano Lima, un conservador populista, la coalición se rompió. Un sector importante de la UCRI dio su apoyo a la candidatura de Óscar Alende pese a que Frondizi se esforzó por impedirlo. Tampoco Perón pudo impedir que los democratacristianos respaldaran a Raúl Matera, quien fuera su representante en el país, como candidato presidencial. A la confusión provocada por estas discrepancias se agregaron nuevos obstáculos jurídicos; fue entonces cuando Perón y Frondizi pidieron a sus partidarios que votaran en blanco. En este escenario cambiante, quedaban en carrera por la primera magistratura, el doctor Arturo Illía, político provincial poco conocido pero respetado, por la UCRP; Oscar Alende por la facción disidente de la

UCRI; y el general Aramburu, quien fuera jefe de la Revolución Libertadora, respaldado por un nuevo partido político, la Unión del Pueblo Argentino, con la esperanza de atraer el voto antiperonista. Los efectos de la orden de Perón y Frondizi fueron contraproducentes. Sectores importantes del electorado peronista prefirieron no expresar su protesta votando en blanco y en vez de ello decidieron fortificar las alternativas al temido triunfo de Aramburu. Realizado el cómputo electoral, los votos en blanco representaron el 19,2 por 100 del total de votos, lo que significó un retroceso del 24,3 por 100 de los emitidos en 1957, en ocasión de las elecciones para constituyentes. Ambos sectores del radicalismo se beneficiaron del apoyo peronista, pero el vencedor, inesperadamente, fue Illía, con 2.500.000 votos, luego Alende, con 1.500.000, a su vez seguido de cerca por los votos en blanco, que superaron los 1.350.000 votos que obtuvo el general Aramburu.

LA PRESIDENCIA DE ARTURO ILLÍA, 1963-1966

En 1963 Argentina se embarcó en una nueva experiencia constitucional en un clima de relativa tranquilidad política cuyo epítome era la personalidad del presidente electo. Su estilo, parsimonioso y provinciano, parecía apropiado al estado anímico de la sociedad argentina, que, harta de tantos conflictos, lo recibió sin ilusiones, en marcado contraste con el fervor que había acompañado la victoria de Frondizi en 1958. Illía comprendió que la primera tarea del gobierno era ofrecer a los ciudadanos argentinos una política moderada que les permitiese ir resolviendo sus diferencias. Mientras que Frondizi había intentado innovar, Illía optó por la seguridad de lo probado y conocido: el respeto a la ley y elecciones periódicas.

Illía y su partido habían atravesado el paisaje cambiante de la Argentina de posguerra sin experimentar ellos mismos grandes cambios. Quizás el mayor cambio se produjo en su actitud frente al peronismo. Desde 1946, el Partido Radical había encauzado los sentimientos de rechazo que el movimiento acaudillado por Perón había despertado en las clases media y alta. La reacción antiperonista no sólo expresaba la resistencia a la tendencia autoritaria del régimen de Perón, sino también a las transformaciones sociales operadas bajo sus auspicios. El antiperonismo se confundía, así, con un espíritu de restauración social. Sin embargo, las transformaciones que habían tenido lugar en el país eran profundas e irreversibles; Argentina no podía volver sencillamente al pasado. El peronismo había, en efecto, modificado el viejo orden con sus políticas, pero ese orden también había sido corroído por el desarrollo industrial, la modernización de las relaciones laborales y la expansión de la cultura de masas. Que esta nueva realidad estaba destinada a durar fue un descubrimiento que penosamente hicieron quienes alentaban una vuelta hacia atrás. La actitud de Frondizi primero y, más adelante, la de los militares del ejército azul pusieron de manifiesto este forzado reconocimiento del peronismo. El nuevo gobierno Illía, elegido gracias a la proscripción de los peronistas, también prometió que pronto los devolvería a la legalidad.

En donde el Partido Radical se mantuvo fiel a sus tradiciones fue en su concepción de la política económica. Las banderas inscriptas en el programa del partido desde mediados de la década del 1940 —nacionalismo, distribución de la renta, intervencionismo del estado— dictaron algunas de las primeras medidas del gobierno. Durante la campaña electoral, los candidatos del radicalismo habían prometido revisar la política petrolera de Frondizi porque obraba en detrimento de la soberanía del país. Una vez en la presidencia, Illía anuló los contratos firmados por las compañías petroleras internacionales. La medida implicó el pago de importantes indemnizaciones, interrumpió el crecimiento de la industria del petróleo y le ganó al gobierno la temprana antipatía del mundo empresarial y los inversores extranjeros.

La fuerte recesión de 1962-1963 había hecho descender el producto nacional a los niveles más bajos de los últimos diez años. La capacidad instalada de la industria manufacturera —fuertemente acrecida por la oleada previa de inversiones— operaba en alrededor del 50 por 100, al tiempo que el desempleo alcanzaba un 9 por 100 de la población activa en el Gran Buenos Aires y era aún mayor en el interior del país. La administración radical consideró que su primer objetivo era reactivar la producción. La estrategia escogida fue estimular el consumo por medio de políticas expansionistas de carácter monetario, fiscal y salarial. También aquí el contraste con la política de Frondizi fue evidente. En 1963 la economía se encontraba en un punto bajo del ciclo económico, comparable con el de 1959. Mientras que en 1960-1961 fueron las inversiones, financiadas con recursos extranjeros, las que impulsaron la recuperación, en 1964-1965 la expansión se basó, por el contrario, en el estímulo del consumo privado. Bajo el gobierno radical se incrementó el crédito bancario al sector privado, lo cual permitió mejorar la financiación de la venta de bienes de consumo duraderos; el tesoro procedió a disminuir el monto de deudas pendientes con empleados públicos y proveedores del estado y poner al día las transferencias federales a las provincias; también fueron aumentados los salarios y se aprobó una ley que establecía el salario mínimo y móvil.

El PBI creció en un 8 por 100 en 1964 y 1965 —con incrementos anuales en la industria del 15 por 100 y el desempleo se redujo a la mitad—, aunque el crecimiento importante de la economía sólo recuperó los niveles de antes de la recesión. La rápida expansión hizo temer que surgieran problemas en la balanza de pagos no sólo debido a la mayor demanda de importaciones, sino también por la necesidad de hacer frente a las obligaciones de la deuda externa contraída durante los años de Frondizi. A finales de 1963 se calculó que el servicio de la deuda exterior pública y privada insumiría pagos de 1.000 millones de dólares durante 1964 y 1965.

Los temores iniciales sobre la balanza de pagos disminuyeron luego, gracias a los buenos resultados de las exportaciones. Los años de la administración de Illía señalaron un punto de inflexión en el comportamiento del sector exterior. Las exportaciones crecieron del nivel de 1.100 millones de dólares que había prevalecido desde el decenio de 1950 a cerca de 1.600 millones de dólares, el nivel alcanzado casi dieciocho años antes. Contribuyó a esto el continuo ascenso de los precios (y llevó a una mejora del 12 por 100 en el tipo de cambio entre 1963 y 1966), pero, sobre todo, gravitó al incremento del volumen físico de la producción. Después de permanecer estancada de 1953 a 1963, la producción agrícola comenzó a crecer y aumentó en más de un 50 por 100 entre 1963 y 1966. El estrangulamiento tradicional en la economía argentina, el estancamiento de las exportaciones agrícolas, fue, de esta forma, aflojado.

Los primeros logros económicos del gobierno no le valieron mayor consenso por parte de la población. Elegidos por menos de un tercio de los votantes, y carentes de raíces en el movimiento laboral y en las organizaciones empresariales, los radicales necesitaban la colaboración de otras fuerzas para ampliar sus bases de apoyo. Sin embargo, pronto dejaron claro que no tenían ninguna intención de compartir el gobierno. Su rechazo a una estrategia de alianzas fue una preparación deficiente para el momento en que la tregua provisoria que había acompañado su ascenso al poder diera paso a un nivel de conflictos más en consonancia con el pasado reciente del país.

En cuanto a las relaciones de los radicales con los militares, la situación no hubiera podido ser más paradójica. La derrota de la facción militar «colorada», con la cual los radicales estaban asociados, había despejado el camino para las elecciones y posibilitado la inesperada victoria de Illía. El matrimonio de conveniencia forjado entre el nuevo gobierno y los líderes del ejército «azul» estuvo, pues, cargado de tensiones. Los radicales eran demasiado débiles para imponer un retorno de sus propios aliados militares y provocar un cambio en la cadena de mando de las fuerzas armadas. Así pues, tuvieron que resignarse a aceptar el *statu quo*, en el cual la figura del general Onganía, comandante en jefe del ejército, era una pieza clave. Por su parte, los comandantes militares tuvieron que adaptarse a la existencia de un gobierno civil por el que no sentían ninguna simpatía en absoluto. Y vieron la prudente respuesta de Illía a la reaparición de la oposición sindical como prueba clara de la falta de autoridad política.

La oposición sindical a Illía se remontaba al período anterior a su elección para la presidencia. En enero de 1963 los sindicatos consiguieron reorganizar la CGT y aprobaron una campaña cuyo objetivo era forzar la vuelta al orden constitucional por medio de una serie de huelgas. Cuando en el último momento los militares que rodeaban al presidente Guido decidieron vetar la participación de la Unión Popular, la CGT suspendió la movilización prevista e instó a sus afiliados a boicotear las elecciones y condenar por ilegítimos sus resultados. Los gestos positivos del gobierno de Illía en cuestiones económicas y sociales no lo redimieron a ojos de los sindicatos. A pesar de la aprobación de una ley sobre el salario mínimo —en contra de los deseos de las organizaciones empresariales—, la CGT decidió poner en práctica su plan de acción original en mayo de 1964, alegando condiciones de pobreza que estaban lejos de ser reflejadas por la evolución de la economía.

Durante varias semanas el país asistió a una escalada de ocupaciones de fábricas que, por su escrupulosa planificación, parecían operaciones militares. Esta formidable demostración de poder sindical provocó la alarma en los círculos empresariales, pero la naturaleza pacífica de las ocupaciones reveló que su objetivo no era enfrentarse a las empresas, sino más bien debilitar al gobierno. Illía optó por hacer caso omiso del desafío y no ordenó la intervención del ejército. No pudo, empero, evitar que su aislamiento quedara a la vista de todos, mientras crecían las demandas por una política de ley y orden.

La movilización de mediados de 1964 señaló la entrada en el escenario político de un nuevo estilo de acción obrera. Los sindicatos eran simultáneamente agencias para la negociación salarial y empresas que proporcionaban a sus miembros una amplia red de servicios sociales, el resultado había sido la formación de vastos aparatos burocráticos. Al mismo tiempo, los líderes sindicales habían terminado siendo aceptados como elementos de poder en la Argentina posperonista. Entre 1956 y 1959, cuando el sindicalismo era débil y marginal, había lanzado una protesta activa de las masas obreras contra el estado. Ahora, con más intereses creados y una mayor legitimidad política, comenzó a adoptar una estrategia diferente. En vez de estimular la acción de masas, prefería recurrir a las huelgas generales, en las cuales la intervención de las masas estaba descartada de antemano y lo que importaba era la eficacia de la organización. Esta estrategia de golpear y negociar iba acompañada de la búsqueda de aliados entre los descontentos con el gobierno. Quien mejor encarnaba este nuevo estilo era Augusto Vandor, jefe del sindicato de metalúrgicos, frecuente interlocutor de los empresarios, los militares y los políticos, verdadero líder de las 62 Organizaciones.

Una evolución no menos importante se estaba produciendo también en el seno de las fuerzas armadas. Frente a los riesgos de dividir al estamento militar a causa de su involucración en los conflictos políticos, los jefes del ejército azul decidieron inclinarse ante la autoridad constitucional y regresar a los cuarteles. El consecuente repliegue a su función institucional tenía por objeto permitir a las fuerzas armadas restablecer las pautas de autoridad y mejorar la profesionalidad de sus oficiales. En agosto de 1964, en un discurso que pronunció en West Point, el general Onganía dio a conocer un proyecto cuya finalidad era situar a los militares por encima de la política.[6] Dijo que las fuerzas armadas, «el brazo armado de la constitución», no podían substituir a la voluntad popular. Sin embargo, también señaló que sus funciones eran «garantizar la soberanía y la integridad territorial de la nación, preservar la moral y los valores espirituales de la civilización occidental y cristiana, [y] garantizar el orden público y la paz interior». Y añadió que, con el fin de cumplir estas funciones, era necesario reforzar a los militares como corporación, así como el desarrollo económico y social del país.

En esta visión ampliada del papel de las fuerzas armadas, su lealtad a los poderes civiles seguía siendo muy condicional. En el mismo discurso, Onganía recalcó que «la conformidad [militar] se refiere esencialmente a la constitución y sus leyes, nunca a los hombres o los partidos políticos que puedan ejercer temporalmente el poder público». De allí que la obediencia debida podía caducar «si, al amparo de ideologías exóticas, [se] producía un exceso de autoridad» o si el ejercicio de las vastas funciones atribuidas a las fuerzas armadas se veía obstaculizado. En la nueva doctrina, la prevención y la eliminación de la subversión interna ocupaban un lugar central. Al transformar el desarrollo económico y la eficiente gestión gubernamental en condiciones necesarias para la seguridad nacional, Onganía colocaba tales objetivos dentro de la esfera legítima de la jurisdicción militar, desdibujando por completo la línea de demarcación entre lo militar y lo civil. Este esquema destinado a situar a las fuerzas armadas por encima de la política concluía eliminando, en realidad, a la política misma.

La elección de West Point para presentar al general Onganía como el nuevo cruzado de la doctrina de seguridad nacional no fue ninguna coincidencia. Estados Unidos llevaba a cabo en aquel momento una campaña activa con el fin de convertir los ejércitos de América Latina en sus aliados en la lucha contra el enemigo interno: la subversión comunista. La movilización popular y la crisis de autoridad en el gobierno de Goulart llevaron a las fuerzas armadas al poder en Brasil en 1964 en nombre de la seguridad nacional. En Argentina el presidente Illía continuaba administrando una legalidad constitucional que era muy consciente de estar sometida a una estrecha vigilancia militar. A principios de 1965 la intervención militar de Estados Unidos en la República Dominicana puso a prueba la «entente» entre el gobierno radical y las fuerzas armadas. Illía se encontró atrapado entre la presión de la opinión pública, que era hostil a Estados Unidos, y las exigencias de las fuerzas armadas, que estaban a favor de la intervención. Su respuesta fue ambigua: propuso la creación de una fuerza militar interamericana que restableciera el orden en Santo Domingo, pero se negó a permitir que tropas argentinas formaran parte de ella. La negativa del presidente a seguir el consejo de los jefes militares alimentó en ellos un rencor duradero.

Tampoco se ganó Illía la buena voluntad de los militares restableciendo la legalidad del movimiento peronista, que gozó de una libertad de acción desconocida hasta enton-

<hr />

6. *La Nación*, 7 de agosto de 1964; citado en Marcelo Cavarozzi, *Autoritarismo y democracia, 1955-1983*, CEDEAL, Buenos Aires, 1983, p. 100.

ces. Esta mayor tolerancia del presidente radical apuntaba a sacar partido de las contradicciones que Perón estaba creando dentro de su propio movimiento desde su exilio en España. Luego del derrumbe de 1955, dentro del peronismo coexistían fuerzas claramente distintas. En las provincias menos afectadas por la modernización, el peronismo logró conservar su perfil multiclasista bajo líderes procedentes de la tradición conservadora que cultivaban la retórica peronista con el objeto de conservar la clientela política de Perón al tiempo que se sometían prudentemente al orden posperonista. Obligados a actuar en circunstancias nuevas, estos líderes locales optaron por distanciarse de las cambiantes tácticas de Perón a fin de no perder las posiciones que habían reconstruido laboriosamente.

En las zonas más modernas y urbanas del país, el peronismo había perdido sus apoyos fuera de la clase obrera y los sectores populares; aquí el movimiento sindical tenía un peso indiscutible, ya que era la única estructura que había sobrevivido al colapso político de 1955. En una primera etapa, el sindicalismo peronista siguió las instrucciones del líder exiliado con más disciplina que las fuerzas neoperonistas del interior. Con el tiempo, sin embargo, los líderes obreros fueron haciendo suya la lógica conservadora de unas instituciones sindicales que sólo podían prosperar si contaban con la buena voluntad de los centros del poder nacional. Así, cada vez fue más difícil seguir las estrategias de Perón, quien, proscrito de la vida política, tenía por principal objetivo la desestabilización de las fórmulas de gobierno que esforzadamente concebían sus adversarios. Al final, pues, el ex presidente se encontró enfrentado a las aspiraciones más conformistas de los líderes sindicales. Mientras que éstos buscaban un orden político en el que hubiera espacio para ellos y les permitiera consolidarse, Perón libraba desde el exilio una incansable guerra de desgaste.

Al cabo de diez años de existencia precaria en las fronteras de la legalidad, el movimiento peronista empezó a considerar la idea de emanciparse de la tutela política de Perón. Numerosos líderes sindicales concluyeron que la obediencia disciplinada a Perón les impedía la incorporación plena en el sistema de poder prevaleciente. Esta ruptura no estaba exenta de dificultades. La fidelidad de las masas peronistas a su líder ausente era tan vigorosa como siempre; más aún, muchos albergaban la secreta ilusión de un inminente retorno de Perón al país, ilusión que éste alimentaba con repetidos mensajes desde el exilio. El mito del retorno de Perón tornaba precaria la autoridad de los líderes locales y conspiraba contra sus esfuerzos por institucionalizar el movimiento dentro de las reglas de juego existentes. Para eliminar este obstáculo era preciso demostrar que el regreso de Perón era imposible.

A finales de 1964 los sindicatos peronistas liderados por Vandor organizaron la llamada Operación Retorno. Perón salió de Madrid por vía aérea el 2 de diciembre, pero cuando aterrizó en Rio de Janeiro el gobierno brasileño, siguiendo instrucciones de las autoridades argentinas, le obligó a volver a España. Las razones de la participación de Perón en esta aventura, de tan dudoso desenlace, nunca fueron claras. Lo cierto es que su prestigio a ojos de sus leales seguidores no se vio afectado; la responsabilidad del fracaso recayó de lleno en los líderes sindicales y el gobierno radical.

La convocatoria de elecciones legislativas para marzo de 1965 aplazó la resolución de la disputa por el poder entre los peronistas, que decidieron cerrar filas detrás de sus candidatos. Los resultados fueron 3.400.000 votos para los diferentes grupos peronistas y 2.600.000 para el partido del gobierno. Dado que sólo estaba en juego la mitad de los escaños de la Cámara de Diputados, los efectos de la derrota electoral se vieron atenuados; aun así, el gobierno perdió su mayoría absoluta y a partir de aquel momento tuvo que buscar el apoyo de otros partidos menores. Más grave todavía fue el hecho de que los radicales se vieron inapelablemente debilitados ante la opinión de los conservadores y de los militares. Este último fracaso en la tarea de contener la fuerza electoral de los peronistas, más el pobre desempeño del gobierno en otros campos hicieron muy poco por reducir el aislamiento social y político de la presidencia de Illía.

A mediados de 1965, el gobierno se vio obligado a reconocer que la inflación, ya próxima al 30 por 100, era una vez más un problema urgente. Las medidas expansionistas de los primeros días dieron paso ahora a un programa anti-inflacionario que empezó por reducir la ayuda del Banco Central al sistema bancario, en especial los créditos para el sector público. Estos esfuerzos por reducir el déficit fiscal chocaron con dificultades. Los reveses electorales del gobierno hicieron sentir sus efectos cuando el gobierno no consiguió que el Congreso aprobara una serie de leyes impositivas dirigidas a mejorar las finanzas públicas. En la política de ingresos los resultados fueron todavía peores: la presión de los asalariados públicos y privados produjo aumentos superiores a las pautas oficiales. Por último, a finales de 1965 la actividad económica empezó a decaer.

La política económica del gobierno radical se desenvolvió, además, en medio de la hostilidad de los centros del poder económico, especialmente porque dicha política descansaba sobre una serie de controles y formas de intervención estatal que buscaban limitar la especulación y las presiones sectoriales. Las acusaciones de «dirigismo económico», «ineficiencia administrativa» y «demagogia fiscal» unificaron a las principales corporaciones industriales, agrícolas y financieras en su ataque contra el gobierno, ataque que se agudizó aún más a causa del trato preferente que el presidente dispensaba a las pequeñas y medianas empresas.

En noviembre de 1965 un enfrentamiento incidental entre Onganía y el secretario de la Guerra hizo que el primero presentara su dimisión. El gobierno, sin embargo, no estaba en condiciones de alterar el equilibrio de poder militar: el nuevo comandante en jefe, el general Pascual Pistarini, surgió del sector que consideraba a Onganía su líder político natural. Además, la estrella de Onganía empezó a brillar con más fuerza al dejar el ejército, atrayendo las simpatías de la franja cada vez más ancha de los descontentos con el gobierno radical.

No obstante, donde el balance político parecía ser más inestable era en el seno del movimiento peronista. Meses después del fallido retorno de Perón a Argentina, Vandor y sus amigos creyeron que había llegado el momento de poner fin a la obediencia a quien se interponía entre ellos y el orden político en el cual buscaban ser aceptados. Un congreso del partido orquestado por los sindicatos aprobó un plan cuyo objetivo era substituir la voluble voluntad política del líder exiliado por una estructura que representara mejor los intereses de los dirigentes locales. Al ver desafiado su liderazgo, Perón envió a su tercera esposa, María Estela Martínez, a Argentina con la misión de frustrar la rebelión en ciernes. Isabel (tal el apodo por el que se la conocía) comenzó por reunir adhesiones entre los rivales de Vandor. La propia CGT experimentó un conflicto de lealtades y se escindió en dos. Sin embargo, Vandor logró conservar el control del grueso del aparato sindical así como el apoyo de los políticos neoperonistas del interior.

A principios de 1966 debía elegirse un nuevo gobernador de la provincia de Mendoza, lo cual brindó una ocasión para medir fuerzas entre el líder supremo y los caudillos peronistas locales, ya que Perón y sus rivales postularon a distintos candidatos. Al final, una alianza radical-conservadora ganó las elecciones, pero mayor interés revistió el hecho de que el oscuro candidato respaldado por Perón obtuvo más votos que el candidato al que respaldaban Vandor y los otros rebeldes. Este resultado fue un duro golpe para los que, dentro y fuera del peronismo, confiaban en la decadencia política del líder exiliado. La facción disidente comenzó a perder partidarios rápidamente. Todo hacía prever que el peronismo, unido ahora detrás de su líder, iba camino de una victoria segura en los próximos comicios a celebrarse en marzo de 1967. En estas circunstancias, sectores clave de la opinión fueron ganados por la convicción de que el orden político surgido del derrocamiento de Perón sólo podía sobrevivir si eran suprimidas las periódicas consultas electorales. La posibilidad de un golpe de estado comenzó a ser abiertamente debatida por la opinión pública.

Entretanto, la modernización cultural y técnica del país iniciada por Frondizi, en paralelo con los cambios económicos producidos por la inversión de capital extranjero en la industria, había empezado a modificar el panorama social argentino. Un estrato nuevo formado por profesionales, directores de empresas y universitarios fue adquiriendo mayor visibilidad. En este sector incipiente los valores de la democracia liberal que habían galvanizado la resistencia al régimen peronista despertaban poca adhesión. Los mitos movilizadores eran, ahora, la eficiencia y el dinamismo económico. Esta nueva sensibilidad se expresaba por medio de una consigna vaga pero llena de promesas: «el cambio de estructuras». Bajo sus auspicios se crearon institutos que difundían los métodos de las «business schools» norteamericanas entre los cuadros de ejecutivos de empresas; se inició la publicación de semanarios que reproducían el formato de *Time* y *Newsweek,* sostenidos por el generoso apoyo de la publicidad de grandes empresas nacionales y extranjeras; una profusa propaganda entronizó en los hábitos de los argentinos nuevas aspiraciones y pautas de consumo.

No obstante su vaguedad, la consigna del «cambio de estructuras» era clara en un aspecto: el mayor obstáculo a la integración de Argentina en el mundo moderno era el arcaísmo de sus partidos políticos. Los caricaturistas dibujaban a Illía, con su estilo moderado, como una figura inmóvil y tranquila, con una paloma de la paz posada en su cabeza, conviertiéndola en el símbolo de la decadencia. La tarea de descrédito del gobierno fue tan intensa y real que la opinión pública acogió sin sobresaltos los llamados cada vez más explícitos a un golpe de estado. Al tiempo que el gobierno radical era objeto de una crítica mordaz, esta campaña de acción psicológica apuntaba a crear una nueva legitimidad por medio de la exaltación de las fuerzas armadas, en las que se descubrían las virtudes de eficiencia y profesionalidad, que se reputaban ausentes en la clase política. Onganía fue convertido en el líder natural de esta ideología de modernización autoritaria, que también encontró adeptos en el movimiento obrero. Muchos líderes sindicales contemplaron con optimismo el ascenso de una elite militar que compartía su descontento con la llamada «partidocracia». Además, la supresión del sistema electoral, en el que Perón siempre estaba en condiciones de influir, cancelaba un ámbito que no facilitaba sus intentos de emanciparse de la tutela política del caudillo exiliado.

La suerte del gobierno radical quedó sellada mucho antes del levantamiento militar del 26 de junio de 1966. El 29 de mayo, el general Pistarini, en una ceremonia oficial a la que asistía el presidente, pronunció un discurso desafiante en el cual expresó los temas dominantes de la propaganda antigubernamental. En contra de las expectativas de los conspiradores, que esperaban un acto de autoridad presidencial que les diera motivo para declarar su rebelión, Illía no hizo nada. Valiéndose de un pretexto fútil, Pistarini arrestó entonces a uno de los pocos oficiales constitucionalistas e hizo caso de las órdenes de ponerle en libertad que le dio el secretario de la Guerra. La respuesta del presidente fue destituir al comandante en jefe, con lo que finalmente provocó una crisis decisiva. El 26 de junio, el ejército se apoderó de los sistemas de radio, televisión y teléfonos y dio a Illía un plazo de seis horas para dimitir. Transcurrido este tiempo, un destacamento de la policía lo expulsó del palacio presidencial y lo envió a su casa. De esta manera, concluyó la búsqueda de un orden constitucional iniciada en 1955, sin que nadie se atreviera a defenderla.

El 28 de junio, los comandantes de los tres ejércitos formaron una junta revolucionaria cuyas primeras decisiones fueron destituir al presidente y al vicepresidente, a los miembros de la Corte Suprema, a los gobernadores y a los intendentes electos. El Congreso y las legislaturas provinciales fueron disueltos, se prohibieron todos los partidos políticos y sus activos se traspasaron al estado. Una proclama, la llamada Acta de la Revolución, informó al pueblo de que volvería a tener un gobierno representativo sólo después que la iluminada gestión de las fuerzas armadas —tan larga como fuese necesaria— hubiese desmantelado las estructuras y los valores anacrónicos que obstaculizaban el camino de la grandeza nacional. La Junta retuvo el poder durante veinticuatro horas y después, como era de prever, nombró a Onganía presidente del nuevo régimen autoritario.

La Revolución Argentina, 1966-1973

Onganía asumió la presidencia con plenos poderes en 1966. El golpe de estado ya había sacado a los partidos políticos del escenario. El denominado Estatuto de la Revolución Argentina dio un paso más allá y excluyó a las fuerzas armadas de las responsabilidades de gobierno. Esta concentración de poder fue el corolario natural del consenso que rodeó el derrocamiento de Illía: desmantelar el sistema de la «partidocracia» y preservar la unidad de la corporación militar desvinculándola de la gestión gubernamental.

La dirección del nuevo régimen autoritario quedó, así, dependiendo de los gustos ideológicos de Onganía. Careciendo de atractivo personal o de talento para la retórica, éste se apresuró a rodearse de la pompa propia de un poder lejano y autosuficiente. Desde las alturas de esta inesperada monarquía, informó al país de las primeras claves de sus preferencias. Éstas se correspondían poco con la imagen de paladín de la modernidad que habían cultivado cuidadosamente sus agentes de publicidad. Eran, en esencia, las de un soldado devoto, prisionero de las más estrechas fobias católicas en materia de sexualidad, el comunismo y el arte. Admirador de la España de Franco, Onganía veía en ella un ejemplo a ser imitado a fin de devolver la moral y el orden a un pueblo al que consideraba licencioso e indisciplinado.

Como había ocurrido antes, con el ascenso al poder del general Uriburu en 1930, los coroneles nacionalistas en 1943 y, de manera menos enfática, con el general Lonardi en 1955, reaparecieron en la escena pública las expresiones más puras del pensamiento antiliberal. El país asistió nuevamente a la exaltación de los esquemas corporativistas de gobierno, y el estado adoptó un estilo paternalista, pródigo en prohibiciones y buenos consejos como parte de una febril campaña de vigilancia moral e ideológica.

El primer blanco de esta cruzada regeneradora fue la universidad. En julio las universidades públicas fueron privadas de su autonomía y puestas bajo el control del Ministerio del Interior alegando la necesidad de acabar con la infiltración marxista y la agitación estudiantil. En 1946, un mes después de la victoria electoral de Perón, se había infligido una medida similar a las universidades argentinas. Como sucediera veinte años antes, gran número de profesores dimitió para evitar ser víctimas de la purga, y muchos de ellos optaron por exiliarse en Europa, Estados Unidos y otros países de América Latina.

La búsqueda de un nuevo orden apuntó luego a los servicios públicos. El primero fue el puerto de Buenos Aires. En octubre se abolieron las prerrogativas de que gozaba el sindicato con el fin de que el puerto pudiera competir con el resto del mundo. En diciembre les llegó el turno a los ferrocarriles, que Frondizi ya había intentado modernizar al precio de huelgas prolongadas. Al igual que en el puerto, también aquí los métodos de racionalización se toparon con las protestas de los trabajadores; en ambos casos, sin embargo, una imponente presencia militar fue minando la resistencia sindical. En la provincia norteña de Tucumán existía un foco permanente de conflictos y agitación a causa de la bancarrota de los ingenios de azúcar; hacia allí se extendió la acción disciplinadora del gobierno: varios ingenios fueron cerrados y se puso en marcha un programa bastante improvisado para terminar con el monocultivo azucarero de la región.

Con esta serie de medidas contundentes el nuevo gobierno pareció agotar su repertorio de respuestas. Era opinión generalizada que el general Onganía había asumido el cargo con un amplio plan de acción preparado de antemano. No obstante, durante los seis meses siguientes, fuera de blandir una y otra vez la mano de un estado fuerte, no hizo más que anunciar grandes objetivos de los cuales era imposible deducir un programa económico definido e innovador. Había confiado el Ministerio de Economía a un empresario de reciente fortuna y ultracatólico que no logró avanzar lo más mínimo hacia el objetivo declarado, poner fin a las políticas inflacionarias, nacionalistas y expansivas del pasado inmediato. Las dificultades que habían debilitado al gobierno de Illía se intensificaron. El año 1966 terminó sin ningún crecimiento del producto nacional, un descenso del nivel de inversión, una disminución de la balanza de pagos y una tasa de inflación que se resistía a disminuir. El gobierno fue desacreditándose poco a poco entre las grandes empresas nacionales y extranjeras que habían aplaudido su ascenso al poder. A su vez, los principales sindicatos que habían apoyado al nuevo régimen militar se encontraron pronto ante la realidad de una situación muy diferente de la que habían imaginado. El 1 de diciembre de 1966 la CGT inició un plan de agitación que culminaría con una huelga a escala nacional.

Acosada por las ilusiones que despertó y no satisfizo, al finalizar 1966, la Revolución Argentina se encontraba a la defensiva. Onganía se había enemistado con los que le habían apoyado y estaba bajo presiones en el frente. En diciembre llegó un momento decisivo para el destino del régimen. El nombramiento del general Julio Alsogaray como comandante en jefe del ejército señaló el fin de los días en que los puestos de poder eran ocupados por personas allegadas al presidente. Alsogaray era uno de los líderes visibles del sector militar, crítico de la corriente católica nacionalista encabezada por Onganía y, por intermedio de su hermano, el ex ministro de Economía, Álvaro Alsogaray, estaba estrechamente vinculado a las altas esferas del mundo de los negocios. Ese mismo mes de diciembre, Onganía tuvo que designar a Adalbert Krieger Vasena al frente del Ministerio de Economía. Ministro durante la presidencia de Aramburu y miembro del consejo de administración de importantes compañías nacionales y extranjeras muy relacionadas con las instituciones financieras internacionales, Krieger Vasena gozaba de gran prestigio y tenía fama de ser un economista liberal de tendencias pragmáticas.

En las cuestiones políticas, sin embargo, Onganía no estaba dispuesto a transigir. Su nuevo ministro del Interior compartía la opinión de su predecesor en el sentido de que la reconstrucción política de Argentina debía buscarse por cauces ajenos al constitucionalismo democrático y liberal. El intento de substituir el pluralismo político por una comunidad organizada en torno a un estado fuerte continuó irritando a los círculos liberales de la derecha. Éstos sabían que el juego electoral los condenaba a escoger entre opciones políticas que en todos los casos eran insatisfactorias; careciendo de suficiente poder electoral, aplaudieron la decisión de substituir la política por la administración pero desconfiaban de los devaneos corporativistas de Onganía. El presidente anunció que la Revolución Argentina se desarrollaría en tres etapas: la fase económica, destinada a alcanzar la estabilidad y la modernización del país; la fase social, que permitiría la distribución de los beneficios cosechados durante la etapa inicial; y, finalmente, la fase política, con la que culminaría la revolución y que consistiría en transferir el poder a organizaciones auténticamente representativas. Este ambicioso plan, cuya puesta en práctica requeriría como mínimo diez años, clarificó el papel que Onganía tenía reservado para Krieger Vasena y su equipo de economistas liberales: llevar a cabo la reorganización económica del país para poder luego deshacerse de ellos cuando empezara la fase social. El nuevo orden que perseguía Onganía era tan ajeno a la política democrática de masas como a las grandes empresas. Crítico de la partidocracia, el presidente también criticaba el capitalismo, que, a su modo de ver, era culpable de un egoísmo social igualmente perjudicial para la integración espiritual de la nación.

Mientras Onganía actuaba en los planos político y cultural de acuerdo con esquemas caducos hacía ya treinta años, Krieger Vasena puso en marcha un programa que difería de manera significativa de las anteriores políticas de estabilización. Comenzó por abandonar el tipo de cambio «crawling-peg», devaluando el peso en un 40 por 100, con el propósito de acabar de una vez con las especulaciones sobre futuras devaluaciones. Pero la verdadera innovación fue que se trató del primer intento de devaluación totalmente compensada. Así, se implementaron impuestos sobre las exportaciones tradicionales al tiempo que se reducían los derechos de importación. Esto significó que los precios *netos* de las exportaciones y las importaciones variaran muy poco. De este modo, las repercusiones inflacionarias de la devaluación se vieron minimizadas y, en el caso de los impuestos sobre la exportación, el gobierno aprovechó esos recursos para dar un muy necesitado desahogo a las cuentas públicas.

Otro componente central del programa de estabilización fue el diseño de una política de ingresos obligatoria. Los salarios, después de ser reajustados de acuerdo con niveles promedios de 1966, fueron congelados por dos años. Se firmaron acuerdos con las quinientas empresas más importantes para asegurarse de que los precios reflejaran sólo los incrementos de los costes básicos. A cambio de la suspensión de la negociación colectiva los sindicatos sólo recibieron la promesa de que los salarios reales permanecerían constantes, mientras que los incentivos para que las compañías aceptasen los controles de precios fueron el acceso preferente a los créditos bancarios y a los contratos de compra del gobierno. Viniendo de un ministro con unos antecedentes como los de Krieger Vasena, la política de ingresos constituyó toda una innovación total; reflejó la creencia de que los mercados de bienes y salarios en una economía cerrada como la argentina distaban mucho de ser competitivos, lo cual constituía una visión más realista que la de otros programas tradicionales con raíces liberales.

El ataque contra el déficit fiscal se llevó a cabo mejorando la recaudación de impuestos, subiendo los precios de los servicios públicos y reduciendo el empleo público y las pérdidas de las empresas estatales. Esto ayudó al sector público a jugar un papel importante en la rápida expansión de las inversiones, que casi alcanzaron los niveles del auge de 1960-1961, esta vez financiadas básicamente por los ahorros internos. Krieger Vasena rechazó la opinión de los monetaristas ortodoxos y optó por una políticas monetaria expansiva para evitar los riesgos de recesión. Los créditos bancarios para el sector privado crecieron significativamente, en parte porque la severa política fiscal permitió una reducción de los préstamos del Banco Central a la administración estatal.

Además, Krieger Vasena procuró ganarse la confianza de los círculos económicos al eliminar los controles de cambios, renovar los contratos con las compañías petroleras extranjeras y firmar un nuevo acuerdo con el FMI. Concebido como un ajuste económico global para satisfacer las necesidades de los grupos más dinámicos y concentrados, el programa impuso a los demás intereses sectoriales su contribución. Los productores rurales cedieron parte de los beneficios extraordinarios derivados de la devaluación bajo la forma de impuestos sobre las exportaciones; la industria tuvo que competir con artículos de importación más baratos; los sindicatos fueron privados de la negociación colectiva; las empresas estatales y la administración pública tuvieron que pasar por un proceso de racionalización.

La puesta en marcha de este programa en marzo de 1967 coincidió con una gran derrota para los sindicatos. El Plan de Acción que anunciaron provocó una respuesta severa del gobierno. Para que sirviese de advertencia, se congelaron las cuentas bancarias de varios sindicatos; a otros se les retiró el reconocimiento jurídico que les era indispensable para funcionar, y el régimen amenazó con disolver la CGT. El 6 de marzo la confederación obrera decidió cancelar su protesta. Al cabo de unos días recibió el golpe de gracia cuando Krieger Vasena suspendió las negociaciones colectivas y reservó al estado la capacidad de fijar los salarios durante los próximos dos años.

El colapso de la táctica consistente en golpear primero y negociar luego que los sindicatos habían empleado hasta entonces provocó una grave crisis de liderazgo. La mayoría de los dirigentes sindicales optó por dar un paso atrás y se refugiaron en una prudente pasividad. Un grupo más pequeño pero todavía importante se dirigió al gobierno con la esperanza de recibir los pequeños favores que Onganía otorgaba de vez en cuando para compensar el sometimiento a sus políticas. La ambigua relación del presidente con los economistas liberales que rodeaban a Krieger Vasena despertó en otros líderes obreros la esperanza de crear en un futuro cercano la antigua alianza nacionalista entre las fuerzas armadas y los sindicatos. En definitiva, el movimiento obrero entró en un prolongado receso político. Así, el gobierno pudo jactarse de que en 1967 los días-hombre perdidos a causa de las huelgas fueron sólo 242.953 en comparación con los 1.664.800 de 1966.

Mientras tanto, el programa económico de Krieger Vasena iba dando frutos. Hacia finales de 1968 la tasa de inflación anual había caído del 30 por 100 a menos del 10 por 100 y la economía empezaba a registrar un crecimiento sostenido. Aunque la reactivación económica de 1967 y 1968 fue alimentada principalmente por las inversiones del estado, en especial en obras públicas, la entrada de capital extranjero a corto plazo fortaleció las reservas netas de divisas extranjeras y compensó los resultados insatisfactorios de la balanza comercial. Tanto en 1967 como en 1968 el crecimiento de la producción agrícola no impidió que el valor neto de las exportaciones cayera por debajo del nivel de 1963 debido al deterioro de los términos de intercambio que había empezado en 1964 y continuaría hasta 1972. Otros problemas que se agudizarían con el tiempo empezaron, poco a poco, a salir a la luz porque la estrategia de substitución de las importaciones, basada en un mercado interno protegido por barreras arancelarias, estaba llegando a su límite.

Los éxitos económicos cosechados en estos dos años, sin embargo, no aumentaron la popularidad del régimen militar. La política de Krieger Vasena, respaldada por las facciones más poderosas del mundo de los negocios, entrañaba fuertes costos para muchos sectores. Las quejas con que los productores rurales habían recibido los impuestos a la exportación se hicieron más estridentes cuando se intentó implantar un impuesto sobre la tierra con el fin de estimular la productividad y combatir la evasión fiscal. Las empresas pequeñas y medianas vieron cerrado su acceso a los créditos baratos al tiempo que se eliminaba la protección arancelaria de que habían gozado en el pasado más reciente, y acusaron al ministro de intentar debilitarlas con el objeto de concentrar y desnacionalizar la economía. Aunque las pérdidas salariales no fueron muy grandes, los sindicatos recibieron mal la congelación de su capacidad de ejercer presión. Esta acumulación de tensión en ámbitos tan diversos fue gestando un larvado descontento.

La supresión del sistema político había permitido a Onganía proteger al estado del efecto de las presiones cruzadas que en anteriores ocasiones habían paralizado a más de un gobierno. Pero, inevitablemente, comenzó a abrirse una grieta peligrosa entre las fuerzas de la sociedad civil y un poder estatal que devenía cada vez más remoto y autoritario. En su intento de aislarse de las exigencias de las fuerzas sociales, Onganía no innovaba demasiado: otros presidentes habían tratado también de salvaguardar así sus políticas. Pero él convirtió en una filosofía de gobierno lo que para otros había sido sólo una actitud defensiva. Así, su desdén y su arrogancia dieron a los grupos de interés la sensación de que lo único que esperaba de ellos era la adhesión incondicional a los designios oficiales.

El estilo autocrático de Onganía afectó también sus relaciones con el estamento militar. Aprovechando todas las ocasiones que se le presentaban para repetir que «las fuerzas armadas ni gobiernan ni cogobiernan», hacía oídos sordos a las preocupaciones de la jerarquía militar sobre el rumbo que seguía la revolución. En agosto de 1968 esta coexistencia conflictiva entró finalmente en crisis y Onganía destituyó a los comandantes en jefe de las tres armas. Al dejar su puesto, el general Alsogaray criticó explícitamente la «concepción absolutista y personal de la autoridad» que tenía el presidente al tiempo que denunciaba la «orientación poco clara del gobierno en las cuestiones políticas». Su sucesor como jefe del ejército, el general Alejandro Lanusse, compartía estos puntos de vista, por lo que Onganía fue quedando progresivamente aislado de sus camaradas de armas.

El fatídico año de 1969 empezó con señales prometedoras para la economía. El nivel de actividad continuó subiendo y el año se cerró con un incremento excepcional del 8,9 por 100 en el PBI; la tasa anual de inflación era de alrededor del 7 por 100 en mayo; mientras que en el mes anterior a la puesta en práctica del programa de Krieger Vasena las reservas netas de divisas extranjeras eran de 176 millones de dólares, en abril la cifra era de 694 millones. Estos éxitos eran fruto de la tregua social y política impuesta por el gobierno. Lo que estaba por verse era si estos logros podían hacerse permanentes, a la vista de las tensiones que se habían ido acumulando.

A pesar del éxito de la política contra la inflación, el tipo de cambio había caído hasta niveles inferiores a la devaluación de marzo de 1967. Para compensar la inflación, Krieger Vasena fue reduciendo una y otra vez los impuestos sobre la exportación, pero sin poder evitar el empeoramiento de los precios relativos de los productos agrícolas. Los ingresos reales, congelados en los niveles de 1966, también declinaron. Estas dificultades incipientes, sin embargo, no alteraron la complaciente autosatisfacción petulante del régimen ante los buenos resultados de la economía y el sólido orden impuesto a la sociedad. Los conflictos que estallaban de vez en cuando tendían a apagarse rápidamente y parecía que la vida política hubiera quedado reducida a las guerrillas domésticas que oponían a Onganía y sus críticos liberales de la derecha con respecto al futuro de la revolución. Sin embargo, había evidencias del elevado potencial de protesta que se escondía debajo de la superficie de esta «pax» autoritaria.

En marzo de 1968 fue convocado un congreso para elegir autoridades de la CGT, que carecía de líderes desde la dimisión de los responsables de la gran derrota de marzo de 1967. De allí surgió un grupo de líderes nuevos y muy radicalizados que contaban con el respaldo de los sindicatos más afectados por las medidas del gobierno. El ala tradicional y más moderada del movimiento sindical, cuyo representante era Augusto Vandor, decidió entonces convocar otro congreso y crear una central sindical alternativa. La CGT rebelde hizo llamados a la lucha que al principio encontraron cierta respuesta pero luego perdieron fuerza, en parte debido a la represión pero, sobre todo, debido a las defecciones al bando de Vandor. Más importante fueron a largo plazo la serie de conflictos en las fábricas que empezaron en las zonas industriales del interior, donde hizo su aparición una nueva generación de dirigentes sindicales a la cabeza de comisiones obreras imbuidas de ideología izquierdista.

En marzo de 1969 la efervescencia social hizo eclosión en señal de protesta contra las autoridades universitarias. Los estudiantes de la ciudad de Corrientes ocuparon la calle y el día 15 uno de ellos fue muerto por la policía. La protesta se extendió a las demás universidades, en particular la de Rosario, donde murió otro estudiante y la ciudad fue escenario de un vasto levantamiento popular. El gobernador de Córdoba añadió un nuevo estímulo a la protesta al suprimir algunos beneficios de que gozaban los obreros de su provincia, la segunda entre las más industrializadas del país. El 15 de mayo hubo fuertes enfrentamientos con la policía y al día siguiente se declaró una huelga general. Pocos días después tuvo lugar el acontecimiento que se llamaría «el cordobazo»: el 29 y el 30 de mayo, los obreros y los estudiantes ocuparon el centro de la ciudad. Desbordada por una multitud enardecida y atacada por francotiradores, la policía se retiró. Con la ciudad en su poder durante varias horas, la muchedumbre se entregó al incendio y el·saqueo de oficinas del gobierno y propiedades de empresas extranjeras. La rebelión no quedó sofocada hasta que las tropas del ejército ocuparon la ciudad.

Los sucesos de mayo provocaron estupor y alarma. La violencia en las calles, los motines populares, eran expresiones de protesta que tenía pocos antecedentes en la historia reciente. Es verdad que desde 1955 la lucha política no había tenido lugar exclusivamente dentro del marco legal, pero los líderes políticos y obreros siempre procuraron evitar ser arrastrados por sus bases. En rigor, recurrían a la movilización de masas sólo como táctica para alcanzar soluciones conciliatorias. En 1966 Onganía cerró los mecanismos jurídicos y extrajurídicos dentro de los cuales se había desarrollado ese juego político. El resultado fue la rápida pérdida de autoridad de los líderes de masas. Los partidos cayeron en un estado de parálisis, los dirigentes obreros debieron batirse en retirada y el propio Perón se convirtió en poco más que un cadáver político cuando perdió el escenario electoral desde el que se las había arreglado para debilitar tanto a los gobiernos civiles como a los militares. De esta manera Onganía allanó el camino para los actos de rebelión espontánea que vendrían más adelante. A pesar de las medidas represivas, los acontecimientos de mayo habían dado un ejemplo. Desde entonces, proliferaron los levantamientos populares en las ciudades del interior, cundieron las huelgas no autorizadas desafiando abiertamente a los líderes nacionales de los sindicatos y la agitación estudiantil se apoderó de las universidades. Finalmente, hizo su aparición la guerrilla urbana.

El alcance y la naturaleza de esta oposición incipiente alarmó a las filas de la Revolución Argentina y abrió a un debate sobre qué camino a seguir. El general Aramburu, que se había mantenido al margen del gobierno, comenzó a abogar por una retirada negociada sobre la base de la rehabilitación de los partidos políticos. A ellos correspondería llevar a cabo la doble tarea de encauzar la protesta popular y poner sus votos al servicio de un candidato a la presidencia acordada con las fuerzas armadas. La propuesta no encontró aceptación: el retorno de una clase política que tan recientemente había sido encontrada culpable de la crisis de gobierno era una opción escasamente atractiva. Harían falta nuevos reveses para que los militares acabaran aprobando la idea.

Bajo los efectos psicológicos de la oleada de protestas, al principio la solidaridad prevaleció dentro de las fuerzas armadas y los oficiales cerraron filas detrás de Onganía. El presidente aprovechó esta situación para destituir a Krieger Vasena, nombró ministro de Economía a un técnico sin antecedentes políticos e insufló nueva vida a su proyecto corporativista. En este contexto se produjo un repentino empeoramiento de la situación económica. La incertidumbre sobre la estabilidad del peso que siguió a la destitución de Krieger Vasena dio paso a una masiva huida de capitales. Tanto la expansión económica en curso como el clima especulativo predominante provocaron un fuerte incremento de las importaciones. En suma, la reducción de las reservas de divisas extranjeras fue tan súbita que las nuevas autoridades se vieron obligadas a imponer una política monetaria más restrictiva. A finales de 1969, las favorables expectativas, de poco tiempo atrás, habían dado paso a un escepticismo generalizado. Los precios empezaron a subir otra vez y afectaron al tipo de cambio fijo, que como símbolo de continuidad, el Ministerio de Economía insistió obstinadamente en mantener. La debilidad de la balanza de pagos y las tensiones inflacionarias crearon una presión irresistible a favor de una nueva devaluación.

La actitud optimista del mundo de los negocios también desapareció con la destitución de Krieger Vasena. El descontento de dichos círculos aumentó a medida que Onganía empezó a proclamar la inminente llegada de la fase social de la revolución, en un esfuerzo por contener la proliferación de conflictos. Una promesa de restaurar la negociación colectiva y una ley que otorgaba a los dirigentes obreros el control de los inmensos recursos de los fondos sociales de los sindicatos fueron gestos en esta dirección. Pero los dirigentes obreros no estaban en condiciones de frenar el activismo popular. Tampoco la policía bastaba para asegurar el tambaleante orden autoritario. Las fuerzas armadas debieron intervenir de forma creciente en la represión, y esto las empujó a reclamar que se les diera más voz y voto en las políticas del gobierno. Pero Onganía defendió tercamente sus prerrogativas autocráticas y cuando en junio de 1970 se negó a compartir las responsabilidades de la conducción estatal, la junta de comandantes decidió deponerle.

La Argentina que dejó Onganía al abandonar el cargo no era la misma que había encontrado. Desde el poder se había propuesto eliminar para siempre los conflictos políticos, pero al final los exacerbó y de manera profunda. En su búsqueda de un nuevo orden Onganía había erosionado las bases mismas del *modus vivendi* dentro del cual, a costa de un elevado nivel de inestabilidad institucional, los argentinos habían resuelto anteriormente sus diferencias. La destrucción de este sistema frágil y casi subterráneo de convivencia pacífica liberó fuerzas animadas por una ira y una violencia hasta entonces desconocidas. Nacido en el corazón de las clases medias, el movimiento de resistencia armada planteó un desafío formidable a los militares y a los políticos. El intento de exorcizar esta presencia a la vez desconcertante y amenazadora infligiría a la Argentina contemporánea sus heridas más profundas y duraderas.

Los grupos guerrilleros se formaron, al principio, de acuerdo con el modelo clásico de militantes clandestinos con dedicación plena que a la sazón eran comunes en América Latina y que el país conociera en 1959 y 1964. Con el paso del tiempo fueron evolucionando hasta crear verdaderas organizaciones de masas cuyos miembros participaban en grados diferentes en la violencia armada. Fue la amplia aceptación de la guerrilla entre la juventud de clase media, lo que dio a la experiencia argentina su rasgo más distintivo. Los dos grupos de guerrilleros más importantes eran el Ejército Revolucionario del Pueblo (ERP), cuyas tendencias eran trotskistas, y los Montoneros, que eran peronistas y se llamaban así en recuerdo de los ejércitos irregulares de gauchos que lucharon en el norte contra las tropas españolas durante las guerras de independencia. Mientras que la guerrilla trotskista concebía su acción como una extensión de la lucha social, el brazo armado de la juventud peronista procuraba, además, intervenir en los conflictos políticos, incluidos los del propio movimiento peronista. Su objetivo era neutralizar cualquier probabilidad de resolución política de la crisis militar, castigar toda manifestación de colaboración; así, los Montoneros se adjudicaron la responsabilidad de secuestrar y luego asesinar al general Aramburu y la eliminación física de destacados dirigentes sindicales, entre ellos Vandor.

Después de la deposición de Onganía, lo primero que hizo la junta de comandantes fue reorganizar la estructura del poder militar. Para evitar una repetición de la experiencia reciente, los jefes de las tres armas exigieron al presidente que consultara con ellos siempre que tuviera que tomar una decisión importante. El general Rodolfo Levingston, oficial casi desconocido que los comandantes creían que estaba por encima de todas las facciones, fue nombrado jefe del estado y encargado de la tarea de construir «un sistema político eficiente, estable y democrático».

Al menos esto era lo que creía el general Lanusse, el comandante del ejército, que era el verdadero arquitecto del cambio de rumbo y que influyó decisivamente en la composición del nuevo gabinete, la mayoría del cual estaba asociada con la llamada corriente liberal dentro de las fuerzas armadas. El Ministerio de Economía se asignó a un ex colega de Krieger Vasena, Carlos Moyano Llerena. En la emergencia, Moyano recurrió a medidas parecidas a las que se habían tomado en marzo de 1967: devaluó el peso de 350 a 400 por dólar, lo cual permitió al gobierno recaudar fondos imponiendo nuevos impuestos a las exportaciones; bajó los aranceles de importación y llamó a acuerdos voluntarios sobre precios. Sin embargo, esta fórmula no logró repetir su éxito anterior, toda vez que el contexto político había cambiado radicalmente. La devaluación se interpretó como señal de futuros cambios en la paridad de la divisa, y la aceleración de la tasa de inflación hasta sobrepasar el 20 por 100 en 1970 generó una fuerte presión sobre los salarios. El gobierno ya no estaba en condiciones de hacer oídos sordos a las exigencias de los sindicatos; en septiembre tuvo que conceder un aumento general del 7 por 100 y prometer otro 6 por 100 a principios de 1971. La política de contracción monetaria se hizo insostenible ante el alza de precios y salarios, de tal manera que la oferta monetaria tuvo que ampliarse al mismo ritmo que la subida de los precios en la segunda mitad de 1970. A partir de enero de 1971 el dólar se ajustó también en pequeños incrementos mensuales. A esta altura, el eclipse de la política de estabilización era total.

El riesgo era que el nuevo rumbo del régimen militar también estuviera en peligro. El presidente Levingston parecía reacio a conformarse con la misión que le habían confiado y se asignó un papel más elevado: preparar el advenimiento de un «nuevo modelo para Argentina» basado en una democracia más «jerárquica y ordenada» que la asociada con el retorno de los viejos partidos. Para ello sería necesario «profundizar la revolución», enigmática consigna cuyo alcance se reveló cuando en octubre de 1970 Levingston reorganizó el gabinete y se dispuso a dejar su huella en la ya convulsionada historia de la Revolución Argentina.

Nombró ministro de Economía a Aldo Ferrer, economista de ideas diametralmente opuestas a las de sus predecesores, vinculado a la ideología de la Comisión Económica para América Latina (CEPAL) de la ONU y favorable al fortalecimiento de la industria estatal y nacional. La retórica nacionalista que coloreó el mandato de Ferrer estaba en sintonía con los sentimientos de los sectores medios de la burguesía argentina y de la oficialidad de las fuerzas armadas, que habían recibido mal la política de Krieger Vasena favorable a las grandes empresas y al capital extranjero. La nueva dirección se tradujo en una vuelta al proteccionismo con un aumento de los derechos de importación, restricciones a las inversiones extranjeras y la promulgación de una ley que obligaba a las empresas estatales a dar prioridad en sus compras a los proveedores locales. En el corto plazo, Ferrer, acosado por una oleada de exigencias sectoriales, se limitó prudentemente a administrar las presiones inflacionarias por medio de la indexación gradual de la economía.

La prudencia no fue, empero, una característica de la conducta política de Levingston. Después de librarse de los ministros que le había impuesto la junta, buscó el apoyo de figuras políticas que los avatares de los últimos tiempos habían privado de casi todo séquito popular. Con su auxilio y el uso de consignas nacionalistas y populistas, intentó un nuevo comienzo para la Revolución Argentina y esto sacó a los partidos tradicionales de su letargo. En noviembre de 1970, peronistas, radicales y otros grupos minoritarios dieron a luz «La Hora del Pueblo», una coalición creada para forzar la convocatoria a elecciones. Los años pasados bajo dominación militar habían unido a los antiguos rivales en la exigencia común de un retorno a la democracia. Esta era una actitud nueva porque desde 1955 uno u otro de los bandos había participado en golpes militares con la esperanza de adquirir influencia en el gobierno (los peronistas en 1966) o de ser sus herederos electorales (los radicales en la Revolución Libertadora).

La reaparición de los partidos asestó un duro golpe a las ambiciones de Levingston. Al tiempo que lo enemistaba con los círculos conservadores, su prédica nacionalista y populista mostró tener escaso eco en aquellos a quienes iba dirigida. Tanto los sindicatos como la burguesía prefirieron alinearse con el nuevo polo opositor a asociarse con un presidente cada vez más aislado. Por su parte, la estructura de poder montada por los comandantes militares se les había escapado de las manos, pero éstos vacilaban frente a la confesión de su fracaso. Finalmente, la audaz imprudencia de Levingston les facilitó las cosas. En febrero de 1971 nombró para la agitada provincia de Córdoba a un gobernador con una mentalidad próxima al conservadurismo fascista de los años treinta, quien empezó su mandato con un discurso desafiante en el cual anunció terribles e inminentes castigos. La respuesta fue un nuevo levantamiento popular, no menos violento y extendido que el de 1969. Este segundo «cordobazo» precipitó una crisis nacional, y el 22 de marzo la junta de comandantes destituyó a Levingston y volvió a tomar las riendas del poder.

Comenzó, así, el último tramo del régimen militar, dirigido ahora «al restablecimiento de las instituciones democráticas». Careciendo de la cohesión y la capacidad de represión necesarias para restaurar los objetivos originales de 1966, las fuerzas armadas salieron a la busca de una solución política que les permitiera encapsular institucionalmente la oleada de protestas populares y volver a sus cuarteles. El general Lanusse fue nombrado presidente y desplegó inmediatamente la nueva estrategia, legalizando los partidos y llamando a un acuerdo amplio entre los militares y las fuerzas políticas para elaborar las reglas de la transición institucional.

La novedad de esta convocatoria era que incluía al peronismo. Por primera vez desde 1955, las fuerzas armadas estaban dispuestas a aceptar al peronismo, reconociendo que cualquier solución política que excluyese a Perón era ilusoria y de corto alcance. «Perón es una realidad, nos guste o no», reconoció públicamente Lanusse,[7] poniendo fin así a uno de los más caros tabúes de los militares argentinos. Acaso ningún otro oficial podría haberse atrevido a tanto. Siendo un joven teniente, Lanusse había estado en la cárcel bajo la primera presidencia de Perón. Además, sus credenciales como representante del ala liberal del ejército eran impecables y sus lazos familiares le vinculaban al mundo económico. Estos antecedentes y el prestigio de que gozaba entre sus colegas, gracias a un estilo muy distinto de la brusca arrogancia de Onganía y Levingston, hacían de él un líder digno de confianza para la osada maniobra política que debía llevar a cabo.

Lo que empujó a los militares a negociar con Perón no fue su tradicional resistencia a aceptar el papel de la clase obrera en la política nacional; más bien fue la amenaza que planteaba el movimiento juvenil de clase media. En la lucha contra el régimen militar, la juventud radicalizada a finales del decenio de 1960 había adoptado el peronismo como medio de identificarse con el pueblo. En un giro histórico, los hijos de quienes con mayor firmeza se habían opuesto a Perón dieron la espalda a sus padres para abrazar justamente la causa que éstos habían combatido. Bajo el influjo de las ideas de Che Guevara y Franz Fanon y la teología de la liberación, los protagonistas de este parricidio político transformaron a Perón y el peronismo en la encarnación militante de un socialismo nacional. La hipótesis de Lanusse era que, una vez incluido en el sistema político, Perón retiraría el apoyo ideológico al movimiento revolucionario que invocaba su nombre. Una curiosa paradoja histórica se hizo evidente: aquel a quien en otro tiempo se había identificado con una mitad del país pasó a serlo todo para todos. Ahora se pedía a Perón que aplicara sus notables habilidades al salvamento de un sistema institucional que navegaba a la deriva; en 1972 lo que estaba en juego era la gobernabilidad misma del país.

La estrategia de Lanusse se aproximaba bastante a la que inspiró a la elite conservadora durante el primer decenio del siglo, cuando decidió garantizar las elecciones libres y secretas con el fin de permitir la participación del Partido Radical. También entonces se juzgó menos peligroso incorporar a los radicales en el sistema que dejarlos fuera y expuestos a tentaciones revolucionarias. Sin embargo, la elite conservadora perdió el control del proceso que puso en marcha y los radicales, liderados por Hipólito Yrigoyen, en vez de ocupar la posición subordinada que les habían reservado triunfaron en las elecciones y acabaron apoderándose del gobierno. A medida que pasara el tiempo, este paralelismo histórico se volvería mucho más directo de lo que Lanusse estaba dispuesto a reconocer al principio.

La propuesta de Lanusse pretendía asegurar la participación del peronismo en el futuro desenlace en condiciones controladas. Los peronistas podrían presentarse a las elec-

---

7. *Clarín*, 28 de julio de 1972; citado en Liliana de Riz, *Retorno y derrumbe: el último gobierno peronista*, Hispamérica, Buenos Aires, 1987, p. 46.

ciones para cualquier cargo excepto la presidencia. Además, Perón debía desautorizar públicamente a la guerrilla peronista. Esta propuesta, que negociaron en secreto agentes que Lanusse envió a hablar con Perón en su exilio de Madrid, formaba parte de un acuerdo más amplio en el cual las principales fuerzas políticas eran invitadas a dar su apoyo a un candidato presidencial común que las fuerzas armadas consideraran aceptable. Lanusse contaba con la predisposición favorable de los políticos peronistas e incluso de los líderes sindicales, para quienes un retorno a la democracia prometía posiciones de mayor influencia. El factor desconocido era la actitud que el propio Perón adoptaría después de años de sabotear los acuerdos políticos creados con gran esfuerzo por los que le habían derrocado y proscrito.

Más allá de la reparación histórica que entrañaba la negociación misma, se ofreció a Perón la cancelación de todas las penas contra él, pendientes desde 1955, y algo que era especialmente simbólico: en septiembre de 1971 los militares le entregaron el cadáver embalsamado de Evita, que quince años antes había sido transportado secretamente a Europa y enterrado bajo un nombre falso en un cementerio italiano. Sin embargo, Perón eludió las definiciones que se le pedían. Decidido a explotar la iniciativa que le brindaba la crisis militar, siguió un rumbo ambiguo y dejó abiertas todas las posibilidades que ofrecía la situación. Además, ni siquiera él, como tantos otros, podía estar absolutamente seguro del desenlace final.

En octubre de 1971 se produjo un levantamiento militar acaudillado por oficiales que simpatizaban con Onganía y Levingston, que acusaban a Lanusse de traicionar los objetivos de la revolución y de entregar el país a los viejos políticos. La rebelión fue sofocada con facilidad, pero cambió las condiciones de negociación. Lanusse estaba tan identificado con la salida electoral que si ésta fracasaba no era seguro que pudiese conservar el liderazgo de las fuerzas armadas. Consecuentemente, su posición en el juego político se debilitó. Perón aprovechó esto para continuar alentando a la guerrilla y reducir sus concesiones a un mínimo, en fin, procuró aumentar las tensiones para obligar a que las elecciones se celebraran de acuerdo con sus propios términos en vez de los que pretendían imponerle. Al hacerlo, también tuvo en cuenta el repudio generalizado que rodeaba al régimen militar y que hacía que las acciones cada vez más osadas de los jóvenes violentos se vieran con cierta benevolencia. Las medidas represivas, a la vez brutales e ineficaces, que se descargaban sobre la resistencia armada contribuían, asimismo, al desprestigio de los militares, tanto en el país como en el extranjero.

El gobierno militar se vio obligado a limitarse a seguir la dinámica del proceso que él mismo había desencadenado. Circunstancias menos dramáticas habían causado el golpe de estado de 1966. Esta vez, sin embargo, no se hizo nada para interrumpir las elecciones que debían celebrarse en marzo de 1973. El temor a una fusión explosiva entre el descontento popular y el movimiento guerrillero reforzó la decisión de institucionalizar el país. Como todas las veces que se reabría la perspectiva electoral, Perón se convirtió en un polo de atracción y utilizó su renovada popularidad para tejer una red de alianzas. Así, sin dejar de alabar a los guerrilleros, empezó a moverse en otras dos direcciones. En primer lugar, hacia los radicales, con los que acordó un pacto de garantías mutuas en el cual declaró que respetaba los derechos de las minorías, al tiempo que exigía a sus antiguos adversarios el compromiso a favor de elecciones sin vetos ni proscripciones. En segundo lugar, comenzó a acercarse a los grupos de interés a través de Frondizi, al que incluyó en una alianza político-electoral que no proponía nada que pudiese alarmar a los terratenientes y a los empresarios.

El tiempo jugaba en contra de Lanusse, que no podrá mostrar los frutos prometidos de su estrategia ante sus camaradas. El Partido Radical tampoco estaba dispuesto a interpretar el papel que se le había asignado. Si bien no se oponía a la política oficial para dar pretextos a un golpe de estado, tampoco quería secundar los planes de quienes le habían derrocado en 1966. La situación de Lanusse se volvió aún más complicada a mediados de 1972 cuando Perón reveló en Madrid los contactos hasta entonces secretos con sus emisarios. El malestar que ello provocó en los cuadros de oficiales sólo se calmó cuando Lanusse anunció públicamente que iba a retirar su candidatura a la presidencia. A esta decisión la siguió otra, obviamente dirigida a Perón, que señalaba una fecha límite para que todos los candidatos fijaran residencia en el país. Aunque protestó, el caudillo exiliado evitó cuidadosamente desafiar a los límites últimos de la tolerancia del gobierno militar, que ahora daba muestras de inquietud. Al acercarse el plazo en noviembre de 1973, Perón regresó a Argentina después de una ausencia de diecisiete años, y se quedó varias semanas. «No siento odio ni rencor. No es momento para venganzas. Regreso como pacificador de espíritus»,[8] fueron las palabras que dirigió al pueblo argentino, que le recibió con una mezcla de asombro e incredulidad.

Durante su estadía Perón se reconcilió con el líder de los radicales, Ricardo Balbín, y puso la piedra angular del frente electoral que uniría a los peronistas, el Partido Conservador Popular, los seguidores de Frondizi, el Partido Popular Cristiano y algunos socialistas. Al volver a Madrid, nombró candidato presidencial del frente a Héctor Cámpora, político menor que era conocido por su fidelidad canina al líder populista y por sus recientes y estrechos vínculos con la combativa juventud peronista. Esta decisión provocó resentimiento visible entre los líderes sindicales y los políticos moderados del movimiento, que se sintieron postergados injustamente. Cámpora, además, podía ser alcanzado por las restricciones electorales impuestas por el gobierno, y muchos sospecharon que Perón quería que se descalificara a su candidato, en una nueva vuelta de su cambiante táctica política. Lanusse decidió no responder a este desafío que Perón le lanzaba en el último momento. El 11 de marzo de 1973 la coalición peronista obtuvo el 49 por 100 de los votos, los radicales el 21 por 100, los partidos de la derecha el 15 por 100 y un frente de izquierda el 7 por 100. Luego del estrepitoso fracaso de la estrategia de Lanusse, los militares abandonaron el gobierno, llevándose como consuelo la visión del anciano caudillo haciendo frente a la titánica tarea que ellos no habían podido llevar a cabo: la de construir un orden político capaz de poner bajo control las expectativas y las pasiones desencadenadas por casi dos décadas de frustración y discordia.

EL RETORNO Y CAÍDA DEL PERONISMO, 1973-1976

Una vez se hubo efectuado el recuento de los votos y el gobierno de Cámpora tomó posesión, la situación política evolucionó rápidamente hacia una crisis institucional. Alentados por el respaldo de Perón, los sectores radicalizados rodearon al nuevo presidente para proseguir, ahora desde el poder, la política de movilización de masas. Bajo la mirada complaciente de Cámpora, se producían revueltas cotidianas de las bases obreras contra los líderes sindicales, y las ocupaciones de numerosos edificios públicos por bri-

8. Citado en Liliana de Riz, *op. cit.*, p. 63.

gadas de la Juventud Peronista. El objetivo que unificaba esta militante ofensiva era recuperar tanto el gobierno como el movimiento para las nuevas generaciones de un también nuevo peronismo socialista. En estas condiciones, los conflictos que hasta entonces habían permanecido latentes dentro del conglomerado de fuerzas que habían apoyado la vuelta del peronismo al poder salieron ahora a la superficie.

Los jefes sindicales —los grandes postergados en la operación política que condujo a la derrota de los militares— manifestaron su alarma ante un proceso político que escapaba a los valores tradicionales de la ortodoxia peronista. Esta preocupación era compartida por Perón y los miembros de su círculo íntimo que le acompañaban en el exilio, en especial José López Rega, su secretario, ex cabo de policía, aficionado a las ciencias ocultas. Transcurridos apenas cuarenta y nueve días desde que prestara juramento como presidente, Cámpora fue forzado a dimitir y nuevas elecciones llevaron al propio Perón a la presidencia, con su esposa, Isabel, como vicepresidenta. Los comicios, celebrados en septiembre de 1973, dieron la victoria a la candidatura Perón-Perón con un 62 por 100 de los votos emitidos. La magnitud del triunfo electoral fue una indicación clara de que muchos de sus antiguos enemigos habían decidido votar al anciano caudillo con la esperanza de que pusiera bajo control a sus seguidores juveniles. Dos días después de las elecciones, antes incluso de que terminaran las celebraciones de la victoria, Perón recibió una advertencia ominosa al caer asesinado por la guerrilla el secretario general de la CGT, José Rucci, uno de sus partidarios más leales.

El viraje táctico que alejaría a Perón de sus jóvenes admiradores de la izquierda había sido anunciado el 20 de junio, el día que regresó para residir de forma permanente en Argentina. Casi dos millones de personas lo esperaron en el Aeropuerto de Ezeiza, la mayoría de ellas bajo las pancartas de las tendencias revolucionarias del peronismo. Lo que debería haber sido una gran celebración popular se convirtió en una batalla campal, con muchos muertos y heridos, al enfrentarse bandas armadas de la derecha y la izquierda. El avión en que viajaba Perón fue desviado a otro aeropuerto.

Por la noche Perón pronunció un discurso en el que reveló el proyecto político con que volvía al país, después de tan larga ausencia.[9] Comenzó con un llamado a la desmovilización: «Tenemos una revolución que realizar, pero para que sea válida debe ser una reconstrucción pacífica. No estamos en condiciones de seguir destruyendo frente a un destino preñado de acechanzas y peligros. Es preciso volver a lo que en su hora fue nuestra máxima: del trabajo a casa y de casa al trabajo». Su nueva visión de la comunidad política se reflejó en esta declaración: «El justicialismo jamás fue sectario ni excluyente y hoy llama a todos los argentinos sin distinciones para que todos, solidariamente, nos unamos a la tarea de reconstrucción nacional». Más adelante, esta convocatoria fue más explícita cuando substituyó la antigua consigna «Para un peronista no hay nada mejor que otro peronista», que había dividido al país durante sus dos primeras presidencias, por otra nueva, «Para un argentino no hay nada mejor que otro argentino». Sus palabras finales estuvieron dirigidas a suprimir de cuajo las esperanzas de una renovación doctrinaria que él mismo había estimulado durante sus últimos años en el exilio. «Somos justicialistas. Levantemos una bandera tan distante de uno como de otro de los imperialismos dominantes... No hay nuevos rótulos que califiquen a nuestra doctrina. Los que ingenuamente piensan que pueden copar a nuestro movimiento o tomar el poder que el pueblo ha reconquistado se equivocan».

9. *La Nación*, 21 de junio de 1974; citado en Liliana de Riz, op. cit. p. 90.

Con este mensaje Perón validó la audaz decisión tomada por Lanusse dos años antes. De ahí en más y ante el desconcierto de la juventud peronista, se ocupó de revertir el giro a la izquierda que imprimieron a la lucha contra el régimen militar y que Cámpora erróneamente convirtiera en política de gobierno. Después del triunfo electoral, el ERP ratificó su estrategia subversiva, mientras que los Montoneros suspendieron sus actividades, señalando que su futura conducta dependería del cumplimiento de sus promesas revolucionarias por el nuevo gobierno. Así, el jefe de los Montoneros, Mario Firmenich, al preguntársele si abandonaban el uso de la fuerza, respondió:

En modo alguno, el poder político sale de la boca de un fusil. Si hemos llegado hasta aquí es porque teníamos fusiles y los usábamos. Si los abandonáramos, sufriríamos un revés en nuestra posición política. En la guerra hay momentos de enfrentamiento, tales como aquellos por los que hemos pasado, y hay momentos de tregua, en los cuales se hacen los preparativos para el próximo enfrentamiento.[10]

El cambio experimentado en el discurso y la conducta de Perón colocó a los jóvenes peronistas ante la opción de romper con él y ser marginados de la coalición popular unida en torno a su liderazgo. Grave como era, la disidencia de los jóvenes no agotó todos los interrogantes que planteaba el retorno del peronismo al poder. Si bien Perón parecía capaz de cambiar desde el gobierno las políticas que alentara desde la oposición, ¿cabía esperar la misma flexibilidad de un movimiento que había crecido en los últimos dieciocho años con una fuerza contestataria y que se sentía escasamente comprometido con un sistema institucional en el cual su participación había estado siempre retaceada? ¿Cómo podría Perón inculcar la necesidad de la coexistencia política a quienes las constantes proscripciones habían llevado a un sectarismo larvado? ¿Cómo convencer a aquellos que habían visto retroceder su participación en el ingreso de que era prudente compatibilizar las exigencias del trabajo con la estabilidad de la economía? Finalmente, ¿cómo obtener la paz de aquellos cuya violencia Perón había previamente exaltado?

De hecho, el llamamiento del anciano caudillo a la reconciliación encontró mejor acogida entre sus adversarios que entre sus seguidores. Los primeros vieron en el mensaje de Perón una promesa de orden político en una Argentina sacudida por los conflictos y la violencia; los segundos, en cambio, prefirieron ver en el triunfo electoral el esperado momento de su vindicación histórica. Al arribar al poder en 1946, Perón enfrentó un desafío parecido. Pero, mientras que entonces había un caudillo enérgico y ambicioso en el centro de la coalición populista, este Perón que ahora regresaba para disciplinar las esperanzas y las pasiones desatadas por su retorno era un hombre de setenta y ocho años, con su salud quebrantada y la hipoteca de un largo exilio.

Durante los diez meses que le restaban de vida, Perón invirtió los poderes todavía vigorosos de su carisma en canalizar las aspiraciones difusas y virulentas de sus seguidores, por un lado y por otro a reconstruir el maltrecho sistema político heredado. Los dos instrumentos de su proyecto institucional fueron el acuerdo político entre los principales partidos con representación en el Congreso (el peronista y el radical) y el pacto social entre las empresas y los sindicatos. Su nuevo objetivo era una «democracia integrada» en la cual el antiguo modelo orgánico de la comunidad organizada se dilataba para colo-

---

10. *El Descamisado*, 11 de septiembre de 1973; citado en Guido Di Tella, *Perón-Perón, 1973-1976*, Sudamericana, Buenos Aires, 1983, p. 55.

car a los grupos de intereses y los partidos políticos en igualdad de condiciones. La actitud ante las fuerzas armadas fue, a su turno, otra expresión de los nuevos tiempos. Durante el breve gobierno de Cámpora el mando del ejército fue ejercido por el general Jorge Carcagno, que abogó enérgicamente por la unidad de las fuerzas armadas con el pueblo en un patético intento por acomodarse a la compleja situación creada por la victoria peronista. Al asumir la presidencia, Perón promovió un cambio en la jerarquía militar. Nombró a un comandante en jefe apolítico para que substituyese a Carcagno, cuyos intentos por acercarse al gobierno le habían distanciado de los sentimientos que prevalecían entre sus camaradas. Con este gesto Perón quiso subrayar el papel profesional y políticamente prescindente que tenía reservado para las fuerzas armadas durante su tercer presidencia.

El gabinete original de Cámpora fue purgado de sus elementos izquierdistas, que fueron substituidos por viejos y confiables políticos. Las dos figuras más importantes que sobrevivieron a la purga fueron López Rega, en el ministerio de Bienestar Social, y José Gelbard, en el ministerio de Economía. Presidente de la Confederación General Económica (CGE), la asociación representativa de la burguesía media nacional, Gelbard estaba vinculado a Perón desde los años de su segunda presidencia. Las líneas centrales de su programa procuraron compatibilizar los objetivos redistribucionistas de la nueva administración con la situación de coyuntura legada por el régimen militar. El último tramo de la Revolución Argentina estuvo marcado por el relajamiento de los controles estatales sobre la economía. La reanudación de la puja distributiva y el incierto futuro político condujeron a un agravamiento de las presiones inflacionarias.

Los años 1971 y 1972 se caracterizaron por una alta y creciente inflación, que subió desde 39,2 por 100 en 1971 a 64,2 por 100 en 1972, moviéndose hacia una tasa anual del 101 por 100 en los primeros cinco meses de 1973. El déficit fiscal se incrementó desde los bajos niveles de 1968-1970 de menos del 1 por 100 del PBI a algo más del 2 por 100 en 1971 y 1972, con una tasa proyectada del 6 por 100 para 1973. Por su parte, la onda de crecimiento dentro de la que se había desenvuelto la economía nacional desde 1964 parecía a punto de terminar. En los diez años transcurridos desde entonces la actividad económica había crecido a un promedio anual del 4 por 100, sostenida por el aumento de las exportaciones y la maduración de las inversiones realizadas en el mandato de Frondizi. Los datos más recientes indicaban, sin embargo, el progresivo eclipse de esos impulsos. El pico de crecimiento alcanzado en 1969 con un 8,5 por 100 fue disminuyendo al 5,4 por 100 en 1970, 4,8 por 100 en 1971 para caer al 3,2 por 100 en 1972. Con este inquietante panorama, la nueva conducción económica se hizo cargo. Contaba a su favor con una situación externa favorable, debido al extraordinario crecimiento de las exportaciones, que prácticamente se duplicaron entre 1971 y 1972, excediendo el aumento también experimentado por los precios de los productos importados en un 50 por 100.

La primera prioridad del ministro Gelbard fue contener las expectativas inflacionarias colocando bajo control las pujas intersectoriales. Para lo cual aumentó los salarios un 20 por 100, muy por debajo de las demandas sindicales, suspendió las negociaciones colectivas por dos años, congeló el valor de todos los bienes y creó un rígido sistema de fiscalización de precios. Todas estas medidas fueron implementadas mediante la forma de un pacto social entre el Gobierno, la CGT y la CGE. El acuerdo de precios y salarios no encontró gran resistencia en el empresariado, muchos de cuyos miembros lo habían previsto y ya habían aumentado preventivamente sus precios. Distinta fue la situación con respecto al movimiento obrero. Después de la victoria electoral del 11 de marzo, el

recuerdo de una de las primeras decisiones de Frondizi al ser elegido con los votos peronistas —un aumento general de los salarios del 60 por 100—había alentado el optimismo de los dirigentes sindicales, entre ellos, Ricardo Otero, el flamante ministro de
Trabajo. El aumento finalmente obtenido fue claramente inferior y Perón debió aplicar
toda su autoridad política para obtener el consentimiento sindical.

Por otro lado, para una CGT que había reclamado insistentemente durante los gobiernos militares la libertad de negociar los salarios, la firma del pacto social a las pocas
semanas de la instalación de la administración peronista fue una decisión difícil. Para la
cúpula sindical el esquema ideal hubiera sido el mantenimiento de las negociaciones colectivas. De ese modo, hubiera contado con mejores condiciones para recuperar el prestigio perdido durante las forzadas treguas salariales impuestas por los gobiernos militares. Ocurre que en la situación de debilidad política en la que se encontraba dentro del
movimiento peronista obstaculizó cualquier tipo de resistencia y debió correr con los
costos políticos de su obligada solidaridad con las medidas de Perón. No obstante, al firmar el pacto social, los dirigentes sindicales lograron volver de nuevo a los dominios de
la ortodoxia peronista, de los que tantas veces se habían alejado en el pasado. Ello les
permitió recuperar la aprobación de Perón y con su respaldo, consiguieron del Congreso
una ley que suprimía aún más la democracia interna de los sindicatos y protegía sus posiciones de la rebelión antiburocrática en curso desde los tiempos del «cordobazo».

El cambio en las expectativas provocado por el pacto social fue impresionante.
Mientras que en los cinco primeros meses de 1973 el costo de vida había aumentado alrededor de un 37 por 100, de julio a diciembre subió sólo en un 4 por 100. Con estas cifras en la mano, el entusiasmo cundió en las esferas oficiales hasta el punto a que el
ministro de Economía proclamó «la inflación cero» como meta de su gestión. Con las
exportaciones un 65 por 100 superiores a las del año anterior e importaciones cuyo valor
había aumentado alrededor de un 36 por 100, la balanza comercial a finales de 1973 fue
un 30 por 100 superior a la de 1972, galvanizando el optimismo gubernamental. Fue,
empero, en el sector exterior donde surgieron las primeras señales negativas que ensom-
brecieron este panorama optimista. En el mes de diciembre los efectos de la crisis mundial del petróleo alcanzaron a la economía argentina y condujeron a un marcado incremento del precio de los bienes importados. Debido al congelamiento de precios, el
mayor costo de los bienes importados comenzó a erosionar los márgenes de beneficios
de las empresas; algunas compañías interrumpieron o redujeron la producción y todas
unieron sus voces en el clamor contra la rígida política de precios. Gelbard trató de sancionar una resolución que autorizaba a las compañías el traslado de los mayores costos a
los precios, pero Perón ordenó dar marcha atrás bajo el apremio de los sindicatos, que
amenazaron con retirarse del pacto social.

La negativa de los sindicatos a convalidar un aumento de los precios sin un aumento simultáneo de los salarios era comprensible. Mientras que la firma del Pacto Social
había congelado su poder institucional, el triunfo electoral había dado un renovado vigor
a la movilización de las bases obreras. A partir de la asunción del gobierno peronista, los
conflictos en las fábricas se multiplicaron, por las disputas en torno a las condiciones de
trabajo, las regulaciones disciplinarias, los despidos, etcétera. De hecho, las bases obreras se encontraban en un estado general de rebelión. Hostigados por las corrientes de izquierda en auge, para las que el pacto social era una traición, los jefes sindicales bloquearon la propuesta de Gelbard, que sólo favorecía a las empresas. La solución de
emergencia consistió en recurrir a las reservas de divisas externas acumuladas por la ex-

celente balanza de comercio exterior para subsidiar, con un tipo de cambio preferencial, la compra de insumos importados.

No obstante a esa altura, la confianza en la política de ingresos comenzó a flaquear, como lo demostró la proliferación del mercado negro. A la presión que ejercían las empresas para que se diese mayor flexibilidad a los precios, se sumó la actividad de los delegados de los obreros en las fábricas que obtenían aumentos salariales encubiertos por medio de la reclasificación de los puestos de trabajo o el incremento de las primas de productividad. Mientras tanto, se hizo visible la incongruencia entre la rígida política de precios y la indulgente política monetaria adoptada para asistir a un déficit fiscal que superaba el 6 por 100 del PIB.

A comienzos de 1974 la necesidad de revisar los acuerdos sobre precios y salarios se volvió imperativa, y en febrero Gelbard convocó a la CGE y la CGT. Después de varias semanas, las partes tuvieron que reconocer que era imposible llegar a un acuerdo y Perón se vio obligado a mediar entre ellas. El arbitraje que se dio a conocer el 28 de marzo establecía un aumento salarial que era entre un 5 y un 6 por 100 superior a la disminución de los salarios reales y autorizaba a las compañías a subir los precios en un monto a decidir por el gobierno. Aunque los líderes de la CGT albergaban la esperanza de un aumento mayor, la decisión fue interpretada como una medida favorable a los obreros. Cuando en abril fueron anunciados los nuevos niveles de precios, fijando un margen de beneficios inferior al que exigían las empresas, ésta fue la señal para el lanzamiento de una sistemática transgresión del pacto social. Entre abril y mayo el costo de vida aumentó un 7,7 por 100, cuando en junio había subido sólo un 2,8 por 100. La reanudación de la puja por los ingresos muy pronto hizo que la inflación cero pasara a la historia.

La última aparición pública de Perón, un mes antes de su muerte, fue también la más dramática. El 12 de junio salió al escenario de sus pasados triunfos, el balcón de la Casa Rosada, y amenazó a la multitud apresuradamente reunida con abandonar la presidencia si persistía el sabotaje y el cuestionamiento a su gobierno.

Poco menos de un mes antes, en las celebraciones tradicionales del Día del Trabajo, el 1 de mayo, había culminado de forma espectacular el enfrentamiento entre la juventud radicalizada y Perón. Hostigado por las críticas y los gritos que interrumpían su discurso, Perón acusó a los jóvenes de ser «mercenarios pagados por extranjeros» y pidió la expulsión de los «infiltrados» en el movimiento peronista. Esta ruptura venía preparándose desde principios de año, cuando las exhortaciones iniciales a la moderación fueron seguidas de una drástica ofensiva contra las posiciones oficiales aún en poder del ala radical del peronismo. El reemplazo del gobernador de la provincia de Buenos Aires después de un acción armada del ERP en una base militar, la destitución por la fuerza del gobernador de Córdoba, el allanamiento de las oficinas de la juventud peronista y la prohibición de sus publicaciones formaron parte de una campaña que no dejó duda alguna sobre la incompatibilidad de las dos vertientes que habían convergido en la vuelta del peronismo al poder: la que encabezaba la ola de movilizaciones populares y apuntaba a la ruptura del orden político en nombre del populismo revolucionario y la que, centrada en el partido y los sindicatos, respondía a los ideales tradicionales de Perón.

Sobre el fondo de este enfrentamiento, los conflictos laborales continuaban con redoblada intensidad. Entre marzo y junio se registró el promedio de huelgas por mes más alto en los tres años que duraría el gobierno peronista. Lanzadas en abierta rebeldía contra los acuerdos del pacto social, las luchas salariales demandaban y obtenían de las empresas aumentos sustancialmente superiores a los conseguidos por la CGT. El éxito de los conflictos estuvo en gran medida asegurado por el cambio de actitud por parte del mundo de los negocios. El laudo del 28 de marzo debilitó su ya escasa disposición a llegar a un acuerdo sobre la política de ingresos. En lugar de resistir las demandas salariales, los empresarios optaron por acceder a ellas sólo para trasladarlas inmediatamente a los precios sin esperar la autorización del gobierno. Alarmados por la situación, los dirigentes de la CGT acudieron a Perón a principios de junio para pedirle alguna reacción oficial que aliviara la presión a la que estaban sometidos. En su último discurso del 12 de junio éste procuró, con su propia autoridad política, llenar el vacío que rodeaba su proyecto de gobierno. Perón no tuvo tiempo de recoger los frutos de este esfuerzo final pues moriría poco después, el 1 de julio.

Al iniciar su tercera presidencia, Perón fue consciente de que la formidable mayoría electoral del 62 por 100 obtenida en 1973 era insuficiente para mantenerle en el poder. Un gobierno peronista apoyado exclusivamente en sus propias bases podía ser, muy pronto, un gobierno vulnerable a las presiones de la oposición que, aunque derrotada políticamente, contaba con el poderoso respaldo de las grandes empresas y la jerarquía militar. Con el fin de evitar los previsibles riesgos de aislamiento político, Perón había procurado tejer una red de acuerdos como los que animaban al pacto social y a la convergencia con el Partido Radical en el Congreso. Una vez que hubo muerto, sus sucesores abandonaron sus objetivos de reconciliación política y colaboración social, que, para entonces, habían sufrido un retroceso apreciable. Más inspirados por el sectarismo al que los habían acostumbrado los dieciocho años de semilegalidad política que por las lecciones sobre el arte de conquistar y conservar el poder que les impartiera Perón, sus sucesores —Isabel Perón y sus colaboradores y los dirigentes sindicales— se dedicaron a desmantelar los acuerdos heredados y a proclamar que había llegado la hora de la reparación histórica.

El primer paso en esa dirección apuntó contra Gelbard, quien, terminado el breve armisticio que siguió a la muerte de Perón, presentó su dimisión en octubre. Con su alejamiento, se aflojaron los vínculos que unían a la CGE y al gobierno. Una suerte similar corrieron los acuerdos interpartidarios. Después de hacerse cargo de la presidencia, la esposa de Perón reorganizó el gabinete y substituyó a los representantes de los partidos que habían formado el frente electoral por miembros de su círculo íntimo. También puso fin a las relaciones especiales con el Partido Radical, que ya no sería consultado en las decisiones importantes de gobierno. Mientras tenía lugar esta operación de homogeneización política, la violencia entró en una nueva fase. A finales de 1974 los Montoneros anunciaron que pasaban a la clandestinidad para continuar la lucha, ahora contra el gobierno de Isabel Perón. Por esa misma fecha, entró en la escena un grupo terrorista de derecha, bajo el nombre de la Triple A (Alianza Argentina Anticomunista), armado y dirigido por López Rega, el ministro de Bienestar Social y secretario privado de la presidenta.

En el plazo de pocos meses el panorama político quedó reducido a las arcanas maniobras palaciegas del séquito presidencial y a la rutina macabra de los partidarios de la violencia. Por su lado, las protestas obreras tendieron a disminuir debido en parte al clima de inseguridad y en parte, también, porque la represión iba eliminando, uno tras otro, los bastiones de la oposición sindical de izquierda. Finalmente, el grupo que rodeaba a Isabel Perón y los dirigentes sindicales quedaron frente a frente. En torno de las aspiraciones rivales de ambos sectores habría de librarse la última contienda que precipitó la caída del peronismo.

A pesar del cuadro alentador esbozado por Gelbard al dejar el cargo —un crecimiento del 7 por 100 del PBI en 1974 y un descenso del desempleo del 6 por 100 en abril de 1973 al 2,5 por 100 en noviembre de 1974—, las perspectivas económicas inmediatas eran preocupantes. En julio la Comunidad Económica Europea había prohibido la importación de carne argentina, afectando fuertemente el volumen y el valor de las exportaciones. Mientras tanto, los precios de las importaciones continuaron en ascenso. Temiendo los efectos que pudiera tener en los salarios reales y las tendencias inflacionarias, Gelbard no había reajustado el tipo de cambio y con ello fomentó una corriente de importaciones especulativas. El superávit de 704 millones de dólares acumulado en 1973 se convirtió en un déficit de 216 millones en la segunda mitad de 1974, haciendo aparecer en el horizonte el perfil familiar de la crisis externa. La primera tarea del nuevo ministro de Economía, Alfredo Gómez Morales, fue ajustar una economía «recalentada» por el casi pleno empleo, la creciente oferta de dinero y la tasa de inflación en alza, a la crítica situación del sector externo.

Figura central en la adopción del exitoso programa de estabilización de 1952, Gómez Morales había sido presidente del Banco Central durante la administración de Gelbard, cargo que abandonó en disidencia con la permisiva política fiscal. Con sus primeras medidas intentó cambiar el rumbo, aumentando el control del gasto público, reduciendo la expansión monetaria y subiendo los precios de manera selectiva. Si bien necesarios, los ajustes fueron demasiado moderados y no incluyeron el tipo de cambio, que continuó apreciándose en términos reales, con la consiguiente pérdida de divisas. Recién en marzo de 1975 dispuso una devaluación, que redujo pero no eliminó la sobreevaluación de la moneda. En consonancia con el enfoque gradualista de Gómez Morales, también se aumentaron los salarios. Este hesitante cambio de la política económica tropezó, además, con un obstáculo inesperado: el nuevo ministro no formaba parte del círculo íntimo de la presidenta. Así, durante los 241 días que permaneció en el puesto esperó en vano la aprobación oficial de la adopción de medidas más firmes, mientras contemplaba impotente, el deterioro de la situación económica.

En este clima de indefiniciones se produjo la convocatoria a negociaciones colectivas en febrero, tal como estaba previsto. Bien pronto, la discusión de los nuevos contratos salariales llegó a un punto muerto por falta de directivas gubernamentales para la negociación. Los sindicatos habían esperado ansiosamente la apertura de las tratativas directas con las empresas para poder rehabilitar su maltrecho liderazgo después de casi dos años de política de ingresos. Pero la presidenta, bajo la poderosa influencia de López Rega, no prestó atención a sus preocupaciones, ocupada como estaba preparando un drástico realineamiento de las bases políticas y sociales del gobierno.

En esencia, el plan de Isabel Perón apuntaba a ganarse la confianza de las fuerzas armadas y del mundo económico suprimiendo la subversión por medio de las bandas terroristas de la Triple A, lo cual evitaría la intervención directa de los militares; la erradicación de la izquierda en su último refugio, la universidad; el vuelco hacia el capital extranjero y la economía de mercado, con una reducción de los salarios y la restauración de la disciplina laboral; y, finalmente, la expulsión del movimiento sindical de la estructura de poder. En nombre de estos ambiciosos objetivos reclamó a los militares que abandonaran la neutralidad política que habían mantenido desde la dimisión del general Carcagno. Este objetivo pareció haberse alcanzado cuando, en mayo, el nuevo comandante en jefe del ejército, el general Alberto Numa Laplane, abogó por el apoyo táctico al gobierno. Isabel y López Rega creyeron entonces que había llegado el momento de efectuar su audaz giro hacia la derecha.

Cuando llegó el día previsto para la finalización de las negociaciones salariales, el 31 de mayo, sin que una definición oficial destrabara los nuevos contratos, la protesta obrera desbordó del control de los sindicatos y se sucedieron las manifestaciones callejeras y las ocupaciones de fábricas. Ese mismo día se aceptó la dimisión de Gómez Morales y en su reemplazo fue designado Celestino Rodrigo, miembro conspicuo del séquito presidencial. Rodrigo anunció un programa de medidas consistente en un aumento del orden del 100 por 100 en el tipo de cambio y el precio de los servicios públicos, al tiempo que recomendaba un incremento del 40 por 100 como guía en las negociaciones salariales.

Un reajuste de los precios relativos era previsible, después de un período de inflación reprimida y sobreevaluación de la moneda. Sin embargo, tanto la magnitud del reajuste como el momento elegido para anunciarlo parecieron indicar que la presidenta pretendía crear una situación insostenible para los líderes sindicales en su relación con las bases, y recortar, así, su influencia política. De pronto, éstos se encontraron luchando ya no sólo por un incremento salarial, sino también por su propia supervivencia política. En las dos semanas siguientes presionaron hasta obtener la anulación de las restricciones que pesaban sobre la libre negociación salarial. De este modo, al cabo de una serie de agitadas sesiones, frente a unos empresarios que depusieron toda resistencia, lograron aumentos salariales que llegaron a un promedio del 160 por 100.

La respuesta de Isabel Perón fue igualmente contundente. El 24 de junio anuló los acuerdos entre empresarios y sindicatos y ofreció un aumento salarial del 50 por 100 al que seguirían otros dos del 15 por 100 en agosto y octubre. El anuncio presidencial provocó la inmediata paralización del trabajo en los principales centros del país, colocando a los líderes sindicales ante una encrucijada que habían procurado tenazmente evitar: o bien continuar con la confrontación y correr el riesgo de precipitar la caída del gobierno o aceptar la propuesta oficial y resignarse a la derrota política y a la pulverización de su prestigio ante las bases obreras. El impasse se prolongó durante una semana en la que en el país nadie trabajó. La CGT no tuvo más remedio que ratificar el hecho consumado y convocar una huelga general de cuarenta y ocho horas para el 7 de julio. Esta decisión, que no tenía precedentes en la historia del peronismo, reunió frente a la Casa Rosada a una airada multitud, que reclamó la renuncia de los colaboradores de Isabel Perón y la aprobación de los acuerdos salariales. En contra de las expectativas de los círculos oficiales, los militares se mantuvieron al margen del conflicto. Abandonados a su propia suerte, López Rega y Rodrigo dimitieron y el Gobierno tuvo que volver sobre sus pasos y acceder a las exigencias de los trabajadores. La crisis política concluyó con la victoria de los líderes sindicales, que, mientras renovaban su apoyo a la esposa de Perón, se habían ocupado de hacer fracasar la operación política que pretendía desalojarlos del poder.

Después de este dramático episodio, el gobierno peronista ya no volvería a recuperar su credibilidad. Duró otros ocho meses más, en el curso de los cuales la amenaza de un golpe militar acompañó cada uno de sus pasos y profundizó la crisis política. Tras la dimisión de López Rega, la presidenta solicitó autorización para abandonar temporalmente sus obligaciones, y una coalición de sindicalistas y viejos políticos peronistas se hizo cargo del gobierno bajo la dirección del presidente del Senado, Italo Luder. El general Numa Laplane también fue obligado a renunciar por el alto mando militar; el nuevo comandante en jefe, el general Jorge Videla, colocó nuevamente al ejército a una prudente distancia del gobierno, al tiempo que su participación en la lucha antisubversiva pasó a ser más directa, al recibir del presidente interino la autorización para dirigir las operaciones contra la guerrilla.

La consecuencia inmediata de las medidas que tomó Rodrigo y de la contraofensiva sindical fue una violenta aceleración de la tasa de inflación. En los meses de junio, julio y agosto los precios al consumo subieron un 102 por 100, más próximos a una tasa mensual del 7 al 10 por 100 que a la de 2 al 3 por 100 que había sido el promedio de los últimos treinta años. Para ocupar la cartera de Economía los sindicatos propusieron a Antonio Cafiero, cuya política consistió en una indexación gradual de los precios, los salarios y el tipo de cambio. Esta táctica tuvo el mérito de evitar graves distorsiones de los precios relativos, pero también comportó el reconocimiento de que era imposible reducir las presiones inflacionarias. De todos modos, permitió revertir la tendencia desfavorable al sector exterior, con la ayuda de la moneda devaluada que había heredado y un poco de financiación a corto plazo que obtuvo del FMI y otros organismos públicos y privados. Los efectos se sentirían sobre todo durante el primer trimestre de 1976, cuando la balanza comercial mostraría su primer superávit en quince meses.

Incapaz de frenar la elevada y fluctuante tasa de inflación, Cafiero tuvo que aceptar una de sus consecuencias previsibles, la vertiginosa expansión de la especulación financiera. Ante la depreciación del valor de los bienes y los salarios, los agentes económicos encontraron más provechoso entregarse a la febril manipulación de las diferencias entre el dólar oficial y el dólar del mercado negro, entre el interés que reportaban los títulos públicos y la tasa de inflación. La vorágine especulativa atrajo a capitales de toda la economía y de ella participaron tanto las grandes compañías como los pequeños ahorristas. Bajo el efecto de la aceleración de los precios, la economía empezó a deslizarse desde la situación de «recalentamiento» en abril, con fuertes presiones sobre la demanda y un bajo índice de desempleo, hacia una situación cercana a la recesión en julio y agosto. En Buenos Aires el desempleo subió del 2,3 por 100 al 6 por 100 y en Córdoba alcanzó el 7 por 100. La reducción de la producción industrial fue del 5,6 por 100 en el tercer trimestre del año y del 8,9 por 100 en el último. El empeoramiento de la situación económica no atenuó el nivel de conflictos laborales, pero en el nuevo escenario éstos fueron más prolongados y de más difícil solución.

En este contexto, aumentó la actividad de la guerrilla, que secuestraba y asesinaba a gerentes de empresas con el fin de obligarlos a aceptar las exigencias de los obreros. Estas acciones desencadenaban represalias igualmente violentas de grupos paramilitares contra activistas sindicales. Las fábricas se convirtieron así en un escenario más de la ola de violencia que servía de trágico telón de fondo a la crítica situación económica. En la segunda mitad de 1975 la guerrilla decidió intensificar sus operaciones; además de secuestros, asesinatos y atentados con bombas, los Montoneros y el ERP llevaron a cabo acciones más ambiciosas contra objetivos militares. La presión de las fuerzas de seguridad, sin embargo, les obligó a volver a un terrorismo más rudimentario que hizo evidente su ya irreversible aislamiento de los movimientos de protesta popular. Bajo el efecto de los actos de violencia cotidianos, vastos sectores de la población comenzaron a contemplar la posibilidad de una intervención militar. Pero los comandantes militares no parecían ansiosos por actuar, y, al parecer, preferían que la crisis se agudizara con el fin de encontrar un apoyo más amplio cuando finalmente decidieran intervenir.

La coalición de sindicalistas y políticos que sostenía a Luder en la presidencia defraudó las expectativas de estabilidad que había suscitado. Las demandas exageradas de los sindicatos hicieron difícil la coexistencia con los políticos moderados al tiempo que sembraban la alarma entre los círculos de poder tradicionales. Una nueva organización empresarial, la Asamblea Permanente de Asociaciones Gremiales (APEGE), encabezada por el gran capital agrario e industrial, ocupó el lugar que había dejado vacante la CGE para asumir una postura de abierta rebeldía contra el gobierno. En enero de 1976 Isabel volvió al palacio presidencial y reorganizó el gabinete, desprendiéndose de los ministros vinculados a la alianza de líderes sindicales y políticos y rodeándose de figuras ajenas al movimiento peronista. Algunas de ellas eran supervivientes de la camarilla de López Rega, otras eran funcionarios desconocidos, pero todas estaban dispuestas a seguir a esta mujer solitaria, heredera de los ideales de un movimiento en cuya historia no había participado, a cuyos líderes naturales detestaba y cuyos seguidores no le inspiraban más que desconfianza. La reacción inicial de quienes habían sido separados de sus cargos fue de indignación; se llegó incluso a discutir la posibilidad de entablar un juicio político a la presidenta bajo la acusación de uso indebido de fondos públicos. Muy pronto, sin embargo, se inclinaron ante lo inevitable, conscientes de que la caída del gobierno era inminente, como lo presagiaba un fallido levantamiento militar en diciembre de 1975.

Durante estas tensas jornadas, el Partido Radical intentó recuperar el papel de principal partido de la oposición que se le había negado en los últimos tres años, durante los cuales el propio peronismo desempeñó el papel de oficialismo y de oposición al mismo tiempo. Confinados a la periferia de los conflictos que estaban desgarrando el movimiento creado por Perón, hasta entonces los radicales habían centrado su discurso en la defensa del orden institucional, actitud que llevó a extremos inusitados su tolerancia hacia la conducta del veterano líder populista y sus sucesores. En un postrer esfuerzo, propusieron la formulación de un gobierno sin Isabel Perón, pero dentro del peronismo nadie hizo caso a su llamamiento. Con la mirada puesta ya en el período que se abriría después del inevitable golpe de Estado, los sindicalistas y los políticos peronistas prefirieron cerrar filas detrás de la esposa de Perón. Ésta, por su parte, dedicó sus últimos días a lanzar una serie de medidas económicas que imaginaba afines a las necesidades de la jerarquía militar y las grandes empresas.

Durante los primeros días de marzo un nuevo ministro de Economía trató de hacer frente al descalabro económico con otro cambio brusco de los precios relativos. El tipo de cambio y los precios de los servicios públicos fueron aumentando entre un 90 y un 100 por 100 al tiempo que se incrementaban los salarios en un 20 por 100. Al igual que la medida anterior de Rodrigo, este nuevo reajuste incluía explícitamente un descenso de los salarios reales. Una ola de huelgas empezó a paralizar los centros principales fabriles en repudio a las medidas económicas. Cuando todo parecía conducir a un enfrentamiento similar al de junio de 1975, los militares salieron de los cuarteles y derrocaron el gobierno, sin encontrar oposición alguna.

EL PROCESO DE REORGANIZACIÓN NACIONAL, 1976-1983

Para un país con un larga historia de intervenciones militares, el golpe de estado de 1976 no tuvo sorpresas. Acostumbrados a leer los signos premonitorios, la mayoría de los argentinos vio en el golpe un desenlace inevitable. Las fuerzas armadas habían asistido a la agonía del gobierno de Isabel Perón, esperando pacientemente que la profundización de la crisis política legitimara una nueva intervención militar. Cuando decidieron actuar, encontraron amplio eco en la opinión pública. Como en 1955 y 1966, el golpe de Estado de 1976 fue un evento popular, pero mientras que en 1955 y 1966 el clima era de optimismo y esperanza, la angustia y el miedo acompañaron a la nueva solución autoritaria.

Muchos fueron los que compartieron la sombría evaluación de los militares del estado del país:

> Agotadas todas las instancias del mecanismo constitucional, superada la posibilidad de rectificaciones dentro del marco de las instituciones y demostrada en forma irrefutable la imposibilidad de la recuperación del proceso por sus vías naturales, llega a su término una situación que agrava a la nación y compromete su futuro. Nuestro pueblo ha sufrido una nueva frustración. Frente a un tremendo vacío de poder, capaz de sumirnos en la disolución y la anarquía; a la falta de capacidad de convocatoria que ha demostrado el gobierno nacional..., a la falta de una estrategia global que, conducida por el poder político, enfrentara a la subversión; a la carencia de soluciones para problemas básicos de la nación, cuyo resultado ha sido el incremento permanente de todos los extremismos; a la ausencia total de los ejemplos éticos y morales que deben dar quienes ejercen la conducción del estado; a la manifiesta irresponsabilidad en el manejo de la economía que ocasionara el agotamiento del aparato productivo... las Fuerzas Armadas, en cumplimiento de sus obligaciones permanentes, han asumido la conducción del Estado.[11]

Los comandantes en jefe de las tres armas se erigieron en poder supremo y nombraron presidente al general Jorge Videla, para ocupar la presidencia del país. Las ventajas otorgadas al ejército por ser el arma más antigua terminaron allí. La administración gubernamental fue luego dividida en partes equivalentes puestas respectivamente bajo jurisdicción del ejército, la marina y la fuerza aérea. Esta novedad institucional, que recortaba la preeminencia tradicional del ejército, debía mucho al fuerte liderazgo del almirante Emilio Massera, que logró recuperar para la marina las posiciones perdidas durante los enfrentamientos intra-militares de 1962. Bajo la conducción de la junta militar se inició así lo que se llamó «el proceso de reorganización nacional». Las consignas eran simples: eliminar la amenaza subversiva, suprimir la corrupción y superar el caos económico. Detrás de estas consignas había una intención ambiciosa: transformar las bases mismas de la sociedad argentina, que a juicio de los militares, habían engendrado los males que se disponían a combatir. En 1976 reapareció el ideal militar de la revolución regeneradora, listo para hacerse cargo de las tareas incumplidas y para devolver al país una solución política y económica definitiva.

Era previsible que el régimen militar pusiera en práctica una dura política de represión, pero la escala y la naturaleza de la violencia a la que apeló fueron inéditas. Las medidas iniciales se ajustaron a un repertorio conocido: la prohibición de la actividad política, la censura de prensa, la detención de dirigentes obreros y la intervención en los sindicatos. A ellas se agregó la pena de muerte, administrada de una forma que se apartó de todo lo conocido.

En primer lugar, las víctimas. Aunque el objetivo de los militares era acabar con la subversión, su acción represiva estuvo lejos de limitarse a los guerrilleros. El propio Videla dijo que «un terrorista no es sólo el portador de una bomba o una pistola, sino también el que difunde ideas contrarias a la civilización occidental y cristiana». Así, el enemigo incluyó a cualquier clase de disidentes; junto con los guerrilleros y el entorno que

---

11. Citado en Carlos Floria y César García Belsunce, *Historia política de la Argentina contemporánea*, Hachette, Buenos Aires, 1988, p. 238.

los apoyaba dándoles refugio y alimentación, también cayeron bajo la mira de la represión, políticos, sindicalistas, intelectuales. Para los militares, esa amenaza comunista que habían denunciando en los últimos veinte años, esta vez se había corporizado y atrevido, además, a desafiarlos con las armas.

En segundo lugar, la metodología de la violencia. Fueron creados consejos de guerra a los que se facultó para dictar sentencias de muerte por una gran variedad de delitos. Pero no fue a través de ellos que se operó básicamente la justicia sumaria de los militares. La infraestructura represiva se basó, más bien, en centros de detención oficialmente autorizados, pero clandestinos, y en unidades especiales de las tres fuerzas militares y la policía, cuya misión era secuestrar, interrogar, torturar y, en la mayoría de los casos, matar. Esta infraestructura era altamente descentralizada; la autoridad real era conferida a los comandante regionales, que en sus propios feudos eran el poder supremo y sólo informaban a sus respectivos superiores. Este mecanismo tenía varias ventajas: era una red difícil de infiltrar, era inmune a la influencia de parientes bien relacionados de las víctimas y permitía al gobierno negar toda responsabilidad en la violación de los derechos humanos.

Entre 1976 y 1979 una ola de terror se abatió sobre el país. Las actividades de la maquinaria represiva fueron fundamentalmente secretas, por lo que resultaba difícil establecer el número de víctimas. Éstas pasaron a formar parte de una categoría por la que Argentina se hizo tristemente famosa: «los desaparecidos», aquellos de los que nunca se volvió a saber nada. Al principio, la violencia no fue exclusivamente unilateral. En los nueve meses que siguieron al golpe de estado, la guerrilla llevó a cabo espectaculares actos de terrorismo contra blancos militares. La respuesta de las fuerzas armadas fue fulminante y abrumadora. Centenares de guerrilleros fueron muertos en las calles mientras oponían una resistencia desesperada. Pero la causa principal del derrumbe de la guerrilla fueron los secuestros y sus consecuencias. Al cabo de un tiempo, la mayoría de los secuestrados caían con la moral quebrantada. Acuciados por el dolor físico de las torturas, sin esperanza en el porvenir de una lucha que sólo cosechaba derrotas, terminaban delatando a sus compañeros y engrosando, así, el caudal de víctimas. Muchos fueron así los inocentes que corrieron igual suerte al quedar atrapados en la vasta red de operaciones de contrainsurgencia.

La política de exterminio que emprendieron las fuerzas armadas llevó al paroxismo la cultura de violencia que floreció en Argentina después del «cordobazo» de 1969. La opinión pública se vio sometida a una intensa propaganda dirigida a hacer aceptable el uso de las armas. Pensar en términos bélicos fue una operación ideológica que precedió a los hechos, prefigurándolos antes de que se convirtieran en realidad. Primero fue la rebelión de los jóvenes, que en nombre de la revolución postularon la necesidad de recurrir a la violencia. Luego, las bandas terroristas de la derecha que crecieron al amparo del gobierno de Isabel Perón, enarbolaron las mismas consignas. La represión del régimen militar se instaló en un país donde el culto de la violencia se había desarrollado hasta límites desconocidos. Todos los frenos morales estaban rotos cuando, en una nueva vuelta de tuerca, la Argentina fue sumergida en lo que los propios militares llamaron la «guerra sucia».

El trágico desenlace contó al principio con cierta tolerancia por parte de los políticos y los intelectuales. Cuando despuntó la utopía armada de los jóvenes, a principios de la década de 1970, muchos vieron en ella una comprensible reacción frente al autoritarismo militar. Más tarde, durante los dramáticos años del retorno del peronismo al poder, la violencia se convirtió en un fenómeno cotidiano al que la opinión pública se resignó impotente. El colapso moral de una sociedad indefensa abrió luego las puertas a una represión implacable, clandestina e indiferente a los derechos humanos fundamentales. El pánico de quienes habían alentado la aventura guerrillera fue silenciado por la actitud de una mayoría de los argentinos, que, cansados y atemorizados, optaron ciegamente por ignorar la cruenta experiencia que tenía lugar a sus espaldas.

En este clima de atonía colectiva, el régimen militar montó su cruzada ideológica, reiterando los temas consabidos de la mentalidad autoritaria. Había, empero, novedades en este lenguaje. Los ideólogos de la derecha católica, que diez años antes habían acompañado al general Onganía abogando por un sistema corporativista, en 1976 no tuvieron influencia alguna. En esta oportunidad, fueron las ideas del liberalismo conservador las que conquistaron un lugar predominante en el seno del régimen militar.

Tradicionalmente, los militares argentinos habían mantenido una relación conflictiva con esta corriente de ideas dominante en el *establishment* económico. Aunque las fuerzas armadas compartían su desdén por los partidos políticos y el sufragio universal, nunca habían aceptado del todo la crítica de los círculos liberales a las políticas de signo nacionalista e intervencionista del estado, al modelo de industrialización hacia adentro, a los excesos de la legislación laboral. Como resultado de las lecciones sacadas de la reciente experiencia peronista, los liberales lograron mostrar que la política y las prácticas que criticaban eran las que habían creado las condiciones propicias a la subversión social. Preservar la seguridad nacional significaba no sólo destruir el movimiento guerrillero, sino también erradicar un modelo de desarrollo que era su caldo de cultivo. Así, los liberales lograron imponer su impronta ideológica, aunque los jefes militares no renunciaron a sus propias obsesiones y fijaron límites y las condiciones. El hombre que encarnó los ideales del liberalismo conservador fue el ministro de Economía, José Martínez de Hoz, descendiente de una familia terrateniente tradicional, presidente de la mayor compañía siderúrgica privada y quien había desempeñado el mismo cargo durante la accidentada presidencia de Guido en 1962.

La crítica situación por la que atravesaba el sector externo a comienzos de 1976 tuvo prioridad en la agenda del nuevo ministro. Las reservas disponibles de divisas estaban prácticamente agotadas, pero gracias a su fluido acceso a fuentes financieras internacionales, Martínez de Hoz logró conjurar el riesgo de la cesación de pagos. En agosto se firmó un acuerdo *stand-by* con el FMI, que permitió contar con los fondos necesarios; 300 millones de dólares fueron aportados por ese organismo y 1.000 millones por un conjunto de bancos liderados por el Chase Manhattan. Una vez ordenado el sector externo, la atención de las autoridades económicas se concentró en la política antiinflacionaria. Dicha política, de inspiración ortodoxa, se vio facilitada por algunas decisiones tomadas por el gobierno anterior. Poco antes del golpe de Estado, la administración peronista alteró drásticamente los precios relativos, a través del ajuste de las tarifas de los servicios públicos y del tipo de cambio en una proporción superior al crecimiento de los salarios. Martínez de Hoz aprovechó para congelar los salarios, al tiempo que eliminó los controles a los precios existentes. Como consecuencia, los salarios reales cayeron de forma abrupta. Cinco meses después, cuando el poder adquisitivo de los salarios era inferior en un 40 por 100 respecto de 1972, las remuneraciones nominales fueron ajustadas periódicamente acorde con la inflación. El déficit fiscal, a su vez, fue reducido a la mitad, hasta situarlo en alrededor del 8,4 por 100 del PIB durante el último tramo de 1976, por medio de un incremento real de la recaudación y una caída de los salarios de los empleados públicos. La fuerte contracción salarial permitió reducir los gastos sin tener que apelar a despidos masivos, alternativa que había desaconsejado la junta militar.

Luego de un rebrote inicial de los precios por la supresión de los controles, la tasa de inflación se situó en un 4,3 por 100 en julio. Este éxito se vio contrarrestado por un descenso de la actividad económica debido a la disminución de la demanda producida por la caída de los salarios reales. La reducción de los costos laborales alentó, a su turno, la expansión de las inversiones y las exportaciones. El mejoramiento de la situación externa completó este auspicioso panorama y el gobierno confió en haber encontrado una salida rápida a la crisis. La caída de los salarios reales no se consideró un factor negativo sino el precio inevitable a ser pagado para reorganizar la economía.

Esta fórmula, que combinaba el crecimiento con una redistribución regresiva de ingresos, ya se había utilizado a comienzos de la década de 1960. Martínez de Hoz creyó que había llegado el momento de poner en marcha un proyecto más ambicioso: la nueva estrategia de crecimiento hacia fuera. Esta estrategia pretendía corregir casi cincuenta años de historia económica, durante los cuales, la industria argentina había estado protegida por altas barreras arancelarias. La visión oficial entendía que este modelo de desarrollo semiautárquico había creado las condiciones para la intervención discrecional del estado y, al frenar la competencia, era la causa de la falta de eficiencia de los empresarios locales. La primera medida en la nueva dirección fue un plan cuyo objetivo era reducir los derechos ad valorem sobre las importaciones a lo largo de un período de cinco años.

Sin embargo, el optimismo del las autoridades económicas no duró mucho porque la inflación se mostró renuente a bajar. A principios de 1977 los precios aumentaban entre un 7 y un 10 por 100 mensual. Detrás de la evolución del índice de precios estaban operando los nuevos comportamientos inducidos por la aceleración inflacionaria de 1975. Desde entonces era una práctica general entre los empresarios hacer ajustes rápidos de sus precios para responder a los cambios de la coyuntura. Los contratos eran de corto plazo, los salarios se revisaban cada tres meses y la libertad de precios permitía a las compañías reaccionar rápidamente frente a las variaciones de las tarifas del sector público, la tasa de cambio o los salarios. La economía entró en un creciente proceso de indexación, fortaleciendo así la extraordinaria resistencia mostrada por la tasa de inflación.

La persistente alza de los precios comenzó a inquietar a la junta militar, que había hecho de la lucha contra la inflación uno de sus objetivos inmediatos. En abril de 1977 Martínez de Hoz pidió al sector empresarial una tregua de precios de 120 días, pero ésta se llevó a cabo con tan poca convicción que sus efectos fueron insignificantes. A mediados de año, el equipo económico hizo su propio diagnóstico: la inflación era un fenómeno monetario y la incapacidad de frenarla se debía al hecho de que la oferta monetaria no había sido estrictamente controlada. Por consiguiente, el nuevo intento de controlar la inflación consistió en una política monetaria restrictiva que se puso en práctica dentro del marco de otra ambiciosa reforma: la reforma financiera.

Esta reforma modificó el sistema impuesto por el anterior gobierno peronista y estableció que la capacidad de los bancos para conceder empréstitos estaba en relación directa con los depósitos que pudieran captar del público. Esto condujo a la liberación de las tasas de interés para facilitar la competencia. Sin embargo, los militares se opusieron a eliminar la garantía del Banco Central sobre los depósitos. Así, se desarrolló un peligroso sistema híbrido en el cual coexistían tasas de interés libres y depósitos garantizados, que hizo que la competencia por fondos entre las entidades financieras fuese muy fácil y sin riesgos. Esto condujo a una expansión excesiva del sistema financiero, que se pobló de aventureros y especuladores.

Las tasas de interés aumentaron considerablemente en términos reales y perjudicaron la reactivación económica iniciada a fines de 1976. No obstante, después de dos años de recesión, 1977 terminó con una tasa positiva de crecimiento del 4,9 por 100. Hubo también un superávit en la balanza comercial de 1.500 millones de dólares, y el déficit fiscal continuó siendo reducido (3,3 por 100 del PIB). Sin embargo, el aumento anual de los precios al consumidor se mantuvo en la alta tasa de un 180 por 100.

Los éxitos prometidos por la política monetaria restrictiva tardaban en materializarse, y las fuerzas armadas no estaban dispuestas a enfrentar las consecuencias sociales y políticas de una recesión prolongada. A diferencia de lo que ocurriera en Chile, la junta militar había vetado el recurso al desempleo. En marzo de 1978, sobre el trasfondo de una tasa mensual de inflación del 11,1 por 100 y del nivel más bajo de actividad desde 1973, Martínez de Hoz volvió a cambiar su política. La inflación se concebía ahora como expresión de las expectativas de agentes económicos que, en un clima de incertidumbre, adoptan medidas defensivas. En vista de ello, decidió retrasar los incrementos de las tarifas públicas y el tipo de cambio con relación a la inflación anterior. En diciembre de 1978 esta decisión se convirtió en política oficial por medio de un programa que determinaba los incrementos futuros de la tasa de cambio y de las tarifas públicas, y fijaba pautas para el aumento del volumen del crédito interno. En enero de 1979, los incrementos previstos en estas variables económicas se establecieron en niveles muy inferiores a los índices de inflación registrados a fines de 1978.

Mientras se ponía en marcha este temerario experimento económico, Argentina fue llevada a un grave conflicto con Chile. Un año antes, la junta militar había rechazado el fallo del arbitraje confiado a Gran Bretaña sobre la larga disputa con Chile relativa al control del Canal de Beagle, situado en el extremo más meridional de Argentina, que beneficiaba al país transandino. En diciembre de 1978 las conversaciones bilaterales con el gobierno de Pinochet se encontraban en un punto muerto. Las fuerzas armadas argentinas estaban listas para entrar en acción, cuando una intervención a última hora del Vaticano evitó la guerra en ciernes. La principal consecuencia económica de este incidente fue el reequipamiento de las fuerzas armadas. En 1979, 1980 y 1981, el gasto militar alcanzó niveles sin precedentes y fue responsable en gran parte de la reversión en la tendencia del déficit fiscal y el aumento de la deuda exterior debido a la compra de armas en el extranjero.

En 1979 la política represiva del régimen militar se atenuó; de hecho, sus objetivos se habían alcanzado. El movimiento guerrillero había sido destruido y quienes escaparon con vida dejaron de forma clandestina el país. La mayoría de los intelectuales de izquierda también se vio forzada al exilio. El general Roberto Viola, que sustituyó a Videla como comandante en jefe del ejército después de que éste fuera confirmado como presidente por otros tres años a mediados de 1978, presentaba un estilo menos sombrío y autoritario que su predecesor. Aunque eran débiles, las primeras señales de una liberalización del régimen pusieron en guardia a los sectores del ejército partidarios de la línea dura. A finales de 1979 el general Luciano Menéndez intentó desde Córdoba organizar una rebelión llamando a restaurar la prohibición total de la actividad política y a acallar las voces cada vez más fuertes que exigían una explicación oficial de lo ocurrido con las personas desaparecidas. La intentona fracasó, pero fue un síntoma revelador de los conflictos que se estaban incubando en la corporación militar. En contraste con la actitud de Menéndez, el almirante Massera, que fuera responsable de uno de los capítulos más sangrientos de la represión antes de dejar la jefatura de la marina en 1978, empezó a desvincularse públicamente de la guerra sucia.

Las clases alta y el *establishment* económico que habían respaldado a Videla no ocultaban su malestar frente al aislamiento internacional de la Argentina. A pesar de la misión que la junta militar se había autoasignado —la defensa de los valores occidentales en los albores de una tercera guerra mundial—, había cosechado pocas simpatías. Las relaciones con Estados Unidos eran sumamente tensas debido al conflicto entre la metodología utilizada por la junta militar para cumplir su misión y la política favorable a los derechos humanos del presidente Carter. Las buenas relaciones con el mundo financiero internacional eran, tal vez, el único aspecto positivo en un clima poco amistoso. La hostilidad que despertaba el régimen militar se manifestó de manera simbólica cuando un activista de los derechos humanos, Adolfo Pérez Esquivel, ganó el premio Nobel de la Paz en 1980.

El programa de desindexación que Martínez de Hoz puso en marcha en diciembre de 1978 se basaba en una apuesta audaz. Dado el descenso de la tasa de devaluación, las autoridades económicas tenían la esperanza de que la tasa de crecimiento de los precios internos acabara coincidiendo con la suma de la tasa predeterminada de devaluación y la tasa de inflación internacional. Esta política cambiaria se apoyaba en el gran aumento de las exportaciones resultante de un fuerte incremento de la producción agrícola. Los ingresos obtenidos de las exportaciones pasaron de 3.000-4.000 millones de dólares en 1976 a 6.000-8.000 millones en 1979-1980. Estos incrementos reflejaban cierto retraso del tipo de cambio, que era el instrumento inicial del programa. La consecuencia inmediata de esta política fue el enojo de los productores rurales y la renuncia de algunos miembros del equipo económico que estaban vinculados a este sector.

En un esfuerzo por acelerar la convergencia de la tasa de inflación con la política cambiaria oficial, se aumentó el nivel de exposición de la economía a la competencia internacional. Convencido de que si no se disciplinaba a los empresarios industriales la batalla contra la inflación no tendría éxito, Martínez de Hoz intensificó la reducción de los aranceles. Esta medida de apertura permitiría limitar los aumentos de precios a los márgenes fijados por la competencia de bienes importados, al tiempo que ayudaría a eliminar a las empresas ineficientes. Este desafío a una estructura sumamente protegida abrió un nuevo foco de conflictos, esta vez con el sector industrial.

La viabilidad del programa antiinflacionario resultó más problemática de lo que se esperaba. Durante los ocho primeros meses del régimen, la tasa de crecimiento de los precios domésticos fue del doble de la tasa de devaluación pautada. Luego se fue produciendo una desaceleración de la inflación, que pasó del 175 por 100 en 1978 al 160 por 100 en 1979 y al 100 por 100 en 1980. Sin embargo, la lógica del proceso puesto en marcha se reveló explosiva. El atraso cambiario requerido para desacelerar la inflación generaba un creciente déficit en la cuenta corriente; a su vez, era necesario una más alta tasa de interés para cerrar la brecha con el exterior. En un contexto de inflación reprimida, las tasas de interés reales se hicieron insoportables para los sectores productivos, y las deudas morosas de las empresas empujaban al sistema financiero hacia una crisis.

Al examinar la secuencia que siguió el experimento de Martínez de Hoz, vemos que el precio del descenso de la inflación fue una espectacular revaluación del peso: entre un 40 y un 50 por 100 más que el promedio de los treinta años previos. El superávit comercial de 2.000 millones de dólares registrado en 1978 se convirtió en un déficit que fue modesto en 1979 y no tan modesto en 1980: 2.500 millones de dólares. En la década de los setenta, la balanza comercial había presentado un superávit, con excepción de 1975. Pero mientras que el déficit de 1975 lo causaron fuertes incrementos de la actividad doméstica, los déficits de 1979 y 1980 ocurrieron en un contexto de recesión, donde el incremento de los gastos en importaciones —fruto del retraso cambiario y la rebaja de los aranceles— estuvo orientado a bienes competitivos con la producción local.

Martínez de Hoz se esforzó por cubrir los desequilibrios de la cuenta corriente de la balanza de pagos y con ese fin alentó el ingreso de capitales externos. El resultado fue que la desregulación del sistema financiero emprendida en 1977, el levantamiento progresivo de las trabas a la obtención de créditos en el exterior y la política doméstica de dinero caro condujeron a un proceso creciente de endeudamiento externo. Este proceso adquirió un nuevo impulso después de diciembre de 1978, cuando la progresiva revaluación del peso, al hacer negativa la tasa de interés real en moneda local, estimuló una intensa demanda de capital externo. La deuda externa neta pasó de 6.459 millones de dólares a fines de 1978 a 19.478 millones en 1980, es decir, se triplicó en sólo dos años.

A medida que el sector externo comenzó a deteriorarse y el Banco Central perdía las reservas que había acumulado, también surgieron dudas sobre el compromiso de las autoridades económicas de mantener la tasa predeterminada de devaluación. A su vez, esta incertidumbre hizo subir el costo del dinero y a fines de 1979 las tasas de interés pasaron a ser fuertemente positivas. Las empresas entraron en una crisis de liquidez, jaqueadas por el encarecimiento del crédito y el descenso de las ventas. Muchas de ellas quebraron y con ello inmovilizaron las carteras de valores de los bancos. En marzo de 1980 se desató un pánico financiero cuando el Banco de Intercambio Regional, el más importante de los bancos privados, no pudo afrontar sus obligaciones y fue cerrado por el Banco Central, junto con otros veintisiete que sucesivamente se declararon en bancarrota. El Banco Central se vio obligado a inyectar enormes cantidades de fondos líquidos con el fin de pagar a los depósitos de los bancos cerrados.

Así, la confianza pública en la política cambiaria oficial se vio seriamente afectada. Muchos aprovecharon los que parecían ser los últimos meses de un mercado financiero libre para sacar su capital del país. Para entonces, la sangría de reservas ya era imparable. Las autoridades económicas trataron de compensar la salida de capitales obligando a las empresas públicas a contraer deudas en el exterior. La presión sobre el mercado cambiario continuó aumentando; en febrero de 1981 Martínez de Hoz abandonó la política de pautas y decidió llevar a cabo una devaluación del 10 por 100 que, sin embargo, fue insignificante ante un retraso cambiario de alrededor del 50 por 100. El experimento económico iniciado en diciembre de 1978 había llegado a su fin.

Este panorama desalentador fue el telón de fondo de la sucesión presidencial. De acuerdo con el cronograma político que había fijado la junta militar, el nuevo presidente debía asumir en marzo de 1981. El candidato natural era el general Roberto Viola, comandante en jefe del ejército, pero su candidatura encontró no pocas resistencias en la marina y en sectores importantes del ejército, que temían que intentase poner en marcha un proceso de liberalización política. Después de varios meses de negociaciones intramilitares, el nombramiento de Viola se hizo oficial en octubre de 1980. Los seis meses que debieron transcurrir hasta que Viola se hiciera cargo de la presidencia agregaron perturbaciones a la ya incierta marcha de la economía. La devaluación del 10 por 100 decretada por Martínez de Hoz no fue suficiente para poner fin a las especulaciones sobre futuras devaluaciones, en particular porque era sabido que los consejeros económicos de Viola eran críticos de la política vigente. Además, los partidarios de la línea dura en las fuerzas armadas, acaudillados por el general Leopoldo Galtieri y el almirante Jorge Anaya, comandantes en jefe del ejército y la marina, respectivamente, desconfiaban de la apertura política que el nuevo presidente intentaba llevar a cabo.

El proyecto del sucesor de Videla recordaba el intento que el general Lanusse hiciera en 1971, pero las circunstancias no le eran igualmente favorables. Diez años antes, el general Lanusse pudo justificar un retorno al juego político ante sus camaradas invocando la necesidad de frenar una fuerte oposición social. Ahora, la protesta contra el régimen militar carecía del potencial desestabilizador de entonces. Para los críticos de Viola dentro de la corporación militar el paso que éste se disponía a dar era precipitado. El recuerdo ominoso del desenlace final del intento de Lanusse condenaba toda pretensión de repetir un proyecto semejante. Fuera de los grupos conservadores, los militares de 1976 no habían suscitado adhesiones políticas significativas. El peronismo y el radicalismo continuaban siendo las fuerzas políticas más importantes. Un acercamiento a ellas concluiría en elecciones libres y en un retorno al estado de derecho. Desde la perspectiva de los militares partidarios de la línea dura, esto significaba archivar los objetivos del golpe de 1976 en favor de los mismos políticos a quienes habían desalojado del poder con el fin de crear una nueva elite dirigente.

El general Viola asumió el cargo en marzo de 1981 como expresión de un sector de las fuerzas armadas y bajo la estrecha vigilancia del otro. Nueve meses después fue destituido y se clausuró su política de apertura. Durante este breve interregno, los críticos de la política de Martínez de Hoz ingresaron en el gabinete y establecieron contactos oficiales con los sindicatos y los partidos políticos. En julio de 1981 se creó la llamada Multipartidaria, que, como la Hora del Pueblo en 1971, era una coalición de partidos cuyos socios mayoritarios eran peronistas y radicales. Sus objetivos eran los mismos de siempre: negociar la transición política e impedir el crecimiento sin control de una oposición radicalizada. La cautelosa apertura del general Viola y los planteos moderados de la Multipartidaria se encaminaron en la misma dirección. Ambos procuraron no antagonizar a los sectores duros de la junta militar, que hacía continuas advertencias contra una eventual desviación populista y desalentaba toda esperanza de que se llevara a cabo una rápida institucionalización. Tanta prudencia fue en vano.

La crisis de credibilidad que acompañó a la breve presidencia de Viola no ayudó a la gestión de la crítica situación económica heredada. En abril, el ministro de Economía de Viola empezó con una devaluación del 30 por 100 para conjurar el colapso de la política cambiaria de Martínez de Hoz. Pero no logró calmar los mercados, y en julio tuvo que anunciar otra devaluación del 30 por 100. Se reforzó el tipo de cambio real, pero a costa de acentuar la recesión y el descenso de los salarios reales. Más tarde, Viola tuvo que introducir restricciones en los mercados cambiarios con el fin de bloquear la huida de capitales. A su vez, las devaluaciones complicaron más la situación de las empresas que habían tomado créditos de corto plazo en el exterior. Entonces el Gobierno les ofreció garantías y subsidios que tendieron a estimular la renovación de las deudas, con el objetivo de desviar la presión sobre las exangües reservas de divisas. A costa de un importante quebranto fiscal, comenzó así la transferencia de la deuda privada al sector público.

En diciembre de 1981 el liderazgo del régimen militar le fue confiado al general Leopoldo Fortunato Galtieri, quien concentró en su persona tres cargos: presidente, miembro de la junta y comandante en jefe del ejército. Bajo su dirección, los militares argentinos volvieron a los orígenes, reestableciendo el control autoritario sobre la vida política. La ascensión del nuevo hombre fuerte se debió en gran parte al cambio en el contexto internacional. La llegada de Ronald Reagan a la Casa Blanca puso fin al aislamiento del régimen. Galtieri había viajado dos veces a Estados Unidos en 1981 y se había ganado las simpatías del gobierno republicano, pronto ahora a archivar la política de derechos humanos de Carter. El futuro presidente argentino correspondió a las atenciones ofreciendo apoyo militar a las operaciones de contrainsurgencia de Estados Unidos en América Central. Expertos argentinos en inteligencia y lucha antisubversiva fueron enviados a El Salvador, Guatemala y Honduras. Las enseñanzas recogidas durante los años de la guerra sucia fueron, también, usadas para entrenar a los antiguos partidarios de Somoza en acciones contra el gobierno de Nicaragua.

Con el respaldo de sus anfitriones de Washington, a quienes este hombre alto, tosco y mal hablado había divertido con sus imitaciones del general Patton, Galtieri tomó el poder y reintrodujo a los economistas liberales en el ministerio de Economía. Los encabezaba Roberto Alemán, que había sido ministro en 1961 y era muy respetado en los círculos financieros por su ortodoxia. Alemán intentó reproducir, en un escenario diferente, la economía política liberal de los primeros años del régimen. En su esfuerzo por controlar la inflación se propuso reducir el tamaño del estado. Aunque es cierto que el gasto público descendió, este descenso no obedeció a una reforma del estado —que nunca se emprendió—, sino al congelamiento de los salarios de los empleados públicos y de las tarifas de los servicios públicos. Ambas medidas ayudaron a desacelerar la inflación en el corto plazo. Alemán también suprimió los controles en el mercado de cambio que había impuesto su predecesor y permitió que el peso flotara libremente. Esto implicó otra devaluación de alrededor del 30, la que sumada a las sucesivas devaluaciones efectuadas desde abril de 1981, mejoró el balance comercial. El objetivo era generar un fuerte superávit que permitiese hacer frente a los pagos al exterior, dado que el acceso a los mercados financieros internacionales estaba cerrado.

El ministro de Economía del general Galtieri intentó calmar la preocupación que la creciente crisis de pagos de Argentina despertaba en los medios financieros. Pero la incertidumbre no desapareció. La tasa de cambio comenzó a moverse de manera errática y Alemán tuvo que abandonar su política de flotación libre. Este retroceso no era independiente de lo que sucedía en la escena política. El retorno de la ortodoxia económica había hecho aflorar un extendido descontento que se manifestó de manera más militante que en el pasado reciente. Esta protesta creciente parecía conspirar contra la idea que compartían muchos jefes militares de salir de su aislamiento y preparar la sucesión política del régimen. Aunque no todos los militares lo confesaran abiertamente, eran conscientes de estar atravesando por uno de esos momentos ya conocidos en la historia de Argentina en que la presión favorable a una solución institucional era irreversible. El almirante Massera ya había creado su propio partido y había establecido sugestivos contactos con algunos sectores peronistas. Sobre este trasfondo, Galtieri emprendió una audaz operación con miras a apuntalar la maltrecha legitimidad del régimen y retener el poder: la ocupación de las islas Malvinas (Falkland), que eran una posesión británica desde 1833.

El tema de las Malvinas siempre había estado presente en la agenda de política internacional de los militares. En diciembre de 1976 Argentina había persuadido a la Asamblea de la ONU a instar a Gran Bretaña, por tercera vez, a iniciar conversaciones sobre la descolonización de las islas. Los británicos optaron por continuar sus tácticas dilatorias durante los cuatro años siguientes mientras la frustración y la irritación iban en aumento en Buenos Aires. En este marco, la marina argentina empezó a preparar un plan de invasión. A fines de 1981 Gran Bretaña decidió reducir su presencia en el Atlántico sur y el gobierno argentino hizo un nuevo esfuerzo por desbloquear las negociaciones. Cuando el general Galtieri asumió la presidencia, tras el fracaso de las gestiones diplomáticas, dio su consentimiento al almirante Anaya, jefe de la marina y pieza clave de su ascenso al poder, para que iniciara las operaciones. El 2 de abril de 1982 los primeros infantes de marina argentinos desembarcaron en las islas Malvinas.

Las expectativas políticas depositadas por el general Galtieri en el operativo militar se vieron satisfechas de inmediato. El fervor nacionalista cundió en todo el país y el régimen recibió el respaldo popular que tanto necesitaba. La Plaza de Mayo, que cuatro días antes había sido el escenario de una movilización sindical contra la política económica, violentamente reprimida por la policía, se pobló de una multitud entusiasmada que vitoreaba a los militares. También los partidos políticos dieron su apoyo, pues confiaban que una vez recuperado su prestigio los militares serían menos reacios a dejar el gobierno. Sin embargo, esta oleada patriótica terminó llevando a las fuerzas armadas más allá de sus planes originales. La invasión se había concebido para presionar a Gran Bretaña. Se esperaba que, frente a la decisión del gobierno argentino, la comunidad internacional obligara a la primera ministra británica, Margaret Thatcher, a entablar negociaciones firmes; en cuanto éstas empezaran, las tropas argentinas regresarían a sus bases después de una breve estancia en las islas. Pero el tono triunfalista de la propaganda oficial hizo que la junta militar perdiera el control sobre los acontecimientos. Además, la señora Thatcher no estaba dispuesta a transigir. Estados Unidos, con cuya neutralidad habían contado los militares argentinos, se mantuvo leal a su aliado tradicional y Argentina se encontró en guerra con una gran potencia, que perdió en una derrota sin atenuantes. El 4 de junio de 1982 las Malvinas volvían a estar en poder de los ingleses.

Las secuelas políticas de la derrota en el Atlántico sur precipitaron la descomposición del régimen militar argentino, del mismo modo que la derrota a manos de los turcos en la guerra por Chipre había puesto fin al gobierno de los coroneles griegos en 1974. Los militares lograron mantenerse en el poder durante otro largo año, en el transcurso del cual los conflictos que los dividían afloraron sin pudor a la superficie. La junta militar se disolvió en los hechos con el retiro de la marina y la fuerza aérea. El ejército quedó a cargo del gobierno y designó presidente al general Reynaldo Bignone, al que encomendó la misión de transferir el poder tan rápidamente como fuera posible. Mientras las tres armas ajustaban cuentas en público, acusándose mutuamente de ser responsables de la derrota militar, el Gobierno tuvo que hacer frente a los problemas económicos inmediatos.

Con las reservas del Banco Central prácticamente agotadas, se impusieron controles de cambios y se suspendieron los pagos exteriores. La deuda exterior superaba ahora los 35.000 millones de dólares, la mitad de los cuales vencían a fines de 1982. Hasta 1981 había sido posible efectuar los pagos previstos tomando nuevos préstamos a corto plazo. Ahora, en cambio, la credibilidad de Argentina en los círculos financieros internacionales había desaparecido. Bignone también se encontró con que no podía negociar libremente con los acreedores, dado que algunos sectores intentaban mantener un estado de belicosidad financiera. La línea moderada logró imponerse y se entablaron negociaciones con el FMI y los bancos comerciales en un intento de pagar las cantidades cuyo plazo ya había vencido y aplazar los restantes pagos.

En enero de 1983 se aprobó un nuevo *stand-by* con el FMI en virtud del cual el gobierno prometió corregir una crisis económica caracterizada por un déficit fiscal del 14 por 100 del PIB, una tasa de inflación anual del 310 por 100 y un déficit de la balan-

za de pagos de 6.700 millones de dólares. El programa económico que se acordó reflejaba la visión tradicional del FMI, según la cual, el déficit externo era atribuible al excesivo gasto interno. Sin embargo, mientras que anteriores desequilibrios externos de Argentina se habían expresado por medio de un déficit de la balanza comercial, ahora la
cuenta comercial presentaba superávit y las causas del desequilibrio eran el pago de intereses de la deuda externa y el alza de las tasas de interés internacionales. El acuerdo de
disponibilidad inmediata con el FMI y la subsiguiente negociación de la deuda con bancos comerciales permitieron reunir los 3.700 millones de dólares que hacían falta para
hacer frente a la situación externa a corto plazo.

Mientras tanto, el gobierno emprendió una reforma financiera cuyo objetivo era auxiliar al sector privado. La deuda interna existente en aquel momento fue prorrogada
obligatoriamente cinco años a tasas de interés bajas determinadas por el Banco Central,
que también proporcionó los fondos. La idea básica en este sentido era reactivar la economía estancada por medio de una licuación de la deuda del sector privado, que había alcanzado niveles peligrosos debido a las elevadas tasas de interés y a la enorme devaluación del peso: un 800 por 100 por encima de los incrementos de los precios durante los
dieciocho meses anteriores. Igualmente grave era la deuda contraída por el gobierno en
los mercados locales. La intención de las autoridades económicas era desencadenar una
fuerte y única subida de precios que redujera la deuda pública y privada en términos reales mediante una transferencia permanente de recursos de depositantes a deudores; por
consiguiente, los precios subieron a un nuevo nivel mensual de entre el 15 y el 20 por 100.
El gobierno también continuó siendo generoso con la deuda externa del sector privado y
tomó nuevas medidas para traspasar la mayoría de los compromisos externos al sector
público. Camuflada por la caída del régimen militar, esta racha de medidas heterodoxas
en beneficio de la comunidad de negocios provocó gran descontento en la opinión pública. Bignone tuvo que reorganizar el ministerio de Economía y puso al frente del mismo a Jorge Whebe, quien ya había ocupado el puesto durante el último tramo de la presidencia de Lanusse en 1973. Esta simbólica designación fue una señal clara de que los
militares se disponían a retirarse.

La situación económica que dejaban atrás estaba lejos de ser saludable. Entre 1976
y 1982 el PIB global mostró una tasa anual acumulativa y negativa del 0,2 por 100. Durante cuatro de los siete años de gobierno militar, el PIB disminuyó en términos absolutos (1976, 1978, 1981, 1982). El nivel de actividad global en 1982 fue inferior en un 1,3
por 100 al de 1975, momento en que se había interrumpido el largo período de crecimiento que comenzara en 1964. La caída fue aún más marcada en la industria y el comercio: el producto manufacturero fue un 20 por 100 inferior al de 1975, a la vez que la
actividad comercial era inferior en un 16,4 por 100. El crecimiento negativo de la economía estuvo asociado con un descenso de la demanda interna, así como con la sustitución de la producción doméstica por importaciones. Esto fue acompañado de un descenso de la industria, que declinó hasta representar un 22,3 por 100 del PBI en 1982,
mientras que la cifra había sido de un 27,8 por 100 en 1975. Durante el mismo período
el número de obreros industriales disminuyó en un 35 por 100.

La única evolución positiva se había registrado en las exportaciones, aunque un incremento del 8,1 por 100 entre 1976 y 1982 no compensó la inundación de los mercados
locales por las importaciones. Un efecto paradójico de las medidas liberales fue el crecimiento de la inversión pública por encima de la inversión total. La incertidumbre dominante durante estos años convirtió los proyectos de inversión estatales en un reaseguro

contra el estancamiento y atrajo hacia los contratos públicos a los empresarios privados.

Un resultado previsible de estas políticas fue la contracción en el nivel de ingreso real de los asalariados. Este deterioro puede estimarse entre el 30 y el 50 por 100 en el período que va de 1976 a 1982. A ello se sumó una redistribución regresiva del ingreso. Así, el 5 por 100 de la población que percibe los ingresos más elevados pasó de concentrar el 17,2 por 100 del ingreso total en 1974, al 22,2 por 100 en 1982. A esta concentración del ingreso hay que agregar la fuga de capitales, que convirtió a sectores importantes de la clase media alta en tenedores de activos financieros por miles de millones de dólares en centros financieros del exterior. A fines de 1982 la deuda exterior era de 43.600 millones de dólares. A diferencia de la situación que existía en otras naciones endeudadas, el crecimiento de la deuda externa no fue acompañado por el crecimiento del PBI sino que se generó para sostener una política que condujo a la desindustrialización y el estancamiento.

El otro legado de los militares fueron las secuelas de la política de represión. Durante la fase final de su período en el poder, los militares intentaron infructuosamente que los partidos les garantizaran que no se les castigaría por la violación de los derechos humanos. Convocadas las elecciones para octubre de 1983, los partidos salieron a competir tomando distancia del régimen militar. De las dos fuerzas más importantes —peronistas y radicales— fueron estos últimos quienes, contradiciendo los pronósticos iniciales, mejor supieron hacerlo.

Desde 1946 los peronistas mantenían la primacía electoral cada vez que los argentinos pudieron expresar libremente sus preferencias políticas. El Partido Radical afrontó este desafío a través de una reorganización interna, de la cual emergió el nuevo liderazgo de Raúl Alfonsín. Con el fin de hacer frente al renacimiento de la vieja retórica populista de los peronistas, Alfonsín formuló un programa original. Definió la pugna electoral en términos de democracia contra autoritarismo y anunció que su partido era el que estaba mejor preparado para reconstruir un sistema democrático en Argentina. De esta manera capturó el humor del electorado que deseaba dejar atrás una larga década de horror. El peronismo no logró presentarse como representante creíble de esta aspiración colectiva, que era mucho más moderada que la que le había dado la victoria en 1973. Además, durante la campaña Alfonsín hizo una conexión explícita y convincente entre los peronistas y los militares al advertir sobre la existencia de un «pacto sindical-militar» y alegar que el alto mando de las fuerzas armadas había decidido apoyar a un futuro gobierno peronista, a cambio de lo cual los líderes de los sindicatos peronistas promoverían el perdón de las violaciones de los derechos humanos cometidas por los militares.

Los resultados de las elecciones del 30 de octubre de 1983 dieron a los radicales 7.725.873 votos (el 50 por 100) y a los peronistas, 5.994.406 (el 39 por 100). El contraste con los porcentajes de 1973, el 26 por 100 para los radicales y el 65 por 100 para los peronistas, no hubiera podido ser mayor. Además del voto de los argentinos que eran tradicionalmente leales al radicalismo, la coalición triunfante se ganó el apoyo del electorado de centroderecha, los votos de pequeñas agrupaciones de izquierda y un porcentaje significativo de adhesiones peronistas; también recibió una mayoría del voto de las mujeres y los jóvenes. En el contexto de una grave crisis económica y bajo el impacto de las heridas de la represión todavía abiertas, comenzó en Argentina una nueva experiencia democrática.

LA PRESIDENCIA DE ALFONSÍN Y LA TRANSICIÓN A LA DEMOCRACIA, 1983-1989

Una vez disipada la sorpresa producida por el resultado de las elecciones, la toma de posesión de la presidencia por parte de Raúl Alfonsín fue recibida con alivio y esperanza tanto en Argentina como en el extranjero. El nuevo gobierno surgía de la ruina de dos experiencias que, con su carga de violencia y crisis, habían afectado profundamente la conciencia colectiva: el retorno y la caída del gobierno peronista y el posterior derrumbe de la dictadura militar. El experimento democrático que se iniciaba a fines de 1983 estuvo investido así de la expectativa de un nuevo comienzo, después de largos años de inestabilidad política y fracaso económico.

Sin embargo, las mismas condiciones que lo habían hecho posible le plantearon complejos desafíos. En primer lugar, el régimen autoritario dejó el poder sin haber establecido un pacto político. Mientras que en Brasil y Uruguay los militares llegaron explícita o implícitamente a un acuerdo con los civiles sobre el retorno al orden constitucional, en Argentina la rapidez con que perdieron el poder impidió a las fuerzas armadas fijar las condiciones bajo las que abandonaban el control del estado. A resultas de ello, los líderes democráticos se encontraron libres de gravosos compromisos pero, a la vez, confrontados a la grave responsabilidad de decidir cómo resolver la cuestión militar. La fresca memoria de las recientes violaciones de los derechos humanos complicaba todavía más el futuro.

En segundo lugar, la primera derrota de los peronistas en elecciones libres trajo aparejadas inesperadas consecuencias. El desenlace de los comicios podía interpretarse como el final de una era política y el principio de otra; y ésta fue la percepción dominante entre los radicales, no obstante el importante número de votos obtenidos por el Partido Justicialista. Los radicales creyeron que la derrota del peronismo y la crisis que estalló en sus filas, anticipaba la próxima desintegración de esa fuerza política otrora poderosa. Confiados en esa interpretación, se dispusieron a formar un nuevo movimiento político articulado en torno al liderazgo de Alfonsín y pronto a absorber los despojos liberados por la disgregación de sus tradicionales rivales políticos. Esta visión les dictó actitudes que hicieron más difícil llegar a acuerdos con los peronistas sobre cuestiones cruciales de la transición democrática. La derrota electoral fue en verdad un golpe inesperado y fulminante para los peronistas, acostumbrados a considerarse a sí mismos como el partido natural del gobierno, e hizo más intensa la crisis interna que atravesaban desde la muerte de Perón. Temerosos de perder su identidad en la ofensiva política lanzada por el nuevo gobierno, los peronistas acentuaron su papel. Ello les permitió mantenerse unidos, en medio de sus disidencias, pero al precio de actuar con una lógica política que condenaba de antemano las iniciativas del radicalismo y cancelaba el espacio de los acuerdos. En estas circunstancias, las dos principales fuerzas políticas entraron en el período posautoritario en franca competencia entre sí.

Las consecuencias de la polarización política entre radicales y peronistas fueron potenciadas por la distribución del poder institucional que emergió de las elecciones de 1983. El Partido Radical ganó la presidencia, pero se vio privado de una mayoría clara en el Congreso, obteniendo 129 escaños en la Cámara de Diputados sobre un total de 254. El Partido Justicialista alcanzó los 111 escaños, con lo que mantuvo una posición importante desde la cual podía ejercer una presión complementada por su fuerza en el Senado; allí los peronistas consiguieron 21 escaños, los radicales 18, mientras que los 7 restantes quedaron distribuidos entre partidos provinciales.

Galvanizado por el éxito, nacional e internacional, de su cruzada democratizadora, Alfonsín abordó sus tareas de gobierno de una forma audaz y decisiva, a pesar de la magnitud de los problemas heredados. Sus primeras medidas estuvieron inspiradas por que el mensaje de justicia cautivara a tantos argentinos durante la campaña electoral. Tres días después de asumir la presidencia dictó dos decretos. El primero ordenaba la detención y el enjuiciamiento de los miembros de las tres juntas militares que habían gobernado el país entre 1976 y 1983; el segundo dispuso hacer lo mismo con los líderes guerrilleros sobrevivientes a la represión.

Con relación a las instituciones militares, la estrategia de Alfonsín perseguía un doble objetivo: el castigo de los oficiales que habían cometido violaciones de los derechos humanos y la incorporación de las fuerzas armadas en el nuevo orden democrático. Por esta razón, el proceso judicial promovido por el gobierno apuntó inicialmente a que los militares se juzgaran a sí mismos; Alfonsín estaba convencido de que una exitosa autodepuración permitiría castigar a los principales responsables de la «guerra sucia» sin antagonizar a las instituciones militares en conjunto. Por tanto, envió al Congreso un proyecto de enmienda del Código de Justicia Militar que otorgaba jurisdicción inicial sobre el personal uniformado al Consejo Supremo de las Fuerzas Armadas. Para forzar un juicio rápido, el proyecto establecía que si después de seis meses de comenzado el trámite jurídico, el tribunal militar no había dado su veredicto, el tratamiento de los casos sería transferido a la justicia civil. La enmienda también limitaba el número de militares a ser incriminados. Durante la campaña electoral Alfonsín había formulado una importante distinción entre tres grupos de personal militar con diferentes niveles de responsabilidad: los que habían dado órdenes de represión, los que habían cometido excesos al cumplir órdenes y los que no habían hecho más que cumplir órdenes. El peso del castigo recaería sobre los dos primeros, en tanto que el tercer grupo sería perdonado por haber actuado de acuerdo con las normas de disciplina militar.

Mientras Alfonsín desplegaba esta estrategia, las organizaciones defensoras de los derechos humanos se movilizaron rápidamente reclamando la formación de una comisión especial del Congreso para la investigación de la desaparición de personas. Ésta era una iniciativa llena de riesgos para los objetivos del gobierno, y para bloquearla fue creada desde la presidencia la Comisión Nacional de Desaparecidos (CONADEP), compuesta por figuras independientes con la única tarea de recibir y verificar acusaciones dentro de un período de seis meses. No obstante esta limitada función, durante el lapso que estuvo en actividad, la CONADEP contribuyó a sensibilizar a la opinión pública, que, al cabo de un período de forzada o voluntaria ignorancia, fue tomando conciencia de la magnitud de la represión militar, gracias a los testimonios de los parientes de las víctimas, al descubrimiento de centros clandestinos de tortura y de cementerios donde habían sido enterradas personas no identificadas.

La consideración por parte del Congreso de la enmienda al Código de Justicia Militar alteró el delicado equilibrio que sostenía la estrategia de Alfonsín. A raíz de la propuesta de un senador peronista, el Congreso modificó el concepto de obediencia debida y excluyó de sus beneficios a quienes hubieran cometido actos aberrantes o atroces. Esta nueva versión de la enmienda frustró la intención del gobierno de limitar el número de acusados, dado que una mayoría de los casos a ser juzgados podría estar dentro de esa imprecisa y vaga categoría. La suerte de la iniciativa oficial pasó entonces a depender más que nunca de la colaboración de los tribunales militares: si éstos no cumplían la misión que les encomendaba Alfonsín, toda su estrategia corría peligro porque los casos terminarían siendo juzgados por tribunales civiles y era poco probable que éstos colaborasen con su objetivo, celosos de la independencia que habían recuperado en el nuevo clima democrático.

A fines de septiembre de 1984, y terminando el período que le fuera asignado para su definición, el Consejo Supremo de las Fuerzas Armadas dio a conocer una declaración que refrendaba los procedimientos utilizados en la lucha contra la subversión. Así las cosas, el 22 de abril de 1985 comenzó el juicio público de las ex juntas militares por un tribunal civil. Después de tres meses y medio de tensas deliberaciones, el general Jorge R. Videla y el almirante Eduardo Massera fueron condenados por decisión unánime a cadena perpetua, y se sentenció al general Roberto Viola a diecisiete años de cárcel, al almirante Armando Lambruschini a nueve años y al brigadier Osvaldo Agosti a cuatro años y medio. Los miembros de la tercera junta militar quedaron en libertad por falta de pruebas suficientes, pero el general Leopoldo F. Galtieri, así como el almirante Jorge I. Anaya y el brigadier Basilio Lami Doza, fueron sometidos a consejos de guerra por la derrota en la guerra de las Malvinas. Los sectores democráticos recibieron con satisfacción las sentencias contra Videla y Massera, aunque hubieran preferido penas más duras para los otros jefes militares. En cambio, en los círculos ligados a la corporación militar, las sentencias fueron vistas como una maniobra política montada para erosionar el prestigio de las fuerzas armadas. De esta forma, para algunos, la violación de los derechos humanos no había sido suficientemente castigada; para otros, los oficiales condenados eran hombres que habían salvado a la nación derrotando a la subversión.

La política de Alfonsín hacia los sindicatos confrontó dificultades parecidas. Junto a la condena del autoritarismo militar, la crítica a los líderes sindicales ocupó un lugar sobresaliente en la propaganda electoral del Partido Radical. Los viejos radicales de nuevo en el gobierno no olvidaban la hostilidad sin concesiones de los gremios peronistas hacia el presidente Illía entre 1964 y 1966. Este recuerdo, sumado a la sospecha más reciente de un pacto entre los sindicatos y los militares en la víspera de las elecciones de 1983, llevó al gobierno a otorgar alta prioridad a la renovación de las conducciones sindicales. Los voceros oficiales sostuvieron que así como los dirigentes políticos habían revalidado sus títulos a través de las urnas, ahora había llegado el momento para que los dirigentes sindicales hicieran lo mismo, sometiéndose a la opinión de sus bases. A principios de 1984 Alfonsín envió al Congreso un proyecto de ley para organizar a partir de nuevas reglas elecciones dentro de los sindicatos. Para ello proponía una estructura más abierta para la selección de candidatos y el ejercicio del voto. Asimismo confiaba al Ministerio de Trabajo la tarea de supervisar las elecciones y de garantizar la competencia entre los postulantes. La iniciativa oficial puso en pie de guerra a los dirigentes sindicales, acostumbrados a un control sin restricciones sobre sus aparatos, y unificó al movimiento peronista en su contra. Así, los legisladores peronistas, que poco antes habían responsabilizado al sindicalismo por la reciente derrota electoral, se movilizaron en defensa de sus prerrogativas tradicionales. El proyecto final fue finalmente derrotado en el Senado, a pesar de contar con la aprobación de la Cámara de Diputados.

Fracasada la iniciativa, el ministro de Trabajo tuvo que dimitir; su sucesor retomó el objetivo de la democratización sindical, pero ahora en el marco de un entendimiento con los dirigentes obreros. El Congreso aprobó luego una nueva ley, estableciendo condiciones menos restrictivas y una más acotada intervención de las agencias gubernamentales. Realizadas a fines de 1984, las elecciones sindicales no aportaron mayores sorpresas, y en los hechos las expectativas cifradas en una renovación de las conducciones no se materializaron. Este nuevo fracaso del plan político de Alfonsín fue otro de los indicios de las limitaciones que la distribución del poder institucional resultante de los comicios de 1983 imponía a las aspiraciones del nuevo gobierno.

La resolución del litigio con Chile en torno de las islas del Canal de Beagle fue en cambio más afortunada. Después de casi llegar a un enfrentamiento armado en 1978, ambos países habían acordado someter sus diferencias al arbitraje del Vaticano. En enero de 1984 Argentina y Chile firmaron en Roma una Declaración de Paz y Amistad que según estipulara el lauda papal adjudicaba a Chile la posesión de las islas en disputa. A pesar de la airada reacción de los sectores nacionalistas, Alfonsín hizo suya con firmeza la resolución y fijó el 25 de noviembre de 1984 como fecha para la celebración de un referéndum nacional para decidir la cuestión. Esta consulta popular, la primera en Argentina, tenía por finalidad ejercer presión sobre el Congreso, donde la oposición peronista amenazaba con utilizar su poder de veto para rechazar la ratificación del tratado. Con una alta participación popular, más del 80 por 100 votó a favor de aceptar el laudo papal, que fue luego avalado por el Congreso, si bien por un estrecho margen de votos. Donde no se hicieron progresos apreciables fue en otro capítulo central de la agenda de política exterior, las tratativas con Gran Bretaña en torno de las islas Malvinas. La señora Thatcher no estaba dispuesta a hablar de la soberanía sobre las islas ni a desmantelar las nuevas instalaciones de defensa. No obstante las intensas gestiones de la Cancillería argentina en el seno de las Naciones Unidas, Alfonsín tampoco pudo avanzar demasiado debido a la intransigencia militante de los peronistas y de los militares.

En cuanto a la gestión de la economía, Alfonsín subestimó al principio la magnitud de la crisis. En primer lugar, el nuevo gobierno recibió una economía que en 1983 tenía un PBI similar al de 1974. En segundo lugar, el país ostentaba el récord de la inflación más alta del mundo; el índice de precios al consumidor ya venía registrando incrementos anuales de tres dígitos durante nueve años consecutivos. En tercer lugar, Alfonsín heredó un sector público con un déficit del orden del 14 por 100 del PBI en 1983. Finalmente, el nuevo gobierno se hizo cargo de una economía fuertemente endeudada. Los pagos del servicio de la deuda externa aumentaron de un 2,2 por 100 del PIB en 1980 a un 9,9 por 100 en el primer año del gobierno constitucional. La deuda externa total de 45.000 millones de dólares insumió por el pago de intereses en 1984 un monto de 5.400 millones de dólares.

La flamante administración careció de un diagnóstico apropiado del estado de la economía. A la hora de actuar, sólo contaba con los instrumentos analíticos y el repertorio de políticas que los radicales habían puesto en práctica con buenos resultados veinte años antes. Por un lado, estaba convencida de que era posible atacar el estancamiento económico por medio de una estrategia redistribucionista de corte keynesiano, al tiempo que mantenía un alto nivel de gasto público; por otro lado, confiaba en vencer la inflación poniendo en práctica una política gradualista de ingresos sin reducir sustancialmente el déficit fiscal. Por último, daba por sentado que sus credenciales democráticas serían suficientes para despejar el camino hacia una renegociación favorable de la deuda externa. El programa económico inicial apenas duró ocho meses, y sus resultados fueron claramente desalentadores para un gobierno que esperaba simultáneamente reactivar la economía, incrementar los salarios reales y frenar la inflación. En realidad, los salarios reales crecieron más de un 35 por 100 con relación al año anterior, principalmente debido a la acelerada revalorización de la moneda nacional. Otros indicadores mostraron pronto el perfil de una situación preocupante: la tasa de crecimiento del PBI disminuyó y el promedio anual de inflación pasó del 626 por 100 durante el último trimestre de 1983 al 1.080 por 100 durante el tercer trimestre de 1984. En este marco, Alfonsín designó nuevos responsables en la gestión de la economía y, en junio de 1985, puso en práctica un plan anti-inflacionario heterodoxo, conocido como el Plan Austral.

El nuevo programa contenía los requisitos básicos para una estabilización de shock: un drástico ajuste fiscal, una rígida política de ingresos por medio del congelamiento de los salarios, los precios, el tipo de cambio y las tarifas de los servicios públicos, y una reforma monetaria. Combinando elementos de estabilización ortodoxos y heterodoxos, el Plan Austral tuvo un mérito inicial: permitir al gobierno democrático hacer frente al descontrol inflacionario sin recurrir a las resistidas recetas monetaristas del pasado. Un plan que se proponía doblegar la inflación contemplando asimismo un aumento de la actividad económica y una reducción de los costos distributivos y que era, además, la hoja de ruta adecuada para las urgencias de un gobierno forzado a conducir la transición democrática a través de una grave emergencia económica.

El equilibro fiscal debía alcanzarse por un fuerte aumento de los recursos del sector público mediante el incremento de los impuestos sobre el comercio exterior, una reforma tributaria y, en particular, el aumento en el valor real de la recaudación de impuestos debido al efecto del descenso de la inflación. El nuevo déficit fiscal calculado para el segundo semestre de 1985 no pasaría del 2,5 por 100 del PBI (incluido el servicio de la deuda externa) y se financiaría con créditos internacionales. El congelamiento —decidido después de un cuidadoso ajuste del tipo de cambio y las tarifas públicas que aceleró la inflación en las semanas previas al shock—tenía un objetivo esencial: interrumpir las prácticas indexatorias en función de la inflación pasada y establecer un mecanismo de coordinación de las decisiones microeconómicas que, a falta de él, hubieran tendido a reproducir la inflación. Finalmente, la reforma monetaria estuvo dirigida a evitar las grandes transferencias de riqueza de los deudores a los acreedores, que podrían producirse a consecuencia del rápido descenso de la tasa de inflación. La reforma monetaria incluyó un cambio de moneda (del peso argentino al austral) y una tabla de conversión de la vieja a la nueva moneda para facilitar la transición, preservando la neutralidad distributiva.

Si bien algunos sectores rechazaron el plan desde un inicio —en particular los sindicatos, que organizaron una huelga general—, el público en general mostró expectativas favorables y su confianza. Los certificados de depósitos del sistema financiero fueron renovados, el dólar cayó en los mercados negros, el congelamiento de precios fue respetado sin que se requiriese una acción coercitiva por parte del gobierno. A los noventa días de la puesta en marcha del Plan Austral, los resultados alcanzados llevaron a la mayor parte de la población a la creencia de que la inflación había sido derrotada y que por fin se abría para el país un período de estabilidad económica. Los precios al consumidor, que habían aumentado un 30,5 por 100 en junio, subieron sólo un 6,2 por 100 en julio, un 3,1 por 100 en agosto y un 2 por 100 en septiembre. La demanda de dinero, luego de llegar a un mínimo histórico en los días previos al lanzamiento del plan comenzó a subir; la producción y las inversiones privadas se reanimaron, el poder adquisitivo de los salarios mejoró por el súbito descenso de la inflación y, finalmente, el desequilibrio de las cuentas públicas bajó sustancialmente.

A fines de 1985 el gobierno del presidente Alfonsín parecía haber retomado el control sobre la situación económica. Con este crédito en su haber, el Partido Radical estuvo en condiciones de superar su primera prueba electoral. En noviembre de 1985, las elecciones destinadas a renovar parcialmente la Cámara de Diputados le dieron al partido de Alfonsín el 43 por 100 de los votos, mientras que los peronistas, divididos por conflictos internos, sólo alcanzaron el 34 por 100. Galvanizado por sus éxitos en el país y por el reconocimiento que recibían sus viajes al extranjero, donde se le recibía como la encarnación de la nueva democracia argentina, Alfonsín abrió paso a un estilo de gestión centrado en el «gobierno del presidente». Ello implicó el marginamiento relativo del Partido Radical que, aunque había probado ser una eficiente máquina electoral, no ofrecía a Alfonsín los equipos de personas calificadas para administrar el aparato de gobierno. Para subsanar esa falencia, el presidente introdujo progresivamente en el gabinete a profesionales e intelectuales independientes que sintonizaban mejor con el espíritu modernizador que buscaba imprimir a su gobierno. En su doble condición de jefe del partido y del Ejecutivo, Alfonsín podía permitirse esas libertades. Gracias a su discurso altamente convocante, había logrado en 1983 sacar a la UCR de la condición casi permanente de segunda fuerza, doblando el número histórico de sus votantes. El cambio fue tan vertiginoso e inesperado que sacudió a las estructuras partidarias. Muchos eran los radicales que sabían de dónde venían, pero pocos estaban seguros de hacia adónde iban. De hecho, el alfonsinismo, como teoría y práctica de un nuevo radicalismo, con su énfasis en la modernización institucional y el recurso a la movilización, se desarrolló desde el ejercicio del poder, por medio de iniciativas del presidente, sin llegar a impregnar del todo a los cuadros partidarios. Confinado a un papel secundario, el radicalismo acompañó las iniciativas de Alfonsín, a veces con poca convicción, otras después de manifestar resistencia.

La inclinación de Alfonsín a gobernar descansando en sus propias creencias y convicciones no podía menos que afectar la sensibilidad de sectores e instituciones habituados a ejercer una influencia extraoficial sobre las políticas públicas. La Iglesia, por ejemplo, reaccionó con indisimulado desagrado a las iniciativas de un presidente que, seguro de su legitimidad democrática, alentaba las expresiones más diversas de pluralismo y modernización cultural sin consultar su opinión. La jerarquía eclesiástica, tal vez la más conservadora de América del Sur, reaccionó inquieta frente a las consecuencias del restablecimiento de la libertad de expresión y las innovaciones proyectadas en el terreno de la enseñanza. Cuando en 1986 el gobierno propuso legalizar el divorcio, la Iglesia llamó a una movilización para bloquear la aprobación legislativa. La respuesta popular fue sugestivamente escasa. La cuestión del divorcio no dividió al país ni despertó grandes pasiones. En rigor, la sanción de la ley por parte del Congreso consagró legalmente una reforma que la opinión pública había aceptado mucho tiempo antes. De ahí en más el alto clero no habría de abandonar su actitud de desconfianza ante el nuevo gobierno.

El Plan Austral proporcionó a Alfonsín un puente para achicar las distancias con los empresarios. Por primera vez, el gobierno de un partido, que se distinguía por sus recelos hacia el mundo de los negocios, logró establecer un *modus vivendi* con este sector corporativo que tradicionalmente lo había hecho también de sus propios prejuicios. Este fue un fenómeno cargado de consecuencias. Durante muchos años predominó en las grandes empresas la creencia de que el logro de la estabilidad y la previsibilidad necesarias para el funcionamiento de la economía imponía la conveniencia de suprimir el juego político democrático. El fracaso manifiesto del reciente gobierno militar comportó un severo golpe para esa creencia y predispuso a los empresarios a aceptar las reglas del nuevo orden democrático. La adopción por Alfonsín de una política económica más austera y rigurosa facilitó este cambio, que, aunque nunca se tradujo en una simpatía declarada por su gobierno, al menos contribuyó a neutralizar la tradicional animosidad de los círculos económicos. A ello contribuyó, asimismo, la actitud favorable de Estados Unidos hacia la transición democrática argentina.

Hacia 1986 eran sólo tres los sectores explícitamente excluidos del consenso que rodeaba a Alfonsín. El primero de ellos estaba conformado por grupos importantes de las fuerzas armadas resentidos por lo que interpretaban como una campaña de difamación contra los militares orquestada desde el gobierno. Luego estaban los dirigentes sindicales, en particular la cúpula de la CGT, que desde un principio habían escogido la vía del enfrentamiento abierto por medio de huelgas generales. Finalmente, el partido peronista que, envuelto en una crisis interna que parecía no poder superar, respondía a la política de Alfonsín apelando a sus consignas populistas y nacionalistas del pasado.

El papel central ocupado por el presidente, en una situación de crisis y emergencia económica como la que atravesaba el país, podría decirse que era un fenómeno normal y previsible. Los miembros del círculo íntimo de Alfonsín fueron, empero, más allá y sucumbieron a la tentación, siempre presente en la cultura política nacional, de reivindicar una posición hegemónica. Llegaron a proyectar la creación de un «Tercer Movimiento Histórico», que resucitaría las amplias coaliciones populares formadas primero alrededor de Yrigoyen y luego de Perón. Con esa ambición concibieron grandiosos planes para fundar una «Segunda República», tales como trasladar la capital del país al sur y reformar la Constitución, para habilitar a Alfonsín un segundo mandato presidencial.

Ganados por la visión de una hegemonía radical en la vida política argentina y convencidos de que el peronismo no sobreviviría a su crisis interna, los allegados a Alfonsín no evaluaron correctamente el cambio gradual que estaba produciéndose en el movimiento creado por Perón. En las elecciones de 1985 entró en escena una nueva corriente autodenominada «Renovación Peronista». En provincias como Buenos Aires y Córdoba, sus integrantes rompieron con los líderes oficiales del partido y presentaron con éxito sus propias candidaturas. La consigna de esta nueva corriente era la construcción de un peronismo democrático. En contraste con el tono peyorativo que usara Perón al hablar de la política y la «partidocracia», los animadores de la Renovación Peronista —Antonio Cafiero, José Manuel de la Sota y Carlos Grosso—preferían hablar de la democracia y de los partidos políticos en términos positivos. Este mensaje institucionalista, en el que era visible la eficacia del discurso político inaugurado por Alfonsín, apuntaba de todos modos a disputar al radicalismo el monopolio del ideario democrático y ofrecerse como una alternativa igualmente creíble.

El Plan Austral no pudo ser el comienzo de la nueva era económica que el gobierno prometiera en 1985. Había evitado la hiperinflación, un logro entonces decisivo, pero una serie de factores estructurales e institucionales —la escasez estacional de alimentos, la continuación de la práctica de indexar los contratos laborales y el incremento en el precio de los servicios personales privados, que quedaron fuera del congelamiento— se combinaron para dificultar un descenso sostenido de la inflación. Los precios al consumo subieron en un 3,8 por 100 mensual en el tercer trimestre de 1985, en un 2,5 por 100 en el último trimestre del mismo año y en un 3,1 por 100 en el primer trimestre de 1986. Estos niveles de inflación crearon obvias complicaciones a las políticas de precios y salarios, y a principios de 1986 fue necesario poner fin al congelamiento. El paso hacia un esquema de negociaciones paritarias, acotado por límites fijados oficialmente, alivió las tensiones acumuladas a lo largo de nueve meses de controles administrativos. Pero la decisión de abrir el juego a las fuerzas económicas se dio en un contexto donde la idea de estabilidad iba perdiendo terreno frente a las consignas más atractivas de la reactivación y el crecimiento. Más concretamente, el partido de gobierno se encontró bajo el acoso de una visión levantada desde la oposición política, los sindicatos, sectores de la industria que presentaban a la economía inmersa en una profunda recesión. Esta visión de las cosas, que los datos de la realidad estaban lejos de confirmar, de todos modos hizo impacto sobre las convicciones de un radicalismo que siempre había hablado ese mismo lenguaje y carecía, en consecuencia, de argumentos que hicieran de la estabilidad económica una meta prioritaria. El peronismo supo aprovechar esa debilidad y, utilizando una retórica eficaz sobre el ánimo de sus adversarios, convirtió la llamada a favor de la disciplina que partía desde el gobierno en la expresión de una capitulación ante la filosofía de la tecnocracia económica o las exigencias de los acreedores externos. En estas circunstancias el esfuerzo por la estabilidad fue crecientemente una batalla a la defensiva.

En busca de un respiro a las múltiples presiones, el gobierno flexibilizó las pautas orientadoras para los acuerdos entre las empresas y los sindicatos. El paso de la cooperación forzada a la cooperación voluntaria mostró día tras día un alejamiento del programa de estabilidad y la progresiva reactivación de las tradicionales pujas distributivas de la economía argentina.

Durante 1986 los salarios subieron en un 5 por 100 mensual, mientras los precios de los servicios públicos sólo aumentaban en un 3,9 por 100 y el tipo de cambio oficial lo hacía en un 3,5 por 100. Esta evolución desigual de las principales variables desequilibró el programa económico. El mismo efecto tuvo el rumbo expansionista que siguió la política monetaria, con vistas a paliar, por medio del crédito, las demandas constantes de mayor apoyo a la producción y el empleo.

El éxito inicial del Plan Austral en el plano instrumental no tuvo paralelo en un nivel político y esta debilidad se reflejó en el carácter inestable de los ajustes fiscales. El déficit fiscal, que era del 14 por 100 del PBI en 1983, cayó en 1984, en el primer año del gobierno de Alfonsín, hasta el 12 por 100. Con la implementación del Plan Austral, el desbalance de las cuentas públicas se redujo hasta un 6 por 100 en 1985 y un 4,3 por 100 en 1986. Este positivo logro se obtuvo avanzando sobre las líneas de menor resistencia. El ajuste en el gasto se concentró en las erogaciones más susceptibles a las manipulaciones administrativas, como las jubilaciones, los salarios del sector público y las inversiones en mantenimiento. En cambio, fueron menos afectados los subsidios a las empresas privadas y las grandes obras públicas. Protegidos por una legislación difícil de remover, sectores de proveedores del estado también sufrieron en menor grado la crisis fiscal.

A su vez, ni las provincias ni las empresas públicas apoyaron el esfuerzo económico del gobierno. Los gobiernos de provincia, en su mayoría en manos de la oposición, procuraron substraerse a los rigores de la austeridad; explotando su gravitación en el Senado hicieron una presión constante en demanda de grandes transferencias desde la administración central, para financiar sus programas de gastos y empleo. Las empresas públicas debieron, en verdad, reducir sus inversiones, pero durante bastante tiempo consiguieron preservar sus privilegios en la estructura salarial del sector público.

El ajuste fue más equitativo por el lado de los ingresos. Los impuestos legislados aumentaron en más del 6 por 100 del PBI, sustituyendo la carga indiscriminada que comportaba el impuesto inflacionario. Su eficacia decreció, empero, con el tiempo, ya que descansaban sobre instrumentos de emergencia, como los mecanismos de «ahorro obligatorio», que no pudieron ser reemplazados por formas más permanentes de financiamiento debido al bloqueo legislativo. Las ganancias en materia de recursos derivadas del descenso de la inflación —debido a la disminución de las pérdidas que sufría la administración tributaria entre la fecha de pago de los impuestos y la fecha de su ingreso en las arcas fiscales— también se redujeron con la mayor estabilidad. No sorprende que los avances iniciales perdiesen fuerza a medida que se desenvolvía la lucha contra la inflación.

La fragilidad e inestabilidad del ajuste fiscal demostró claramente la dificultad de imponer un plan de estabilización cuando sólo unas cuantas personas, incluso dentro del partido gobernante, daban prioridad a la lucha contra la inflación. Con la mayoría de las provincias en manos de la oposición, con sólo el control parcial de la legislatura, con una administración pública en la cual predominaba la indiferencia y el apoyo reluctante de los legisladores oficialistas, el esfuerzo estabilizador se fue eclipsando en medio de los compromisos y las tácticas obstruccionistas.

La evolución del contexto externo, asimismo, se tornó desfavorable. Durante 1985, 1986 y 1987 los precios internacionales de los cereales disminuyeron sostenidamente. En 1987 eran un 35 por 100 inferiores a los de 1984, lo cual provocó una grave pérdida de los ingresos procedentes de la exportación. Además, mientras el gobierno mantenía fijo el tipo de cambio para controlar la inflación en 1985 y 1986, la caída de los precios en dólares se tradujo en una reducción de los ingresos obtenidos de la producción agrícola en el mercado interno. Para compensar estas pérdidas se redujeron los impuestos a la exportación y, como era de prever, ello tuvo un efecto adverso en las finanzas públicas.

El descenso de los precios internacionales de los productos agrícolas —que durante los cuatro primeros años del gobierno de Alfonsín se tradujo en una caída del 40 por 100 en los términos de intercambio— sobredimensionó los efectos de la otra pesada hipoteca que soportaba el programa de estabilización: la deuda externa. En 1983 la deuda externa representaba el 77,3 por 100 del PBI y permaneció aproximadamente en este nivel durante los años siguientes. Si se hubieran pagado todos los intereses vencidos, las transferencias de recursos al extranjero hubieran representado, en promedio, el 6,5 por 100 del PBI. Por medio de negociaciones con los acreedores, el gobierno pudo reducir esas transferencias a la mitad, pero los intereses no pagados incrementaron la deuda total de 45.900 millones de dólares en 1983 a 56.800 millones en 1987. La deuda externa no sólo comportaba un freno al crecimiento; también tenía una dimensión interna. Debido a que había sido nacionalizada durante el período 1981-1983, la mayor parte de la deuda externa correspondía al sector público. Consecuentemente, la responsabilidad de su servicio recayó principalmente en el gobierno, que tuvo que comprar el superávit comercial privado para atender a estas obligaciones. Los pagos por intereses sumaron un 5,1 por 100 del PBI al déficit fiscal entre 1984 y 1987, haciendo más difícil el esfuerzo estabilizador.

El Plan Austral ya era una estrella en extinción cuando, a principios de 1987, el país entró en un año electoral de crucial importancia, ya que en septiembre debía renovarse la mitad de la cámara baja así como todos los gobiernos provinciales. En febrero el gobierno introdujo un nuevo congelamiento de salarios y precios. Fue un desesperado intento por quebrar una posible espiral inflacionaria en momentos en que recrudecían las demandas de los grupos de interés y el gobierno se mostraba sensible a ellas, inquieto como estaba por el resultado de los próximos comicios. El congelamiento se propuso ganar tiempo hasta las elecciones de septiembre, para después lanzar un nuevo programa más consistente. Ocurrió que a penas pudo sostenerse tres meses, durante los cuales la inflación, aunque más moderada, de todos modos no se dio. En julio fue el propio gobierno el que debió anularlo, al acordar con el FMI la corrección de los desequilibrios acumulados durante su breve vigencia. Ello hizo que los precios se dispararan hasta alcanzar el 13,7 por 100, la tasa mensual más elevada desde 1985, justo un mes antes de las elecciones de septiembre.

La proximidad de las elecciones aconsejó otra iniciativa oficial que añadió una nueva fuente de incertidumbre a la gestión de la economía: la designación en el cargo de ministro de Trabajo al dirigente sindical Carlos Alderete, en marzo de 1987. Esta fue la culminación de negociaciones iniciadas entre funcionarios del ala política del gobierno y un importante grupo de sindicatos. En el corto plazo, los primeros buscaban debilitar a la CGT, obtener una tregua laboral y privar al Partido Justicialista de apoyo sindical en las elecciones. Por su parte, los dirigentes sindicales entraron en las negociaciones a causa de su descontento con la política de enfrentamiento que seguía la CGT y que había obstaculizado la reforma del sistema de relaciones laborales. Después de tres años de democracia, las leyes laborales eran las mismas vigentes durante el régimen militar y ponían trabas a la negociación colectiva, a la reelección de líderes sindicales por parte de sus organizaciones, y al manejo independiente de los considerables recursos de las obras sociales. Agregando otra fuente de malestar, los políticos de la Renovación Peronista, con el propósito de captar a los votantes independientes, habían optado por hacer campaña electoral sin la presencia irritante de los sindicalistas. Resentidos por su exclusión, éstos procuraron un mayor acercamiento al gobierno a los efectos de obtener más recursos para disputar el poder dentro del movimiento peronista.

El objetivo de disminuir los conflictos laborales fue alcanzado, pero a un alto precio, ya que las discrepancias se trasladaron al seno del propio gobierno. El enfrentamiento diario entre el ministro de Economía y el ministro de Trabajo complicó la adopción de medidas y obligó a Alfonsín a ejercer un arbitraje permanente. Forzado por sus nuevos compromisos, el gobierno terminó por abandonar sus proyectos de descentralizar las negociaciones colectivas y de regular el derecho de huelga. En su lugar, el nuevo ministro de Trabajo logró que el Congreso aprobara el retorno a la negociación colectiva sin restricciones y un marco jurídico para las organizaciones gremiales similar al introducido bajo el último gobierno peronista en 1974, bajo la inspiración directa de los sindicatos. En síntesis, el costo de esta experiencia de cohabitación entre el gobierno radical y el grupo de «los 15» sindicatos fue un déficit acumulado de eficacia y credibilidad.

A comienzos de 1987 los militares reaparecieron de forma dramática en el escenario político. Luego de condenar a los jefes máximos de las juntas militares en 1985, los tribunales civiles habían proseguido con los juicios por violación de los derechos humanos. Toda vez que un miembro de la oficialidad era llamado a comparecer ante los tribunales se multiplicaban las expresiones de malestar en las guarniciones militares. A pesar de la creciente preocupación oficial, en un principio Alfonsín no hizo nada ante este estado de cosas, ya que contaba con escaso apoyo en la oposición peronista y encontraba resistencias dentro de su propio partido. Finalmente, el 5 de diciembre de 1986, Alfonsín presentó al Congreso un proyecto de ley llamado «de Punto Final», fijando un plazo de sesenta días para presentar denuncias; transcurrido dicho plazo quedaba cerrada la posibilidad de iniciar nuevas acciones penales a los militares. El Congreso se apresuró a aprobar el proyecto de ley, aunque no le resultó fácil hacerlo: los peronistas optaron por no concurrir a las sesiones de la Cámara de Diputados y Alfonsín tuvo que echar mano de toda su influencia para persuadir a sus propios legisladores a votar en favor del proyecto. La ley entró en vigor el 24 de diciembre, pero sus efectos fueron contraproducentes. Los jueces decidieron interrumpir su período anual de vacaciones, que normalmente tenía lugar en el mes de enero, y se abocaron en esos sesenta días al tratamiento de las causas pendientes. El 23 de febrero de 1987, fecha en que vencía el plazo previsto por la ley, habían quedado procesados más de trescientos oficiales de alta graduación.

Comenzó entonces un período de gran tensión. El 16 de abril, como consecuencia de la negativa de un oficial a presentarse en la Cámara Federal de Córdoba, estalló la primera crisis militar abierta del gobierno democrático. En la guarnición de Campo de Mayo, Buenos Aires, el teniente coronel Aldo Rico se declaró en rebeldía junto a un centenar de oficiales, en demanda de una «solución política» al problema de los juicios (en otras palabras, una amnistía) y de la destitución del alto mando del ejército por haber subordinado los intereses de la institución a la conveniencia política de Alfonsín. El presidente ordenó poner fin a la revuelta; ninguna unidad militar obedeció la orden. Una multitud calculada en 400.000 personas se congregó en la Plaza de Mayo en solidaridad con el gobierno. Alfonsín se trasladó entonces al escenario del amotinamiento y persuadió a los rebeldes a deponer las armas. Los costos del desenlace pacífico del conflicto pronto salieron a la luz. El 13 de mayo, inclinándose ante las exigencias de los rebeldes y después de sustituir al comandante en jefe del ejército, el gobierno presentó al Congreso un proyecto de ley que especificaba claramente el alcance de la obediencia debida, con el fin de proteger a los niveles intermedios de las fuerzas armadas de futuros juicios. El 4 de junio, una vez más, el partido gobernante tuvo que movilizar a sus legisladores para sancionar la ley, contra la fuerte oposición de los diputados peronistas.

La Ley de Obediencia Debida cumplía uno de los objetivos que había estipulado el gobierno desde un principio: limitar las sentencias por violaciones de los derechos humanos a un reducido número de oficiales de alta graduación. Sin embargo, en virtud de las circunstancias que rodearon su aprobación, el gobierno no pudo impedir que las políticas implementadas fuesen percibidas como una capitulación. Su sanción mostró que no todos los ciudadanos eran iguales ante la ley y que la fuerza continuaba siendo un instrumento eficaz para el logro de fines políticos. Todo ello debilitó la credibilidad de Alfonsín cuando sólo faltaban unas semanas para las elecciones.

El gobierno y la oposición convirtieron los comicios de septiembre en un verdadero referéndum. Los peronistas obtuvieron el 41 por 100 de los sufragios contra un 34 por 100 en 1985, mientras que los votos radicales descendieron del 43 al 37 por 100. El resultado fue todavía más adverso para el partido radical en las elecciones provinciales. En ellas, el Partido Justicialista no sólo retuvo las provincias que había ganado en 1985, sino que, además, añadió cinco de las siete provincias hasta entonces en manos radicales, pasando a controlar diecisiete de las veintidós jurisdicciones. Dentro de este panorama general, la derrota del candidato radical en la provincia de Buenos Aires fue particularmente significativa, ya que los dos candidatos, Antonio Cafiero y Juan Manuel Casella, eran posibles candidatos a la presidencia en 1989. Los resultados electorales tuvieron una importancia especial para la corriente de la Renovación Peronista, que logró reconstruir su mayoría electoral prescindiendo del apoyo de los aparatos sindicales y colocar a Antonio Cafiero en la presidencia del partido.

El clima plebiscitario que rodeó a las elecciones convirtió la derrota radical en un severo golpe a la legitimidad del gobierno. En un sistema parlamentario, Alfonsín hubiera debido dimitir, pero de acuerdo con la Constitución aún tenía que cumplir dos años de su mandato. Esta desventajosa posición del líder radical fue atenuada en parte gracias al clima de entendimiento que logró establecer con Cafiero. Por otro lado, reforzada su representación en las urnas, la oposición abandonó su actitud de enfrentamiento por otra de negociación. El Congreso recuperó así su importancia como ámbito de acuerdos. Varias leyes pendientes lograron ser aprobadas, como la Ley de Defensa Nacional y la Ley de Coparticipación Federal. También se reanudaron las conversaciones sobre la reforma de la Constitución con miras al establecimiento de un sistema semiparlamentario. Este período de mayor colaboración tuvo, empero, una duración efímera. En la segunda mitad de 1988, los radicales y los peronistas comenzaron con la selección de sus candidatos presidenciales para las elecciones de 1989, y la lógica de la competencia política reabrió las hostilidades entre los dos partidos.

El fin de ese breve ejercicio de cooperación dejó al descubierto los problemas a los que se enfrentaba el gobierno para dar una respuesta efectiva a la emergencia económica. Una clara evidencia de ello fueron las vicisitudes del programa de reformas estructurales que anunciara hacia 1988. Partiendo de un diagnóstico distinto al que prevaleciera en 1984 y 1985, en cuanto comportaba un giro moderado hacia las tesis del liberalismo económico, la administración de Alfonsín esbozó entonces un conjunto de medidas que entrañaban un cambio en las reglas de juego y en las instituciones económicas. Las medidas incluían la privatización parcial de Aerolíneas Argentinas y ENTEL —las empresas estatales de aeronavegación y de telecomunicaciones—, la desregulación en la provisión de servicios públicos —para dar cabida a la inversión privada—, la reducción de los subsidios a la industria y la apertura gradual de la economía al comercio internacional. La envergadura del nuevo programa, que revisaba los ejes tradicionales del modelo de desarrollo del país, fundado en la centralidad del estado, el capitalismo asistido, el proteccionismo, no estaba ciertamente en sintonía con los recursos políticos con los que contaba el gobierno. El Plan Austral había sido lanzado por una autoridad política aún intacta, pero ésta que promovía el paquete de reformas estaba ya seriamente debilitada.

Como era esperable, la puesta en marcha del programa de reformas enfrentó numerosos obstáculos. La privatización de ENTEL y de Aerolíneas Argentinas requería la modificación del marco normativo de las empresas públicas por parte del Congreso y allí tropezó con la resistencia de la oposición peronista; inclusive, una buena parte de los legisladores del partido de gobierno le retacearon su apoyo viendo en ella una suerte de defección programática. Las medidas de desregulación comercial de la industria y la disminución de los subsidios encontraron, a su vez, la resistencia de los industriales, temerosos de las consecuencias de un cambio en las reglas de juego del capitalismo asistido, y debieron transar con ella para poder implementarse; en fin, otras iniciativas no pasaron de los anuncios, bloqueadas por la burocracia gubernamental.

Por su parte, aquellas medidas que estaban en la jurisdicción del Ministerio de Economía y que podían ser más fácilmente adoptadas plantearon un complejo desafío al tardío impulso reformista del gobierno. Durante la primera parte de 1988 pudo asistirse a una prueba de laboratorio del desajuste existente entre la política de reformas y el objetivo de la estabilización. Con el argumento de que era preciso terminar con la transferencia de fondos desde el Tesoro a las empresas estatales y propender a su autofinanciamiento, el gobierno comenzó a incrementar fuertemente las tarifas de los servicios públicos. En un contexto donde al mismo tiempo se liberalizaba la negociación salarial y se aflojaban los controles sobre los precios, esto dio lugar a un pronunciado aumento de la inflación, que en el mes de julio trepó al 25 por 100, un nivel similar al que precediera al lanzamiento del Plan Austral.

La última parte de 1988 transcurrió en medio de un clima enrarecido por los altibajos de la situación económica y el surgimiento de otro foco de conflicto. En el mes de diciembre se produjo un nuevo alzamiento militar encabezado por el coronel Mohamed Seineldín, de regreso al país luego de una estadía en Panamá adiestrando a las fuerzas del general Noriega. Los rebeldes reclamaron a Alfonsín decisiones que legitimaran política y moralmente la lucha contra la subversión. El levantamiento fue de corta duración, pero sirvió para poner de manifiesto las tensiones existentes dentro de la corporación militar. Los oficiales amotinados, en su mayoría tropas de elite, cuestionaban igualmente a los altos mandos del ejército, a quienes acusaban de falta de espíritu militar y de la responsabilidad en la fallida aventura de la guerra de Malvinas. Un mes más tarde, un inesperado y prontamente reprimido ataque a un cuartel militar por un pequeño grupo de izquierda trajo al primer plano el ominoso recuerdo de tiempos no muy lejanos. Las fuerzas armadas supieron explotar el incidente para reivindicar su presencia política y criticar implícitamente el pacifismo de Alfonsín.

Estos acontecimientos dramatizaron las dificultades crecientes de un gobierno que tenía los días contados. En mayo de 1989 debían realizarse las elecciones presidenciales. Para ellas, el Partido Radical, por indicación directa de Alfonsín, había nominado candidato a Eduardo Angeloz, gobernador de la provincia de Córdoba, donde una administración competente le había permitido sobrevivir al revés electoral sufrido por el oficialismo en 1987. La decisión de Alfonsín interrumpió el debate interno que siguió a la derrota y fue recibida con reservas por muchos militantes radicales que hubiesen preferido alguien ideológicamente menos moderado que Angeloz. No obstante, el más elemental cálculo político aconsejaba al radicalismo buscar los votos hacia el centro del mapa electoral, sobre todo después de que el peronismo eligiera a su candidato a la presidencia.

En julio de 1988 los afiliados peronistas pudieron elegir, por primera vez en su historia, sus candidatos a la presidencia por medio de elecciones internas. Abierta la competencia, las diferencias latentes dentro de la Renovación Peronista salieron a la luz. El triunfo de Carlos Menem sobre Antonio Cafiero en los comicios internos del Partido Justicialista enfrentó dos visiones contrapuestas. Gobernador de La Rioja, una pequeña y subdesarrollada provincia del norte del país, a la que administraba como un feudo propio, Menem encarnaba las tradiciones antipolíticas del peronismo, mientras que Cafiero estaba más asociado con las prácticas republicanas y el sistema de partidos. Esta distinta identificación gravitó, sin duda, en la fortuna desigual de sus candidaturas entre la masa peronista. El juicio negativo de amplios sectores de la opinión pública sobre el desempeño de la administración de Alfonsín no sólo afectó al partido de gobierno; asimismo, hizo impacto sobre la clase política en general, a la que Cafiero, por su trayectoria y estilo político, se hallaba asociado.

En la ocasión, Menem contó además con el respaldo de los aparatos sindicales luego de que, una vez más, Cafiero se negara a negociar con ellos su futuro político. El aporte sindical no solamente proveyó de capacidad de movilización durante la campaña electoral: fue parte de la definición simbólica del candidato. A la imagen de racionalidad política desplegada por Cafiero, Menem contrapuso los rituales y las consignas tradicionales del peronismo junto a la presencia de los dirigentes obreros. Así, la identidad peronista, que la derrota de 1983 había hecho entrar en crisis, resurgió intacta y otorgó a Menem los títulos de legitimidad apropiados para ser ungido candidato del movimiento creado por Perón.

La confrontación entre Menem y Angeloz, a su turno, colocó al electorado también ante dos perspectivas opuestas sobre los problemas del país y cómo resolverlos. El candidato justicialista recorrió las ciudades y los barrios populares del país prometiendo aumentos de los salarios, la moratoria de la deuda externa, pero, sobre todo, llamando a tener confianza y fe en su liderazgo personal con un discurso de fuerte contenido emocional. El mensaje de Angeloz, en cambio, puso el acento en un Estado más austero y eficiente, en la apertura de la economía argentina al mundo, en las tareas que había dejado pendientes la frustración del Plan Austral. Uno y otro buscaron igualmente tomar distancia frente a la gestión de Alfonsín: Menem, de manera directa, responsabilizándolo de la crisis económica; Angeloz, más oblicuamente, reprochándole falta de firmeza y de convicción para superarla.

El desenvolvimiento de la campaña electoral tuvo, empero, la virtud de permitirle a Alfonsín extraer fuerzas de su propia debilidad y encontrar los recursos políticos necesarios para intentar un postrer esfuerzo estabilizador, con el fin de arribar a los comicios con la situación económica bajo control. El tono populista de la prédica de Menem llevó una comprensible alarma a los sectores empresarios, generando entre ellos una corriente de opinión dispuesta a archivar por el momento sus reservas frente al gobierno y a concertar con éste un acuerdo de política para detener la inflación. Bajo los auspicios de la Unión Industrial y de la Cámara de Comercio, en agosto de 1988 se conoció el llamado Plan Primavera.

El nuevo programa anti-inflacionario intentó recuperar la estrategia estabilizadora del Plan Austral pero con instrumentos mucho más frágiles. El congelamiento de precios y salarios ya no estaba disponible luego de la reimplantación de la libre negociación colectiva, y fue reemplazado por un acuerdo desindexatorio con las grandes empresas, las cuales cobraron su colaboración bajo la forma de concesiones tributarias. El ajuste fiscal no pudo basarse en nuevos impuestos explícitos, porque era difícil que fueran aprobados por un Congreso adverso y aceptados por los empresarios; tampoco se podía apelar a los impuestos extraordinarios sobre las exportaciones luego de que Alfonsín prometiera a las asociaciones rurales no aplicarlos como se hiciera en el Plan Austral. La búsqueda de mayores recursos fiscales, de todos modos, apuntó hacia el campo y se realizó mediante un conjunto de medidas administrativas en el régimen cambiario, que le permitieron al gobierno apropiarse de los mayores precios internacionales que disfrutaban los productos agrícolas debido a la sequía en los Estados Unidos. Por fin, la recuperación de las reservas internacionales, cuyo agotamiento había forzado a interrumpir cinco meses antes el pago de los intereses de la deuda, se operó a través de medidas destinadas a alentar el ingreso transitorio de capitales de corto plazo para colocarse en depósitos a interés y en títulos públicos.

A pesar de sus debilidades, el Plan Primavera consiguió romper el aislamiento del gobierno. Los empresarios industriales le prestaron su cauteloso respaldo y se aseguraron la supervisión de los compromisos asumidos colocando un representante en la Secretaría de Industria. Con ello, Alfonsín logró neutralizar en parte la rebelión de las asociaciones rurales y de las empresas exportadoras ligadas a ellas, que cuestionaron abiertamente el nuevo régimen cambiario y su mayor aporte relativo al programa anti-inflacionario. También el frente externo se dividió en cuanto al apoyo a esta agónica iniciativa de la administración de Alfonsín. El Banco Mundial, operando de acuerdo con el Departamento del Tesoro de los Estados Unidos, comprometió créditos para las reformas estructurales en curso, mientras que el FMI negó su respaldo en oposición a la moratoria externa silenciosamente declarada por el gobierno argentino.

Sostenida por esta combinación de apoyos internos y externos, la operación de rescate del gobierno radical se desenvolvió inicialmente con más éxito de lo esperado: la inflación se redujo del 27,6 por 100 en agosto al 6,8 por 100 en diciembre, y en ese mismo período las reservas internacionales se duplicaron. Detrás de este alentador panorama había, empero, desequilibrios que se estaban acumulando, algunos de los cuales eran provocados por la propia dinámica del programa económico: para inducir un descenso de la inflación, los ajustes periódicos de los principales precios, en particular el tipo de cambio, no contemplaban toda la inflación pasada, generando un paulatino retraso de los mismos; con el mismo objetivo, las autoridades económicas tampoco trataron de revertir el precario estado de las cuentas públicas.

Pero la amenaza mayor que pendía sobre el Plan Primavera era la que originaba la incertidumbre sobre el desenlace de la competencia electoral, la cual mantenía latente el peligro de una corrida contra la moneda local y la búsqueda de protección en activos externos por parte de los agentes económicos. Para sortear este riesgo o, al menos, dilatarlo en el tiempo, Alfonsín sólo contaba con la esperanza de que los pronósticos electorales favorecieran al candidato de su partido o que, en todo caso, mostraran una paridad con relación al candidato del Partido Justicialista, que no cesaba de llevar inquietud a la comunidad de negocios con sus propuestas. Sin embargo, los acontecimientos se desenvolvieron en una dirección opuesta a las expectativas gubernamentales. La delicada operación del Plan Primavera se derrumbó en el frente externo hacia mediados de enero, cuando el Banco Mundial comunicó informalmente que no habría de desembolsar los créditos prometidos. La decisión fue en parte provocada por la instalación de la nueva administración del presidente Bush y la salida del Departamento del Tesoro de los funcionarios que habían respaldado esta postrer tentativa estabilizadora de Alfonsín.

Las noticias se filtraron en la prensa, aumentando el grado de incertidumbre de los mercados financieros. Comenzó entonces la temida corrida contra el austral: un grupo de importantes operadores financieros, entre ellos agencias de los bancos acreedores, empezaron a desprenderse de sus tenencias en moneda local y a comprar dólares al Banco Central. Con las reservas casi exhaustas, el 6 de febrero las autoridades económicas interrumpieron la venta de divisas. El resultado fue un fuerte incremento del valor del dólar en el mercado libre, que en seis días aumentó un 45 por 100. Mientras tanto, el Banco Central se revelaba impotente para detener la pérdida de reservas puesto que los exportadores agrícolas se negaban a liquidar divisas a la espera de la devaluación. Esta impotencia fue manifiesta cuando, a pesar de las devaluaciones que comenzaron a realizarse a partir del 6 de febrero, los exportadores continuaron en su negativa. Una generalizada convicción de que se estaba frente a un grave estrangulamiento externo comenzó a propagarse entre los ahorristas, llevando a un retiro masivo de los depósitos bancarios en dólares.

En tales circunstancias, los empresarios tomaron distancia frente al gobierno, buscando ubicarse en una posición favorable frente al inevitable triunfo peronista y lo hicieron luego de protestar airadamente por las fuertes pérdidas especulativas que habían experimentado luego del súbito cambio de las reglas de juego del 6 de febrero. También el propio candidato a la presidencia por el radicalismo procuró disociarse, reclamando la renuncia del ministro de Economía, quien dejó su puesto a fines de marzo. Así, la administración de Alfonsín se deslizó desde la impotencia a la indefensión, mientras la economía entraba de lleno en la hiperinflación.

La crisis cambiaria, que entre febrero y abril incrementó en un 400 por 100 el valor del dólar, se trasladó a los precios y no hubo manera de impedir la multiplicación de reacciones defensivas en la población. Los empresarios, ante el riesgo de la licuación de su capital, recurrieron a aumentos preventivos de precios y la retracción de la oferta; los trabajadores demandaron pagos anticipados de sus salarios en dos y hasta tres veces por mes; los exportadores siguieron reteniendo sus mercancías pese a que el tipo de cambio alcanzaba niveles récord; la especulación en general tendió a financiarse con la postergación del pago de los impuestos y los servicios públicos. Este fue el clima en que tuvieron lugar las elecciones del 14 de mayo, que dieron la victoria a Menem con el 49 por 100 de los votos contra el 37 por 100 de Angeloz.

Pero estos no eran tiempos de celebraciones. A fines de mayo la creciente tensión social desembocó en saqueos de comercios en los barrios populares. A mediados de junio, después de una infructuosa tentativa por comprometer al presidente electo en una acción conjunta frente a la emergencia hiperinflacionaria, Alfonsín anunció que abandonaba el gobierno antes de la finalización de su mandato, en diciembre de 1989. Ello ocurrió el 8 de julio. Ese día, mientras los argentinos se enteraban de que la tasa de inflación del mes anterior había sido del 114 por 100, Alfonsín transfirió el poder a Menem. Por primera vez en sesenta años un presidente elegido por el voto popular sucedía a otro que también había sido electo democráticamente. Sin embargo, este notable logro de la transición democrática se vio empañado por el ambiente general de crisis.

Colocada en perspectiva, la experiencia institucional que acababa de concluir no se distinguía de experiencias similares en otros países. Los gobiernos surgidos de las primeras elecciones libres después del fin de los regímenes autoritarios no lograron salir airosos cuando debieron enfrentar el doble desafío de la gestión de la transición democrática y de los problemas de la crisis económica. En los hechos, tendieron generalmente a concentrar sus energías en llevar a buen puerto la primera de las tareas, dejando las más de las veces pendiente o incompleta la segunda de ellas.

Volviendo sobre las elecciones de 1989, hay que destacar que la distribución de poder institucional que resultó de ellas le dio a Menem una ventaja mayor que la que había obtenido Alfonsín en 1983; los peronistas tenían mayoría en la Cámara Baja, controlaban totalmente el Senado y diecisiete de los veintidós gobernadores eran peronistas. Sin embargo, ante el potencial de aniquilamiento que exhibía la crisis, el nuevo presidente peronista, una vez instalado en el gobierno, tomó una decisión que sorprendió por igual a amigos y adversarios: dejó de lado su programa electoral populista y adoptó una estrategia de austeridad fiscal, privatizaciones y apertura económica, en un esfuerzo por lograr la aquiescencia de los principales agentes económicos internos y externos. Más adelante, cediendo a las exigencias de los militares, concedió el perdón presidencial a oficiales de alta graduación acusados de violar los derechos humanos y a los que habían estado envueltos en las rebeliones contra Alfonsín. Con sus nuevos aliados en el mundo de los negocios, con el respaldo de las fuerzas armadas y confiando en la eficacia de su propio carisma, Menem condujo de nuevo el peronismo, aún no repuesto del viraje ideológico en curso, al gobierno de una sociedad envuelta en los conflictos de la transición política y económica.

Completada la primera etapa del proceso de democratización iniciado en 1983, su desenlace parecía todavía incierto. En el haber de esta experiencia estaba el hecho de que las instituciones políticas habían sobrevivido a los desafíos de la grave emergencia. La hiperinflación no impidió la transferencia del poder democrático. En 1989 pudo observarse la afortunada disociación entre la legitimidad de la política democrática y la valoración negativa de su gestión económica y social. El descontento económico y social de amplios sectores de la población se resolvió con un cambio en el timón del gobierno y no en el derrumbe del gobierno mismo.

Si bien pudo evitarse un resultado catastrófico, una buena parte de las expectativas despertadas por el nuevo ciclo político habían sido defraudadas. Durante los años posteriores a 1983 persistió el estancamiento de la economía: entre 1984 y 1988 la tasa anual de aumento del PBI fue de sólo un 0,3 por 100. A su vez, la tasa de desempleo, que en octubre de 1983 era de un 3,9 por 100, alcanzó un 6,2 por 100 a fines de 1988. Tampoco se detuvo el proceso de desindustrialización que comenzara durante el régimen militar. La proporción del empleo industrial sobre el total del empleo, que en 1983 representaba el 69 por 100 del registrado en 1970, había descendido al 59 por 100 a fines de 1988. En cuanto a los salarios industriales, el último trimestre de 1988 los encontró en el mismo nivel en que estaban en 1983. Todos estos indicadores empeoraron drásticamente cuando estalló la hiperinflación, en 1989.

Los partidos políticos y sus dirigentes pagaron un alto costo en términos de popularidad y credibilidad por la declinación de la economía y del bienestar. De hecho, el ascenso de Menem al poder se debió en una medida apreciable a que lograra presentarse como un líder popular extraño a la desacreditada clase política. La indisimulada participación de las grandes corporaciones económicas sobre las decisiones públicas fue una señal más de la debilidad política de los ámbitos naturales del sistema representativo: el Congreso, los partidos y la presidencia. Además, las sucesivas amnistías concedidas bajo presión militar a los responsables de la violación de derechos humanos revelaron que la fuerza seguía siendo un instrumento para alcanzar objetivos políticos.

Ni la decadencia económica del país ni sus tendencias al pretorianismo político parecían haber cambiado durante los años de restauración de la democracia. Al comenzar la década de 1990, la búsqueda de alternativas al orden económico y político nacido en 1946 continuaba ocupando un lugar central en la agenda de los argentinos.

ENSAYOS BIBLIOGRÁFICOS

Abreviaturas

Se han utilizado las siguientes abreviaturas para los trabajos que se citan repetidamente en los ensayos bibliográficos:

AESC   *Annales: Économies, Sociétés, Civilisations*
HAHR   *Hispanic American Historical Review*
JGSWGL   *Jahrbuch für Geschichte von Staat, Wirtschaft und Gesellschaft Lateiname-*
          rikas
JLAS   *Journal of Latin American Studies*
LARR   *Latin American Research Review*

1. *Las primeras décadas de la independencia*

Se puede obtener una idea de la bibliografía de la Argentina en el siglo XIX en los trabajos de Joseph R. Barager, «The historiography of the Río de la Plata area since 1930», *HAHR*, 39 (1959), pp. 588-642, y de James R. Scobie, *Argentina. A city and a nation,* Nueva York, 1964, pp. 248-274. Julio O. Chiappini ha hecho la específica *Bibliografía sobre Rosas,* Rosario, 1973.

Ciertos documentos públicos han sido reproducidos en varias recopilaciones. Los informes de la política formal del ejecutivo se encuentran en el libro de H. Mabragaña, *Los Mensajes, 1810-1910,* 6 vols., Buenos Aires, 1910; la mejor versión sobre los de los gobernadores de Buenos Aires se debe al Archivo Histórico de la Provincia de Buenos Aires, *Mensajes de los gobernadores de la provincia de Buenos Aires 1822-1849,* 2 vols., La Plata, 1976. Los textos legislativos, constitucionales e interprovinciales básicos se pueden encontrar en las recopilación de Emilio Ravignani, ed., *Asambleas constituyentes argentinas,* 6 vols., Buenos Aires, 1937-1939. El mayor número de documentación sobre Rosas se encuentra en la de Adolfo Saldías, ed., *Papeles de Rosas,* 2 vols., La Plata, 1904-1907, que puede complementarse con tres buenas recopilaciones de su pensamiento y de su actividad política: Andrés M. Carretero, *El pensamiento político de Juan M. de Rosas,* Buenos Aires, 1970; Arturo Enrique Sampay, *Las ideas políticas de Juan Manuel de Rosas,* Buenos Aires, 1972, y Juan Carlos Nicolau, ed., *Correspondencia inédita entre Juan Manuel de Rosas y Manuel José García,* Tandil, 1989. La oposición a Rosas se encuentra documentada en el libro de Gregorio F. Rodríguez, ed., *Contribución histórica y documental,* 3 vols., Buenos Aires, 1921-1922, y Archivo Histórico de la Provincia de Buenos Aires, *La campaña libertadora del general Lavalle (1838-1842),* La Plata, 1944. Entre otras colecciones sobresale la ingente obra de las tres figuras más eminentes de la política y las letras argentinas, empezando con Juan B. Alberdi y sus *Obras completas,* 8 vols., Buenos Aires, 1876-1886, y sus *Escritos póstumos,* 16 vols., Buenos Aires, 1895-1901. La de Bartolomé Mitre se encuentra en *Archivo del General Mitre: documentos y correspondencia,* 28 vols., Buenos Aires, 1911-1914, que se complementa con la *Correspondencia literaria, histórica y política del General Bartolomé Mitre,* 3 vols., Buenos Aires, 1912, y la *Correspondencia Mitre-Elizalde* en *documentos para la historia argentina,* 26, Buenos Aires, 1960). La de Domingo F. Sarmiento, *Obras completas,* 52 vols., Santiago, 1887-1902, es una fuente indispensable para la historia argentina, junto con *Sarmiento-Mitre: correspondencia, 1846-1868,* Buenos Aires, 1911, *Facundo,* La Plata, 1938, y *Epistolario entre Sarmiento y Posse, 1845-1888,* 2 vols., Buenos Aires, 1946-1947.

Hay numerosas fuentes narrativas, y la siguientes no son más que una breve selección. La de sir Woodbine Parish, *Buenos Ayres and the Provinces of the Río de la Plata,* Londres, 1952[2] —que se publicó por primera vez en 1838— es una narración objetiva y erudita hecha por el antiguo encargado de asuntos británicos. William MacCann, en *Two thousand miles' ride through the Argentine provinces,* 2 vols., Londres, 1853, da vida a la economía y a la gente de la pampa. Una de las primeras aproximaciones cuantitativas se debe a Victor Martin de Moussy, *Description géographique et statistique de la Confédération Argentine,* 3 vols., París, 1860-1864. Thomas Joseph Hutchinson, en *Buenos Ayres and Argentine gleanings,* Londres, 1865, ofrece un relato menos cuidado, obra del cónsul inglés en Rosario, que lleva la historia hasta 1862-1863. El libro de Wilfred Latham, *The States of the River Plate,* Londres, 1868[2], es una versión ampliada del libro publicado por primera vez en 1866, y escrito en «la casa de campo» del autor, una gran estancia ovejera.

Las historias generales están encabezadas por la de la Academia Nacional de la Historia, *Historia de la nación argentina,* 10 vols., Buenos Aires, 1939-1950[2], y su secuela, *Historia argentina contemporánea, 1862- 1930,* Buenos Aires, 1963. A continuación vienen los trabajos colectivos, de calidad desigual. El de Tulio Halperín Donghi, *Argentina: de la revolución de independencia a la confederación rosista,* Buenos Aires, 1972, analíticamente es superior, así como también lo es su magistral trabajo introductorio en *Proyecto y construcción de una nación, Argentina 1846-1880),* Caracas, 1980, una selección de textos de los principales escritores de la era de construcción nacional en Argentina. Haydée Gorostegui de Torres, en *Argentina: la organización nacional,* Buenos Aires, 1972, ofrece una visión equilibrada del período 1852-1874. David Bushnell, *Reform and Reaction in the Platine Provinces 1810-1852,* Gainesville, 1983, describe el programa del liberalismo.

Para la historia económica puede empezarse con el libro de Jonnathan C. Brown, *A socioeconomic history of Argentina, 1776-1860,* Cambridge, 1979, que combina la síntesis con la investigación original y la orientación cronológica. El de Miron Burgin, *The economic aspectes of Argentine federalism 1820-1852,* Cambridge, Mass., 1946, aún no ha sido superado ni en datos ni en interpretación. Juan Carlos Nicolau, *La reforma económico- financiera en la provincia de Buenos Aires (1821-1825),* Buenos Aires, 1988, y *Rosas y García, 1829-1835. La economía bonaerense,* Buenos Aires, 1980, se centran en la política financiera y fiscal. Sobre las bases institucionales de la propiedad existe la obra de Miguel A. Cárcano, *Evolución histórica del régimen de la tierra pública, 1810-1916,* Buenos Aires, 1972[3], que se publicó por primera vez en 1917. Jacinto Oddone ofrece más detalles sobre la compra y la concentración de tierras en *La burguesía terrateniente argentina,* Buenos Aires, 1956[3], pero para datos más precisos véase el artículo de Andrés M. Carretero, «Contribución al conocimiento de la provincia rural en la provincia de Buenos Aires para 1830», *Boletín del Instituto de Historia Argentina «Doctor Emilio Ravignani»,* 2.ª serie, 13/22-23 (1970), pp. 246-292, y *La propiedad de la tierra en época de Rosas,* Buenos Aires, 1972. La ganadería puede estudiarse en la obra de Horacio C. E. Giberti, *Historia económica de la ganadería argentina,* Buenos Aires,

1961, y los saladeros en las de Alfredo J. Montoya, *Historia de los saladeros argentinos*, Buenos Aires, 1956, y *La ganadería y la industria de salazón de carnes en el período 1810-1862*, Buenos Aires, 1971. Algunos aspectos del primer desarrollo industrial son tratados por José M. Mariluz Urquijo, *Estado e industria 1810-1862*, Buenos Aires, 1956, en una colección de textos; por Juan Carlos Nicolau, *Antecedentes para la historia de la industria argentina*, Buenos Aires, 1968, y en *Industria argentina y aduanas, 1835-1854*, Buenos Aires, 1975; y por Clifton Kroeber, *The growth of the shipping industry in the Río de la Plata region, 1794-1860*, Madison, 1957. El comercio exterior y sus participantes son estudiados en un útil artículo y dos libros importantes: Juan Carlos Nicolau, «Movimiento marítimo exterior del puerto de Buenos Aires (1810-1854)», *Nuestra Historia*, 12 (1973), pp. 351-361; H. S. Ferns, *Britain and Argentina in the nineteenth century*, Oxford, 1960; Vera Bliss Reber, *British merchant houses in Buenos Aires, 1810-1880*, Cambridge, Mass., 1979. Para el ciclo de la lana y la economía en transición, véase el libro de José Carlos Chiaramonte, *Nacionalismo y liberalismo económicos en la Argentina 1860- 1880*, Buenos Aires, 1971, y un artículo importante: Hilda Sabato, «Wood Trade and Commercial Networks in Buenos Aires 1840s to 1880s», *JLAS*, 15/1 (1983), pp. 49-81.

Las cuestiones demográficas están bien descritas por Ernesto J. A. Maeder en *Evolución demográfica argentina de 1810 a 1869*, Buenos Aires, 1969, mientras que los cambios acaecidos en un período más corto han sido medidos por Susana R. Frías, César A. García Belsunce *et al.*, en *Buenos Aires: su gente, 1800-1830*, Buenos Aires, 1976, basándose en censos de la ciudad de Buenos Aires. Debe complementarse con el trabajo de George Reid Andrews, *The Afro-Argentines of Buenos Aires, 1800-1900*, Madison, 1980. Sobre la inmigración, véase el libro de Juan Antonio Oddone, *La emigración europea al Río de la Plata*, Montevideo, 1966. Juan Carlos Korol y Hilda Sabato presentan una nueva investigación sobre la vida y el trabajo de los irlandeses en *Cómo fue la inmigración irlandesa en la Argentina*, Buenos Aires, 1981. El grupo social más poderoso ha sido estudiado por María Sáenz Quesada en *Los estancieros*, Buenos Aires, 1980. Los gauchos, los peones y los vagabundos han sido colocados en su contexto por Ricardo Rodríguez Molas en su *Historia social del gaucho*, Buenos Aires, 1986, y Richard W. Slatta, *Gauchos and the Vanishing Frontier*, Lincoln, Nebraska, 1983. Rubén H. Zorrilla, en *Extracción social de los caudillos 1810-1870*, Buenos Aires, 1972, discute las bases sociales del caudillismo, y José Carlos Chiaramonte, «Legalidad constitucional o caudillismo: el problema del orden social y el surgimiento de los estados autónomos del litoral argentino en la primera mitad del siglo XIX», *Desarrollo Económico*, 26, 102 (1986), pp. 175-196, sugiere una nueva aproximación al caudillismo. Mark D. Szuchmann, *Order, Family and Community in Buenos Aires 1810-1860*, Stanford, Calif., 1988, estudia la historia de la familia en un contexto político.

La historia política puede dividirse en tres períodos: el de Rivadavia, el de Rosas y el de la organización nacional. Sobre el primero, Ricardo Piccirilli ha hecho una investigación erudita: *Rivadavia y su tiempo*, 3 vols., Buenos Aires, 1960[2], y Sergio Bagú ha escrito una convincente interpretación con documentos en *El plan económico del grupo de Rivadaviano 1811-1827*, Rosario, 1966. La ingente bibliografía que existe sobre Rosas es más un estorbo que una ayuda. La *Historia de la Confederación Argentina: Rosas y su época*, 9 vols., Buenos Aires, 1958, de Adolfo Saldías —que se publicó por primera vez en 1881-1887 a partir de las fuentes oficiales de Rosas—, es una crónica útil de los sucesos. *Rosas; controvertida historiografía*, Buenos Aires, 1972, de Roberto Etchepareborda, es una visión moderna de los «problemas». Enrique M. Barba, en *Cómo llegó Rosas al poder*, Buenos Aires, 1972, explica su conquista del poder. Entre los historiadores rosistas, Carlos Ibarguren con su *Juan Manuel de Rosas, su vida, su drama, su tiempo*, Buenos Aires, 1961, que se publicó por primera vez en 1930, ofrece una bien documentada biografía política; y Julio Irazusta, en *Vida política de*

Juan Manuel de Rosas, a través de su correspondencia, 8 vols., Buenos Aires, 1970[2], ofrece muchos detalles y documentación. Ernesto H. Celsia, en *Rosas, aportes para su historia,* 2 vols., Buenos Aires, 1968[2], hace una buena investigación, si bien hostil a Rosas. Benito Díaz, en *Juzgados de paz de campaña de la provincia de Buenos Aires (1821-1854),* La Plata, 1959, estudia una institución vital del régimen. Sobre el bloqueo extranjero y otras formas de intervención, véanse John F. Cady, *Foreign intervention in the Río de la Plata 1838-1850,* Filadelfia, 1929, y Nestor S. Colli, *La política francesa en el Río de la Plata: Rosas y el bloqueo de 1838-1840,* Buenos Aires, 1963, así como el trabajo de Ferns ya citado. El contexto internacional de la caída de Rosas es analizado por el historiador rosista José María Rosa en *La caída de Rosas: el Imperio de Brasil y la Confederación Argentina (1843- 1851),* Buenos Aires, 1968[2]. Para una historia reciente de Rosas, la base de su poder y su política, véase John Lynch, *Argentine dictator: Juan Manuel de Rosas 1829-1852,* Oxford, 1981 (hay trad. cast.: *Juan Manuel de Rosas 1829- 1852,* Buenos Aires, 1984).

En el período de la organización nacional, Urquiza es la figura de la transición; sobre él, véase el libro de Beatriz Bosch, *Urquiza y su tiempo,* Buenos Aires, 1971. La obra de James R. Scobie, *La lucha por la consolidación de la nacionalidad argentina, 1852-1862,* Buenos Aires, 1964, está sustituyendo los más viejos trabajos sobre la década que siguió a Rosas. El gran estadista constitucional ha atraído a numerosos biógrafos, entre los que destaca Jorge M. Mayer con su *Alberdi y su tiempo,* Buenos Aires, 1963. Sarmiento ha sido estudiado por José S. Campobassi, *Sarmiento y su época,* 2 vols., Buenos Aires, 1975.

La historia uruguaya del siglo XIX cuenta con la reputada obra de historia y documentación política de Eduardo Acevedo, *Anales históricos del Uruguay,* vols. 2 y 3, Montevideo, 1933, que para mediados de siglo debe completarse con la de Juan E. Privel Devoto, *El fin de la Guerra Grande,* Montevideo, 1953. José Pedro Barrán hace un excelente análisis económico, social y político en *Apogeo y crisis del Uruguay pastoral y caudillesco, 1838-1875,* Historia Uruguaya, 4, Montevideo, 1974. Sobre la estructura rural, véase José Pedro Barrán y Benjamín Nahum, *Historia rural del Uruguay moderno. Tomo I (1851-1867),* Montevideo, 1967, un trabajo especializado básico. Juan Antonio Oddone, *Economía y sociedad en el Uruguay liberal 1852-1904. Antología de textos,* Montevideo, 1967, es una colección de documentos precedida de una buena introducción. Para un análisis de la estructura social, véase el libro de Carlos M. Rama, *Historia social del pueblo uruguayo,* Montevideo, 1972.

Para comprender la historia del Paraguay del siglo XIX la mejor aproximación es la de John Hoyt Williams, *The rise and fall of the Paraguayan Republic, 1800-1870,* Austin, 1979, que es a la vez un trabajo de investigación y de interpretación. Richard Alan White, *Paraguay's autonomous revolution 1810-1840,* Alburquerque, Nuevo México, 1978, ofrece una nueva, si bien parcial, visión de Francia. Para una valoración tradicional, véase la de Julio César Chaves, *El supremo dictador. Biografía de José Gaspar de Francia,* Madrid, 1964[4]. El mismo historiador ha escrito una historia del sucesor de Francia, *El Presidente López. Vida y gobierno de Don Carlos,* Buenos Aires, 1968[2]; véase también Juan F. Pérez Acosta, *Don Carlos Antonio López, «Obrero Máximo»,* Buenos Aires, 1948. Para la historia demográfica de este período, véanse John Hoyt Williams, «Observations on the Paraguayan Census of 1846», *HAHR,* 56 (1976), pp. 424-437, y «Foreign Técnicos and modernization of Paraguay, 1840-1870», *JIAS,* 19/2 (1977), pp. 233-257. Esta última cuestión ha sido estudiada con más detalle por Josefina Pla, *The British in Paraguay (1850-1870),* Londres, 1976. Sobre la guerra de Paraguay, aún vale la pena leer el libro de Pelham Horton Box, *The origins of Paraguayan War,* Urbana, Ill., 1929, pero debe complementarse con el de Efraím Cardozo, *Vísperas de la guerra del Paraguay,* Buenos Aires, 1962. Del mismo autor es *Hace cien años,* 8 vols., Asunción, 1967-1972, una útil crónica de sucesos basada en los periódicos paraguayos coetáneos. Para una historia de la guerra en inglés, véase Charles Kolinski, *Independence of death. The story of the Paraguayan*

War, Gainsville, Florida, 1965, aunque la de Ramón J. Cárcano, *Guerra del Paraguay,* 3 vols., Buenos Aires, 1938-1940, aún es un libro de referencia útil. John Hoyt Williams ha hecho un experto repaso de la bibliografía sobre el Paraguay en «Paraguayan historical resources. Part Four. A selective Paraguayan Bibliography», *TA,* 34 (1978), pp. 1-20.

2. *El crecimiento de la economía argentina, c. 1870-1914*

Entre los estudios bibliográficos de la historia económica de Argentina en el período 1870-1914, el mejor y más completo es Tulio Halperín Donghi, «Argentina», en Roberto Cortés Conde y Stanley J. Stein, eds., *Latin America: a guide to economic history 1830-1930,* Berkeley, 1977. Entre las obras de carácter general que aparecieron después de la segunda guerra mundial, Ricardo M. Ortiz, *Historia económica de la Argentina, 1850-1930,* 2 vols., Buenos Aires, 1955, fue durante muchos años la más leída. Durante el decenio de 1960 dos obras correspondientes a este campo ejercerían una influencia significativa: Aldo Ferrer, *La economía argentina: las etapas de su desarrollo y problemas actuales,* México, 1963, que, al igual que el estudio de Brasil escrito por Celso Furtado, examina la estructura de la economía desde el período colonial hasta el presente y acusa mucho la influencia de la literatura sobre el desarrollo publicada por ECLA/CEPAL; la otra obra fue la de Guido Di Tella y Manuel Zymelman, *Las etapas del desarrollo económico argentino,* Buenos Aires, 1967, concebida como tesis bajo la supervisión de W. W. Rostow, que acepta el rápido crecimiento del período 1880-1914 y trata de explicar por qué no se sostuvo después de 1914. Véanse también los ensayos de D. C. M. Platt y G. Di Tella, eds., *The political economy of Argentina, 1880-1946,* Londres, 1986, que incluye el de David Rock, «The Argentine economy, 1880-1914: some salient features».

El primer capítulo de *Essays on the economic history of the Argentine Republic,* New Haven, 1970, de Carlos F. Díaz Alejandro, considera el período anterior a 1930. Díaz Alejandro se aparta de anteriores interpretaciones del período y hace hincapié en que Argentina, al igual que Canadá y Estados Unidos, merece que la veamos dentro del marco de la teoría básica del crecimiento económico (sobre la cual, véase Melville H. Watkins, «A staple theory of economic growth», *Canadian Journal of Economic and Political Science,* 29/2 [1963]). Vicente Vásquez Presedo, *El caso argentino,* Buenos Aires, 1971, también considera que el caso argentino fue único y diferente del de otros países subdesarrollados y más cercano al de países anglosajones colonizados recientemente. Véase también John Fogarty, Ezequiel Gallo y Héctor Diéguez, *Argentina y Australia,* Buenos Aires, 1979; Tim Ducan y John Fogarty, *Australia and Argentina: on parallel paths,* Melbourne, 1984; y D. C. M. Platt y G. Di Tella, eds., *Argentina, Australia and Canada: studies in comparative development, 1870-1965,* Nueva York, 1985. Los dos primeros capítulos de Roberto Cortés Conde, *El progreso argentino 1880-1914,* Buenos Aires, 1979, consideran la formación territorial y la estructura regional de Argentina desde el período colonial hasta el siglo xix, mientras que los capítulos centrales hablan del desarrollo de los mercados de tierra y trabajo durante el período 1880-1910.

Otras obras de carácter general que merecen citarse son Roque Gondra, *Historia económica de la República Argentina,* Buenos Aires, 1943, que durante muchos años fue texto obligatorio en la enseñanza, igual que lo fue Federico Pinedo, *Siglo y medio de economía argentina,* México, 1961. Véase también Academia Nacional de la Historia, *Historia argentina contemporánea 1862-1930,* vol. III, *Historia económica,* Buenos Aires, 1965. Entre obras más antiguas pero, pese a ello, indispensables se encuentran dos estudios de Juan Álvarez, *Estudios sobre las guerras civiles argentinas,* Buenos Aires, 1914, y *Temas de historia económica argentina,* Buenos Aires, 1929, así como Ernesto Tornquist, *The economic development of the Argentine Republic in the last fifty years,* Buenos Aires, 1919, y Michael G. y E. T. Mulhall, *Handbook of the River Plate,* 1863, 1875, 1888, 1892 (reimpresión, Buenos Aires y Londres, 1982).

Sobre el cambio demográfico, y especialmente la migración interna e internacional, Zulma L. Recchini de Lattes y Alfredo E. Lattes, *Migraciones en la Argentina,* Buenos Aires, 1969, y *La población de Argentina,* Buenos Aires, 1975, son indispensables. Véase también *HALC,* X, ensayo bibliográfico 2.

Durante muchos años la obra más aceptada sobre el sector rural fue Horacio C. E. Giberti, *Historia económica de la ganadería argentina,* Buenos Aires, 1954, que se basaba principalmente en los excelentes ensayos del censo de 1908; se convirtió en un clásico en su campo. Otro libro muy conocido es James Scobie, *Revolution on the pampas: a social history of Argentine wheat,* Austin, Texas, 1964. Entre las obras recientes se incluyen Ezequiel Gallo, «Agricultural colonization and society in Argentina. The province of Santa Fe, 1870-95», tesis doctoral inédita, Oxford, 1970; versión española, *La pampa gringa,* Buenos Aires, 1983. Eduardo Míguez, *Las tierras de los ingleses en la Argentina, 1870-1914,* Buenos Aires, 1985; Alfredo R. Pucciarelli, *El capitalismo agrario pampeano, 1880-1930,* Buenos Aires, 1986; Carl E. Solberg, *The prairies and the pampas: agrarian policy in Canada and Argentina, 1880-1930,* Stanford, 1987; Hilda Sábato, *Capitalismo y ganadería en Buenos Aires. La fiebre del lanar, 1865-1890,* Buenos Aires, 1989, y Jeremy Adelman, «Agricultural credit in the province of Buenos Aires, Argentina 1890-1914», *JLAS,* 22 (1990), pp. 69-87.

Véanse también Aldo Montoya, *Historia de los saladeros argentinos,* Buenos Aires, 1956; Fernando Enrique Barba, «El desarrollo agropecuario de la provincia de Buenos Aires (1880-1930)», *Investigaciones y Ensayos,* 17 (julio-diciembre de 1974), pp. 210-310; Roberto Cortés Conde, «Patrones de asentamiento y explotación agropecuaria en los nuevos territorios argentinos (1890-1910)», y Ezequiel Gallo, «Ocupación de tierras y colonización agrícola en Santa Fe», ambas en Álvaro Jara, ed., *Tierras nuevas,* México, 1969; Roberto Cortés Conde, «Tierras, agricultura y ganadería», y Colin Lewis, «La consolidación de la frontera argentina a fines de la década del setenta. Los indios, Roca y los ferrocarriles», ambas en Gustavo Ferrari y Ezquiel Gallo, eds., *La Argentina del ochenta al centenario,* Buenos Aires, 1980; y M. Sáenz Quesada, *Los estancieros,* Buenos Aires, 1980. Varias obras más antiguas merecen especial mención debido a su valor permanente: Miguel Ángel Cárcano, *Evolución histórica del régimen de la tierra pública 1810-1916,* Buenos Aires, 1917; Jacinto Oddone, *La burguesía terrateniente argentina,* Buenos Aires, 1917; Mark Jefferson, *Peopling the Argentine pampas,* Nueva York, 1926; Carl C. Taylor, *Rural life in Argentina,* Baton Rouge, 1948; Simon G. Hanson, *Argentine meat and the British market: chapters in the history of the Argentine meat industry,* Stanford, 1938. Estanislao Zeballo, *Descripción amena de la República Argentina,* Buenos Aires, 1888, y los estudios realizados por la División de Economía Rural del Ministerio de Agricultura (1900) son indispensables.

Sobre el comercio exterior y las inversiones extranjeras, John H. Williams, *Argentine international trade under inconvertible paper money, 1880-1900,* Cambridge, Mass., 1920; reimpresión, Nueva York, 1969, todavía no ha sido superada; debido a su riqueza de información sobre la balanza de pagos, precios, salarios, etc., se la ha considerado, de hecho, como la mejor historia económica del período. Véanse también Vázquez Presedo, *El caso argentino,* capítulo 2; H. S. Ferns, *Britain and Argentina in the nineteenth century,* Oxford, 1960; A. G. Ford, *The gold standard 1880-1914; Britain and Argentina,* Oxford, 1962, y una obra más antigua, Harold E. Peters, *The foreign debt of the Argentine Republic,* Baltimore, 1934. Héctor L. Diegrez, «Crecimiento e inestabilidad del valor y el volumen físico de las exportaciones argentinas en el período 1864-1963», *Desarrollo Económico,* Buenos Aires, 46/12 (1972), es un artículo que transcribe información de la importante recopilación de datos estadísticos sobre el comercio exterior de Argentina que se presenta en Roberto Cortés Conde, Tulio Halperín y H. Gorostegui de Torres, *El comercio exterior argentino - exportaciones 1863-1963,* en mimeógrafo, Instituto Torcuato Di Tella, Buenos Aires, sin fecha, que corrige muchos errores y deficiencias de las estadísticas. También son importantes D. C. M. Platt, *Finance, trade and politics in British foreign policy 1815-1914,* Oxford, 1971, y *Latin America and British trade, 1806-1914,* Londres, 1972; A. G. Ford, «British investment in Argentina and long swings 1880-1914», *Journal of Economic History,* 31/3 (1971), reimpreso en Roderick Floud, ed., *Essays in quantitative economic history,* Oxford, 1974, y «British investment and Argentine economic development, 1880-1914», en David Rock, ed., *Argentina in the twentieth century,* Londres, 1975. Sobre las inversiones francesas, son dignos de mención los tres artículos de Andrés Regalsky, «Exportaciones de capital hacia los países nuevos, los bancos franceses y las finanzas públicas argentinas, 1881-1887», *Revista de Historia económica,* 1, año V (1987), «Las inversiones francesas en los ferrocarriles, 1887-1899», *Siglo XIX,* Universidad Autónoma de Nuevo León, año III, 5 (1988), y «Foreign capital, local interest on railways development in Argentina; French investments in railways 1900-1914», *JLAS,* 21 (1989).

Las obras de Williams y Ford son principalmente estudios del funcionamiento del patrón oro en Argentina. La obra de Williams llega hasta finales de siglo, mientras que la de Ford considera dos períodos distintos, el primero de los cuales, de 1880 a 1885, es calificado como un fracaso del sistema mientras que el segundo, de 1900 a 1910, es calificado de éxito. Véanse también Ferns, *Britain and Argentina,* y David Joslin, *A century of banking in Latin America,* Londres, 1963. Véanse también Rafael Olarra Jiménez, *El dinero y las estructuras monetarias,* Buenos Aires, 1967, y su más reciente «Las reformas monetarias 1880-1910», junto con Charles Jones, «Los bancos británicos», en Ferrari y Gallo, eds., *La Argentina del ochenta al centenario.* Entre las obras más antiguas, véanse el clásico estudio de Emilio Hansen, *La moneda argentina,* Buenos Aires, 1916, y José A. Terry, *Cuestiones monetarias,* Buenos Aires, 1899, y *Finanzas,* Buenos Aires, 1918. Roberto Cortés Conde, *Dinero, deuda y crisis. Evolución fiscal y monetaria argentina, 1862-1890,* Buenos Aires, 1989, es la primera historia monetaria de Argentina para el período 1860-1890. La importante tesis de Gerardo della Paolera, «How the Argentine economy performed during the Internacional gold standard: a reexamination», tesis inédita, Universidad de Chicago, 1988, ofrece nuevas series monetarias desde 1885.

Como es natural, los ferrocarriles dominan la bibliografía relativa a los transportes. Entre las obras recientes, la más completa es Eduardo A. Zalduendo, *Libras y rieles,* Buenos Aires, 1975, que también examina las inversiones británicas en los ferrocarriles de Brasil, Canadá y la India. También es importante Winthrop R. Wright, *British-owned railways in Argentine: their effect on economic nationalism 1854-1948,* Austin, Texas, 1972. Véanse también Colin Lewis, «Problems of railway development in Argentina 1857-1890», *Inter-American Economic Affairs,* 22/2 (1962), y *British railways in Argentina 1857-1914,* Londres, 1983; Paul Goodwin, «The central Argentine railway and the economic development of Argentina 1854-1881», *HAHR,* 57/4 (1977); y el estudio más reciente de Eduardo A. Zalduendo, «Aspectos económicos del sistema de transporte en la Argentina (1880-1914)», en Ferrari y Gallo, eds., *La Argentina del ochenta al centenario.* Entre las obras más antiguas, pero que son indispensables por diversas razones, merece citarse Raúl Scalabrini Ortiz, *Historia de los ferrocarriles argentinos,* Buenos Aires, 1957, enfoque antibritánico y vale la pena citar el bien documentado A. G. Bunge, *Ferrocarriles argentinos,* Buenos Aires, 1916, que, como señala el autor, es también una contribución al estudio de la riqueza nacional.

Para la industria, el estudio de Adolfo Dorfman, publicado originalmente como *La evolución industrial argentina,* Buenos Aires, 1942, y más recientemente como *Historia de la industria argentina,* Buenos Aires, 1970, sigue siendo importante. Entre las obras más recientes, véanse Vázquez Presedo, *El caso argentino,* y «Evolución industrial 1880-1910», en Ferrari y Gallo, eds., *La Argentina del ochenta al centenario;* Ezequiel Gallo, «Agrarian expansion and industrial development in Argentina», en Raymond Carr, ed., *Latin American Affairs. St. Antony's Papers,* n.º 22, Oxford, 1970; Luico Geller, «El crecimiento industrial argentino hasta 1914 y la teoría del bien primario exportado», en Marcos Giménez Zapiola, ed., *El régimen oligárquico. Materiales para el estudio de la realidad argentina hasta 1930,* Buenos Aires, 1975, pp. 156-200. Colin M. Lewis, «Immigrant entrepreneurs, manufacturing and industrial policy in the Argentine, 1922-1928», *Journal of Imperial and Commonwealth History,* XVII (1987), pp. 77-109; Leandro Gutiérrez y Juan Carlos Korol, «Historia de empresas y crecimiento industrial en la Argentina. El caso de la Fábrica Argentina de Alpargatas», *Desarrollo Económico,* vol. 28, 111 (1988); María Inés Barbero, «Grupos empresarios, intercambio comercial e inversiones italianas en la Argentina. El caso Pirelli (1910-1920)», *Estudios Migratorios Latinoamericanos,* año 3, 15-16 (1990), y Roberto Cortés Conde, «Problemas del crecimiento industrial en Argentina 1900-1960», en Enrique Cárdenas, ed., *La industrialización en América Latina,* México, 1992, que presenta nuevos datos sobre la producción industrial para el período 1900-1935 (revisando los publicados por ECLA en 1958).

3. *Política y sociedad en Argentina, 1870-1916*

Hay varias obras de carácter general que tratan del proceso político en Argentina entre 1870 y 1914: Academia Nacional de la Historia, *Historia argentina contemporánea,* 2 vols., Buenos Aires, 1965; Ricardo Levillier, ed., *Historia argentina,* vol. IV, Buenos Aires, 1968; E. Gallo y R. Cortés Conde, *La República conservadora,* Buenos Aires, 1972; N. Botana, *El orden conservador. La política argentina entre 1880 y 1916,* Buenos Aires, 1977; G. Ferrari y E. Gallo, eds., *La Argentina del ochenta al centenario,* Buenos Aires, 1980, y D. Rock, *Argentina 1516-1987. From Spanish Colonization to the Falklands War,* Berkeley, 1985 (hay trad. cast.: *Argentina, 1516-1987: desde la colonización española hasta Alfonsín,* Alianza, Madrid, 1988). Todavía son útiles los clásicos estudios de L. H. Sommariva, *Historia de las intervenciones federales en las provincias,* 2 vols., Buenos Aires, 1929; José N. Matienzo, *El gobierno representativo federal en la República Argentina,* Madrid, 1917, y Rodolfo Rivarola, *Del régimen federativo al unitario,* Buenos Aires, 1908. También merece consultarse la compilación documental realizada por Isidoro Ruiz Moreno, ed., *La federalización de Buenos Aires,* Buenos Aires, 1980.

Algunas biografías contienen información útil sobre el período. Véanse, por ejemplo, dos estudios de Agustín Rivero Astengo, *Juárez Celman. Estudio histórico y documental de una época argentina,* Buenos Aires, 1940, y *Pellegrini, 1846-1906,* 2 vols., Buenos Aires, 1941; R. Sáenz Hayes, *Miguel cané y su tiempo, 1851-1905,* Buenos Aires, 1955, y *Ramón J. Cárcano, 1860-1946;* José Arce, *Roca 1843-1914. Su vida y su obra,* Buenos Aires, 1960; F. Luna, *Soy Roca,* buenos Aires, 1989; A. W. Bunkley, *The life of Sarmiento,* Princeton, N. J., 1952; J. Campobassi, *Mitre y su época,* buenos Aires, 1980, y D. F. Weinstein, *Juan B. Justo y su época,* Buenos Aires, 1978. También son dignos de consultarse Leandro Alem, *Mensaje y destino,* 8 vols., Buenos Aires, 1955, e Hipólito Yrigoyen, *Pueblo y gobierno,* 12 vols., Buenos Aires, 1956. Entre las memorias o autobiografías más útiles escritas por políticos activos se cuentan Paul Groussac, *Los que pasaban,* Buenos Aires, 1919; Ezequiel Ramos Mejía, *Mis memorias,* Buenos Aires, 1936; Ramón J. Cárcano, *Mis primeros ochenta años,* Buenos Aires, 1944; Nicolás Repetto, *Mi paso por la política, de Roca a Yrigoren,* Buenos Aires, 1956; Carlos Ibarguren, *La historia que he vivido,* Buenos Aires, 1955, y Enrique Dickman, *Recuerdos de un militante socialista,* Buenos Aires, 1949.

Muy poco se ha escrito, hasta estos últimos tiempos, sobre la historia de las ideas. El tema se trata sumariamente en José L. Romero, *Las ideas políticas en la Argentina,* México, 1956. Es valiosísima la reciente compilación de T. Halperín Donghi, *Proyecto y construcción de una nación, 1846-1880,* Caracas, 1979. Esta obra debería leerse conjuntamente con otros estudios del mismo autor: «Un nuevo clima de ideas», en Ferrari y Gallo, eds., *La Argentina del ochenta al centenario,* y «¿Para qué la inmigración? Ideología y política migratoria y aceleración del proceso modernizador: el caso argentino (1810-1914)», *JGSWGL,* 13 (1976). También merecen consultarse: H. Biaggini, *¿Cómo fue la generación del ochenta?,* Buenos Aires, 1980; M. Montserrat, «La mentalidad evolucionista: una ideología del progreso», en Ferrari y Gallo, eds., *op. cit.;* J. C. Chiaramonte, *Nacionalismo y liberalismo económico en la Argentina,* Buenos Aires, 1971, y T. Duncan, «La prensa política: Sud-América, 1884-1942», en Ferrari y Gallo, eds., *op. cit.* Dos aportaciones importantes que datan de hace poco son de Natalio Botana, *La tradición republicana. Alberdi, Sarmiento y las ideas políticas de su tiempo,* Buenos Aires, 1984, y *La libertad política y su historia,* Buenos Aires, 1991. Véanse también T. Halperín Donghi, *José Hernández y sus mundos,* Buenos Aires, 1985, y Carlos Escudé, *El fracaso del proyecto argentino. Educación e ideología,* Buenos Aires, 1990. Para el catolicismo social, véanse N. T. Auzá, *Corrientes sociales del catolicismo argentino,* Buenos Aires, 1984. Una reciente contribución muy valiosa es E. Zimmermann, «Liberals, Reform and the Social Question», tesis doctoral, Universidad de Oxford, 1991.

Existen unas cuantas obras generales sobre los partidos políticos: véanse Carlos Melo, *Los partidos políticos argentinos,* Córdoba, 1970; Alfredo Galleti, *La política y los partidos,* Buenos Aires, 1961; Darío Canton, *Elecciones y partidos políticos en la Argentina. Historia, interpretación y balance 1910-1966,* Buenos Aires, 1973, y Karen L. Remmer, *Party Competition in Argentina and Chile. Political Recruitment and Public Policy,* Lincoln, Neb., 1984. Sobre las prácticas políticas, véanse H. Sábato y E. Plati, «¿Quién votaba en Buenos Aires? Práctica y teoría del sufragio, 1850-1880», *Desarrollo Económico,* 119, (Buenos Aires, 1990), y E. Gallo, «Un quinquenio difícil: las presidencias de Carlos Pellegrini y Luis Sáenz Peña», en G. Ferrari y E. Gallo, *op. cit.* Sobre estilos y tradiciones políticas, véase E. Gallo, *Traditions and Political Styles in Argentina,* St. Michael, Maryland, 1979. El Partido Radical ha sido el que más atención ha recibido de los historiadores. Además de los ensayos que aparecen en Alem, *Mensaje y destino,* e Yrigoyen, *Pueblo y gobierno,* otras obras importantes son Gabriel Del Mazo, *El radicalismo. Ensayo sobre su historia y doctrina* (Buenos Aires, 1957; David Rock, *Politics in Argentina, 1890-1930. The rise and fall of Radicalism,* Cambridge, 1975 (hay trad. cast.: *El radicalismo argentino,* Amorrortu, Buenos Aires, 1976), y E. Gallo y S. Sigal, «La formación de los partidos políticos contemporáneos: La Unión Cívica Radical (1890-1916)», *Desarrollo Económico,* 3/1-2 (1963). Sobre el Partido Socialista, R. J. Walter, *The Socialist party in Argentina 1890-1930,* Austin, Texas, 1977; D. Cúneo, *Juan B. Justo y las luchas sociales en la Argentina,* Buenos Aires, 1963; J. Oddone, *Historia del socialismo argentino,* Buenos Aires, 1943, y M. Mullaney, «The Argentine Socialist Party, 1890-1930», tesis doctoral, Universidad de Essex, 1983; todas estas obras son útiles.

Menos se ha publicado acerca de las fuerzas conservadoras en la política argentina de este período. O. Cornblit, «La opción conservadora en la política argentina», *Desarrollo Económico,* 56/4 (1975), pp. 599-640, y E. Gallo, «El Roquismo», *Todo es Historia,* 100 (1975), merecen consultarse. Aunque no se ocupa específicamente del tema, se encuentra información útil en J. M. Dulevich, *Caos social y crisis cívica,* Buenos Aires, 1980. No se ha escrito nada sobre los diferentes grupos que se alinearon detrás de la bandera del mitrismo, y muy poco acerca de las facciones provinciales. Sobre éstas, varias historias regionales contienen información: Juan Álvarez, *Ensayo sobre la historia de Santa Fe,* Buenos Aires, 1910; H. F. Gómez, *Los últimos sesenta años de democracia y gobierno en la provincia de Corrientes,*

Buenos Aires, 1931; A. Díaz de Molina, *La oligarquía argentina. Su filiación y régimen (1840-1898)*, Buenos Aires, 1973; y Carlos Páez de la Torre, «Tucumán, vida política y cotidiana, 1904-1913», *Todo es Historia,* 27 (1973). Hay también varias tesis doctorales inéditas que son valiosas: Donald Peck, «Argentine politics and the Province of Mendoza, 1890-1914», Universidad de Oxford, 1977; A. Liebscher, «Commercial expansión and political change in Santa Fe Province, 1897-1916», Universidad de Indiana, 1975; Donan Guy, «Politics and the sugar industry in Tucumán, Argentina, 1870-1900», Universidad de Indiana, 1973; y G. Heaps-Nelson, «Argentine Provincial Politics in an era of expanding political participation. Buenos Aires and Mendoiza, 1906-1918», Universidad de Florida, 1975.

Las rebeliones armadas de este período han sido objeto de considerable atención. Sobre la revolución de 1874, A. Terzaga, «La revolución del 74. Una estrella que sube», *Todo es Historia,* 59 (1974). Para los acontecimientos de 1880, véanse B. Galíndez, *Historia política argentina. La revolución de 1880,* Buenos Aires, 1945; S. Ratto de Sambucetti, *Avellaneda y nación versus la provincia de Buenos Aires (1873-1880),* Buenos Aires, 1975; E. M. Sanucci, *La renovación presidencial de 1880,* Buenos Aires, 1959, y N. Botana, «1880. La federalización de Buenos Aires», en G. Ferrari y E. Gallo, eds., *La Argentina del ochenta al centenario.* Se ha publicado mucho sobre la revolución de 1890: J. Balestra, *El Noventa. Una evolución política argentina,* Buenos Aires, 1971; H. Zorraquín Becú, *La revolución del Noventa. Su sentido político,* Buenos Aires, 1960; L. V. Sommi, *La revolución del 90,* Buenos Aires, 1957, y un número extraordinario de la *Revista de Historia,* Buenos Aires, 1957), sobre «La crisis del 90». Acerca de las revueltas provinciales de 1893, véanse R. Etchepareborda, *Tres revoluciones. 1890- 1893-1905,* Buenos Aires, 1968, y E. Gallo, *Farmers in revolt. The revolution of 1893 in the province of Santa Fe,* Londres, 1976. La obra de Etchepareborda también analiza el levantamiento radical frustrado de 1905. Véanse asimismo C. Martínez, *Alsina y Alem. Porteñismo y milicias,* Buenos Aires, 1990, y M. J. Wilde, «Las milicias santafecinas», *Revista Histórica,* 10 (Buenos Aires, 1982).

Sobre las relaciones internacionales, véanse H. J. Ferns, *Britain and Argentina in the nineteenth century,* Oxford, 1962; T. McGann, *Argentina, the United States and the inter-American system. 1880-1914,* Cambridge, Mass., 1967; G. Ferrari, «Argentina y sus vecinos», en Ferrari y Gallo, eds., *La Argentina del ochenta al centenario,* y J. A. Tulchin, *La Argentina y los Estados Unidos. Historia de una desconfianza,* Buenos Aires, 1990. Un tema importante que ha recibido poca atención es el de las relaciones con Italia y España, países natales de la inmensa mayoría de los inmigrantes.

Para la historia social del período, son fundamentales los tres excelentes censos nacionales que se hicieron en 1869, 1895 y 1914, así como los dos censos agrícolas de 1888 y 1908. También hay dos buenos censos provinciales, Buenos Aires, 1881, y Santa Fe, 1887), y tres censos municipales correspondientes a la ciudad de Buenos Aires (1887, 1904 y 1909). Se encuentra mucha información relativa a la vida social en Argentina en descripciones y estudios publicados por escritores extranjeros. La lista es larga, pero podríamos mencionar, a modo de ejemplo, los *Handbooks* de M. G. y E. T. Mulhall, 1863, 1875, 1883 y 1892 (reimpresión: Buenos Aires y Londres, 1982), E. Daireaux, *Vida y costumbres en el Plata,* 2 vols., Buenos Aires, 1888; Jules Huret, *En Argentine: de Buenos Aires au Gran Chaco,* París, 1914; A. N. Schüster, *Argentinien: Land, Volk, Wirtschaftsleben und Kolonisation,* 2 vols., Munich, 1913, y P. de Giovanni, *Sotto il sole di Maggio. Note e impressione de la Argentina,* Castielo, 1900. De gran utilidad es el volumen que publicó Lloyd's, *Twentieth century impressions of Argentina. Its history, people, commerce, industries and resources,* Londres, 1911.

Un asunto al que los historiadores han dedicado especial atención es el crecimiento demográfico, sobre todo en relación con la inmigración. Son útiles los estudios de J. A. Alsina, *La inmigración en el primer siglo de la independencia,* Buenos Aires, 1910; Zulma L. Recchini de Lattes y Alfredo E. Lattes, *La población de Argentina,* Buenos Aires, 1975; N. Sánchez-Albornoz, *La población de América Latina desde los tiempos pre-colombianos al año 2000,* Madrid, 1973; G. Beyhaut *et al.,* «Los inmigrantes en el sistema institucional argentino», en Torcuato Di Tella *et al., Argentina, sociedad de masas,* Buenos Aires, 1965, y E. Maeder, «Población e inmigración en la Argentina entre 1880 y 1910», en Ferrari y Gallo, eds., *La Argentina del ochenta al centenario.* Véase también Carl Solberg, *Immigration and nationalism in Argentina and Chile 1890-1914,* Austin, Texas, 1970. Sobre la inmigración europea en las zonas rurales, véanse J. C. Korol y H. Sábato, *Cómo fue la inmigración irlandesa en Argentina,* Buenos Aires, 1981, y Ezquiel Gallo, *La pampa gringa,* Buenos Aires, 1983.

Mucho más se ha investigado recientemente acerca de grupos específicos de inmigrantes. Véanse, por ejemplo, los artículos incluidos en F. Korn, ed., *Los italianos en la Argentina,* Buenos Aires, 1983; F. J. Deroto y G. Ronzoli, eds., *L'Italia nella società argentina,* Roma, 1988, y N. Sánchez-Albornoz, ed., *Españoles hacia América. La emigración en masa (1880-1930),* Madrid, 1988. Véase también O. Weyne, *El último puerto. Del Rhin al Volga y del Volga al Plata,* Buenos Aires, 1986.

Sobre el crecimiento urbano, véanse Z. Recchini de Lattes, «El proceso de urbanización en la Argentina: distribución, crecimiento y algunas características de la población urbana», *Desarrollo Económico,* 48 (1973), y *La población de Buenos Aires,* Buenos Aires, 1971; P. H. Randle, *La ciudad pampeana,* Buenos Aires, 1977; J. Scobie, *Buenos Aires. From plaza to suburb, 1870-1910,* Nueva York, 1971; Guy Bourde, *Urbanisation et immigration en Amérique Latine, Buenos Aires, XIX et XX siècles,* París, 1974, y F. Korn, *Buenos Aires 1895: Una ciudad moderna,* Buenos Aires, 1981. Para el desarrollo de algunas ciudades del interior, véase J. Scobie, *Secondary cities of Argentina. The Social History of Corrientes, Salta and Mendoza, 1850-1910,* Stanford, 1988.

Sobre la estructura social, véanse G. Germani, *Estructura social de la Argentina,* Buenos Aires, 1954; S. Bagu, *Evolución histórica de la estratificación social en la Argentina,* Buenos Aires, 1961; F. Korn, *Los huéspedes del 20,* Buenos Aires, 1974, y la tesis doctoral inédita de R. Sautu, «Social stratification and economic development in Argentina (1914-1955)», Universidad de Londres, 1968. También son útiles G. Germani, «La movilidad social en la Argentina», en S. M. Lipset y R. Bendix, eds., *Movilidad social en la sociedad industrial,* Buenos Aires, 1963; D. Cúneo, *Comportamiento y crisis de la clase empresaria,* Buenos Aires, 1967, y O. Cornblit, «Sindicatos obreros y asociaciones empresariales», en Ferrari y Gallo, eds., *La Argentina del ochenta al centenario.* Para las relaciones entre los sectores agrario e industrial, véase E. Gallo, «Agrarian expansion and industrial development in Argentina, 1880-1930», en R. Carr, ed., *Latin American Affairs. St. Antony's Paper, n.º 22,* Oxford, 1970. Para las provincias del interior, véanse las tesis doctorales de Donald Peck y Donna Guy que ya hemos mencionado. También son valiosos E. Gallo, «The cereal boom and changes in the social and political structure of Santa Fe, Argentina 1870-1895», en K. Duncan e I. Routledge, eds., *Land and labour in Latin America,* Cambridge, 1977; J. Balan, «Una cuestión regional en la Argentina: burguesías provinciales y el mercado nacional en el desarrollo exportador», *Desarrollo Económico,* 69 (1978); H. Sábato, *Capitalismo y ganadería en Buenos Aires: la fiebre del lanar,* Buenos Aires, 1989, y H. F. Castillo y J. S. Tulchin, «Développement capitaliste et structures sociales des régions en Argentine (1880-1930)», *AESC,* 6, París, 1968).

En lo que se refiere a las condiciones de vida, los estudios clásicos son A. Bunge, *Riqueza y rentas en la Argentina,* Buenos Aires, 1915, y *Los problemas económicos del presente,* Buenos Aires, 1919, y J. Bialet Masset, *Informe sobre el estado de las clases obreras en el interior de la Argentina,* Buenos Aires, 1904. Una obra más reciente es R. Cortés Conde, *El progreso argentino,* Buenos Aires, 1980. Véase también J. Panettieri, *Los trabajadores,* Buenos Aires, 1963. Uno de los pocos estudios de la vivienda es O. Yujnovsky, «Políticas de vivienda en la ciudad de Buenos Aires», *Desarrollo Económico,* 54 (1974). Pero véase ahora F. Korn y L. de la Torre, «Housing in Buenos Aires. 1887-1914», en D. C. M. Platt, ed., *Social Welfare 1850-1950. Australia, Argentina and Canada Compared,* Londres, 1989. Véase también, en el mismo volumen, C. Escudé, «Health in Buenos Aires in the Second Half of the Nineteenth Century». Son una consulta valiosa algunos de los artículos incluidos en L. L. Johnson, ed., *The Problem of order in changing societies. Essays on Crime and Policing in Argentina and Uruguay, 1750-1940,* Albuquerque, 1990. Sobre la enseñanza, véase J. C. Tedesco, *Educación y sociedad en la Argentina (1880-1900),* Buenos Aires, 1970, y Francis Korn y L. de la Torre, «Constituir la Unión Nacional», en Ferrari y Gallo, eds., *La Argentina del ochenta al centenario.*

La literatura relativa al movimiento obrero es más abundante. De los estudios publicados por quienes participaron activamente en la organización de sindicatos, los más útiles son S. Marotta, *El movimiento sindical argentino,* 3 vols., Buenos Aires, 1960, y D. Abad de Santillán, *La FORA. Ideología y trayectoria,* Buenos Aires, 1971. Entre los estudios modernos citaremos M. Casaretto, *Historia del movimiento obrero argentino,* Buenos Aires, 1947; H. Spalding, *La clase trabajadora argentina. Documentos para su historia (1890-1912),* Buenos Aires, 1970, e I. Oved, *El anarquismo en los sindicatos argentinos a comienzos de siglo,* Tel Aviv, 1975.

Estudios recientes comparándola con Australia y Canadá proporcionan información valiosa y perspicaz acerca del desarrollo social y político en Argentina. Véanse T. Duncan y J. Fogarty, *Australia and Argentina. On Parallel Paths,* Melbourne, 1984; C. Solberg, *The Prairies and the Pampas. Agrarian Policy in Canada and Argentina, 1880-1930,* Stanford, 1987, y los artículos incluidos en J. Fogarty, E. Gallo y H. Diéguez, eds., *Argentina y Australia,* Buenos Aires, 1979; K. Boulding *et al., Argentina and Australia. Essays in Comparative Economic development,* Victoria, 1985; D. C. M. Platt y G. Di Tella, eds., *Argentina, Australia and Canada. Studies in Comparative Development, 1870-1965,* Londres, 1985, y D. C. M. Platt, ed., *Social Welfare, 1850-1950. Australia, Argentina and Canada Compared,* Londres, 1989.

4.   *Argentina en 1914: las pampas, el interior, Buenos Aires*

Una fuente estadística importante para el estudio de Argentina en vísperas de la primera guerra mundial es Ernesto Tornquist and Co., *The economic development of the Argentine Republic in the last fifty years,* Buenos Aires, 1919. Para el período bélico propiamente dicho, los estudiosos también deberían consultar la publicación trimestral de Tornquist, *Business conditions in Argentina,* Buenos Aires, 1913-1922. Otra fuente cargada de información son los escritos de Alejandro E. Bunge. Véanse sus obras *Ferrocarriles argentinos,* Buenos Aires, 1917, y *Los problemas económicos del presente* (1919), Buenos Aires, 1979. Ambas son colecciones enciclopédicas de datos y cifras. Un poco más tarde apareció la obra de Bunge *La economía argentina,* 4 vols., Buenos Aires, 1928-1930, que contiene muchas de las cosas que el autor escribió para la prensa en años anteriores, así como artículos de una importante publicación que dirigió, la *Revista de Economía Argentina.* Otras publicaciones de importancia son el censo nacional de 1914, *Tercer Censo Nacional,* Buenos Aires, 1915-1917, que es mucho más que un recuento de la población, y Alberto B. Martínez y Maurice Lewandowski, *The Argentine in the twentieth century,* Londres, 1911. Para la población, véase también *Recensement général de la ville de Buenos Aires,* Buenos Aires, 1910.

El más sobresaliente estudio contemporáneo de Argentina en este período hecho desde fuera es el que publicó el Lloyd's Bank para celebrar el centenario de 1910: Reginald Lloyd, ed., *Twentieth century impressions of Argentina,* Londres, 1911. Pierre Denis, *The Argentine*

Republic. Its development and progress, traducción de Joseph McCabe, Londres, 1922, es un útil estudio geográfico efectuado por un francés, aunque muy inferior al que lo precedió en el decenio de 1860, obra de Martín de Moussy. Hay visiones claras de maneras y costumbres en W. H. Koebel, *Argentina: past and present,* Londres, 1914. John Foster Fraser, *The amazing Argentine,* Londres, 1914, tiene sus virtudes, aunque a menudo es muy negativo y un poco falto de gracia. La visión desde España se encuentra en Adolfo Posada, *La República Argentina,* Madrid, 1912, y, un poco más tarde, en los numerosos escritos de José Ortega y Gasset. Otras obras importantes de tipo parecido son James Bryce, *South America: observations and impressions,* Londres, 1912; Georges Clemenceau, *South America today: a study of conditions social, political and commercial in Argentina, Uruguay and Brazil,* Londres, 1911; John A. Hammerton, *The real Argentine: notes and impressions of a year in the Argentine and Uruguay,* Nueva York, 1915; Jules Huret, *En Argentine: de Buenos Aires au Gran Chaco,* París, 1914; Adolf N. Schüster, *Argentinien: Land, Volk, Wirtschaftsleben und Kolonisation,* 2 vols., Munich, 1913, y Mark C. Jefferson, *Peopling the Argentine pampas,* Nueva York, 1926.

Una fuente casi indispensable para los estudiosos de este período es la prensa argentina, especialmente los dos grandes diarios porteños, *La Prensa* y *La Nación. La Vanguardia* (socialista) y *La Protesta* (anarquista) son de un valor incalculable para la historia social y también para la historia política y la puramente laboral. Muchísimos más periódicos aguardan la atención de los investigadores. También hay publicaciones más ocasionales: *Caras y Caretas* (el *Punch* argentino de estos años), la *Revista Popular* y otras más serias tales como Rodolfo Rivarola, *Revista Argentina de Ciencias Políticas* o la *Revista de Ciencias Económicas.* Entre las principales fuentes periodísticas en lengua no castellana cabe citar el *Buenos Aires Herald,* el *Buenos Aires Standard* y *Le Courier de la Plata* (junto con un sinfín de publicaciones en italiano, alemán, ruso y otras lenguas). Sobre cuestiones económicas, véase especialmente la *Review of the River Plate.* Para la considerable literatura secundaria acerca de la economía argentina antes de la primera guerra mundial, véase *HALC,* X, ensayo bibliográfico 1. Varias cuestiones importantes de este período son examinadas en Guido Di Tella y D. C. M. Platt, eds., *The Political Economy of Argentina, 1880-1916,* Basingstoke, 1986. Los ensayos de este volumen incluyen estudios de Platt sobre el financiamiento de la ciudad de Buenos Aries, de Joseph S. Tulchin sobre la Argentina rural y de Tulio Halperín Donghi sobre los síntomas del declive en las exportaciones. Otro estudio general con datos resumidos sobre este período es el de Susan y Peter Calvert, *Argentine Political Culture and Instability,* Basingstoke, 1989.

La historia completa de las pautas de tenencia de la tierra en las pampas todavía no se ha escrito. Una aportación notable es James R. Scobie, *Revolution on the pampas. A social history of Argentine wheat, 1860-1910,* Austin, Texas, 1964. Para lo que se ha escrito sobre la economía y la sociedad en la región de las pampas, véase *HALC,* X, ensayos bibliográficos 1 y 2.

La mayoría de estudios de las regiones situadas allende las pampas son parciales y fragmentarios. La única excepción es James R. Scobie, *Secondary cities of Argentina. The social history of Corrientes, Salta and Mendoza, 1850-1910,* completado y editado por Samuel L. Baily, Stanford, 1988. Véanse también Jorge Balán, «Urbanización regional y producción agraria en Argentina: un análisis comparativo», *Estudios CEDES,* 2/2 (1979); Marcos Giménez Zapiola, «El interior argentino y el "desarrollo hacia afuera": el caso de Tucumán», en M. Giménez Zapiola, ed., *El régimen oligárquico. Materiales para el estudio de la realidad argentina hasta 1930,* Buenos Aires, 1975, pp. 72-115; Donna J. Guy, «Politics and the sugar industry in Tucumán, Argentina, 1870-1900», tesis doctoral inédita, Universidad de Indiana, 1973, y «The rural working class in nineteenth-century Argentina: forced plantation labor in Tucumán», *LARR,* 13/1 (1979), pp. 135-145; Donald M. Peck, «Argentine politics and the province of Mendoza, 1890-1914», tesis doctoral inédita, Universidad de Oxford, 1977; Juan Carlos Agulla, *Eclipse of an aristocracy. An investigation of the ruling elites of Córdoba,* traducción de Betty Crowse, Universidad de Alabama, 1976; Alejandro E. Bunge, *Las industrias del norte argentino,* Buenos Aires, 1922; Juan Antonio Solari, *Trabajadores del norte argentino,* Buenos Aires, 1937; Osvaldo Bayer, *Los vengadores de la Patagonia trágica,* 2 vols., Buenos Aires, 1972; y Carl E. Solberg, *Oil and nationalism in Argentina,* Stanford, 1979, para más comentarios sobre las condiciones reinantes en la Patagonia. Ian Rutledge, «The sugar economy of Argentina, 1930-1943», en K. Duncan e I. Rutledge, eds., *Land and labour in Latin America,* Cambridge, 1976, también contiene información relativa a la historia de Salta y Jujuy antes de 1930.

Sobre la historia de Buenos Aires en este período, las obras siguientes son útiles: James R. Scobie, *Buenos Aires, plaza to suburb 1870-1910,* Nueva York, 1974, Francis Korn, *Buenos Aires. Los huéspedes del '20,* Buenos Aires, 1974; Óscar Yujnovsky, «Políticas de vivienda en la ciudad de Buenos Aires», *Desarrollo Económico,* 14/54 (1974), pp. 327-371; Hobart A. Saplding, Jr., *La clase obrera argentina. Documentos para su historia, 1890- 1916,* Buenos Aires, 1970, y *Organized labor in Latin America. Historical case-studies of workers in dependent societies,* Nueva York, 1977; José Panettieri, *Los trabajadores,* Buenos Aires, 1968; Roberto Cortés Conde, *El progreso argentino: la formación del mercado nacional 1880-1910,* Buenos Aires, 1979, el capítulo sobre salarios urbanos, y Nicolás J. Labanca, *Recuerdos de la comisaría 3.ª,* Buenos Aires, 1969, memorias de un policía. Diego Armus, ed., *Mundo urbano y cultura popular. Estudios de historia argentina,* Buenos Aires, 1990, contiene ensayos sobre la vivienda, las comunidades étnicas, los artesanos y el trabajo infantil y de las mujeres. Para estudios de las elites y las clases medias, véanse Jorge Federico Sábato, «Notas sobre la formación de la clase dominante en la Argentina moderna (1880-1914)», en mimeógrafo, CISEA, Buenos Aires, 1979, y David Rock, *Politics in Argentina, 1890-1930. The rise and fall of Radicalism,* Cambridge, 1975 (hay trad. cast.: *El radicalismo argentino,* Amorrortu, Buenos Aires, 1976). Sobre Buenos Aires, véase también *HALC,* X, ensayo bibliográfico 2.

5. *Argentina, de la primera guerra mundial a la revolución de 1930*

Muchos de los libros, artículos y tesis inéditas sobre Argentina, 1870-1914, en *HALC,* X, ensayos bibliográficos 1, 2 y 3, también vienen a propósito para el período comprendido entre la primera guerra mundial y la depresión mundial.

La Ley Sáenz Peña de 1912 y la política entre 1912 y 1916 se comentan en David Rock, *Politics in Argentina, 1890-1930. The rise and fall of Radicalism,* Cambridge, 1975 (hay trad. cast.: *El radicalismo argentino,* Amorrortu, Buenos Aires, 1976). Véanse también Peter H. Smith, *Argentina and the failure of democracy: conflict among political elites,* Madison, 1974, y Richard J. Walter, *The socialist party of Argentina, 1890-1930,* Austin, Texas, 1977. Dos estudios recientes de eruditos argentinos proporcionan información complementaria: Natalio Botana, *El orden conservador. La política argentina entre 1880 y 1916,* Buenos Aires, 1977; Óscar Cornblit, «La opción conservadora en la política argentina», *Desarrollo Económico,* 56/14 (1975), pp. 599-640. Para datos electorales completos correspondientes al período 1912-1930, véase Darío Cantón, *Materiales para el estudio de la sociología política en la Argentina,* Buenos Aires, 1969. Un estudio importante de la política provincial es Richard J. Walter, *The Province of Buenos Aires and Argentine Politics, 1912-1943,* Cambridge, 1985.

Sobre la economía entre 1914 y 1930 hay varias fuentes tradicionales que son útiles: Harold J. Peters, *The foreign debt of the Argentine Republic,* Baltimore, 1934; Vernon L. Phelps, *The international economic position of Argentina,* Filadelfia, 1938; y Ricardo M. Ortiz, *Historia económica de la Argentina, 1850-1930,* 2 vols., Buenos Aires, 1955, especialmente el vol. II. Entre varios estudios más recientes, los que más destacan son Carlos F. Díez Alejandro, *Essays in the economic history of the Argentine Republic*, New Haven, 1970, y Guido Di Tella y Manuel Zymelman, *Las etapas del desarrollo económico argentino*, Buenos Aires, 1967. Sobre el crecimiento industrial, véanse Javier Villanueva, «El origen de la industrialización argentina», *Desarrollo Económico*, 47/12 (1972), pp. 451-476, y Eduardo F. Jorge, *Industria y concentración económica*, Buenos Aires, 1971.

Para las relaciones económicas internacionales, véanse Jorge Fodor y Arturo O'Connell, «La Argentina y la economía atlántica en la primera mitad del siglo xx», *Desarrollo Económico*, 49/13 (1973); Joseph S. Tulchin, *The Aftermath of war. World War I and U.S. policy towards Latin America*, Nueva York, 1971, y «The Argentine economy during the First World War», *Review of the River Plate* (19 de junio-10 de julio de 1970); Pedro Skupch, «El deterioro y fin de la hegemonía británica sobre la economía argentina 1914-19147», en L. Marta Panaca, Ricardo Lesser y Pedro Skupch, eds., *Estudios sobre los orígenes del peronismo*, vol. II, Buenos Aires, 1973, y Roger Gravil, «Anglo-US trade rivalry in Argentina and the D'Abernon Mission of 1929», en D. Rock, ed., *Argentina in the twentieth century*, Londres, 1975. También Harold F. Peterson, *Argentina and the United States, 1810-1960*, Nueva York, 1964.

Sobre el primer gobierno de Yrigoyen, véanse Rock, *Politics in Argentina;* Peter H. Smith, *Argentina and the failure of democracy, politics and beef in Argentina. Patterns of conflict and change*, Nueva York, 1969, y «Los radicales argentinos en la defensa de los intereses ganaderos», *Desarrollo Económico*, 25/7 (1967), pp. 795-829; Richard J. Walter, *Student politics in Argentina The university reform and its effects, 1918-1964*, Nueva York, 1968, y *The Socialist party of Argentina;* Paul B. Goodwin, *Los ferrocarriles británicos y la U.C.R., 1916-1930*, Buenos Aires, 1974; y Osvaldo Bayer, *Los vengadores de la Patagonia trágica*, 2 vols., Buenos Aires, 1972. Entre las crónicas de tipo más tradicional, las más útiles son Roberto Etchepareborda, *Hipólito Yrigoyen. Pueblo y gobierno*, 10 vols., Buenos Aires, 1951; Gabriel Del Mazo, *El radicalismo. Ensayo sobre su historia y doctrina*, Buenos Aires, 1957; y Manuel Gálvez, *Vida de Hipólito Yrigoyen*, Buenos Aires, 1959. Sobre Alvear, el campo es más limitado, pero véanse Rock, *Politics in Argentina*, Smith, *Argentina and the failure of democracy*, y Raúl A. Molina, *Presidencia de Marcelo T. de Alvear*, Buenos Aires, 1965. Para el asunto de la carne, véase Smith, *Politics and beef;* también Simon G. Hanson, *Argentine meat and the British market. Chapters in the history of the Argentine meat industry*, Stanford, 1938, y Óscar B. Colmans, «Luchas interburguesas en el agro-argentino: la crisis de la carne en el "20"», *Estudios*, Buenos Aires, 1973). El problema arancelario ha sido objeto de mucha atención. Las mejores obras recientes son: Díaz Alejandro, *Essays;* Laura Randall, *An economic history of Argentina in the twentieth century*, Nueva York 1978, pp. 120-126; y Carl E. Solberg, «Tariffs and politics in Argentina, 1916-1930», *Journal of Inter-American Studies and World Affairs*, 13 (1971), pp. 15-55. El estudio clásico sobre los grupos autoritarios es Marysa Navarro Gerassi, *Los nacionalistas*, Buenos Aires, 1969. Un trabajo más reciente es el de Sandra McGee Deutsch, *Counterrevolution in Argentina, 1900-1932. The Argentine Patriotic League*, Lincoln, Neb., 1986. Sobre el petróleo, véase sobre todo Carl E. Solberg, *Oil and nationalism in Argentina*, Stanford, 1979; también Arturo Frondizi, *Petróleo y política. Contribución al estudio de la historia económica argentina y las relaciones entre el imperialismo y la vida política nacional*, Buenos Aires, 1955, y Marcos Kaplan, «Política del petróleo en la primera presidencia de Hipólito Yrigoyen, 1916-1922», *Desarrollo Económico*, 45/12 (1972), pp. 3-24. La mejor forma de abordar el estudio del ejército y la revolución de 1930 es por medio de Robert A. Potash, *The army and politics in Argentina, 1928-1945. Yrigoyen to Perón*, Stanford, 1969, y José María Sarobe, *Memorias sobre la revolución del 6 de septiembre de 1930*, Buenos Aires, 1957.

6. *Argentina, 1930-1946*

Entre las mejores y más vivas introducciones a la Argentina de la época entre la revolución de 1930 y la de Perón (1943-1946) están aún tres libros en inglés publicados a principios de los 40: John W. White, *Argentina, the Life Story of a Nation*, Nueva York, 1942, que capta acertadamente la reacción confundida de los norteamericanos a la actitud aparentemente hostil de los argentinos desde final de los años 30 hasta 1942; Ysabel Rennie, *The Argentine Republic*, Nueva York, 1945, es todavía una de las mejores introducciones generales a la historia de Argentina y ofrece un excelente analisis de los años 1943-1945; y Felix Weil, *Argentine Riddle*, Nueva York, 1944. Weil, miembro de una de las «Cuatro Grandes» familias exportadoras de cereales, abogaba por el tipo de asociación futura entre Argentina y Estados Unidos a la que Pinedo y los liberales habían aspirado en 1940, en la que Estados Unidos se encargaría de industrializar Argentina. Si el libro contiene este hilo de ilusionismo, muestra también un conocimiento extremadamente bien documentado de la sociedad argentina y de los problemas con los que se enfrentaba el país en esta crítica coyuntura. Una introducción general más reciente que contiene diversos ensayos excelentes es la de Mark Falcoff y Ronald H. Dolkart (eds.), *Prologue to Perón: Argentina in Depression and War*, Berkeley, Calif., 1975. Ver también David Rock, *Argentina, 1516-1987*, Berkeley, Calif., 1987, capítulo 6, y para una reinterpretación de los años 40, Carlos H. Waisman, *The Reversal of Development in Argentina*, Princeton, N. J., 1987.

Ningún libro se ocupa exclusivamente o casi por completo de las cuestiones económicas de esta época. Las mejores introducciones son las de Aldo Ferrer, *La economía argentina: las etapas de su desarrollo y problemas actuales*, Buenos Aires, 1963; Guido Di Tella y Manuel Zymelman, *Las etapas del desarrollo económico argentino*, Buenos Aires, 1967; Carlos F. Díaz Alejandro, *Essays on the Economic History of the Argentine Republic,* New Heaven, Conn., 1970, y Laura Randall, *An Economic History of Argentina in the Twentieth Century,* Nueva York, 1978. Para datos estadísticos, ver *El desarrollo económico de la Argentina*, 4 vols., México City, 1959, de la Comisión Económica para América Latina de las Naciones Unidas. Sobre la agricultura, ver Carl C. Taylor, *Rural Life in Argentina*, Baton Rouge, La., 1948; Darrell F. Fienup, Russell H. Brannon y Frank A. Fender, *The Agricultural Development of Argentina: A Policy and a Development Perspective*, Nueva York, 1969, y Jaime Fuchs, *Argentina: su desarrollo capitalista*, Buenos Aires, 1965. Sobre la industria, ver George Wythe, *Industry in Latin America*, Nueva York, 1945; Adolfo Dorfman, *Historia de la industria argentina*, Buenos Aires, 1970; Thomas C. Cochran y Rubén Reina, *Espíritu de empresa en la Argentina*, Buenos Aires, 1965, que examina la carrera profesional del industrial Torcuato Di Tella, y, finalmente, Miguel Murmis y Juan Carlos Portantiero, «Crecimiento industrial y alianza de clases en la Argentina (1930-1940)», en *Estudios sobre los orígenes del peronismo,* Buenos Aires, 1971, de los mismos autores. Una reciente e importante adición a esta literatura es la obra de Paul H. Lewis, *The Crisis of Argentine Capitalism*, Chapel Hill, 1990. Los mejores estudios disponibles sobre la población y la migración proceden del Centro de Estudios de Población en Buenos Aires dirigido por Alfredo E. Lattes; para una introducción, ver *La población de Argentina*, Buenos Aires, 1975, de Zulama Recchini de Lattes y Alfredo E. Lattes. Las inversiones extranjeras, la deuda externa y algunas otras cuestiones comerciales se estudian en *The Foreign Debt of the Argentine Republic*, Baltimore, 1943, de Harold J. Peters; Vernon L. Phelps, *The International Economic Position of Argentina*, Philadelphia, 1938, y en Roger Gravil *The Anglo-Argentine Connection, 1900-1939,* Boulder, Colo., 1985.

Las dos mejores introducciones generales a la política argentina posterior a 1930 son las de Robert A. Potash, *The Army and Politics in Argentina, 1928-1945: Yrigoyen to Perón,*

Standford, Calif., 1969, y la obra de Alain Rouquié, *Poder Militar y sociedad política en la Argentina,* 2 vols., Buenos Aires, 1982. Ver también Alberto Ciria, *Parties and Power in Modern Argentina,* Albany, N.Y., 1974; Carlos Ibarguren, *La historia que he vivido,* Buenos Aires, 1955; Richard J. Walter, *The Province of Buenos Aires and Argentine Politics, 1912-1943,* Cambridge, 1984. Para información adicional sobre la revolución de 1930 ver *Politics in Argentina, 1890-1930: The Rise and Fall of Radicalism,* Cambridge, 1975, de David Rock, y Peter H. Smith, «The Breakdown of Democracy in Argentina, 1916-1930», en la obra de Juan J. Linz y Alfred Stepan (eds.), *The Breakdown of Democratic Regimes in Latin America,* Baltimore, 1978, pp. 3-25. Para los asuntos de política económica bajo Justo, ver Peter H. Smith, *Politics and Beef in Argentina: Patterns of Conflicts and Change,* Nueva York, 1969; Daniel Drosdoff, *El gobierno de las vacas, 1933-1956: Tratado Roca-Runciman,* Buenos Aires, 1972; Pedro Scupch, «El deterioro y fin de la hegemonía británica sobre la economía argentina, 1914-1947», en la obra de Miguel Murmis y Juan Carlos Portantiero (eds.), *Estudios sobre los orígenes del peronismo,* vol. 2, Buenos Aires, 1973, y *The Anglo-Argentine Connection* de Gravil.

Casi no existen estudios de los partidos políticos de esta época, pero ver la obra de Ciria, *Parties and Power* y la de Peter G. Snow, *El radicalismo argentino,* Buenos Aires, 1972. Sobre los sindicatos, ver Hiroschi Matsushita, *Movimiento obrero argentino: sus proyecciones en la historia del peronismo,* Buenos Aires, 1983; Louise Doyon, «Organised Labor and Perón: A Study in the Conflictual Dynamics of the Peronist Movement», tesis doctoral, Universidad de Toronto, 1978, y David Tamarin, *The Argentine Labor Movement, 1930-1945,* Albuquerque, N.M., 1985. La obra de Tamarin no sólo trata de los sindicatos sino que ofrece un excelente informe del papel de los trabajadores en los hechos de octubre de 1945. Otra obra destacable sería la de Daniel James, «October 17th and 18th, 1945: Mass Protest, Peronism and the Argentine Working Class», *Journal of Social History,* 2 (primavera 1988), pp. 441-461. Sobre la Fuerza de Orientación Radical de la Juventud (FORJA), véase Mark Falcoff, «Argentine Nationalism on the Eve of Perón: The Force of Radical Orientation of Young Argentina and Its Rivals, 1933-45», tesis doctoral, Universidad de Princeton, 1970; Arturo Jauretche, *FORJA y la década infame,* Buenos Aires, 1962. Acerca de los *nacionalistas,* ver la obra de Marysa Navarro Gerassi, *Los nacionalistas,* Buenos Aires, 1969; Enrique Zuleta Álvarez, *El nacionalismo argentino,* 2 vols., Buenos Aires, 1975, y *Los nacionalistas 1910-1932,* Buenos Aires, 1983, de María Inés Barbero y Fernando Devoto. *Los orígenes del nacionalismo argentino, 1927-1937,* Buenos Aires, 1969, de Federico Ibarguren ofrece un panorama fascinante de la mentalidad *nacionalista.* Sobre el *nacionalismo* en el ejército ver *Perón y el G.O.U.: los documentos de una logia secreta,* Buenos Aires, 1984, de Robert A. Potash (comp.). Un trabajo que contiene vasto material sobre este período es el de David Rock, *Authoritarian Argentina: A History of the Nationalist Movement* (Austin, de próxima aparición). Para una introducción al revisionismo histórico, ver la obra de Rodolfo Irazusta y Julio Irazusta, *La Argentina y el imperialismo británico: los eslabones de una cadena, 1806-1933,* Buenos Aires, 1934.

Recientemente han aparecido algunos trabajos de alta calidad sobre el triángulo Gran Bretaña-Argentina-Estados Unidos tanto por lo que se refiere a aspectos políticos como económicos. Ver George Fodor y Arthur O'Connell, «La Argentina y la economía atlántica en la primera mitad del siglo veinte», *Desarrollo económico,* 13, n° 49 (1973), pp. 1-67; Michael J. Francis, *The Limits of Hegemony: United States Relations with Argentina and Chile During World War II,* Notre Dame, Ind., 1977; Mario Rapoport, *Gran Bretaña, Estados Unidos y las clases dirigentes argentinas,* Buenos Aires, 1981; Carlos Escudé, *Gran Bretaña, Estados Unidos y la declinación argentina, 1942-1949,* Buenos Aires, 1982; R. A. Humphreys, *Latin America and the Second World War,* 2 vols., Londres, 1981-1982, y C. A. MacDonald, «The

Politics of Intervention: the United States and Argentina, 1941-1946», *Journal of Latin America rica Studies*, 12, punto. 2 (noviembre 1980), pp. 365-396. Sobre la postura de los británicos en relación a Argentina durante la guerra, ver Sir David Kelley, *The Ruling Few, or the Human Background to Diplomacy*, Londres, 1953, y sobre la línea oficial desde los Estados Unidos, Cordell Hull, *The Memoirs*, 2 vols., Nueva York, 1948. La obra de David Green, *The Containment of Latin America: A History of the Myths and Realities of the Good Neighbor Policy*, Chicago, 1971, da luz a la posición y al comportamiento de los organizadores de la política americana. Ver también Bryce Wood, *The Dismantling of the Good Neighbor Policy*, Austin, Tex., 1985. En *Desarrollo Económico*, 19, n° 75 (1979) pp. 403-426, aparece un facsímil del Plan Pinedo.

Sobre la ascensión de Perón, los trabajos más relevantes son el de Potash, *Army and Politics*, y el de Samuel L. Baily, *Labor, Nationalism and Politics in Argentina*, New Brunswick, N. J., 1967. Ver también Doyon, «Organised Labour»; Matsushita, *Movimiento obrero*; Tamarin, *Argentine Labor Movement*; Eldon Kenworthy, «The Formation of the Peronist Coalition», tesis doctoral, Universidad de Yale, 1970, y Enrique Díaz Araujo, *La conspiración del 43*, 1971. Sobre los detalles personales de Perón, ver la obra de Joseph A. Page, *Perón, a Biography*, Nueva York, 1983. Los mejores informes del papel de Braden en 1945-1946 son «The Politics of Intervention» de MacDonald, y *Containment of Latin America* de Green, mientras que las elecciones de 1946 han sido estudiadas detenidamente en la obra de Manuel Mora y Araujo e Ignacio Lorente (eds.), *El voto peronista: ensayos de sociología electoral argentina*, Buenos Aires, 1980. Los ensayos de Peter H. Smith y de Gino Germani merecen una mención especial. Acerca de las estadísticas de las elecciones, ver la obra de Darío Cantón *Materiales para el estudio de la sociología política de la Argentina*, 2 vols., Buenos Aires, 1969.

7. *Argentina desde 1946*

Economía

Las etapas del desarrollo económico argentino, Buenos Aires, 1967, de G. Di Tella y M. Zymelman es una obra general inspirada en la teoría de las etapas del crecimiento de W. W. Rostow. La obra de Aldo Ferrer, *The Argentine Economy*, Berkeley, Calif., 1967, publicada primero en español en 1964, es un informe menos objetivo y mucho más interpretativo que refleja las típicas visiones de la dependencia y del desarrollo de finales de los años 50 y principios de los 60. En *Crisis y alternativas de la política económica*, Buenos Aires, 1977, Ferrer lleva su análisis hasta finales de los 70. La obra de Carlos Díaz Alejandro, *Essays on the Economic History of the Argentine Republic*, New Heaven, Conn., 1970, es una excelente colección de análisis económicos de diferentes aspectos de la historia de Argentina que ha sido muy influyente. *An Economic History of Argentina in the Twentieth Century*, Nueva York, 1978, de Laura Randall, trata de interpretar el desarrollo de Argentina como una sucesión de unos modelos económicos muy bien definidos, pero algunos historiadores han encontrado esta obra poco convincente. En *Economic Policy in a Conflict Society: The Argentine Case*, Cambridge, Mass., 1975, R. Mallon y J. V. Sourrouille exploran los problemas económicos, particularmente los de mediados de los años 60, sin excluir las variables políticas. La obra de D. Rock, *Argentina 1516-1987: From Spanish Colonization to Alfonsín*, Berkeley, Calif., 1987, exhaustiva historia que despliega una gran perspicacia económica, es la mejor introducción a la Argentina de esta época. En *Argentina in the Post-War Era: Politics and Economic Policy Making in a Divided Society*, Albuquerque, N. M., 1978, Gary Wynia se concentra en la toma de decisiones de la etapa comprendida entre 1946 y 1976. Dos ensayos generales hablan de los temas principales de la historia económica del período: G. Di Tella, «Controversias económicas en la Argentina, 1930-1970» en J. Fogarty, E. Gallo y H. Dieguez (eds.), *Argentina y Australia*, Buenos Aires, 1979, pp. 165-184; y C. Díaz Alejandro, «No Less than One Hundred Years of Argentine Economic History Plus Some Comparisons», en G. Ranis, R. L. West, M. W. Leiserson y C. Taft Morris (eds.), *Comparative Development Perspectives: Essays in Honor of Lloyd G. Reynolds,* Boulder, Colo., 1984, pp. 328-358. Una de las mejores y más completas colecciones de ensayos de la historia económica de la Argentina de posguerra es la de G. Di Tella y R. Dornbusch (eds.), *The Political Economy of Argentina, 1946-1983,* Londres, 1989, que analiza la política económica de cada gobierno desde la primera presidencia de Perón hasta la más reciente administración militar. En *La economía que yo hice,* Buenos Aires, 1980, J. C. de Pablo presenta una serie de entrevistas con oficiales al cargo de los asuntos económicos desde los años 40 y contiene abundante información histórica de gran utilidad.

Desde 1949, la influencia de la UN Comisión Económica para América Latina (CEPAL) bajo el liderazgo intelectual de R. Prebisch se notó con fuerza tanto en el campo político como en el profesional. El informe CEPAL de 1949 reflejaba el espíritu de posguerra en su profundo escepticismo en relación al comercio extranjero y su insistencia en la sustitución e industrialización de las importaciones en el mercado interior. Ver CEPAL, *Economic Development of Latin America and Its Principal Problems,* Nueva York, 1949. En *Estrategias de industrialización para América Latina,* Buenos Aires, 1967, de Mario Brodershon (ed.), se refleja un modelo de interrogatorio de los años 60 de la CEPAL; la contribución de David Félix, «Más allá de la sustitución de importaciones, un dilema latinoamericano», es un buen ejemplo de la nueva persperctiva. Del mismo autor, ver también «The Dilemma of Import Substitution: Argentina», en G. Papanek (ed.), *Development Policy: Theory and Practice,* Cambridge, Mass., 1968, pp. 55-91. En *Doctrinas económicas, desarrollo e independencia económica,* Buenos Aires 1973, M. Diamand presenta un original análisis del desequilibrio estructural que había en los sectores productivos. Entre 1970 y 1980 el foco de interés se desplazó a las causas del estancamiento y de la decadencia de Argentina. Un buen ejemplo de este cambio de énfasis es el trabajo de J. J. Llach y P. Gerchunoff sobre la experiencia del crecimiento entre 1964-1974: «Capitalismo industrial, desarrollo asociado y distribución del ingreso entre los dos gobiernos peronistas», *Desarrollo Económico*, 15, nº 57 (1975), pp. 3-54, y el subsiguiente debate en *Desarrollo Económico*, 15, nº 60 (1976), pp. 612-639. El débil rendimiento económico de Argentina y la necesidad de reformas institucionales se examinan en D. Carvallo e Y. Mundlak, «Agriculture and Economic Growth: The Case of Argentina», *Research Report* 36, Washington, D. C., 1982; D. Carvallo, *Volver a crecer,* Buenos Aires, 1984; J. J. Llach, *Reconstrucción o estancamiento,* Buenos Aires 1987; Secretaría de Planificación, *Lineamientos para una estrategia de crecimiento,* Buenos Aires, 1985, y C. A. Rodríguez, «Estabilización versus cambio estructural: la experiencia argentina», Centro de Estudios Macroeconómicos de Argentina, Documento de Trabajo 62 (1988).

Acerca de la política de inflación y de estabilización, ver A. Ferrer (ed.), *Los planes de estabilización en Argentina,* Buenos Aires, 1967, con aportaciones del *editor*, M. Brodershon, y E. Eshag y R. Thorp; el artículo de Eshag y de Thorp, «Economic and Social Consequences of Orthodox Policies in Argentina in the Post-War Years», fue publicado originalmente en el *Bulletin of the Oxford Institute of Economics and Statistics* (febrero 1965), pp. 3-44. Ver también la obra de C. Díaz Alejandro, *Exchange Rate Devaluation in a Semiindustrialized Country: The Experience of Argentina, 1955-1961,* Cambridge, Mass., 1965. En contra del saber convencional del tiempo, Díaz Alejandro demostró que el cambio de devaluaciones pudo tener consecuencias recesivas en un país con una agricultura orientada al exterior y una índustria orientada al interior. Esta idea tuvo un gran impacto. Para el período entre 1966 y 1973, un artículo importante es el de J. C. de Pablo, «Relatives Prices, Income Distribution and Stabilization Plans, 1967-1970», *Journal of Development Economics*, 1 (1974), pp. 50-78; *Política anti-inflacionaria en Argentina, 1967-1970*, Buenos Aires, 1972, es una versión más extensa. Sobre el mismo período, ver la obra de G. Maynard y W. Van Ryckeshen, «Stabilization Policy in an Inflationary Economy», en Papanek (ed.), *Development Policy*, pp. 207-235; en *Argentina under Perón, 1973-1976*, Londres, 1983, G. Di Tella estudia los problemas de estabilización de la economía bajo un gobierno basado en la mano de obra; ver también A. Conitrot, «La experiencia populista de redistribución de ingresos», *Desarrollo Económico*, 15, n° 59 (1975), pp. 331-351, que subraya las dificultades intrínsecas del modelo populista. Los esfuerzos de estabilización del régimen militar entre 1976 y 1982 produjeron análisis muy interesantes desde diferentes perspectivas: A. Canitrot, «Teoría y práctica del liberalismo: política anti-inflacionaria y apertura económica en la Argentina», *Desarrollo Económico*, 21, n° 82 (1981), pp. 131-189; J. L. Machinea, «The Use of Exchange Rates as an Anti-inflationary Instrument in a Stabilization-Liberalization Attempt», tesis doctoral, Universidad de Minnesota, 1983; R. B. Fernández y C. A. Rodríguez (eds.), *Inflación y estabilidad*, Buenos Aires, 1982, y J. Schvarser, *Martínez de la Hoz, la lógica política de la política económica*, Buenos Aires, 1983. Para un enfoque conceptual de la teoría de la inflación, ver la obra de J. Olivera, «On Structural Inflation and Latin America Structuralism», *Oxford Economic Papers*, 16 (noviembre 1964), pp. 321-332; ídem, «On Structural Stagflation», *Journal of Development Economics*, 6, n° 4 (1979), pp. 549-555, y A. Canavese «The Structuralist Explanation in the Theory of Inflation», *Worlds Development*, 10 (julio 1982), pp. 523-9. La óptica monetaria está bien enfocada en *Inflación y estabilidad*, de Fernández y Rodríguez (eds.), «La megainflación argentina», de J. J. Llach, en N. Botana y P. Waldman (eds.), *El impacto de la inflación*, Buenos Aires, 1988, pp. 75-98, ofrece una perspectiva más institucional. El papel de los factores inerciales en la inflación se subraya en R. Frenkel, «Salarios e inflación: resultados de investigaciones recientes en Argentina, Brasil, Colombia, Costa Rica y Chile», *Desarrollo Económico*, 25, n° 100 (1986), pp. 387-414, cuyo enfoque inspiró el Plan Austral que la administración de Alfonsín lanzó en 1985. Sobre la experiencia posterior, ver los ensayos de M. Bruno, G. Di Tella y R. Dorbusch (eds.), *Inflation Stabilization: The Experience of Israel, Argentina, Brazil, Bolivia and Mexico*, Cambridge, Mass., 1988; D. Heyman, *Tres ensayos sobre inflación y políticas de estabilización*, Buenos Aires, 1986; P. Gerchunoff y C. Bozzalla, «Posibilidades y límites de un programa de estabilización heterodoxo», en la obra de J. Villanueva (ed.), *Empleo, inflación y comercio internacional*, Buenos Aires, 1988, pp. 61-105; R. Dornbusch y M. Simonsen, *Inflation Stabilization with Income Policy Support*, Cambridge, Mass., 1986, y R. Frenkel y J. M. Fanelli, *Políticas de estabilización hiperinflación en Argentina*, Buenos Aires, 1990. Deben consultarse las cuentas de J. L. Machinea (el entonces presidente del Banco Central), «Stabilization under Alfonsín's Government», Centro de Estudios de Estado y Sociedad (CEDES), Documento de Trabajo 42 (1990).

Sobre la evolución de la industria argentina véase A. Dorfman, *Cincuenta años de industrialización argentina, 1930-1950*, Buenos Aires, 1983; J. Katz y B. Kosakoff, *El factor manufacturero argentino: maduración, retroceso y prospectiva*, Buenos Aires, 1989, y B. Kosakoff y D. Aspiazu, *La industria argentina, desarrollo y cambios estructurales*, Buenos Aires, 1989. Acerca del controvertido tema de las políticas industriales hay algunos trabajos dignos de mención: el de H. H. Schwartz, «The Argentine Experience with Industrial Credit and Protection Incentives, 1943-1958», tesis doctoral, Universidad de Yale, 1967, es un estudio pionero. Véase también la obra de O. Altimir, H. Santamaría y J. V. Sourrouille, «Los instrumentos de la promoción industrial en la posguerra», *Desarrollo Económico*, 6, n° 24 (1967), pp. 709-734; J. Berlinski y D. Schydlowsky, «Incentives for Industrialization in Argentina», en B. Balassa (ed.), *Development Strategies in Semi-industrialized Countries*, Baltimore,

1982, pp. 83-121; J. Berlinski, «La protección efectiva de actividades seleccionadas de la industria argentina», Instituto Di Tella, CIE, Documento de Trabajo 119 (1985); D. Artana, «Incentivos fiscales a la inversión industrial», Instituto Di Tella, Documento de Trabajo 151 (1987); J. Schvarser, «Promoción Industrial Argentina», Centro de Investigaciones Sociales de Estado y Administración (CISEA), Documento de Trabajo 90 (1987). S. Teitel y F. Thomi, «From Import Substitution to Exports: The Recent Experience of Argentina and Brasil», *Economic Development and Cultural Change* (abril 1986), y J. Nogues, «Economía política del proteccionismo y la liberalización en Argentina», *Desarrollo Económico*, 28, n° 110 (1988), pp. 159-182.

Referente a la agricultura, la obra de C. Díaz Alejandro, «An Interpretation of Argentine Economic Growth since 1930», *Journal of Development Studies*, punto 1 (1966), pp. 14-41, punto 2 (1967), pp. 155-157, es un buen ejemplo de la visión negativa de las políticas de agricultura de Perón; J. Fodor justifica la conducta de un modo diferente en «Perón's Policies for Agricultural Exports, 1946-1948: Dogmatism or Common Sense?» en D. Rock (ed.), *Argentina in the Twentieth Century*, Pittsburg, Pa., 1975, pp. 135-161. Durante muchos años los trabajos en este campo se centraban en la presunta falta de elasticidad en los precios de la producción agrícola. L. Reca hizo una importante contribución enfatizando el papel de los precios, que habían sido siempre infravalorados, en «The Price and Production Duality within Argentine Agriculture», tesis doctoral, Universidad de Chicago, 1967, y algún otro trabajo complementario como «Determinantes de la oferta agropecuaria en la Argentina», *Instituto de Investigaciones Económicas de la CGE, Estudios sobre la economía argentina*, 5 (1969), pp. 57-65. Más adelante, E. S. de Obschatko y M. Piñeiro, *Agricultura pampeana: cambio tecnológico y sector privado*, Buenos Aires, 1986, llamó la atención sobre la gran transformación tecnológica que tuvo lugar en la agricultura desde 1970, que llevó la producción y la productividad a un gran crecimiento.

Acerca del mercado laboral y de los salarios se recomiendan los siguientes estudios: J. J. Llach y C. Sánchez, «Los determinantes del salario en Argentina», *Estudios*, 7, n° 29 (1984), pp. 1-47; H. Dieguez y P. Gerchunoff, «Dinámica del mercado laboral urbano en Argentina, 1976-1982», *Desarrollo Económico*, 24, n° 93 (1984), pp. 3-40; A. Marshall, *El mercado del trabajo en el capitalismo periférico*, Santiago de Chile, 1978; L. Beccaria y G. Yoggel, «Apuntes sobre la evolución del empleo industrial en 1973-1984», *Desarrollo Económico*, 27, n° 1 (1988), pp. 589-606; R. Frenkel, «Salarios industriales e inflación, 1976-1982», *Desarrollo Económico*, 24, n° 95 (1984), pp. 387-414; y J. J. Llach, *Política de ingresos en la década del noventa: un retorno a la economía política*, Buenos Aires, 1990. Son indispensables los informes producidos por el Proyecto Argentina PNUD y la Organización Internacional del Trabajo titulados *Employment, Human Resources and Wages* y publicados por el Ministerio del Trabajo entre 1984 y 1989.

Hasta mediados de los años 80 se prestó poca atención al sector público; Secretaría de Hacienda, *Política para el cambio estructural en el sector público* (1989), ofrece los mensajes presidenciales al Congreso de cuando el episodio de las leyes presupuestarias de 1986-1989; particularmente útil es el mensaje de 1989, que sigue la evolución del papel del sector público en Argentina desde 1930. Sobre la crisis fiscal hay tres trabajos que merecen ser mencionados: P. Gerchunoff y M. Vicens, *Gasto público, recursos públicos y financiamiento de una economía en crisis: el caso de Argentina*, Buenos Aires, 1989; R. Carciofi, *La desarticulación del pacto fiscal: una interpretación sobre la evolución del sector público argentino en las dos últimas décadas*, Buenos Aires, 1989, y A. Porto, *Federalismo fiscal*, Buenos Aires, 1990. Para un punto de vista diferente, ver la obra de la Fundación de Investigaciones Económicas Latinoamericanas (FIEL), *El fracaso del estatismo: una propuesta para la reforma del sector público argentino*, Buenos Aires, 1987.

Para la deuda externa y sus repercusiones, véase E. A. Zalduendo, *La deuda externa,* Buenos Aires, 1988; E. Feldman y J. Sommer, *Crisis financiera y endeudamiento externo en la Argentina,* Buenos Aires, 1986; R. Frenkel, J. M. Fanelli y J. Sommer, «El proceso de endeudamiento externo argentino», CEDES, Documento de Trabajo 2 (1988); R. Bouzas y S. Keifman, «Las negociaciones financieras externas de Argentina en el período 1982-1987», en R. Bouzas (ed.), *Entre la heterodoxia y el ajuste,* Buenos Aires, 1988, pp. 27-84; A. García y S. Junco, «Historia de la renegociación de la deuda externa argentina», *Boletín Informativo Techint,* 245 (1987), pp. 29-58, y J. C. de Pablo y R. Dornbusch, *Deuda externa e inestabilidad macroeconómica en Argentina,* Buenos Aires, 1988.

Política y sociedad

Hay pocas obras generales sobre el desarrollo político y social de la etapa comprendida entre 1946 y 1989. El mejor informe disponible en inglés es el de D. Rock, *Argentina, 1516-1987,* Berkeley, Calif., 1987. Véase también C. Floria y C. García Belsunce, *Historia política de la Argentina Contemporánea, 1880-1983,* Madrid, 1988; J. E. Corradi, *The Fitful Republic: Economy, Society and Politics in Argentina,* Boulder, Colo., 1985; G. Wynia, *Argentina: Illusions and Reality,* Nueva York, 1986, y una crónica bien documentada es la de E. Crawley, *A House Divided: Argentina, 1880-1980,* Londres, 1985. Las obras de R. Potash, *The Army and Politics in Argentina, 1945-1962,* Standford, Calif., 1980, y de A. Rouquié, *Pouvoir militaire et société politique en Republique Argentine,* París, 1978, ofrecen un panorama general hasta los años 70, aunque su tema principal es el papel de los militares. Otra contribución valuosa es la de T. Halperín Donghi, *Argentina, la democracia de masas,* Buenos Aires, 1983. Véase también M. Peralta Ramos, *Acumulación de capital y crisis políticas en Argentina, 1930-1974,* México, 1978. Otros ensayos, de carácter más interpretativo, merecen ser mencionados: G. O'Donnell, «State and Alliances in Argentina, 1956-1976», *Journal of Development Studies,* 15, nº 1, (1978), pp. 3-33; ídem, «El juego imposible: competición y coaliciones entre partidos políticos en la Argentina, 1955-1966», en *Modernization and Bureaucratic Authoritarism: Studies in South American Politics,* Berkeley, Calif., 1973, pp. 180-213; M. Mora y Araujo «El ciclo político argentino», *Desarrollo Económico,* 22, nº 86 (1982), pp. 201-230; ídem, «El estatismo y los problemas políticos del desarrollo argentino», en Floria (ed.), *Argentina política,* Buenos Aires, 1983, pp. 31-64, y J. C. Portantiero, «La crisis de un régimen: una visión retrospectiva», en J. Nun y J. C. Portantiero (eds.), *Ensayos sobre la transición democrática argentina,* Buenos Aires, 1987, pp. 57-80.

Sobre la estructura social de Argentina, los trabajos de G. Germani, *Estructura social de la Argentina,* Buenos Aires, 1897, y *Política y sociedad en una época de transición,* Buenos Aires, 1965, son de importancia fundamental. Ver también CEPAL, *Economic Development and Income Distribution in Argentina,* Nueva York, 1969; J. L. Imaz, *Those Who Rule,* Albany, N. Y., 1970; O. Altimir, «Estimaciones de la distribución del ingreso en Argentina, 1953-1980», *Desarrollo Económico,* 25, nº 100 (1986), pp. 521-566; H. Palomino, «Cambios ocupacionales y sociales en Argentina, 1947-1985», CISEA, Documento de Trabajo 88 (1987), p. 213; J. Nun, «Cambios en la estructura social de la Argentina», en Nun y Portantiero (eds.), *La transición democrática en Argentina,* pp. 117-137; S. Torrado, «La estructura social de la Argentina, 1945-1983», Centro de Estudios Urbanos, Documento de Trabajo 14 y 15 (1988); Instituto Nacional de Estadísticas y Censos, *La pobreza en Argentina,* Buenos Aires, 1984; ídem, *La pobreza en el conurbano bonaerense,* Buenos Aires, 1989. En S. Bagú, *Argentina, 1875-1975: población, economía y sociedad – Estudio temático y bibliográfico,* México, 1978, se puede encontrar una buena bibliografía.

Acerca de los militares, además de los libros de Potash y Rouquié que ya se han mencionado, véase G. O'Donnell, «Modernization and Military Coups: Theory, Practice and and the Argentina Case», en A. Lowenthal (ed.), *Armies and Politics in Latin America*, Nueva York, 1976, pp. 197-243; A. Rouquié, «Hegemonía militar, estado y dominación social», en A. Rouquié (ed.), *Argentina hoy*, México, 1982, y D. Cantón, *La política de los militares argentinos, 1900-1971*, Buenos Aires, 1971.

Referente a los partidos políticos y el Congreso, ver la obra de D. Cantón, *Elecciones y partidos en la Argentina*, Buenos Aires, 1973; P. Snow, *Political Forces in Argentina*, Boston, 1971; D. James, «The Peronist Left», *Journal of Latin America Studies*, 8, n° 2 (1976), pp. 273-296; M. Acuña, *De Frondizi a Alfonsín: la tradición política del radicalismo*, 2 vols., Buenos Aires, 1984; M. Cavarossi, *Peronismo y radicalismo, transiciones y perspectivas*, Buenos Aires, 1988; D. Cantón, *El Parlamento argentino en épocas de cambio*, Buenos Aires, 1966; M. Goretti y M. Panosyan, «El personal parlamentario frente a un contexto político cambiante», en *Dos ensayos de ciencia política*, Buenos Aires, 1986; L. de Riz et al., *El parlamento hoy*, Buenos Aires, 1986; e ídem, «Régimen de gobierno y gobernabilidad: parlamentarismo en Argentina», en D. Nohlen y A. Solari (eds.), *Reforma política y consolidación democrática: Europa y América Latina*, Caracas, 1988, pp. 273-85.

Acerca de los sindicatos, ver S. Baily, *Labor, Nationalism and Politics in Argentina*, New Brunswick, N. J., 1967; R. Carri, *Sindicatos y poder en Argentina*, Buenos Aires, 1967; M. Cavarozzi, «Peronismo, sindicatos y política en la Argentina, 1943-1981», en P. González Casanova (ed.), *Historia del movimiento obrero en América Latina*, México, 1984, pp. 146-199; D. James, *Resistance and Integration: Peronism and the Argentine Working Class, 1946-1976*, Cambridge, 1988; G. Ducatenzeiler, *Syndicats et politique en Argentine, 1955-1973*, Montreal, 1981; R. Rotondaro, *Realidad y dinámica del sindicalismo*, Buenos Aires, 1974; T. Di Tella, *El sistema político argentino y la clase obrera*, Buenos Aires, 1964; R. Zorrilla, *Estructura y dinámica del sindicalismo argentino*, Buenos Aires, 1974; S. Senen González, *Diez años de sindicalismo, de Perón al proceso*, Buenos Aires, 1984, y E. C. Epstein, «Labor Populism and Hegemonic Crisis in Argentina», en Epstein (ed.), *Labor Autonomy and the State in Latin America*, Boston, 1989, pp. 13-37.

Sobre los empresarios, ver J. Freels, *El sector industrial en la política nacional*, Buenos Aires, 1970; J. Niosi, *Los empresarios y el estado argentino*, Buenos Aires, 1974; D. Cúneo, *Crisis y comportamiento de la clase empresaria*, Buenos Aires, 1967; M. L. de Palomino, *Tradición y poder: la sociedad rural argentina, 1955-1983*, Buenos Aires, 1988; D. Azpiazu, E. Basualdo y M. Khavisse, *El nuevo poder económico en la Argentina de los años 80*, Buenos Aires, 1986; R. Sidicaro, «Poder y crisis de la gran burguesía agraria argentina», en A. Rouquié (ed.), *Argentina hoy*, pp. 51-104, y P. Ostiguy, *Los capitanes de la industria*, Buenos Aires, 1990.

Relativo a las relaciones extranjeras de Argentina ver, en particular, J. A. Lanus, *De Chapultepec al Beagle*, Buenos Aires, 1984; J. S. Tulchin, *Argentina and the United States: A Conflicted Relationship*, Boston, 1990, y C. Escudé, *Gran Bretaña, Estados Unidos y la Declinación Argentina, 1942-1949*, Buenos Aires, 1983.

Sobre los dos primeros mandatos de Perón, entre 1946 y 1955, ver la viva y perspicaz reconstrucción histórica realizada por F. Luna en *Perón y su tiempo*, 3 vols., Buenos Aires, 1984-1986. Pueden encontrarse perfiles de los dos personajes principales de esos años en J. Page, *Perón: A Biography*, Nueva York, 1983, y en Nicholas Fraser y Marysa Navarro, *Eva Perón*, Nueva York, 1980. La aproximación sociológica está representada por la obra de J. Kirkpatrick, *Leader and Vanguard in Mass Society: A Study of Peronist Argentina*, Cambridge, Mass., 1971, y la de P. Waldman, *El peronismo*, Buenos Aires, 1981. En *Política y cultura popular, la Argentina peronista, 1946-1955*, Buenos Aires, 1983, A. Ciria se ocupa de los trabajos de la ideología *peronista* en la práctica. W. Little nos ofrece un útil tratamiento introductorio sobre un tópico que ha sido descuidado, en «Party and State in Peronist Argentina», *Hispanic American Historical Review*, 53 (1973), pp. 628-656. De L. Doyon, es indispensable su «Organized Labor and Perón, 1945-1955», tesis doctoral, Universidad de Toronto, 1978. Algunos capítulos de la tesis de Doyon y otras contribuciones de valor se recogen en J. C. Torres (ed.), *La formación del sindicalismo peronista*, Buenos Aires, 1988; véase también *La vieja guardia sindical y Perón*, Buenos Aires, 1990, del mismo autor. Las relaciones entre Perón y los militares se examinan en las obras ya mencionadas de R. Potash y A. Rouquié. Una informativa consideración de la caída de Perón la encontramos en J. Godio, *La caída de Perón*, Buenos Aires, 1973.

Acerca del gobierno de Frondizi, ver la obra de Celia Szusterman, «Developmentalism and Political Change in Argentina, 1958-1962», tesis doctoral, Universidad de Oxford, 1986; M. Barrera, *Information and Ideology: A Case Study of Arturo Frondizi*, Beverly Hills, Calif., 1973; D. Rodríguez Lamas, *La presidencia de Frondizi*, Buenos Aires, 1984; las memorias de N. Babini, *Frondizi: de la oposición al gobierno*, Buenos Aires, 1984, y E. Kvaternik, *Crisis sin salvataje*, Buenos Aires, 1987. Sobre la presidencia de Illia ver *El péndulo cívico militar, la caída de Illia*, Buenos Aires, 1990, de E. Kvaternik, y sobre las dos presidencias, C. Smulovitz, «Opposition and Government in Argentina: The Frondizi and Illia Years», tesis doctoral, Universidad del Estado Pennsylvania, 1990, es digna de mención. El período de gobierno militar entre 1966 y 1972 es el tema de la obra principal de G. O'Donnell, *El estado burocrático autoritario*, Buenos Aires, 1981. Véase también W. C. Smith, *Authoritarianism and the Crisis of the Argentine Political Economy*, Standford, Calif., 1989; N. Bontana, R. Braun y C. Floria, *El régimen militar, 1966-1972*, Buenos Aires, 1973; F. Delich, *Crisis y protesta social: Córdoba, mayo de 1969*, Buenos Aires, 1970, y R. Perina, *Onganía, Levingston, Lanusse: los militares en la política argentina*, Buenos Aires, 1983. Las memorias del secretario del General Onganía, Roberto Roth, *Los años de Onganía*, Buenos Aires, 1980, y las del General Agustín Lanusse, *Mi testimonio*, Buenos Aires, 1977, merecen una atenta lectura.

Sobre el regreso de Perón al poder, véase la obra de Di Tella, *Argentina under Perón* y la de L. de Riz, *Retorno y derrumbe: el último gobierno peronista*, México, 1981. La colección de ensayos compilados por F. Turner y por J. E. Minguez en *Juan Perón and the Reshaping of Argentina*, Pittsburgh, Pa., 1983, contiene un buen análisis del período. Véase también M. Mora y Araujo, «Las bases estructurales del peronismo» en M. Mora y Araujo e I. Lorente (eds.), *El voto peronista*, Buenos Aires, 1980, pp. 397-440. El papel de los sindicatos se estudia en J. C. Torre, *Los sindicatos en el gobierno, 1973-1976*, Buenos Aires, 1983. Un estudio muy aclaratorio del discurso político de Perón y su relación con el movimiento juvenil es el de S. Signal y E. Veron, *Perón o muerte*, Buenos Aires, 1986.

Para un panorama general del régimen militar de 1976-1983 véase P. Waldman y E. Garzón Valdez (eds.), *El poder militar en Argentina, 1976-1983*, Frankfurt, 1982; M. Peralta Ramos y C. Waisman (eds.), *From Military Rule to Liberal Democracy in Argentina*, Boulder, Colo., 1987, y Smith, *Authoritarianism*, pp. 224-266. Mencionar también a A. Fontana, «Policy Making by a Military Corporation: Argentina, 1976-1983», tesis doctoral, Universidad de Texas, 1987. El mejor estudio disponible sobre el movimiento de guerrilla es el de R. Gillespie, *Soldiers of Perón: Argentina's Montoneros*, Oxford, 1982. Para documentación e informes sobre el asunto de los derechos humanos véase, de la Comisión Nacional sobre la Desaparición de Personas, *Nunca más*, Buenos Aires, 1984; traducción inglesa, 1986, y de la Organización de los Estados Americanos, Comisión Inter-Americana de los Derechos Humanos, *Report on the Situation of Human Rights in Argentina*, Washington, D. C., 1980; el estudio de C. Escude, «Argentina: The Costs of Contradiction: 1943-1955 y 1976-1983», en A. F. Lowenthal (ed.), *Exporting Democracy: The United States and Latin America*, Baltimore, 1991, se centra en las contradicciones de la política de derechos humanos del Presidente Carter. La Guerra de las Malvinas ha sido muy documentada; O. Cardozo, R. Kirshbaum y E. Van de Kooy, *Malvinas: la trama secreta*, Buenos Aires, 1983, y la obra de M. Hastings y S. Jenkins, *The Battle for the Falklands*, Nueva York, 1983, presentan las dos partes del conflicto.

Aunque aún falta una valoración global de la presidencia de Alfonsín, hay algunos trabajos que deben ser mencionados: M. Mora y Araujo, «The Nature of the Alfonsín Coalition», y M. Cavarozzi, «Peronism and Radicalism: Argentina's Transition in Perspective», en la obra de P. Drake y E. Silva (eds.), *Elections and Democratization in Latin America*, San Diego, Calif., 1986, pp. 143-188; E. Catterberg, *Los argentinos frente a la política*, Buenos Aires, 1989; N. Botana et al., *La Argentina electoral*, Buenos Aires, 1985; Nun y Portantiero (eds.), *La transición democrática argentina*; N. Botana y A. M. Mustapic, «La reforma constitucional frente al régimen político argentino», Instituto Di Tella, Documento de Trabajo 101 (1988); M. Cavarossi y M. Grossi, «De la reinvención democrática al reflujo político y la hiperinflación», *Consejo Latinoamericano de Ciencias Sociales*, GTPP 12 (1989); J. C. Torre, «Economá ed política nella transizione argentina: Da Alfonsín a Menem», en G. Urbani (ed.), *Le prospettive della democrazia in América Latina*, Bolonia, 1990; L. de Riz, M. Cavarossi y J. Feldman, «El contexto y los dilemas de la concentración en la Argentina actual», en M. dos Santos (ed.), *Concertación político-social y democratización*, Buenos Aires, 1987, pp. 189-224; C. H. Acuña y L. Golbert, «Empresarios y política», *Boletín Informativo Techint*, 263 (1990), pp. 33-52; R. Gaudio y A. Thompson, *Sindicalismo peronista y gobierno radical*, Buenos Aires, 1990; A. Fontana, «La política militar en un contexto de transición: Argentina, 1987-1989», CEDES, Documento de trabajo 34 (1989) y R. Fraga, *La cuestión militar argentina, 1987-1989*, Buenos Aires, 1989.

ÍNDICE ALFABÉTICO

ÍNDICE DE CUADROS

ÍNDICE DE MAPAS

ÍNDICE

Este libro,
publicado por Editorial Crítica,
se acabó de imprimir en los talleres
de A&M Gràfic
el 6 de noviembre de 2001